PSICOLOGIA DA SAÚDE – HOSPITALAR

PSICOLOGIA DA SAÚDE – HOSPITALAR
Abordagem psicossomática

Editor

Avelino Luiz Rodrigues

Coordenadores

Elisa Maria Parahyba Campos

Anali Póvoas Orico Vilaça

Barbara Subtil de Paula Magalhães

Walter Lisboa Oliveira

Manole

Copyright © Editora Manole Ltda., 2020, por meio de contrato com o editor.

Capa: Rubens Lima
Imagem da capa: iStock
Projeto gráfico: Departamento de Arte da Editora Manole
Editoração eletrônica: Formato Editora e Serviços Ltda e Estúdio Asterisco
Ilustrações: Formato Editora e Serviços Ltda

Dados Internacionais de Catalogação na Publicação (CIP)
(Câmara Brasileira do Livro, SP, Brasil)

Psicologia da saúde – hospitalar: abordagem psicossomática / editor Avelino Luiz Rodrigues;
    coordenadores Elisa Maria Parahyba Campos... [et al.]. – Barueri, SP: Manole, 2020.

    Outros coordenadores: Anali Póvoas Orico Vilaça, Barbara Subtil de Paula Magalhães, Walter
Lisboa Oliveira.
    Vários colaboradores.
    Bibliografia.
    ISBN 978-85-204-6166-2

    1. Hospitais – Aspectos psicológicos 2. Medicina psicossomática 3. Médico e paciente 4. Pacientes hospitalizados – Psicologia 5. Psicologia hospitalar e da saúde 6. Saúde – Aspectos psicológicos
I. Rodrigues, Avelino Luiz. II. Campos, Elisa Maria Parahyba. III. Vilaça, Anali Póvoas Orico.
IV. Magalhães, Barbara Subtil de Paula. V. Oliveira, Walter Lisboa.

| 19-29581 | CDD: 362.11019 |
| | WX-100 |

Índice para catálogo sistemático
1. Psicologia da saúde hospitalar   362.11019
Maria Alice Ferreira – Bibliotecária – CRB-8/7964

Todos os direitos reservados.
Nenhuma parte deste livro poderá ser reproduzida, por
qualquer processo, sem a permissão expressa dos editores.
É proibida a reprodução por xerox.

A Editora Manole é filiada à ABDR – Associação Brasileira
de Direitos Reprográficos.

Edição – 2019

Editora Manole Ltda.
Av. Ceci, 672 – Tamboré
06460-120 – Barueri – SP – Brasil
Tel.: (11) 4196-6000
www.manole.com.br | https://atendimento.manole.com.br

Impresso no Brasil | *Printed in Brazil*

Dedicatória

Dedicamos este livro a nossos pacientes, que influenciam nosso comportamento, que instigam nosso impulso epistemofílico – a busca pelo conhecimento –, como disse Melanie Klein, bem como nossos instintos de vida, no dizer de Sigmund Freud, e que cotidianamente nos enriquecem como pessoas e como profissionais. A eles devemos nosso saber, a consciência de nossa ignorância e a certeza de que a ciência nunca saberá responder a todas as perguntas porque não sabemos como formulá-las.

Este livro é dedicado àqueles que almejam e desejam o conhecimento porque reconhecem o quanto ainda falta saber; aos profissionais da área de saúde, em especial os psicólogos, que dedicam parte significativa de suas vidas a cuidar de pessoas, esforçando-se para torná-las humanas; a seus pacientes e também a seus familiares, que, em última instância, representam sua motivação e vocação para lidar com a dor, o sofrimento e a morte, aliviando quando possível e acolhendo sempre.

Em agradecimento, o livro também é dedicado ao Departamento de Psicologia Clínica do Instituto de Psicologia da Universidade de São Paulo – Ipusp. Nesse espaço institucional construímos grande parte do conhecimento aqui apresentado, seja na graduação ou no programa de pós-graduação.

Ao programa de pós-graduação do Núcleo de Neurociências e Comportamento (NEC) do Ipusp, que acolheu nossa proposta de inter/multidisciplinariedade, notadamente na concepção de neurociência aplicada, por corresponder a um imperativo pragmático em saúde. A pesquisa translacional é um paradigma a ser continuamente perseguido.

Ao Grupo Práticas Clínicas em Psicossomática, inscrito no diretório de grupos de pesquisas do CNPq, credenciado pela Universidade de São Paulo e composto pelos integrantes dos Laboratórios Centro de Recuperação em Oncologia e Saúde – Chronos e Sujeito e Corpo – SuCor do Ipusp.

Ao Hospital Universitário da Universidade de São Paulo, onde encontramos o espaço adequado e suficiente para o desenvolvimento de nossas atividades de ensino, pesquisa e atendimento à comunidade.

Durante o processo de edição desta obra, foram tomados todos os cuidados para assegurar a publicação de informações precisas e de práticas geralmente aceitas. Do mesmo modo, foram empregados todos os esforços para garantir a autorização das imagens aqui reproduzidas. Caso algum autor sinta-se prejudicado, favor entrar em contato com a editora.

Os autores e os editores eximem-se da responsabilidade por quaisquer erros ou omissões ou por quaisquer consequências decorrentes da aplicação das informações presentes nesta obra. É responsabilidade do profissional, com base em sua experiência e conhecimento, determinar a aplicabilidade das informações em cada situação.

Editora Manole

Sobre o editor

Avelino Luiz Rodrigues

Médico. Professor Doutor do Instituto de Psicologia da Universidade de São Paulo (Ipusp). Doutor em Psicologia Social pela Pontifícia Universidade Católica de São Paulo (PUC-SP). Orientador de Mestrado e Doutorado. Professor do curso de pós-graduação em Psicossomática (*lato sensu*) da Faculdade de Ciências Médicas da Santa Casa de São Paulo. Presidente da Associação Brasileira de Medicina Psicossomática (1992-1994). Coordenador do Laboratório Sujeito e Corpo (SuCor) do Ipusp. Líder do Grupo de Pesquisa Práticas Clínicas em Psicossomática do CNPq, credenciado pela USP (Universidade de São Paulo).

Sobre os coordenadores

Elisa Maria Parahyba Campos

Psicanalista. Professora-Associada do Instituto de Psicologia da Universidade de São Paulo (Ipusp). Coordenadora do Laboratório Centro Humanístico de Recuperação em Oncologia e Saúde (Chronos) do Ipusp. Integrante do Grupo de Pesquisa Práticas Clínicas em Psicossomática do CNPq, credenciado pela Universidade de São Paulo (USP).

Anali Póvoas Orico Vilaça

Psicóloga Clínica e Hospitalar. Mestre em Psicologia pelo Instituto de Psicologia da Universidade de São Paulo (Ipusp). Pós-graduada em Psicologia Aplicada à Saúde – Psicologia Hospitalar pela Universidade Católica de Brasília (UCB/DF), formação clínica em Terapia Cognitivo-Comportamental (CETCC). Professora de Psicologia da Universidade Paulista (Unip). Membro do Laboratório Centro Humanístico de Recuperação em Oncologia e Saúde (Chronos) do Ipusp. Integrante do Grupo de Pesquisa Práticas Clínicas em Psicossomática do CNPq, credenciado pela Universidade de São Paulo (USP). Membro da Diretoria Nacional da Sociedade Brasileira de Psico-Oncologia.

Barbara Subtil de Paula Magalhães

Psicóloga Clínica e Hospitalar. Mestre em Psicologia pelo Instituto de Psicologia da Universidade de São Paulo (Ipusp). Especialista em Psicoterapia Breve Operacionalizada pela Universidade Paulista (Unipe) e Pós-graduada em Cuidados ao Paciente com Dor pelo Instituto Sírio-Libanês de Ensino e Pesquisa. Membro do Laboratório Sujeito e Corpo (SuCor) do Ipusp. Integrante do Grupo de Pesquisa Práticas Clínicas em Psicossomática do CNPq, credenciado pela Universidade de São Paulo (USP).

Walter Lisboa Oliveira

Psicólogo. Professor Adjunto do Departamento de Psicologia da Universidade Federal de Sergipe (UFS). Mestre e Doutor pelo Programa de Psicologia Clínica do Instituto de Psicologia da Universidade de São Paulo (Ipusp). Especialista em Psicologia Hospitalar pela Santa Casa de Misericórdia de São Paulo. Tutor de Psicologia do Programa de Residência

Multiprofissional Saúde do Adulto e do Idoso do Hospital Universitário de Sergipe (HU-
-UFS). Membro do Laboratório Sujeito e Corpo (SuCor). Membro do Grupo Interdisciplinar de Estudos e Pesquisas em Psicossomática do Ipusp. Integrante do Grupo de Pesquisa Práticas Clínicas em Psicossomática do CNPq, credenciado pela Universidade de
São Paulo (USP).

Sobre os colaboradores

Ana Paula Alves Lima

Psicóloga. Mestre em Psicologia pelo Instituto de Psicologia da Universidade de São Paulo (Ipusp). Especialista em Psicologia Clínica Hospitalar pelo Instituto do Coração do Hospital das Clínicas da Faculdade de Medicina da Universidade de São Paulo (InCor/HCF-MUSP). Psicóloga do Centro de Oncologia Vitta. Psicóloga do Serviço de Oncologia do Hospital Primavera, em Aracaju-SE.

Ana Rosa Gliber

Psicóloga. Neuropsicóloga. Mestre em Psicologia pelo Instituto de Psicologia da Universidade de São Paulo (Ipusp). Especialista em Transtornos Alimentares e Obesidade. Membro do Laboratório Sujeito e Corpo (SuCor) – Grupo Interdisciplinar de Estudos e Pesquisas em Psicossomática – do Ipusp. Membro do Grupo de Pesquisa Práticas Clínicas em Psicossomática do CNPq, credenciado pela Universidade de São Paulo (USP).

Anali Póvoas Orico Vilaça

Psicóloga Clínica e Hospitalar. Mestre em Psicologia pelo Instituto de Psicologia da Universidade de São Paulo (Ipusp). Pós-graduada em Psicologia Aplicada à Saúde – Psicologia Hospitalar pela Universidade Católica de Brasília (UCB/DF), formação clínica em Terapia Cognitivo-Comportamental (CETCC). Professora de Psicologia da Universidade Paulista (Unip). Membro do Laboratório Centro Humanístico de Recuperação em Oncologia e Saúde (Chronos) do Ipusp. Integrante do Grupo de Pesquisa Práticas Clínicas em Psicossomática do CNPq, credenciado pela Universidade de São Paulo (USP). Membro da Diretoria Nacional da Sociedade Brasileira de Psico-Oncologia.

Andrea Boldrim Pinto Gomes

Psicóloga. Mestre em Psicologia Clínica pelo Instituto de Psicologia da Universidade de São Paulo (Ipusp). Especialista em Psicologia Hospitalar pelo Instituto do Coração do Hospital das Clínicas da Faculdade de Medicina da Universidade de São Paulo (InCor/HCFMUSP). Psicanalista em formação pelo Instituto Sedes Sapientiae.

Andrea de Amorim Dórea

Psicóloga. Mestre em Psicologia pelo Instituto de Psicologia da Universidade de São Paulo (Ipusp). Especialista em Psicologia Hospitalar pelo Instituto do Coração do Hospital das Clínicas da Faculdade de Medicina da Universidade de São Paulo (InCor/HCFMUSP). Professora do curso de graduação e pós-graduação em Psicologia do Centro Universitário Ruy Barbosa (UniRuy), em Salvador-BA.

Avelino Luiz Rodrigues

Médico. Professor Doutor do Instituto de Psicologia da Universidade de São Paulo (Ipusp). Doutor em Psicologia Social pela Pontifícia Universidade Católica de São Paulo (PUC-SP). Orientador de Mestrado e Doutorado. Professor do curso de pós-graduação em Psicossomática (*lato sensu*) da Faculdade de Ciências Médicas da Santa Casa de São Paulo. Presidente da Associação Brasileira de Medicina Psicossomática (1992-1994). Coordenador do Laboratório Sujeito e Corpo (SuCor) do Ipusp. Líder do Grupo de Pesquisa Práticas Clínicas em Psicossomática do CNPq, credenciado pela USP (Universidade de São Paulo).

Barbara Subtil de Paula Magalhães

Psicóloga Clínica e Hospitalar. Mestre em Psicologia pelo Instituto de Psicologia da Universidade de São Paulo (Ipusp). Especialista em Psicoterapia Breve Operacionalizada pela Universidade Paulista (Unipe) e Pós-graduada em Cuidados ao Paciente com Dor pelo Instituto Sírio-Libanês de Ensino e Pesquisa. Membro do Laboratório Sujeito e Corpo (SuCor) do Ipusp. Integrante do Grupo de Pesquisa Práticas Clínicas em Psicossomática do CNPq, credenciado pela Universidade de São Paulo (USP).

Claudia Cezar

Professora Doutora e Pesquisadora no Instituto Perfil Esportivo de Pesquisa, Educação e Consultoria em Obesidade Humana (IPEPCOH). Especialista em Psicossomática pela Associação Brasileira de Medicina Psicossomática (ABMP), em Fisiologia do Exercício pela Universidade Federal de São Paulo (Unifesp) e em Métodos de Treinamento Físico pela Universidade de São Paulo (USP). Graduada em Licenciatura Plena na área de Educação Física pela Universidade de Mogi das Cruzes (UMC). Mestre em Nutrição e Metabolismo pela Unifesp e Doutora em Nutrição Humana pela USP. Membro da Comissão de Ética da Faculdade de Ciências Farmacêuticas (FCF) da USP, do Laboratório Sujeito e Corpo (SuCor) do Instituto de Psicologia da USP (Ipusp) e do Corpo Diretor da ABMP Nacional (desde 2015).

Clayton dos Santos-Silva

Psicólogo. Mestre em Psicologia pelo Instituto de Psicologia da Universidade de São Paulo (Ipusp). Membro do Laboratório Sujeito e Corpo (SuCor) – Grupo Interdisciplinar de Estudos e Pesquisas em Psicossomática – do Ipusp. Membro do Grupo de Pesquisa Práticas Clínicas em Psicossomática do CNPq, credenciado pela Universidade de São Paulo (USP).

Eliana Nogueira do Vale

Psicóloga Psicanalista. Mestre em Psicologia Clínica e Doutora em Neurociência e Comportamento pelo Instituto de Psicologia da Universidade de São Paulo (Ipusp). Membro do Laboratório Sujeito e Corpo (SuCor) – Grupo Interdisciplinar de Estudos e Pesquisas em Psicossomática – do Ipusp.

Elisa Maria Parahyba Campos

Psicanalista. Professora-Associada do Instituto de Psicologia da Universidade de São Paulo (Ipusp). Coordenadora do Laboratório Centro Humanístico de Recuperação em Oncologia e Saúde (Chronos) do Ipusp. Integrante do Grupo de Pesquisa Práticas Clínicas em Psicossomática do CNPq, credenciado pela Universidade de São Paulo (USP).

Elisabete Joyce Tamagnini Olivancia

Psicóloga. Mestre e Doutora em Psicologia pelo Instituto de Psicologia da Universidade de São Paulo (Ipusp). Especialista em Psicoterapia Psicanalítica.

Fernando Pardini

Médico, Clínico Geral e Gastroenterologista. Editor Assistente da *Revista Arquivos de Gastroenterologia*.

Guilherme Borges Valente

Psicólogo. Psicanalista. Mestre e Doutor em Psicologia pelo Instituto de Psicologia da Universidade de São Paulo (Ipusp). Professor na Universidade Nove de Julho (Uninove). Membro do Laboratório Sujeito e Corpo (SuCor) – Grupo Interdisciplinar de Estudos e Pesquisas em Psicossomática – do Ipusp. Membro do Grupo de Pesquisa Práticas Clínicas em Psicossomática do CNPq, credenciado pela Universidade de São Paulo (USP).

Ivete de Souza Yavo

Psicóloga. Doutora em Ciências pelo Departamento de Psicologia Clínica do Instituto de Psicologia da Universidade de São Paulo (Ipusp). Mestre em Psicologia pela Universidade Estadual Paulista Júlio de Mesquita Filho (Unesp/Assis). Professora da Universidade Municipal de São Caetano do Sul (USCS). Ex-pesquisadora do Centro Humanístico de Recuperação em Oncologia e Saúde (Chronos) do Ipusp.

Katia da Silva Wanderley

Psicóloga. Mestre e Doutora em Psicologia pelo Instituto de Psicologia da Universidade de São Paulo (Ipusp). Psicóloga Chefe da Seção de Psicologia do Hospital do Servidor Público Estadual/Francisco Morato de Oliveira (HSPE/FMO). Supervisora do Programa de Aprimoramento em Psicologia Clínica e Hospitalar do HSPE/FMO.

Lilian L. Sharovsky

Psicóloga Clínica e Hospitalar. Psicanalista, Doutora em Ciências da Saúde pelo Instituto do Coração do Hospital das Clínicas da Faculdade de Medicina da Universidade de São

Paulo (InCor/HCFMUSP). Membro do Laboratório Sujeito e Corpo (SuCor) – Grupo Interdisciplinar de Estudos e Pesquisas em Psicossomática – do Instituto de Psicologia da Universidade de São Paulo (Ipusp). Membro do Grupo de Pesquisa Práticas Clínicas em Psicossomática do CNPq, credenciado pela Universidade de São Paulo (USP). Ex-Psicóloga do InCor/HCFMUSP.

Marcelo Henrique da Silva

Graduando em Psicologia pela Universidade São Judas Tadeu (USJT). Professor dos cursos livres de Neurociências e Comportamento no Centro Universitário Belas Artes de São Paulo e Sorocaba. Pesquisador de Psicologia Neurofisiológica. Membro do Laboratório de Pesquisa Sujeito e Corpo (SuCor) – Grupo Interdisciplinar de Estudos e Pesquisas em Psicossomática – do Instituto de Psicologia da Universidade de São Paulo (Ipusp). Aluno especial no Programa de Mestrado em Neurociências e Comportamento (NEC) do Instituto de Psicologia (IP), e do Departamento de Fisiologia e Biofísica do Instituto de Ciências Biomédicas (ICB), da Universidade de São Paulo (USP).

Maria Angélica Pereira do Prado

Psicóloga Clínica. Mestre em Psicologia pelo Instituto de Psicologia da Universidade de São Paulo (Ipusp).

Mércia Aparecida Pereira de Andrade Scarton

Psicóloga. Mestra em Psicologia pelo Instituto de Psicologia da Universidade de São Paulo (Ipusp).

Nathália Augusta de Almeida

Psicóloga Clínica e Hospitalar. Mestra em Psicologia pelo Instituto de Psicologia da Universidade de São Paulo (Ipusp). Especialista em Psicologia Hospitalar pela Santa Casa de Misericórdia de São Paulo. Membro do Laboratório Sujeito e Corpo (SuCor) – Grupo Interdisciplinar de Estudos e Pesquisas em Psicossomática – do Ipusp. Membro do Grupo de Pesquisa Práticas Clínicas em Psicossomática do CNPq, credenciado pela Universidade de São Paulo (USP).

Patrick Vieira Ronick

Psicólogo. Mestre em Psicologia pelo Instituto de Psicologia da Universidade de São Paulo (Ipusp). Especialização em Psicologia Hospitalar no Instituto do Coração do Hospital das Clínicas da Faculdade de Medicina da Universidade de São Paulo – InCor HCFMUSP. Especialização em Psicossomática Psicanalítica – Sedes Sapientiae. Mestre em Psicologia Clínica pela Universidade de São Paulo (USP).

Rebecca Holanda Arrais

Psicóloga. Mestre em Psicologia pelo Instituto de Psicologia da Universidade de São Paulo (Ipusp). Residência em Cancerologia pelo Instituto do Câncer do Ceará e Escola de Saúde Pública do Ceará. Docente do Centro Universitário Christus (UniChristus), responsável pelo Serviço-Escola de Psicologia Hospitalar da instituição no Hospital Fernandes Távora em Fortaleza/CE.

Sandra Elizabeth Bakal Roitberg

Psicanalista. Doutora em Filosofia pela Faculdade de Filosofia, Letras e Ciências Humanas da Universidade de São Paulo (FFLCH/USP). Integrante do Laboratório Sujeito e Corpo (SuCor) – Grupo Interdisciplinar de Estudos e Pesquisas em Psicossomática – do Instituto de Psicologia da Universidade de São Paulo (Ipusp). Membro do Grupo de Pesquisa Práticas Clínicas em Psicossomática do CNPq, credenciado pela Universidade de São Paulo (USP).

Tatiana Cristina Vidotti

Psicóloga. Mestra em Psicologia Clínica pelo Instituto de Psicologia da Universidade de São Paulo (Ipusp). Psicanalista. Integrante do Laboratório Centro Humanístico de Recuperação em Oncologia e Saúde (Chronos) do Ipusp.

Walter Lisboa Oliveira

Psicólogo. Professor Adjunto do Departamento de Psicologia da Universidade Federal de Sergipe (UFS). Mestre e Doutor pelo Programa de Psicologia Clínica do Instituto de Psicologia da Universidade de São Paulo (Ipusp). Especialista em Psicologia Hospitalar pela Santa Casa de Misericórdia de São Paulo. Tutor de Psicologia do Programa de Residência Multiprofissional Saúde do Adulto e do Idoso do Hospital Universitário de Sergipe (HU-UFS). Membro do Laboratório Sujeito e Corpo (SuCor). Membro do Grupo Interdisciplinar de Estudos e Pesquisas em Psicossomática do Ipusp. Integrante do Grupo de Pesquisa Práticas Clínicas em Psicossomática do CNPq, credenciado pela Universidade de São Paulo (USP).

Sumário

Prefácio XIX

Apresentação XXI

I. Conceituação 1

1. Mecanismo de formação dos sintomas em psicossomática 2
   Avelino Luiz Rodrigues, Elisa Maria Parahyba Campos, Fernando Pardini

2. Psicossomática ou De como o desvio virou norma...24
   Avelino Luiz Rodrigues, Nathália Augusta de Almeida, Barbara Subtil de Paula Magalhães

3. A questão da simbolização na psicossomática...49
   Guilherme Borges Valente, Avelino Luiz Rodrigues

4. A psico-oncologia: conceituação, histórico e desenvolvimento 64
   Elisa Maria Parahyba Campos

5. Psicologia da Saúde e Psicologia Hospitalar...73
   Clayton dos Santos-Silva, Nathália Augusta de Almeida, Katia da Silva Wanderley

II. Psico-oncologia..89

6. Práticas clínicas em psico-oncologia...90
   Elisa Maria Parahyba Campos, Anali Póvoas Orico Vilaça

7. Psicoterapia na abordagem psicodinâmica: possibilidade de atuação junto ao paciente oncológico..100
   Mércia Aparecida Pereira de Andrade Scarton, Elisa Maria Parahyba Campos

8. Técnicas cognitivas e comportamentais no cuidado ao paciente oncológico...............113
   Anali Póvoas Orico Vilaça, Elisa Maria Parahyba Campos

9. A família como paciente no campo da psico-oncologia.................................126
   Rebecca Holanda Arrais, Elisa Maria Parahyba Campos

10. O término do tratamento de câncer: enfrentando a remissão.........................138
    Ana Paula Alves Lima Santos, Elisa Maria Parahyba Campos

III. Psicossomática em diversas especialidades..149

Síndromes álgicas lombares

11. Psicodiagnóstico em pacientes com dor lombar crônica 150
Barbara Subtil de Paula Magalhães, Nathália Augusta de Almeida, Katia da Silva Wanderley, Avelino Luiz Rodrigues

12. Psicodinâmica de pacientes com dor crônica lombar 165
Barbara Subtil de Paula Magalhães, Nathália Augusta de Almeida, Katia da Silva Wanderley, Avelino Luiz Rodrigues

Cardiologia e psicossomática

13. Arritmias cardíacas e psicossomática 179
Andrea Boldrim Pinto Gomes, Patrick Vieira Ronick, Elisa Maria Parahyba Campos, Avelino Luiz Rodrigues

14. Depressão e doença arterial coronária 189
Lilian L. Sharovsky

15. Aspectos psicossomáticos e psicodinâmicos no paciente de transplante cardíaco: interfaces entre psicanálise e cardiologia 196
Elisabete Joyce Tamagnini Olivencia, Elisa Maria Parahyba Campos

16. Efeitos psicológicos em irmãos saudáveis de crianças portadoras de cardiopatias congênitas 210
Andrea de Amorin Dórea, Avelino Luiz Rodrigues

Obesidade

17. Um olhar compreensivo sobre a obesidade infantil 227
Ana Rosa Gliber, Sandra Elizabeth Bakal Roitberg, Avelino Luiz Rodrigues

18. Obesidade tratada por abordagem psicossomática 240
Claudia Cezar, Avelino Luiz Rodrigues

IV. Neurociência aplicada à psicossomática **255**

19. Consciência como propriedade emergente 256
Marcelo Henrique da Silva, Avelino Luiz Rodrigues

20. Apego, sociabilidade e regulação do afeto no ser humano 269
Eliana Nogueira do Vale, Avelino Luiz Rodrigues

21. A (in)disponibilidade sexual da mulher no casamento: algumas reflexões neuropsicanalíticas 281
Eliana Nogueira do Vale, Avelino Luiz Rodrigues

22. Anatomia, neurofisiologia e psicofisiologia da dor 289
Barbara Subtil de Paula Magalhães, Nathália Augusta de Almeida, Marcelo Henrique da Silva, Avelino Luiz Rodrigues

23. Introdução à psicofarmacologia 300
Avelino Luiz Rodrigues

V. Psicologia da saúde hospitalar **315**

24. O atendimento psicológico ao paciente com somatização 316
Guilherme Borges Valente, Avelino Luiz Rodrigues

25. Prática psicológica em enfermarias hospitalares 328
Walter Lisboa Oliveira, Avelino Luiz Rodrigues

26. Práticas psicológicas com pacientes de UTI... 343
    Walter Lisboa Oliveira, Avelino Luiz Rodrigues
27. As repercussões psíquicas do adoecimento crônico na infância e na adolescência:
    o diabetes tipo 1... 359
    Tatiana Cristina Vidotti, Elisa Maria Parahyba Campos
28. Desamparo em complicações pós-operatórias: um olhar psicanalítico 368
    Maria Angélica Pereira do Prado, Avelino Luiz Rodrigues
29. Alexitimia e dermatite atópica: leitura biopsicossocial a partir de um
    psicodiagnóstico.. 378
    Clayton dos Santos-Silva, Avelino Luiz Rodrigues
30. *Coping* religioso-espiritual em pacientes hospitalizados..................................391
    Clayton dos Santos-Silva, Avelino Luiz Rodrigues
31. Sofrimento psíquico de profissionais de saúde do hospital 406
    Walter Lisboa Oliveira, Avelino Luiz Rodrigues
32 Cuidadores domiciliares: a invisibilidade do cuidado 423
    Ivete de Souza Yavo, Elisa Maria Parahyba Campos

Índice remissivo.. 435

Prefácio

O melhor conhecimento sobre os diversos fatores que se conjugam na causação das doenças e do sofrimento humano vem ampliando as equipes assistenciais. A multiplicidade de tarefas que caracteriza a assistência hospitalar, todas necessárias para que o objetivo assistencial seja alcançado, torna o trabalho de todos, especialistas e técnicos, igualmente fundamental.

Da mesma forma, as características da instituição hospitalar – pública, privada ou filantrópica, exclusivamente assistencial ou assistencial-educacional – são relevantes na configuração do campo assistencial. Além de definirem a inserção da instituição no sistema de saúde da localidade, imprimem a direção das atividades da instituição.

Elisa Maria Parahyba Campos e Avelino Luiz Rodrigues são professores do Instituto de Psicologia da Universidade de São Paulo (Ipusp) e coordenam centros de pesquisa – Laboratório Centro Humanístico de Recuperação em Oncologia e Saúde (Chronos) e Laboratório Sujeito-Corpo (SuCor), respectivamente – voltados para a assistência psicológica a pacientes com patologias orgânicas notadamente em tratamento no Hospital Universitário da Universidade de São Paulo.

O primeiro é dedicado à pesquisa sobre os processos de adoecimento por câncer e outras doenças terminais, enquanto o segundo é voltado para a pesquisa sobre a interação mente-corpo e cérebro-mente nos campos da psicossomática, da psicologia clínica e da neurociência. Como as pesquisas são desenvolvidas na atividade assistencial, o papel das tensões psicológicas presentes nas interações assistenciais (paciente-profissional, familiares-paciente, familiares-profissionais, dentro da equipe assistencial, equipe-instituição, instituição-sistema de saúde) na gênese da iatrogenia e do adoecimento dos profissionais também é objeto de exame, estudo e ensino.

Os dois laboratórios seguem a orientação psicodinâmica, mas a responsabilidade científica e assistencial os obriga a não se limitarem ao arsenal teórico e técnico da psicanálise. Todo o arsenal científico – teórico, técnico e instrumental – é utilizado para embasar cientificamente as pesquisas. Com isso, a atividade pedagógica que também exercem no Ipusp é livre dos dogmatismos comuns às faculdades de Psicologia.

O conhecimento científico se expandiu de tal maneira que a especialização se tornou inevitável, transformando em falácia a questão da relevância entre a formação de generalistas e de especialistas. A questão não é mais qual deve ser priorizada, e sim quando a especialização deve ser iniciada e como ela deve ser realizada para evitar o dogmatismo e o sectarismo.

Não é mais possível pensar a assistência sem os especialistas. Atuantes na ponta assistencial, os professores Elisa Maria Parahyba Campos e Avelino Luiz Rodrigues participam do esforço pela implantação da interdisciplinaridade e por uma abordagem terapêutica que contemple toda a complexidade do adoecer humano, mas estão cientes de que, na ponta acadêmica, formam-se especialistas para os quais o adoecimento corresponde ao acometimento de regiões do corpo, incluindo a mente como uma dessas "regiões", quase nada tendo a ver com a pessoa doente.

O trabalho interdisciplinar e a busca por uma abordagem que contemple toda a complexidade do adoecer são bandeiras dos profissionais da saúde mental, mas entre estes também se observa o mesmo tipo de especialização sectária. O problema não está na existência de etnopsiquiatras, sociopsiquiatras, neuropsiquiatras, psiquiatras organicistas, psicólogos gestaltistas, psicólogos cognitivistas, psicólogos behavioristas, psicólogos humanistas, psicólogos transpessoais, psicólogos corporais, psicólogos junguianos e psicanalistas, com seus freudianos, kleinianos, winnicottianos, kohutianos e lacanianos. Em grande medida, a existência de tantos especialistas na área da saúde mental se deve ao fato de sermos uma espécie social sem uma forma específica de organização e sem o controle natural da agressividade intraespecífica que caracteriza as demais espécies sociais. Além disso, seus integrantes se caracterizam pela busca da autonomia pessoal, apresentam um sistema virtual de interação, a mente, e são regidos por dois códigos diferentes, o genético e o cultural. Cada um desses especialistas estuda e pesquisa um recorte dessa complexidade que é o ser humano e seu modo de ser, conviver e adoecer. O problema está nas concepções e práticas sectárias, responsáveis pela existência de mais de uma centena de terapias psicológicas catalogadas.

Os professores Elisa Maria Parahyba Campos e Avelino Luiz Rodrigues nos oferecem uma coleção de textos, clínicos e teóricos, que permite vislumbrar a complexidade do trabalho que desenvolvem em seus respectivos laboratórios. As apresentações clínicas revelam o entrelaçamento entre a biografia, as circunstâncias pessoais e o adoecimento, confirmando a impressão de que muitas doenças são ontopatias, adoecimentos decorrentes do estar-no-mundo da pessoa. Por outro lado, também mostram o impacto emocional do trabalho assistencial nos próprios profissionais. Nos textos teóricos, os autores se dispuseram a enfrentar algumas questões básicas presentes na compreensão psicanalítica do fenômeno psicossomático.

O livro é bem escrito e claro em suas proposições. Por tudo isso, é essencial para o estudante que se interessa pelo tema e para o profissional que deseja se atualizar.

Decio Tenenbaum
Médico Psicanalista. *Full member* da International
Psychoanalytical Association. Membro efetivo
com funções didáticas da Sociedade Brasileira
de Psicanálise do Rio de Janeiro (SBPRJ).
Chefe do Setor de Dermatologia Psicossomática do
Instituto de Dermatologia Professor Ruben David Azulay.

Apresentação

CONCEPÇÃO PSICOSSOMÁTICA

O conteúdo deste livro reflete a produção de conhecimento que resulta de um conjunto de experiências práticas desenvolvidas nos espaços de instituições de saúde. A nosso ver, a verdadeira face do conhecimento deriva de experiências reais, concretas, vividas no cotidiano da atividade profissional, didática e científica e não da elucubração teórica, frequentemente divorciada de uma fundamentada prática na área de saúde. Dessa forma, perceberá o leitor que na grande maioria dos capítulos, após uma breve introdução, situações clínicas são apresentadas e desse exercício prático, real, são extraídos os conteúdos teóricos que lhes são pertinentes. A proposta representou uma subversão da ordem, ou seja, o que se pretendeu foi partir da prática para pensar a teoria e não o inverso, como é frequente em textos didáticos. Podemos garantir que foi uma experiência estimulante, e muitos autores aderiram de forma entusiasmada, esforçaram-se para cumprir esse objetivo, uma proposta de transmissão do conhecimento – portanto, um projeto pedagógico.

Podemos afirmar sem receio que teoria sem prática é demagogia. Na teoria, em geral, se dá mais importância à eloquência, à retórica, do que aos fatos. Por outro lado, prática sem teoria é ativismo, falatório, engodo. Neste momento se faz necessário reafirmar, para esclarecer, o que disse Paulo Freire: "A educação é sempre uma teoria do conhecimento posta a serviço da prática" (2015). Teoria e prática são, portanto, interligadas, dialéticas.

Este livro foi escrito por profissionais que construíram seus saberes na experiência da prática assistencial cotidiana no cenário hospitalar e em outros espaços de atenção à saúde. Seus conteúdos refletem essa produção, que tem origem nesse conjunto de experiências práticas. E isso é fundamental! O conhecimento que apresentamos emergiu da atividade clínica em hospital, na forma de pesquisa, ou seja, na construção de um conhecimento sistematizado, balizado por uma metodologia científica fundamentalmente qualitativa, ou seja, no exercício de construir sentidos nos fenômenos e nas experiências observados e vividos.

A Psicologia tem suas especificidades. Apresenta, pois assim é constituída, um conjunto de referências teóricas e práticas, operando portanto com essa multiplicidade epistemológica e discursiva. É de vital importância reconhecer esse fato.

Quando um psicólogo adentra um serviço de psicologia hospitalar, defronta-se com o imperativo de estabelecer um diálogo com toda a equipe de saúde, com outros referenciais teóricos e práticos, ideias e compreensões diferentes sobre o trabalho e a função de uma equipe inter/multidisciplinar.

Mas há outras questões situadas no seio da equipe de psicólogos. Nesse espaço há colegas com quem se deverá interagir, e que apresentam formações, experiências e referenciais teóricos diversos e distintos dos seus.

Como os enunciados não podem e não devem ser dissociados de uma ação concreta, efetiva, sob o risco de se perderem em uma retórica discursiva vazia, este livro reúne entre seus autores profissionais dos mais variados vértices teóricos, tais como psicanalistas de diferentes matizes, cognitivistas, terapeutas de linha cognitivo-comportamental (TCC), neurocientistas, junguianos, lacanianos, além de médico com doutorado em psicologia e de orientação psicodinâmica.

Essa é uma característica marcante do contexto hospitalar e da saúde: ainda que aconteça em muitos espaços, nenhum outro guarda o mesmo sentido de urgência e gravidade do hospital.

Essa é uma evidência de que não existe um modelo de intervenção que seja próprio da psicologia da saúde hospitalar. Na realidade da prática assistencial, o que temos é uma gama de linhas teóricas, uma polifonia de vozes e discursos, além de um polimorfismo de técnicas que tem um mesmo objetivo: o bem-estar do paciente em um trabalho multi/interdisciplinar. Isso deve ser trabalhado desde a graduação, e espera-se que assim seja, para que o aluno possa, ao aprender fazendo, conviver com tais aspectos e treiná-los na vivência prática, com todas essas diversidades. Não significa, de forma alguma, que o aluno ou profissional deva abandonar o referencial teórico que "está a serviço de sua prática" e que serve como modelo de reflexão e de inspiração para seu pensar e fazer. Aproveito para ressaltar, neste raciocínio, os aspectos nefastos de modelos teóricos hegemônicos, que pouco ou nada têm a informar e/ou ensinar sobre a realidade concreta da prática e no fundo "apenas evidenciam artifícios teóricos para organizar clubes dogmáticos, servindo mais ao poder do que ao saber" (Eksterman, 1994). Tais modelos servem notadamente para a criação de conflitos de poder e dominação e para a "nutrição de egos" daqueles que disso necessitam.

No entanto, um sistema de referências, um modelo geral de compreensão e de intervenção, deve servir de norte ao trabalho multi/interdisciplinar, e aquele que adotamos denominamos concepção psicossomática em uma abordagem biopsicossocial.

O que entendemos como concepção psicossomática está bem explicitado na Parte I, dedicada aos aspectos básicos conceituais. Por mais que o anseio dos autores fosse o de construir um conteúdo eminentemente prático das intervenções assistenciais, uma sustentação teórica sobre os temas abordados se fez necessária, como assinalamos acima, com Paulo Freire (2015): "A educação é sempre uma teoria do conhecimento posta a serviço da prática". A Parte I é constituída para assentar as principais bases epistemológicas e conceituais desses campos do saber, os alicerces sobre os quais estão assentados tais conhecimentos. Portanto, é denominada *conceituação* e abrange em seus capítulos conteúdos que explicitam os sistemas de referência para a psicossomática, a psico-oncologia e a psicologia da saúde e hospitalar, e que foram desenvolvidos por Elisa Maria Parahyba Campos, Anali Póvoas Orico Vilaça, Barbara Subtil de Paula Magalhães, Katia da Silva Wanderley, Guilherme Borges Valente e Avelino Luiz Rodrigues.

Antes de prosseguirmos na apresentação das demais partes e respectivos capítulos, são necessárias ao menos algumas palavras sobre a abordagem biopsicossocial, pois a ela estão associados certos fatos no mínimo interessantes. Alguns se referem a ela como um "modismo atual", outros como um modelo antigo e, pasmem, hierarquizante. É um conceito, o que não deixa de ser curioso, efetivamente pouco conhecido, apesar de muito falado e/ou comentado e, frequentemente, contaminado por ideias corrompidas e que revelam pouco ou nenhum conhecimento sobre ele. Por vezes me parece uma tentativa de tornar o leitor refém de determinadas ideologias, baseadas em opiniões que em última instância apenas refletem crenças.

A mais conhecida, divulgada, noção sobre o conceito biopsicossocial remonta à Conferência Internacional sobre Cuidados Primários de Saúde, que gerou a Declaração de Alma-Ata, realizada na República do Cazaquistão, na antiga União das Repúblicas Socialistas Soviéticas (URSS) em setembro de 1978, instituindo um novo paradigma em saúde e que contém os seguintes princípios, segundo Belloch e Olabarria (1993):

O corpo humano é um organismo biológico, psicológico e social, ou seja, recebe informações, organiza, armazena, gera, atribui significados e os transmite. Esses significados produzem, por sua vez, maneiras de se comportar.

1. Saúde e doença são condições que estão em equilíbrio dinâmico, codeterminadas por variáveis biológicas, psicológicas e sociais, todas em constante interação.
2. O estudo, o diagnóstico, a prevenção e o tratamento de várias doenças devem considerar as contribuições especiais e diferenciadas dos três conjuntos de variáveis citadas.
3. A etiologia dos estados de doença é sempre multifatorial. Devem-se considerar os vários níveis etiopatogênicos, assumindo que todos eles requerem investigação adequada.
4. A melhor maneira de cuidar de pessoas que estão doentes se dá por ações integradas, realizadas por uma equipe de saúde, que deve ser composta por profissionais especializados em cada uma das três áreas.
5. Saúde não é patrimônio ou responsabilidade exclusiva de um grupo ou especialidade profissional. A investigação e o tratamento não podem permanecer exclusivamente nas especialidades médicas.
6. Dessa forma, o modelo biopsicossocial pressupõe ações integradas e multi/interdisciplinares.

No que tange à saúde mental, ela é parte integrante e essencial da saúde. A Organização Mundial da Saúde (OMS) afirma: "Saúde é um estado de completo bem-estar físico, mental e social e não apenas a mera ausência de doença ou enfermidade", pondo em evidência uma implicação importante dessa definição: a saúde mental é mais do que a ausência de transtornos mentais ou deficiências. Acima de tudo, trabalha-se com o sofrimento psíquico, que pode ou não comportar um transtorno psíquico. Por outro lado, a OMS assinala que a saúde mental, quando comprometida, pode estar associada a rápidas mudanças sociais, condições de trabalho estressantes, discriminação de gênero, exclusão social, estilo de vida não saudável, risco de violência, problemas físicos de saúde e violação dos direitos humanos (Nações Unidas Brasil, 2016).

Não muito conhecido em nosso meio é o modelo biopsicossocial elaborado e apresentado pelo psicanalista norte-americano George L. Engel, um dos autores mais importantes na história da psicossomática mundial. Formado pela escola psicanalítica de Chicago, fundada por Franz Alexander, discípulo de Sandor Ferenczi, Engel publicou em 1977, portanto, antes da declaração de Alma-Ata, um clássico artigo no periódico científico *Science* em que apresentou uma perspectiva diversa e surpreendente ao conceituar a saúde e as doenças humanas. Engel rejeitou o paradigma do modelo biomédico, que incluía "a noção do corpo como uma máquina, da doença como avaria dessa máquina, sendo a tarefa do médico o conserto dessa máquina", e instigou o mundo da ciência e das práticas sobre a saúde a reconhecer que "os limites entre a saúde e doença não são precisos e sofrem grande influência de aspectos culturais, sociais e psicológicos" (Engel, 1977).

Dizia o filósofo Ortega y Gasset: "Eu sou e minhas circunstâncias", ou seja, responde-se às diferentes circunstâncias da vida – internas e externas – em função da forma de ser, de sentir e de reagir e do contexto socioeconômico-cultural ao qual se está submetido. A intersubjetividade está, assim, intrinsecamente relacionada a esses aspectos e conteúdos, e os instintos humanos, "o conceito-limite entre o anímico e o somático", segundo Freud em *Os instintos e suas vicissitudes* (1915), emergem do metabolismo celular e se ligam a representações, associadas a conteúdos afetivos, que sofrerão importantes determinações do mundo interno e do mundo externo – minhas circunstâncias. Estas demarcam condutas, concepções, respostas práticas perante as diferentes demandas. A isso inúmeros autores dedicaram seus esforços, de Moscovici, em *Representações sociais*, a Winnicott, em *O ambiente e os processos de maturação* (entre outros textos), de Gilberto Freyre, em *Médicos, doentes e contextos sociais*, a Luc Boltanski, em *As classes sociais e o corpo*. São ideias já muito bem sustentadas no século XIX e seguintes, nas quais "os processos de adaptação/desadaptação do sujeito ao seu meio ambiente psicossocial ganham uma relevância fundamental" (Birman, 1980, p. 31).

Em última instância, podemos afirmar que o modelo biopsicossocial oferece um paradigma integrativo e abrangente que nos permite abordar todas as principais áreas ou esferas do ser humano – a física, a psicológica e a sociocultural – e examinar os efeitos interativos e recíprocos da genética, do ambiente e do comportamento.

É importante destacar a linguagem utilizada pelos autores deste livro. Uma pergunta guiou nossa redação: Quem são nossos leitores? Embora o público preferencial sejam os psicólogos, esforçamo-nos para transmitir nossas ideias e experiências clínicas de forma acessível a todos os profissionais da área de saúde. É possível que por vezes tal redação pareça estranha aos profissionais ou estudantes de Psicologia, mas nossa argumentação é a de que a psicologia da saúde hospitalar está inserida fundamentalmente como atividade inter/multidisciplinar. Quanto mais acessível for esse conhecimento, seus referenciais, sua linguagem e práticas, mais factível será o exercício inter/multidisciplinar.

Poderá observar o leitor que o livro é dividido em partes (seções). Além da conceitual, já referida, a Parte II apresenta como foco principal a psico-oncologia. Essa seção se inicia pelo capítulo "Práticas clínicas em psico-oncologia", de Elisa Maria Parahyba Campos e Anali Póvoas Orico Vilaça, que se concentram em apresentar como a prática assistencial da psicologia, tanto em grupo como de forma individual, pode favorecer o melhor enfrentamento do adoecimento oncológico. Em seguida, a "Psicoterapia na abordagem psicodinâmica: possibilidade de atuação junto ao paciente oncológico", de Mércia Aparecida Pereira de Andrade Scarton, apresenta um estudo clínico e qualitativo em pacientes portadores de câncer colorretal e colostomia quanto aos aspectos psicodinâmicos envolvidos na vivência da sexualidade. Ao abordar a psico-oncologia, é de fundamental importância um olhar – uma escuta qualificada – sobre o paciente oncológico em sua remissão. O que acontece com os pacientes oncológicos depois da fase mais aguda da doença e de seu tratamento? Existem muitas pesquisas relacionadas com o estádio do câncer e no decorrer do tratamento, mas e depois? É dessa questão e de outras semelhantes que as autoras deste capítulo tratam, e temas correlatos são destacados por Ana Paula Alves Lima Santos no capítulo "Término do tratamento de câncer: enfrentando a remissão". Coerente com os propósitos do livro, pudemos contar com a preciosa colaboração de Anali Póvoas Orico Vilaça no capítulo "Técnicas cognitivas e comportamentais no cuidado ao paciente oncológico", discorrendo sobre a prática assistencial exercida sob técnicas da terapia cognitivo-comportamental demonstrada aos leitores, em seus fundamentos e efeitos, com base em conhecimento desenvolvido na prática clínica sob a ótica do modelo cognitivo-funcional, e sob a perspectiva da psicologia analítica de Jung, Rebecca Holanda Arrais, em "A família como paciente no campo da psico-oncologia", apresenta um estudo sobre os processos psicodinâmicos envolvidos na comunicação do familiar com o paciente oncológico em contexto de transição para cuidados paliativos.

Na Parte III enveredamos para a psicossomática em diferentes especialidades, ou campos de atuação, e iniciamos com as *síndromes álgicas lombares*, uma das queixas de maior prevalência nos serviços de saúde e que muitas vezes provoca uma ruptura na vida desses pacientes, com grande comprometimento nos relacionamentos sociais, ocupacional, na relação consigo mesmo, despertando e/ou reativando sentimentos de insegurança, impotência e desamparo. Procuramos abordar desde os *aspectos psicodiagnósticos aos mecanismos psicodinâmicos*, tendo como autoras Barbara Subtil de Paula Magalhães, Nathália Augusta de Almeida e Katia da Silva Wanderley.

A cardiologia se faz presente não só por sua importância epidemiológica, mas também pela qualidade das pesquisas clínicas realizadas, que iluminam de forma significativa a prática assistencial nesse importante segmento do exercício profissional. São abordadas "Arritmias cardíacas e psicossomáticas" por Andrea Boldrim Gomes e Patrick Vieira Ronick, bem como os "Aspectos psicossomáticos e psicodinâmicos no paciente de transplante cardíaco: interfaces entre psicanálise e cardiologia", de autoria de Elisabete Joyce Tamagnini Olivencia. Por sua importância, inclusive pela grande prevalência na população, Lilian L. Sharovsky apresenta o tema "Depressão e doença arterial coronária". Por fim, nesse tópico, Andrea de Amorim Dórea, com sua larga experiência no Instituto do Coração da Faculdade de Medicina da USP (InCor/FMUSP) com crianças portadoras de cardiopatia congênita e seus familiares, observa e estuda o "grande esquecido" na família de uma criança com cardiopatia congênita: o irmão saudável desse paciente. Esse é um trabalho muito rico do ponto de vista clínico e humano e insere uma importante dimensão profilática neste capítulo, que recebe o título "Efeitos psicológicos em irmãos saudáveis de crianças portadoras de cardiopatias congênitas".

O Ministério da Saúde do Brasil e a OMS nos alertam para um incremento estarrecedor da obesidade em nosso país. Inevitável, pois, nos ocuparmos desse tema, por isso o apresentamos em "Um olhar compreensivo sobre a obesidade infantil", de Ana Rosa Gliber e Sandra Elizabeth Bakal Roitberg, capítulo no qual prevalece um entendimento kleiniano sobre a psicodinâmica dessas crianças. Trata-se de um significativo olhar de atenção básica de saúde, destacando-se, além dele, o texto de Claudia Cezar, que propõe uma perspectiva inovadora quanto à "Obesidade tratada por abordagem psicossomática".

A Parte IV do livro procura incorporar a neurociência aplicada à subjetividade, coerente com o conceito de psicossomática. O capítulo "Consciência como propriedade emergente" apresenta um posicionamento epistemológico desenvolvido por Marcelo Henrique da Silva. A seguir os capítulos "Apego, sociabilidade e regulação do afeto no ser humano", de Eliana Nogueira do Vale, e "A (in)disponibilidade sexual da mulher no casamento: algumas reflexões neuropsicanalíticas". Ainda na articulação entre a neurociência aplicada e a subjetividade, temos o capítulo "Anatomia, neurofisiologia e psicofisiologia da dor", de autoria de Barbara Subtil de Paula Magalhães, Nathália Augusta de Almeida e Marcelo Henrique da Silva. Finalizando essa seção, apresentamos uma "Introdução à psicofarmacologia", em nome de um fundamento singular e imprescindível ao psicólogo (bem como aos profissionais não médicos da área de saúde): ter conhecimento sobre as diversas ferramentas utilizadas pelos profissionais de outras disciplinas e que exercem influência significativa sobre o quadro clínico dos pacientes, podendo apresentar interações com outras técnicas de intervenção e de tratamento.

Na Parte V, intitulada "Psicologia da saúde hospitalar", radicalizamos nas proposições deste livro, acentuando, de forma mais vigorosa, intervenções práticas no hospital geral e em pacientes com queixas orgânicas significativas. Em última instância, uma provocação do pensar: O que e como fazer nessas situações específicas? Com tal intenção, apresentamos "Prática psicológica em enfermarias hospitalares", de Walter Lisboa Oliveira, que aborda as especificidades do *setting* hospitalar e procura sistematizar o psicodiagnóstico e as intervenções possíveis nesse contexto. Por sua vez, "O atendimento psicológico ao paciente com somatização", de Guilherme Borges Valente, é um capítulo significativo. Não obstante as inúmeras controvérsias e imprecisões no conceito de somatização, essa situação clínica, uma das mais prevalentes no exercício assistencial, exige estratégias de abordagem e intervenção diferenciadas, e que podem nos servir de inspiração diante daqueles pacientes cuja queixa orgânica é a principal. Vale frisar que permeia o livro a preocupação com o paciente que apresenta queixa eminentemente orgânica e que é atendido nos serviços de saúde, hospitais inclusive. Esses indivíduos tendem a se mostrar de forma muito diferente daqueles pacientes que nos chegam nos ambulatórios de psicologia. Seguem na mesma direção "As repercussões psíquicas do adoecimento crônico na infância e na adolescência: o diabetes tipo 1", de Tatiana Cristina Vidotti, e "Alexitimia e dermatite atópica: leitura biopsicossocial a partir de um psicodiagnóstico", texto no qual Clayton dos Santos-Silva apresenta uma reflexão crítica sobre a alexitimia, conceito importante no contexto da psicossomática. A análise é fundamentada na experiência clínica psicodiagnóstica do autor, com base em instrumentos qualitativos e quantitativos. Também de autoria de Clayton dos Santos-Silva, vale destacar o capítulo "O *coping* religioso-espiritual em pacientes hospitalizados", fruto de sua dissertação de mestrado, que aborda esse importante mecanismo de enfrentamento de situações de estresse, no caso, a internação hospitalar. Um minucioso estudo sobre o "Desamparo em complicações pós-operatórias: um olhar psicanalítico" é o capítulo desenvolvido por Maria Angélica Pereira do Prado. Há de se destacar os capítulos dedicados aos cuidadores formais e informais, "Sofrimento psíquico de profissionais de saúde do hospital", de Walter Lisboa Oliveira, que pode ser sintetizado em uma fala de Bleger (1984), citado pelo autor: "Uma instituição pode absorver as características de suas atividades-fim, de maneira que a equipe se encontra igualmente vulnerável ao sofrimento e à dor, porém pela perspectiva de quem exerce o cuidado". Esse fato fica ainda mais evidente, na tese de doutorado do autor do capítulo, parcialmente retratada neste livro, quando menciona os "profissionais de enfermagem, em especial técnicos e auxiliares, que lidam diariamente com os mesmos pacientes, incluindo cuidados com a saúde e higiene pessoal, o que, por sua vez, gera um intenso envolvimento emocional. Muitos desses profissionais relatam desgaste por essa relação e culpa quando não conseguem atender às demandas do paciente". Já em "Cuidadores domiciliares: a invisibilidade do cuidado", Ivete de Souza Yavo relata sua experiência clínica no atendimento de pacientes domiciliares e as vicissitudes dos cuidadores desses pacientes – um relato científico e profundamente humano.

Temos a esperança de que este livro forneça algum conhecimento e de que, a partir de sua leitura, muitas e novas perguntas emerjam. Esses questionamentos conterão potencial para gerar novos conhecimentos e assim por diante, inspirando sempre novas buscas.

UMA FONTE DE INSPIRAÇÃO

Adolfo Menezes de Melo (1977), psicanalista e livre-docente em pediatria, afirma que toda ciência tem algo de poético. Para que possamos pesquisar algo de bonito, atraente, devemos encontrar nesse algo um objeto "que encha o meu espírito de admiração. Ao perceber o universo como algo lindo, admirável e poético, aí começo a ser um cientista". E continua: "Se o andar da formiga me encanta, poderei entender cientificamente como anda". Acreditamos que sentimento muito semelhante seja experimentado na prática profissional das equipes de saúde.

Ao mesmo tempo, quando nos dispomos a conhecer, necessariamente devemos admitir que não sabemos. É assim que nos localizamos entre nosso saber e nosso não saber, sendo dessa maneira que adquirimos uma posição de humildade, capacitando-nos a aceitar que, "quanto mais sabemos, menos sabemos".

Um esquema gráfico (Mello, 1997) nos auxilia a compreender essa realidade. A linha vertical representa, a partir do zero e que ela representa o que sabemos e que ela poderá atingir 200 – um valor hipotético, mas válido para nosso raciocínio.

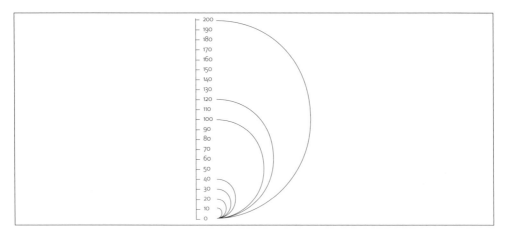

Caso eu parta do zero e chegue ao número 30, sem dúvida terei aprendido bastante, mas também terá se formado uma grande área do desconhecido. Subindo na escala, ainda que idealmente cheguemos ao número 200, poderemos perceber que a área do desconhecido foi consideravelmente aumentada.

"Tais fatos enfraquecem o nosso orgulho, desfazem a ilusão de poder e, portanto, modificam nossa relação com o mundo" (Mello, 1993) e, acrescentamos, com os profissionais com quem compartilhamos nosso fazer, principalmente na relação com os pacientes.

Professor Doutor Avelino Luiz Rodrigues

REFERÊNCIAS

1. Belloch A, Olabarria B. El modelo bio-psico-social: un marco de referencia necesario para el psicólogo clínico. Revista Clínica e Salud. 1993;(v. 4, n. 2):181-90.
2. Birman J. Enfermidade e loucura. Rio de Janeiro: Campos; 1980.
3. Engel G. The need for a new medical model: a challenge for a biomedicine. Science. 1977;196(4286):129-36.
4. Eksterman A. (1984) Abordagem psicodinâmica dos sintomas somáticos. Revista Brasileira de Psicanálise (1994), v. XXVIII, n. 1.
5. Freire P. A educação como prática da liberdade [recurso eletrônico]. Rio de Janeiro: Paz e Terra; 2015.
6. Freud S. Os instintos e sua vicissitudes. Edição standard das obras psicológicas completas de Sigmund Freud. Rio de Janeiro: Imago; 1969 [1915].
7. Mello AM. Psicossomática e pediatria: novas possibilidades de relacionamentos pediatria-paciente-família. Marília: Unimar; 1993.
8. Nações Unidas Brasil. Saúde mental depende de bem-estar físico e social, diz OMS em dia mundial. 2016 10 out. Disponível em: https://nacoesunidas.org/saude-mental-depende-de-bem-estar-fisico-e-social-diz-oms-em-dia-mundial.
9. Pereira TT, Seni O, Barros MNS, Augusto MCNA. O cuidado em saúde: o paradigma biopsicossocial e a subjetividade em foco. Mental. 2011;9(17):523-36. Disponível em: http://pepsic.bvsalud.org/scielo.php?script=sci_arttext&pid=S1679-44272011000200002&lng=pt&tlng=pt. Acesso em: 19 jul. 2019.

PARTE I

Conceituação

1 Mecanismo de formação dos sintomas em psicossomática[1]

Avelino Luiz Rodrigues
Elisa Maria Parahyba Campos
Fernando Pardini

INTRODUÇÃO

Neste texto, psicossomática é definida como o estudo sistemático das relações existentes entre os processos sociais, psíquicos e corporais. Consiste em um ramo do conhecimento que estuda de questões voltadas à promoção e aos cuidados com a saúde orgânica, psíquica e social. Como uma de suas principais motivações está a recuperação de um diálogo entre os saberes pertencentes às Ciências Biomédicas, Humanas e Sociais, por vezes prejudicado pelos excessos de cada uma destas especializações.

> ### Psicossomática
> A concepção de psicossomática é definida como o estudo sistemático das relações existentes entre os processos sociais, psíquicos e corporais, tem como uma de suas principais motivações estabelecer um diálogo entre os saberes pertencentes às Ciências Biomédicas, Humanas e Sociais.

O caminho para tal interação é longo, difícil. Raras são as vezes onde não se encontram intolerância e desrespeito pela postura e pelo saber do outro. E, hoje, tenho a convicção de que os maiores impedimentos para a aproximação das Ciências Humanas e das Ciências Biomédicas não estão nestas ciências em si, mas na postura dos seres humanos que as praticam e professam. Evidentemente não se deve desconsiderar os obstáculos epis-

---

[1] O presente capítulo é parte do livro *Introdução à psicossomática* [Spinelli, M. R. (org.), Atheneu, 2010], agora em versão revisada e ampliada com a respectiva autorização.
Em homenagem ao Professor Dr. José Fernandes Pontes, profissional dedicado à clínica médica e à psicanálise, um dos introdutores da Psicossomática no Brasil.

temológicos presentes neste exercício interdisciplinar, que é a Psicossomática, mas afirmo que a superação destas dificuldades só será possível por meio da ação humana.

De fato, a ciência não existe sem o homem. Ela é um produto da cultura e, como tal, desenvolve-se na tentativa de responder a indagações e propor soluções práticas. Mas é inegável, também – e isso se mostra evidente nos saberes relacionados à promoção de saúde – que particularidades deste campo de conhecimento são levadas a tal extremo que se perde a noção do todo. Esse todo é o ser humano, a pessoa do paciente.[2] Que um órgão seja o rim, o coração, o cérebro e assim por diante, só tem realmente significado se estiver incluído neste todo. A perda de tal noção significa um reducionismo científico, com repercussões desfavoráveis na prática de promoção e atenção à saúde. Não há aqui qualquer repúdio às especialidades, a denúncia refere-se ao "especialismo" que afasta o profissional da pessoa por ele tratada, o paciente, além disso, favorece a utilização de procedimentos e atitudes iatrogênicas.

Vivemos, hoje, o desafio de lidarmos com duas tendências a princípio contraditórias. Por um lado, a demanda do processo de construção do conhecimento, resultando em uma complexidade exponencial e indutora da busca de especialização, junto à fragmentação de saberes, evidenciada na multiplicação de disciplinas oferecidas pelas universidades e pelas explicações sempre mais especializadas e parciais sobre a realidade.

Por outro lado, existe a percepção, até mesmo com o reconhecimento dos produtores destes saberes, pesquisadores e profissionais da área de saúde, sobre a necessidade de atravessar as fronteiras disciplinares, construindo um diálogo com características interdisciplinares, na busca de superação dos efeitos negativos desta fragmentação. Disciplinas isoladas ou saberes compartimentalizados serão incapazes de fornecer respostas e instrumentos adequados para lidar com as complexas interações presentes no processo saúde e doença.

Utilizando uma metáfora, já referida outras vezes, podemos dizer, sem risco de cometer uma inverdade, que a medicina e outras ciências biomédicas, muitas vezes, lidam com o ser humano como se fosse uma "mula-sem-cabeça", ou seja, se esquecem de que a pessoa não é apenas um corpo; por outro lado, a psicologia o trata como se fosse um "fantasma", possuidor de um espírito (psiquismo) e sem corpo. Na abordagem da Psicossomática, procura-se construir um diálogo entre o modelo bio-físico-químico, ou modelo das ciências biomédicas, e todo o conjunto de conhecimentos advindos das ciências humanas, como a Psicanálise e a Psicologia, entre outros, com o intuito de construir novas informações e intervenções sobre o ser humano e o processo de adoecer.

O ser biopsicossocial
Uma metáfora: a medicina e outras ciências biomédicas, muitas vezes, lidam com o ser humano como se fosse uma "mula-sem-cabeça", ou seja, se esquecem de que a pessoa não é apenas um corpo; por outro lado, a psicologia o trata como se fosse um "fantasma", possuidor de um espírito (psiquismo) e sem corpo.

---

2   Para uma compreensão mais ampla do que pretendo significar com o termo Pessoa, ver Perestrelo, D. *A medicina da pessoa*, 1974.

> A abordagem Psicossomática procura integrar esses diversos aspectos do ser humano – o corpo e a mente –, construir um diálogo entre o modelo das ciências biomédicas e todo o conjunto de conhecimentos advindos das ciências humanas, como a Psicanálise e a Psicologia, entre outros, com o intuito de construir novas informações e intervenções sobre o ser humano e o processo de adoecer.

Esta concepção de homem coaduna-se com o modelo proposto por Engel (1997) e com a visão da Organização Mundial de Saúde na declaração de Alma-Ata (1978) de um ser biopsicossocial, portanto, não apenas biológico, mas submetido a outras determinações: o psicológico e o social.

> Fosse qualquer um de nós apenas biológico ou, além de biológico, apenas biologicamente social, seria somente animal, mesmo sob a forma de membro de um grupo ou de uma sociedade, como é a abelha ou a formiga [...]. O que distingue, no caso do homem, o indivíduo, além de biológico, social, dos animais sociais é que a sua sociedade é condicionada não só pelo equipamento biológico com que nasce, como pelo equipamento cultural que adquire e que desenvolve [...]. (Freire, 1983, p. 129)

O ser humano vem ao mundo totalmente incapacitado de providenciar a sua sobrevivência por si mesmo. Depende totalmente e durante longo período – comparativamente com outros animais – do meio mantenedor. Desta forma, completa a maturação biológica, bem como o desenvolvimento emocional e intelectual na interação com os outros humanos, permitindo que muitos de seus aspectos biológicos e mentais sofram influência marcante e direta de fatores psicossociais. Dito em outros termos, as experiências de vida, notadamente as mais precoces, moldam o ser humano.

Assim sendo, o comportamento humano é, em muito, determinado pelo contexto sociocultural, onde realizou o seu desenvolvimento e no qual se insere, tanto no que tange às emoções como no funcionamento orgânico. Aquilo que nos entristece ou alegra decorre da visão de mundo adquirida mediante contatos sociais. Quanto aos aspectos orgânicos, por exemplo, se a pessoa é compelida por seus impulsos biológicos à busca de alimentos, este comportamento sofre determinação importante de fatores sociais internalizados (incorporados) na relação estabelecida entre os membros significativos de seu grupo social, em especial a família. Assim, podemos dizer que, quando o ser humano se vê obrigado pela sua constituição biológica a buscar satisfação instintiva, a expressão desta procura canaliza-se por vias socialmente determinadas, como o quê, e quando comer, o dia, a hora, o local, a conveniência, as regras de educação, os hábitos etc. (Rodrigues, 2005).

Interação psicossomática

Quanto aos aspectos orgânicos, por exemplo, se a pessoa é compelida por seus impulsos biológicos à busca de alimentos, este comportamento sofre determinação importante de fatores sociais internalizados (introjetados).

Ressalta-se, também, o quanto o comportamento alimentar assume enorme significação psicológica. Alimentar-se significa colocar para dentro, incorporar coisas boas capazes de aliviar o sofrimento provocado pela sensação de fome, esta sensação, associada à figura materna ou substituta, é muito importante, notadamente, nos primórdios do desenvolvimento, quando as experiências precoces ficam "moldadas" na mente infantil, influenciando a estrutura de personalidade do indivíduo, sua interpretação e relacionamento com o mundo, em anos posteriores.

Assim, em nossa clínica, comumente encontramos pacientes que frente a situações angustiantes ou desprazerosas aumentam consideravelmente a ingesta. Outros, ainda dentro do sentido de comer, de incorporar, atiram-se a atividades e buscam a acumulação de objetos materiais, embora quase nunca se sintam seguros ou satisfeitos. Alguns, frente a situações difíceis, reagem inversamente, com redução da ingesta (anorexia, inapetência) e demonstram até uma certa rejeição pelo mundo. Se olharmos os "sintomas" de hiperfagia ou anorexia apenas pelo prisma do biológico, isolado da história do paciente e de sua significação psicológica, estaremos menos instrumentalizados para o atendimento clínico e consequente seleção terapêutica (Pontes, 1980; Rodrigues, 1987).

Se olharmos os "sintomas" de hiperfagia ou anorexia apenas pelo prisma do biológico, isolado da história do paciente e de sua significação psicológica, estaremos menos instrumentalizados para o atendimento clínico e intervenção terapêutica (Pontes, 1980; Rodrigues, 1987).

HISTÓRIA CLÍNICA INTRODUTÓRIA E ILUSTRATIVA

Gostaria de iniciar este tópico com a apresentação de um fragmento de história clínica (Pontes, 1980).

A paciente (AML) de 18 anos, do sexo feminino, solteira, estudante universitária, residência fixa no interior do Estado de São Paulo, foi atendida nos moldes da Abordagem Psicossomática, o que inclui relato espontâneo e anamnese biográfica, no entanto, para nossos objetivos atuais, vamos nos ater apenas a alguns recortes desta situação clínica.

AML, a paciente, relata que desde os 16-17 anos, começou a apresentar uma síndrome de digestão difícil, a princípio esporádica, com alimentos mais gordurosos ou com refeições mais abundantes, sendo que aos poucos se tornou mais frequente e a qualquer alimento. Foi, também, perdendo o apetite. Nos últimos sete meses, coincidindo com a sua vinda para São Paulo, sobreveio dor epigástrica após a alimentação, suportável, mas que exige o uso de medicamentos para ceder, com aparecimento irregular, sem relação com o tipo de alimento. Não há vômitos, mas a digestão é sempre demorada e há sensação de "estômago vazio" pela manhã, em jejum. Crises ocasionais de cefaleia supraorbitária, bilateral, latejante, sem distúrbios visuais e dor na região lombossacra. Apresenta discreta tensão pré-menstrual. Afirma não observar relação com aborrecimentos ou tensões emocionais.

Emagreceu três quilos em um período de quatro a cinco meses, tem mãos frias e úmidas, transpiração axilar fácil. O exame físico não apresenta alterações significativas. Ambos os pais são portadores de úlcera duodenal. É a sexta de oito irmãos. Julga-se de temperamento ansioso, perfeccionista. Leva a sério seus compromissos, não admitindo atrasos nas obrigações assumidas.

Sua atitude geral é triste, embora queira mostrar-se sorridente. Fala baixo, voz suave, tronco ligeiramente arqueado. Diz deprimir-se com facilidade ultimamente, que seu humor tem mudado muito nos últimos três a quatro anos e demonstra o desejo de terminar logo os seus estudos para aperfeiçoar-se no exterior.

Dos exames subsidiários podemos destacar: uma vesícula biliar alongada, tubular, com esvaziamento satisfatório; estômago e duodeno sem lesões orgânicas evidenciadas, sendo que o estômago apresenta-se hipotônico, em "J", alongado, com localização anormal e muito baixa, atingindo a bacia quando a paciente está em pé. A paciente foi medicada e recomendou-se nova consulta em 15 dias, onde surgiu o seguinte diálogo:

Paciente (AML): Continuo com "dor no estomago", com o mesmo mal-estar, com desânimo, quero comer, mas evito, porque não me sinto bem após.

Prof. Pontes (Profissional): Gostaria de conhecer algo mais sobre sua vida, o que tem acontecido com você.

AML: [Hesita, acha que nada demais tem acontecido, apenas alguns desentendimentos] Meu pai e minha mãe não querem que eu namore um rapaz que conheço há 4 anos. Julgam-no um rapaz que não está a minha altura. [O pai de AML é industrial, pecuarista e político eminente na região onde residem. Neste momento, a paciente emociona-se e começa a chorar.]

Profissional: E você desistiu?

AML: Não, namoramos há quatro anos, ele se forma no próximo ano. Agora ele está sendo mais aceito. Sou tímida [chora]. Creio que há muita coisa errada. Sinto muito as dores dos outros.

Profissional: Dê um exemplo.

AML: Como? [ligeira pausa]. Quando vejo uma notícia, eu tomo as dores da vítima, fico muito comovida.

Profissional: Sim.

AML: É uma questão de sensibilidade, mas revolta-me.

Profissional: Parece-me que você se identifica com a vítima.

AML: É, é sim [sorri, com lágrimas]. Sinto que muita coisa convencional sobre educação [pausa] quadrada deve sofrer modificação. Meu namorado, por exemplo, é diferente; foi criado em ambiente mais simples, de mais conversação com os mais velhos, com os pais, sei lá... Ele é mais forte, mais aberto, é completamente diferente de mim.

Profissional: É para isso que estamos conversando, para que você possa sentir-se mais livre, deixar sair o que sente, seja o que for.

AML: Creio que isto faz bem.

Profissional: Vamos conversar e veremos que o estômago não dói, quando a boca fala pelo estômago.

A evolução clínica desta paciente apresentou melhora progressiva e os sintomas praticamente desapareceram.

Algumas reflexões sobre este caso clínico

Esta história clínica poderia ser pensada por diferentes vértices. Inicialmente, deve--se destacar a atitude do profissional. Podemos constatar o que ele busca ao oferecer uma escuta diferenciada para a paciente, não se prendendo aos aspectos orgânicos. Ressalta--se que estes não foram ignorados ou negligenciados, mas incluídos na história de vida da paciente, revestindo-os de sentido. Desta maneira, o adoecer não é visto como um acontecimento casual na vida da pessoa, mas algo, muitas vezes, revelador de sofrimento nas inter-relações estabelecidas consigo mesma e com outras pessoas. A postura psicossomática possibilitou escutar o conteúdo latente do discurso da paciente, aquele que ainda não tinha encontrado expressão verbal, criando condições para AML torná-lo manifesto.

Se nos debruçarmos sobre este caso clínico, ainda que em seus aspectos mais evidentes, dificilmente deixaríamos de notar algumas "coincidências" como a piora dos sintomas digestivos e o aparecimento da dor na região lombossacra com a vinda da paciente para São Paulo, o que leva a crer que este acontecimento resultou em sofrimento para AML. O afastamento de seu meio familiar e social poderia ser sentido como algo penoso, o que seria perfeitamente compreensível. Se foi suficientemente intenso a ponto de provocar uma expressão física, como as percebidas na história clínica, é difícil afirmar, pois esta paciente não parece apresentar tal fragilidade egoica,[3] há relato de ser uma pessoa que leva a sério seus compromissos e é exigente o bastante para não tolerar atrasos, e vem sustentando, ainda que com sofrimento, uma posição antagônica a de seus pais.

Formulado em palavras os conflitos com as respectivas emoções, por meio da intensidade da relação transferencial, estes conteúdos foram melhor "digeridos", elaborados, pela perspectiva de um referencial psicanalítico, resultando em menor sofrimento para a paciente.

Por outro lado, alguém poderia argumentar que, na consulta subsequente, a paciente consegue, auxiliada pelo profissional de saúde, expressar um conflito em relação aos pais, "desentendimentos", como menciona no início, sobre o seu relacionamento afetivo, para mais tarde expressar com mais liberdade o seu inconformismo e raiva frente à atitude de seus pais, expresso na seguinte fala: *"Sinto que muita coisa convencional sobre educação [pausa] quadrada deve sofrer modificações. Meu namorado é diferente; foi criado em ambiente mais simples, de mais conversação com os pais [...] Ele é mais forte, mais aberto, completamente diferente de mim"*. Este discurso, surgido espontaneamente, mostra que o conteúdo associativo aponta na direção de um conflito, situado na relação da paciente com seus pais. Vale destacar a intervenção do profissional como, principalmente, a de favorecer a associação de ideias de AML.

Podemos indagar: seria este conflito na inter-relação familiar inteiramente responsável pela sintomatologia que a paciente apresenta? Acreditamos que não. Afinal AML poderia simplesmente ignorar a objeção de seus pais, ou pelo menos não dar tanta impor-

---

3   Relativo ao EGO, na teoria psicanalítica.

tância à oposição deles. O que a impediria de agir desta forma e sofrer tanto? A resposta para esta questão é bem conhecida dos psicanalistas.

A paciente interiorizou o conflito, ou seja, o conflito ocorre no mundo interno desta jovem. Podemos dizer que cada personagem deste drama está representado por um objeto interno ao psiquismo (no sentido psicanalítico), impregnado de representações e afetos em conflito. Cada qual com desejos e tendências opostas que colidem e, frente à impossibilidade da paciente em resolvê-las, resultam no desencadeamento de emoções expressas, concomitantemente, ao nível do corpo e dos processos mentais.

> A paciente interiorizou o conflito, ou seja, o conflito ocorre no mundo interno desta jovem. Podemos dizer que cada personagem deste drama está representado por um objeto interno ao psiquismo (no sentido psicanalítico), impregnado de representações e afetos em conflito.

Podemos observá-las nesta história clínica por meio de suas expressões físicas, como digestão difícil, cefaleia, dor lombossacra, e no nível da mente, como os sintomas depressivos.

> A situação depressiva, com o sentimento de renúncia e desalento, acompanha-se de relaxamento visceral, de alterações motoras, uma síndrome denominada hipoestênica.[4] Esta traduz a dificuldade em aceitar as vivências, os estados afetivos, decorrentes do relacionamento consigo mesmo, "com o seu íntimo", e com o mundo externo (em termos de pessoas, objetos, ambiente sociocultural, familiar, profissional etc.). O que ocorre nos processos mentais, do mundo objetal interno ou dos símbolos constitui o componente latente do sintoma clínico, enquanto aquilo que se passa ao nível dos órgãos compõe o sintoma manifesto. (Pontes, 1975)

O quadro clínico desta paciente reafirma de forma convincente esta observação, bastando verificar a importante hipotonia do estômago, evidenciada pelo exame subsidiário, que na posição ortostática (de pé) atingia a bacia.

A síndrome hipoestênica apresentada por esta jovem observa-se em pacientes portadores de uma relação objetal negativa, com dificuldades para a aceitação das condições de vida, pessoas que se sentem frequentemente deprimidas, escondendo por meio deste estado afetivo fortes sentimentos de hostilidade reprimida em relação ao mundo externo e alguns objetos internos. Têm dificuldade em aceitar o mundo e a vida, assim como seus representantes simbólicos, os alimentos, tornando a sua ingestão difícil, e, por conseguinte, não os digerem bem. Aparece em qualquer idade e pode estar presente durante toda a vida da pessoa, em maior ou menor intensidade, dependendo da qualidade e do tipo de interação com o mundo interno e o externo. Pode ser acompanhada por outras doenças do apa-

---

4   Síndrome hipoestênica, na maioria das vezes, caracteriza-se por relaxamento do aparelho digestivo, sensação de digestão lenta, empanturramento ou empachamento, regurgitação, dor epigástrica, eructação e náusea, sendo mais secundárias à azia e à queimação.

relho digestivo, como hérnia de hiato, gastrite, diverticulites,[5] como também de hipertensão arterial, alguns tipos de alterações de pele e das articulações, enxaqueca, entre outras.

A eleição desta história clínica, como ilustração, supre algumas determinações teórico-clínicas. Sem dúvida uma das mais importantes é romper com a dicotomia "psicossomática", ou seja, demonstra de forma cabal que os sintomas que possuem um substrato orgânico – o estômago em "J", alongado, ptótico – são acompanhados de concomitantes psicológicos, ou seja, elimina, desfaz a noção – equivocada – de que *se os sintomas têm substrato orgânico não apresentam conteúdos psicológicos*", a infeliz afirmação "ou é orgânico ou psicológico". Esta paciente apresenta alterações anatômicas, mas elas por si só não abarcam a compreensão do quadro clínico, pois os sintomas surgem ou são exacerbados na presença de uma situação conflitiva, que gera tensão concomitantemente no nível dos processos mentais e corporais.

> Rompe com a dicotomia "psicossomática", ou seja, demonstra de forma cabal que os sintomas que possuem um substrato orgânico são acompanhados de concomitantes psicológicos, ou seja, elimina, desfaz a noção – equivocada – de que *se os sintomas têm substrato orgânico não apresentam conteúdos psicológicos*", ou infeliz afirmação "ou é orgânico ou psicológico", como se fossem excludentes.

Desta forma, reconhecemos a capacidade do ser humano em responder às ameaças decorrentes da interação social e não apenas das ameaças concretas (biológicas, como microrganismos, e/ou físicas e químicas). Assim, situações que podem sugerir ou implicar em quebra de laços familiares e da estrutura social, privação de necessidades afetivas básicas, obstáculos à realização pessoal, separação, entre outros, são potencialmente danosos à pessoa, aumentando consideravelmente a sua vulnerabilidade (Rodrigues, 2005).

A enfermidade apresentada por esta paciente não se constitui um elemento isolado em sua vida, mas um elo a mais de sua história apareceu porque naquele momento biológico, psicológico e social da existência, os fatores oriundos do mundo exterior e interior coincidiram em um organismo vulnerável aos agentes estressores, em função de sua história pessoal, perturbando-lhe a homeostase (Pontes, 1975).

A doença de AML denunciava situação de conflito, historicamente construída desde o seu nascimento, na organização sociocultural e familiar a que pertence (Pontes, 1974). A vinda para São Paulo, afastando-se de seu meio social e familiar, a intensificação do conflito com as figuras parentais e a dificuldade em lidar com este embate dentro de si, juntamente com a impossibilidade da paciente se permitir enfrentar, de forma mais tranquila para si mesma, a oposição sofrida por sua escolha amorosa, gerou intensas emoções reprimidas como insatisfação, mágoa, ressentimento e possivelmente culpa. Estes conflitos geram tensões emocionais expressas, simultaneamente, por meio de tensão visceral, resultando nos sintomas desta enfermidade.

---

5   Alteração da mucosa gastrointestinal que se caracteriza por pequenos apêndices em forma de saco ou bolsa, em geral no intestino.

> A doença *"apareceu naquele momento biológico, psicológico e social da existência, porque os fatores oriundos do mundo exterior e interior coincidiram em um organismo vulnerável aos agentes estressores, em função de sua história pessoal, perturbando-lhe a homeostase"* (Pontes, 1975).

SOBRE A CONCEPÇÃO DE PSICOSSOMÁTICA

A Psicossomática caracteriza-se como uma atitude na promoção e atenção à saúde, postulando uma visão integrada, na sua unidade irredutível corpo-mente, inserida no seu ambiente físico e socioeconômico e cultural (Figura 1).

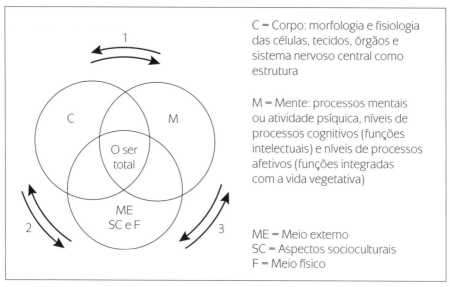

Figura 1 Integração do corpo, dos processos mentais e do meio externo.

Já foi o tempo em que se utilizava o termo Psicossomática para determinar doenças, como a úlcera péptica, a retocolite ulcerativa, a asma brônquica, a hipertensão arterial, a artrite reumatoide, entre outras. Realmente, em algumas doenças, a correlação entre os aspectos emocionais, situações de vida e o processo patológico somático é mais evidente, mas existem aquelas em que o processo orgânico (renal, digestivo, endócrino, cardiológico, e assim por diante) mostra-se mais patente.

Adolpho Menezes de Mello nos ensina o seguinte:

> a rigor, a divisão em escolas psicossomaticistas e não psicossomaticistas é fruto de um equívoco, [...] o ser humano é dotado de aspectos psíquicos e somáticos. Hoje ninguém negaria, em sã consciência, que o homem é psicossomático (Mello, 1993).

Júlio de Mello Filho diz o seguinte: toda doença é psicossomática, "já que incide num ser provido sempre de soma e psique, inseparáveis, anatômica e funcionalmente" (Mello Filho, 1978). Por outro lado, seja qual for o fator etiológico preponderante considerado, a doença incide no ser humano detentor de vida mental, além de social e somático. Passa, portanto, a ser psicossomática (na conceituação atual) pelas suas repercussões (Mello Filho, 1978).

> Houve um momento na história do desenvolvimento da pesquisa e construção do conhecimento em psicossomática, no qual se levantou a questão da psicogênese. Este conceito ficou no tempo.

Houve um momento na história do desenvolvimento da pesquisa e construção do conhecimento em psicossomática, no qual se levantou a questão da psicogênese, ou seja, o estudo dos sintomas ou das doenças a partir de causas mentais. Este conceito ficou no tempo, embora alguns insistam em manter esta atitude, não obstante alertas e restrições levantadas por autores internacionalmente importantes, como Franz Alexander (1948) e George Engel (1967) e nacionais, como José Fernandes Pontes (1980), Danilo Perestrello (1974) e Abram Eksterman (1986). Este último acrescenta a esta questão:

> O que se tem veiculado com a designação de patologia psicossomática, portanto, é tão somente a valorização de aspectos psicológicos. Com isso não está incluída a dimensão da pessoa. Cuidar do doente não é o mesmo que prestar atenção às manifestações psicológicas. Psicologizar a patologia é incorrer em reducionismo inaceitável e não equivalente à concepção psicossomática.

O termo Psicossomático, como diz Engel (1967), deve ser usado como um adjetivo, palavra qualificadora do substantivo, ou seja, que caracteriza uma ação, uma postura, uma abordagem, a interface entre os processos somáticos e psicológicos. O foco da abordagem psicossomática está nas maneiras pelas quais os fatores psicológicos e somáticos interagem no todo da sequência dos eventos que constituem uma experiência particular da doença. O termo Psicossomático não deve ser utilizado no sentido de causalidade, mas de várias relações existentes entre a mente e o cérebro, entre fenômeno e processo a serem observados tanto em termos psicológicos, como em termos somáticos. Este autor ressalta ainda que a utilização do termo "doença" ou da expressão "desordem psicossomática" é um engano (*misleading*), pois implica considerarmos uma especial classe de transtornos que teria uma etiologia psicogenética e, por inferência, a ausência da interface psicossomática em outras doenças. Falando em termos estritos, não existem doenças psicossomáticas, assim como não existem doenças bioquímicas ou doenças fisiológicas.

12   Psicologia da saúde hospitalar

> Ressalta Engel (1967) que a utilização do termo "doença" ou da expressão "desordem psicos-
> somática" é um engano (*misleading*), pois implica considerarmos uma especial classe de trans-
> tornos que teria uma etiologia psicogenética e, por inferência, a ausência da interface psicos-
> somática em outras doenças.

Em outras palavras, nas doenças existem aspectos psicossomáticos, bioquímicos e fisiológicos e por fim, conforme Engel (1967), as doenças enunciam as dificuldades do organismo em se ajustar às demandas do ambiente interno e/ou externo das pessoas, como
pudemos evidenciar na história clínica relatada.

Daí a tendência de compreender o processo de adoecer não como um evento casual
na vida de uma pessoa, mas como representação ou resposta do organismo. Ou seja, como
uma pessoa que vive em sociedade, em relação recíproca com outras pessoas e é parte ativa de uma microestrutura familiar inserida na macroestrutura social e cultural, situada
em determinado ambiente físico, procurando resolver do melhor modo possível os problemas de sua existência no mundo (Pontes, 1974).

MECANISMO DE FORMAÇÃO DOS SINTOMAS

Dentro desta perspectiva, a doença expressa e revela a forma de um indivíduo viver
e sua interação com o mundo. Obedece, pois, a uma pluricausalidade – fatores bio-físico-
-químicos, como agentes bacterianos, dietas, genéticos, climáticos, entre outros, e a fatores de ordem psíquica e social – e compromete uma pluridimensionalidade, visto que todo
ato humano ocorre simultaneamente nos níveis somático, mental e social (Pontes, 1980).
No máximo, existe a expressão predominante em um dos três níveis do existir.

Como pudemos perceber na história clínica relatada, a doença denuncia uma disfunção no processo de viver (Perestrello, 1974), um conflito (Pontes, 1974; Mello Filho, 1978;
e Eksterman, 1986), situação suficiente para produzir emoções, tensões e, por consequência, passíveis de originar transtornos, sintomas orgânicos, dos mais variados, na dependência das peculiaridades históricas, sociais, culturais e genéticas de cada pessoa.

O conflito intrapsíquico ocorre, segundo Laplanche e Pontalis (1971), quando surgem
no espaço mental determinadas representações mentais que apresentam exigências internas contrárias, como entre um desejo e prescrições morais ou entre sentimentos contraditórios. Embora a psicanálise considere o conflito como algo essencial ao ser humano,
para alguns pode se tornar fonte de sofrimento, notadamente quando o indivíduo não elabora o conflito de forma satisfatória, instalando-o em seu psiquismo, principalmente àqueles onde os desejos e/ou sentimentos são tidos como intoleráveis ou indesejáveis em função de normas, interdições morais e educacionais, da "voz da consciência", ou ainda
daquilo que o indivíduo idealiza de si mesmo.

Quando o conflito intrapsíquico se torna persistente e intenso, a emoção decorrente
gera um estado de tensão, que buscará um escoamento por acesso emocional e somático,
tende a se expressar com o intuito de aliviar a tensão e favorecer a manutenção da homeostase psíquica. O conteúdo do conflito nem sempre se mostra de maneira muito clara e

pode não estar presente de forma manifesta, explícita, consciente. Em função disto, a tensão resultante de tal conflito sofre, na formulação de Ramos (2006), uma transdução, expressa na formação do sintoma orgânico.

> Transdução: processo pelo qual uma energia se transforma em outra de natureza diferente. Por exemplo: um raio de luz que incide na retina é "transformado" em um impulso elétrico, que é conduzido ao córtex sensorial primário visual, no occipital e posteriormente às áreas associativas temporais e parietais e, posteriormente, para outras estruturas e funções onde se reconhece a imagem, inclusive com seu colorido afetivo. Todos estes processos são fenômenos de transdução. Estímulos visuais que se transformam em impulsos elétricos, se transformam em representações mentais, que vão se expressar através de processos mentais e em estruturas e/ou funções orgânicas.

Podemos traduzir este raciocínio com uma metáfora: é como um rio que se divide em dois braços. Na eventualidade de um dos braços apresentar um obstáculo a sua vazão, o outro braço ficará sobrecarregado e poderá transbordar (Figura 2).

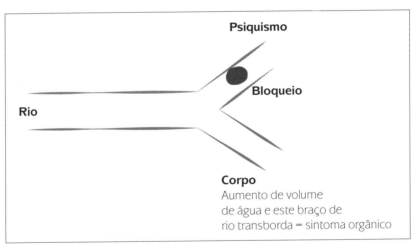

Figura 2 O sintoma orgânico como transbordamento.

Histeria de conversão e somatização

Antes de dissertar sobre este tema, destaca-se que a histeria de conversão tem como referência a noção freudiana, ou seja, "de um evento traumático que foi sequestrado pelo inconsciente pelo recalcamento e que só pode se expressar corporalmente" (Schaeffer, 2005) e o termo Somatização, aqui é empregado, segundo a definição clássica de Menninger (1947) como respostas exacerbadas de manifestações fisiológicas normais, na forma de uma reação de *distress* (dificuldades na adaptação) a uma situação crônica e/ou intensa vivida como emocionalmente penosa para a pessoa, onde há uma repressão ou supressão dos conteúdos subjetivos das emoções, sendo que a manutenção da disfunção visceral pode provocar mudanças na estrutura do órgão.

"*A somatização como resposta, tanto aos conflitos internos como às catástrofes externas, encontra-se entre as expressões mais banais que o homem é capaz de fornecer*" (McDougall, 1991). Este autor complementa afirmando que o objetivo é de se manter vivo, de realizar-se como pessoa, conservar intacta a identidade e defender-se de tudo que ameaça esses propósitos (McDougall, 1991). O caso clínico, anteriormente descrito, ilustra este entendimento.

Por outro lado, Franz Alexander (1948, 1989) assinalava que cada situação emocional corresponde a um conjunto específico de alterações físicas, respostas psicossomáticas, tais como o riso, o choro, alterações da frequência cardíaca, da respiração, da vascularização da pele, das vísceras etc., e, quando a emoção se esvai, os processos fisiológicos correspondentes também se dissipam e o corpo volta ao seu estado anterior, de equilíbrio – de homeostase, que é um estado dinâmico e não estático, segundo o formulador deste conceito fundamental da biologia moderna e que pavimentou as bases da fisiologia, Walter Cannon (1929). Vale à pena lembrar que Cannon, devotou um significativo conteúdo de sua atenção para o estudo do sistema nervoso autônomo e da fisiologia das emoções, dentre elas destacam-se as conhecidas reações de luta e fuga, onde "estados emocionais estimulam a secreção de adrenalina pela glândula suprarrenal, que agindo sobre tecidos periféricos preparam o organismo para uma reação de emergência" (Brito & Haddad, 2017).

> Conversão, fenômeno que consiste na transposição de um conflito psíquico e uma tentativa de sua resolução em sintomas somáticos, motores, como uma paralisia, ou sensitivos; uma anestesia, ou dor acentuada (Laplanche & Pontalis, 1971).
> A resposta orgânica é inconsciente e expressa simbolicamente, mediante o corpo, conflitos, representações mentais reprimidas. Os sintomas corporais "falam" sobre os conteúdos destas representações reprimidas, deformadas pelos mecanismos defensivos do ego (Freud, 1895).

Os primeiros pacientes portadores de distúrbios orgânicos crônicos, relacionados a transtornos emocionais que receberam estudo mais aprofundado, foram os pacientes histéricos. Esta constatação nos permite deduzir que a psicanálise, pelo menos em seus movimentos iniciais, nasce da psicossomática. Freud percebeu no mecanismo de formação dos sintomas histéricos a ocorrência de um fenômeno que denominou de conversão. Tal fenômeno consiste na transposição de um conflito psíquico e uma tentativa de sua resolução em sintomas somáticos, motores, como uma paralisia, ou sensitivos; uma anestesia ou uma dor acentuada (Laplanche & Pontalis, 1971). É importante destacar que as respostas fisiológicas relacionadas a situações emocionais, como o riso ou o choro, usualmente, correspondem a situações conscientes. Algo diferente ocorre na histeria, o conteúdo psicológico que produz a resposta orgânica é inconsciente e expressa simbolicamente, mediante o corpo, conflitos, representações mentais reprimidas. Os sintomas corporais "falam" sobre os conteúdos destas representações reprimidas, deformadas pelos mecanismos defensivos do ego (Freud, 1895,1974).

Alguns autores procuraram aplicar o conceito de conversão histérica a diversos distúrbios corporais, tanto viscerais, como endócrinos e imunológicos; uma hipertensão arterial, uma hemorragia do aparelho gastrointestinal, uma alteração no funcionamento da tireoide, uma artrite reumatoide, diferentes comprometimentos imunológicos, entre outros, teriam um significado simbólico, semelhantes aos sintomas de conversão, o que, de forma geral, se mostrou um equívoco, como afirmou Alexander (1948, 1989).

Laplanche e Pontalis (1971) assinalam a tendência atual de diferenciar a conversão histérica de outros processos de formação dos sintomas, para os quais se tem proposto o nome de somatização. Na medida em que apresentam diferenças psicodinâmicas e fisiológicas (Alexander, 1948) ou, no dizer de Eksterman (1994):

> do ponto de vista psicodinâmico, a histeria e a hipocondria teriam que ser compreendidas como distúrbios da representação do corpo, enquanto as enfermidades físicas consideradas psicossomáticas, como reações adaptativas malsucedidas do corpo ao estresse biológico, físico ou psicossocial.

Alexander (1948, 1989) e Saul (1945) procuram diferenciar os processos conversivos dos demais sintomas orgânicos, nestes estão bem evidentes os fatores emocionais e tem o conflito intrapsíquico como um dos fatores etiológicos. Na terminologia moderna, somatizações, embora, primariamente, não há um processo de simbolização do conflito, mas é possível uma compreensão psicológica em termos sócio-históricos da expressão emocional do sintoma.

Sumarizando as diferenças entre um sintoma conversivo e as somatizações, um sintoma conversivo é a expressão simbólica de um conflito intrapsíquico, ocorre no sistema neuromuscular voluntário ou perceptivo sensorial e tem como função expressar e descarregar a tensão emocional decorrente do conflito.

A somatização não é uma tentativa de expressar emoções, mas, sim, a própria expressão das emoções, a resposta fisiológica, ou melhor, o concomitante no nível do corpo das emoções, que, na dependência da intensidade e da repetição destas respostas, podem provocar os mais diversos sintomas. "A elevação da pressão sanguínea, por exemplo, sob a influência da raiva, não alivia a raiva, mas é um componente fisiológico do fenômeno total, que é a raiva" (Alexander, 1989), na persistência dos conflitos e de suas emoções correspondentes, surge o sintoma quando se tornam crônicos, como na situação clínica descrita de AML.

A somatização é a expressão direta das emoções, a resposta fisiológica, ou melhor, o concomitante no nível do corpo das emoções, que, na dependência da intensidade e da repetição destas respostas, podem provocar os mais diversos sintomas. "A elevação da pressão sanguínea, p. ex., sob a influência da raiva, não alivia a raiva, mas é um componente fisiológico do fenômeno total, que é a raiva" (Alexander, 1989).

Como informação adicional, que não contradiz as anteriores, mas a complementa, é oportuno citar Engel e Schmale (1967), que fazem formulações que vão além das de Alexander. Seus estudos conduzem ao raciocínio de que mecanismos conversivos podem estar envolvidos em diferentes patologias, mas suas influências estão restritas à localização da lesão e também naqueles, independentemente da etiologia primária da lesão, que poderão tornar-se *locus* de futuras conversões. Portanto, estas lesões em si, e os sintomas decorrentes, não terão um significado simbólico primário e nem servirão como função defensiva, mas se mostrarão terrenos férteis para simbolizações secundárias, ou seja, processos simbólicos em resposta às transformações corporais que ocorrem no curso de uma doença somática. Um bom exemplo é a hiperventilação. Em várias reações de ansiedade, há um aumento considerável da frequência respiratória, a pessoa fica muito ofegante, por vezes com a sensação de sufocamento, e, em decorrência desta respiração excessiva, podem surgir vários sintomas, tais como, formigamentos, tontura, abalos musculares. Estes sintomas não são conversões, mas resultam da alcalinização sanguínea que é uma complicação decorrente da hiperventilação. Por outro lado, estas concepções remetem ao conceito original de Freud de complacência somática (Freud, 1985/1974), em que uma enfermidade somática pode servir de ponto de atração para a expressão de um conflito inconsciente (Laplanche & Pontalis, 1971), e, também, nos auxilia a compreender algumas noções exageradas de Groddeck sobre localização da doença (Engel & Schmale, 1967). Neste momento, se faz oportuno citar Eksterman (1994): "O corpo, em especial, o corpo doente é uma plataforma que propicia manifestações linguísticas primitivas" o que é bastante diferente e "não nos autoriza considerar a 'tensão' dessa linguagem primitiva, deste processo primário de pensar, a causa (a etiologia) destas enfermidades".

> **Processos de elaboração secundária**
> Tecidos previamente lesionados não possuem um significado simbólico primário, mas são suscetíveis para manifestações linguísticas primitivas, ou seja, são repositórios de representações, terreno fértil para simbolizações, de processos simbólicos relacionados às transformações corporais, portanto, simbolizações secundárias.

Da emoção ao sintoma funcional e a lesão

Wolff, um dos principais pesquisadores na história da psicossomática, demonstrou em vários estudos que as ameaças simbólicas poderiam gerar emoções desprazerosas e desencadear no organismo importantes reações. Dois de seus estudos (Wolf, 1950) merecem ser citados: no primeiro pesquisou a resposta de um grupo de pessoas quando submetidas a situações de insegurança e hostilidade e pode evidenciar um aumento do fluxo sanguíneo, dos movimentos e da secreção no estômago destes indivíduos. No segundo estudo, organizou dois grupos, um de indivíduos saudáveis e o outro de portadores de transtornos gástricos. Submeteu ambos os grupos a uma situação de estresse agudo e verificou que ambos apresentavam respostas físicas, como aumento da produção de ácido clorídrico, de muco, dos movimentos do estômago e de pepsina;[6] ao nível dos processos mentais, aumento da ansiedade, da insegurança, frustração e, em alguns, da agressividade, em outros de sentimento de culpa, mas tais reações foram muito mais intensas no grupo que já apresentava alterações orgânicas no início do estudo.

Outro estudo significativo foi o desenvolvido por Engel (1956) e intitulado *"A study of na infant with a gastric fistula, behavior and the rate of total hydrochloric acid secretion"*, que se constitui um clássico nas investigações em Psicossomática. O autor assinala "que as alterações ao nível do corpo e dos processos mentais ocorrem, em termos fisiológicos ou funcionais, simultaneamente. Não se trata de umas produzirem as outras, como se vê frequentemente escrito e afirmado" (Pontes, 1975).

Foi estudada uma criança, Mônica, com cerca de 1 ano e 8 meses, portadora de uma atresia de esôfago,[7] resultando na realização de uma gastrostomia,[8] procedimento que possibilitou que se estudasse o estudo da secreção gástrica na vigência de seis estados psíquicos, considerados pelos pesquisadores como de contentamento, de alegria, de irritação, de raiva, de depressão e de alienação (distanciamento radical) ao mundo circundante. Estes estados afetivos eram despertados pela interação da criança com membros da equipe de investigadores, com os quais foram desenvolvidas relações interpessoais – relações de objeto. Observou-se que a secreção gástrica coletada aumentava quando a criança estava alegre e mantinha relacionamento ativo com o experimentador (relação objetal prazerosa/positiva). Se Mônica era colocada frente a uma situação que despertava nela grande raiva (relação objetal negativa/desprazer), a produção de HCl (ácido clorídrico) apresentava grande intensidade. Ao contrário, quando Mônica mostrava-se retraída com atividade motora e comportamento muito reduzido, com forte introversão (depressão), retraimento e recolhimento (relação objetal de intensa rejeição), percebia-se redução marcante e, às vezes, até interrupção da produção de HCl, sendo que o estímulo químico da histamina (potente estimulador da secreção gástrica), nesta situação, teve efeito pequeno ou nulo na produção de HCl. Estas descobertas parecem estar de acordo com o clássico conceito psicanalítico de oralidade, no qual aquela relação objetal primitiva é modelada nas primeiras experiências de cuidados e amamentação, sendo que os objetos externos são tratados como se literalmente tivessem que ser ingeridos.

São os seguintes os ensinamentos obtidos nestas investigações:

a) estados afetivos são simultâneos e correspondentes às alterações funcionais nos órgãos. Isso quer dizer que se modificam conjuntamente o tono afetivo e o tono funcional dos órgãos, tais como motilidade, secreção, circulação da mucosa (ou pele), resistência maior ou menor da superfície da mucosa, congesta ou inflamada, aos agentes agressivos;

b) que os estados afetivos são, na realidade, partes integrantes das modificações funcionais e estruturais dos órgãos;

---

6   Enzima do suco gástrico que ajuda no processo de digestão.

7   Uma anomalia anatômica congênita, nesta criança, em que o seu esôfago apresentava uma oclusão e, portanto, não se conectava com o estômago.

8   Formação cirúrgica de fístula gástrica para a introdução de alimentos.

c) que as funções dos órgãos, sendo governadas pelo sistema neurovegetativo, os estados afetivos são atividades psíquicas que fazem parte das funções neurovegetativas (Engel, 1956).

> [...] estados afetivos são simultâneos e correspondentes às alterações funcionais nos órgãos [...]; [...] estados afetivos são, na realidade, partes integrantes das modificações funcionais e estruturais dos órgãos; [...] as funções dos órgãos, são governadas pelo sistema neurovegetativo, e os estados afetivos são atividades psíquicas que fazem parte das funções neurovegetativas (Engel, 1956).

Neste momento ressaltamos a ideia, prevalente na Psicossomática, de que a emoção é suficiente para originar alterações e transtornos nas funções dos órgãos e estes, repetidos e persistentes, alteram, por sua vez, a vida celular, acarretando a lesão orgânica e suas complicações. Aquilo que, ao nível de sentimentos, é medo, raiva, tristeza, alegria, fome, ao nível de corpo, concomitantemente, se expressa por modificações nos sistemas musculoesquelético, neurovegetativo e imunoendócrino (Figura 3) por intermédio de modificações das funções motoras, secretoras e de irrigação, coordenados pelo sistema hipotálamo-hipófise-sistema límbico.

A disfunção motora resulta da alteração da fibra muscular lisa que existe em vários órgãos. Assim, a pessoa pode apresentar disfunções motoras ao nível do aparelho digestivo (vômitos, síndrome hipoestênica, diarreia, prisão de ventre, discinesias), do aparelho respiratório (asma, bronquite), do aparelho geniturinário (disúria, cólicas pieloureteral, dismenorreia, polaciúria, vaginismo, taquispermia), do aparelho circulatório (hipertensão arterial diastólica, enxaqueca, cefaleia de tensão), da pele (neurodermites, eczemas, pruridos) e de outros órgãos e aparelhos.

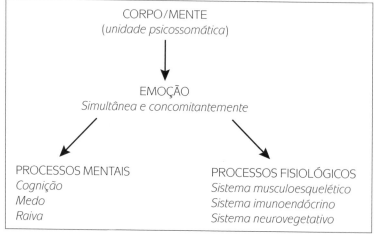

Figura 3 Concomitância psicossomática.

A disfunção secretora se manifesta não só na produção de muco, mas também na produção de secreções endócrinas, na produção de hormônios do aparelho digestivo, secreção pancreática, biliar, entérica.

A disfunção de irrigação dos órgãos exerce importante papel na determinação de processos agudos e crônicos, na dependência da intensidade, da repetição e da duração dos mesmos. Tudo isso pode ocasionar diminuição da resistência da mucosa a outros agentes agressivos, hemorragias e ulcerações de extensão e profundidade variáveis.

As alterações destas três funções parciais ocorrem em combinações múltiplas, ao sabor das mais variadas situações de vida, ligadas a sentimentos de raiva (hostilidade), medo, dor (mal-estar), fome, humilhação, vergonha, tristeza e melancolia. E suas apresentações na clínica são as mais variadas (Pontes, 1980) (Figura 4).

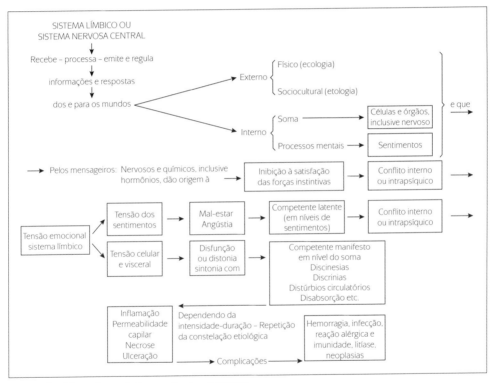

Figura 4 Mecanismo de formação dos sintomas.

Inúmeros são os estudos que sustentam a evidência da associação entre o *distress* e doenças orgânicas. Revisões sistemáticas de literatura comprovam esta afirmação. Sem a utilização de qualquer filtro, no Google Scholar, utilizando-se os descritores *distress and disease* surgem 2.680.000 referências.

Percebam que tais evidências só puderam ser observadas, quando os clínicos/pesquisadores deixaram de analisar os órgãos isolados e avaliaram, também, suas funções e, estas foram relacionadas com a manutenção da homeostase do ser humano – na inter-relação biopsicossocial. Por outro lado, estudar a emoção em si constitui-se em um reducionismo que não encontra suporte na prática clínica cotidiana, pois só podemos realizá-la na interação do ser humano com seu ambiente físico e psicossocial. As emoções estão inclusas e inseparáveis no comportamento humano, que é determinado (pelo menos em parte) na inter-relação do indivíduo com o grupo familiar e social do qual faz parte e consigo mesmo.

O equívoco da psicogênese está no fato de que: "os sintomas somáticos, por estarem impregnados de expressões do processo primário de pensar, proporcionam encenações de conteúdos mentais primitivos, que podem levar o pesquisador a confundir o cultural com o biológico" (Eksterman, 1994).

Assumimos a mesma posição de George Engel (1967) quando falamos de interação mente e corpo, dizemos que tais interações podem se dar em ambas as direções, podem sofrer uma influência favorável ou desfavorável na adaptação do organismo e podem alterar uma doença influenciando ou não seu curso e evolução. Além do mais, tais interações não têm fim, cada efeito leva a outro em infindáveis *feedbacks* positivos e negativos (Figura 5).

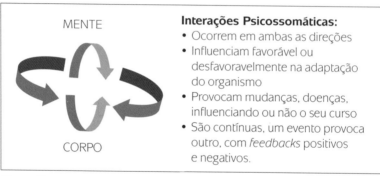

Figura 5 Interações psicossomáticas.

Neste sentido, vamos citar alguns estudos na área da Psicoimunoendocrinologia, um ramo da ciência que busca analisar o relacionamento recíproco entre o sistema nervoso (SN) e os componentes do sistema imune (SI) (Alves & Palermo-Neto, 2010). Os trabalhos de Mason (1975) são bastante significativos, pois este autor estudou por cerca de 20 anos as alterações de secreção hormonal decorrentes de estímulos psicossociais, e concluiu que muitas pessoas tendem a reagir com alterações hormonais frente a situações de estresse. Sourkes (1983) também estudou e publicou excelente artigo de revisão sobre as respostas hormonais do organismo frente a estressores ambientais. Estas respostas envolvem o sistema nervoso central através de vias altamente complexas, sendo o hipotálamo detentor de papel muito importante na determinação do tipo de resposta fisiológica ao estresse que envolve a secreção de catecolaminas pela medula da suprarrenal, corticoesteroides pelo córtex da suprarrenal, hormônio adrenocorticotrófico pela hipófise anterior, além de influir na secreção dos hormônios tiroidianos, de crescimento, na testosterona e na secreção de insulina. Estas respostas podem influir em funções fisiológicas diversas, inclusive em processos metabólicos.

> **Integração psicossomática**
> Fatores biopsicossociais, como o estresse psicológico, podem influenciar o funcionamento do sistema imune (Schedlowski & Schmidt, 1996).

O sistema psiconeuroimunológico tem propriedades autorregulatórias, suas funções abarcam os sistemas nervoso e endócrino e responde a estímulos provenientes do mundo interno e externo, como se fossem órgãos sensoriais; além disso, fazem parte de um grande sistema integrado de defesa, o sistema comportamental-neural-endócrino-imune (Ader, Cohen & Felten, 1995). Adicionalmente podemos citar um estudo e uma revisão realizados por Schedlowski & Schmidt (1996), em que constatam que fatores biopsicossociais como o estresse psicológico podem influenciar o funcionamento do sistema imune.

Vale a pena sublinhar, mais uma vez, que a psicoimunoendocrinologia indica que estes caminhos são bidirecionais, de influências recíprocas dos Sistemas Imunológicos (SI) e sistema nervoso central (SNC). Por exemplo, os estudos sobre a influência de mediadores do SI sobre o SNC, como as citocinas, mostram que eles induzem a ativação do eixo HPA (hipotálamo, pituitária e adrenal) e, por consequência às respostas desencadeadas por esta ativação, passam a integrar o repertório das reações de adaptação, tal como descritos por Selye (1978) em seus estudos sobre estresse (Alves & Palermo-Neto, 2010).

Com o intuito de estimular reflexões e sublinhar a integração psicossomática, citamos os estudos de Mirsky (1958) sobre doenças somáticas em que os fatores biológicos predisponentes já estão presentes no nascimento ou na primeira infância, e, portanto, estão direta ou indiretamente envolvidos no desenvolvimento do aparelho psíquico, logo podem influenciar o desenvolvimento psicológico da criança, por exemplo, no que diz respeito a padrões de oralidade e analidade e determinar qualidades e intensidades nas relações de objeto; mas não se coloca, e desejamos sublinhar, em hipótese alguma, uma primazia do fator biológico, mas sim que em algum momento o sistema somático está envolvido e exerce uma influência específica sobre desenvolvimento psíquico (Engel & Schmale, 1967).

Ainda ressaltando o caráter bidimensional e bidirecional das interações psicossomáticas, sabemos que a fisiopatologia da Síndrome do Intestino Irritável pode ser caracterizada como um distúrbio bidirecional do eixo cérebro-intestino. Acredita-se que múltiplas redes neuronais, incluindo as redes sensório-motora e de controle executivo, medeiam os efeitos de afeto, humor e fatores ambientais na função intestinal e na percepção da dor, resultando em hipersensibilidade visceral e hábitos intestinais alterados (Bhatt et al., 2019). As regiões cerebrais pré-frontais modulam a atividade nas regiões paralímbicas, sub-regiões do córtex cingulado anterior e no hipotálamo, que, por sua vez, modulam a atividade das vias descendentes através da substância cinzenta periaquedutal e do tronco cerebral. A atividade nestas redes pontinas corticolímbicas medeia os efeitos de cognições e emoções sobre a percepção de dor e desconforto visceral (Mayer & Tillisch, 2011).

Estes fatos neurocientíficos, podemos dizer, correspondem à fenomenologia corporal, ou seja, descrevem aquilo que acontece ao nível orgânico ou corporal. Faz-se necessário acentuar:

alguém chora diante de uma cena triste, mas a cena não é o que faz a glândula lacrimal secretar, nem a secreção lacrimal é o mesmo que chorar. Chora alguém diante de algo que lhe produz a experiência de tristeza. A glândula lacrimal secreta diante de específicos estímulos neuroquímicos. Enfim, hipersecreção lacrimal não equivale a chorar (Eksterman, 1994).

Tudo isto é expressão da natureza, o que examinamos é o ponto de intersecção entre a experiência de tristeza e a expressão da natureza, seja a secreção lacrimal ou as atividades paralímbicas ou redes pontinas corticolímbicas, o que procuramos estudar está na psicodinâmica que se expressa no corpo, através do corpo.

Os fatos neurocientíficos correspondem à fenomenologia corporal, ou seja, descrevem aquilo que acontece ao nível orgânico. São expressões da natureza. E o que examinamos é o ponto de intersecção entre a experiência subjetiva e a expressão da natureza. Seja a secreção lacrimal ou as atividades paralímbicas ou redes pontinas corticolímbicas, o que procuramos estudar está na psicodinâmica, as expressões simbólicas, construídas na biografia de cada pessoa, que estabelecem relações de sentido que se expressam no corpo.

Por fim, se faz necessário ressaltar que muitos dos estudos realizados sobre o ser humano, sadio ou doente, têm muito pouco a nos dizer acerca da condição humana, de suas dificuldades e problemas do nosso tempo (Levy, 1971). Levy nos alerta para o fato que a atividade médica tem dado mais atenção aos fatores "inumanos" (biológicos e físicos) do que aos fatores humanos propriamente ditos, o que implicaria considerar o físico, o psicológico e o ambiente psicossocial. Na atenção à saúde, os profissionais devem avaliar o quadro clínico, tendo em mente que a comunicação dos sintomas é realizada por uma pessoa que é única, produto de uma estrutura familiar, social e cultural e em um determinado estágio do desenvolvimento.

Em última instância, esta é a proposta, em nossa perspectiva, da Psicossomática.

Lennart Levy (1971)
Muitos dos estudos realizados sobre o ser humano, sadio ou doente, têm muito pouco a nos dizer acerca da condição humana, de suas dificuldades e problemas do nosso tempo.

REFERÊNCIAS

1. Ader R, Cohen N, Felten D. Psychoneuroimmunology: interactions between the nervous system and the immune system. Lancet. 1995;345(8942):99-103.
2. Alexander F, French TM. Studies in psychosomatic medicine. New York: The Ronald; 1948.
3. Alexander F. Medicina psicossomática. Porto Alegre: Artes Médicas; 1989.
4. Bhatt RR, Gupta A, Labus JS, Zeltzer LK, Tsao JC, Shulman RJ et al. Altered brain structure and functional connectivity and its relation to pain perception in girls with irritable Bowel Syndrome. Psychosom Med. 2019;81(2):146-54.
5. Cannon WB. Organization for physiological homeostasis. Physiological Rev. 1929;9(3):399-431.
6. Engel G. The need for o new medical model: a challenge for a biomedicine. Science. 1977;196(4286):129-36.

Mecanismo de formação dos sintomas em psicossomática 23

7. Engel GL, Reichsman F, Segal HL. A study of an infant with a gastric fistula. I. Behavior and the rate of total hydrocloridric acid secretion. Psychosom Med. 1956;18:374.

8. Engel GL, Schmale HA Jr. Psychoanalytic theory of somatic disorder. Conversion, specificity, and the disease onset situation. J Am Psychoanal Assoc. 1967; 15(2):344-65.

9. Ekesterman A. O clínico como psicanalista. In: Contribuições psicanalíticas: a medicina psicossomática. Revista de Psicossomática. 1986;3(1).

10. Ekesterman A. Abordagem psicodinâmica dos sintomas somáticos. Revista Brasileira de Psicanálise. 1994, v. XXVIII, n. 1.

11. Freire G. Médicos, doentes e contextos sociais: uma abordagem sociológica. Rio de Janeiro: Globo; 1983.

12. Freud S. Estudos sobre histeria. Edição standard brasileira das obras psicológicas completas de Sigmund Freud. Rio de Janeiro: Imago; 1985/1974.

13. Laplanche J, Pontalis JB. Dicionário de psicanálise. Barcelona: Labor; 1971.

14. Levy L. The human factor-and the inhuman. In: Society, stress and disease. London: Oxford University; 1971.

15. Mason JW. Psychologic stress and endocrine function. In: Topics on psychoendocrinology. Sachar EJ, New York: Grune and Strattion; 1975.

16. Mayer EA, Tillisch K. The brain-gut axis in abdominal pain syndromes. Annu Rev Med. 2011;62:381-96.

17. McDougall J. Em defesa de uma certa normalidade: teoria e clínica psicanalítica. Porto Alegre: Artes Médicas; 1991.

18. Mello Filho, J. Concepção psicossomática: visão atual. Rio de Janeiro: Tempo Brasileiro/MEC; 1978.

19. Mello AM. Psicossomática e pediatria: novas possibilidades de relacionamentos, pediatria-paciente. Marília/São Paulo: Universidade de Marília; 1993.

20. Menninger WC. Psychosomatic medicine: somatization reactions. Psychosomatic Medicine. 1947;92-7.

21. Mirsky IA. Physiologic, psychologic, and social determinants in the etiology of duodenal ulcer. Am J Digest Dis. 1958;33285-314.

22. OMS. Declaração de Alma – ata conferência internacional sobre cuidados primários de saúde. Alma-Ata, URSS, 6-12 de setembro de 1978 – Organização Mundial da Saúde (OMS).

23. Perestrelo D. A medicina da pessoa. Rio de Janeiro: Atheneu; 1974.

24. Pontes JF. Integração dos sintomas nos planos somáticos e psicoemocional. Arq. Gastroenterol. 1974;11:77.

25. Pontes JF. Conceito de integração em medicina psicossomática. Arq Gastroenterol. 1975;12(2):83-7.

26. Pontes JF et al. Apostila do curso de medicina sociopsicossomática. São Paulo: IBEPEGE; 1980.

27. Ramos GR. A psique do corpo. São Paulo: Summus; 2006.

28. Rodrigues AL. Reunião clínica do IBEPEGE. Arq Gastroenterol. 1987;24(2).

29. Rodrigues AL. Mecanismos de formação dos sintomas. In: França ACL; Rodrigues AL. Stress e trabalho: guia básico com abordagem psicossomática. 4. ed. São Paulo: Atlas, 2005.

30. Saul LJ. A note on the psychogenesis of organic symptoms. The psychoanalitic quarterly IV. 1945:476-83.

31. Schaeffer J. Histeria. In: Mijolla A. Dicionário internacional de psicanálise. Rio de Janeiro: Imago; 2005.

32. Schedlowski M, Schmidt RE. Stress and the immune system. Naturwissenschaften. 1996;83(5):214-20.

33. Selye H. The stress of life. New York: McGraw-Hill; 1978.

34. Sourkes TL. Pathoways of stress in the CNS. Prog Neuro-Psychopharmacology Biol Psychiatry. 1983;7:389-411.

35. Wolff HG. Life stress and bodily changes: a formulation. In: Wolff HG. Life stress and bodily disease. Baltimore: Williams and Wilkins; 1950.

2 Psicossomática ou De como o desvio virou norma[1]

Avelino Luiz Rodrigues
Nathália Augusta de Almeida
Barbara Subtil de Paula Magalhães

INTRODUÇÃO

O conteúdo deste capítulo tem como principal motivação refletir acerca do pensamento da psicossomática para conhecer melhor o que contém em seus fundamentos, suas progressivas elaborações e, também, seus desvios. Procura conhecer mais além de suas veredas – tal como ensina Guimarães Rosa (1956), em *Grande sertão: veredas*: se quisermos conhecer a mata, temos que nos embrenhar, nos perder e nos reencontrar nela, conhecer seus meandros e pormenores, senão percorreremos e conheceremos apenas suas veredas.

Enveredar pela psicossomática, se embrenhar em sua intimidade, pensar o seu pensamento, verificar onde se perdeu e se reencontrou, esta é nossa tarefa.

A psicossomática encontra-se visceralmente impregnada de paradoxos, como alguns profissionais, em um desvio de rota, ao mesmo tempo em que denunciam e rejeitam a dualidade mente-corpo, utilizam-se da noção vaga e bastante duvidosa do ponto de vista metodológico, francamente dualista, de doença ou transtorno psicossomático.

Nesse sentido, pode-se iniciar citando Freud (1895/1976), em conteúdo bastante pertinente a este tema:

> O papel de um trauma ao provocar um ataque de gota [...] não difere do papel que desempenha na etiologia da tabes e da paralisia geral do insano; apenas no caso da gota fica claro, a mais medíocre das capacidades, que é o absurdo supor que o trauma "causou" a gota ao invés de simplesmente tê-la provocado (p. 147).

A contundência da sentença sugere certa irritação por parte de Freud, o especialista em doenças nervosas, com as teorias psicogenéticas das doenças orgânicas. Não obstan-

---

1 Agradecimento à Psicóloga Anali Orico pela revisão e pelas sugestões sobre o conteúdo deste texto.

te o seu trabalho à ocasião com a conversão histérica, considerada a expressão corporal de um conflito intrapsíquico, Freud soube "enxergar" as diferenças entre esta e outras manifestações orgânicas daquilo que posteriormente seria denominado de somatização; aliás, ele próprio era um digno representante deste transtorno. Esta história clínica de Freud, seus sinais e sintomas, sua relação com seu corpo – a qual chamava de Konrad – são muito bem descritos por Roudinesco (2016); nesta mesma direção, Hartocollis (2002), em um artigo intitulado "Actual neurosis and psychosomatic medicine: the vicissitudes of an enigmatic concept", relata que Freud, já próximo aos seus 30 anos, apresentou episódios de depressão, com fadiga persistente, apatia, indigestão e dores intestinais, que comprometiam a sua *performance* no trabalho, tendo sido diagnosticado, posteriormente, como portador de um estado funcional, uma neurose atual, a neurastenia. Embora intimamente ligado às expressões corporais das emoções, Freud não dedicou estudos àquilo que posteriormente foi denominado de psicossomática.

Se adotarmos um olhar atento sobre a produção teórica e prática acerca da psicossomática, de imediato, constata-se que o percurso neste campo do conhecimento é tortuoso, repleto de acidentes e com desvios de seus principais pressupostos. Dentre estes, o principal – mais prejudicial e temerário – desvio que está na ideia fantasiosa de doença e/ou transtorno e/ou sintoma psicossomático. Em assim sendo, fica evidente que, ao se falar de psicossomática, obrigatoriamente se faz necessário delimitar de forma pertinente o conceito adotado, bem como explicitar o que significa, para o autor, pois, é necessário o alerta: existe uma enorme confusão conceitual em relação a esse conceito, embora, nem sempre, tal fato seja explicitado, o que proporciona a falsa ideia de que a noção de psicossomática seja homogênea. Concretamente, percebemos que existe um grande número de significados e tendências na psicossomática (Rodrigues e Limongi França, 2010). Engel (1967) adverte que as concepções variam conforme os conceituadores e, nesta mesma direção, o correspondente verbete no *Dicionário internacional de psicanálise* (Mijolla, 2005) é implacável: "fenômeno psicossomático, entrelaçamento de Psique e Soma, permanece problemático e suscitou numerosas hipóteses, a ponto de 'babelizar' um pouco este conceito" (p. 1.490).

O principal desvio dos pressupostos da Psicossomática está na ideia fantasiosa de doença e/ou transtorno e/ou sintoma psicossomático.

Seguindo a linha sugerida por Ackerknecht (1982), Lipowski (1984), Uexküll (1997), Kutter (2000), Puustinen, (2011) e outros, devemos explorar o conceito de psicossomática em seu percurso histórico e epistemológico, na esperança de que este procedimento possa lançar alguma luz sobre este campo.

"O fenômeno psicossomático, entrelaçamento de Psique e Soma, permanece problemático e suscitou numerosas hipóteses, a ponto de 'babelizar' um pouco este conceito" (Mijolla, 2005).

26   Psicologia da saúde hospitalar

UM POUCO DE HISTÓRIA

Em 1818, Margetts encontrou a primeira ocorrência do termo psicossomática na literatura médica mundial, em um livro intitulado *Lehrbuch der störungen des seelenlebens oder der seelenstörungen und ihrer behandlung. vom rationalen standpunkt aus entworfen*, em tradução livre, *O livro didático dos distúrbios da vida, da alma ou perturbações da alma* (Lipowski, 1984; Puustinen, 2011). O autor desta obra, Johann Christian August Heinroth (1773-1843), médico alemão que o publicou em Leipzig, na Alemanha, e utilizou uma vez o termo psicossomático, a fim de designar um tipo de insônia que poderia derivar de um "conflito psiquicossomático", não tendo desenvolvido quaisquer considerações teóricas sobre o termo (Puustinen, 2011).

> Johann Christian August Heinroth, em 1818, publica pela primeira vez o termo Psicossomática ao designar um tipo de insônia.

No século XIX, segundo Lipowski (1984) e Puustinen (2011), já era possível deparar-se com romances e textos médicos que utilizavam o termo psicossomático, já com diferentes significados. Neste sentido, vale destacar o pensamento de Bucknill (1856, citado por Puustinen, 2011), médico britânico que fez uso deste conceito de forma diferente da adotada por Heinroth. Ele afirmava que os "psicossomaticistas" poderiam encontrar na estrutura cerebral uma base razoável para a insanidade mental; seu raciocínio indica que o funcionamento mental depende do cérebro, que é reconhecido como um órgão como outro qualquer, portanto, sujeito a adoecer e, por consequência, manifestar a doença mental. Esta seria sua compreensão, o sentido que dava à palavra psicossomática.

A neurociência contém uma situação clínica que lhe é paradigmática, a de Phineas Gage, personagem que teve o seu crânio trespassado por uma barra de ferro em um acidente de trabalho, em 1848. Gage sobreviveu, mas além deste fato, por si só espantoso, foi a surpreendente transformação de sua personalidade. Este acontecimento tornou esta história especial:

> na ocasião (do acontecimento) lesões neurológicas revelaram que o cérebro era o alicerce da linguagem, da percepção e das funções motoras [...] e demonstra que existiam sistemas no cérebro humano dedicados ao raciocínio e às dimensões pessoais e sociais do raciocínio (Damásio, 1996, p. 27).

Na psicossomática a situação clínica paradigmática trata do personagem Alexis St. Martin, um soldado que, em 1825, foi atendido pelo médico Wiliam Beaumont, em consequência de um ferimento de bala que deixou exposta parte da mucosa do estômago, o que possibilitou ao médico a realização de vários experimentos baseados na observação direta sobre a fisiologia gástrica, quando pôde concluir que *medo, raiva, distúrbio do sistema nervoso e depressão estão relacionados a mudanças na mucosa e na secreção gástricas, além de alterar o fluxo da bile* (Beaumont, 1933).

No final do século XIX, houve um incremento do número de artigos publicados em periódicos médicos, nas palavras de Stainbrook (1952), discutindo o corpo humano e a mente, bem como os efeitos de um sobre o outro, em um dualismo cartesiano interacionista. Na Alemanha, surgiram inúmeras pesquisas que apresentavam fundamentos objetivos de hipóteses psicossomáticas e que iriam contribuir para a fundação da psicofisiologia, como no laboratório de Wundt, onde foram demonstradas experimentalmente as relações entre as emoções e a pressão sanguínea (Stainbrook, 1952). Este mesmo autor assinala que, neste momento do século XIX, a concepção da mente como epifenômeno tornou-se popular, com um incremento dos estudos sobre o cérebro e o sistema nervoso e a mente como um produto ou função do corpo (Stainbrook, 1952).

Na Alemanha, final do século XIX, surgiram inúmeras pesquisas que apresentavam fundamentos objetivos de hipóteses psicossomáticas e que iriam contribuir para a fundação da Psicofisiologia.

Nesse período, também se encontra o termo psicossomático na acepção utilizada pelo médico Henry Smith Williams em um artigo intitulado *A few psychosomatic baselines*, publicado no *American Journal on Insanity*, em 1891, cujo conteúdo se concentra em discutir as bases neurológicas da relação mente-corpo (Puustinen, 2011).

Durante décadas, a produção científica que tratava da questão mente-corpo pouco enuncia a palavra psicossomática, de modo que o termo psicogênese era utilizado, a fim de sugerir uma etiologia mental de doenças corporais, especialmente na literatura médica de língua germânica (Puustinen, 2011).

Um fato importante do ponto de vista histórico e epistemológico deve ser destacado, já no século XX. Em 1924, o médico particular de Freud, o austríaco Felix Deutsch – pertencente ao grupo psicanalítico de Viena e assíduo frequentador das "reuniões das quartas-feiras", na sala de recepção do consultório de Freud – registrou e utilizou, pela primeira vez, a expressão medicina psicossomática (Lipowski, 1984). Nas primeiras décadas do século XX, com o avanço da Psicanálise, surgem inúmeros artigos abordando o tema da interação mente-corpo nesta perspectiva (Ackernecht, 1982; Lipowski, 1984). É interessante e válido citar Deutsch (1927/1964)

correlações psicossomáticas pertencem à vida cotidiana, consequentemente, na vida normal, estão sempre presentes e são componentes usuais da vida emocional, portanto, sentimento de culpa, necessidade de punição etc. necessariamente determinam expressões específicas predeterminadas no organismo, isto implica que certos comportamentos orgânicos pertencem a certos fatores emocionais. Podemos inferir que estas funções orgânicas respondem à experiência emocional, mas que estas experiências, de ansiedade ou culpa ou necessidade de punição, são determinadas pelo tipo de personalidade da pessoa (Deutsch,1927/1964, p. 50)

E, mais adiante, afirma que vários comprometimentos orgânicos são determinados mais pela personalidade pré-mórbida do que pelos fatores emocionais mais recentes, ou ainda, "determinadas manifestações corporais representam o correspondente orgânico do inconsciente reprimido" (p. 48) ou, "os estágios de desenvolvimento da vida instintual humana têm sempre seus correlatos físicos que lhe são complementares" (p. 45), Dentre as mais diferentes observações possíveis sobre estas afirmações de Deutsch, deve-se destacar o seu caráter contemporâneo e o quanto elas se aproximam com os objetivos deste ensaio.

> Nas primeiras décadas do século XX, com o avanço da Psicanálise, surgem inúmeros artigos, nesta perspectiva, abordando o tema da interação mente-corpo.

A pavimentação do terreno em que a psicossomática iria se constituir como uma disciplina, como um campo organizado do conhecimento, recebe inúmeras contribuições neste final de século XIX e início do século XX: os experimentos de psicofisiologia de Wundt; o conceito de homeostase do fisiologista Cannon; as experimentações de Pavlov; os desenvolvimentos teóricos e clínicos da medicina antropológica na Europa, com Viktor von Weizsäcker, que propunha a introdução do sujeito nas ciências médicas por meio da psicanálise e Ludolf von Krehl, que estabelece a relação entre a doença física e a história de vida da pessoa (Uexküll, 1997; Kutter, 2000), além de Oswald Schwarz e Lain Entralgo (Ackernecht, 1982) e muitos outros profissionais da Europa infelizmente pouco conhecidos em nosso meio.

A psicossomática na Alemanha, Áustria e Suíça, diferentemente do que ocorreu nos países de língua inglesa, reconhecem a influência da filosofia ocidental pelo Iluminismo e pelo Romantismo. Kant, Nietzsche e Schopenhauer "captaram o que o povo europeu pensou e sentiu sobre o corpo e a mente", e "não é surpresa que neste contexto cultural a psicossomática emerja como um símbolo da unidade corpo e mente" (Kutter, 2000). Neste texto de origem alemã, há uma reivindicação de um estatuto próprio da psicossomática que a diferencia da dos EUA e Grã-Bretanha, sendo que o referencial psicanalítico de Freud aproxima países de língua alemã dos países de língua inglesa (Kutter, 2000).

Kutter (2000) sublinha as balizas categóricas para o pensamento psicossomático europeu, de língua alemã: o fator subjetivo do adoecer, a pessoa do paciente e sua biografia pessoal. Recupera e enfatiza referenciais importantes da medicina antropológica ou antropologia médica – que tem como expoente Viktor von Weizsäcker –, cujos ensinamentos apregoam que a origem da enfermidade está intimamente relacionada com a história pessoal dos pacientes, sendo que se faz necessário um olhar compreensivo sobre a psicopatologia das doenças de todos os sistemas orgânicos (Schwarz, 1925, citado por Kutter, 2000). No dizer de Von Weizäcker (1937/1964),

> o progresso na área das questões psicossomáticas só é possível se pudermos nos libertar da estreita abordagem biológica. Ao final de uma análise, a interpretação biológica dos eventos patológicos são as mesmas das psíquicas, dizem respeito a adaptações, compromissos, regulações, em outros termos a própria vida (p. 196).

É de se lamentar que os ensinamentos desta medicina antropológica não tenham recebido a devida atenção no Brasil, as exceções são Danillo Perestrelo e Abram Eksterman, no Rio de Janeiro, e Fernandes Pontes, em São Paulo. Se estes ensinamentos tivessem recebido a devida proeminência, muitos dos desvios, da concepção psicossomática constatados, poderiam ter sido evitados, ou, pelo menos, articulados de forma mais construtiva e cientificamente embasada.

Mas sejamos justos com os anglo-saxões. Em 1928, encontramos "um verdadeiro precursor na medicina psicossomática norte americana", o médico George Draper, que utilizou o termo psicossomático no título de seu artigo *Disease, a psycosomatic reaction*, publicado no conceituado *Journal of the American Medical Association – JAMA* (Puustinen, 2011). Draper escreve:

> Há uma perfeita coordenação entre os tecidos que é realizada pela ação do sistema nervoso simpático e pelas forças imponderáveis da vida emocional. É por esta razão que o homem não pode ser visto de forma segmentada como tendo um departamento somático ou corporal por um lado e um departamento psíquico ou mental do outro. Ele é, na verdade, um psicossoma, ou mente-corpo, e todas as suas reações ao meio ambiente são psicossomáticas (Draper, 1928, citado por Puustinen, 2011, p. 42).

Um precursor respeitável, pois sua concepção se aproxima das posições e afirmações de autores expoentes do período que denominaremos como constituição da disciplina Psicossomática.

Uma genealogia da psicossomática

- 1818: Heinrolth.
- 1902: Ludolf von Krehl, *Antropologia médica*.
- 1913: Georg Walther Groddeck, *Nasamecu*.
- 1920: Viktor von Weizsäcker, *Antropologia médica*.
- 1920: Ivan Pavlov, *Condicionamento clássico*.
- 1922: Felix Deutch, *Medicina psicossomática*.
- 1924: Sándor Ferenczi, *Thalassa*.
- 1929: Walter Cannon, *Conceito de homeostase*.
- 1935: Helen F. Dunbar, *Emotions and bodily changes: a survey of literature on psychosomatic interrrelationship, 1910-1933*.
- 1936: Hans Selye, *Conceito de stress: the stress of life*.
- 1939: *Psychosomatic Medicine* (periódico).
- 1942: American Psychosomatic Society.
- 1950: Franz Alexander, *Psychosomatic Medicine*.

A DISCIPLINA PSICOSSOMÁTICA

Puustinen (2011), Lipowski (1984) e Ackerknecht (1982) concordam que o grande avanço para a psicossomática em seu processo de construção enquanto campo organizado do conhecimento, a sua pedra fundamental, emerge por meio de Helen Flanders Dunbar, em 1935, com seu livro *Emotions and bodily changes: a survey of literature on psychosomatic interrelationships, 1910-1933.* Esta obra surge em função de uma incumbência por ela recebida da New York Academy of Medicine. É oportuno destacar que, em 1929, Dunbar realizou um estágio no hospital da Universidade de Viena, local em que conheceu e desenvolveu forte amizade com o médico de Freud, Felix Deutsch, a quem já nos referimos acima, e importante defensor da medicina psicossomática (Young, 2010).

> A pedra fundamental da Psicossomática, como disciplina, emerge por meio de Helen Flanders Dunbar, em 1935, com seu livro *Emotions and bodily changes: a survey of literature on psychosomatic interrelationships, 1910-1933.*

Se por um lado é de conhecimento que o conceito de psicossomática permeia toda a história da medicina ocidental, desde Hipócrates, Galeno e outros, de modo que se encontram eventuais ocorrências do termo psicossomática na literatura médica do século XIX (Ackerknecht, 1982; Lipowski, 1984; Puustinen, 2011), por outro lado, só na década de 1920 é que designará um conceito, uma disciplina científica, tendo como pavimentos, além de Helen Dunbar, os trabalhos existentes na literatura alemã e na Europa central. Deve-se destacar os trabalhos de Ferenczi, na Hungria, que relacionados a nosso tema escreveu os manuscritos: *A psicanálise das neuroses de guerra* (1918/2011), *A psicanálise a serviço do clínico geral* (1923/2011) e outros, além dos trabalhos de George Groddeck (1966/2011) e de Felix Deutsch (1927/1964), os referenciais da medicina antropológica, as formulações psicanalíticas de Freud que impulsionaram a produção neste campo de conhecimento, bem como a fundação do periódico *Psychosomatic Medicine,* nos EUA, em 1939.

Um autor fundamental no desenvolvimento deste campo do saber é Franz Alexander, discípulo de Ferenczi, que emigra para os EUA em função da perseguição aos judeus por ocasião da Segunda Grande Guerra, funda a Escola Psicanalítica de Chicago. Lá, desenvolve práticas e teorias que se tornaram hegemônicas na psicossomática em boa parte do século XX. Vale assinalar que Alexander, além de fazer parte do editorial do *Psychsomatic Medicine,* foi honrado, por este corpo editorial, com o encargo de escrever um artigo para o número inaugural com o título "Psychological aspects of medicine" (Alexander, 1939).

Em 1950, Alexander escreveu o livro *Psychosomatic medicine,* que se tornou referência fundamental e obrigatória naquele momento histórico da evolução do conhecimento.

É de crucial importância destacarmos este periódico que, em seu primeiro editorial, verdadeira ata de fundação da disciplina psicossomática, aponta para uma direção, por um lado distinta da perspectiva psicanalítica alemã e austríaca à época, mas por outro lado, próxima da medicina antropológica. Vejamos neste fragmento: *"intensive interest and research in medical psychology is a symptom of a new orientation toward the problem of disease, in fact the sign of the beginning of a new era in etiological and therapeutic thought*[2] (Editorial, 1939).

O periódico *Psychosomatic Medicine*, em seu primeiro editorial, se constitui na verdadeira ata de fundação da disciplina Psicossomática.

Neste momento vale a pena ressaltar que, quando Helen Dunbar lança seu livro, um dos alicerces fundamentais da disciplina psicossomática, a autora a designa como o "*between field*" (Dunbar, 1954), isto é, o que está na interface, e não como fator etiológico de um campo sobre o outro. Este referencial é reforçado no conteúdo do editorial (*statement*) de fundação do periódico *Psychomatic Medicine*: "*This journal is devoted not to the isolated problems of the diseased mind or the diseased body, but to the interrelationships between emotional life and bodily processes both normal and pathological*"[3] (Editorial, 1939).

Nesta oportunidade o termo psicossomática consolida-se no sentido de o "*between field*" constitui-se em um campo do saber situado na interface dos fenômenos orgânicos e psíquicos, com o objetivo de "estudar a inter-relação dos aspectos psicológicos com todas as funções orgânicas e integrar as terapêuticas somáticas e a psicoterapia" (*Psychomatic Medicine*, 1939). A partir de então, universaliza-se, adquire o estatuto de campo organizado de conhecimento e constitui-se formalmente como uma disciplina.

Vale destacar que estes autores que instituíram a psicossomática como disciplina, como campo organizado do conhecimento, não incluem a noção de psicogênese ou de doença ou sintoma psicossomático. O que também pode ser verificado no *Statement* deste número inaugural.

O termo psicossomática consolida-se como o "*between field*", um campo do saber situado na interface dos fenômenos orgânicos e psíquicos, com o objetivo de "*estudar a inter-relação dos aspectos psicológicos com todas as funções orgânicas e integrar as terapêuticas somáticas e a psicoterapia*" e não inclui a noção de psicogênese.

Neste momento, faz-se necessário citar Eksterman (1994): "a psicossomática pode ser consequência das tentativas das teorias psicodinâmicas de intervir teórica e clinicamente na patologia somática" (p. 2). O que é extremamente útil e válido, mas, desde que o enquadre, seja científico, que se evitem equívocos e que se "situe a psicodinâmica, não como aquela que estabelece relações de fatos biológicos, mas aquela que se ocupa das relações de significado que entre si guardam esses mesmos fatos, gerando uma estrutura simbólica de significados, que dá sentido ao homem-espécie" (Eksterman, 1994, p. 3). Os fatos biológicos organizam-se segundo parâmetros naturais e os fatos psicodinâmicos, segun-

---

2   "Este esmero na pesquisa em psicologia médica é sintoma de uma nova orientação para a questão da doença e um sinal de que se inicia uma nova era no pensamento etiológico e na terapêutica." [Tradução livre do autor.]

3   "Este periódico não se dedica de forma isolada aos problemas da mente doente ou do corpo doente, mas às inter-relações entre a vida emocional e os processos corporais normais e patológicos." [Tradução livre do autor.]

do parâmetros simbólicos ou culturais. Ambos dimensionam o homem de maneira diferente (Eksterman, 1994).

As reflexões de Tenenbaum (2017) contribuem para nossa compreensão mente-corpo da perspectiva freudiana: "a interferência da mente no funcionamento do corporal [...] estaria relacionada à capacidade de elaboração". Continua este autor: "os processos inconscientes estariam em estreita relação com os orgânicos e a funcionalidade do Ego seria o elemento psicodinâmico envolvido no aparecimento desse tipo de sintomatologia orgânica, a funcional. Freud reaproximou a *res cogitans* da *res extensa*" (Tenenbaum, 2017, p. 35).

> "Os processos inconscientes estariam em estreita relação com os orgânicos e a funcionalidade do Ego seria o elemento psicodinâmico envolvido no aparecimento desse tipo de sintomatologia orgânica, a funcional. Freud reaproximou a *res cogitans* da *res extensa*" (Tenebaum, 2017).

O crescimento e amplificação da teoria psicanalítica à época proporcionou aos entusiasmados com este desenvolvimento estender os conceitos relacionados à histeria para a patologia somática, com a presunção de compreender simbolicamente os sintomas das enfermidades orgânicas, com a idealização de que interpretá-los seria o equivalente a curar ou aliviar (Eksterman, 1994).

Considerando e respeitando os devidos parâmetros, podemos trabalhar com a ideia da Psicossomática como "o estudo sistemático das relações de significado existentes entre os processos sociais, psíquicos de todas as funções orgânicas" (Rodrigues, 2010, p. 131), um campo de saber situado na interface – da inter-relação psicossomática, o *between field*.

Voltamos, frente aos objetivos deste ensaio, a sublinhar Franz Alexander, citado anteriormente, que construiu uma das mais complexas e elaboradas teorias da interação mente-corpo, do *between field*. Suas ideias foram hegemônicas até a década de 1960 e, tal como todas outras teorias em Psicossomática, não suportou a prova do tempo, "se submetida a critérios estatísticos aponta mais para uma tendência de que para uma configuração" (Santos Filho, 2010), mas, ressalta-se, obteve inspiração para construir seu conjunto de ideias, no esteio do conceito de neurose atual de Freud. É interessante notar que as teorias que se seguiram no século XX, psicogenéticas ou não, apresentaram em suas bases conteúdos importantes da teoria de Alexander e, por conseguinte, da de Freud no que se refere às neuroses atuais. Tese, que sustentamos há muitos anos e que foi destacada no trabalho de Valente (2012) e, também, surge em Pontalis (2005, p. 255).

Destacamos que Alexander refutava, por várias razões, a ideia de doença psicossomática ou de psicogênese, inclusive porque esta se afastava da noção de multicausalidade. A sua explícita oposição à noção de doença psicossomática, e de entendê-la como um desvio, é mais uma oportunidade que de constatar que este desvio se tornou norma, ou seja, de que a noção de doença psicossomática se normalizou, e detalharemos mais adiante este tema. Nas doenças que Alexander pesquisou, estudou de forma mais aprofundada, e onde procurou identificar "constelações específicas", ou seja, configurações mentais que seriam específicas de determinadas doenças, como nos pacientes com úlcera gastroduodenal, haveria um conflito entre dependência/independência entre os anseios de ser cuidado, amamentado e a não aceitação desta atitude. Foi possível a Alexander estudar, de forma mais aprofundada, a úlcera péptica, a asma brônquica, a hipertensão arterial essencial, a retocolite ulcerativa, tireotoxicose, dermatoses, artrite reumatoide, que mais tarde foram denominadas, erroneamente, de doenças psicossomáticas clássicas, o que contraria, conforme assinalamos anteriormente, a própria visão do autor.

Podemos trabalhar com a ideia da Psicossomática como "o estudo sistemático das relações de significado existentes entre os processos sociais, psíquicos de todas as funções orgânicas", um campo de saber situado na interface – da inter-relação psicossomática, o *between field*.

Para Alexander (1989), o seu método consistia em estudar processos nos quais certos elos fisiológicos (excitações cerebrais) da cadeia causal poderiam ser analisados psicologicamente, pois são percebidos subjetivamente, na forma de emoções, ideias e desejos, e podem ser convertidos/transmitidos pela comunicação verbal; ressaltava a correlação entre distúrbios vegetativos e estados emocionais, em que o organismo humano reage integralmente às mais diversas situações de vida – aquilo que acontece no corpo tem o seu concomitante ao nível dos processos mentais. Uma situação de vida, que desperta a experiência de raiva em relação ao nível dos processos mentais, será percebida como irritação, agressividade, rancor e/ou frustração, motivados por aborrecimento, injustiça ou rejeição sofrida etc.; ao passo que, ao nível do corpo, a experiência de raiva se expressará por meio de modificações fisiológicas, tais como contração de vasos sanguíneos em pele e vísceras, maior concentração de glicose na corrente sanguínea, palidez, elevação da pressão arterial, aumento da frequência respiratória, entre outros. Portanto, são duas faces da mesma moeda, expressam o mesmo processo, mas com linguagens diferentes, linguagens estas que lhe são próprias, uma da subjetividade e a outra da fisiologia.

Podemos destacar os seguintes ensinamentos que se obtêm dessas investigações:

a) estados afetivos são simultâneos e correspondentes às alterações funcionais nos órgãos. Isso quer dizer que se modificam conjuntamente o tono afetivo e o tono funcional dos órgãos, tais como motilidade, secreção, circulação da mucosa (ou pele), resistência maior ou menor da superfície da mucosa, congesta ou inflamada, aos agentes agressivos;

b) que os estados afetivos são, na realidade, partes integrantes das modificações funcionais e estruturais dos órgãos;

c) que as funções dos órgãos, sendo governadas pelo sistema neurovegetativo, os estados afetivos são atividades psíquicas que fazem parte das funções neurovegetativas" (Rodrigues, Campos & Pardini, 2010, p. 250).

Para Alexander, seus métodos consistiam no estudo de excitações cerebrais, que poderiam ser analisados psicologicamente, pois são percebidos subjetivamente, na forma de emoções, ideias e desejos, e podem ser convertidos/transmitidos pela comunicação verbal.

Ressalta-se, ainda, a ideia predominante em que a situação de conflito – geradora de emoção – é suficiente para originar transtornos funcionais, e estes, repetidos e persistentes, por sua vez, podem alterar a vida celular, acarretando a lesão orgânica e suas complicações. Aquilo que ao nível dos sentimentos é medo, raiva, tristeza, alegria, fome, no nível do corpo, concomitantemente, se expressa por modificações no sistema musculoesquelético, neurovegetativo e imunoendócrino por intermédio de modificações das funções motoras, secretoras e de irrigação, coordenadas pelo sistema hipotálamo-hipófise-sistema límbico (Rodrigues et al., 2010, p. 250). (*Vide* capítulo "Mecanismo de formação dos sintomas em psicossomática".)

O desvio

Na década de 1940, surgem importantes autores que assumem a iniciativa de implantar um novo vértice às noções do *between field* e da interação psicossomática: Edward Weiss, médico clínico, e Spurgeon English, psiquiatra, ambos da Escola de Medicina da Temple University, na Filadélfia, EUA. Em 1943, editam o livro intitulado *Psychosomatic medicine*, um texto especialmente organizado para a prática médica – o que é compreensível em função das atividades clínica e docente dos autores. Eles adotam o seguinte esquema referencial: na população geral de pacientes, cerca de um terço é composto por número de pessoas que ainda não têm uma doença somática definida (para os autores, são os doentes funcionais); o outro um terço é composto por aqueles que apresentam "problemas psicossomáticos" (aspas no original) muito complexos, em que há uma coexistência entre a doença orgânica e o fator psíquico que é capaz de causar dano, interferindo negativamente no prognóstico; e há aqueles pacientes que possuem uma doença física (asma, hipertensão arterial essencial, enxaqueca, entre outras), mas acredita-se que exista um fator psíquico de grande importância em sua etiologia. Estas seriam as patologias pelas quais a psicossomática se interessaria. O livro de Edward Weiss e Spugeon English foi muito bem recebido na "comunidade psicossomática" e entre médicos, de modo que atualmente ainda é possível encontrar menções honrosas à obra no *site* da American Psychosomatic Society (www.psychosomatic.org). Apesar das categorias eminentemente médicas adotadas, os autores não se utilizam das palavras "doença" ou da expressão "sintoma psicossomático", e o termo "psicogênico" surge quando se referem à crise de angústia.

Tais formulações sugerem mudanças. Emergem patologias e diagnósticos que seriam de predileção na investigação e cuidados em psicossomática, mas não há uma contradição absoluta em relação aos objetivos/finalidades explicitados na ata de fundação da Psicossomática, afinal, ainda se busca a inter-relação dos aspectos psicológicos com as funções corporais. Aquele livro, didático, tinha uma função específica: foi destinado a médicos e é centrado em "problemas clínicos para os quais existem aplicações imediatas e práticas" (Weiss & English, 1946, p. 2). O raciocínio médico da categorização de sintomas, sinais, síndromes, doenças não guarda distância da biologia e da botânica, em que a lógica destas categorizações se faz mais evidente.

Na perspectiva desta mesma lógica de categorizações e diagnóstico, surge um médico escocês, James Halliday, inicialmente com prática em medicina social e com anos de atuação no Departamento de Saúde Pública, um *outsider* dos espaços psicossomáticos, tanto na Europa como nos EUA, mas com grande capacidade de produção e argumentação. Ele ressalta que: "*diseases assignable to the psychosomatic category have peculiarities quite distinct from those of diseases primarily assignable to other broad etiological categories*"[4] (Halliday, 1945b, p. 246).

Na lógica das categorizações e diagnósticos, surge um médico escocês, James Halliday, treinado na racionalidade médica da dicotomia mente-corpo e do diagnóstico de doenças infecciosas, que insiste no termo "afecção" (doença) psicossomática.

Podemos citar como exemplos de sua produção três artigos que foram publicados no *Psychosomatic Medicine* e no prestigioso *Jama*, intitulados: "Concept of a psychosomatic affection" (1943), "Comments from contributors relative to the psychosomatic concept the significance of 'the concept of a psychosomatic affection" (1945a) e "The incidence of psychosomatic affections in Britain" (1945b). Estes dois últimos são a resposta de Halliday às críticas que recebeu dos editores do *Psychosomatic Medicine* pela utilização do termo afecção (doença) psicossomática no trabalho publicado sob o título "Concept of a psychosomatic affection".

Halliday ganhou adeptos: Hayward (2009) publica a obra *Enduring emotions: James L. Halliday and the invention of the psychosocial*. Este autor considera que, ao estabelecer as relações entre conteúdos psicossociais e processos de saúde-doença, Halliday foi colocado na posição de "*invention of the psychosocial*" (Hayward, 2009) na medicina, o que não é exatamente verdade.

Treinado na racionalidade médica da dicotomia mente-corpo e do diagnóstico de doenças infecciosas, Halliday (1943) levou esta lógica para sua prática clínica:

> Pude perceber que muitas vezes a doença surgia como uma reação psicológica do indivíduo frente a frustrações do ambiente (p. ex., desemprego, dificuldades no casamento e financeiras, perdas de objetivos de vida e circunstâncias de inibição na expressão de atividades criativas (p. 694).

E complementa: "Cheguei *à conclusão de que muitos destes pacientes não teriam adoecido se não fosse pelas circunstâncias de vida*" (p. 694). E conclui: "Mais tarde pude perceber a importância etiológica do 'tipo de pessoa' que propicia estes transtornos, e o termo psicossomática deve ser considerado não apenas como reações psicológicas ao meio ambiente, mas, também, em decorrência de 'transtornos de personalidade'" (p. 695).

Para o leitor que detém algum conhecimento em psicossomática, é possível identificar passos futuros, não na forma de transtornos, mas de traços de personalidade e/ou de

---

4   "Aquelas doenças designadas de psicossomáticas apresentam peculiaridades bastante distintas daquelas que pertencem a outras categorias que apresentam fatores etiológicos mais amplos." [Tradução livre do autor.]

36 Psicologia da saúde hospitalar

funcionamento ou configuração mental, teorias comprometidas com as concepções psi-cogenéticas.

No livro *Eu-pele*, de Didier Anzieu (1989), o autor relata um caso clínico, a história de Getsêmani (nome fictício), que no início de seu tratamento somente exteriorizava senti-mentos agressivos, despertando uma resistência contratransferencial, pois cheirava mal, e o psicanalista sentia-se paralisado pelo odor do paciente. O psicanalista localiza este mau odor e a excessiva transpiração deste paciente em sua agressividade. Procura sustentar a ideia de que o suor é resultado de secreções provocadas pela excitação sexual e estresses emocionais. "(Getsêmani) falhava em conter a força agressiva [...], a emissão de odores desagradáveis durante as sessões tinha um caráter diretamente agressivo, e também sedu-tor, sem nenhuma transformação simbólica" (Anzieu, 1989, p. 210), ou seja, o autor enten-de o odor fétido como parte das manifestações transferenciais.

A sudorese é modulada pelos neurônios do sistema motivacional que, entre muitas propriedades, influenciam o sistema nervoso autonômico. É esse mesmo sistema que mo-dula a atividade do sistema musculoesquelético e de sinais de excitação, como a sudore-se e a frequência cardíaca (Kandel et al., 1997). A fisiologia informa que uma das funções do suor é a regulação da temperatura corporal (Houssay, 1956), podendo ser incrementa-da pelo calor, exercício físico, estresse, sendo composto por água, sais minerais e conteú-dos de secreção (apócrinos) que conferem seu odor característico, influenciado pelas bac-térias presentes na pele e pela alimentação.

O autor (Anzieu, 1989) conferiu às glândulas sudoríparas uma competência que elas não possuem e, ao afirmar que não havia transformação simbólica, nos permite supor que sua interpretação emergiu de seu imaginário, possivelmente resultante da contratransfe-rência do analista.

Reproduzo aqui uma afirmação de Eksterman que está presente no capítulo "Meca-nismo de formação dos sintomas da psicossomática":

> alguém chora diante de uma cena triste, mas a cena não é o que faz a glândula lacrimal secretar, nem a secreção lacrimal é o mesmo que chorar. Chora alguém diante de algo que lhe produz a experiência de tristeza. A glândula lacrimal secreta diante de específicos es-tímulos neuroquímicos. Enfim, hipersecreção lacrimal não equivale a chorar (Eksterman, 1994, p. 5).

Em nosso entendimento, a interpretação do sintoma emergiu do imaginário do psicanalista, possivelmente resultante da relação contratransferencial em que se sentia agredido pelo suor fétido do paciente. Imaginar que este fenômeno fétido representava um ataque ao analista é dar à glândula sudorípara uma competência que ela não contém – suas possibilidades estão ditadas pela fisiologia-biologia, e não pela cultura; esta fornece relações de significado, e a secreção fétida é a resposta fisiológica a estímulos específicos – biológicos.

> Atribuir às doenças e aos sintomas orgânicos o papel de portadores e enunciadores de conteúdos simbólicos relacionados aos órgãos e seus sintomas, como já o tinha feito Groddeck (1925/2011), é ignorar todo um conjunto de conhecimentos presentes desde os escritos iniciais de Freud.

No final da década de 1970, aflorou com intensidade a noção da Linguagem dos Órgãos, de que os órgãos falam, onde os afetos observados, tanto os expressos na histeria como em sintomas de outros transtornos orgânicos, expressariam um sentido, enunciariam significado que se expressa através dos órgãos e cabe ao profissional a busca das fantasias inconscientes (Chiozza, 1976). Para este autor, a questão da eleição do órgão se dá a partir do conceito de conversão, a eleição do órgão por onde irá se expressar um transtorno é dirigida pelos mesmos princípios da eleição de qualquer outra representação.

Atribuir às doenças e aos sintomas orgânicos o papel de portadores e enunciadores de conteúdos simbólicos relacionados aos órgãos e seus sintomas, como já o tinha feito Groddeck (1925/2011), representa determinada leitura de Freud, comum a determinado momento histórico, mas por outro lado ignora todo um outro conjunto de conhecimentos presentes desde os escritos iniciais de Freud. Também desconsidera que as modificações fisiológicas, portanto, de órgãos humanos, só apresentam a capacidade de se expressar pela linguagem da fisiologia; e o que nos permite alguma compreensão psicanalítica e/ou psicológica daquilo que acontece nos órgãos é o significado neles depositados. Ou seja, é a história pessoal que irá se constituir em estruturas simbólicas que, ao longo do tempo, na biografia, farão produções de sentido; "é a dimensão do mundo simbólico que traduz a existência do ser humano" (Eksterman, 2010), inclusive no processo saúde-doença. É importante diferenciar aquilo que é da ordem da biologia, daquilo que é da ordem da cultura – a biografia. "O 'sentido construído' de um sintoma não é a sua causa, nem está na origem do transtorno" (Fine, 2005, p. 1.491). São elaborações secundárias (*vide* o capítulo "Mecanismo de formação dos sintomas em psicossomática").

> É importante diferenciar aquilo que é da ordem da Biologia, daquilo que é da ordem da cultura – a biografia. "O 'sentido construído' de um sintoma não é a sua causa, nem está na origem do transtorno" (Fine, 2005, p. 1.491). Na verdade, são elaborações secundárias dos sintomas.

Vale frisar que a Organização Mundial de Saúde (1964) emitiu um boletim sobre psicossomática, no qual alertava para as impropriedades do uso da expressão "doença psicossomática", visto que este atentava frontalmente contra os objetivos e a razão de existir da própria psicossomática, que é a visão integral, biopsicossocial, do processo saúde-doença no ser humano.

A OMS alerta para as impropriedades do uso da expressão "doença psicossomática", visto que este atentava frontalmente contra os objetivos e a razão de existir da própria psicossomática, que é a visão integral, biopsicossocial, do processo saúde-doença no ser humano.

UMA HIPÓTESE PARA O DESVIO

Podemos trabalhar com a noção de que só podemos conhecer aquilo que representamos em nossa mente (Cotrin, 1995); desta forma, o conhecimento se torna possível ao sujeito quando este consegue representar o objeto que pretende conhecer, mas, para tal, é necessário ter condições psíquicas de representá-lo. Condições estas que são adquiridas e se desenvolvem no processo sócio-histórico da pessoa, o que inclui a sua aprendizagem, as identificações que estabeleceu com professores, supervisores, orientadores, entre outras pessoas que lhe foram significativas.

Diríamos que o que acontece com a psicossomática é algo parecido com o retorno do reprimido!

Não estamos distantes, senão no tempo, do momento histórico fundador do pensamento ocidental que se situa do final do século IV a.C. até o século V a.C., com Sócrates, Hipócrates, Platão, Aristóteles, Sófocles, Fídias, Péricles, entre muitos outros. Bertrand Russell considera a Grécia a oficina intelectual do mundo, tendo suas tradições culturais se difundido e deixado marcas permanentes na civilização ocidental (Russell, 2001). Construíram modelos, matrizes de um conjunto de representações que determinaram a forma de pensar no que tange às representações da dualidade mente-corpo, e daí, entre outras coisas, a representação de doença e/ou sintoma psicossomático. Devemos, então, debruçar-nos em um aspecto específico da obra de Descartes – expressão eminente da cultura dualista ocidental e enunciador competente deste mesmo dualismo, até mesmo pelo lugar de vilão que lhe foi atribuído, imputação que deve ser refletida e esclarecida.

Costuma-se localizar em René Descartes (1596-1650) a responsabilidade da dualidade mente-corpo. É extremamente frequente encontrarmos em textos, em periódicos ou livros, ou ainda em conferências e congressos, a fala de que a psicossomática tem uma postura antidualista e até se identificam como combatentes do dualismo cartesiano.

Diríamos que Descartes soube expressar, de forma brilhante e sintética, tal como já o tinha feito em *"Cogito ergo sun"* ("Penso, logo existo"), a dualidade corpo-mente. Em sua formulação (1637), o ser humano é composto pela *res cogitans* (coisa pensante) e a *res extensa* (coisa extensa, que é o corpo, a matéria): *"tengo, pues, derecho, según la regla, a decir que mi alma es una substancia pensante, completamente distinta del cuerpo"*[5] (Descartes, citado por Brehier, 1962).

No entanto, este dualismo encontra-se presente desde os fundamentos básicos da maneira ocidental de pensar; está presente na obra de Platão (386-380 a.C.), como no Diálogo Timaeus, quando traz para suas reflexões a concepção de alma como algo separado do

---

5   "Tenho, portanto, o direito, de acordo com a regra, de dizer que minha alma é uma substância pensante, completamente diferente do corpo." [Tradução livre do autor.]

corpo; e em Aristóteles (384-322 a.C.), em *On the soul* (*De anima*) com corpo e alma como entidades separadas. Esta forma de pensar será recuperada, na Idade Média, por Agostinho e por Tomaz de Aquino, que passam a interpretar os evangelhos por meio da perspectiva de Platão e Aristóteles (Massini, 1986) e se tornam, assim, os eixos principais da forma de pensar da civilização cristã. Compõem, portanto, o modo possível de pensar através de milênios, moldando a organização e conteúdo do pensamento da civilização ocidental.

O dualismo mente/corpo encontra-se presente nas matrizes do pensamento ocidental, na Grécia, com Platão e Aristóteles.

A civilização ocidental, com efeito, pensa de forma dualista: consciência e matéria, mente e corpo, inteligência e afeto, dentre outras formas de pensamento binário. Crescemos neste "caldo" de cultura, somos impregnados por ele. Se o indivíduo só pode conhecer aquilo que é representado em sua mente (Cotrin, 1995), estas representações estão impregnadas pelo pensamento dualista.

Descartes não é o vilão desta história, mas, sim, um representante na história do pensamento ocidental.

Descartes não é o vilão desta história, é um representante da história do pensamento ocidental. Weiner (1984, citado por Uexküll, 1997) defende Descartes das acusações que recebeu e que vem recebendo; desta forma, destaca uma citação de Descartes à *Six meditation*, em que diferencia a mente do corpo, mas encontram-se estreitamente ligados, como se compusessem uma só coisa: "*Nature teaches me through the experience of pain, hunger, thirst etc. that I do not inhabil my body like a captain inhabits his ships, but I am closely united with it, that is to say interwoven with it so that I seem to form an unity with it*"[6] (Descartes, 1641, citado por Uexküll, 1977, p. 13).

Estes textos, tal como outros de Descartes, são utilizados por Weiner para demonstrar que este autor não pode ser responsabilizado pela dualidade mente-corpo na medicina (Weiner, 1984, citado por Uexküll, 1997). Em última instância, a tese de Descartes pode ser apresentada da seguinte forma: o homem é uma unidade composta que consiste numa íntima mistura entre duas substâncias que são, entretanto, completas, distintas e individuais (Rocha, 2006).

Por fim, a favor de Descartes, temos o texto de Gilles-Gaston Granger (1983) na introdução da obra de Descartes, na coleção Os pensadores: "seria possível encontrar, em algumas anotações de Descartes, as premissas da medicina psicossomática" (p. 16). Gilles-Gaston é considerado um dos maiores epistemólogos do século XX, foi um dos responsáveis

---

6   "A natureza me ensina através da experiência da dor, da fome, da sede etc. que eu não habito o meu corpo como um capitão habita seus navios, mas estou estreitamente unido a ele, isto é, entrelaçado com ele de modo a parecer que formo uma unidade com ele." [Tradução livre do autor.]

pela consolidação do Departamento de Filosofia Ciências e Letras da Universidade de São Paulo (USP), fez parte da missão francesa, como Roger Bastide, Paul Arbousse-Bastide, Braudel, Lévi-Strauss, Pierre Monbeig e contribuíram para a estruturação da USP.

> Segundo Gilles-Gaston Granger (1983) "seria possível encontrar, em algumas anotações de Descartes, as premissas da medicina psicossomática".

Nesta perspectiva, seria oportuno afirmarmos que a psicossomática, o *between field*, necessariamente comporta ordens epistemológicas distintas – da biologia, da psicologia e das ciências sociais – e uma pluralidade discursiva e epistemológica.

O DESVIO NA CONTEMPORANEIDADE

Voltaremos ao modelo já utilizado, o do retorno do reprimido. Na Psicossomática, o dualismo, muito mais além do cartesiano, é intenso e constantemente retomado na forma de concepções psicogenéticas, algumas assimiladas e apresentadas de modo disfarçado. Nas últimas décadas, três correntes de pensamento se destacaram, de modo que vamos apresentá-las sem a pretensão de realizar uma análise crítica de seus conteúdos; os comentários serão restritos aos objetivos deste ensaio.

A primeira a ser destacada é a de Peter Sifneos, a alexitimia. Em 1972, em um trabalho designado *Short-term psychotherapy and emotional crisis*, neste texto ela é apresentada, literalmente, com o significado de "sem palavras para a emoção"; faz referência a pessoas com dificuldade em descrever suas emoções, sendo inicialmente utilizado no contexto de doenças ou transtornos denominados psicossomáticos. Tornou-se um conceito canônico em psicossomática e postula que os conflitos, não sendo representados psiquicamente nem expressos verbalmente, tendem a se expressar por meio de canais somáticos (Rodrigues et al., 2014).

Valente (2012) informa que pacientes com traços alexitímicos apresentam dificuldades na capacidade simbólica de representar suas emoções, mantendo, dessa forma, um estado de tensão emocional e contribuindo, portanto, para o surgimento de sintomas físicos. Vale relembrar da utilização do modelo das neuroses atuais e o raciocínio psicogenético subjacente. Lipowski (1984) se pronuncia no sentido de que a alexitimia é um constructo mal-definido e inadequadamente empregado por alguns autores como um conceito explicativo sobre a etiologia dos chamados transtornos psicossomáticos. Cohen, Auld e Brooker (1994) questionam a alexitimia como fator etiológico de doenças. Oliveira (2011) argumenta que o funcionamento mental pode apresentar déficits em decorrência da estrutura de personalidade, como também frente a uma reação emocional a uma doença orgânica ou estresse. Nesse contexto, este mesmo autor (Oliveira, 2011) descreve um aparente empobrecimento afetivo em pacientes com enfermidade grave, internados em UTI. Corroborando este achado, temos Wanderley (2003) no estudo de psicodiagnóstico em pacientes portadores de hérnia de disco e Tamagnini (2009) em pacientes com condição clínica grave em transplantes cardíacos.

Por outro lado, a alexitimia pode ocorrer em "doenças psicossomáticas" em outras populações clínicas, bem como em pessoas que não apresentam problemas clínicos e não estão vinculadas a alguma doença mental específica (Yoshida e Carneiro, 2009). Enfim, foi construída uma concepção errônea de relação etiológica entre a alexitimia e as ditas "doenças psicossomáticas". Concluindo: "a alexitimia *não é específica nem universal dos transtornos psicossomáticos*" (Sifneos, 1973), assertiva do próprio formulador do conceito.

> "A alexitimia *não é específica, nem universal dos transtornos psicossomáticos*" (Sifneos).

A segunda, muito mais elaborada e complexa, diz respeito às teorias do grupo de Paris, formado por Pierre Marty e colaboradores (1993), que criaram a autodenominada Escola Psicossomática de Paris. Segundo estes psicanalistas, "lá, a psicossomática adquiriu autonomia e ascendeu ao status de disciplina científica" (p. 6).

Nota para uma reflexão: esta afirmação é melancólica e só pode ser amenizada com o conteúdo de uma conferência de George Engel proferida na Royal Society of Medicine, em Londres, e publicada no *Journal of Psychomatic Research* em 1967, cujo título era: "The concept of psychosomatic disorder". Engel afirma, entre outras importantes observações, que a psicossomática é o mais complexo campo de toda a medicina, sendo inevitável a polarização entre diferentes perspectivas. Cada um dos heterogêneos grupos tem o seu próprio vértice de observação e apresentam a tendência de generalizar de forma prematura e excessiva os seus achados (Engel, 1967, p. 4-5).

Voltando a Marty (1993, 1998), com os conceitos de insuficiência do funcionamento mental, pensamento operatório, de mentalização, desorganização progressiva e outros, a lógica das neuroses atuais persiste nessa corrente. Em suas palavras, "excitações que persistem em quantidade demasiado grande, a função ou sistemas funcionais excessivamente excitados se desorganizam" (p. 22); e, mais adiante, assevera: "o fluxo das excitações instintuais e pulsionais, de essência agressiva e erótica, constitui o problema central das somatizações" (p. 31).

Valente (2012) sintetiza da seguinte forma: "a somatização seria, portanto, segundo a Escola de Paris, em decorrência de estruturas psíquicas deficitárias na capacidade de representação e elaboração simbólica. Portanto, um menor grau de atividade mental corresponde a uma maior vulnerabilidade somática" (Marty, 1993, citado por Valente, 2012, p. 24).

Não obstante esta perspectiva com alguma inclinação psicogenética, Marty (1993) mostra-se cauteloso e faz o seguinte pronunciamento: "chamar de 'psicossomáticos' os pacientes somáticos e as doenças somáticas só pode, nestas condições, constituir um motivo de problema ou de desvio" (p. 7). O que vai de encontro com nossa tese.

> "Chamar de 'psicossomáticos' os pacientes somáticos e as doenças somáticas só pode, nestas condições, constituir um motivo de problema ou de desvio" (Marty, 1993).

42 Psicologia da saúde hospitalar

Por fim, uma terceira vertente, McDougall (1991) vai entender que as representações perdem seus componentes afetivos e simbólicos não por uma carência funcional do psiquismo, mas por um mecanismo defensivo, posição esta também defendida por Risso e Rodrigues (2016). Desta forma, o psiquismo não consegue dispor da palavra para conter as angústias nem suas excitações somáticas; assim, sem poder utilizar os meios psíquicos na tentativa de aliviar ou suspender a tensão, ela pode se tornar um elemento desencadeante de manifestações somáticas (McDougall, citado por Valente, 2012, p. 27).

Há elementos comuns nos pensamentos de Sifneos, Marty e McDougall que estão presentes no comprometimento da capacidade de simbolização (Valente, 2012). A simbolização é a operação de construção de representações mentais, na qual se permite que uma excitação gerada no organismo ascenda ao psiquismo e seja relacionada a algum afeto, criando e associando-se a diferentes representações, com o objetivo de que essa excitação atinja a sua meta pulsional e possa ser satisfeita (Valente, 2012). E, a não satisfação da meta pulsional poderá deixar o corpo mais vulnerável a manifestações somáticas. (*Vide* capítulo "A questão da simbolização na psicossomática".)

Fundamental destacar, para reflexão: nada é mais corriqueiro, banal, em nossa vida do que adoecer.

OUTRAS E DERRADEIRAS CONSIDERAÇÕES

Um dado importante sobre vários autores abordados concerne à dificuldade que apresentam em conceituar aquilo que denominam de doença e/ou sintomas psicossomáticos.

O que seriam estas "entidades"? A que doenças se referem?

Seriam um transtorno somatoforme, uma alteração funcional, ou, ainda, aqueles pacientes com doenças que apresentam lesão orgânica e exibem uma condição psicológica expressiva no seu desencadeamento e prognóstico? Ou ainda sintomas corporais sem explicação médica? Todos estes citados são muito diferentes entre si, tanto em termos clínicos quanto em organização mental; são doenças muito diferentes, podem comprometer sistemas e aparelhos diversos, e também são diferentes em termos epidemiológicos. Reuni-los sob um único rótulo, de "doença e/ou transtorno psicossomático", é um sério equívoco, é insensato (Rodrigues et al., 2014). Metaforicamente, comparando a uma Torre de Babel, seria uma confusão; ou seja, falta de ordem, de método e de clareza. Torna impossível saber a quem ou o que estão estudando. Estes autores que se utilizam dos termos "doença e/ou sintomas psicossomáticos" estão teorizando sobre um fato clínico que não existe, um mal-entendido, uma ilusão. Realizando, pois, iatrogenias.

> O que seriam estas "entidades"? Doenças ou transtornos psicossomáticos? Eis uma questão que não há resposta.

É possível uma psicossomática sem o desvio do raciocínio psicogenético; as pessoas que insistem em contradizer este argumento, em termos de conhecimento, estão situadas num estágio anterior à conferência de Alma-Ata, a Conferência Internacional sobre Cuidados Primários de Saúde (Organização Pan Americana de Saúde [OPAS], 1978). Nela, foi emitida uma declaração que em seu primeiro item afirma: "A Conferência enfatiza que a saúde – estado de completo bem-estar físico, mental e social, e não simplesmente a ausência de doença ou enfermidade – é um direito humano fundamental" (OPAS, 1978); esta Conferência exorta, ainda, governos, a Organização Mundial da Saúde (OMS) e a Unicef a adotarem estes princípios na promoção e atenção à saúde (OPAS, 1978). Reflete, entre outros pontos, as noções de multicausalidade. Podemos afirmar, com efeito, que a causalidade dos eventos adversos à saúde é uma das questões mais complexas na epidemiologia. No século XIX, principalmente com a teoria microbiológica da doença e as importantes contribuições de Louis Pasteur, uma etiologia unicausal era passível de ser considerada, mas, progressivamente, a percepção de que vários fatores estavam relacionados com a ocorrência das doenças, deu corpo a uma forma de concepção multicausal na determinação do processo saúde-doença (Oliveira e Egry, 2000).

> Desde o século XX, na conferência de Alma-Ata, está presente a concepção multicausal na determinação do processo saúde-doença.

Alguém pode perguntar, enfim qual é a essência (a natureza) do processo psicológico no adoecer? Engel (1955), em estudo sobre colite ulcerativa, nos elucida que "o estudo psicológico de pacientes com colite ulcerativa representa apenas um passo no esclarecimento das condições necessárias, mas não necessariamente suficiente" para o desenvolvimento da doença. Engel (1955, p. 231) lança mão para explanar o seu raciocínio referente à epidemiologia da malária. Neste caso, são muito importantes

o conhecimento sobre a sobre geografia, clima, condições de reprodução dos mosquitos, o ciclo de vida do mosquito, as condições necessárias para sobrevivência do parasita da malária, as condições necessárias para a transmissão do parasita ao hospedeiro humano e vice-versa, os fatores de resistência do hospedeiro, e muitos outros que devem ser combinados para definir as condições necessárias o suficiente para o desenvolvimento da doença malária.

A elucidação de cada uma destas condições representa um importante avanço para compreender a doença malária e desenvolver formas eficazes de preveni-la e tratá-la. Mas elas não explicam a patogênese ou esclarecem a etiologia. "Da mesma forma, o estudo psicológico de pacientes com colite ulcerativa representa apenas um passo na elucidação das condições necessárias, mas não necessariamente suficiente, para o desenvolvimento da doença" (Engel, 1955, p. 232).

Voltando à questão dos paradoxos na psicossomática, neste momento, destacamos a discrepância existente entre a enorme quantidade de publicações que se apoiam na noção de doença e/ou sintomas psicossomáticos e a posição "oficial" das sociedades científicas da psicossomática ao redor do mundo. Podemos acessar sítios de diversas entidades –

como a Associação Brasileira de Medicina Psicossomática (ABMP),[7] a American Psychosomatic Society (APS),[8] a Sociedade Portuguesa de Psicossomática (SPP),[9] a Sociedade Espanhola de Psicossomática (SEMP),[10] a Sociedade Japonesa de Medicina Psicossomática (JPS),[11] o International College of Psychosomatic Medicine (ICPM),[12] entre muitas outras – e verificar quais são seus objetivos e propósitos, tais como:

- Associação Brasileira de Psicossomática: busca "criar e difundir, no meio universitário e profissional da área da saúde brasileira, a atitude psicossomática no exercício da prática de saúde em geral e promover o estudo e pesquisa das correlações biopsicossociais do ser humano em suas aplicações na promoção e atenção à saúde".

- American Psychosomatic Society: *"The mission of the American Psychosomatic Society is to promote and advance the scientific understanding and multidisciplinary integration of biological, psychological, behavioral and social factors in human health and disease, and to foster the application of this understanding in education and improved health care".*

- Sociedade Portuguesa de Psicossomática: "promover a atitude e a busca de conhecimento em psicossomática no intercâmbio científico entre profissionais, terapeutas e investigadores".

- Sociedade Espanhola de Psicossomática: *"A psicosomatica implica un enfoque bio-psico-social del enfermar de cada paciente, por tanto, considera que hay que tener en cuenta los factores psicológicos y ambientales que rodean al hombre, no de una forma aislada, sino interrelacionados y en interacción".*

- Sociedade Japonesa de Medicina Psicossomática: *"Our approach is to treat not only the patient's physical conditions, but to treat illness holistically from its psychological, social and environmental aspects".*

- International College of Psychosomatic Medicine: *"The approach to the individual suffering from a specific illness is specific depending on the idiosyncrasy of the patient's life situation, which includes, in addition to attending to the disease process, attending to the psychological and social correlates".*

Há uma enorme confusão e desconhecimento no que diz respeito às variáveis observadas em uma pesquisa. As funções mentais se encontram no grupo das variáveis intervenientes e o problema é que diversos pesquisadores confundem fatores causais com intervenientes, entre condições necessárias e condições suficientes.

---

7   Associação Brasileira de Medicina Psicossomática: www.psicossomatica.org.br.
8   American Psychosomatic Society: www.psychosomatic.org.
9   Sociedade Portuguesa de Psicossomática: sppsicossomatica.org.
10   Sociedade Espanhola de Psicossomática: www.semp.org.es.
11   Sociedade Japonesa de Medicina Psicossomática: www.shinshin-igaku.com.
12   International College of Psychosomatic Medicine: www.icpm.org.

É incontestável a similitude entre o conteúdo do documento inaugural presente no *Statement* do *Psychosomatic Medicine* e os propósitos e objetivos constantes nas sociedades científicas de psicossomática; o que significa, pelo menos neste aspecto, que se manteve uniforme e vem resistindo à prova do tempo.

Nesse sentido, podemos citar, também, que nos Descritores em Ciências da Saúde – DeCs – da Biblioteca Virtual de Saúde, é possível encontrar o verbete "psicossomática" com o seguinte sentido: "sistema [da medicina] que almeja descobrir a natureza exata da relação entre emoção e as funções corporais, afirmando o princípio de que mente e o corpo são uma unidade" (http://decs.bvs.br/cgi-bin/wxis1660.exe/decsserver/, recuperado em 28/04/2017).

Há uma incompatibilidade radical entre a ideia de doença e/ou transtorno psicossomático com os objetivos das sociedades de Psicossomática no mundo, bem como com a OMS e o entendimento do DeCs da Biblioteca Virtual de Saúde.

Pode-se afirmar que a psicossomática, tomando por base os documentos fundadores, os vários autores deste campo, a OMS e os enunciados de associações científicas de psicossomática ao redor do mundo, se caracteriza ou qualifica uma atitude, uma abordagem. Implica, portanto, uma norma de proceder que tem a intenção de influir sobre um determinado desenvolvimento. Uma postura frente ao processo saúde-doença e ao paciente, em uma perspectiva biopsicossocial, conforme preconizado por Engel (1977) em artigo publicado na *Science*; esta postura caracteriza a Psicossomática à natureza de um adjetivo, qualifica uma ação, e designa a interface entre processos psicológicos, sociais e somáticos (Engel, 1967), o *between field*.

Portanto, a Psicossomática se ocupa das interações entre mente e corpo, que ocorrem em ambas as direções, e isto não implica em relações de causalidade. O processo de viver usualmente provoca mudanças, que podem resultar em doenças ou não (Engel, 1967). *Vide* Figura 5 no capítulo "Mecanismo de formação dos sintomas em psicossomática". Desta forma, podemos observar que a psicossomática tem como objetivo estudar as formas pelas quais os fatores psicológicos, somáticos e sociais influenciam uma cadeia de eventos, que é o processo de adoecer, como expressão de um conflito, resultante das dificuldades em lidar com tão complexas interações (Pontes, 1987). Assim sendo, o sintoma orgânico ou determinada configuração mental constituem os últimos, os derradeiros elos desta cadeia de eventos.

Buscamos refletir sobre o pensamento da psicossomática, conhecer seus fundamentos epistemológicos, pressupostos básicos e a sua instalação como disciplina em uma perspectiva histórica e epistemológica, bem como seus desvios que foram e são tomados, equivocadamente, como norma, como doença e/ou sintoma psicossomático. Em contraponto a este equívoco, apresentaram-se as manifestações de autores fundadores, da OMS, do DeCs e de várias sociedades de psicossomática ao redor do mundo. É possível que o surgimento e a relativa permanência deste desvio possam ser compreendidos pelo narcisismo de diversos autores e respectivas escolas, no esclarecimento de Bleger (1984), de que as instituições tendem a reproduzir àquilo que elas se propõem a combater e pela forma de pensar, fortemente dualista, da civilização ocidental.

REFERÊNCIAS

1. Ackerknecht EH. The history of psychosomatic medicine. Psychological Med. 1982;12:17-24.
2. Alexander F. Psychological aspects of medicine. In: Kaufman MR (ed.). Evolution of psychosomatic concepts. New York: International Universities; 1939.
3. Alexander F. Medicina psicossomática: seus princípios e aplicações. Porto Alegre: Artes Médicas; 1989.
4. Aristóteles. On the soul (de anima). In: Hutchins RM (ed.). Great books of the western world. 3.ed. Smith JA, trans., p. 631-72. Chicago: Encyclopaedia Britannica; 1980.
5. Beaumont W. Experiments and observations on the gastric juice and the physiology of digestion. Special edition, Alabama, USA: The Classics of Medicine Library; 1833/1980.
6. Bleger J. Psico-higiene e psicologia institucional. Trad. Emilia de Oliveira-Diehl. Porto Alegre: Artes Médicas; 1984.
7. Bréhier É. Historia de la filosofía. Trad. Demetrio Náñez. Buenos Aires: Sudamericana; 1962.
8. Chiozza LA. Cuerpo, afecto e lenguaje – psicoanálise y enfermedad somática. Buenos Aires: Paidos; 1976.
9. Cohen K, Auld F, Brooker H. Is alexithymia related to psychosomatic disorder and somatizing? J Psychosomatic Res. 1994;38(2).
10. Cotrin G. Fundamentos da filosofia. 10.ed. São Paulo: Saraiva; 1995.
11. Damasio AR. O erro de Descartes. São Paulo: Companhia das Letras; 1996.
12. Deutsch F. Psychoanalysis and internal medicine. In: Kaufman MR (ed.). Evolution of psychosomatic concepts. New York: International Universities; 1927/1964.
13. Dunbar FH. Emotions and bodily changes: survey of literature on psychosomatic interrelationships 1910-1953. 4.ed. New York: Columbia University; 1954.
14. Editorial. Introductory statement [editorial]. Psychosomatic Medicine. 1939:1(1):3-5. Disponível em: www.psychosomaticmedicine.org.
15. Eksterman A. Abordagem psicodinâmica dos sintomas somáticos. Revista Brasileira de Psicanálise. 1994;28(1):9-24.
16. Eksterman A. Medicina psicossomática no Brasil. In: Mello Filho J. Psicossomática hoje. 2.ed. Porto Alegre: Artmed; 2010. p. 38-45.
17. Engel G. The concept of psychosomatic disorder. J Psychosomatic Res. 1967;11:3-9.
18. Fine A. Psicossomática. In: Mijolla A. Dicionário internacional de psicanálise. Rio de Janeiro: Imago; 2005. p. 1491.
19. Freedland KE. et al. What's in a name? Psychosomatic medicine and biobehavioral medicine. Psychosomatic Med. 2009;71(1):1-4.
20. Freud S. Uma réplica às críticas do meu artigo sobre neurose de angústia. v. 3. Trad. J. Salomão. Rio de Janeiro: Imago; 1976. p. 143-64.
21. Granger GG. Introdução – René Descartes. 3. ed. Trad. Jacob Guinsburg, Bento Prado Júnior. São Paulo: Abril Cultural; 1983. p. 16.
22. Groddeck G. Estudos psicanalíticos sobre a psicossomática. Trad. Neusa Messias Soliz. São Paulo: Perspectiva; 2011.
23. Guimarães Rosa J. Grande sertão: veredas. Rio de Janeiro: José Olympio; 1956.
24. Halliday JL. Concept of a psychosomatic affection. Lancet. 1943;22(6275):692-6.
25. Halliday JL. Comments from contributors relative to the psychosomatic concept the significance of "the concept of a psychosomatic affection". Psychosomatic Med. 1945a;7:240-5.
26. Halliday JL. The incidence of psychosomatic affections in Britain. Psychosomatic Med. 1945b:7:135-46.
27. Hartocollis P. Actual neurosis' and psychosomatic medicine: the vicissitudes of an enigmatic concept. Int J Psychoanal. 2002:83,1361-73.
28. Hayward R. Enduring emotions: James L. Halliday and the invention of the psychosocial. Isis. 2009;100(4);827-38.
29. Kutter P. A short history of psychoanalytic psychosomatics in German – speaking countries. Revista da Sociedade Portuguesa de Psicossomática. 2000;2(2):79-86.

30. Lipowski ZJ. What does the word "psychosomatic" really mean? A historical and semantic inquiry. Psychosomatic Med. 1984;46(2):153-71.
31. Marty P. A psicossomática do adulto. Porto Alegre: Artes Médicas; 1993.
32. Marty P. Mentalização e psicossomática. São Paulo: Casa do Psicólogo; 1988.
33. Massimi M. A questão mente-corpo nas doutrinas dos primeiros séculos da cultura cristã. Cadernos PUC. 1986;(13):9-24.
34. McDougall J. Teatros do corpo: o psicossoma em psicanálise. São Paulo: Martins Fontes; 1991.
35. Mijolla A. Dicionário internacional de psicanálise. Rio de Janeiro: Imago; 2005.
36. Oliveira MAC, Egry EY. A historicidade das teorias interpretativas do processo saúde-doença. Revista Escola de Enfermagem da USP. 2000;34(1):9-15.
37. Oliveira WL. Investigação psicológica de pacientes em unidade de terapia intensiva. Dissertação de Mestrado. Instituto de Psicologia. Universidade de São Paulo, São Paulo; 2011.
38. Organização Mundial de Saúde. Los transtornos psicosomáticos, 13. Informe de Expertos de la OMS em Salud Mental. Genebra; 1964. (Série Informes Tecnicos, n. 275).
39. Organização Pan-Americana de Saúde. Conferência Internacional sobre Cuidados Primários de Saúde; 1978. Recuperado de: www.opas.org.br/declaracao-de-alma-ata/.
40. Platão. Diálogo Timaeus. In: Hutchins, RM (ed.). Great books of the western world. 3. ed. Smith JA, trans. 1980. p. 442-77. Chicago: Encyclopaedia Britannica; 1980.
41. Pontalis JB. Entre o sonho e a dor. São Paulo: Ideias & Letras; 2005.
42. Pontes JF. Conceito de integração em medicina psicossomática. Arquivos de Gastroenterologia. 1975;12(2):83-7.
43. Puustinen R. Is it psychosomatic? An inquiry into the nature and role of medical concepts. Durham University; 2011. Disponível em: etheses.dur.ac.uk/657/.
44. Risso I,; Rodrigues AL. Cuerpo destrozado: estudio de caso. In: Anais do 31º Congresso Latinoamericano de Psicoanálisis – Federación Psicoanalítica de América Latina – FEPAL, Cartagena, Colombia; 2016. Recuperado de: https://site.cfp.org.br/?evento=310-congresso-latino-americano-de-psicoanalisis.
45. Rocha EM. Observações sobre a sexta meditação de Descartes. Cadernos de História e Filosofia da Ciência. 2006:16(1). Disponível em: https://www.cle.unicamp.br/eprints/index.php/cadernos/article/view/601.
46. Rodrigues AL, Campos EMP, Pardine F. Mecanismo de formação dos sintomas. In: Spinelli (org.). Introdução à psicossomática. São Paulo: Atheneu; 2010. p. 131-54.
47. Rodrigues AL, Limongi França AC. Uma perspectiva psicossocial em psicossomática via estresse e trabalho. In: Mello Filho J. Psicossomática hoje. 2.ed. Porto Alegre: Artmed; 2010. p. 111-34.
48. Rodrigues AL, Takushi AL, Santos-Silva C, Risso I, Roitberg SEB, Marins TT, Oliveira W L, Campos EMP. Reflexões críticas sobre o construto de alexitimia. Revista SBPH. 2014;17(1):140-57.
49. Roudinesco E. Sigmund Freud na sua época e em nosso tempo. Rio de Janeiro: Zahar; 2016.
50. Russell B. História do pensamento ocidental. Rio de Janeiro: Ediouro; 2001.
51. Santos Filho O. Histeria, hipocondria e fenômeno psicossomático. In: Mello Filho et al. Psicossomática hoje. 2.ed. Porto Alegre: Artmed; 2010.
52. Stainbrook E. Psychosomatic medicine in the nineteenth century. Psychosomatic Med. 1952;14(3): 211-27.
53. Tamagnini EJG. A psicodinâmica do paciente cardiopata: contribuições da psicanálise à cardiologia. Tese de Doutorado. Instituto de Psicologia, Pós-Graduação em Psicologia Clínica, Universidade de São Paulo. Orientadora: Profª. Associada Dra. Elisa Maria Parahyba Campos; 2014.
54. Tenenbaum D. As principais tensões psicológicas presentes na prática assistencial hospitalar: uma pesquisa em psicologia hospitalar utilizando a hermenêutica psicanalítica. Curitiba: Appriz; 2017.
55. Uexküll T. von Psychosomatic medicine. Müchen, Wien: Urban and Schwarzenberg; 1997.
56. Valente GB. A questão da simbolização na psicossomática: estudo com pacientes portadores de transtorno neurovegetativo somatoforme e de transtorno de pânico. Dissertação de Mestrado. Instituto de Psicologia, Universidade de São Paulo. São Paulo; 2012.
57. Wanderley KS. Psicodiagnóstico: compreensão dos aspectos psíquicos da dor em portadores de hérnia de disco. Tese de Doutorado. Instituto de Psicologia, Universidade de São Paulo. São Paulo; 2003.
58. Weiner H. Praise be to psychosomatic medicine. Psychosomatic Medicine. 1999;61:259-62.
59. Weiss E, English S. Medicina psicossomática: aplicação clínica da psicopatologia aos problemas da clínica geral. Rio de Janeiro: Guanabara Waissman, Koogan; 1946.
60. Weizsacker VV. Dreams in so-called endogenic magersucht (anorexia). In: Kaufman RM (ed.). Evolution of psychosomatic concepts. New York: International Universities; 1937.

61. Yoshida EMP; Carneiro BV. Alexitimia: uma revisão do conceito. Psicologia: teoria e pesquisa 2009;25(1):103-8.
62. Young JL. Profile of Helen Flanders Dunbar. In: Rutherford A (ed.). *Psychology's feminist voices multimedia internet archive; 2010. Recuperado de: http://www.feministvoices.com/helen-flanders-dunbar/.*

A questão da simbolização na psicossomática

3

Guilherme Borges Valente
Avelino Luiz Rodrigues

A psicossomática procura reunir o saber de diferentes áreas do conhecimento para compreensão e intervenção na saúde do ser humano, sua promoção e atenção à saúde. Nessas áreas, a psicanálise se destaca por contribuir decisivamente para o surgimento da psicossomática como campo organizado de conhecimento e por trazer perspectivas para o entendimento da inter-relação do funcionamento psíquico com o corpo. Vale lembrar que a psicossomática não é essencialmente psicanalítica; ela é interdisciplinar e agrega também perspectivas comportamentais, biomédicas, das neurociências e das ciências humanas e sociais. Neste capítulo, o foco será a perspectiva psicanalítica sobre o funcionamento psíquico relacionado às somatizações, tomando como exemplo pacientes com SII (síndrome do intestino irritável), sem, no entanto, perder de vista o caráter multidisciplinar da psicossomática.

O conceito de somatização é tratado com pouco rigor na literatura, de maneira que é preciso defini-lo antes de iniciar a discussão sobre ele. Então, o que seria? Algo próximo do conceito do senso comum, que é da expressão das emoções por meio do corpo? Isso não é suficiente.

Na tentativa de encontrar uma solução minimamente satisfatória, essa reflexão se baseará, pelo menos em parte, em Menninger[1] (1947), que define a somatização como respostas exacerbadas de manifestações fisiológicas normais, na forma de uma reação de *distress* (ou seja, dificuldade na adaptação) a uma situação crônica e/ou intensa vivida como emocionalmente penosa para a pessoa, com repressão dos conteúdos subjetivos das emoções, podendo a manutenção da disfunção visceral provocar mudanças na estrutura do órgão.

---

[1] Existem razões para citar Menninger, que era médico e general do exército dos Estados Unidos na Segunda Guerra Mundial. Suas motivações para desenvolver esse estudo foram as seguintes: "a Segunda Guerra Mundial trouxe à tona a psicossomática, e todo médico do exército foi confrontado por um grande número de pacientes nos quais, apesar das queixas físicas, nenhuma doença orgânica foi encontrada". Situações em que a questão das emoções, das dificuldades de adaptação, mostrou-se de uma evidência inquestionável.

50   Psicologia da saúde hospitalar

> Alexitimia, personalidade tipo A e dificuldade na simbolização são vértices possíveis na compreensão no processo de somatização.

Existe um enorme leque de possibilidades, de doenças médicas, que se enquadrariam nesse vértice. Será tomado como paradigma, neste capítulo, uma doença funcional, ou seja, aquela que apresenta manifestações clínicas que se expressam por meio de sintomas consequentes de alterações da função do órgão, não de uma lesão orgânica, ou de uma bactéria, vírus ou protozoário; no caso, a SII.

A literatura é farta na constatação da importante influência de aspectos psicológicos na manifestação dos sintomas, no caso da SII, como aborrecimentos diários (Fujii & Nomura, 2008), eventos da vida como rompimentos de vínculos e perdas (Creed et al., 1988), traumas na infância (Videlock, 2010) e estresse (Palsson & Drossman, 2005). No entanto, entre outras razões, pela libido fixada no adoecimento físico, os pacientes tendem a negar qualquer influência psicológica em seus sintomas (Lipowski, 1986), e resistem a encaminhamentos para psicólogos e psiquiatras. Apesar de utilizarem de forma desproporcional os serviços de saúde, os de saúde mental são os únicos que não se mostram significativamente elevados nesses pacientes (Barsky, Orav & Bates, 2005).

São inúmeras as possibilidades de observação e compreensão do processo de somatização. Ele pode ser analisado, por exemplo, segundo duas perspectivas:

1. **Alexitimia:** termo introduzido em 1972 por Sifneos em trabalho designado *Short-term Psychotherapy and Emotional Crisis*. Os pacientes alexitímicos mostram grande dificuldade em usar uma linguagem apropriada para expressar e descrever sentimentos, e também para diferenciá-los de sensações corporais. Literalmente, alexitimia significa "sem palavras para a emoção" (Valente, 2012).
2. **Personalidade tipo A:** caracteriza-se pela impaciência, grande competitividade, agressividade, senso de urgência, grande necessidade de reconhecimento e desenvolvimento profissional, hipervigilância do tempo, procurando realizar tudo rapidamente e com características perfeccionistas, dificuldade em lidar com as emoções, principalmente a raiva (Friedman, Rosenmann, 1959).

> A somatização será observada privilegiando o vértice da simbolização.

Neste capítulo vamos observar a somatização privilegiando o vértice da capacidade de simbolização. Até mesmo em função de seu desenvolvimento histórico nesse campo do conhecimento, trata-se de uma teoria em voga, notadamente no Brasil.

Temos um adoecimento em que os aspectos psicológicos são importantes, porém não são assim compreendidos e chegam a ser negados pelos pacientes. Para além de um suposto preconceito em relação à utilização dos serviços de saúde mental, ou mesmo de uma negação da influência das emoções no adoecimento, essa condição de impossibilidade e negação constituir-se-á em um dado clínico de relevância, que se associa a um funcionamento psíquico que, por sua vez, tem sido relacionado às somatizações (Marty, 1993; McDougall, 1996). A tensão emocional encontraria dificuldade para ser aliviada, pois sua expressão psicológica estaria comprometida, e essa tensão sobrecarregaria os órgãos e interferiria em seu funcionamento (Campos & Rodrigues, 2005). Essa lacuna na vida psíquica revela que determinado conteúdo relacionado a sua experiência emocional não pôde passar pelo processo de elaboração psíquica, ser simbolizado e ganhar seu lugar no psiquismo do sujeito. Haveria, portanto, um comprometimento da capacidade de simbolização (Valente, 2012).

> Conteúdos mentais relacionados à experiência emocional não passariam pelo processo de elaboração psíquica, portanto não alcançariam um processo de simbolização.

A simbolização é a operação de construção de representações mentais, que permite que uma excitação gerada no organismo ascenda ao psiquismo e seja associada a algum afeto, criando representações mentais relacionadas a essa excitação com o objetivo aliviá-la por meio de manifestações psicológicas. Assim, um estímulo sensorial, um objeto, um evento, alguma coisa deixa de ser unicamente ela mesma para ganhar um sentido psicológico. A excitação participa não só da construção de representações mentais mas também da conexão entre elas, proporcionando a mediação entre a excitação e a realização da meta pulsional. Dessa forma, a simbolização permite a dinâmica psíquica (Mijolla, 2005).

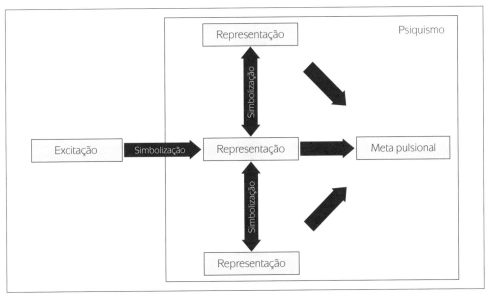

Figura 1 Representação esquemática dos processos de simbolização em suas inter-relações com as representações.

> A simbolização é a operação de construção de representações mentais, que permite que uma excitação gerada no organismo ascenda ao psiquismo e seja associada a algum afeto, criando representações mentais relacionadas a essa excitação. As excitações seriam aliviadas por meio de manifestações psicológicas.

As manifestações da simbolização podem assumir a forma de expressões afetivas, produção de sentidos psicológicos para as sensações, objetos e situações, pensamentos abstratos, introspecção ou capacidade de pensar além da situação presente. Uma pessoa que mostre comprometimento na capacidade de simbolização apresenta uma forma de funcionamento psíquico concreta, descritiva, voltada para o mundo externo e para a situação presente, com poucas referências afetivas, relações interpessoais dependentes ou solitárias e dificuldade na elaboração psíquica da angústia. Nesse sentido, diante de uma tensão emocional, a pessoa com comprometimento da capacidade de simbolização encontra dificuldade em conseguir expressar essa tensão por vias psicológicas. A expressão das emoções se faz, portanto, eminentemente por via corporal, situação que, em se cronificando, desencadeia processos de somatização.

Seguindo um modelo metafórico e esquemático apresentado pelo Prof. Dr. Avelino Luiz Rodrigues, é como um rio que se divide em dois braços. Na eventualidade de um dos braços apresentar algum obstáculo em sua vazão, o outro braço fica sobrecarregado e pode transbordar.

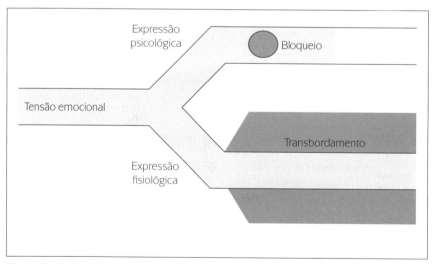

Figura 2 Dificuldades na expressão das emoções.
Baseado em um modelo proposto pelo Prof. Dr. Avelino Luiz Rodrigues.

Com base nessa breve introdução, vamos explorar como a capacidade de simbolização se manifesta em três pacientes com SII, por meio de um psicodiagnóstico constituído por entrevista semidirigida e do teste de apercepção temática (TAT) segundo Murray (1995).

O CASO JULIANA

Juliana, 23 anos, recebeu o diagnóstico de SII há dois anos. Além de dores abdominais, apresentava crises de diarreia. Por vezes evitava sair de casa, com medo de que uma nova crise diarreica surgisse. Relata que, quando fica nervosa, sente "dores de barriga" [*sic*]. Foi diagnosticada por sua gastroenterologista e encaminhada para avaliação psicológica.

A história de Juliana, segundo seu relato, é marcada por uma relação familiar na qual a família se mobilizava para atender à irmã Patrícia, dois anos mais velha, que apresenta um vasto histórico de problemas de saúde, enquanto Juliana ficava relegada a "segundo plano", sem receber muita atenção. Desde muito cedo essa condição a impactava, e aos 4 anos de idade houve duas situações nas quais Juliana pulou em uma piscina e quase morreu afogada; na segunda ocasião, precisou ser reanimada. Quando Juliana tinha 11 anos, sua irmã desenvolveu a síndrome de Cushing, doença endocrinológica desencadeada por tumores na suprarrenal, levando a produção de cortisona a se alterar. O humor da irmã ficava instável em função dessa síndrome. Juliana relata que era obrigada a suportar as oscilações de humor da irmã, que ia de dócil a irritada.

Patrícia começou a ter tumores no corpo, e, em consequência, a família ficava constantemente apreensiva. Nesse contexto, Patrícia recorria a Juliana para desabafar e receber apoio emocional. Em meio aos graves problemas da irmã, Juliana não se sentia autorizada a "perturbar" a família com suas questões e não se sentia no direito de solicitar ajuda dos pais, entendendo que precisava ser uma "boa menina" e não dar trabalho.

Juliana afirma que demorou para procurar ajuda médica em função do trauma vivenciado pela família por causa dos problemas de saúde de sua irmã. Mas os desconfortos físicos, psicológicos e sociais foram tantos que ela enfim criou coragem para falar com a mãe sobre procurar ajuda médica. Juliana foi a uma gastroenterologista e realizou uma série de exames, mas não se encontrou lesão ou qualquer outro problema orgânico que justificasse seus sintomas. Foi então que surgiu o diagnóstico de SII.

> No TAT, a temática do abandono surge com frequência, acompanhada de sentimentos de impotência e agressividade, havendo sinais de regressão e manifestação de relações interpessoais dependentes.

No TAT, a temática do abandono surge com frequência, acompanhada de sentimentos de impotência e agressividade, havendo sinais de regressão e manifestação de relações interpessoais dependentes. De forma geral, Juliana consegue elaborar histórias, porém, diante da questão do abandono, apresenta dificuldade na resolução de conflitos, aos quais por vezes reage de forma idealizada ou passiva. Em grande parte do protocolo, há expressões de agressividade, frustração e passividade. Possui razoável integração do ego, porém essa capacidade diminui em face do sentimento de abandono. Mostra, de forma geral, boa capacidade de simbolização, criando histórias com começo, meio e fim, utilizando-se dos elementos das pranchas e conferindo novos elementos. Tem capacidade para o uso de metáforas e fantasias, assim como expressões de afeto. Contudo, sua capacidade de simboli-

54   Psicologia da saúde hospitalar

zação fica afetada diante de questões significativas, em especial a do abandono, acompanhada de impotência e privação.

Se, por um lado, a questão do abandono leva as histórias do sujeito no TAT a serem
menos integradas, indicando comprometimento dos processos de simbolização, esse comprometimento não se estende para todas as histórias e todos os temas suscitados. Juliana
consegue ter boa capacidade simbólica em algumas histórias, nas quais o tema do abandono não é suscitado. Diante desse dado, pode-se dizer que sujeito não possui uma estrutura psíquica deficitária na capacidade de simbolização, pois consegue desenvolver histórias complexas e criar novos sentidos para os elementos das pranchas. Contudo, diante do
sentimento de abandono, impotência e privação, sua capacidade de simbolização fica comprometida. Não se trata de um problema que englobe toda a sua vida psíquica, mas sim
de processos mentais que são comprometidos a partir de questões específicas.

> Diante do sentimento de abandono, impotência e privação, sua capacidade de simbolização
> fica comprometida, mas consegue ter boa capacidade simbólica em outras histórias, nas
> quais o tema do abandono não é suscitado.

Em situações nas quais não tem sua vontade atendida, transparece baixa capacidade
para suportar frustrações. Quando há acolhimento, sente que não é suficiente, e o sentimento de abandono prevalece, recorrente e intenso, com vivência de desamparo. Juliana
não consegue elaborar essas emoções e os vive de forma impotente, como se todos os recursos psíquicos que se utilizam para lidar com as diferentes situações da vida estivessem
ausentes nessa condição.

Podemos entender que o sentimento de abandono diminui a integração do ego de Juliana, comprometendo funções mentais (do ego) e a capacidade de simbolização no que
tange a esse sentimento. Tal experiência emocional compromete sua elaboração psicológica, de modo que a tensão emocional encontra dificuldade para ser aliviada por vias psicológicas e sua expressão fisiológica se torna mais intensa, cronificada e não modulada,
interferindo no funcionamento dos órgãos. Dessa forma, quando "nervosa", sente "dores
de barriga" [*sic*]. Uma intervenção psicológica que a ajudasse a elaborar o sentimento de
abandono e trabalhasse as relações familiares poderia ser muito benéfica para sua saúde.

> O sentimento de abandono diminui a integração do ego de Juliana, comprometendo funções
> mentais e a capacidade de simbolização.

O CASO MÁRCIA

Márcia, 32 anos, relata apresentar os sintomas da SII há dezoito anos, tendo sido diagnosticada há dois anos. Diz que tem por característica absorver seus problemas e não os
expressar, ficando quieta, "engolindo-os". Tem medo de que, se expressar tudo o que sen-

te, possa ofender alguém. Apresenta ansiedade antecipatória, de modo que frequentemente cria expectativas e entra em estado de angústia. Nesses momentos, sente dor abdominal.

Fruto de uma gravidez não planejada, Márcia sabe que a mãe precisou ficar internada nos seus três primeiros meses de vida, devido a complicações no parto. Relata que a relação com a mãe sempre foi distante e que convivia com ela apenas nos fins de semana, em função das atividades profissionais daquela. Pelo pai demonstra maior afetividade, mas ele também passava pouco tempo em casa. Tem um irmão sete anos mais velho, com quem sempre teve pouco contato.

Informa que o casamento de seus pais era conturbado, com muitas discussões e brigas, até que, quando Márcia tinha 8 anos, eles se separaram. Nesse mesmo ano, seu pai morreu de tuberculose, perda em relação à qual ela carrega muito pesar. Morou com a mãe até os 19 anos, quando se casou com um rapaz com quem mantém uma relação complicada, terminando e reatando por várias vezes. Afirma que desde criança é uma pessoa ocupada e independente, pois teve de aprender a se cuidar para sobreviver, e que suas relações familiares são distantes e de pouco afeto.

Verifica-se o predomínio de dois conteúdos mentais significativos: dificuldade nos vínculos familiares e perda ou medo da perda do objeto de amor.

No TAT, verifica-se o predomínio de dois conteúdos mentais significativos: dificuldade nos vínculos familiares e perda ou medo da perda do objeto de amor. Há momentos em que não é possível determinar o conteúdo mental significativo, pois a angústia suscitada foi tamanha que as histórias ficaram pobres, apenas descritivas ou confusas, mas seus temas remontam aos vínculos familiares e à perda do objeto de amor. Márcia confere pouca afetividade aos personagens, e quando há expressão de afeto este é dependente ou negativo.

Os conflitos, quando surgem, na maioria das vezes conseguem contar com uma resolução suficiente, ora de forma ativa, ora de forma passiva. Quando a angústia de Márcia aumenta, não há relação com um conflito manifestado em suas histórias ou este não é solucionado. O ego manifesta razoável integração, porém é frágil; diante das situações de maior angústia, ele não consegue conservar integridade suficiente para lidar com a situação.

Márcia apresenta comprometimento na capacidade de simbolização frente a conteúdos mentais que lhe são significativos. Diante do incremento da angústia, o ego tende a perder a integração, recorrendo a mecanismos de defesa mais primitivos.

Márcia apresenta comprometimento na capacidade de simbolização. Diante do incremento da angústia, o ego tende a perder a integração, recorrendo a mecanismos de defesa mais primitivos e a um funcionamento psíquico mais precário. Quando consegue lidar com a angústia, a capacidade de simbolização se desenvolve, mesmo que limitada.

Temos uma paciente que mostra dificuldade na expressão do afeto, oriunda de um contexto familiar no qual o contato afetivo era distante ou até ausente. Márcia foi obrigada a "se virar" [sic] para se desenvolver, sem contar com espaço de acolhimento para expressar seus sentimentos. Um trabalho terapêutico que promova a expressão e a elaboração dos afetos e da maneira de viver sua história poderia trazer resultados especialmente positivos para ela, cuja expressão psicológica encontra-se dificultada.

O CASO SILVIA

Silvia, 34 anos, relata sentir dores abdominais há quatro anos, contudo apenas recentemente recebeu o diagnóstico de SII de seu proctologista. Quando nervosa ou deprimida, apresenta prisão de ventre. Sente dores que se aliviam quando defeca. As dores iniciaram quando teve seu filho, há quatro anos. O marido queria um filho, o que não correspondia à vontade de Silvia. No primeiro dia da visita na maternidade ele não compareceu, e Silvia acredita que desde o nascimento da criança o marido ficou mais distante. Ela informa que há dois anos teve transtorno de pânico. Diz-se nervosa e ansiosa, principalmente quando quer resolver algo e não consegue. O que mais provoca esses estados é o marido, pois Silvia deseja que ele mude e não consegue.

De origem humilde no interior do sertão nordestino, Silvia mostra um histórico de privação de recursos. Na família de treze irmãos, apesar da constante a falta de dinheiro e comida, a interação entre os familiares era "forte e boa" [sic]. Aos 11 anos de idade foi trabalhar na capital para conseguir ajudar em casa, porém não suportou ficar longe da família; chorava constantemente e após seis meses decidiu retornar. Posteriormente foi para São Paulo, onde encontrou uma patroa com quem estabeleceu uma relação de mãe e filha, e assim suportou a distância da família. Outros irmãos se mudaram para São Paulo, e Silvia passou a morar com eles.

Namorou um rapaz, com quem teve uma filha. As brigas eram tantas que o relacionamento terminou após sete anos morando juntos, e Silvia sofreu com a separação. Três anos mais tarde, conheceu outro rapaz, com quem está casada há catorze anos. Ela diz que o relacionamento com o segundo companheiro no começo era bom, mas com o tempo ele foi mudando, tornando-se complicado e difícil, principalmente após o nascimento do filho. A forma como Silvia traz sua história é marcada pelas várias mudanças de ambientes familiares e pelo afastamento de pessoas próximas.

No TAT, os conteúdos mentais significativos mais frequentes são problemas de relacionamento amoroso, questões ligadas aos vínculos familiares e o desejo de ser acolhida. Esses conteúdos falam de ansiedade por medo da perda do objeto de amor e de vontade de acolhimento. No geral, Silvia confere afetividade aos personagens e às relações entre eles, contudo a afetividade é decorrente de conflitos, ou seja, é negativa (tristeza, ciúme, susto, maldade).

Silvia confere afetividade aos personagens e às relações entre eles, contudo a afetividade é decorrente de conflitos, ou seja, é negativa (tristeza, ciúme, susto, maldade). Existe grande comprometimento na capacidade de simbolização.

Silvia mostra dificuldade na resolução de conflitos; grande parte do protocolo do TAT não os resolve. Apresenta um ego frágil em sua integração e se utiliza de vários mecanismos de defesa, que não são suficientes, porém, para sustentar a integração do ego diante da angústia. Em face desse funcionamento, Silvia mostra significativo comprometimento na capacidade de simbolização.

Verifica-se um pensamento mais operatório, concreto, descritivo, voltado para o exterior, com dificuldade para simbolizar. Seu psiquismo manifesta dificuldade em elaborar psicologicamente o aumento de excitação, não encontrando mecanismos para lidar com a angústia em função de sua fragilidade egoica. Quando a excitação é muito intensa, principalmente pelo medo da perda do objeto de amor, Silvia experimenta um grande transbordamento dessa excitação não simbolizada, criando um estado de desamparo psíquico que desencadeia ataques de pânico.

> Quando a excitação é muito intensa, principalmente pelo medo da perda do objeto de amor, Silvia experimenta um grande transbordamento dessa excitação não simbolizada, criando um estado de desamparo psíquico que culmina com ataques de pânico.

Diferentemente de Juliana, cujo comprometimento da simbolização é mais específico e está relacionado ao sentimento de abandono, e de Márcia, em quem o comprometimento surge diante do ego frágil em lidar com a angústia, Silvia apresenta uma condição mais estrutural, em que a capacidade de simbolização é mais precária de forma geral e se manifesta como característica de seu funcionamento mental.

O uso de simbolismos, metáforas e interpretações tende a não encontrar campo fértil em Silvia, que mostra um pensamento operatório, mais concreto. Dessa forma, ela pode se beneficiar mais de um suporte egoico, que a ajude a elaborar psicologicamente suas experiências, do que de interpretações e construções mentais complexas.

Vimos nesses casos que a capacidade de simbolização pode se apresentar de diferentes formas, e tivemos exemplos de como ela pode ser comprometida. Para nos aprofundarmos na relação entre simbolização e somatização, vejamos como essas vertentes da psicossomática abordam a questão.

> Em Juliana o comprometimento da simbolização é mais específico e relacionado ao sentimento de abandono, diferentemente de Márcia, em quem o comprometimento emerge em um ego frágil para lidar com a angústia, e de Silvia, com uma estrutura psíquica em que a capacidade de simbolização está prejudicada.

A SIMBOLIZAÇÃO NA PSICOSSOMÁTICA

A psicossomática, pela psicanálise, desenvolveu-se tentando entender os mecanismos psicológicos que se relacionariam com o adoecimento orgânico, ou como o psiquismo estaria contribuindo para os processos de somatização. Partindo da premissa de que mente e corpo constituem uma unidade indissociável e de que os afetos são integrantes do funcionamento dos órgãos (Campos & Rodrigues, 2005), o psiquismo desempenha importante papel na saúde da pessoa. Assim, processos, comprometimentos e eventos psíquicos repercutem no estado de saúde ou no desencadeamento de doenças.

A emoção não é causa direta da doença, mas se torna patogênica quando não encontra vias para se expressar, em função de bloqueios mentais.

Pacientes apresentados como "psicossomáticos" ou somatizadores são tidos há tempos como relutantes em encarar suas questões emocionais; seriam alienados de sua experiência psicológica, de seus sentimentos e conflitos (Wolf, 1968). Segundo Alexander (1950), a emoção não é causa direta da doença, mas se torna patogênica quando não encontra vias para se expressar, em função de bloqueios mentais. Haveria uma incapacidade de experienciar e expressar os conflitos por meio da fantasia e de representações psíquicas, mecanismos semelhantes àquilo que Freud (1996[1896a]) denominava neurose atual, em que o aumento da excitação somática sem o trabalho psíquico necessário pode gerar sintomas somáticos.

A negatividade simbólica presente em tais pacientes foi o ponto de partida para o desenvolvimento de duas perspectivas na psicossomática no vértice da simbolização: uma baseada na ideia de um déficit psíquico na capacidade de elaboração das emoções, e outra fundamentada no conflito e nas formas como o psiquismo se compromete para lidar com a angústia.

A perspectiva do déficit, desenvolvida pela Escola de Paris (M'Uzan & Marty, 1994), entende que a desorganização progressiva do ego leva a um estado de depressão essencial, comprometendo a organização da libido do indivíduo e provocando uma deficiência nos processos mentais. Essa desorganização ocorreria em pessoas com estrutura mental deficitária em função de traumas sucessivos ou afluxo contínuo de tensão, de modo que esses indivíduos apresentariam um pensamento do tipo operatório, ou seja, pensamentos concretos, superficiais, desprovidos de valor libidinal, excessivamente orientados para a realidade externa e estreitamente vinculados à materialidade dos fatos. Mostram comprometimento da capacidade de simbolização, denotando apagamento da expressividade mental e a existência de déficit funcional do aparelho psíquico. Sem o recurso do psiquismo para lidar com uma situação emocional, esta ficaria restrita ao corpo sem o artifício da vazão pela atuação do ego, o que aumentaria a vulnerabilidade somática.

O pensamento do tipo operatório (M'Uzan & Marty) se caracteriza pela prevalência de pensamentos concretos, superficiais, desprovidos de valor libidinal, excessivamente orientados para a realidade externa e estreitamente vinculados à materialidade dos fatos, com comprometimento da capacidade de simbolização.

A questão da simbolização na psicossomática   59

Pela perspectiva do conflito, pacientes "somatizantes" seriam incapazes de lidar com afetos potencialmente desestruturantes pelo fato de recorrerem a estratégias defensivas arcaicas diante de sofrimentos insuportáveis, envolvendo a exclusão sumária de representações carregadas de sentimentos intoleráveis (McDougall, 1984). Não se trata de repressão, que é consciente e motivada por questões morais, nem de recalque, que repele para o inconsciente representações ligadas a uma pulsão e cuja satisfação poderia trazer desprazer. O ego rejeita a representação incompatível com o afeto e se comporta como se a representação jamais tivesse existido. Os afetos pulverizados se perdem sem qualquer compensação psíquica, sendo reduzidos a sua pura expressão somática. O processo de somatização, como coloca McDougall (1984), estaria relacionado com um mecanismo de defesa, denominado desafetação.

> Da perspectiva do conflito, pacientes "somatizantes" seriam incapazes de lidar com afetos potencialmente desestruturantes pelo fato de recorrerem a estratégias defensivas arcaicas diante de sofrimentos insuportáveis, com exclusão do psiquismo de representações carregadas de sentimentos intoleráveis, sejam representações, fantasias e pensamentos relacionados a afetos que poderiam causar sofrimento. McDougall relaciona esse processo com um mecanismo de defesa, denominado desafetação, que culmina com a somatização.

Apesar das diferentes perspectivas, há uma correspondência nessas propostas: o processo de simbolização se mostra prejudicado, e a elaboração psicológica da emoção fica comprometida (Valente, 2012).

Vimos três casos nos quais é possível perceber o comprometimento da capacidade de simbolização, porém a forma como ocorre esse comprometimento é diferente em todos eles. Juliana apresenta, de maneira geral, boa capacidade de simbolização, contudo esta fica comprometida diante de questões que são significativas para ela, em especial a do abandono. Isso sugere que conteúdos mentais significantes podem comprometer a capacidade de simbolização, embora o comprometimento diga respeito apenas a esses conteúdos, não a todo o funcionamento mental. Levando em conta que o sentimento de abandono provoca angústia em Juliana, relativa à perda do amor do objeto, a desorganização relativa do ego e o comprometimento da capacidade de simbolização funcionariam como defesa, evitando que o ego seja tomado pela angústia insuportável referente a esse sentimento.

Márcia apresenta comprometimento na capacidade de simbolização diante do incremento da angústia, de forma que o ego tende a ter prejuízo em sua integração e recorre a mecanismos de defesa mais primitivos, como a cisão, a projeção e o uso intenso de repressão, resultando em um funcionamento psíquico mais precário. Quando o ego consegue lidar com a angústia, a capacidade de simbolização se desenvolve. O comprometimento é transitório, como ocorre com Juliana, manifestando-se quando esta se encontra diante da vivência ou experiência emocional de abandono. Em Márcia, no entanto, o comprometimento é mais intenso, constante e evidente, não se restringindo a conteúdos tão específicos, em virtude de um ego mais frágil ao lidar com a angústia. Tal fragilidade estaria relacionada a seu desenvolvimento, marcado pela fragmentação de vínculos, necessidades de dependência e amparo na infância que não foram supridas em virtude da ausência dos pais e de características obsessivas de personalidade.

Silvia manifesta pensamentos descritivos, pouco elaborados, desprovidos de desenvolvimento com começo, meio e fim, e demonstra dificuldade na resolução de conflitos. Traz em sua história de vida a perda de diversos vínculos afetivos e atualmente vivencia a perda do amor do marido, apresentando significativa angústia pela perda do amor do objeto. Utiliza-se de vários mecanismos de defesa, que não são suficientes em face de seu ego frágil e limitado na capacidade psíquica. Dessa forma, Silvia mostra significativo comprometimento na capacidade de simbolização. Tal comprometimento não se restringe a conteúdos mentais significativos: é amplo e característico de seu funcionamento mental.

O processo de simbolização se mostra prejudicado. Assim, a elaboração psicológica da emoção fica comprometida e a expressão das emoções se faz eminentemente pela via corporal (Valente, 2012).

Sintetizando, a forma como o comprometimento da simbolização apareceu para Juliana está relacionada a conteúdos mentais significativos, ou seja, há uma especificidade; para Márcia, refere-se uma estrutura egoica frágil na capacidade de lidar com o incremento da angústia; para Silvia, o comprometimento configura-se como uma característica do funcionamento mental, sendo mais amplo e generalizado.

Os casos ilustram que há uma relação entre pensamento operatório e somatização, embora apresentem variações significativas de intensidade e frequência. Enquanto para Silvia a relação é característica de seu funcionamento mental, para as outras duas é transitória, ou seja, surge sob circunstâncias determinadas. Em outras palavras, para uma o comprometimento da simbolização surge como parte de uma *estrutura de personalidade*, determinado por intensas angústias, capazes de desorganizar o ego em fases críticas de seu desenvolvimento; para outra, surge como *defesa psíquica* diante da angústia, diminuindo a integração do ego a fim de evitar a representação mental do afeto insuportável.

O comprometimento da simbolização surge em alguns pacientes em função de uma *estrutura de personalidade*; em outros, surge como *defesa psíquica* diante da angústia.

O comprometimento da simbolização, seja como estrutura de personalidade ou como defesa psíquica, coloca-se na mesma condição, em que a emoção não é elaborada psicologicamente, acentuando sua expressão somática.

Aquilo que no nível dos sentimentos é raiva, medo, alegria ou qualquer que seja o afeto em questão será expressado concomitantemente no corpo.

Vale lembrar que a emoção se expressa concomitantemente por vias psicológicas e fisiológicas, como a raiva, que psicologicamente se manifesta por meio da agressividade, ódio, desespero etc., e ao mesmo tempo se expressa fisiologicamente pela elevação da PA, frequência respiratória, contrações musculares etc. Como bem colocado por Campos e Rodrigues (2005), aquilo que no nível dos sentimentos é raiva, medo, alegria ou qualquer que seja o afeto em questão será expressado no corpo, concomitantemente, por intermédio de modificações no sistema musculoesquelético, neurovegetativo e imunoendócrino, coordenados pelo sistema hipotálamo-hipófise-sistema límbico.

Mesmo com a contraparte psicológica da emoção comprometida, a contraparte fisiológica continuará atuando, porém de maneira não modulada, por vezes cronificada, uma vez que tal emoção não pôde encontrar alívio.

Nos casos acima, vimos que a ativação do sistema parassimpático, relacionada ao estado corporal de relaxamento, a receber cuidados, à digestão e à atividade intestinal, encontra-se não modulada quando as pacientes entram em crise, cronificada pela constante busca por receber atenção e cuidados sem que essa condição possa, no entanto, ser elaborada psicologicamente. Em outras palavras, as alterações fisiológicas parassimpáticas, mais especificamente a atividade intestinal, continuam a atuar, porém de modo disfuncional, enquanto sua contraparte psicológica está prejudicada.

Como visto nos casos acima, o comprometimento da simbolização pode aparecer em diferentes formas, intensidades e contextos (Valente, 2012), não estando apenas relacionado a uma estrutura psíquica, ou seja, não ocorre apenas com um determinado tipo de pessoa, um grupo à parte, como os ditos "pacientes psicossomáticos" ou portadores de somatização. Esse comprometimento pode ocorrer em qualquer indivíduo, com qualquer estrutura psíquica, surgindo como resposta às condições a que o sujeito está submetido.

> O comprometimento da simbolização não ocorre apenas em um determinado tipo de pessoa, um grupo à parte, como os ditos "pacientes psicossomáticos" ou portadores de somatização. Ela pode ocorrer, em qualquer indivíduo, com qualquer estrutura psíquica, surgindo como resposta às condições a que o sujeito está submetido.

Diante dos conflitos internos significativos ou catástrofes externas, como os pacientes avaliados por Menninger, aos quais o indivíduo inevitavelmente está suscetível, McDougall (1983) afirma que a somatização é uma resposta banal, corriqueira. Segundo esse raciocínio, a somatização não poderia ser relegada apenas às doenças, mas envolveria tudo aquilo que estivesse associado à vida e ao viver, na medida em que o funcionamento do corpo sofre influências psicológicas. A via inversa é igualmente verdadeira, em mecanismos de *biofeedbacks* constantes e permanentes.

O processo de viver pode incluir demandas emocionais sobre o sujeito que, independentemente de seu funcionamento mental, extrapolem sua capacidade de simbolização e, por consequência, deságuam na somatização. Por mais "eficiente" que seja seu psiquismo em elaborar psicologicamente as experiências emocionais, há um limite dos indivíduos para suportar a afluência de estímulos (internos ou externos). Isso pode ser verificado em

Seyle (1956), com as doenças de adaptação e o estresse. Para além de deficiência ou comprometimento psíquico, não podemos pensar na somatização apenas pelo viés do funcionamento psicopatológico: há a própria condição humana, que enfrenta limitações de recursos biológicos e psicológicos diante de um meio instável ao qual o tempo todo tentamos nos adaptar a fim de garantir nossa sobrevivência. Frente a essa constação, a somatização poderia ser pensada da perspectiva dos processos de adaptação; esforços de adaptação a um meio instável ao qual o tempo todo tentamos nos adaptar a fim de garantir nossa sobrevivência, e mais ainda, o nosso próprio bem-estar.

Há um limite nas pessoas para suportar a afluência de estímulos (internos ou externos), e isso não tem a ver com psicopatologia, mas sim com a condição humana.

Encontramos uma prevalência global para o transtorno de somatização, realizada pela OMS (Gureje et al., 1997) em 19,7%, chegando a 36,8% em algumas regiões. Em uma perspectiva mais ampliada, sintomas não explicados medicamente chegam a representar até 50% dos casos na atenção primária (Lazzaro & Ávila, 2004).

Existe uma seriíssima questão metodológica: não existem estudos sistematizados comparativos entre populações saudáveis e populações portadoras de somatização, da perspectiva da capacidade de simbolização. No caso da alexitimia, já foi fartamente demonstrado que essa condição está presente na população em geral, independentemente da presença de doença orgânica (Rodrigues et al., 2014). Não resta dúvida, no entanto, de que esses pacientes necessitam de uma abordagem específica.

Ao se deparar com tais situações clínicas no atendimento psicológico, uma via que pode se mostrar eficiente é atentar para o comprometimento da capacidade de simbolização do paciente com somatização. Diferentemente de pacientes com psiconeuroses, nos quais há riqueza de simbolismos e o recalcamento do conflito, nas somatizações não se encontra essa produção psíquica justamente devido ao comprometimento da simbolização. A interpretação da associação livre para chegar ao conteúdo inconsciente, como se faz nas psiconeuroses, encontrará grande dificuldade em tais casos, uma vez que o conteúdo em questão não está relegado ao inconsciente, não possui registro no psiquismo.

Uma via que pode se mostrar eficiente, no processo psicoterápico, é atentar para o comprometimento da capacidade de simbolização do paciente com somatização.

É condizente a intervenção que possibilite a construção da expressão psicológica da emoção, para que possa ser elaborada e, com isso, a tensão emocional manifestada nas alterações fisiológicas possa ser aliviada. Esses aspectos serão observados no capítulo "O atendimento psicológico de pacientes com somatização".

REFERÊNCIAS

1. Barsky AJ, Ora EJ, Bates DW. Somatization increases medical utilization and costs independent of psychiatric and medical comorbidity. Archives of General Psychiatry. 2005;62(8):903-10.

2. Campos EMP, Rodrigues AL. Mecanismo de formação dos sintomas em psicossomática. Mudanças: Psicologia da Saúde. 2005;13(2):299-312.

3. Creed FH, Craig T, Farmer RG. Functional abdominal pain, psychiatric illness, and life events. Gut. 1988;29(2):235-42.

4. Drossman DA. Os distúrbios gastrointestinais funcionais e o processo Roma III. Capítulos selecionados dos critérios de Roma III: os distúrbios gastrointestinais funcionais. São Paulo: Segmento Farma; 2009.

5. Francisconi CFDM. Capítulos selecionados dos critérios de Roma III: os distúrbios gastrintestinais funcionais. São Paulo: Segmento Farma; 2009.

6. Freud S. Observações adicionais sobre as neuropsicoses de defesa (1896a). Edição Standard Brasileira das Obras Psicológicas Completas de Sigmund Freud. Rio de Janeiro: Imago, 3; 1996.

7. Friedman M, Rosenman R. Association of specific overt behavior pattern with blood and cardiovascular findings. J Am Med Assoc. 1959;169:1286.

8. Fujii Y, Nomura S. A prospective study of the psychobehavioral factors responsible for a change from non-patient irritable bowel syndrome to IBS patient status. Biopsychosocial Med. 2008;2(1):16.

9. Gureje O, Simon GE, Ustun TB, Goldberg DP. Somatization in cross-cultural perspective: a World Health Organization study in primary care. Am J Psychiatry. 1997;154(7):989-95.

10. Lazzaro C, Ávila L. Somatização na prática médica. Revista Arquivos de Ciências da Saúde. 2004;11:2-5.

11. Lipowski, ZJ. Psychosomatic medicine: past and present part II. Current state. Can J Psychiatry. 1986;31(1):8-13.

12. Marty P. A psicossomática do adulto. Trad. PC Ramos. Porto Alegre: Artes Médicas; 1993.

13. Menninger WC. Psychosomatic Medicine: Somatization Reactions, Psychosomatic Medicine; 1974;(92-97).

14. McDougall J. Em defesa de uma certa anormalidade: teoria e clínica psicanalítica. Porto Alegre: Artes Médicas; 1983.

15. McDougall J. The "dis-affected" patient: reflections on affect pathology. Psychoanal Q. 1984;53(3):386-409.

16. McDougall J. Teatros do corpo: o psicossoma em psicanálise. São Paulo: Martins Fontes; 1996.

17. Mijolla, A. Dicionário internacional de psicanálise. Rio de Janeiro: Imago; 2005.

18. Miszputen SJ, André EA, Francisconi CF. Síndrome do intestino irritável – SII. São Paulo: Lemos; 2002.

19. Murray HA. Teste de apercepção temática (TAT). São Paulo: Casa do Psicólogo; 1995.

20. M'Uzan MD, Marty P. O pensamento operatório. Rev Bras Psicanál. 1994;28(1):165-74.

21. Palsson OS, Drossman DA. Psychiatric and psychological dysfunction in irritable bowel syndrome and the role of psychological treatments. Gastroenterol Clin North Am. 2005;34(2):281-303.

22. Rodrigues AL, Takushi AL, Santos-Silva C, Risso I, Roitberg SEB, Martins TT, et al. Reflexões críticas sobre o constructo de alexitimia. Revista da SBPH. 2014;17(1):140-57. Disponível em: http://pepsic.bv-salud.org/scielo.php?script=sci_arttext&pid=S1516-08582014000100009&lng=pt&tlng=pt. Acesso em: 9 fev. 2019.

23. Selye H. The stress of life. New York: McGraw-Hill; 1956.

24. Valente GB. A questão da simbolização na psicossomática: estudo com pacientes portadores de transtorno neurovegetativo somatoforme e de transtorno de pânico [Dissertação]. São Paulo: Universidade de São Paulo; 2012.

25. Videlock EJ, Mayer EA, Naliboff BD, Chang L. 1002 The effect of childhood trauma and abuse on the development of irritable bowel syndrome is mediated by somatization. Gastroenterology. 2010;138(5):S-144.

26. Wolff HH. The psychodynamic approach to psychosomatic disorders: contributions and limitations of psychoanalysis. Br J Med Psychology. 1968;41(4):343-8.

4 A psico-oncologia: conceituação, histórico e desenvolvimento

Elisa Maria Parahyba Campos

ANTECEDENTES

Historicamente, diferentes eventos e acontecimentos criaram um campo fértil para o surgimento da psico-oncologia: o desenvolvimento da psicologia, da saúde mental e da medicina. A principal preocupação, naquele momento, era o que foi chamado de "Educação para o câncer". Estes esforços pioneiros tiveram início na Europa, por volta de 1890, quando alguns médicos ginecologistas mobilizaram as mulheres para terem mais informações sobre o câncer, sinais do seu aparecimento e o perigo que representavam (Holland, 1990).

Há aproximadamente 60 anos, a partir de uma observação mais profunda dos efeitos psicológicos do câncer, esta área produziu um modelo nos quais estes efeitos foram integrados como uma subespecialidade da oncologia: era o nascimento da psico-oncologia.

A psico-oncologia começa a se estabilizar como uma área sistematizada do conhecimento a partir do momento em que a comunidade científica reconhece que tanto o surgimento, desenvolvimento e remissão do câncer, são intermediados por fatores que extrapolam condições de natureza biomédica (Gimenes, 1994).

Holland (1990), considerada a criadora da psico-oncologia, define esta área como "uma subespecialidade da oncologia que procura estudar duas dimensões psicológicas presentes no diagnóstico do câncer:

1. O impacto do câncer no funcionamento emocional do paciente, de sua família e dos profissionais envolvidos com seu tratamento.
2. O papel das variáveis psicológicas e comportamentais na incidência e sobrevivência do câncer (Holland, citada por Gimenes, 1991).

No Brasil, a psico-oncologia foi definida como a área que seria uma interface entre a psicologia e a oncologia, segundo Gimenes (1994).

Hoje, este campo contribui para o desenvolvimento dos cuidados clínicos de pacientes e familiares, além de treinar *staffs* na administração dos aspectos psicológicos que surgem em decorrência do estresse gerado pelo atendimento de pacientes portadores de câncer, e ainda na produção de pesquisas, na criação de programas de prevenção e mesmo na terminalidade.

Embora existam diferentes aspectos psicológicos que envolvem o paciente portador de câncer, o aparecimento desta área só foi possível a partir da constatação de que o estigma que envolve esta doença diminuiu, possibilitando mudanças de atitude em relação ao câncer e a seu portador.

Algumas razões contribuíram para que as atitudes em relação ao câncer fossem mudadas. Como exemplo, podemos citar algumas cirurgias bem-sucedidas na extirpação de tumores, tratamento mais eficazes e sua consequente remissão, assim como alguns pacientes famosos que foram à mídia incentivar outros que estavam fechados em si mesmo, envergonhados por terem ficado doentes. Tudo isto gerou ao paciente o direito a ter acesso ao seu diagnóstico, o que até então era negado por ser considerada uma atitude cruel, visto que o diagnóstico desta moléstia significava, anteriormente, uma sentença de morte.

O estigma e os mitos que envolviam o câncer puderam ser substituídos por conhecimentos e instrumentos de enfrentamento, tais como grupos de autoajuda, suporte psicossocial, assistência psicoterápica, entre outros tratamentos. A partir destes fatos, foi possível explorar e estudar respostas e comportamentos psicológicos associados ao câncer.

Um dos grandes méritos desta área consistiu em reunir diferentes profissionais promotores de saúde, emergentes das ciências médicas e das ciências humanas e sociais, criando aquilo que hoje conhecemos como psico-oncologia.

O movimento da medicina psicossomática e o consequente surgimento da psiconeuroimunologia e da interconsulta psiquiátrica e psicológica foram alavancas preciosas para o surgimento deste novo campo do saber (Rodrigues, 2010).

A Psico-Oncologia reúne diferentes profissionais de saúde, emergentes das ciências médicas e das ciências humanas e sociais.

HISTÓRICO

No início do século XX, o desenvolvimento de técnicas cirúrgicas e das medicações anestésicas propiciaram algumas "curas" do câncer, na verdade remissões, mas sempre na dependência do tipo de tumor e da fase em que era descoberto. A remissão dependeria de sua remoção bem-sucedida e da ausência de metástases (Holland, 2002) e a radioterapia, juntamente com a cirurgia, era o tratamento disponível.

Com isso, muitas pessoas sobreviviam, o que antes não acontecia. Este fato contribuiu para a formação de grupos que demandavam apoio psicológico no enfrentamento da doença, do tratamento e de fantasias de possível recidiva, ou agravamento da doença, apesar dos tratamentos realizados. Infelizmente, muitas vezes estas fantasias se tornavam realidade. O câncer é uma doença para a qual não existe cura. Existem remissões que duram muitos anos, algumas vezes até a morte do portador de câncer, que pode vir a falecer por conta de muitos outros fatores, mas que não incluem o câncer.

Outro fato, parte do histórico e desenvolvimento da psico-oncologia, foi a fundação, em 1884, do Memorial Sloan-Kettering Cancer Center, em New York, sendo considerado, posteriormente, o berço da psico-oncologia.

A proposta dessa instituição, além do atendimento clínico, era desenvolver um trabalho que objetivava a realização de pesquisas que possibilitassem uma compreensão maior do paciente oncológico e sua doença, bem como desenvolver medicamentos, intervenções médicas e psicológicas e estudos voltados para a descoberta de maneiras de lutar contra o câncer.

Atualmente, muitos grupos trabalham com o objetivo de desenvolver pesquisas, com a meta de obter cada vez mais conhecimento psicológico para transmitir à classe médica, aos pacientes e familiares, e ainda às equipes promotoras de saúde em geral. Em última instância, a proposta destes grupos permanece a mesma, ou seja: como lutar contra o câncer, em uma perspectiva interdisciplinar (Holland,1991).

> A psico-oncologia busca lutar contra o câncer em uma perspectiva interdisciplinar, em que o foco principal é a pessoa que naquele momento está acometida de um câncer.

Holland (1990) relata que as remissões foram responsáveis pela diminuição do imenso pessimismo que cercava o diagnóstico de câncer, uma vez que aquilo, que antes podia ser fatal, passava a ser uma doença a ser enfrentada e não ocultada.

A partir deste momento, uma mudança na visão de equipes de saúde e familiares ocorre, no sentido de informar ao paciente o que se passava com ele, já que surgiram evidências de que a participação ativa do próprio portador da moléstia poderia ajudar em sua recuperação.

Foram iniciados movimentos para a criação de grupos de autoajuda, e ainda um programa que oferecia a um doente a visita de um ex-paciente que tivera o mesmo tipo de câncer, e que estava em remissão, com o intuito de melhor informar o portador a respeito da doença, procedimentos e intervenções, desfazendo crenças e mitos.

Este programa teve muito sucesso, pois era a fala de um ex-paciente e não mais da equipe médica, levando o doente a reacender esperanças, acreditar em sua própria cura e mobilizar atitudes ativas em busca de seu restabelecimento.

Em nosso modo de ver, este era o início de uma proposta atualmente aceita por diferentes classes de profissionais de saúde, proposta esta que inclui os aspectos emocionais nos processos de desenvolvimento de um câncer, bem como de sua remissão.

> Uma das principais propostas da psico-oncologia é incluir os aspectos emocionais no desenvolvimento e na remissão do câncer.

Alguns mais ousados chegam a relatar correlações entre o estresse psicológico vivido por um indivíduo e o posterior surgimento de um câncer. Este estresse seria consequência de perdas, tanto de pessoas como de situações, como aposentadorias indesejadas, mas obrigatórias, enfim, toda uma gama de situações dolorosas, muitas vezes sequer percebidas em sua real magnitude pela pessoa.

A resistência à compreensão psicológica e sua importância para as doenças orgânicas é antiga. Vale lembrar que, na Idade Média, eram atribuídas ao portador de doenças mentais diferentes causas fantasiosas, sendo a possessão demoníaca a mais conhecida. A pessoa em geral era afastada do convívio comunitário, quando não era queimada em fogueiras purificadoras.

A contrapartida deste comportamento era o encaminhamento para sanatórios de leprosos, tuberculosos e de doentes mentais, que isolavam a pessoa, tratando-a com intervenções, combatidas nos últimos anos, dentro de um processo de humanização que foi iniciado, e que pretende atingir todo tipo de doente, com cuidados exigidos dentro e fora do hospital.

Diversos profissionais, especialmente psicólogos e psiquiatras, lutaram incansavelmente para que os pacientes fossem vistos como um ser global, onde a mente e o corpo existiriam em um *continuum*, em que o organismo são ou doente teria íntima relação com outras instâncias, tais como a psicológica e a social, em um processo de constante *feedback*.

Mente e corpo existem em um *continuum*, em que estas instâncias estão em constante *feedback*.

A criação daquilo que conhecemos como interconsulta foi o resultado da atuação destes profissionais, que lutaram para que o paciente fosse examinado como um todo e não apenas como um organismo biológico doente.

A disponibilidade para aceitar a comorbidade psiquiátrica deu uma nova visão aos médicos e estudantes para comportamentos até então pouco claros no paciente de câncer.

Se até então o portador de câncer era tratado por clínicos gerais e oncologistas, a consulta psiquiátrica revelou a necessidade de medicações relacionadas a sintomas de depressão, ansiedade, entre outros.

Em meados do século XX, ocorre a chegada de diversos psicanalistas oriundos da Europa e dos Estados Unidos e o impacto das teorias psicanalíticas na psiquiatria americana foi significativo. Têm início as publicações de Dunbar e Alexander, e o desenvolvimento das concepções psicossomáticas lançam novas luzes sobre as doenças em geral e sobre o sofrimento psíquico em particular (Holland, 2002).

Neste período, diferentes publicações associam fatores emocionais ao surgimento e desenvolvimento do câncer. Estes trabalhos tinham interesse teórico e prático para os profissionais de saúde mental, e eram publicados em jornais ligados à psicologia e à psiquiatria. Mas, no dizer de Holland (2002), infortunadamente não foram escritos juntamente com oncologistas e cirurgiões, e acabaram sendo vistos como especulações sem maior interesse científico.

68 Psicologia da saúde hospitalar

Posteriormente, foram desenvolvidos métodos de pesquisa mais refinados, e fidedignos na expressão de uma realidade psicofisiológica, no sentido de explorar e desvendar as relações entre o fisiológico e o psicológico nos processos do adoecer.

O movimento denominado medicina psicossomática vai dar origem a duas novas áreas de significativa importância para o surgimento da psico-oncologia.

A primeira delas tem início por volta das décadas de 1960 e 1970, quando são publicados os primeiros trabalhos de Ader e Cohen (1981), reunidos em um texto denominado "Psiconeuroimunologia", em que os autores expunham, de maneira cuidadosa, os estudos que provavam a interação entre os sistemas neurológico, endócrino e imune.

O desenvolvimento da psiconeuroimunologia trouxe inúmeras e importantes contribuições ao desenvolvimento da psico-oncologia.

Uma das descobertas da psiconeuroimunologia diz respeito ao comportamento das *NK cells* (*natural killers cells*, um tipo de linfócito), ou seja, células que têm a função de identificar e eliminar quaisquer outras células que pareçam diferentes, anômalas, de um organismo humano. Comprovou-se uma diminuição da atividade destas *NK cells* em alterações causadas por lesões do sistema nervoso central (Ader, 1981).
Outra descoberta importante relacionada à psiconeuroimunologia refere-se a estudos que implicam fatores psicossociais na predisposição, início e progresso de várias patologias, incluindo as neoplasias malignas (Ader, 1981). As depressões clínicas, segundo este autor, estão associadas a uma diminuição da função das *NK cells* e o surgimento de tumores malignos.

Esta não foi a primeira vez em que estados emocionais foram correlacionados a processos tumorais, tais referências ocorrem desde Galeno e outros médicos da Antiguidade. Ainda não foram elucidados os mecanismos, extremamente complexos, que nos permitiriam esclarecer estados de *stress* causados por experiências de vida ao surgimento de neoplasias, no entanto, estudos em Psiconeuroimunologia vêm sendo desenvolvidos no sentido de explorar estas relações, bem como suas implicações clínicas e terapêuticas.

No entanto, permanecem ainda muito complexas as correlações do sistema imunológico em relação ao câncer, bem como a sobrevida de alguns doentes. Mas, com certeza, é uma área independente que tem contribuído bastante para o desenvolvimento de pesquisas relacionadas à doença.

Dentre as várias decorrências do movimento da Medicina Psicossomática, está a criação do que chamamos de interconsulta psiquiátrica e psicológica, que tem como objetivo estudar o comportamento e os discursos recorrentes em termos de queixas do portador de câncer. Estas queixas, muitas vezes, pertencem mais ao campo da Psicologia e da Psiquiatria, ou seja, da subjetividade, do que propriamente ao campo biológico da oncologia.

Neste início, os atendimentos eram circunscritos a queixas relativas à ansiedade, depressão, o que pode nos incomodar hoje, pois sabemos que estas queixas abarcam dinâmicas psíquicas complexas e que não podem ser reduzidas apenas a demandas/queixas de ansiedade ou depressão. Mas foi um degrau importante a ser galgado para o desenvolvimento da psico-oncologia.

Na década de 1950, vários estudos prospectivos começaram a examinar as respostas psicológicas de pacientes hospitalizados, criando a possibilidade de pesquisas colaborativas, entre médicos e profissionais de saúde em geral. Foi possível observar como os pacientes enfrentavam a doença em diferentes estádios da mesma, até o momento da morte. Estas descobertas mostraram que os sentimentos de culpa e vergonha estavam presentes em todos os pacientes, além do medo da dor e da deformação.

A prática demonstrou que muitos pacientes, em função de sua doença, apresentavam sentimentos de culpa e vergonha, além do medo da dor e da deformação

O INÍCIO FORMAL

Em função de sua juventude, em termos históricos, junto aos processos de luta contra o câncer, é possível traçar uma cronologia bastante fiel do surgimento da psico-oncologia, seu desenvolvimento, e sua capacidade de penetração em diferentes partes do mundo, bem como as barreiras que enfrentou, contribuindo para "desmistificar" os estigmas que sempre acompanharam esta doença, considerada incurável, e que levaria, inexoravelmente, à morte.

É importante desmistificar os estigmas que sempre acompanharam esta doença, considerada incurável, e que levaria, inexoravelmente, morte.

Se quisermos datar formalmente o início da psico-oncologia, podemos nos reportar às palavras de Holland (2002): " [...] *beginnings of psycho onchology date to the mid-1970*", em artigo publicado com a finalidade de divulgar o início de um movimento que passou a mudar as atitudes e conceitos a respeito do câncer.

Concordamos com Holland (2002) que é importante fazer uma breve revisão da história da psico-oncologia, pois esta subespecialidade da oncologia produziu, há aproximadamente 50 anos, um modelo, na verdade do domínio da Psicologia, que integra diferentes áreas do conhecimento, tais como a Medicina, a Psicologia e a variada gama de procedimentos pertencente à área dos cuidados paliativos, inclusive aqueles com o paciente sem cuidados terapêuticos ou terminais (Holland, 2002).

A psico-oncologia procura fornecer aos pacientes, aos profissionais de saúde, às famílias e à comunidade como um todo a visão de que o câncer resulta de fatores biopsicossociais, além de propor maior compreensão das respostas psicológicas ao adoecimento, aos tratamentos e, posteriormente, à reabilitação e à sobrevivência.

No entanto, apesar da afirmação de Holland (2002) de que a psico-oncologia criou um modelo de intervenção em relação aos pacientes portadores de câncer, em nosso modo de ver, não existe ainda um modelo único de intervenção, o que existe é uma multiplicidade de vozes, conceitos e práticas, uma vez que profissionais provenientes de diferentes áreas promotoras e de atenção à saúde produzem seus próprios conhecimentos através de suas experiências decorrentes de suas práticas assistenciais e, talvez, por esta seja a característica de um campo nascente, mutante, que se metamorfoseia, e depois surge como uma libélula, com uma nova geração de psico-oncologistas; tudo isto caracteriza diferentes práticas em ação – um polimorfismo de palavras, de práticas e de ação. A convergência destas áreas está no interesse pelos pacientes, seus familiares e equipe oncológica. Tudo isto caracteriza um conhecimento em movimento e em desenvolvimento.

> Na verdade, a psico-oncologia procura dar aos profissionais de saúde em geral, às famílias envolvidas e à comunidade como um todo, uma nova visão sobre o câncer, uma possibilidade de compreensão do processo de adoecer, como consequência de fatores biopsicossociais, e propõe ainda a possibilidade de uma maior compreensão das respostas psicológicas ao adoecimento, aos tratamentos e, posteriormente, à reabilitação e à sobrevivência.

No caso do paciente portador de câncer, além dos sofrimentos emocionais presentes, podem ocorrer transtornos psiquiátricos que frequentemente tornam mais difíceis as intervenções sobre a doença, tais como ansiedade, depressão e *delirium*.

Segundo Teng, Humes e Demétrio (2005), *aproximadamente 10 a 25% dos indivíduos com câncer apresentarão episódio de depressão e/ou de ansiedade*. Destacando-se que a frequência da depressão pode alcançar 50% em câncer de pâncreas e 25% de mama (Croyle & Rowland, 2003). Estes transtornos psiquiátricos interferem de forma bastante negativa na qualidade de vida dos pacientes, levam à não-adesão ao tratamento proposto e prolongam as internações hospitalares. Sabe-se, atualmente, que a depressão e a ansiedade também influenciam negativamente no prognóstico desses pacientes, aumentando sua mortalidade. *É nítida a relação entre queda da sobrevida e presença de depressão* (Teng, Humes & Demétrio, 2005).

A PSICO-ONCOLOGIA NO BRASIL

A psico-oncologia chega ao Brasil por alguns profissionais interessados no tema, mas o grupo que se tornou pioneiro foi reunido informalmente como um grupo de estudos coordenado por Carvalho (1994) e que inicialmente foi denominado de Centro Alfa. Este grupo foi responsável por divulgar a nova área, traduzindo o texto que se tornou uma espécie de manual para tratar de pacientes de câncer e seus familiares, cujo título é *Getting well again*, traduzido por "Com a vida de novo" (Simonton, Simonton & Creighton, 1987).

Atualmente, existe a disciplina psico-oncologia em pós-graduação *stricto sensu* (Instituto de Psicologia da Universidade de São Paulo) e em cursos de especialização nessa área. Estes cursos estão abertos a profissionais de diferentes áreas que desejam conhecer melhor o que seria a psico-oncologia, uma vez que em suas áreas de origem são levantados os aspectos psicológicos das doenças.

Nos anos 1970, diferentes movimentos levaram a diferentes tipos de pesquisa, buscando compreender e intervir no tratamento do câncer por meio da perspectiva biopsicossocial. Em geral, entre os objetivos, continua o de encontrar e construir modelos teóricos que expliquem a forma de enfrentamento da doença, uma vez que esta atitude está diretamente relacionada aos processos de remissão.

Uma das propostas da psico-oncologia é a criação de serviços de atendimento a pacientes portadores de câncer. A partir da última década do século XX, na Universidade de São Paulo, junto ao Departamento de Psicologia Clínica, foi criado um serviço de atendimento ao paciente portador de câncer denominado Centro Humanístico de Recuperação em Oncologia e Saúde – CHRONOS, seguindo as normas e parâmetros da Psicoterapia Breve, além da utilização do Programa Simonton (*vide* capítulo "Práticas clínicas em psico-oncologia").

Em função de sua proposta multidisciplinar, a psico-oncologia não para de receber a adesão de diferentes profissionais e grupos. Holland (2002) lembra da importância das contribuições de enfermeiras e assistentes sociais, que foram as primeiras pessoas a identificar a complexidade das respostas psicológicas ao câncer, seu desenvolvimento e seus sintomas. Especificamente no controle da dor e no provimento de suporte social dos pacientes, estas profissionais tiveram papel importante no início da psico-oncologia. No vértice da psicologia se faz imperativo citarmos a Profa. Dra. Maria Margarida de Carvalho – Magui – por seus trabalhos, aqui no Brasil, pioneiros na prática da psico-oncologia e, em especial, no tratamento contra a dor (Carvalho, 1994).

O que podemos observar na atualidade da psico-oncologia, como área que propicia a reunião de diferentes profissionais de atenção e cuidados em saúde, responde a uma tendência mundial no sentido de formar profissionais que atuem em equipes, contribuindo com suas diferentes visões para o enriquecimento dos cuidados para com os pacientes oncológicos e seus familiares. Vale recordar que a partir do Grupo Alpha, vários grupos se uniram, criando o que hoje é a Sociedade Brasileira de Psico-Oncologia – SBPO.

O número de pacientes portadores de câncer cresce em progressão geométrica, e é crescente o número de hospitais dedicados ao tratamento específico da doença. As causas, curso e prognóstico do câncer são múltiplos, a correlação com aspectos cognitivos e emocionais, sem dúvida, estão presentes, ainda que não totalmente esclarecidos por sua enorme complexidade; como também é crescente o número de sociedades de psico-oncologia no Brasil e no mundo somando seus esforços para contribuir neste gigantesco desafio.

Termino com uma frase que pode ser considerada o lema desta área, criada por Holland (2002) e que segundo ela, a criadora da psico-oncologia, nunca deve ser esquecida por pacientes e cuidadores: *"Vivendo com esperança, administrando a incerteza"*.

Lema da psico-oncologia: *"Vivendo com esperança, administrando a incerteza"* (Holland, 2002).

REFERÊNCIAS

1. Ader R. Psychoneuroimmunology: interactions between the nervous system and the immune system. Lancet. 1981;345:99-102.
2. Campos EMP. A psico-oncologia: uma nova visão do câncer – uma trajetória. Tese de Livre-Docência. Instituto de Psicologia, Universidade de São Paulo. São Paulo; 2010. Recuperado de: www.teses.usp.br.
3. Carvalho MMMJ (coord.). Introdução à psiconcologia. Campinas: Psy; 1994.
4. Gimenes MG. Definição, foco de estudo e intervenção. In: Carvalho MMMJ (org.). Introdução à psiconcologia. Campinas: Psy; 1994. p. 35-6.
5. Holland JC. Historical overview. In: Holland JC, Rowland JH (orgs.). Handbook of psychooncology: psychological care of the patient with cancer. New York: Oxford University; 1989. p. 4-12.
6. Holland JC. History of psycho-oncology: overcoming attitudinal and conceptual barriers. Psychosomatic Med. 2002:64,206-21.
7. Simonton OC, Matthews-Simonton S, Creighton JL. Com a vida de novo: uma abordagem de autoajuda para pacientes com câncer. São Paulo: Summus; 1987.
8. Teng CT, Humes EC, Demétrio FN. Depressão e comorbidades clínicas. Archives of Clinical Psychiatry. 2005;32(3):149-59.

Psicologia da Saúde e Psicologia Hospitalar

5

Clayton dos Santos-Silva
Nathália Augusta de Almeida
Katia da Silva Wanderley

INTRODUÇÃO

O presente capítulo tem como objetivo apresentar ao leitor as definições de Psicologia da Saúde e Psicologia Hospitalar, bem como suas respectivas formações, áreas de atuação e ilustrações clínicas, com o intuito de aproximá-lo da prática do psicólogo nestes contextos e da perspectiva psicológica e psicossocial nos múltiplos fenômenos humanos relacionados às adversidades do adoecimento físico.

PSICOLOGIA DA SAÚDE

A OMS/WHO (1946/2014) declara em sua Constituição como um dos pilares básicos para a felicidade dos povos suas relações harmoniosas e a preocupação de que: "a saúde é um estado de completo bem-estar físico, mental e social, e não consiste apenas na ausência de doença ou de enfermidade". Além disso, reconhece a importância dos aspectos mentais e sociais no que se refere à saúde e não apenas a ausência de enfermidades (Oliveira, 2011).

A Psicologia da Saúde é o campo do conhecimento que estuda, a partir das perspectivas psicológica e psicossocial, os múltiplos fenômenos humanos relacionados às adversidades do adoecimento, tendo como sujeitos-alvos todos os indivíduos dos cenários das questões da saúde, tais como pacientes, familiares, profissionais da área ou membros da comunidade. A partir de conceitos e teorias psicológicas, seu objetivo é promover a melhora da qualidade da assistência prestada ao sofrimento psíquico, buscando-se a promoção da saúde, prevenção e tratamento de doenças, mudanças de estilo de vida, desenvolvimento de comportamentos que promovam saúde e o aperfeiçoamento do sistema de políticas públicas de saúde (Turato, 2008; Matarazzo, 1980; Barros, 1999).

Assim como não há um predomínio de ideias e práticas na Psicologia, tampouco há preponderância em tal ciência que gere uma concepção de ação na área da saúde de forma coesa, possibilitando uma variedade de atuações e estilos, causando diversidade de perspectivas e nomenclaturas para descrever a prática profissional do psicólogo na área da saúde, dificultando o fortalecimento da profissão na área, mas abrindo um campo vasto para a pesquisa. Podemos dizer que a Psicologia na área da saúde seria como um grande guarda-chuva, sob o qual se agrupam várias práticas e perspectivas, as quais podem ser não apenas complementares, mas até mesmo antagônicas; um campo disciplinar articulado com outros saberes, como afirma o modelo biopsicossocial, e marcado pela indefinição do objetivo psicológico a ser delimitado, tornando-se um conhecimento em permanente desenvolvimento (Santos & Jacó-Vilella, 2009).

A Psicologia da Saúde (do inglês *health psychology*; do espanhol *psicología de la salud*), divisão 38 da American Psychological Association (APA) desde 1978 (Wallston, 1997), atualmente está consolidada também na Europa, Ásia e em alguns países da América Latina com pesquisas crescendo em número e qualidade (Castro & Bornholdt, 2004). Contudo, nas nações latinas, ainda há insuficiência de estudos que possibilitem intervenções rápidas nos problemas de saúde de cada região, de acordo com as especificidades e contextos socioeconômicos (Alves et al., 2011). Além disso, houve um rápido crescimento da mão de obra disponível, mas com insatisfatória incorporação dos profissionais nos setores de saúde (Castro & Bornholdt, 2004).

No Brasil, a Psicologia da Saúde surge como prática profissional de forma mais sistematizada e reconhecida em instituições de saúde na década de 1970, passando a ter relevância na comunidade acadêmica e científica, sobretudo na década de 1990 (Santos & Jacó-Vilella, 2009).

ATUAÇÃO DO PSICÓLOGO DA SAÚDE

Com a busca pela compreensão de como os fatores biológicos, comportamentais e sociais influenciam a saúde e a doença, o psicólogo da saúde pode atuar de diversas maneiras, tais como (Almeida & Malagris, 2011):

- Foco na promoção de saúde e prevenção de doenças, por meio de fatores psicológicos que fortaleçam a saúde e reduzam o risco de adoecer.
- Disponibilização de serviços clínicos a indivíduos saudáveis ou doentes em diferentes contextos, tais como pacientes com dificuldades de ajustamento à condição de enfermo.
- Auxílio a pacientes no desenvolvimento de métodos psicológicos para ajudá-los a manejar problemas de saúde, tais como ansiedade devido à longa internação, controle das condições de dor, entre outros.
- Pesquisa e investigação.
- Ensino e formação.

Em sua atuação, também deve ser considerada a habilidade de analisar detalhadamente os fatores culturais, psicológicos e emocionais predisponentes à doença, assim como o conhecimento de epidemiologia e fatores psicossociais de risco para doenças físicas. Ao ocupar um lugar de atuação marcado basicamente pela diversidade, seja de histórias, temáticas, práticas, concepções, abordagens e instituições em que essas práticas ocorrem, o psicólogo da saúde não deixa de ser psicólogo (Santos & Jaco-Vilella, 2009).

FORMAÇÃO DO PSICÓLOGO DA SAÚDE

Vários autores apontam como a formação acadêmica dos psicólogos no Brasil é deficiente para a atuação em Psicologia da Saúde, refletindo o desconhecimento destes profissionais sobre o que seja tal área e evidenciando que ainda há muito para ser feito para garantir a consolidação desta no país. As lacunas se devem também pela falta de conhecimento, p. ex., de temas pertinentes à saúde pública, tais como dos programas e políticas do Sistema Único de Saúde – SUS (Alves et al., 2011). Tal deficiência também ocorre na formação de psicólogos da América Latina e está vinculada ao tratamento individual baseado no modelo clínico, o qual ainda é a base da identidade destes profissionais (Sebastiani, Pelicioni & Chiattone, 2002). No entanto, devido à crescente demanda de trabalho existente em serviços públicos, muitas vezes, psicólogos continuam trabalhando em tais locais seguindo o antigo modelo clínico individual, atuando na área da saúde sem ter conhecimento das suas especificidades (Castro & Bornholdt, 2004).

Em sua formação, é importante que o psicólogo da saúde tenha contemplado conhecimentos, tais como:

- Bases biológicas, sociais e psicológicas da saúde e da doença.
- Avaliação, assessoramento e intervenção em saúde.
- Políticas e organização de saúde e colaboração interdisciplinar.
- Temas profissionais, éticos e legais.
- Conhecimentos de metodologia e pesquisa em saúde (Castro & Bornhoudt, 2004).

Além de formação, também é necessário que o psicólogo tenha compromisso social, esteja preparado para lidar com problemas de saúde de sua região e tenha condições de atuar em equipe com outros profissionais (Castro & Bornhoudt, 2004).

ESPECIALIDADE PSICOLOGIA EM SAÚDE

No Brasil, o Conselho Federal de Psicologia definiu a especialidade Psicologia em Saúde, em 2016, com a Resolução n. 3. Chama a atenção a escolha pelo termo "em saúde" em vez do possível "psicologia da saúde", o que leva a algumas reflexões.

Kubo e Botomé (2001) afirmam que Psicologia da Saúde seria um termo considerado inadequado, pois demarcaria de forma limitada os fenômenos e suas relações, tecnologias e técnicas que são reconhecidamente do campo da saúde, sem definir limites e possibilidades de estudo e de intervenção da Psicologia em relação a tal campo.

Segundo Castro e Bornholdt (2004), há uma resistência nacional ao termo Psicologia da Saúde, o que o levou a não ser considerado uma especialidade da Psicologia brasileira. Além disso, por muito tempo, foi encarada apenas como referência teórica usada em debates sobre a prática da Psicologia em hospitais, havendo uma confusão entre os termos Psicologia Hospitalar e Psicologia da Saúde, mesmo que esta última já tenha se expandido para além dos hospitais (Reis et al., 2016).

Nessa concepção, ao tratar de fenômenos mais complexos, o termo Psicologia em Saúde seria uma definição mais abrangente. É uma área em construção, possibilitada pelo desenvolvimento da epidemiologia social, da saúde pública e da própria Psicologia (Kubo & Botomé, 2001), e refletindo nos serviços de saúde em que o psicólogo pode atuar (Reis et al., 2016).

PSICOLOGIA HOSPITALAR

A Psicologia Hospitalar é a atuação da Psicologia mais tradicional na área da saúde do país, chegando a ser confundida com a Psicologia da Saúde, e a primeira especialidade psicológica nesta área, de forma a ser importante conhecer sua história.

O INÍCIO DA PSICOLOGIA DA SAÚDE NO BRASIL E A PSICOLOGIA HOSPITALAR

Conforme levantou Oliveira (2011), as primeiras incursões de psicólogos em hospital no Brasil ocorreram na década de 1950 com pesquisas e intervenções pontuais. Como exemplo, têm-se o estudo do médico Raul Briquet e da psicóloga Betty Katzenstein para a introdução do sistema de alojamento conjunto da maternidade do Hospital das Clínicas, em 1950 (Cytrynowicz, 2004), e a criação de uma equipe multidisciplinar no Serviço de Gastroenterologia da Faculdade de Medicina da USP pelo Prof. Dr. José Fernandes Pontes, em 1957 (Rodrigues, 1998).

Um trabalho reconhecidamente precursor foi o de Mathilde Neder que, no período de 1952 a 1954, iniciou um trabalho como colaboradora na Clínica Ortopédica e Traumatológica do Hospital das Clínicas da USP, dirigindo, coordenando e criando serviços e unidades de Psicologia (Oliveira, 2011).

O psicólogo já era solicitado em instituições de saúde para integrar equipes multidisciplinares há no mínimo quatro décadas, ou seja, antes mesmo da profissão ser regulamentada no país, em 1962 (Campos, 2010). Em 1997, foi fundada a Sociedade Brasileira de Psicologia Hospitalar (SBPH) com o objetivo de ampliar o campo de conhecimento específico e promover o profissional que trabalha nessa área. Uma década depois, o Conselho Federal de Psicologia instituiu o título profissional de especialista em Psicologia e regulamentou onze especialidades (CFP, 2007). Entre essas, estava a Psicologia Hospitalar.

As intervenções em Psicologia na área da saúde, em especial hospitalar, ainda estão sendo construídas e citam quatro possíveis fatores para esse estado inicial do tema:

- Recente história do campo quando comparada com a história da Psicologia no mundo.
- Dificuldade de sistematização devido às especificidades tanto do adoecimento quanto da hospitalização.
- Dificuldade na regularidade do atendimento psicológico em razão da rotina hospitalar.
- Baixo número de psicólogos em instituições hospitalares (Oliveira & Rodrigues, 2017).

O FOCO NOS ASPECTOS PSICOLÓGICOS DO ADOECIMENTO

A doença é uma situação de perdas, sejam elas de saúde, autonomia, tempo, capacidade de trabalhar ou até mesmo da própria vida (Simonetti, 2004). Na hospitalização, o paciente pode ser levado a um processo de despersonalização, caracterizado pela sensação de perda de identidade e autonomia, resultante da diminuição de sua individualidade, da retirada do seu cotidiano e do estresse causado pela rotina hospitalar com seus horários rígidos, limitações dietéticas, de sono, de mobilidade, entre outras (Almeida & Malagris, 2011). No processo de adoecimento, são importantes tanto os aspectos psicológicos que interferem na continuidade da doença, incentivando a permanência no papel de doente, quanto os que ajudam no restabelecimento da saúde (Simonetti, 2004).

De acordo com o Conselho Federal de Psicologia (2007), o psicólogo hospitalar atua principalmente nos níveis secundário e terciário de atenção à saúde. Tal profissional trabalha em instituições de saúde realizando atendimentos terapêuticos em:

- Grupos psicoterápicos.
- Grupos de psicoprofilaxia.
- Ambulatórios.
- Enfermarias em geral (médica, cirúrgica, ortopédica, queimados, pediátrica etc.),
- UTI.
- Semi-intensiva e neonatais.
- Pronto-socorro (PS).
- Avaliação diagnóstica.
- Avaliação psicodiagnóstica.
- Consultoria e interconsulta com pacientes em todas as fases de tratamento.

Destacamos que o psicólogo de ligação é aquele que, necessariamente, faz parte de uma equipe multidisciplinar, como em equipes hospitalares de transplante, cirurgia bariátrica ou cardiologia. Já o psicólogo em formato de consultoria e interconsulta será chamado para atender um determinado paciente pertencente a uma enfermaria, como uma enfermaria cirúrgica ou médica.

A Psicologia Hospitalar busca o entendimento e tratamento dos aspectos psicológicos em torno de toda e qualquer doença (Simonetti, 2004). Seu objetivo principal é a diminuição do sofrimento provocado pela internação (Vieira, 2010), com foco na subjetividade do paciente de hospital geral e em busca de auxiliá-lo a lidar com os elementos subjetivos que circundam a doença. Enfim, o objetivo é auxiliar o enfermo a lidar da melhor maneira com os desafios desse momento difícil da vida junto ao sofrimento psíquico que advém dessa experiência marcante e potencialmente desencadeadora de quadros de desadaptação emocional (Amorim, 2004).[1]

A Medicina não contempla o ser humano em sua integralidade, de maneira que a atuação do psicólogo hospitalar pode não somente escutar o pedido de ajuda do paciente, mas

---

1   *Vide* Capítulo 25 "Práticas psicológicas em enfermarias hospitalares".

também buscar compreendê-lo em toda a sua dimensão humana (Mosinann & Lustosa, 2011) através do oferecimento da escuta e da possibilidade da fala (Vieira, 2010), a fim de evitar a situação em que o paciente se vê deixando a posição de sujeito e passando a de objeto de intervenção.

ESTRATÉGIA PSICODINÂMICA: OFERECIMENTO DA ESCUTA E ELABORAÇÃO POR MEIO DA FALA

A pluralidade da psicologia manifesta-se na Psicologia da Saúde, assim como na Psicologia Hospitalar. Ainda que ambas objetivem cuidar do sofrimento psicológico do paciente internado, as compreensões e estratégias de intervenção são diferentes em cada abordagem psicológica.

A abordagem psicodinâmica almeja acionar um processo de elaboração simbólica do adoecimento (Mosimann & Lustosa, 2011). Nas palavras de Laplanche e Pontalis (2001), a elaboração seria a expressão usada por Freud para designar o trabalho realizado pelo aparelho psíquico com a finalidade de dominar as excitações que lhe chegam e cuja acumulação corre o risco de ser patogênica. Tal trabalho consiste em integrar as excitações no psiquismo e estabelecer entre elas conexões associativas.

O início da doença cria uma situação de vida peculiar, à qual reivindica, do paciente, a capacidade de adaptação, uma vez que exige dos mecanismos fisiológicos seu potencial para restabelecer a homeostase e mobilizar defesas psicológicas no intuito de lidarem com o rompimento do equilíbrio psíquico que ocorre com a sua eclosão (Balint, 1975).

Retomando Freud (1912/1980), Simonetti (2004) entende que o psicólogo hospitalar de orientação psicodinâmica busca auxiliar os pacientes conduzindo-os à palavra, para que falem de si, da doença, dos familiares ou do que quiserem, em uma entrevista psicológica que ao leigo pode parecer uma conversa normal, mas que, na verdade, é bem mais do que isso, já que é através da linguagem que se dará a elaboração.

A atuação do psicólogo hospitalar precisa ir além das intervenções baseadas na reabilitação e em tratamentos eminentemente biológicos que apresentam pouca ênfase na compreensão, tanto da experiência subjetiva como no contexto social dos pacientes. Assim, torna-se necessário que o psicólogo tenha uma abordagem biopsicossocial do processo de saúde-doença, contemplando os aspectos biológicos, psicológicos e sociais com atenção integral à saúde do sujeito que adoece (Almeida, 2018).

> No contexto hospitalar, o psicólogo compartilha espaço com outros profissionais e a sua presença dá voz ao emocional do paciente, dos familiares e da equipe.

O *SETTING* TERAPÊUTICO NA REALIDADE HOSPITALAR

Os espaços e condições hospitalares são muito diferentes do *setting* da atuação clínica em consultório. Dificilmente o atendimento psicológico pode ser feito em espaço privativo, pois quase sempre ocorre à beira do leito (Vieira, 2010), podendo ser adiado e interrompido a qualquer momento por médicos, enfermeiros e técnicos no cumprimento de suas funções. Nos casos de grandes enfermarias, o atendimento acontece inclusive com o paciente ao lado de outros internos, o que prejudica severamente a questão do sigilo (Almeida & Malagris, 2011).[2]

O atendimento é focal, breve e frequentemente emergencial. Busca conhecer o que a hospitalização significa para o doente e para sua família, assim como saber mais sobre a sua história de vida, os aspectos estritamente relacionados à doença, às dificuldades adaptativas à internação, aos processos diagnósticos e ao significado que os pacientes constroem a respeito de si e do mundo a partir do adoecimento. A intervenção psicológica é oferecida ao paciente, que tem a opção soberana de recebê-la ou não, sendo a sua demanda identificada junto a ele ou a equipe multidisciplinar. O atendimento nessas condições também é disponibilizado para os familiares dos internados (Almeida & Malagris, 2011; Vieira, 2010).

A partir da avaliação do paciente, é feito um planejamento terapêutico, mesmo não se podendo prever qual será a duração do tratamento, uma vez que em muitos casos o paciente poderá ter alta antes do esperado, ser transferido de unidade, ter uma piora no quadro que inviabilize o atendimento ou até mesmo ir a óbito. Os tipos de psicoterapias que mais se ajustam às necessidades dos pacientes internados são as intervenções de crise, as psicoterapias de apoio (Amorim, 2004) e a técnica da Psicoterapia Breve, uma vez que podem tornar mais ágil o processo terapêutico em hospital geral (Lustosa, 2010).

Também, é analisada a necessidade de avaliação psiquiátrica, a qual ocorre nos casos em que é levantada a hipótese de quadros psiquiátricos anteriores à internação ou mesmo consequentes desta, tais como os transtornos de ajustamento, ansiedade, depressão ou aqueles relacionados à adição (Santos, 2004).

Nas enfermarias, além dos atendimentos aos pacientes e familiares, a visita aos leitos também faz parte da rotina do psicólogo, que acompanha outros profissionais da equipe (visita médica) para posterior discussão do caso de cada paciente (momento importante para esclarecer à equipe o que o psicólogo faz – e como faz).

Com relação à inserção do psicólogo na equipe multidisciplinar, existem o sistema de consultoria e o de ligação.

Sistema de consultoria: o psicólogo, que não é membro integrante da equipe multiprofissional, avalia, indica ou realiza um tratamento para os pacientes que estão internados em enfermarias diversas. Sua presença é episódica, quando responde a uma solicitação específica dos profissionais de equipes locais. Sua atuação auxilia o diagnóstico, o tratamento e o plano de ação, fornecendo orientações ao paciente, aos familiares e aos membros da equipe (Amorim, 2004; Bruscato, 2004, citado por Almeida & Malagris, 2011).

---

2   *Vide* Capítulo 25 "Práticas psicológicas em enfermarias hospitalares".

> Sistema de ligação: o psicólogo é membro integrante da equipe multiprofissional, tendo contato contínuo com os serviços do hospital geral por ser membro efetivo das equipes locais. Atende seus pacientes, participa de reuniões clínicas e lida com as características das relações estabelecidas entre equipes, pacientes e famílias, de maneira que seus atendimentos têm caráter informativo, profilático e terapêutico (Amorim, 2004; Bruscato, 2004, citado por Almeida & Malagris, 2011).

O TRABALHO INTERDISCIPLINAR E O MODELO BIOPSICOSSOCIAL NA ABORDAGEM PSICOSSOMÁTICA

As equipes multiprofissionais são aquelas formadas por profissionais de formações diferentes, tais como médicos, enfermeiros, auxiliares de enfermagem, nutricionistas, fisioterapeutas, psicólogos, entre outros. Contudo, nem todas as equipes multiprofissionais atuam da mesma forma, podendo ser classificadas em multidisciplinares e interdisciplinares.

Em uma equipe multidisciplinar de saúde, os profissionais avaliam os pacientes de forma independente e elaboram os seus planos de tratamento como serviços adicionais, o que culmina em uma associação sucessiva ou simultânea de recursos de várias disciplinas para uma determinada tarefa, sem um trabalho verdadeiramente coordenado de equipe. A solução de um problema busca apenas informações de duas ou mais áreas do conhecimento e as disciplinas que contribuem para tal solução não são modificadas ou enriquecidas.

Na equipe interdisciplinar, a avaliação e o planejamento da terapêutica são feitos de maneira colaborativa, de forma interdependente, complementar e coordenada, não se tratando de uma fusão dos diferentes campos do conhecimento, já que são consideradas as relações entre eles. Todos os profissionais envolvidos ampliam seu referencial quando agem em colaboração com os demais, mas cada um mantém sua identidade profissional e o domínio de uma técnica específica (Bruscato, Kitayama & Fregonese, 2004).

> A equipe multidisciplinar em saúde é aquela em que os profissionais avaliam o paciente de forma independente, elaborando planos de tratamento, mas sem existir necessariamente um trabalho coordenado de equipe.

> A equipe interdisciplinar em saúde é aquela em que os profissionais avaliam e planejam de forma interdependente, complementar, coordenada e inter-relacionada; ampliam seu referencial, mantendo sua identidade profissional e domínio de técnica específica.

As equipes interdisciplinares com psicólogos inseridos no sistema de ligação são coerentes ao modelo biopsicossocial, já que buscam intervir na situação clínica a partir da compreensão do paciente de maneira integral, buscando não apenas tratar as doenças, mas também a promoção de saúde (Bruscato et al., 2004). É preciso preocupar-se com os fatores socioculturais, biológicos e psicológicos, interagindo e influenciando na origem e no curso da doença, assim como Engel (1967) situa o objetivo da abordagem psicossomática. Cabe ao psicólogo, membro de uma equipe com tal característica, apontar a atenção dos profissionais para a individualidade de cada paciente e para os aspectos subjetivos do adoecer, de forma a colaborar para a humanização do atendimento que esse grupo fornece (Bruscato et al., 2004).

Rodrigues, Campos e Pardini (2010) compreendem a psicossomática como o "estudo sistemático das relações existentes entre os processos sociais, psíquicos e transtornos de funções orgânicas ou corporais", partindo-se do modelo biopsicossocial, proposto por Engel (1977), ao desenvolver seu pensamento sobre o complexo funcionamento do ser humano. Os autores também a consideram um "exercício pretensamente interdisciplinar", que busca superar fragmentações e cruzar fronteiras disciplinares. A doença é vista como a expressão do organismo, reveladora de como um indivíduo lida com ele mesmo e com seu meio, onde respostas físicas e psíquicas estão concomitantemente relacionadas (Rodrigues, Campos & Pardini, 2010).[3]

O modelo biopsicossocial considera a inter-relação dos aspectos biológicos, psicológicos e sociais no processo de desencadeamento, manutenção e remissão do adoecimento humano.

FORMAÇÃO DO PSICÓLOGO HOSPITALAR

Com relação à formação do psicólogo que atua especificamente em hospitais, Castro e Bornholdt (2004) entendem ser fundamental uma boa capacitação em três áreas básicas:

1. Clínica: o psicólogo deve ter a habilidade de realizar avaliações e intervenções psicológicas individuais e em grupo.
2. Pesquisa e comunicação: o profissional precisa conseguir coordenar pesquisas e comunicar informações de caráter psicológico a outros profissionais da equipe.
3. Programação: deve ser capaz de constituir e gerenciar programas de saúde.

Segundo essas autoras, por meio dessa formação integrada, seria possível melhorar a qualidade da atenção prestada, assegurar que as intervenções instituídas sejam as mais eficazes para cada caso, reduzir custos e ampliar os conhecimentos da área.

Apesar disso, pesquisas sobre a atuação do psicólogo no contexto hospitalar mostram que o campo descrito é bem diverso, já que, concomitantemente, há um predomínio do modelo clínico, da falta de pesquisa e a ênfase no atendimento individual (Carvalho, 2013), e o surgimento de modelos de intervenção mais proativos, tais como os apontados neste capítulo. A saber:

---

3   *Vide* Capítulos 1 "Mecanismo de formação dos sintomas em psicossomática" e 2 "Psicossomática ou De como o desvio virou norma".

82   Psicologia da saúde hospitalar

- Novas formas de acolhimento.
- Preparação pré e pós-cirúrgica.
- Intervenções breves.
- Utilização de modelos preventivos.
- Atendimentos domiciliares.
- Intervenção na comunidade, nos grupos, nas ações de educação em saúde.
- Educação permanente (Reis et al., 2016).

APRESENTAÇÃO DE CASOS CLÍNICOS DENTRO DO CONTEXTO HOSPITALAR – ATENDIMENTOS EM UTI E EM ENFERMARIA

Considerando as particularidades do contexto hospitalar e com intuito de ilustrar e explorar a teoria explanada, apresentamos dois casos clínicos atendidos em contexto hospitalar pelas autoras deste capítulo. Neles, é possível observar as complexidades que o psicólogo pode encontrar neste contexto, bem como as especificidades de cada caso.

Maria do Carmo

O primeiro caso a ser apresentado é cirúrgico e foi atendido em uma UTI do Hospital Universitário (HU) da USP.

A paciente, aqui chamada de Maria do Carmo, 69 anos, foi internada na UTI do HU para recuperar-se de procedimentos cirúrgicos realizados na região abdominal. Ela encontrava-se extremamente angustiada com a necessidade de ser submetida a mais um procedimento cirúrgico ainda nesta internação, pois não gostaria de ser entubada novamente, procedimento que lhe causava enorme aflição e medo intenso, mas que era essencial para a realização da cirurgia. Frente a isso, a equipe multidisciplinar da UTI solicitou o atendimento psicológico. Maria do Carmo relatou que, na última vez que foi intubada, passou por uma terrível angústia de morte e que se recusava a submeter-se a mais um procedimento cirúrgico, responsabilizando o filho caso autorizasse a realização da cirurgia e se eventualmente viesse a óbito.

Esta ilustração clínica possibilita pensar a respeito da experiência subjetiva dos diferentes atores atuantes em uma internação, e, deste modo, exemplificar os diferentes desafios para a prática clínica; assim como explicitar a demanda existente nesse contexto e reforçar a importância da presença do psicólogo, podendo este profissional, a todo momento, reconstruir e repensar suas condutas. Foram necessárias intervenções em todos os níveis: com a paciente, sobre as compreensões sobre o procedimento; com o familiar, que se sentia culpado e sobrecarregado pelas decisões importantes que deveria assumir; e com a equipe multidisciplinar, que se encontrava angustiada frente à situação.

A intervenção psicoterápica possibilitou a reelaboração de fantasias e reestruturou concepções que a paciente tinha tanto sobre seu processo orgânico, quanto a respeito das intervenções da equipe de saúde. Peculiaridades também estavam presentes neste contexto hospitalar, como o *setting* terapêutico (a UTI) e as representações mentais que evocam e suscitam fantasias e mecanismos defensivos específicos.

É comum o paciente não apresentar demanda para atendimento psicológico, sendo esta, em geral, construída pela equipe que o acompanha. O psicólogo de orientação psicodinâmica necessita estruturar sua forma de ação, compreendendo que o paciente não espera que seus sintomas sejam decifrados por uma interpretação ou contenham algum significado simbólico, mas sim o restabelecimento de sua homeostase psíquica e a recuperação do ego ferido em seu narcisismo.

É importante que tal psicólogo trabalhe com o paciente (e família, quando possível e/ou necessário), desenvolvendo estratégias para promover mecanismos defensivos do ego, que se encontram desorganizados devido à situação de adoecimento presente. Destacam-se ainda como objetivos da intervenção psicoterápica no contexto hospitalar as seguintes ações:

- Avaliar a força egoica em termos de coesão e adaptação frente às vicissitudes da crise atual.
- Trabalhar com as fantasias e/ou concepções que o paciente tem sobre seu processo orgânico.
- Propiciar a mobilização de mecanismos de defesa mais eficazes frente ao adoecer.
- Desenvolver as intervenções necessárias com a equipe de saúde.

O psiquismo se faz presente por meio da escuta diferenciada, ênfase na subjetividade e compreensão do que está nas entrelinhas do discurso daquele que é atendido pelo psicólogo.

Aliançada aos pressupostos teóricos, a prática clínica é a garantia de inserção exitosa do psicólogo no contexto hospitalar, uma vez que conceitos e técnicas teóricas orientam o psicólogo quanto aos critérios de: alta, manejo do procedimento clínico utilizado (avaliação psicológica, psicoterapia individual ou de grupo) e definição se um paciente evidencia condições para usufruir dos benefícios de um acompanhamento psicológico no período da internação ou mesmo depois dela.

Marlene

O segundo recorte clínico apresentado a seguir também ilustra a importância do olhar do psicólogo diante de uma situação de saúde-doença no contexto hospitalar. Com seu trabalho com abordagem teórica definida e a discussão do caso com equipe multidisciplinar, o que demonstra a importância e os ganhos das trocas dentro de uma equipe sobre um paciente em comum. Tal atendimento foi realizado na enfermaria do Hospital do Servidor Público Estadual Francisco Morato de Oliveira.

Marlene, nome também fictício, 62 anos, fumante, diagnosticada com câncer na língua devido ao cigarro, foi submetida à cirurgia para a retirada do tumor. Ao longo do período pré-cirúrgico, os membros da equipe orientavam a paciente a parar de fumar, orientação que se manteve no pós-cirúrgico.

No segundo dia do período pós-operatório, ainda hospitalizada, Marlene foi encontrada fumando escondida em um banheiro. A equipe ficou contrariada, pois não concebia como a paciente poderia continuar fumando depois do que havia passado com a sua saúde. Solicitaram acompanhamento psicológico e tão logo a psicóloga chegou à enfermaria para atendê-la, constatou que todos da equipe tinham um discurso único para a paciente: "Você não pode fumar". A fala do médico à psicóloga também não foi diferente: "Você tem que fazê-la parar de fumar, senão ela morrerá".

O tom imperativo no pedido de atendimento parece mostrar a angústia da equipe frente à conduta da paciente em colocar sua vida em risco.[4] Tal preocupação prioriza o soma em detrimento do emocional.

No atendimento psicológico, a paciente fala: "Todos estão zangados comigo, mas ele [apontando para o cigarro] é o meu companheiro de muitos anos. Não consigo ficar sem ele".

Marlene ficou órfã de pai aos 5 anos e de mãe, aos 8. Após a morte da genitora, os parentes faziam rodízio nos cuidados com ela. Aos 12 anos, começou a trabalhar como doméstica, onde os patrões fumavam e ofereciam cigarros.

Aos 23 anos, passou em um concurso público e começou a trabalhar como merendeira em uma escola do estado. Viveu por mais de 25 anos com um companheiro alcoólatra que a espancava e a humilhava verbalmente. Optou por não ter filhos, em função da falta de qualidade da relação afetiva e pela restrição financeira. O companheiro faleceu devido a uma cirrose hepática.

A orfandade precoce lançou a paciente a uma vivência de desamparo e, na puberdade, Marlene iniciou atividade profissional cuidando da casa de outros, vindo de um âmbito familiar desfeito. O luto dos pais não foi elaborado e, no seu lugar, Marlene, que deveria receber acolhimento e compreensão frente a sua dor, teve que começar a trabalhar também de maneira precoce. Nessa época, o cigarro foi oferecido para ela.

A proposta terapêutica junto à paciente foi entender o que dificultava o parar de fumar solicitado pela equipe médica. Explicou-se à Marlene que a equipe precisaria compreender a razão da importância do cigarro e, ao longo do processo terapêutico, os apontamentos feitos a ajudaram a ver a utilidade do cigarro em sua vida. Parece que a primeira finalidade dele foi ajudá-la a aliviar as saudades dos pais, suavizando a solidão. No seu casamento, o cigarro foi o bálsamo que atenuou a decepção frente à relação conjugal violenta.

Diante da ansiedade do diagnóstico de câncer, cirurgia e hospitalização, novamente o cigarro se faz presente como um grande aliado em suas aflições, logo, difícil de deixá--lo. O que para a equipe poderia matá-la, para Marlene seria o que lhe garantiria a força para passar pela enfermidade, assim como no passado a ajudou a suportar seus problemas.

Marlene aceitou e entendeu os apontamentos feitos e o *setting* terapêutico passou a lhe sinalizar que há outras maneiras que podem ajudar diante das adversidades do dia a dia. Porém, esses recursos não estão no mundo exterior, como o cigarro, mas sim em nós mesmos.

---

4   *Vide* Capítulo 31 "Sofrimento psíquico de profissionais de saúde do hospital".

O trabalho terapêutico realizado ajudou a paciente a entender que ela não precisava submeter-se a situações desagradáveis com consequências devastadoras para si, pois havia condições para optar por algo melhor, abstendo-se do cigarro, por exemplo. Pareceu-nos que a paciente assimilou o significado da relação mantida com o cigarro, entendendo-a agora como algo nocivo para si. Durante a internação, não mais aconteceram episódios de fumar escondida, mostrando-se mais receptiva às orientações médicas.

Quanto ao médico e à equipe, orientou-se a supressão das falas alusivas ao fumar durante o acompanhamento psicológico, uma vez que a exigência para parar assemelhava-se à época em que Marlene não podia optar, submetendo-se às decisões alheias, que lhe acarretaram sofrimento.

Ao longo da hospitalização, foi importante a aliança terapêutica estabelecida entre a psicóloga que conduziu o atendimento, bem como com a equipe médica. Durante a internação, a paciente apresentou-se disposta a comprometer-se com as prescrições médicas, dentre elas a subtração do cigarro, reagindo a essa restrição de forma mais tranquila. A serenidade diante da recomendação de abstinência do cigarro pode estar associada ao significado do cigarro, possibilitando à paciente reagir com serenidade por acreditar que já não precisa dele, como já necessitou antes, pois suas escolhas podem ser melhores.

Frente à alta hospitalar, Marlene foi orientada a continuar o acompanhamento psicológico próximo de sua residência, no interior de São Paulo.

CONSIDERAÇÕES FINAIS

A Psicologia da Saúde agrupa várias práticas e perspectivas, tendo como objetivo promover a melhora da qualidade da assistência prestada ao sofrimento psíquico, buscando-se a promoção da saúde da pessoa que adoece. Grande parcela dos psicólogos precursores na atuação em Psicologia da Saúde no Brasil a fez em ambientes hospitalares, tendo início na década de 1950, apesar do psicólogo já ser solicitado em instituições de saúde para integrar equipes multidisciplinares.

Para atuar nestes campos, formação específica é necessária, preparando-se de forma adequada para lidar com os múltiplos fenômenos humanos relacionados às adversidades do adoecimento. Para tal, uma boa proposta é a adoção do modelo biopsicossocial, considerando a inter-relação dos aspectos biológicos, psicológicos e sociais no processo de desencadeamento, manutenção e remissão do adoecimento humano.

No contexto hospitalar, espaços e condições são muito diferentes do *setting* da atuação clínica em consultório e o atendimento é focal, breve e, frequentemente, emergencial. O objetivo principal do psicólogo é a diminuição do sofrimento provocado pela internação, com foco na subjetividade do paciente e na busca de auxiliá-lo a lidar com os elementos psicológicos relacionados à doença e ao processo de adoecimento, tais como suas fantasias, medos, emoções, frustrações, expectativas, entre outros. A avaliação do profissional auxilia a compreender clinicamente o caso e a elaborar o melhor tipo de intervenção.

REFERÊNCIAS

1. Almeida NA. Desamparo em pacientes com dor lombar crônica: um estudo psicanalítico e neurocientífico. Dissertação de Mestrado. Instituto de Psicologia, Universidade de São Paulo. São Paulo; 2018.
2. Almeida RA, Malagris LEN. Rev SBPH. v.14, n. 2, Rio de Janeiro; 2011.
3. Alves RF, Ernesto MV, Silva RP, Souza FM, Lima AGB, Eulálio MC. Psicologia da saúde: abrangência e diversidade teórica. Mudanças – psicologia da saúde. 2011;19(1-2):1-10.
4. Amorim SF. Intervenção psicológica no hospital geral. In: Bruscato WL, Benedetti C, Lopes SRA (orgs.). A prática da psicologia hospitalar na Santa Casa de São Paulo: novas páginas em uma antiga história. São Paulo: Casa do Psicólogo; 2004.
5. Balint M. O médico, seu paciente e a doença. Rio de Janeiro: Atheneu; 1975.
6. Barros TM. Psicologia e saúde: intervenção em hospital geral. Aletheia. 1999;10:115-20.
7. Bruscato WL, Kitayama MM, Fregonese AA, David JH. O trabalho em equipe multiprofissional na saúde. In: Bruscato WL, Benedetti C, Lopes SRA (orgs.). A prática da psicologia hospitalar na Santa Casa de São Paulo: novas páginas em uma antiga história. São Paulo: Casa do Psicólogo; 2004.
8. Campos EMP. A psico-oncologia: uma nova visão do câncer – uma trajetória. Tese de Livre-docência em psicologia clínica. Instituto de Psicologia, Universidade de São Paulo. São Paulo; 2010.
9. Carvalho DB. Psicologia da saúde crítica no contexto hospitalar. Psicologia: ciência e profissão. 2013;33(2):350-65.
10. Castro EK, Bornholdt E. Psicologia da saúde x psicologia hospitalar: definições e possibilidades de inserção profissional. Psicologia – ciência e profissão. 2004;24(3):48-57.
11. Conselho Federal de Psicologia. Psicólogo especialista em psicologia hospitalar; 2007. Recuperado em 20/05/2014 de: www.crpsp.org.br/portal/orientacao/titulo.aspx.
12. Cytrynowicz M. Uma questão de saúde – trajetória da psicologia hospitalar em São Paulo [DVD]. São Paulo: Conselho Regional de Psicologia – Seção São Paulo (CRP-SP); 2004.
13. Engel G. The concept of psychosomatic disease. J Psychosomatic Res. 1967;11:3-9.
14. Engel G. The need for a new medical model: a challenge for biomedicine. Science. 1977;196:129-13.
15. Kubo OM, Botomé SP. Formação e atuação do psicólogo para o tratamento em saúde e em organizações de atendimento à saúde. Interação em Psicologia. 2001;5:93-122.
16. Laplanche J, Pontalis JB. Vocabulário da psicanálise. 4.ed. São Paulo: Martins Fontes; 2001.
17. Lustosa MA. Psicoterapia breve no hospital geral. Rev SBPH, Rio de Janeiro; 2010, v. 13, n. 2. p. 259-69.
18. Matarazzo JD. Behavioral health and behavioral medicine: frontiers for a new health psychology. American Psychologist. 1980;35:807-17.
19. Mosimann LTNQ, Lustosa MAL. A psicologia hospitalar e o hospital. Rev. SBPH, Rio de Janeiro; 2011:14(1).
20. Oliveira WL. Investigação psicológica de pacientes em Unidade de Terapia Intensiva. Dissertação de Mestrado. Instituto de Psicologia, Universidade de São Paulo. São Paulo; 2011.
21. Oliveira WL, Rodrigues AL. Intervenciones clínicas del psicólogo en hospital general. Perspectivas en Psicología. 2017;14(2):72-82.
22. Organização Mundial da Saúde (1946/2014). Constituição da Organização Mundial da Saúde (OMS/WHO) – 1946. Recuperado em 20/05/2014 de: http://www.direitoshumanos.usp.br/index.php/OMSOrganiza%C3%A7%C3%A3o-Mundial-da-Sa%C3%BAde/constituicao-da-organizacao-mundial-da-saude omswho.html.
23. Reis JAR, Machado MAR, Ferrari S, Santos NO, Bentes AQ, Lucia MCS. Prática e inserção do psicólogo em instituições hospitalares no Brasil: Revisão da Literatura. Psicologia Hospitalar. 2016;14(1):2-26.
24. Rodrigues AL. O "stress" no exercício profissional da medicina – uma abordagem psicossocial. Tese de Doutorado. Pontifícia Universidade Católica, São Paulo; 1998.
25. Rodrigues AL; Campos EMP; Pardini F. Mecanismo de formação dos sintomas em psicossomática. In: Spinelli MR (org.). Introdução à psicossomática. São Paulo: Atheneu; 2010.
26. Santos DA. A atuação do psicólogo junto a pacientes cirúrgicos com câncer de cabeça e pescoço. In: Bruscato WL, Benedetti C, Lopes SRA (orgs.). A prática da psicologia hospitalar na Santa Casa de São Paulo: novas páginas em uma antiga história. São Paulo: Casa do Psicólogo; 2004.
27. Santos FMSS, Jacó-Vilela A M. O psicólogo no hospital geral: estilos e coletivos de pensamento. Paideia. 2009;19(43):189-97.

28. Sebastiani IRW, Pelicioni MC, Chiattone EB. La psicología de la salud latinoamericana hacia la promoción de la salud. Int J Clin Health Psychol. 2002;2(1):153-72.
29. Simonetti A. Manual de psicologia hospitalar: o mapa da doença. São Paulo: Casa do Psicólogo; 2004.
30. Turato EG. Tratado da metodologia da pesquisa clínico-qualitativa. Petrópolis: Vozes; 2008.
31. Vieira MC. Atuação da psicologia hospitalar na medicina de urgência e emergência. Rev Bras Clin Med. 2010;8(6):513-9.
32. Wallston KA. A history of division 38 (health psychology): healthy, wealthy, and weiss. In: Dewsbury DA. (ed.). Unification through divisions: histories of the divisions of the American Psychological Association. Washington, DC: American Psychological Association; 1997. p. 239-67.

PARTE II

Psico-oncologia

6 Práticas clínicas em psico-oncologia

Elisa Maria Parahyba Campos
Anali Póvoas Orico Vilaça

INTRODUÇÃO

Existem diferentes formas de intervenção clínica junto a um paciente portador de câncer. Lembrando do significado da palavra "clínica", que vem do grego *kliné: procedimentos de observação direta e minuciosa,* ou seja, *aquele que se inclina para observar o paciente.* A palavra *kliné,* do grego, *clinicus* do latim, deu origem ao que hoje conhecemos como "clínica". Entende-se por atitude clínica "a possibilidade de colocar-se no papel profissional dentro de um determinado enquadramento, mantendo uma empatia com o cliente, uma experiência subjetiva que é objetivada na relação com este" (Aguirre et al., 2000). Em função das diferentes formas de intervenção dirigidas ao cuidado do paciente, o significado ampliou-se, acompanhando a multiplicação das práticas atribuídas aos profissionais de saúde. A prática clínica direcionada aos pacientes com foco nos aspectos psicológicos, comportamentais e sociais que envolvem o adoecimento de câncer é conhecida como psico-oncologia.

No tratamento do câncer, os profissionais de saúde perceberam que, por vezes, era necessária, também, uma intervenção técnica em saúde mental, suprida, até então, por médicos psiquiatras, por meio de interconsulta (Veit & Carvalho, 2008). No final da década de 1980, Holland e Rowland (1989) sistematizaram a primeira coleção de informações e formas de atuação no cuidado dos aspectos emocionais dos pacientes oncológicos, conceituando que: "Esta subespecialidade da oncologia visa estudar duas dimensões psicológicas de câncer: (1) o impacto do câncer na função psicológica do paciente, da família do paciente e da equipe; e (2) o papel que as variáveis psicológicas e comportamentais podem ter no risco de câncer e na sobrevivência" (Holland, 1989, p. 11).

No Brasil, Gimenes (1994) ampliou a definição de Holland (1989), incluindo a importância de pesquisas e da organização de serviços em psico-oncologia. Em suas palavras:

A psiconcologia [*sic*] representa a área de interface entre a Psicologia e a Oncologia e utiliza o conhecimento educacional, profissional e metodológico proveniente da Psicologia da Saúde para aplicá-lo:

1º Na Assistência ao paciente oncológico, à sua família e aos profissionais de Saúde envolvidos com a prevenção, o tratamento, a reabilitação e fase terminal da doença;

2º Na pesquisa e no estudo de variáveis psicológicas e sociais relevantes para a compreensão da incidência, da recuperação e do tempo de sobrevida após o diagnóstico de câncer;

3º Na organização de serviços oncológicos que visem ao atendimento integral do paciente (físico e psicológico) enfatizando de modo especial a formação e o aprimoramento dos profissionais de Saúde envolvidos nas diferentes etapas do tratamento (Gimenes, 1994, p. 46).

A prática clínica em psico-oncologia perpassa a assistência e a atenção aos diferentes sujeitos envolvidos no processo de adoecimento: o paciente em tratamento, o paciente tratado e em controle – quando a doença está em remissão, o paciente que se encontra em fase de cuidados paliativos, assim como seus familiares. Importante não esquecer os cuidados com a equipe de saúde envolvida nessas diferentes etapas. Angústia, medo, ansiedade e depressão são aspectos humanos do adoecer e devem ser acolhidos e tratados.

Dessa forma, temos como objetivo neste capítulo apresentar como a prática assistencial da psicologia clínica, tanto em grupo como de forma individual, pode favorecer um melhor enfrentamento do adoecimento.

EXPERIÊNCIA CLÍNICA COM GRUPOS

Segundo Holland (1989), a família do paciente de câncer em geral pode constituir-se como o paciente mais importante. A repercussão é maior ou menor dependendo do lugar que o paciente ocupa na constelação familiar. Se for um pai de família, provedor, desperta entre os familiares sentimentos de profundo desamparo; se uma criança, desperta sentimentos de impotência e frustração, pois, em geral, faz emergir fantasias inconscientes de maternagem que são castradas pela doença.

Experiências com familiares de portadores de câncer vêm sendo realizadas no sentido de encontrar modelos de intervenção em grupo, p. ex., assistência junto a casas de apoio para crianças aguardando transplante de medula óssea (Campos, Rodrigues, Machado & Alvarez, 2007). Os autores relatam que, além dos psicólogos, a presença de psiquiatras e de enfermeiros foi importante para a realização da intervenção clínica. Na verdade, a proposta era entender por que mães de crianças encaminhadas para transplante de medula óssea não demonstravam mais interesse em cuidar dos próprios filhos, praticamente abandonando-os aos cuidados de outros moradores da casa de apoio onde estavam. A partir de uma proposta feita pelo coordenador, segundo a qual a finalidade do grupo, em seus encontros, seria falar das angústias em relação aos filhos e suas doenças, o que emergiu foi a tentativa de ignorar a proposta feita inicialmente pelo coordenador como uma estratégia para sofrer menos caso a criança viesse a falecer.

A partir da proposta de um trabalho em grupo, segundo a qual os encontros teriam a finalidade de falar das angústias em relação aos filhos e suas doenças, o que apareceu foi a tentativa de ignorar a proposta como uma estratégia para sofrer menos caso a criança viesse a falecer.

Outras experiências, utilizando grupos formados com pacientes e familiares de portadores de câncer, mostraram que o compartilhamento de problemas comuns os ajuda a não vivenciar uma sensação de desamparo, tendo como consequência certo alívio, que favorece o enfrentamento dos problemas surgidos ao longo da doença (Campos, 1998). Os grupos sempre obedecem às normas das psicoterapias de grupo, segundo as quais um determinado tempo de duração é proposto, bem como os temas, que se sucedem ao longo de aproximadamente 16 encontros. Os coordenadores do grupo necessariamente devem ter formação nesse tipo de intervenção.

Freud (1921/1986), quando escreve *Psicologia das massas e análise do eu*, afirma que um dos aspectos que tornam o grupo eficiente é o fato de remeter inconscientemente a um passado remoto, no qual a humanidade andava em hordas para se proteger do desamparo, dos perigos da natureza e do medo despertados pelos fenômenos apresentados por esta. Eliade (1969) atribui a essa época o surgimento das religiões, sendo os rituais uma forma de aplacar a ira dos "deuses" que provocavam tais fenômenos. Até hoje as religiões praticam rituais, herança desse passado remoto.

O grupo propicia a sensação de continência de que tanto o paciente quanto o familiar necessitam. No caso dos pacientes portadores de câncer e de seus familiares, existem diferentes tipos de grupo de atendimento. Dentre eles, destacamos o Programa Simonton (Simonton et al., 1987), que, embora classificado como terapia de autoajuda, vem ocupando lugar de destaque desde sua criação, que remonta às décadas de 1970 e 1980.

Simonton, radiologista e oncologista, observou, no cotidiano de suas atividades profissionais, que alguns pacientes com o mesmo tipo de câncer, mesma idade e mesmo estádio da doença vinham a óbito, enquanto outros ultrapassavam o tempo de vida previsto, chegando a permanecer em remissão por tempo indeterminado (Simonton et al., 1987).

Simonton parte da premissa de uma interação mente-corpo, demonstrada pelos trabalhos da psiconeuroimunologia, em que os sistemas psicológicos, neurológicos e imunológicos atuam em conjunto, interagindo uns com os outros. No caso do câncer, foi demonstrado por Ader que estados depressivos podem atuar sobre o sistema imunológico, o que por sua vez pode propiciar o desenvolvimento da doença (Ader, Cohen & Felten, 1995).

Investigando esse fato, Simonton chegou a conclusões que foram a base da criação do programa. Concomitantemente, estava sendo divulgada na comunidade científica a prática da visualização dirigida, criada por Erickson (Rosen, 1994).

Essa prática consiste em colocar o paciente em estado de relaxamento, utilizando música, respiração, entre outros, para só então iniciar o processo de visualização. A técnica é descrita mais à frente neste capítulo.

O PROGRAMA SIMONTON

O Programa Simonton propõe um método psicoeducativo, segundo o qual o paciente passa a atuar ativamente em seu tratamento, deixando de apresentar uma conduta passiva em face da doença. Partindo da hipótese da existência de uma interação mente-corpo, alicerce da psicossomática, o autor cria um programa que se desenvolve semanalmente, no qual o paciente, por meio de visualizações, entra em contato com a doença sob vários aspectos. Na primeira semana, quando se iniciam os encontros, os pacientes são reunidos em um grupo de oito participantes, selecionados com base em uma entrevista inicial com o(s) coordenador(res), acompanhados de uma pessoa escolhida pelos pacientes, que pode ser um parente ou um amigo. A inserção desse participante tem como objetivo conhecer o programa, a fim de poder ajudar o paciente a praticá-lo após o término do grupo, além de ser um possível interlocutor no caso do agravamento da doença no paciente por ele acompanhado. Nesse primeiro encontro, os participantes e a equipe se conhecem. Idealmente, a equipe deve ser multidisciplinar, composta por médico, enfermeiro, fonoaudiólogo, fisioterapeuta, psicólogo e outros, de acordo com a disponibilidade e as características do grupo (Simonton, Matthews-Simonton & Creighton, 1987).

> O Programa Simonton propõe um método psicoeducativo, onde o paciente passa a atuar ativamente em seu tratamento, deixando de apresentar uma conduta passiva face a doença.

Após a apresentação e o acolhimento dos participantes do grupo (os pacientes e as pessoas escolhidas como acompanhantes), são realizadas técnicas de visualização, de acordo com a proposta de Erickson (Rosen, 1994). Segundo esses autores, o ser humano é sujeito a lapsos de consciência que podem passar despercebidos ao longo do dia. Por exemplo, chegar a um destino sem saber que trajeto se utilizou. Eles denominam esse estado semi-hipnose. A semi-hipnose é atingida na primeira etapa da visualização, o relaxamento, denominado "limpeza" pelos autores.

Em seguida, o profissional que dirige a visualização inicia um discurso, falando de diversas imagens, com um sentido narrativo ou não, e os participantes tentam visualizar o que ouvem. Nem todos conseguem, mas a grande maioria visualiza o que está sendo falado. Por exemplo: "Visualizem uma praia, o mar, a areia, ouçam o barulho do mar, sintam o cheiro da maresia etc.". Depois de um tempo, que demora alguns minutos, o dirigente do grupo inicia uma fala para trazer de volta os participantes para o contexto do local onde estão, e estes lentamente retornam ao estado de consciência normal.

Em seguida, cada um relata o que viu, muitas vezes imagens que têm um sentido para o paciente, e que geram uma conversa com o grupo, quando se chega a descobertas que foram facilitadas nesse processo.

Ao final, cada paciente comenta como transcorreu a sessão. As sessões seguintes obedecem ao mesmo procedimento, com a sucessiva troca de experiências envolvendo diversas temáticas: visualização do tumor, do sistema imune, dos fatores estressantes que cada um enfrenta e como lidar com eles, eliminando ressentimentos, foco nos medos e nas fantasias de cada um; por fim, projetos para o futuro. Os coordenadores devem ter autonomia para reorganizar as temáticas de acordo com a necessidade momentânea do grupo.

Horowitz e Breitbart (1993) citam inúmeras pesquisas, além de trabalhos clínicos, que comprovam a eficácia da visualização no controle dos sintomas do câncer.

Segundo Mastrovito (1990), nas últimas sessões do programa os coordenadores propõem que o grupo discuta como foram as diversas perdas que já enfrentaram, qual foi o impacto dessas perdas em suas vidas, como lidaram com elas e, ainda, o que tiveram de aprendizado com tais experiências. Solicita-se, também, que cada participante divida com os demais os benefícios que recebeu ao participar da atividade.

O fechamento do programa se dá com a visualização denominada guia para a saúde. Os participantes são guiados pelo coordenador a uma visualização e, ao final dela, solicita-se que cada um olhe no horizonte e visualize aquilo que seria seu guia para a saúde. Pode ser uma pessoa próxima, uma pessoa famosa, viva ou morta, pode ser um fenômeno natural ou o que cada um escolher. Em seguida, cada elemento do grupo visualiza uma conversa entre si e seu guia para a saúde. Depois de certo tempo, eles se despedem e garantem que, sempre que for necessário, o guia será acionado. Encerra-se a visualização, perguntando a cada um quem o que elegeu como guia.

Os últimos momentos do grupo são dedicados a um exercício de despedida no qual o grupo forma uma roda, cada um colocando um braço sobre o ombro do vizinho, em uma despedida silenciosa. O coordenador agradece a presença de todos, entra na roda, todos aplaudem.

Após efetuar uma série estudos e pesquisas relacionadas a essa prática, a American Cancer Society (ACS) concluiu que não existem evidências suficientes para afirmar que tal técnica pode aumentar o tempo de sobrevivência ao câncer, bem como diminuir o risco do desenvolvimento do tumor. A conclusão da ACS é que o Programa Simonton pode ser considerado um tipo de terapia coadjuvante no tratamento do câncer (Carvalho, 1994).

Em nossa experiência fazendo uso do Programa Simonton adaptado (Campos, 1998), é inegável que a convivência com outros pacientes portadores de câncer, a troca de experiências, as visualizações, as informações que recebem ao participar do grupo, modificam o modo de o paciente conviver com a doença, trazendo, portanto, uma melhora em sua qualidade de vida.

EXPERIÊNCIA CLÍNICA COM PACIENTE COM CÂNCER

Assim como as intervenções em grupo auxiliam no enfrentamento da doença em familiares e pacientes com câncer, o atendimento individual também, objetivando o acolhimento e a elaboração de questões emocionais, sociais e comportamentais relacionadas à doença, aos tratamentos e às consequências desses. A assistência em psico-oncologia, seja no leito de enfermarias, seja no consultório do psicólogo, seja durante as sessões de quimioterapia ou em diversos *settings* terapêuticos, é fundamental para uma atitude clínica e uma atenção ampla e integrada ao paciente. Veit e Carvalho (2008) definem a prática clínica em psico-oncologia como "atuar de forma integrada, de acordo com uma visão abrangente que não mais se restringe à doença, mas contempla o paciente e o meio (interno e externo) em que se insere" (p. 19). Ou seja, a possibilidade de atenção às diversas variáveis sociais, psicológicas, de comunicação e de enfrentamento em relação à doença.

A assistência em psico-oncologia, seja no leito de enfermarias, seja no consultório do psicólogo, seja durante as sessões de quimioterapia ou em diversos *settings* terapêuticos, é fundamental para uma atitude clínica e uma atenção ampla e integrada ao paciente.

Strada e Sourkes (2015) pontuam que o crescente número de intervenções em psico-oncologia deriva do fato de diferentes abordagens teóricas se empenharem em pesquisar e aplicar técnicas aos sujeitos envolvidos no adoecimento de câncer. Sendo fundamental, independente da psicoterapia aplicada, que o profissional tenha em mente as particularidades do adoecimento oncológico, da vulnerabilidade das diferentes etapas do tratamento e dos princípios da psico-oncologia. A 3ª edição do livro *Psycho-oncology* (Holland et al., 2015) aponta, como referência no manejo clínico no adoecer oncológico, diferentes intervenções, das quais destacaremos algumas a seguir.

Intervenções cognitivo-comportamentais

A terapia cognitivo-comportamental aplicada à psico-oncologia privilegia a forma como cada pessoa percebe o câncer, pois essa percepção, repleta de crenças particulares, propicia a cada sujeito ter uma relação diferenciada com o adoecimento. As técnicas cognitivas e comportamentais auxiliam no entendimento de como cada paciente ativa seu modelo cognitivo diante do câncer e como esse influencia seu enfrentamento. A identificação das crenças e comportamentos disfuncionais de cada paciente permite que o psicólogo promova intervenções na ressignificação dessas crenças e com isso objetive a promoção de reações emocionais e comportamentais mais adaptativas e funcionais em face do adoecimento e da vida do paciente (Vilaça, 2018). O impacto do diagnóstico de câncer e as adaptações necessárias em função da doença e dos tratamentos podem aumentar a incidência de *distress* e de transtornos de ansiedade e/ou depressão. Estudos registram que técnicas cognitivas e comportamentais aplicadas ao câncer propiciam melhora significativa em sintomas de ansiedade e depressão, dificuldades de relacionamento, fadiga, qualidade de saúde mental e estresse (Greer et al., 2010; Andersen et al., 2015; Vilaça, 2018). (*Vide o* capítulo "Técnicas cognitivas e comportamentais no cuidado ao paciente oncológico".)

As técnicas cognitivas e comportamentais auxiliam no entendimento de como cada paciente ativa seu modelo cognitivo frente ao câncer e como este influencia o seu enfrentamento.

Destacamos, dentre as intervenções cognitivas e comportamentais, o protocolo de atendimento de Greer et al. (2010), que abrange 6-7 sessões de intervenções específicas para o manejo da ansiedade em pacientes com câncer. Os autores focam quatro módulos de assistência: (1) psicoeducação e estabelecimento de objetivos em relação à redução de sintomas e ao tratamento; (2) treino de relaxamento; (3) enfrentamento dos medos, quando o paciente aprende a identificar seus pensamentos automáticos disfuncionais e estratégias de ressignificação cognitiva, e, por último, (4) planejamento de atividades, quando o paciente aprende a equilibrar suas limitações e inserir atividades que diminuam o *distress* vivenciado devido ao adoecimento (Andersen et al., 2015; Greer et al., 2010).

Terapia de resolução de problemas

A terapia de resolução de problemas (TRP) é apontada por A. Nezu, C. Nezu e Salber (2015) como uma estratégia eficaz para o enfrentamento do câncer. Os autores citam uma série de pesquisas em que a habilidade de resolução de problemas é diretamente correlacionada com a diminuição de sintomas de depressão, *distress* e o enfrentamento dos sintomas específicos do câncer e dos efeitos colaterais dos tratamentos. As estratégias de resolução de problemas, que podem ser aplicadas em pacientes ou em cuidadores familiares de pacientes com câncer, são direcionadas às diversas dificuldades enfrentadas ao longo do adoecimento. Nessa proposta terapêutica, o participante aprende quatro ferramentas principais para a resolução de problemas:

1. Multitarefas para resolução de problemas, buscando a prevenção de sobrecarga emocional em meio à quantidade de problemas estressantes que acometem o sujeito. Essa ferramenta tem como objetivo ajudar o paciente a priorizar os problemas a serem resolvidos, bem como a identificar problemas complexos e de difícil resolução e criar estratégias para desmembrá-los em menores e mais manejáveis problemas.
2. SSTA, sigla em inglês de "Pare, Desacelere, Pense e Aja", em que é trabalhada a superação de uma desestabilização emocional e a falta de habilidade para manejar o estresse.
3. Pensamento saudável e imagens positivas, em que a superação de pensamentos negativos e o manejo da falta de motivação pessoal são desenvolvidas.
4. Planejamento de solução de problemas, em que é trabalhada com o paciente a *definição do problema* (identificação da situação-problema; identificação dos fatos e diferenciação das suposições; estabelecimentos de metas realísticas e alcançáveis; e identificação de possíveis obstáculos), *gerando soluções alternativas,* que, após analisadas as possibilidades e suas consequências, levam à terceira tarefa, *tomada de decisão,* e à quarta e última tarefa, *implementação e verificação da solução.* Nessa etapa, espera-se que o participante coloque em prática a estratégia de resolução do problema, avalie os resultados e decida se os esforços foram eficazes para que o problema em questão tenha sido administrado ou se precisa de novas estratégias.

Essas etapas podem ser realizadas com problemas vivenciados no momento das sessões, bem como em situações futuras, em que o participante é estimulado a prever possíveis problemas e pensar sobre suas estratégias de resolução e enfrentamento (Nezu et al., 2015).

Terapia CALM

A terapia CALM, sigla em língua inglesa para *managing cancer and living meaningfully* (gerenciando o câncer e vivendo significativamente), que foi estruturada para ser uma terapia breve, é direcionada ao paciente portador de câncer avançado metastático. A estratégia parte do pressuposto de que, nessas condições, o paciente vivencia uma série de questões quanto a finitude, intensos e recorrentes tratamentos e internações, sintomas e efeitos colaterais adversos, dentre outras questões práticas e pessoais, por exemplo: elaboração de testamentos, de cartas de despedida, realização de desejos e fechamentos de assuntos que para o paciente ficaram pendentes. Assim, as sessões de psicoterapia de suporte devem ser adaptadas às necessidades e possibilidades de cada paciente, levando em consideração a flexibilidade em relação ao conteúdo abordado, ao tempo das sessões e a inclusão de pessoas importantes da família ou da vida do paciente. Tem como objetivo lidar com quatro amplas e inter-relacionadas questões: (1) questões de gerenciamento de sintomas e comunicação com equipe de saúde; (2) mudanças na vida do paciente e no relacionamento com os próximos, (3) com questões de significado e propósito de vida; e (4) o futuro (seja de curta, média ou longa duração) e finitude. Estruturada para ser de curta duração, a estratégia é dividida em seis sessões, que podem abranger um período de 3-6 meses (Hales et al., 2015).

Os autores Hales , Lo e Rodin (2015) focam a importância da relação entre paciente e terapeuta devido às densas e relevantes temáticas abordadas no processo de morrer ou na adaptação de uma doença que coloca sua vida em risco. Reforçam que uma relação de suporte e de empatia favorece e ajuda o paciente "a lidar com o medo do isolamento e da dependência, a administrar sentimentos de luto e perda e a identificar seus pontos fortes e potenciais estratégias de enfrentamento" (Hales et al., 2015, p. 488).

> Importância da relação entre paciente e terapeuta devido suas densas e relevantes temáticas abordadas no processo de morrer ou na adaptação de uma doença que o coloca em risco a vida.

Diversas formas de atuação clínica direcionadas aos sujeitos envolvidos no adoecimento de câncer estão sendo pesquisadas e aplicadas em diferentes contextos (Holland et al., 2015). Sejam em grupo, em formato de casal ou família ou individualmente, os profissionais envolvidos no cuidado em psico-oncologia têm como foco as estratégias para lidar com o diagnóstico, com as adversidades do adoecimento, buscando melhor adaptação à doença e a melhora da qualidade de vida, seja na remissão ou no morrer.

CONSIDERAÇÕES FINAIS

Em nossa experiência, uma das situações mais complexas das relações paciente-doença é a do câncer. Entendemos que a prática clínica em psico-oncologia é fundamental para a assistência psicossocial ao paciente oncológico e dos demais personagens envolvidos nesse adoecimento, como familiares, pessoas próximas e equipe de saúde. A escuta e a elaboração das questões pessoais em face do adoecimento e do papel que a doença passa a ter em sua vida permitem ao paciente tornar-se cada vez mais consciente de suas atitudes. Busca-se uma participação mais ativa em seu próprio tratamento, em sua própria saúde, bem como oferecer ferramentas para que tenha melhor qualidade de vida, independentemente do prognóstico.

As variáveis psicológicas, sociais, espirituais, de relacionamentos e laborais que influenciam – positiva ou negativamente – o diagnóstico, o tratamento e as consequências do câncer devem ser elaboradas, independentemente da abordagem teórica de cada profissional. Como vimos, existem diversas formas de atuação, seja em grupo ou individual, seja com foco na prevenção, no tratamento, na remissão ou quando o paciente não tem mais possibilidade de cura, e a atuação em psico-oncologia busca, não importa qual seja a fase da doença, a melhor relação entre o paciente e sua saúde, e também com sua qualidade de vida.

Sem uma abordagem psicossomática-biopsicossocial, não será possível abarcar a complexidade desse processo de adoecer e de atendimento interdisciplinar.

Uma ferramenta fundamental nesse contexto é a empatia, lembrando que ela faz referência direta à contratransferência. A possibilidade de se colocar no lugar do paciente e se identificar com suas experiências torna factível o prestar auxílio às pessoas que percorrem essa trajetória tão dolorosa e difícil.

REFERÊNCIAS

1. Ader R, Cohen N, Felten D. Psychoneuroimmunology: interactions between the nervous system and the immune system. Lancet. 1995;345:99-102.
2. Aguirre AMB, Herzberg E, Pinto EB, Becker E, Carmo HM e S, Santiago MDE. A formação da atitude clínica no estagiário de psicologia. Psicologia USP. 2000;11(1):49-62. Disponível em: https://dx.doi.org/10.1590/S0103-65642000000100004.
3. Andersen BL, Dorfman CS, Godiwala N. Cognitive and behavioral interventions. In: Holland JC, Breitbart WS, Butow PN, Jacobsen PB, Loscalzo MJ, Mccorkle R (eds.). Psycho-oncology. 3.ed. New York: Oxford University; 2015. p. 449-57.
4. Campos EMP. História de um serviço. In: Carvalho MMMJ (org.). Resgatando o viver: psico-oncologia no Brasil. São Paulo: Summus; 1998. p. 72-84.
5. Campos EMP, Rodrigues AL, Machado P, Alvarez M. Intervenção em grupo: experiência com mães de crianças com câncer. Psicologia em Estudo. 2007;12(3):635-40.
6. Carvalho MMMJ (coord.). Introdução à psico-oncologia. Campinas: Psy; 1994.
7. Eliade M. Origens. Trad. T. L. Perez. Lisboa: Edições 70; 1969.
8. Freud S. Psicología de las masas y análisis del yo. In: Freud S. Obras completas VXVIII. Buenos Aires: Amorrortu; 1986, 1921. p. 63-126.
9. Gimenes MG. Definição, foco de estudo e intervenção. In: Carvalho MMMJ (org.). Introdução à psi-concologia. Campinas: Psy; 1994. p. 35-6.
10. Greer JA, Park ER, Prigerson HG, Safren SA. Tailoring cognitive-behavioral therapy to treat anxiety comorbid with advanced cancer. J Cognitive Psychother. 2010;24(4):294-313.
11. Hales S, Lo C, Rodin G. Managing cancer and living meaningfully (CALM) therapy. In: Holland JC, Breitbart WS, Butow PN, Jacobsen PB, Loscalzo MJ, Mccorkle R (eds.). Psycho-oncology. 3.ed. New York: Oxford University; 2015. p. 449-57.
12. Holland JC. Historical overview. In: Holland JC, Rowland JH (orgs.). Handbook of psychooncology: psychological care of the patient with cancer. New York: Oxford University; 1989. p. 4-12.

13. Holland JC, Rowland JH (orgs.). Handbook of psychooncology: psychological care of the patient with cancer. New York: Oxford University; 1989.
14. Holland JC, Breitbart WS, Butow PN, Jacobsen PB, Loscalzo MJ, Mccorkle R (orgs.). Psycho-oncology. 3.ed. New York: Oxford University; 2015.
15. Horowitz SA, Breibart W. Relaxation and imagery for symptom control in cancer patients. In: Breibart W. Psychiatric aspects of symptom management in cancer patients. Washington: American Psych; 1993. p. 147-71.
16. Mastrovito R. Behavioral techniques: progressive relaxation and self-regulatory therapies. In: Holland JC, Rowland JH (orgs.). Handbook of psychooncology: psychological care of the patient with cancer. New York: Oxford University; 1990.
17. Nezu AM, Nezu CM, Salber KE. Building problem-solving skills. In: Holland JC, Breitbart WS, Butow PN, Jacobsen PB, Loscalzo MJ, Mccorkle R (eds.). Psycho-oncology. New York: Oxford University; 2015. p. 449-57.
18. Rosen S. Minha voz irá contigo: os contos didáticos de Milton Erickson. Campinas: Psy; 1994.
19. Simonton OC, Matthews-Simonton S, Creighton JL. Com a vida de novo: uma abordagem de autoajuda para pacientes com câncer. Trad. M. A. Costa. 6.ed. São Paulo: Summus; 1987.
20. Strada EA, Sourkes BM. Principles of psychotherapy. In: Holland JC, Breitbart WS, Butow PN, Jacobsen PB, Loscalzo MJ, Mccorkle R (eds.). Psycho-oncology. 3.ed. New York: Oxford University; 2015. p. 449-57.
21. Veit MT, Carvalho VA. Psico-oncologia: definições e área de atuação. In: Carvalho VA, et al. (orgs.). Temas em psico-oncologia. São Paulo: Summus; 2008. p. 15-9.
22. Vilaça APO. A psico-oncologia à luz da terapia cognitivo-comportamental: um modelo cognitivo funcional para paciente portador de câncer [Dissertação]. São Paulo: Universidade de São Paulo, Instituto de Psicologia; 2018.

7 Psicoterapia na abordagem psicodinâmica: possibilidade de atuação junto ao paciente oncológico

Mércia Aparecida Pereira de Andrade Scarton
Elisa Maria Parahyba Campos

INTRODUÇÃO

O processo de adoecer por câncer passou por significativas mudanças no decurso da história da humanidade: de moléstia incurável que sentenciava a morte, em tempos mais remotos, à atualidade, que considera algumas neoplasias como doenças crônicas. Nas palavras de Campos (2010, p. 42): "o câncer pode ser considerado uma doença crônica e potencialmente mais prevenível e até mesmo curável, se levarmos em conta, nessa afirmação, o tipo de tumor, o estádio em que é diagnosticado e a acessibilidade do paciente a tratamentos e medicações".

À medida que passou a ser considerado uma doença crônica, houve maior preocupação com a qualidade de vida do paciente oncológico, cuja sobrevida aumentou significativamente a partir das novas tecnologias que permitiram sua detecção precoce e tratamentos mais eficazes, que possibilitam a remissão da doença. Gimenes (1994) aponta uma mudança de foco importante no que se refere ao paciente oncológico: inicialmente os estudos voltavam-se para a questão da sobrevida; com o passar dos anos, entretanto, tais estudos voltaram-se para a qualidade de vida dos pacientes em remissão.

A importância de um apoio psicológico e/ou psiquiátrico a esse público torna-se fundamental nesse contexto, uma vez que a doença pode ocasionar impactos significativos tanto na vida do paciente como na de seus familiares. A despeito dessa questão, infelizmente, em muitos casos o acompanhamento, pelas mais variadas razões, acaba sendo relegado ao segundo plano, dificultando, entre outros, o enfrentamento e o convívio social devido às sequelas que podem permanecer após finalizado o tratamento (Scarton, 2017).

A importância de um apoio psicológico e/ou psiquiátrico a esse público torna-se fundamental nesse contexto, uma vez que a doença pode ocasionar impactos significativos tanto na vida do paciente como na de seus familiares.

O caso clínico que será apresentado no presente capítulo refere-se ao processo de psicoterapia realizada, no ano de 2016, com paciente oncológico de nome fictício Juliano. Os atendimentos foram realizados por uma das autoras (M.A.P.A.S), por intermédio do Laboratório Chronos – Centro Humanístico de Recuperação em Oncologia e Saúde, vinculado ao Departamento de Psicologia Clínica do Instituto de Psicologia da Universidade de São Paulo. Os membros do Laboratório Chronos são, em sua maioria, psicólogos e alunos de Mestrado e Doutorado do Instituto de Psicologia da Universidade de São Paulo. Esses profissionais realizam atendimento à população de baixa renda gratuitamente, em caráter voluntário, sendo o atendimento realizado nas dependências do Instituto de Psicologia.[1]

Juliano nunca havia falado com um profissional de saúde mental desde que descobrira o câncer. Essa era, portanto, a primeira vez que podia falar como se sentia em relação à própria doença e à marca deixada após os tratamentos aos quais fora submetido: uma bolsa de colostomia definitiva. Verbalizar sobre todos esses conteúdos e vivências propiciou que viessem à tona conteúdos psicológicos que, até então, pairavam no inconsciente do paciente. O desenrolar do processo psicoterapêutico será tratado a seguir.

> Juliano nunca havia falado com um profissional de saúde mental desde que descobrira o câncer. Essa era, portanto, a primeira vez que podia falar como se sentia em relação à própria doença e à marca deixada após os tratamentos aos quais fora submetido: uma bolsa de colostomia definitiva.

APRESENTAÇÃO DA SITUAÇÃO CLÍNICA

Dados gerais sobre Juliano

Juliano já havia realizado entrevista clínica e o teste psicológico HTP (*House, Tree, Person*). Os dados previamente obtidos por meio da análise de ambos possibilitou que se conhecesse um pouco mais dos aspectos de sua personalidade (sujeito muito tímido, ensimesmado, mas surpreendentemente falante), bem como de seu modo de funcionamento psicológico (apresentava ideias persecutórias, fantasias com relação aos amigos, dentre outros aspectos que serão devidamente elencados a seguir).

O paciente em questão tinha 40 anos na época e vivia uma união estável havia 18 anos. Trabalhava como metalúrgico e estava cursando o supletivo do ensino médio quando se descobriu o câncer, mas em função disso teve de afastar-se do trabalho (foi posteriormente aposentado pelo INSS). Não tinha filhos, porém participou diretamente da criação da enteada, que contava 5 anos de idade quando Juliano e sua companheira foram morar juntos. Descrevia certa dificuldade de comunicação com a companheira, ficando, ao longo dos atendimentos, evidenciado que tal dificuldade foi acentuada depois da eclosão da doença.

---

[1]   Juliano chegou até o Chronos após participar voluntariamente da pesquisa clínica que embasou a dissertação de mestrado, intitulada: *Câncer colorretal e colostomia:* aspectos psicodinâmicos envolvidos na vivência da sexualidade (Scarton, 2017).

Conquanto no primeiro contato – quando da entrevista inicial – ainda estivesse bastante tímido, mostrou-se cooperativo e muito interessado em poder contribuir com sua experiência. Era natural do Nordeste, de onde se mudou para São Paulo em busca de melhores oportunidades de emprego. Não obstante, após dez anos e já adaptado à "cidade grande", teve diagnóstico de neoplasia maligna do reto, após passar por diversos médicos e hospitais. Foi um momento em que se defrontou com uma realidade traumática e oposta àquilo que havia idealizado.

Houve dificuldade e morosidade para receber o diagnóstico final: primeiramente o próprio paciente, por acreditar tratar-se de algo simples, não acreditou que seus sintomas – dor abdominal intensa, constipação intestinal e sangue nas fezes – pudessem estar relacionados a algum tipo de enfermidade de maior gravidade. Em um segundo momento, foi diagnosticado equivocadamente com hemorroidas [sic] – alteração vascular na região anal. Após sentir fortes dores e por incentivo de um colega de trabalho, foi a um hospital que lhe deu, finalmente, o diagnóstico de "um câncer grave" [sic]. Como a doença já se encontrava em estádio avançado, foi indicada a colostomia definitiva, a qual foi realizada em caráter de urgência.

Impactado com a notícia e sem ter muitas informações sobre o procedimento, submeteu-se à cirurgia. Relata que sua principal preocupação naquele momento era a respeito da possibilidade de ficar impotente. Além de profundamente impactado com o que lhe ocorrera até aquele momento, sentia-se envergonhado em debater um tema tão delicado como a impotência com a equipe médica responsável por seu atendimento.

Após finalizar os tratamentos de quimioterapia, radioterapia e finalmente a colostomia, sua condição médica foi enquadrada como doença em estado de remissão. Entretanto, apesar de ter recebido "alta médica", não lhe foi feito nenhum encaminhamento para atendimento psicológico. Retornou, então, para casa, sem, entretanto, poder retomar suas atividades de forma plena: não podia mais trabalhar e sentia muita vergonha do convívio social, pois temia que as pessoas descobrissem que era portador de uma bolsa de colostomia.

> Não podia mais trabalhar e sentia muita vergonha do convívio social, pois temia que as pessoas descobrissem que era portador de uma bolsa de colostomia.

Juliano era um paciente de origem bastante humilde e com características marcantes: como informado acima, era tímido e, embora falante, seu discurso não era claro, de modo que não raramente se fazia necessário parafrasear o que acabara de dizer para ter certeza do conteúdo e sentido de sua fala. O volume de sua voz era baixo, sendo preciso, em alguns momentos, solicitar que repetisse o que havia acabado de dizer.

Além disso, gaguejava em determinadas ocasiões, o que, aliado às demais características descritas acima, aditava dificuldade para compreensão de seu discurso. Em alguns momentos, Juliano interrompia a fala da profissional, possivelmente numa tentativa de se desviar – consciente ou inconscientemente – do assunto que estava sendo conversado. Algumas dessas situações podem ser observadas em breves excertos de sua fala:

Juliano: [...] não tem jeito, você fica constrangido com a bolsa.
Psicóloga: Como assim?
Juliano: Eu tenho uma amiga que também operou aqui [...].
[...]
Psicóloga: Seus irmãos sabem que você operou?
Juliano: Sabem. Minha irmã está com esse mesmo problema que eu.
Psicóloga: O que ela tem?
Juliano: Ela está com problema no coração... Ou é no fígado, não sei.
Psicóloga: Mas qual problema ela tem?
Juliano: Que problema?
Psicóloga: Você comentou que ela estava com problema.
Juliano: Ah, então, ela está vendo no médico...

Por meio da análise, em uma perspectiva psicanalítica, do conteúdo da entrevista clínica, bem como após avaliação dos dados apresentados no HTP, foram elencadas temáticas importantes que poderiam ser trabalhadas em psicoterapia. Algumas delas versavam sobre: elaboração dos lutos pelas diversas perdas vivenciadas após a doença (corpo saudável, trabalho, estudos, convívio social e familiar), distanciamento afetivo e sexual da esposa e autoimagem corporal comprometida, dentre outros.

BREVES CONSIDERAÇÕES TEÓRICAS

HTP

O HTP (*House, Tree, Person*) diz respeito a um teste psicológico projetivo por meio do qual é solicitado ao paciente que realize 4 desenhos: uma casa, uma árvore, uma pessoa e, por fim, uma pessoa do sexo oposto. Conforme descreve Hammer (1991), por meio do desenho é possível que o sujeito represente sua realidade interna, bem como questões relacionadas à própria personalidade. A utilização desse instrumento foi de grande ajuda, notadamente diante do fato de que o paciente apresentava dificuldade em se expressar verbalmente.

Anzieu (1978) pontua que o paciente pode exteriorizar, por meio do desenho, questões que são negadas internamente como ruins e/ou vulneráveis. Nas palavras do próprio autor:

> Um teste projetivo é como um raio X. Atravessando o interior da personalidade, fixa a imagem do seu núcleo secreto sobre um revelador (aplicação do teste), permitindo depois uma leitura fácil, por meio da ampliação ou projeção ampliadora em uma tela (interpretação do protocolo). O que está escondido fica, assim, iluminado; o latente se torna manifesto; o interior é trazido à superfície; o que há em nós de estável e também emaranhado se desvenda (Anzieu, 1978, p. 19).

Dessa maneira, Juliano teve a oportunidade de representar no papel, por meio de seus desenhos, parte de sua subjetividade. De acordo com Silva (2008), os desenhos que são

104 Psicologia da saúde hospitalar

realizados no HTP dizem respeito às representações que o paciente tem de si mesmo e que são projetadas para fora, revelando um pouco de seu mundo interno. É possível, assim, analisar questões ligadas a aspectos psicológicos diversos, tais como autoestima e imagem corporal, dentre outros.

> Juliano teve a oportunidade de representar no papel, por meio de seus desenhos, parte de sua subjetividade.

Após a realização dos quatro desenhos, procedeu-se ao inquérito (realizado separadamente para cada um dos desenhos), conforme indicações do manual.[2] O inquérito consiste em algumas perguntas que visam facilitar a compreensão daquilo em que o sujeito estava pensando enquanto desenhava as figuras. O paciente é convidado, por meio desses questionamentos, a refletir sobre si mesmo, sua história e questões internas.

Entrevista clínica

Tavares (2000) define a entrevista clínica como

> Um conjunto de técnicas de investigação, de tempo delimitado, dirigido por um entrevistador treinado, que utiliza conhecimentos psicológicos em uma relação profissional, com o objetivo de descrever e avaliar aspectos pessoais, relacionais ou sistêmicos (indivíduo, casal, família, rede social), em um processo que visa a fazer recomendações, encaminhamentos ou propor algum tipo de intervenção em benefício das pessoas entrevistadas (Tavares, 2000, p. 45).

Nesse sentido, pode-se dizer que a entrevista clínica realizada com o paciente foi essencial para compreender de maneira aprofundada e, ao mesmo tempo, ampla os aspectos emocionais relacionados ao adoecer e ao se redescobrir após os tratamentos pelos quais Juliano havia passado.

> A entrevista clínica realizada com o paciente foi essencial para compreender de maneira aprofundada e, ao mesmo tempo, ampla os aspectos emocionais relacionados ao adoecer e ao se redescobrir após os tratamentos pelos quais Juliano havia passado.

Além de possibilitar essa compreensão sobre o paciente, é preciso ressaltar que, para Juliano, o momento da entrevista se mostrou de fundamental importância, pois propiciou um espaço no qual podia falar sobre si, suas angústias, receios e percepções pessoais sobre a neoplasia e seus impactos, sobretudo a marca com a qual teria de conviver diaria-

---

2   Manual e guia de interpretação de John N. Buck (2009). Trata-se da 2ª edição, publicada pela Editora Vetor, com tradução para o português de Renato Cury Tardivo.

mente: a colostomia. Gil (2009) salienta a importância da entrevista, pontuando que, a depender da maneira como é conduzida, torna-se possível revelar fatores inconscientes que possam estar sendo determinantes no comportamento humano.

CASO CLÍNICO

Antes de dar início ao processo de psicoterapia, foi feito um contrato terapêutico, anterior ao primeiro atendimento, no qual foi explicado a Juliano o ordenamento de funcionamento do Chronos: atendimentos semanais gratuitos em horários previamente combinados, com duração de 60 minutos cada; importância da assiduidade do paciente; tolerância para atrasos; política de reagendamentos, entre outros. Juliano concordou com o enquadre, e, assim, foi iniciado o processo psicoterapêutico.

A previsão total para esse acompanhamento era, inicialmente, de até três meses, perfazendo uma quantidade de 12 sessões. Ao final desse período, seria realizada uma nova avaliação da situação clínica, e, a depender do resultado da intervenção psicoterápica, haveria duas possibilidades: prosseguir com a psicoterapia por mais três meses (período após o qual nova avaliação seria feita) ou realizar o encaminhamento do paciente para serviços congêneres – em geral oferecidos por universidades ou associações especializadas no atendimento a ostomizados.

O processo de psicoterapia

Lópes e Ruiz (2011) salientam que, em casos como os que envolvem a descoberta de um câncer, depressão e ansiedade são reações consideradas, até certo ponto, esperadas. No entanto, em alguns casos, esses sintomas podem interferir significativamente na qualidade de vida e prejudicar de forma substancial o cotidiano do paciente, momento em que se torna primordial capturar seus sentidos e significados em um acompanhamento psicológico.

No caso de Juliano, já no início dos atendimentos ficou claro, no conteúdo manifesto de suas verbalizações, que a questão que mais o afligia não estava mais relacionada à neoplasia; suas dificuldades, naquele momento, relacionavam-se à a convivência com a colostomia definitiva.

> No caso de Juliano, já no início dos atendimentos ficou claro, no conteúdo manifesto de suas verbalizações, que a questão que mais o afligia não estava mais relacionada à neoplasia; suas dificuldades, naquele momento, relacionavam-se à a convivência com a colostomia definitiva.

Juliano sentia como se não pudesse mais fazer praticamente nenhuma das atividades que realizava antes. Além disso, o medo de as pessoas descobrirem que usava a bolsa coletora de fezes o atormentava, possivelmente devido a um processo denominado, em psicanálise, deslocamento. Trata-se de um mecanismo de defesa, em que ocorre, segundo McWillians (2014, p. 161) "um redirecionamento de pulsões, emoções, preocupações ou comportamento de um objeto natural ou inicial para outro, porque sua direção original gera alguma ansiedade".

Se, por um lado, essa cirurgia deu-lhe de volta a vida e a possibilidade de seguir em frente, por outro, a colostomia o impedia de viver em sua plenitude. Após a doença e, mais especificamente, após a cirurgia, deixou os estudos, interrompeu suas atividades no trabalho e, repentinamente, perdeu a maioria das relações sociais das quais desfrutava. Para Juliano, frequentar os locais aonde ia antes era impossível.

Segundo a fala do próprio paciente: "Eu estava estudando quando apareceu essa doença. Aí eu parei e não voltei mais. Eu fico falando que volto, que volto, mas não quero voltar não. Não me sinto à vontade com a bolsa".

Juliano foi, então, questionado pela terapeuta sobre quais seriam seus receios com relação à bolsa. O paciente esclareceu que seu principal receio era o de que as pessoas percebessem que ele fazia uso da bolsa.

Juliano: Não fico à vontade, pode ser que as pessoas percebam né?!
Psicóloga: Em sua opinião, o que poderia acontecer se descobrissem que você usa a bolsa coletora?
Juliano: Não sei te dizer. [Silêncio por alguns instantes.] Mas acho que ninguém ia gostar, não!

Juliano relatou que gostava muito de receber visitas, porém, quando algum de seus colegas de trabalho ia até sua casa, sentia-se incomodado. Chegou a verbalizar que acreditava que esses amigos queriam apenas colher informações sobre sua saúde para, nas palavras do próprio paciente, "sair fazendo fofoca na empresa". Em uma fantasia persecutória, acreditava que os colegas tivessem se tornado más pessoas, preocupadas em fazer fofocas a seu respeito e não em saber sobre sua condição de saúde.

Assim foi encerrada a primeira sessão, na qual o foco principal foi criar um ambiente acolhedor para que Juliano falasse sobre o que vinha lhe afligindo, embora não tivesse ainda condições de efetivar muitas elaborações a esse respeito. Sentia que os amigos o haviam abandonado e não se dava conta de que, na realidade, ele mesmo havia se distanciado, isolando-se devido à vergonha que sentia. Apesar da falta que experienciava com relação à presença dos amigos, não queria que eles o fossem visitar, o que evidenciava uma cisão, um conflito relacionado a seus próprios sentimentos e necessidades.

A sessão seguinte se iniciou mais espontaneamente, com o próprio paciente dizendo: "Fui embora pensando naquilo que você falou. Acho que eu mesmo que não me sinto bem".

Embora ainda não tendo muito clara para si a problemática da vergonha, de alguma maneira Juliano se deu conta de que ele mesmo tinha certo preconceito com relação ao uso da bolsa. Projetava, assim, esse pensamento nos colegas, acreditando que eles se sentiriam incomodados.

Psicóloga: O que você acredita ter mudado em sua vida após a cirurgia?

Juliano: Na minha cidade tinha uma represa que o povo ia nadar... ainda bem que nunca fui de praia, porque agora como é que ia ser?

Juliano desconhecia a existência de aparatos que possibilitam ao colostomizado ter uma vida o mais próximo do normal possível. Existem, por exemplo, cintas que permitem que a bolsa fique mais próxima ao corpo, para que o sujeito possa ir à praia ou usar algum tipo de roupa mais justa. Por essa razão, a terapeuta julgou pertinente trazer para ele um pouco dessa informação, a fim de que Juliano notasse que, com algumas adaptações, seria possível viver de maneira mais plena.

Em especial, foi verificado se Juliano possuía acesso à internet de sua casa, para que pudesse acessar canais de pessoas nas mesmas condições em que ele se encontrava e que buscavam formas de amenizar o uso da bolsa coletora. Assim, foram indicados a ele fóruns na internet, canais no YouTube e grupos de apoio ao ostomizado.

Na sessão seguinte, começou dizendo: "Eu vi aquele canal que você me passou. Você acredita que aquela menina vai até tomar banho de mar?" (referindo-se a um canal do YouTube em que uma pessoa mostrava como era seu cotidiano com a bolsa de ostomia). Juliano mostrou-se surpreso ao se dar conta de que, com algumas adaptações, poderia exercer diversas atividades que até então julgava impossíveis de serem realizadas devido ao fato de estar usando a bolsa (Scarton, 2017).

Nessa primeira etapa, buscou-se auxiliar Juliano a desmitificar o que a colostomia representava para ele. Sem informações consistentes, isolando-se socialmente do convívio com a família e amigos e sem se sentir à vontade o suficiente para debater isso com a equipe médica, o paciente criava em seu imaginário cenários muito piores que a realidade (novamente dando espaço para a fantasia).

Em outras palavras: sem negar todo o impacto que a cirurgia havia trazido a sua vida, foi trabalhada com o paciente a possibilidade de realizar algumas adaptações a fim de que pudesse viver de maneira mais plena. Para tanto, era preciso ressignificar tudo o que lhe ocorrera, desde o adoecimento, perpassando pelo diagnóstico, tratamento, cirurgia, pós-cirúrgico e os diversos lutos que ainda teria de elaborar.

> Era preciso ressignificar tudo o que lhe ocorrera, desde o adoecimento, perpassando pelo diagnóstico, tratamento, cirurgia, pós-cirúrgico e os diversos lutos que ainda teria de elaborar.

Para além dessas ressignificações, era preciso que Juliano redescobrisse e aceitasse seu novo corpo. O paciente tinha dificuldade para se ver despido diante do espelho ou quando ia tomar banho, pois não gostava da imagem que via de si mesmo. Juliano ainda não conseguia reconhecer-se naquele novo corpo. Nas palavras de Capisano (2010, p. 261), "a imagem corporal não é sempre a mesma. É lábil, mutável e incompleta. Depende do uso que fazemos dela, de nosso pensamento, de nossas percepções e das relações objetais".

Em um processo penoso de isolamento, o paciente evitava sair de casa e frequentar locais com muitas pessoas. Poucos sabiam sobre sua cirurgia (inclusive alguns familiares), pois preferia manter a discrição com relação a isso. Não falava com ninguém sobre o assunto, o que contribuía para que não elaborasse os lutos diante de tantas perdas.

Nesse contexto, foi importante para o paciente conhecer depoimentos de pessoas que compartilhavam das mesmas dificuldades e conhecer a forma pela qual essas pessoas buscavam superar as dificuldades que se impunham. Isso auxiliou Juliano na compreensão de que existia ainda uma possibilidade de viver mais plenamente apesar da colostomia. A ressignificação representava o início de uma nova etapa para Juliano: uma vida com mais naturalidade.

Realizou diversas adaptações para tornar sua vida melhor, passou a usar roupas mais largas e a controlar a ingestão de determinados alimentos sempre que fosse necessário sair de casa (para evitar a eliminação de fezes).

Apresentando certa persecutoriedade, Juliano justificava seu isolamento com a crença de que seus amigos – especialmente colegas de trabalho, conforme anteriormente mencionado – apenas iam visitá-lo para bisbilhotar sua vida e *fazer fofocas* [sic], então se buscou trabalhar essa questão, fazendo o paciente refletir sobre suas próprias palavras a fim de diferenciar o que se referia a sua vergonha, a seu próprio comportamento de isolar-se e sobre o que representavam para ele as visitas e o cuidado de seus amigos. Aos poucos, fantasia e realidade iam se distanciando e se tornando mais bem discriminadas:

Psicóloga: Por que você acredita que seus amigos apenas vão visitá-lo para bisbilhotar?
Juliano [após algum tempo de silêncio]: Eles não iam ganhar nada, né?

Além disso, foi trabalhada com o paciente a importância de que ele comunicasse da maneira mais clara possível aquilo de que gostava e o que queria. Assim, se gostava que os colegas o visitassem, era importante comunicar isso a eles. O mesmo princípio poderia ser seguido em seu relacionamento, ou seja, era importante dialogar com a companheira quando acontecia algo que o desagradava. À medida que as sessões caminhavam, questões que estavam latentes vinham à tona, especialmente situações ligadas a seu relacionamento com a esposa.

Contou que, após a cirurgia, o casal afastou-se abruptamente, tanto emocional como sexualmente. Embora vivessem na mesma casa, mencionou que passava a maior parte do tempo sozinho em seu quarto. Refletindo sobre o distanciamento da companheira, emergiu à sua consciência o seu próprio isolamento. Em suas palavras: "Para te falar a verdade, eu também não me sinto bem. Não gosto nem de ficar pelado para tomar banho. Acho que ela deve sentir a mesma coisa".

O enfrentamento dessa situação pelo casal consistia em simplesmente não falar sobre o assunto. As poucas tentativas de debater essa temática haviam resultado em discussão e mal-estar, de modo que nada era falado a respeito. Passivamente, Juliano somente conversava quando a esposa o procurava. Relacionavam-se sexualmente apenas quando ela desejasse, pois Juliano tinha muito receio de sofrer uma rejeição por parte dela, preferindo manter-se passivo com relação a isso.

A dificuldade que apresentava para se abrir também foi discutida, pois sua incapacidade de comunicar com clareza aquilo que esperava era agravada por sua dicção e eventual gagueira. Era necessária a compreensão de que, a fim de que as pessoas percebessem aquilo que ele realmente queria, ele precisava dizer o que estava sentindo e quais eram suas expectativas. Um diálogo aberto e claro seria o melhor caminho para atingir esse objetivo.

O luto por não ter filhos (e sobretudo por não acreditar que poderia tê-los, já que a esposa achava essa ideia descabida devido à condição física de Juliano) era algo tão sofrido que era difícil para Juliano tocar nesse assunto. Sempre que a conversa se aproximava desse tema, o paciente mudava o foco. Entretanto, falar sobre o assunto o auxiliava a elaborar tudo aquilo que lhe ocorrera, bem como compreender as repercussões da doença em sua vida atual.

Vale ressaltar que outros lutos se somavam ao fato de não ter filhos: Juliano lamentava ter perdido a capacidade laboral, o convívio social (especialmente no trabalho e no curso supletivo que frequentava), bem como o corpo saudável, que nunca necessitara da bolsa coletora. Tratava-se, portanto, de muitos lutos, diante de tantas perdas.

Nesse sentido, a psicoterapia propiciava a Juliano um espaço no qual ele poderia fazer reflexões, elaborar lutos, chorar por suas perdas, tirar dúvidas relacionadas à cirurgia e, sobretudo, desmitificar alguns preconceitos que carregava consigo como fruto do desconhecimento.

> A psicoterapia propiciava a Juliano um espaço no qual ele poderia fazer reflexões, elaborar lutos, chorar por suas perdas, tirar dúvidas relacionadas à cirurgia e, sobretudo, desmitificar alguns preconceitos que carregava consigo como fruto do desconhecimento.

Ao longo das reflexões realizadas pelo paciente, foi possível inferir que a colostomia se constituía como uma ferida narcísica permanente e com a qual teria de conviver pelo resto da vida. Elaborar e aceitar essa marca permanente tornava-se condição precípua para que Juliano – que ainda era um homem relativamente jovem – reconstruísse sua vida, com novas perspectivas, sonhos, e, sobretudo, um novo olhar sobre sua condição de ser no mundo. Para tanto, fazia-se necessário vivenciar todos esses lutos e melhorar sua autoimagem e autoestima.

O paciente vinha verbalizando sobre alguns de seus planos para o futuro, especialmente no que se referia a voltar a viver em sua cidade natal. A única dúvida que o impedia de realizar esse intento estava relacionada a sua companheira, que não compartilhava de seu desejo. Refletindo sobre esse impasse, Juliano pôde concluir que havia diversos pontos que precisavam ser discutidos entre o casal, uma vez que era vontade comum manter o relacionamento.

Juliano comparecia pontualmente a todas as sessões, mostrava-se à vontade e já apresentava algumas melhoras. Por ocasião do recesso de férias (algumas semanas ao longo do mês de julho, com retorno previsto para agosto), foi sinalizado ao paciente que haveria duas semanas nas quais os atendimentos estariam suspensos, sendo estes retomados na primeira semana de agosto. Nessa mesma sessão, o paciente comunicou que realizaria uma viagem para sua cidade natal ao longo do mês de agosto, informando que passaria lá ao menos um mês. Diante desse fato, ficou acordado que ele entraria em contato nova-mente quando retornasse a São Paulo para retomar os atendimentos.

Na última sessão à qual compareceu (e que ocorreu na semana seguinte à sessão em que comunicou sua viagem), foi possível conversar com o paciente e refletir a respeito daquilo que ainda poderia ser mais bem trabalhado. Além de ser retomada a combinação de que ele entraria em contato após o retorno a São Paulo, foi também entregue a ele uma lista com diversos locais que realizavam atendimento gratuito, bem como grupos de apoio a ostomizados na cidade de São Paulo, para que pudesse buscar auxílio quando e caso julgasse necessário. Também foi estendido o convite a sua companheira, tendo sido deixado o contato do Chronos para que ela buscasse atendimento se assim desejasse.

A despeito do que fora combinado, Juliano não fez mais contato e interrompeu a terapia. Em ligação feita para o paciente em meados de setembro, ele mencionou que naquele momento não gostaria de retomar os atendimentos. Deixou-se espaço para que ele entrasse em contato novamente com o Chronos a qualquer momento, caso desejasse retomar os atendimentos.

Considerações sobre o caso

Evidentemente havia ainda muito a ser desenvolvido com Juliano e que não foi possível ser trabalhado em terapia, devido ao curto espaço de tempo em que esteve em acompanhamento psicoterápico. A despeito disso, algumas temáticas de fundamental importância puderam ser tratadas, o que possibilitou observar avanços na percepção de Juliano sobre a própria doença. O paciente pôde realizar uma autorreflexão sobre seu preconceito relacionado à colostomia, bem como sobre a maneira como seu próprio comportamento influenciava negativamente seu relacionamento conjugal e social. Além disso, foi possível dar início à elaboração dos lutos pelas perdas que permearam o processo de adoecer.

> O paciente pôde realizar uma autorreflexão sobre seu preconceito relacionado à colostomia, bem como sobre a maneira como seu próprio comportamento influenciava negativamente seu relacionamento conjugal e social.

Tornou-se possível perceber que foram depositadas na colostomia muitas questões que eram próprias de Juliano e que só vieram à tona após a cirurgia. Simbolicamente, a colostomia era uma fenda que permitia que toda a "sujeira" viesse à tona – desde problemas no relacionamento aos sonhos interrompidos e à desunião familiar (Scarton, 2017).

> Simbolicamente, a colostomia era uma fenda que permitia que toda a "sujeira" viesse à tona.

Outra questão fundamental no processo psicoterápico do paciente centrava-se na questão de sua autoimagem: esta, como se sabe, resulta de uma interação entre o sujeito e seu meio ambiente. Sendo um processo dinâmico, Freud (1914/1996) apontava que nós, seres humanos, criamos nossa imagem a partir dessa interação, cabendo inicialmente à mãe dar a criança o seu devido lugar.

A dinâmica da construção da autoimagem apareceu fortemente abalada no caso de Juliano: ele acreditava que os outros o enxergavam como alguém que não merece desfrutar de um bom ambiente social; ao contrário, acreditava que deveria estar só, evitando, assim, que as pessoas se sentissem constrangidas em sua presença – especificamente, na presença de alguém portador de uma bolsa coletora de fezes, o que corresponde à representação simbólica da colostomia. O fato é que não ocorreu uma aceitação de sua nova imagem corporal, o que se tornou um entrave ao processo de adaptação do paciente a sua nova condição.

Uma teia de relações entre aspectos conscientes e inconscientes entrelaçava-se, culminando nas dificuldades que o paciente enfrentava naquele seu momento de vida: desde a história de vida longe dos familiares, a relação conjugal com a companheira (relação essa que já abarcava algumas dificuldades antes da doença), perpassando por suas características psicossociais e, finalmente, somando-se a tudo isso as particularidades trazidas pelo câncer e pela colostomia.

CONSIDERAÇÕES FINAIS

Há que considerar que exames médicos e tratamentos muitas vezes dolorosos, física e psicologicamente, fazem parte dos pacientes sentirem-se alheios a seus próprios corpos. À medida que as intervenções são realizadas e o paciente sente a todo momento seu corpo invadido por pessoas que o manipulam, seja para realizar exames, seja para ministrar medicamentos, muitas vezes esse processo acaba por alienar o paciente no que se refere a sua própria condição (Scarton, 2017). Nessa fase, o paciente encara o luto, em que está presente o pesar por todas as perdas que vivencia.

Segundo ensinamentos freudianos (1914/1995), em um processo de luto é preciso que ocorra um retorno da libido, anteriormente investida em um objeto, para o Ego, a fim de que este possa elaborar a perda e permitir, então, que a libido seja novamente reinvestida. Quando não há elaboração do luto, esse processo não se completa, causando intenso sofrimento psíquico. Essa dinâmica era percebida no caso de Juliano. Uma vez elaborados seus lutos, seria possível que ele voltasse a investir sua libido em outras atividades, descobrindo novas possibilidades em sua nova fase de vida.

De acordo com LeShan (1992), em seu livro *O câncer como ponto de mutação*, a partir de um evento marcante como a descoberta de uma neoplasia, podem emergir questões até então mantidas no nível do inconsciente. Quando isso ocorre, é importante que o paciente esteja assistido por profissionais psicólogos e/ou psiquiatras, para que possam auxiliá-lo nesse processo de elaboração de tantas mudanças e perdas.

Para Juliano, o *ponto de mutação* não foi a doença em si, mas a colostomia: aspectos de seu relacionamento e vida pessoal que estavam, até então, latentes encontraram, após a cirurgia, espaço para emergir. Restava ao paciente se conscientizar sobre essas dificuldades para, assim, poder elaborá-las e seguir adiante.

REFERÊNCIAS

1. Anzieu, D. Métodos projetivos. Rio de Janeiro: Campus; 1978.
2. Campos EMP. A psico-oncologia: uma nova visão do câncer – uma trajetória [tese de livre-docência]. São Paulo: Universidade de São Paulo, Instituto de Psicologia; 2010.
3. Capisano HF. Imagem corporal. In: Filho JM, Burd M, et al. (orgs.). Psicossomática hoje. Porto Alegre: Artmed; 2010.
4. Gil AC. Como elaborar projetos de pesquisa. 4.ed. São Paulo: Atlas; 2009.
5. Gimenes MGG. O que é psiconcologia: definição, foco de estudo e intervenção. In: Carvalho MMMJ (org.). Introdução à psiconcologia. Campinas: Psy; 1994. p. 35-56.
6. Hammer EF. Aplicação clínica nas técnicas projetivas. São Paulo: Casa do Psicólogo; 1991.
7. LeShan L. O câncer como ponto de mutação. 4.ed. São Paulo: Summus; 1992.
8. López CAC, Ruiz VAC. Repercussão emocional do diagnóstico de câncer digestivo. Psicologia, Saúde e Doenças. 2001;12(2):298-303.
9. McWilliams N. Diagnóstico psicanalítico. 2.ed. Porto Alegre: Artmed; 2014.
10. Scarton MAPA. Câncer colorretal e colostomia: aspectos psicodinâmicos envolvidos na vivência da sexualidade [Dissertação]. São Paulo: Universidade de São Paulo: Instituto de Psicologia; 2017. Disponível em: www.teses.usp.br. Acesso em: 1º jan. 2019.
11. Silva LC. Câncer de mama e sofrimento psicológico: aspectos relacionados ao feminino. Psicologia em Estudo. 2008;13(2):231-7.
12. Tavares M. A entrevista clínica. In: Cunha JA. Psicodiagnóstico. 5.ed. Porto Alegre: Artmed; 2000. v. V. p. 45-56.

Técnicas cognitivas e comportamentais no cuidado ao paciente oncológico

8

Anali Póvoas Orico Vilaça
Elisa Maria Parahyba Campos

INTRODUÇÃO

Ao longo das décadas, na prática da assistência oncológica, muitos profissionais de saúde, principalmente médicos e enfermeiros, perceberam a influência dos aspectos psicológicos, comportamentais e sociais na incidência, evolução e remissão do câncer. A partir dos anos 1960, o cuidado em relação aos aspectos psicológicos atinentes ao adoecimento oncológico passou a ser realizado por profissionais com foco na psico-oncologia, disciplina que estuda e vem se aperfeiçoando nessa área de atuação (Campos, 2010). Com o aumento dos estudos referentes à compreensão do enfrentamento único e particular de cada paciente, cresce também o desenvolvimento de técnicas na atuação em psico-oncologia. Este capítulo se propõe a discutir como as intervenções cognitivas e comportamentais podem ser manejadas com o paciente oncológico para melhorar o enfrentamento do câncer e, por consequência, sua qualidade de vida.

As técnicas cognitivas e comportamentais advêm da terapia cognitivo-comportamental (TCC) proposta por Aaron Beck e têm por objetivo a identificação e a modificação de pensamentos e comportamentos disfuncionais (Beck, 2013; Knapp & Beck, 2008; Knapp, 2004a). Beck conceituou o modelo cognitivo, segundo o qual os pensamentos e crenças de cada pessoa influenciam as emoções e os comportamentos acerca de determinada situação. A forma de agir do indivíduo, a cada evento de seu cotidiano, está intimamente relacionada com a percepção e a interpretação deste (Beck, 2013; Dobson & Dozois, 2010; Knapp, 2004a). Apesar de, originalmente, o modelo cognitivo e a proposta de Beck terem sido desenvolvidos para o tratamento da depressão, a TCC e suas variáveis têm sido amplamente utilizadas para os diferentes tipos de transtornos e sintomas psicológicos (Beck, 2013; Knapp & Beck, 2008). Levando em consideração que a forma como interpretamos determinada situação influencia nossas atitudes e comportamentos; levando em consideração que podemos identificar e propor alteração na maneira como interpretamos o problema/situação, cabe refletirmos como a percepção do câncer pode influenciar a vivência do adoecimento (Figura 1).

> As técnicas cognitivas e comportamentais têm por objetivo a identificação e a modificação de pensamentos e comportamentos disfuncionais.

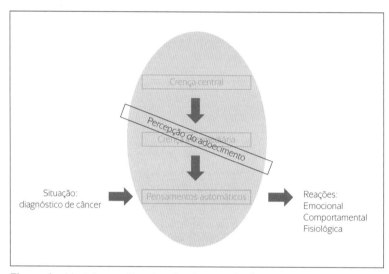

Figura 1 Modelo cognitivo do adoecimento de câncer.

Focadas no tratamento do câncer, as técnicas cognitivas e comportamentais podem auxiliar na maximização do potencial de autocuidado, facilitando ao paciente tornar-se corresponsável por seu tratamento junto à equipe de saúde, bem como preparando-o para emitir respostas mais adaptadas a sua nova condição de saúde, seja esta temporária, durante as sessões de quimioterapia, radioterapia e/ou cirurgia, seja permanente, decorrente de consequências do tratamento (Andersen et al., 2015; Daniels, 2015; Moorey & Greer, 2012; Miyazaki & Amaral, 2001). Segundo Schuyler (2004), a terapia cognitiva, no cuidado do paciente oncológico, tem como objetivos:

> 1) Identificar os pensamentos automáticos associados ao sofrimento do paciente.
> 2) Avaliar estes quanto a sua funcionalidade ou disfuncionalidade.
> 3) Ressignificar e encontrar significados alternativos e funcionais que promovam melhor adaptação e reação ao adoecimento.

CASO CLÍNICO: CÂNCER DE COLO DE ÚTERO, BUSCA POR UM DIAGNÓSTICO[1]

Para ilustrar e articular as técnicas cognitivas e comportamentais aplicadas ao adoecimento oncológico, vamos apresentar o caso da paciente F., de 39 anos de idade, diagnosticada com câncer de colo de útero. Solteira, sem filhos, F. reside na cidade de São Paulo, mora sozinha em sua casa, mas divide o mesmo terreno com as casas de suas duas irmãs bilaterais (39 e 31 anos). Começou a trabalhar aos 17 anos como manicure, e aos 39 interrompeu sua rotina laboral devido ao diagnóstico de câncer e à busca por assistência médica.

Histórico da doença: câncer de colo do útero

F. não tinha o costume de fazer exames preventivos por falta de tempo e pela intensidade de trabalho. Devido a muitas dores na região do abdômen e nas pernas, foi ao posto de saúde para consultar-se. Ao pegar o resultado dos exames, no mês de agosto, o médico ginecologista do posto de saúde afirmou que F. estava com câncer de colo do útero. Porém, como os resultados dos exames apresentavam divergências, o médico recomendou que a paciente retornasse em 3 meses. F., indignada, repetiu o que o médico havia dito: "Talvez em alguns meses, o câncer cresça e aí podemos identificar melhor". F. contou que ficou "desesperada com a notícia e com o pouco-caso do médico". Passadas várias semanas, ainda sem assistência médica, conseguiu um encaminhamento para o Hospital X (nome fictício para hospital da rede pública de saúde).

Histórico dos atendimentos em psico-oncologia

Pouco antes de iniciar seu tratamento no Hospital X, F. chegou para entrevista no Laboratório de Psico-Oncologia relatando estar muito ansiosa, depressiva, com insônia e com muitas dores. Mostrou-se ciente da gravidade de sua doença e extremamente preocupada com o fato de não conseguir ser tratada de imediato.

Nas primeiras sessões, F. queixou-se principalmente de dores, motivo que a fez procurar o posto de saúde e, consequentemente, receber o diagnóstico de câncer. Relatou que as dores interferiam negativamente em seu dia a dia, principalmente por não poder trabalhar e por lembrarem, constantemente, de que "algo está muito errado comigo, não é normal sentir tantas dores assim". F. relatou que não conseguia dormir, que passou a chorar muito e reclamou de não ter com quem conversar sobre sua doença. Explicou que a mãe e as irmãs não queriam tocar no nome câncer e que diziam para ela rezar, que ficaria boa logo. Abordou-se, também, como foi se perceber com o câncer. F., que ainda estava em processo de investigação diagnóstica, relatou: "Tive que parar de trabalhar, estou sem renda, dependendo do pai para tudo, tendo que aguardar para refazer todos os exames para saber o que exatamente eu tenho, essa espera me mata".

---

[1]   Caso clínico apresentado na dissertação de mestrado (Vilaça, 2018).

Quanto às queixas que a fizeram procurar assistência psicológica, F. listou: dor; angústia e ansiedade pelo fechamento do diagnóstico e início do tratamento; tristeza; dificuldade para dormir; dificuldade para se concentrar em atividades de lazer (livro, televisão); dependência financeira em relação ao pai; dificuldade para falar sobre a doença com as irmãs. As técnicas usadas nesse primeiro momento foram:

- Técnica de relaxamento progressivo muscular.
- Treino de assertividade.
- Agendamento de atividades e atribuições de tarefas graduais.
- Psicoeducação sobre *distress*.
- Psicoeducação sobre as particularidades do diagnóstico e do tratamento de câncer.
- Fortalecimento dos vínculos que traziam experiências positivas.
- Entendimento do modelo cognitivo – como seus pensamentos automáticos e suas crenças influenciam em sua forma de agir e de reagir a determinadas situações.

A primeira queixa que F. pontuou foi a dor constante e intensa. Segundo ela, a médica havia dito que a dor fazia parte dos sintomas do câncer de colo do útero. Esta acrescentou, também, que a paciente deveria repousar e evitar esforços, pois estes, em excesso, poderiam agravar suas dores. Foi solicitado que F. fizesse um mapeamento de suas dores – quando começavam e o que ela havia feito. A paciente conseguiu perceber que as dores se intensificavam quando ela se esforçava demais, principalmente quando realizava atividades domésticas, para ela ou para suas irmãs. F. pontuou, em diversos momentos, que não sabia dizer "não". Mesmo quando estava com dor, se um amigo ou suas irmãs lhe pedissem um favor, ela fazia. Afirmou também que não conseguia "viver na bagunça" e que, por muitas vezes, fez faxina na casa a ponto de só parar quando a dor estava insuportável. Um dos pontos trabalhados em sessão foi o que ela poderia fazer para se poupar. Aprendeu, por meio do treino de assertividade, que poderia dizer não e explicar ao outro, de forma clara e objetiva, que, nesse momento, em virtude das dores, ela precisava cuidar de sua saúde. Outro ponto foi o confronto de algumas contradições –por exemplo, quando ela afirmou que tinha parado de beber para se cuidar e, ao mesmo tempo, não conseguia perceber o quanto se colocava em situação de esforços desnecessários. F. passou a refletir sobre esses comportamentos, conscientizar-se de seus limites e a escolher melhor suas atividades. Outra ressignificação fundamental nesse processo foi a percepção da dor como um ponto de alerta e a possibilidade de diagnóstico precoce: "Foi a dor que me mostrou que alguma coisa estava muito errada comigo, fui no [*sic*] médico por causas dessas dores e aí que descobri o câncer". F., ao ressignificar o valor do sintoma dor, passou a seguir o que a médica lhe solicitava e aprendeu a lidar com a dor, cuidando-se de forma mais intensa.

Para os sintomas de ansiedade e dificuldade para dormir, foi ensinado e praticado, em sessão, o treino de relaxamento progressivo muscular, bem como foi instruído para que F. o utilizasse em casa, sempre que precisasse. Para a queixa de não conseguir ver um filme ou ler um livro, foi proposto que a paciente escolhesse programas curtos ou textos pequenos para se concentrar e, posteriormente, aumentasse, conforme suas conquistas. Com o constante treino de relaxamento e a prática dessas técnicas, F. passou a assistir a missas pela internet, assistir ao jornal televisionado e ver filmes. A psicoeducação sobre o *distress* e os sintomas psicológicos que envolvem o adoecimento de câncer também teve uma resposta positiva nesse momento. F. aprendeu a observar suas mudanças de humor, conseguiu observar em que instantes ficava mais nervosa, mais ansiosa ou triste, anotando o que estava sentindo para discutir, em terapia, com auxílio do registro de pensamento disfuncional (RPD). O uso do instrumento foi potencializado pela explicação acerca do modelo cognitivo e pelo entendimento de como seus pensamentos e crenças influenciavam suas sensações, sentimentos e comportamentos.

A questão financeira da paciente também influenciava negativamente no enfrentamento do câncer. F. sentia-se muito mal por precisar pedir dinheiro ao pai para pagar suas contas: "[sic] me sinto um peso". Ao relatar que sempre trabalhou, que sempre teve dinheiro para comprar suas roupas, presentes para agradar à família e aos amigos, entre outros bens de consumo, percebeu que seguia o modelo do pai: "Meu pai sempre foi dinheirista [sic], sempre valorizou muito ganhar dinheiro e poder comprar imóveis, coisas, ajudar sua família, puxei ele [sic]". F., ao longo das sessões, foi questionando por que se sentia tão mal por ser ajudada pelo pai, uma vez que ele ajudava vários membros da família: suas irmãs, seus tios e até os primos que viviam de favor em um terreno de sua propriedade. F. realizou que o pai também a ajudou, em diferentes momentos de sua vida, mas que agora a situação não dependia dela, era uma condição muito particular: "Eu estou doente, não posso trabalhar sentada fazendo unha nem dirigindo, a médica disse que não posso ficar tanto tempo sentada, se pudesse, estaria trabalhando, sempre fiz isso, na verdade sempre trabalhei muito, até demais, tanto que não pude me tratar, fazer meus exames e ir ao posto". Trabalhando a assertividade, F. conversou com seu pai e estabeleceram, juntos, atividades que ela poderia fazer na tapeçaria (estabelecimento de seu genitor), sem esforços e respeitando suas limitações.

Ao longo das sessões, F. percebeu que tinha comportamentos que não eram saudáveis nem preventivos: consumia bebidas alcoólicas; não praticava atividades físicas; não seguia uma dieta saudável nem consumia água; não fazia exames de rotina, entre outros. Conscientizada acerca da necessidade de cuidar da saúde, tanto física quanto mental, F. estipulou, seguindo as recomendações da equipe, novos comportamentos, tais como: prática regular de atividades físicas, alimentação mais saudável, aumento do consumo de água, inserção de momentos de relaxamento, evitar o excesso de trabalho, pausas regulares durante as atividades, realização de exames preventivos, evitar esforços excessivos, bem como evitar comportamentos de risco, como uso e abuso de bebidas alcóolicas e de tabaco. F. tem se dedicado ao tratamento, seguido as recomendações médicas e as orientações da terapia (os exercícios de relaxamento e o preenchimento do RPD) e executado os planejamentos feitos por ela, em sessão. Engajou-se em trabalho voluntário na igreja, tem se dedicado a falar nesta sobre sua experiência com o adoecimento e pontuado para a mãe e as irmãs a importância de estas conversarem com ela sobre o câncer.

No nível da ressignificação cognitiva, outra conquista de F. refere-se ao significado do dinheiro e sua importância. Apesar de ter encontrado formas de compensar a ajuda financeira do pai – de acordo com suas possibilidades, ajudando em serviços na tapeçaria –, F.

cada vez mais questionou a forma como ela, o pai e a família lidavam com o dinheiro. F. conseguiu ressignificar:

- "Hoje, não me sinto bem, não sei quanto tempo vou ficar assim [com câncer] e para que tudo isso? Trabalhei tanto, ganhei tanto dinheiro, comprei tanta coisa e agora nada disso importa."
- "Ajudei tantas pessoas que não estão ao meu lado, que não são meus amigos de verdade; porque, quando tem dinheiro para pagar cerveja, todo mundo é amigo, quando não tem mais, as pessoas se afastam."
- "Meu pai sempre trabalhou, desde cedo, como eu, e olha para a gente, meu pai cheio de problemas de saúde e eu, agora, com câncer, para que tudo isso?
- "Eu segui o caminho do meu pai, também era dinheirista [*sic*], trabalhei tanto que não tinha tempo para fazer meus exames, só procurei médico quando estava com muitas dores e tudo o que tenho são coisas, comprado com dinheiro e que agora não tem tanta importância."

F. questionou se vale a pena ter itens materiais quando não se tem saúde, prazeres e não se pode conviver com pessoas que se ama. Frisou que aprendeu a dar valor às pessoas importantes em sua vida, aos amigos que a ajudaram no momento de adoecimento; aprendeu que as pessoas também têm suas dificuldades e que ela tem de respeitar o que o outro pode lhe dar: "Se para minha mãe é difícil escutar do câncer, não brigo mais, explico com outras palavras, mas conversamos".

Quando foi solicitado um *feedback* sobre o que mudou desde o início das sessões de terapia, F. começou citando o mesmo sintoma que apontara, na primeira sessão, como o que mais a incomodava – a dor: "Acho que isso foi o mais marcante, sentia dores horríveis, o dia todo, o tempo todo... quando eu passei a cuidar mais da minha saúde, respeitar meu corpo e minha doença, eu melhorei das dores".

E continuou: "Hoje, eu durmo melhor, faço o relaxamento, rezo, consigo ver um filme todo, antes não me concentrava".

F. afirmou estar consciente da gravidade de sua doença, mas alega que está pronta para enfrentá-la: "Eu já venci algumas batalhas, melhorei da dor, da tristeza e da ansiedade, aprendi a me valorizar, a me cuidar, passei a dar valor a coisas que antes não dava"; "agora sei das minhas limitações, até a cirurgia e o restante do tratamento vou me poupar, estou pronta para enfrentar, sei que será duro, uma luta, mas vou vencer".

Foi possível perceber que uma intervenção com técnicas cognitivas e comportamentais pode ajudar o paciente oncológico em diversos âmbitos de sua vida: da saúde, familiar e de relacionamentos. O caso apresentado aponta que a escuta ativa das diversas esferas da vida da paciente pode e deve ser levada em consideração, concomitantemente com a assistência médica. As variáveis emocionais e comportamentais têm um grande peso na vivência do adoecimento, e, se escutadas e assistidas, melhoram a qualidade de vida e dos relacionamentos.

> Intervenções com técnicas cognitivas e comportamentais podem ajudar o paciente oncoló-
> gico em diversos âmbitos de sua vida: de saúde, familiar e de relacionamentos.

TÉCNICAS COGNITIVAS E COMPORTAMENTAIS EM PSICO-ONCOLOGIA

Moorey e Greer (2012) apontam, no âmbito do entendimento psicológico através do modelo cognitivo, que o paciente oncológico deve ser ensinado quanto a identificar seus pensamentos e crenças disfuncionais, pois estes contribuem para sua angústia e sofrimento emocional. Ao identificar sua forma de pensar e entender o câncer, o paciente, em conjunto com o terapeuta, é capaz de definir uma agenda para lidar com as adversidades. O paciente é orientado a examinar suas crenças sobre o câncer e tratá-las como hipóteses que podem ser testadas e avaliadas quanto a sua adaptabilidade ou não, de modo que, juntamente com o terapeuta, elaborará estratégias para enfrentar o adoecimento e o tratamento do câncer.

Diversas técnicas já foram testadas e avaliadas em pacientes com câncer, tais como: técnicas de expressão emocional, técnicas comportamentais (atribuições graduais de tarefas, agendamento de atividades, experimentos comportamentais, relaxamento e distração), técnicas cognitivas (identificação dos pensamentos, reestruturação cognitiva envolvendo exames de evidências, descatastrofização, avaliação de vantagens e desvantagens dos pensamentos, busca por evidências mais funcionais e realistas e enfrentamento de autoafirmação) e técnicas interpessoais, por meio do trabalho de casais, entre outros (Moorey & Greer, 2012). Assim, inúmeras técnicas da TCC podem ser aplicadas quando do adoecimento de câncer, visando à melhora na qualidade de vida e à melhor estruturação cognitiva a respeito de si mesmo, de sua doença e de seu futuro (Vilaça, 2018; Andersen et al., 2015; Moorey & Greer, 2012; Miyazaki & Amaral, 2001).

O manejo dessas técnicas deve ser utilizado em paralelo com os tratamentos médicos oncológicos e "enfatiza a promoção de uma atitude positiva, ajudando o paciente a colaborar e enfrentar o tratamento e reduzir o *distress* emocional" (Moorey & Greer, 2012, p. 62). As intervenções psicológicas da TCC devem, como na prática clínica, seguir uma abordagem flexível por parte do terapeuta, a fim de adaptar as técnicas durante o curso das sessões, em resposta às necessidades e às singularidades intrínsecas de cada paciente.

Na Figura 2, são apresentadas técnicas cognitivas e comportamentais utilizadas no cuidado ao paciente oncológico.

Psicoeducação

A psicoeducação é uma técnica a ser utilizada desde a primeira sessão, de modo que o paciente deve ser ensinado sobre o funcionamento do modelo cognitivo e a maneira como este interfere em seus comportamentos e atitudes; também deve ser explicitado o modo como a terapia funciona, sendo fundamental enfatizar a importância de uma ativa colaboração e participação por parte do paciente, bem como a relevância do uso das técnicas e dos deveres de casa (Beck, 2013). Outra funcionalidade da psicoeducação refere-

```
Psicoeducação
Identificação de pensamentos automáticos e registro de pensamentos disfuncionais
                                        ┌ Teste de realidade
                                        │ Procurando alternativas
Avaliando os pensamentos automáticos    │ Reatribuição
                                        │ Técnica de descatastrofização
                                        └ Análise de vantagens e desvantagens
Treino de relaxamento                   ┌ Relaxamento muscular progressivo
                                        └ Exercício de respiração
Programação de atividades e planejamento futuro
Solução de problemas
Treinamento de assertividade
```

Figura 2 Técnicas cognitivas e comportamentais.

-se aos sintomas e aos transtornos que o paciente possa estar vivenciando. É de extrema importância que o paciente saiba identificar suas emoções e reações para, ao lado do terapeuta, estabelecer metas a serem alcançadas. No adoecimento oncológico, havendo diferentes tipos de câncer, diversos lugares de incidência e intensidade de adoecimento, bem como tratamentos diversos e com efeitos colaterais associados, a psicoeducação é fundamental para desmistificar estigmas e crenças irrealistas.

Identificação de pensamentos automáticos e registro de pensamentos disfuncionais

O primeiro passo, em TCC, no tratamento psicoterápico com pacientes oncológicos é ouvir a demanda destes e quais são os problemas e situações que interferem negativamente no processo de adoecimento (aceitação do diagnóstico, sintomas do câncer, tratamento e/ou consequências). Após identificar os sintomas e/ou problemas que o paciente quer abordar, a dupla terapeuta/paciente começa a explorar os pensamentos, sentimentos, comportamentos e sensações físicas que estão associados à temática escolhida (Moorey & Greer, 2012). O RPD é um instrumento que auxilia na identificação, no exame e na alteração de cognições, por meio do preenchimento sistemático de uma situação que tenha feito o paciente mudar de humor e agir de forma inapropriada. Com as instruções "quando você notar seu humor ficando pior, pergunte-se 'o que está passando no meu pensamento?', e anote logo que possível, o pensamento ou imagem, [...] qual emoção, sentimento ou estado de humor você sentiu quando teve este pensamento" (Knapp, 2004b, 139).

Avaliando os pensamentos automáticos

Uma vez identificados os pensamentos automáticos que geram os sintomas ou comportamentos indesejáveis, o paciente deve aprender a avaliá-los e testá-los. Para tanto, Moorey e Greer (2012) apontam os cinco métodos mais utilizados em pacientes oncológicos:

- **Teste de realidade:** o paciente, junto com o terapeuta, coloca em xeque a validade de sua crença, buscando evidências que suportem ou não a credibilidade do pensamento. A dupla terapêutica questiona os pensamentos disfuncionais, analisando uma variedade de pontos de vista: experiência do próprio paciente, experiência de pessoas que estejam passando por situações similares (p. ex., psicoterapia de grupo), relato de familiares e pessoas próximas, referência a fontes confiáveis de informações (p. ex., relatos da equipe de saúde, fala de especialistas, livros, *sites* especializados em oncologia).

- **Procurando por alternativas:** técnica que envolve a elaboração, por parte do paciente, de outras possíveis alternativas para a situação proposta, ou seja, ele deve parar para refletir sobre uma série de possibilidades de encarar determinada situação. Moorey e Greer (2012) pontuam que pessoas com dificuldade de enfrentamento do câncer e sem esperanças quanto ao futuro têm uma limitação na capacidade de avaliar outras alternativas, focando, portanto, nas opções negativas. Por meio do foco nessa técnica, o terapeuta pode solicitar ao paciente pequenos cenários alternativos que poderiam fazer sentido para outras pessoas ou em outras situações. Assim, aos poucos, o paciente pode começar a superar a persistência no que concerne aos pensamentos negativos e generalizados.

- **Reatribuição:** tem como objetivo principal a redução da culpa e/ou raiva que possivelmente o paciente possa sentir. No caso de pacientes oncológicos, é natural que busquem e se fixem em culpados por sua doença, sejam eles mesmos ou outras pessoas/situações (Morrey & Greer, 2012). Essa técnica "leva os pacientes a considerar todos os possíveis fatores e indivíduos envolvidos em determinada circunstância, e então, a ponderar um nível mensurável de responsabilidade a cada um desses fatores" (Knapp, 2004b, p. 142). Esse exercício deve ser repetido até que o paciente tenha uma visão mais adaptativa acerca de sua realidade.

- **Técnica de descatastrofização:** procedimento utilizado para a ressignificação de superestimação catastrófica que alguns pacientes vivenciam. O paciente ansioso, segundo Moorey e Greer (2012), tem a tendência não apenas a prever resultados ameaçadores e catastróficos, mas a vivenciá-los como verdadeiros. A percepção do impacto devastador dos eventos pode ser ressignificada por meio de questionamentos como "Qual é o pior que pode acontecer? E se o pior acontecer, o que você fará? [...] Alguma coisa muito ruim já aconteceu com você antes? E como você superou?" (Knapp, 2004b, p. 142), e sua adequada reflexão junto com o terapeuta.

- **Análise de vantagens e desvantagens:** técnica que visa, após a identificação dos pensamentos automáticos disfuncionais, à consideração, em conjunto, dos custos e dos benefícios de manter determinado pensamento ou comportamento. A prática de refletir e colocar no papel o impacto dessas vantagens e desvantagens permite ao paciente revisar sua abordagem para lidar com problemas e estimula a motivação para mudanças de pensamento e, consequentemente, de comportamento (Knapp, 2004b).

Treino de relaxamento

O treino de relaxamento consiste em um método comportamental simples e eficaz para que pessoas tenham o controle de seus sintomas, aliviando as sensações fisiológicas da ansiedade e inibindo a relação apreendida entre as preocupações e a hiperexcitabilidade autonômica (Kapczinski & Margis, 2004). As técnicas de relaxamento devem ser ensinadas ao paciente para que este possa usar quando estiver se sentindo ansioso ou tenso. O relaxamento não deve ficar restrito às sessões de psicoterapia; deve ser praticado pelo paciente constantemente, como rotina terapêutica para manejo de sintomas de ansiedade e, principalmente, em situações potencialmente estressantes, por exemplo, idas a consultas médicas, durante investigação diagnóstica, em rotinas de tratamentos quimioterápico ou de radioterapia, antes de internações para procedimentos cirúrgicos, entre outras situações que podem elevar o *distress* do paciente oncológico. Os autores Moorey e Greer (2012) destacam a utilização de duas técnicas de relaxamento que auxiliam no tratamento psicológico do paciente com câncer:

- **Relaxamento muscular progressivo:** desenvolvido na década de 1930 por Edmund Jacobson, que, em suas pesquisas, "postulou que a aprendizagem do relaxamento muscular, região por região, progressivamente, pode colocar em repouso, do ponto de vista mental, territórios do cérebro correspondentes às partes do corpo assim relaxadas" (Figueiredo, Giglio & Botega, 2006, p. 490). Em um ambiente calmo, o terapeuta orienta o paciente a relaxar, em sequência, diferentes grupos musculares, tensionando e relaxando cada parte do corpo até que consiga um relaxamento integral (Knapp, 2004b).
- **Exercício de respiração:** tem por finalidade regular o ritmo e a frequência respiratória. O paciente deve repetir esse exercício 1-2 vezes por dia, durante 20 minutos, com o objetivo de dominar a habilidade de controlar a respiração em situações de estresse e de ansiedade. Moorey e Greer (2012) apontam 3 passos para a realização desse exercício:

1. **Conscientização da respiração:** o paciente deve ser ensinado a perceber sua respiração, por meio do processo de inalação e de exalação profunda e de percepção dos músculos que são usados no processo.
2. **Contagem regressiva de 10 a 1:** o terapeuta orienta o paciente a respirar profundamente, sentindo a respiração diafragmática, e iniciar a contagem de 10 até 1, em intervalos de respiração lenta e profunda. Nas primeiras tentativas, o terapeuta deve orientar o processo em voz alta, guiando o paciente.
3. **Deixando de lado a tensão por intermédio da expiração:** ao final do processo de eliminação de ar dos pulmões, a tensão muscular naturalmente diminui. O terapeuta, em cada contagem, deve pontuar que os músculos estão mais leves e soltos, objetivando o relaxamento.

Programação de atividades e planejamento futuro

No adoecimento oncológico, os pacientes reagem de formas diferentes quanto ao tratamento e à qualidade de vida no futuro: uns têm uma visão pessimista e esperam pelo pior, enquanto outros se apegam ao tratamento e às possibilidades positivas. A rotina do paciente oncológico e de sua família fica voltada, muitas vezes, para a doença e o tratamento, e com isso muitos deixam de realizar atividades que podem ajudar no enfrentamento e na melhora de sua qualidade de vida. O planejamento e a programação gradual, em conjunto paciente-terapeuta, constituem uma técnica eficaz para a alteração de comportamentos não saudáveis por novas atividades, bem como para o resgate de comportamentos que anteriormente eram rotineiros e prazerosos para o paciente. A tarefa de pensar e escrever objetivos de curto, médio e longo prazo é eficaz para o paciente em seu processo de doença, na vida pessoal, na vida conjugal, na adaptabilidade das consequências do tratamento, entre outros assuntos que possam incomodar o sujeito e, assim, impossibilitá-lo de buscar uma melhor qualidade de vida (Moorey & Greer, 2012).

Solução de problemas

Ao se deparar com uma doença que coloca em risco a vida, muitos pacientes vivenciam o câncer como uma sentença de morte (sem possibilidade de cura), focando apenas nas dificuldades e problemas do adoecimento e dos tratamentos, não sendo capaz de estipular metas a serem alcançadas, colocar em prática atividades e novas rotinas de vida e, nem de resolver problemas específicos do adoecimento e do tratamento. Segundo Knapp (2004b), no *setting* terapêutico, o terapeuta tem a função de engajar o paciente na resolução de problemas que interferem em seu bem-estar, desde a elaboração de prioridades até a experimentação das estratégias. No contexto da psico-oncologia, o paciente deve identificar o problema ou situação que esteja interferindo negativamente no enfrentamento do câncer; levantar as consequências desse problema e as possíveis estratégias de enfrentamento; avaliar as consequências positivas e negativas para cada cenário da nova situação; anotar as ações necessárias para colocar em prática e escolher por onde deve começar; avaliar os resultados, constantemente, durante as sessões seguintes, para reavaliar a adaptabilidade da nova estratégia ou, ainda, promover mudanças no plano de resolução de problemas. A prática de resolução de problemas deve ser ensinada ao paciente e estimulada a ser inserida em sua rotina de vida.

> Muitos pacientes vivenciam o câncer como uma sentença de morte (sem possibilidade de cura), focando apenas nas dificuldades e problemas do adoecimento e dos tratamentos.

Treinamento de assertividade

Esta técnica de habilidades sociais auxilia o paciente a fazer afirmações e solicitações de forma legítima e efetiva, buscando o que deseja na relação com o outro. Particularmente no que tange aos pacientes que vivenciam o câncer como uma ameaça à vida (seja esta real ou uma percepção disfuncional), os treinamentos de comunicação e de escuta ativa são de extrema importância. Consoante Knapp (2004b), no treinamento da comunicação, o paciente aprende a elaborar, de forma objetiva, aquilo que quer dizer, bem como aprende a ser claro na comunicação que espera dos outros. É importante que terapeuta e paciente observem a forma de se comunicar em situações de medo e impotência, a fim de medir o nível de agressividade, passividade, entre outros. Já no treinamento de escuta ativa, "o paciente aprende a escutar e a solicitar mais informações acerca dos sentimentos e pensamentos dos outros; parafraseia o que escuta ('Você está dizendo que[...]'); [...] e tenta encontrar alguma validade no que a outra pessoa está dizendo" (Knapp, 2004b, p. 157).

CONSIDERAÇÕES FINAIS

No caso clínico apresentado, pode-se concluir que a assistência em psico-oncologia, por meio das técnicas cognitivas e comportamentais, possibilitou o entendimento sobre o modo como a paciente F. percebia seu adoecimento e as particularidades deste (espera pelo diagnóstico, limitações advindas dos sintomas da doença, dependência financeira, entre outros). As técnicas citadas, por serem focadas no modelo cognitivo do câncer, instrumentalizam os pacientes a identificar e tratar as variáveis emocionais; a favorecer os relacionamentos interpessoais e a comunicação entre o paciente e seus familiares, bem como entre ele e a equipe de saúde; a ajudar no enfrentamento e na adaptação em relação ao diagnóstico e aos sintomas do câncer; a ressignificar as experiências, bem como a potencializar o autocuidado.

A identificação e o tratamento das variáveis psicossociais que interferem negativamente na saúde e na vivência do paciente são fundamentais para que o enfrentamento do câncer seja manejado de forma positiva, apesar das dificuldades que se impõem.

REFERÊNCIAS

1. Andersen BL, Dorfman CS, Godiwala N. Cognitive and behavioral interventions. In: Holland JC, Breitbart WS, Butow PN, Jacobsen PB, Loscalzo MJ, Mccorkle R (eds.). Psycho-oncology. 3.ed. New York. Oxford University; 2015. p. 449-57.
2. Beck JS. Terapia cognitivo-comportamental: teoria e prática. Trad. S. M. Rosa; rev. técnica P. Knapp, E. Meyer. 2.ed. Porto Alegre: Artmed; 2013.
3. Campos EMP. A psico-oncologia: uma nova visão do câncer – uma trajetória [Tese de livre-docência]. São Paulo: Universidade de São Paulo, Instituto de Psicologia; 2010.
4. Daniels S. Cognitive behavior therapy for patients with cancer. J Adv Pract Oncol. 2015;6(1):54-6.
5. Dobson KS, Dozois DJA. Historical and philosophical basis of the cognitive-behavioral therapies. In: Dodson KS (org.). Handbook of cognitive-behavioral therapies. 3.ed. New York: Guildford; 2010. p. 3-38.

6. Figueiredo JH, Giglio JS, Botega NJ. Tratamentos psicológicos: psicoterapia de apoio, relaxamento, meditação. In: Botega NJ (org.). Prática psiquiátrica no hospital geral: interconsulta e emergência. 2.ed. Porto Alegre: Artmed; 2006. p. 489-96.

7. Holland JC, Wiesel TW. Introduction: history of psycho-oncology. In: Holland JC, Breitbart WS, Butow PN, Jacobsen PB, Loscalzo MJ, Mccorkle R (eds.). Psycho-oncology. 3.ed. New York: Oxford University; 2015. p. XXIV-XXXV.

8. Kapczinski F, Margis R. Transtorno de ansiedade generalizada. In: Knapp P (org.). Terapia cognitivo--comportamental na prática psiquiátrica. Porto Alegre: Artmed; 2004. p. 209-16.

9. Knapp P. Princípios fundamentais da terapia cognitiva. In: Knapp P (org.). Terapia cognitivo-comportamental na prática psiquiátrica. Porto Alegre: Artmed; 2004a. p. 19-41.

10. Knapp P. Principais técnicas. In: Knapp P (org.). Terapia cognitivo-comportamental na prática psiquiátrica. Porto Alegre: Artmed; 2004b. p. 133-58.

11. Knapp P, Beck AT. Fundamentos, modelos conceituais, aplicações e pesquisa da terapia cognitiva. Revista Brasileira de Psiquiatria. 2008;30(2):S54-S64.

12. Miyazaki MCOS, Amaral VLAR. Instituições de saúde. In: Range B (org.). Psicoterapia comportamental e cognitiva: pesquisa, prática, aplicações e problemas. Campinas: Livro Pleno; 2001. p. 235-44.

13. Moorey S, Greer S. Oxford guide to CBT for people with cancer. 2.ed. New York: Oxford University; 2012.

14. Schuyler, D. Cognitive therapy for adjustment disorder in cancer patients. Psychiatry (Edgmont) 2004;1(1):20-3.

15. Vilaça APO. A psico-oncologia à luz da terapia cognitivo-comportamental: um modelo cognitivo funcional para paciente portador de câncer [Dissertação]. São Paulo: Universidade de São Paulo, Instituto de Psicologia; 2018.

9 A família como paciente no campo da psico-oncologia

Rebecca Holanda Arrais
Elisa Maria Parahyba Campos

INTRODUÇÃO

Família é um conceito que assumiu distintos significados e continua se modificando no curso da história. No século XVIII, a família ganhou valor em relação ao grupo social mais amplo, assumindo funções morais e espirituais em relação a seus membros (Ariès, 1981). Já em relação a mudanças históricas mais recentes, Oliveira e Sommerman (2008) relatam uma transição entre um conceito anterior de núcleo reprodutivo e um novo, centrado no afeto e companheirismo. Segundo as mesmas autoras, contemporaneamente, "existe uma pluralidade de composições que incluem laços consanguíneos, relações não formalizadas por parentesco, núcleo doméstico, família não legitimada juridicamente, entre outras" (p. 118). Indicam, ainda, que esta é considerada uma entidade dinâmica, capaz de transformação e adaptação.

> Transição entre um conceito anterior de núcleo reprodutivo e um novo, centrado no afeto e companheirismo.

No campo específico da psico-oncologia, a importância da família chegou a ser negligenciada pelas pesquisas, possivelmente por seu caráter óbvio ou universal. No contexto americano, o padrão de cuidado centrado exclusivamente no paciente acabou por distanciar os familiares da assistência prestada pelos profissionais (Rait, 2015). Entretanto, o cenário tem mudado, com evidências acerca dos benefícios da maior inclusão da família, e a importância de garantir sua participação durante todo o processo de tratamento passa a ser reconhecida por variados profissionais que trabalham na área, como médicos (Geovanini, 2011) e enfermeiros (Nunes, 2010).

Na elaboração de planos de cuidado é, então, recomendada a presença de um cuidador/familiar junto ao paciente, no sentido de facilitar a adesão ao tratamento. Além disso, é indicada a importância da adequação dos ambientes em que a assistência é prestada – setores de internação, ambulatórios e domicílio – para possibilitar a presença do familiar em tempo integral (Chino, 2012). O próprio familiar valoriza sua presença junto ao paciente e pode contribuir para os cuidados práticos com este a partir de orientações da equipe (Silva et al., 2012). A literatura científica (Ferreira et al., 2012; Rait & Lederberg, 1989; Rodrigues et al., 2010; Silva et al., 2012) mostra que ele:

- Provê suporte emocional.
- Mantém uma referência de estabilidade em meio à mudança.
- Responde por custos econômicos e sociais.
- Fornece cuidados concretos.
- Divide a responsabilidade das decisões sobre tratamento.
- Atua como intermediário entre paciente e equipe.

Apesar de haver, atualmente, um consenso no reconhecimento da relevância da família para a boa recuperação do paciente, os recursos e necessidades apresentados por elas passam muitas vezes despercebidos pela equipe. É importante, então, considerar a vivência dos familiares, que podem chegar a sofrer os impactos psicológicos do adoecimento do paciente de forma tão ou mais intensa que este (Ferreira et al., 2012; Inocenti et al., 2009; Silva et al., 2012). Situações aparentemente simples também podem ser fonte significativa de estresse para a família por serem negligenciadas pela equipe, a qual tende a focar no controle da dor e outros sintomas que provocam maior desconforto diretamente no sujeito adoecido (Andrade, 2012).

Apesar de haver, atualmente, um consenso no reconhecimento da relevância da família para a boa recuperação do paciente, os recursos e necessidades apresentados por elas passam muitas vezes despercebidos pela equipe.

O familiar é exposto ao cansaço físico e psicológico e pode expressar necessidades próprias de cuidado, mas por vezes busca mascarar suas dificuldades de maneira a mostrar-se capaz de enfrentar a situação de adoecimento do paciente. O próprio familiar pode ter dificuldade em reconhecer suas necessidades e deixar de cuidar de si tanto fisicamente quanto psicologicamente (Silva et al., 2012). A doença se instala como crise na família, que vivencia uma ruptura de seu cotidiano e precisa encontrar formas de responder às novas demandas colocadas pelo adoecimento de um de seus membros. Por outro lado, a manutenção de sua saúde física e mental é fundamental inclusive para a garantia de cuidados adequados ao paciente.

Por vezes busca mascarar suas dificuldades de maneira a mostrar-se capaz de enfrentar a situação de adoecimento do paciente.

128   Psicologia da saúde hospitalar

> A manutenção de sua saúde física e mental é fundamental inclusive para a garantia de cuidados adequados ao paciente.

O cuidador principal desponta, nesse contexto, como o mais sujeito a sobrecarga e estresse, sendo necessária a divisão de tarefas com outros familiares para contornar tal situação, o que nem sempre é uma possibilidade (Andrade, 2012). Holland (2002) afirma que os movimentos de retorno ao domicílio e aproximação do cuidado familiar, apesar de positivos em vários aspectos, aumentam o fardo carregado por esses cuidadores.

SITUAÇÃO CLÍNICA

Apresenta-se, então, o seguinte caso, que pode ilustrar impactos iniciais advindos do diagnóstico oncológico e do exercício da função de cuidador familiar. Adicionalmente, o caso demonstra situação recorrente em um campo da assistência à saúde em que o tempo para desenvolvimento da intervenção psicológica é limitado, mas não impede que se alcancem bons resultados, com melhorias no estado geral de bem-estar do sujeito.

JDS,[1] 35 anos, é filha de paciente oncológico, vendedora, solteira, ensino médio incompleto, mora sozinha. Seu pai vive com a esposa e a mãe, de 98 anos, na zona rural de município do interior. Quatro filhos do paciente moram próximo a ele; apenas JDS mora na sede do município. Apesar de morar longe, diz ser a principal cuidadora. Seu pai foi encaminhado para ambulatório do Serviço de Terapia da Dor e Cuidados Paliativos em caráter de urgência, tendo sido identificado na triagem do hospital como sem possibilidade de cura. A entrevista psicológica foi realizada no mesmo dia em que JDS chegou ao hospital com seu pai.

O pai de JDS não foi informado de seu diagnóstico e prognóstico pelo profissional que o atendeu, mas este disse à filha que ela era quem deveria contar ao paciente, pois era direito dele saber. Ela acredita que o pai já pode ter entendido o que está acontecendo, mas não tem segurança do quanto ele sabe sobre a gravidade, e inicia a entrevista psicológica solicitando orientação sobre como lidar com informações relativas ao diagnóstico e prognóstico diante de seu pai e de familiares que também ainda não estão sabendo. A filha tem medo de que falar prejudique ainda mais a saúde dele, mas também teme esconder informações e "ficar com a consciência pesada". Entrevista realizada após a consulta médica. JDS bastante chorosa, demonstrando tristeza e certo desespero.

Enquanto está com a psicóloga, mantém-se preocupada com o tempo, pois o paciente ficou esperando na ambulância para voltarem ao município de origem. Também devido à opção da equipe médica de possibilitar ao paciente a permanência em seu domicílio, o caso não se configura como elegível para atendimento psicológico continuado no hospital, sendo necessário o desenvolvimento de um atendimento com início e conclusão

---

1   O uso dos dados apresentados a seguir foi autorizado para pesquisa e publicação acadêmica por comitê de ética seguindo as normas nacionais para pesquisas com seres humanos – Parecer n. 1.791.250.

no mesmo encontro, ofertando o acolhimento e a orientação psicológica necessários e possíveis para o momento.

Logo no início da interação, quando ainda está sendo questionada sobre dados básicos de identificação, irrompe em choro e apresenta a seguinte fala:

"E eu não posso nem chorar, né? Que se eu chorar eu não vou dar força a ele [...] Eu *não sei como... eu num sei por onde eu começar, né? Que quando eu chegar lá... a mãe vai... fica ligando o tempo todo dizendo que* [chora]...... pergunta como é que ele tá... Aí eu não sei se eu conto logo a ela... Que aí ele acha/ele deve tá entendendo as coisas, que ele não é doido, né? Mas ele não diz que ele não tem mais jeito. As vezes é o choque, né? Entramos de manhã... eu queria que você me desse uma luz pra mim chegar em casa, contar pros irmãos e... começar nossa batalha, né?... Porque você sabe que Deus cura, né? ... Mas... Mas [repete], assim, 99% é que ele vá-se embora, né? [segue chorando] [...] Eu tenho até que ajeitar meus olhos, porque se eu chegar lá com os olhos... chorando ele vai... vai [repete] perceber alguma coisa, né? Eu tenho medo deu contar e ele ele [repete] se debilitar cada vez mais, mas o médico disse que é pra nós contar, não é pra nós enganar ele."

É, então, oferecido tempo para que JDS chore e expresse como está se sentindo, e, na sequência, busca-se compreender sua dinâmica familiar e como o diagnóstico oncológico se insere nesse contexto. JDS é a única solteira entre os irmãos, e por esse motivo assume o protagonismo dos cuidados com os pais idosos, com os quais afirma possuir relacionamento próximo e afetuoso. Foi a única a ser informada do diagnóstico e prognóstico do pai, e, além de vivenciar a tristeza pela possibilidade de perdê-lo, sente-se desorientada e desamparada no que concerne ao modo de agir com relação à partilha dessas informações com o pai, mãe e irmãos.

Opta-se, então, por realizar perguntas que possibilitem a JDS tomar consciência dos elementos envolvidos em seu processo de escolha. O primeiro questionamento feito é sobre o que ela pensa acerca da orientação de repassar ao paciente as informações que recebeu da equipe. Nesse momento JDS expressa hesitação diante do medo de fragilizar o pai com as informações e a culpa de omitir dele o que sabe. A dificuldade em definir um caminho a deixa angustiada. Na sequência, a psicóloga a questiona sobre qual seria sua preferência caso ela estivesse no lugar do paciente.

JDS: [suspira] Que *não me escondessem! Que não me escondessem, me contassem a verdade pra* mim fazer o que eu queria fazer. [voz fica mais embargada] Por isso que eu não acho justo e/ eu esconder dele. Não acho justo, né? Porque você sabe... que ele não vai ser o primeiro nem vai ser o último, né?
Psicóloga: E se a gente perguntasse isso pro seu A., o que é que ele ia dizer?
JDS: [voz hesitante] Não sei. Eu tenho medo, que ele já tá muito triste. Você percebeu o jeito dele, né? E a voz dele tá f/ ele chega... ele chegou aqui com um semblante, já tava com outro. Nós chegamos aqui de manhã alegre, saímos ele já tava meio triste.

A psicóloga sinaliza, então, elementos da própria fala de JDS relacionados a percepções e reações do paciente. Ela vai, assim, gradualmente entrando em contato com sua percepção do quanto o paciente demonstra já estar iniciando um processo de compreensão de sua situação de saúde. Durante o atendimento, também percebe que, mesmo sabendo que será uma notícia difícil para seus demais familiares, ela não terá como evitar que estes venham a saber e que a partilha de informações com seus irmãos e mãe pode ser também uma ocasião para dividir o ônus prático dos cuidados e fornecer suporte mútuo para lidar com a carga emocional. Opta por abordar o assunto com o paciente e seus familiares e trabalha junto à psicóloga estratégias de comunicação para investigar o que os demais já estão sabendo e para introduzir gradualmente as novas informações que recebeu da equipe.

A intervenção psicológica estrutura-se, assim, principalmente como o fornecimento de um espaço de acolhimento e abertura para que JDS expresse e elabore seus afetos e ideias, chegando a decisões suas sobre como lidar com a situação. Complementa-se com orientações pontuais de acordo com suas dúvidas e com o esclarecimento do tipo de apoio que os diferentes profissionais da equipe podem fornecer ao paciente e sua família. Ao fim do atendimento, JDS demonstra maior tranquilidade e agradece, afirmando sair com mais clareza de como irá lidar com o assunto.

JDS: Você me deu uma luz, né? [...] Que eu tava dando um tiro no escuro... mas eu já vou saindo daqui pelo menos com uma clareza, né? De que é... é a cons/ é consciência minha falar pra toda a família.

DISCUSSÃO

O primeiro ponto a ser destacado na situação clínica exposta é a importância de ter sido ofertado a JDS um espaço de escuta no qual ela fosse considerada com suas demandas e não apenas na função de cuidadora familiar. Cabe ressaltar que o caso não foi encaminhado para atendimento por solicitação de JDS ou de algum profissional, e a escuta psicológica só ocorreu por ter sido ofertada ativamente na ocasião do primeiro atendimento médico do paciente no Serviço de Dor e Cuidados Paliativos.

A fala "E eu não posso nem chorar, né? Que se eu chorar eu não vou dar força a ele", proferida no início do atendimento, demonstra o quanto JDS estava tentando, sem sucesso, suprimir suas emoções ao entender que isso seria necessário para o exercício do cuidado com seu pai. À tristeza causada pelo diagnóstico e prognóstico do pai somaram-se a solidão de ser a única familiar informada sobre o assunto e o desespero de não saber como conduzir a situação dali em diante. O acolhimento e a validação de suas emoções propiciados pela psicóloga abriram a possibilidade de que ela também fosse cuidada e pudesse inclusive dar vazão ao choro que tentava evitar. Nesse processo, vem à tona a proximidade da relação que ela tem com o pai, que resulta em tristeza pela possibilidade da perda, mas também é abordada pela paciente como fonte da segurança de ter usufruído de sua companhia e sido uma filha presente. Poder falar de tal relação propicia inclusive que JDS identifique coisas que tem feito por e com seu pai, saindo do lugar de impotência em que se encontra no início do atendimento.

"A gente chora, né? [Voz fica embargada] Porque é pai, né? Mas se ele for embora hoje, eu não tenho a consciência de jeito nenhum pesada. Eu fiz minha parte, né? Enquanto eu pude... E vou fazer ainda, né? A... a/a/agora, hoje mesmo eu tava conversando com ele [...] Aí eu disse "Pai, você quer ir pro Juazeiro?", que ele tinha uma romaria todo mês de novembro, né? A Romaria do Juazeiro. Ele disse "Quero" [...] Aí talvez este mês mesmo eu vá mais ele em Juazeiro, se despedir do Padre Cícero, que é uma uma [repete] tradição que ele tinha todo ano de ir, né?"

A investigação da dinâmica familiar mostrou que, pelo fato de JDS ser a única filha solteira e de seus pais idosos não contarem com filhos morando no mesmo domicílio, ela acabou centralizando as funções de cuidado, tendo como resultado uma sobrecarga. A opção do profissional que comunicou o diagnóstico a ela e não ao paciente, delegando a JDS a continuidade dessa comunicação, acabou, ainda, por aumentar a carga emocional com a qual estava tendo de lidar, gerando angústia e desespero. Durante o atendimento, ela se mostra inclusive com dificuldade em articular pensamentos e palavras, afirmando enfaticamente não saber como proceder e apresentando uma fala entrecortada e com várias repetições.

Ao expressar-se, e contando com a condução de perguntas feitas pela psicóloga, JDS vai gradualmente tomando consciência de elementos que ela mesma já possui para embasar suas decisões sobre como proceder. Identifica que o pai possivelmente percebeu algo da gravidade da situação e que esconder o diagnóstico da família não seria possível. Apenas após focar aquilo que a própria familiar consegue perceber se passa a trabalhar conjuntamente em estratégias de comunicação para lhe dar mais segurança e tranquilidade diante do desafio a ser enfrentado.

Nesse sentido, é significativo ressaltar expressões utilizadas no agradecimento pelo atendimento: "Você *me deu uma luz*, né? [...] Que eu tava dando um tiro no escuro... mas eu já vou saindo daqui *pelo menos com uma clareza*, né? De que é... é a cons/ é consciência minha falar pra toda a família". O atendimento realizado não aparece como algo que oferece respostas ou soluciona a situação geradora de angústia, mas é identificado como auxilio para que JDS ilumine algo que não lhe era claro, lhe possibilitando, mesmo no enquadre restrito de tempo, chegar a uma "consciência sua" sobre como proceder.

Impactos do adoecimento na família

Conforme abordado, a família constitui um sistema psíquico inter-relacionado. Assim, o acometimento por doença grave e, principalmente, a progressão de tal doença, recorrentemente, despertam nos cuidadores sensações de impotência, culpa, medo, tristeza, desespero e isolamento (Inocenti et al., 2009; Oliveira & Sommerman, 2008; Silva & Araújo, 2012). No caso de cônjuges, estes podem atingir aproximadamente o dobro de incidência de sintomas depressivos em relação ao companheiro adoecido, variando conforme o tipo de vínculo entre ambos e o grau de satisfação marital (Braun et al., 2007).

Despertam nos cuidadores sensações de impotência, culpa, medo, tristeza, desespero e isolamento.

Esse tema será, então, estudado na psicologia da saúde e hospitalar em referência a pacientes com diversas doenças, sendo que cada uma expressa algumas especificidades. Os impactos na estrutura familiar dependerão, pois, de uma série de fatores, começando pelo papel exercido nela pelo sujeito que foi acometido pela doença (Oliveira & Sommerman, 2008). Rait (2015) elenca diversas variáveis que interferem nos impactos recebidos pela família e que podem auxiliar na investigação e intervenção junto a tais grupos. Estas podem ser organizadas em dois grupos principais: o primeiro refere-se ao próprio adoecimento; o segundo refere-se a características do grupo familiar (Figura 1).

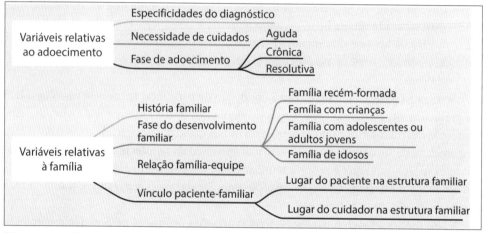

Figura 1 Variáveis que interferem nos impactos recebidos pela família (diagrama do autor).

O adoecer por câncer terá impactos específicos, uma vez que os pacientes vivem por muito tempo necessitando de tratamentos complexos. De tal modo, os familiares costumam ter de lidar com uma grande carga de cuidados práticos que se somam à carga emocional. Nesse ponto, os familiares podem ter de assumir o papel de cuidadores em tempo integral, o que por vezes significa reduzir a carga horária ou abandonar o trabalho formal, geralmente com desdobramentos para sua organização financeira. A necessidade mais intensa de cuidados ou uma situação financeira já previamente fragilizada apresentam-se como situações mais delicadas.

> Familiares costumam ter de lidar com uma grande carga de cuidados práticos que se somam à carga emocional.

Também serão significativas as fases do adoecimento, sintetizadas na Tabela 1.

Tabela 1   Fases do adoecimento

Fase	Caracterização	Impactos
Aguda	Momentos de diagnóstico ou pioras súbitas	Impactos relacionados à ruptura da rotina e estabelecimento da crise inicial
Crônica	Períodos mais longos de consolidação em determinado tratamento ou estado de saúde	Impactos relacionados à necessidade de organização do grupo familiar, com divisão de tarefas, adequação das distintas estratégias de enfrentamento, administração de possíveis sentimentos de sobrecarga e fadiga, além do suporte ao desenvolvimento saudável de seus demais membros
Resolutiva	Luto ou sobrevivência pós-remissão do câncer	Impactos relacionados à retomada da vida cotidiana e estabelecimento de novos sentidos e nova organização para o grupo familiar

A história familiar e a maneira como esta se estruturava anteriormente poderá influenciar os recursos de enfrentamento iniciais de que irá dispor e as estratégias a que vai recorrer no primeiro momento. Cabe ressaltar, entretanto, que não se trata de uma determinação absoluta, uma vez que, como já expresso, a organização familiar passará por mudanças a partir da crise instalada.

> A história familiar e a maneira como esta se estruturava anteriormente poderá influenciar os recursos de enfrentamento iniciais de que irá dispor e as estratégias a que vai recorrer no primeiro momento.

As fases do desenvolvimento familiar serão mais um elemento a considerar (Tabela 2).

Tabela 2   Fases do desenvolvimento familiar

Fase	Desafios específicos
Família recém-formada	Garantir sua coesão em um momento em que ainda está se organizando como sistema próprio e diferenciando-se das famílias de origem
Família com crianças	Somar o adoecimento à administração da vida conjugal e dos cuidados com os filhos em uma fase que demanda muita atenção
Família com adolescentes ou filhos adultos jovens	Pode ver o câncer frear o processo de diferenciação e autonomia dos filhos
Família de idosos	Garantir a assistência necessária ao paciente em um lar que talvez não conte com um membro em condições físicas ou emocionais de assumir o papel de cuidador

Faz-se necessário considerar também a relação estabelecida entre família e equipe de saúde. Da mesma maneira que a família constitui o contexto em que o paciente está inserido, o ambiente em que ocorre o tratamento constitui o contexto onde a família enfrentará o adoecimento. A formação de uma aliança colaborativa entre equipe e família dá suporte para uma boa adaptação e ressalta as competências e forças do grupo familiar (Rait, 2015).

> Da mesma maneira que a família constitui o contexto em que o paciente está inserido, o ambiente em que ocorre o tratamento constitui o contexto em que a família enfrentará o adoecimento.

Finalmente, uma variável central no segundo conjunto é o vínculo e parentesco paciente-familiar, com dois aspectos: primeiramente, quem é o paciente e qual o papel que este desempenha na família, o que significa que diversos papéis familiares geram distintos impactos; em seguida, quem é o familiar e qual sua ligação com o paciente, o que significa que o adoecimento de um mesmo paciente terá variados impactos para cada familiar – cônjuge, pais, irmãos, filhos etc. Em relação ao primeiro aspecto, cabe destacar que doenças graves em períodos inesperados do ciclo vital, como infância e adolescência, podem trazer maiores impactos emocionais, enquanto o adoecimento de alguém que concentra funções de organização financeira e afetiva, por exemplo, pode demandar maior adaptação do funcionamento grupal.

Complementarmente, cabe destacar o fato de que se tem migrado nas investigações, já há algumas décadas, do foco restrito aos impactos do adoecimento na família para a inclusão das formas como esta maneja os desafios postos pelo acometimento por câncer de um de seus membros (Rait & Lederberg, 1989). Dessa maneira, busca-se aqui trabalhar dentro da segunda perspectiva, que percebe a família como ser ativo em seu contexto. Em consonância com tal concepção, Campos (1994) afirma que:

> Se uma família permanece unida e ao lado do doente até o momento de sua morte, expressando suas emoções e seus sentimentos, sejam eles de que natureza for, a elaboração da perda da pessoa querida, bem como a vivência da situação de luto, pode propiciar mudanças importantes nos padrões de relacionamento familiar e na própria maneira de enfrentar a vida (p. 197-8).

Franco (2008), por sua vez, apresenta uma série de fatores facilitadores e complicadores do enfrentamento do adoecimento pela família, os quais retomamos de forma sintética na Tabela 3.

Tabela 3 Fatores facilitadores e complicadores do enfrentamento do adoecimento pela família

Facilitadores	Complicadores
Estrutura familiar flexível	Simultaneidade de crises familiares
Boa comunicação entre a família	Padrões familiares disfuncionais
Boa comunicação com a equipe	Dificuldade de comunicação com a equipe
Conhecimento dos sintomas e ciclo da doença	Cuidados médicos de pouca qualidade
Participação nas diferentes fases	Falta de recursos econômicos e sociais
Disponibilidade de sistemas de apoio	Ausência ou insuficiência de sistemas de suporte formal e informal

A inclusão da família como paciente no campo da psico-oncologia

Escritos sobre psico-oncologia recomendam, assim, que a família seja incorporada pela equipe no planejamento e execução de suas ações (Campos, 2010; Holland, 2002) e que o cuidado centrado no paciente seja complementado para uma assistência centrada--no-paciente-e-família (Rait, 2015). Andrade (2012), ao abordar o assunto das providências práticas a serem tomadas nos cuidados paliativos, indica ser fundamental considerar conjuntamente equipe, paciente e família, reconhecendo os limites de todos os envolvidos. Dessa forma pode-se elaborar propostas terapêuticas respeitosas e exequíveis, as quais aproveitem o potencial dos envolvidos, nem impondo o exercício do cuidado para a família além de suas possibilidades, nem desconsiderando a autonomia do paciente.

A comunicação será, então, o meio pelo qual necessidades e possibilidades poderão ser descobertas e articuladas para o benefício dos envolvidos – equipe, família e pacientes. Para a família, ela constitui "elemento essencial que permitirá uma vivência mais serena e tranquila do processo de morrer do doente, sem gerar expectativas que não podem ser atendidas" (Silva & Araújo, 2012, p. 83). Tendo um papel destacado no momento inicial do diagnóstico (Rait, 2015), a comunicação adequada com a equipe é considerada fator relevante pelos familiares durante todo o tratamento, mas tem ainda maior importância para os cuidadores de pacientes em cuidados paliativos (Munhoz et al., 2014).

A comunicação será, então, o meio pelo qual necessidades e possibilidades poderão ser descobertas e articuladas para o benefício dos envolvidos – equipe, família e pacientes.

Reis (2014), complementarmente, destaca que a comunicação adequada nesse momento, com toda a dificuldade que lhe é inerente, favorece tanto o paciente como sua família.

Ao receber a notícia de um câncer invasivo, os membros da família ficam impactados, e o sentimento é do inacreditável. Com toda a dor, é importante que possam falar a respeito, para que o doente possa sentir-se acolhido e amparado. A dor não é individual, mas de todos. Tudo começa a mudar na casa, desde o som, o cheiro e o entra e sai de familiares e amigos. As relações mudam e é necessário que tal mudança aconteça, a fim de que todos os membros da família possam viver a dor, mas também a sensibilidade e a ternura desse tempo da delicadeza (Reis, 2014, p. 282).

Ao ser considerada como paciente na perspectiva da psico-oncologia, a família passa a ser incluída em espaços que propiciam o acolhimento e a transformação da dor vivenciada. Aqui, do mesmo modo que com o paciente oncológico, o psico-oncologista se verá diante do desafio de trabalhar com flexibilidade e adequar sua escuta à imprevisibilidade da rotina nas instituições de saúde.

CONSIDERAÇÕES FINAIS

As vivências junto ao paciente exercem intensos impactos afetivos nos familiares, de sorte que facilitar que estes possam elaborar e integrar tais conteúdos se faz relevante, tanto para seu próprio processo de desenvolvimento psicológico como para que, tendo maior consciência de sua vivência, consigam estar abertos a perceber a perspectiva do paciente. O familiar pode atuar de maneira benéfica na compreensão das informações médicas pelo paciente, mas a tarefa da comunicação diagnóstica e prognóstica não pode ser a ele delegada pela equipe de modo a sobrecarregá-lo e a comprometer a autonomia do paciente (Arrais, 2018). Nesse sentido, reforça-se a importância da consideração da família como objeto de atenção da equipe e não apenas como responsável pelos cuidados com o paciente oncológico.

Reforça-se a importância da consideração da família como objeto de atenção da equipe e não apenas como responsável pelos cuidados com o paciente oncológico.

Incorporar a família como paciente no campo da psico-oncologia apresenta-se, dessa forma, como necessidade e desafio, visando propiciar o equilíbrio entre as funções de fornecedor e receptor de cuidados. Contudo, o acompanhamento psicoterapêutico continuado desses familiares, ainda que desejável, nem sempre se mostra possível devido à própria dinâmica do contexto hospitalar, em que as frequências de ida e permanência junto à instituição de saúde apresentam-se bastante variáveis. Entretanto, mesmo o contexto restrito de um atendimento único pode ser aproveitado pelos cuidadores como espaço de expressão emocional e reflexão sobre suas vivências, indicando que, inclusive quando não buscam ativamente um espaço de escuta, usufruem dele se o têm à disposição (Arrais, 2018). Tal realidade convoca à implementação de estratégias de intervenção flexíveis e diversas, de forma a apresentar a melhor resolutividade possível para cada contexto específico, trabalhando com diferentes níveis de aprofundamento das questões trazidas pelos sujeitos – de acordo com sua necessidade, sua capacidade e a possibilidade de oferta de cuidado profissional.

Convoca à implementação de estratégias de intervenção flexíveis e diversas, de forma a apresentar a melhor resolutividade possível para cada contexto específico.

REFERÊNCIAS

1. Andrade L. Providências práticas para toda a família. In: Carvalho RT, Parsons RA (eds.). Manual de cuidados paliativos ANCP. Porto Alegre: Sulina; 2012. p. 400-7.
2. Ariès P. História social da criança e da família. Rio de Janeiro: LTC; 1981.
3. Arrais RH. Comunicação entre cuidadores familiares e pacientes oncológicos em cuidados paliativos: um estudo na perspectiva da psicologia analítica [Dissertação]. São Paulo: Universidade de São Paulo; 2018.
4. Braun M, Mikulincer M, Rydall A, Walsh A, Rodin G. Hidden morbidity in cancer: spouse caregivers. J Clin Oncology. 2007;25(30):4829-34.
5. Campos EMP. O paciente terminal e a família. In: Carvalho MMMJ (org.). Introdução à psiconcologia. Campinas: Psy II; 1994.
6. Campos EMP. A psico-oncologia: uma nova visão do câncer – uma trajetória [Tese de livre-docência]. São Paulo: Universidade de São Paulo; 2010.
7. Chino FTBC. Plano de cuidados: cuidados com o paciente e a família. In: Carvalho RT, Parsons HA (eds.). Manual de cuidados paliativos ANCP. Porto Alegre: Sulina; 2012. p. 392-9.
8. Ferreira NMLA, Souza CLB, Stuchi Z. Cuidados paliativos e família. Revista de Ciências Médicas. 2012;17(1):33-42.
9. Franco MHP. A família em psico-oncologia. In: Temas em psico-oncologia. São Paulo: Sumus; 2008. p. 358-61.
10. Geovanini FCM. Notícias que (des)enganam: o impacto da revelação do diagnóstico e as implicações éticas na comunicação de más notícias para pacientes oncológicos. [News that (dis) trick: the impact of diagnosis disclosure and ethical implications in the communication of bad news for cancer patients]. 2011;132-2. Disponível em: http://bvssp.icict.fiocruz.br/lildbi/docsonline/get.php?id=2533.
11. Holland JC. History of psycho-oncology: overcoming attitudinal and conceptual barriers. Psychosomatic Med. 2002;64(2):206-21.
12. Inocenti A, Rodrigues IG, Miasso AI. Vivências e sentimentos do cuidador familiar do paciente oncológico em cuidados paliativos. Revista Eletrônica de Enfermagem. 2009;11(4):858-65.
13. Munhoz BA, Paiva HS, Abdalla BMZ, Zaremba G, Rodrigues AMP, Carretti MR, et al. From one side to the other: what is essential? Perception of oncology patients and their caregivers in the beginning of oncology treatment and in palliative care. 2014. Disponível em: http://www.scielo.br/scielo.php?script=sci_arttext&pid=S1679-45082014000400485&lng=en&nrm=iso&tlng=pt.
14. Nunes MGS. Assistência paliativa em oncologia na perspectiva do familiar: contribuições da enfermagem. [Palliative care in oncology in the perspective of the family: nursing contributions]. 2010;2-82. Disponível em: http://bvsms.saude.gov.br/bvs/publicacoes/inca/Maria_Gloria_Santos_Nunes.pdf.
15. Oliveira EBS, Sommerman RDG. A família hospitalizada. In: Romano BW (ed.). Manual de psicologia clínica para hospitais. São Paulo: Casa do Psicólogo; 2008. p. 117-43.
16. Rait D, Lederberg M. The family of the cancer patient. In: J. Holland J, Rowland JH (eds.). Handbook of psychooncology. New York: Oxford University; 1989. p. 585-97.
17. Reis MTR. A família e a polaridade vida e morte. In: Reis MTR, Spaccaquerche M (eds.). A família em foco: sob as lentes do cinema. São Paulo: Paulus; 2014. p. 273-92.
18. Rodrigues MVC, Ferreira ED, Menezes TMO. Comunicação da enfermeira com pacientes portadores de câncer fora de possibilidade de cura. Revista de Enfermagem – UERJ. 2010;18(1):86-91.
19. Silva MJP, Araújo MMT. Comunicação em cuidados paliativos. In: Carvalho RT, Parsons HA (eds.). Manual de cuidados paliativos ANCP. Porto Alegre: Sulina; 2012. p. 78-85.
20. Silva MM, Moreira MC, Leite JL, Erdmann AL. Análise do cuidado de enfermagem e da participação dos familiares na atenção paliativa oncológica. Texto & Contexto – Enfermagem. 2012;21(3):658-66. Disponível em: http://www.scielo.br/scielo.php?script=sci_arttext&pid=S0104-07072012000300022.

10 O término do tratamento de câncer: enfrentando a remissão

Ana Paula Alves Lima Santos
Elisa Maria Parahyba Campos

INTRODUÇÃO

Inicialmente, os estudos sobre o câncer focavam as etapas diagnóstica e terapêutica. No entanto, com os avanços tecnológicos que possibilitam a detecção precoce da doença e a terapêutica adequada, o número de pessoas que respondem com sucesso ao tratamento oncológico aumenta cada dia mais, surgindo um novo grupo na Oncologia que requer cuidados e estudos: os sobreviventes de câncer. Ao consultar a literatura das áreas de Oncologia e Psico-Oncologia, observa-se a predominância do uso do termo "sobrevivente" sobre o do termo "cura" quando os autores querem se referir à parcela dos pacientes que terminaram o tratamento e se encontram em remissão da doença. Nota-se um cuidado na utilização da palavra "cura", tendo em vista a imprevisibilidade da doença, uma vez que o fim do tratamento não é suficiente para garantir a cura.

> Ao consultar a literatura das áreas de Oncologia e Psico-Oncologia, observa-se a predominância do uso do termo "sobrevivente" sobre o do termo "cura".

> O fim do tratamento não é suficiente para garantir a cura.

Não há consenso sobre a definição de sobrevivência em oncologia. Tal definição ora se refere a uma perspectiva mais biomédica, como os anos de sobrevida (alguns autores delimitam o tempo de cinco anos para determinar a sobrevivência ao câncer), ora a outras perspectivas, relacionadas a idiossincrasias individuais e à trajetória da doença (Pinto & Pais-Ribeiro, 2007). De acordo com o National Cancer Institute (NCI) (2015), a sobrevivência do indivíduo com câncer foca em sua saúde e vida, desde a conclusão do tratamento primário até o fim da vida, referindo que todo indivíduo com câncer deve ser considerado sobrevivente a partir do diagnóstico da doença, como também seus familiares. Do mesmo modo, Khan et al. (2012) incluem na categoria de sobreviventes ao câncer os familiares e cuidadores que participaram ativamente do cuidado ao paciente oncológico.

Diante dessa multiplicidade de conceitos, Naves e Ferreira de Araújo (2015) questionam a necessidade de delimitar uma definição única de sobrevivência, considerando a complexidade do câncer, doença que exige cuidados ao longo de todas as etapas da experiência oncológica: diagnóstico, tratamento e após seu término. Independentemente do conceito de sobrevivência adotado, é de suma importância entender como os pacientes oncológicos administram o impacto do adoecimento em suas vidas, potencializando uma sobrevivência de qualidade, auxiliando os sobreviventes em suas necessidades físicas, psíquicas e sociais. Nesse sentido, Oliveira et al. (2017) colocam que não se trata de um rótulo, mas de acessar os sentimentos dos sobreviventes, conhecer seu modo de vida, como se percebem e de que forma se definem a partir da experiência vivida e do que consideram importante para cada um.

Nos EUA a literatura aponta que a sobrevida dos pacientes naquele país triplicou nos últimos 30 anos, de forma que o paciente com diagnóstico de câncer tem 64% de chance de sobrevida por cinco anos, comparada com a taxa de 50% de três décadas atrás (Muniz et al., 2009). De acordo com a American Cancer Society (2014), cerca de 14,5 milhões de norte-americanos com histórico de câncer estavam vivos em 2014, estimando-se um aumento de 19 milhões de sobreviventes até 2024. O Brasil tende a convergir para o mesmo patamar dos países desenvolvidos (Oliveira et al., 2017).

Nesse contexto, são observados algumas questões que o grupo poderá enfrentar, tais como o significado do câncer em sua vida; como lidar com os problemas dos tratamentos e os efeitos colaterais a curto, médio e longo prazo; a relação com os outros e o fato de ter de lidar com a ameaça de recidiva ou com a morte. Os pacientes, após o término do tratamento oncológico, podem apresentar efeitos tardios nas esferas física, social e psicológica decorrentes da trajetória de vida com câncer.

> Os pacientes, após o término do tratamento oncológico, podem apresentar efeitos tardios nas esferas física, social e psicológica.

Na esfera física, encontram-se mudanças corporais, sintomas cardiorrespiratórios, condições de comorbidade, fadiga ou decréscimo de energia, infertilidade, osteoporose, segundos cânceres, mudanças na vida sexual, dor, maior sensibilidade cutânea, entre outros (Pinto & Pais-Ribeiro, 2007). Na esfera social, observa-se afinidade e altruísmo, preocupação com o bem-estar de crianças pequenas e com o risco de câncer, alterações das relações sociais e preocupações socioeconômicas. Na esfera psicológica, relatam preocupações com o futuro e a morte, tristeza, sintomas de depressão, sentimentos de gratidão e fortuna, preocupações com saúde, problemas cognitivos, aumento da autoestima, incerteza e vulnerabilidade, mudança de valores e objetivos, preocupação acerca da morte e do morrer, convicções religiosas fortalecidas ou alteradas (Pinto & Pais-Ribeiro, 2007).

140   Psicologia da saúde hospitalar

Diante disso, este capítulo objetiva discutir as emoções envolvidas com o término do tratamento. Como está a vida desses pacientes? Quais suas dificuldades? Como a equipe de saúde pode auxiliá-los? O término do tratamento não significa o fim das preocupações, podendo representar novos questionamentos e necessidades não isentas de angústia e medo.

CASO CLÍNICO

Antes de discutirmos sobre a vida em si do sobrevivente de câncer, apresentaremos o caso clínico de uma paciente oncológica sobrevivente de câncer de mama, atendida por uma das autoras deste capítulo (APALS), objetivando ilustrar as dificuldades vivenciadas por esses indivíduos.

O caso clínico que descreveremos será denominado "Renata". No período do início do acompanhamento psicológico, Renata tem 46 anos, é solteira, não tem filhos e trabalha como secretária executiva. É a caçula de um grupo de cinco filhos, reside com a mãe e a irmã, seu pai faleceu quando ela tinha 20 anos. Em novembro de 2014, Renata foi diagnosticada com câncer de mama localmente avançado, sendo submetida a 16 sessões de quimioterapia, seguidas de mastectomia total da mama esquerda (reconstruída no momento da cirurgia) e radioterapia. Três anos depois, houve infecção da prótese mamária, sendo indicada sua remoção. Em dezembro de 2014, a paciente foi encaminhada pelo oncologista ao Serviço de Psicologia antes de iniciar o tratamento oncológico. Tal procedimento constitui-se como atividade de rotina do Centro de Oncologia.

Renata apresentava conhecimento e entendimento de seu diagnóstico, mostrava-se otimista e confiante com o tratamento que iria iniciar. Queixava-se de "baixa autoestima" e informou que era acompanhada por um psiquiatra havia 10 anos, devido ao diagnóstico de depressão, mas que naquele período encontrava-se bem. Apresentava dificuldade em impor seus desejos e colocar limites na família, sendo vista como alguém frágil e dependente dos outros. Corroborava com essa percepção familiar, pouco se apropriava de suas potencialidades, negligenciando frequentemente suas necessidades emocionais, com falas autodepreciativas, ao mesmo tempo que havia um movimento interno em tentar sair dessa posição.

Durante os seis meses de quimioterapia, apresentou respostas emocionais compatíveis com o momento, com bom ajuste psicológico às demandas do tratamento quimioterápico. Após a realização da mastectomia e radioterapia, a paciente retornou ao ambulatório de Psicologia com humor deprimido associado ao término do tratamento oncológico, sendo acompanhada semanalmente pelo período de seis meses. Queixava-se de não se reconhecer com a mama reconstruída, referindo um sentimento de profunda inadequação com seu corpo, sensações corporais de angústia, aperto no peito, apreensão quanto ao futuro e choro fácil. Somado a isso, aproximava-se o término da licença médica e logo Renata necessitaria se apresentar no trabalho. Relatava não se sentir bem para retomar suas atividades laborais, com frequentes falhas de memória após o tratamento e efeitos colaterais tardios, além do incômodo com sua imagem corporal. Por meio de licenças médicas, concedidas pelo oncologista e psiquiatra, adiou o retorno ao trabalho por seis meses.

Durante os atendimentos, a paciente também trazia intenso medo da recidiva da doença, com conteúdos ansiogênicos evidenciados nos períodos da realização de exames e das consultas de controle com o oncologista. Por vezes não sabia como se referir a si mesma, com algumas indagações: "Sou uma paciente ou uma ex-paciente oncológica?"; "Acabei o tratamento ou ainda continuo em tratamento, já que a cada três meses preciso retornar ao médico?". Com relação aos planos para o futuro, Renata referia dificuldades e era esquiva em planejar projetos a longo prazo; parecia "querer viver um dia de cada vez". Questões com a feminilidade eram presentes: passou a evitar encontros amorosos, julgava-se incapaz de atrair um homem, sentia-se feia, acima do peso, referia-se a si mesma como "alguém que foi mutilada". Construir um relacionamento parecia algo inatingível para a paciente.

Notava-se a dificuldade em reconstruir a vida e rearranjar o passado de alguém que experenciou um tratamento oncológico. Foi oferecido um espaço de escuta para a paciente, em que ela pudesse ressignificar o adoecimento, a relação com seu novo corpo e conviver com as demandas psicológicas de um indivíduo que foi diagnosticado com um câncer, além do enfrentamento da rotina pós-tratamento, muitas vezes cansativa, com exigências e vigilância constantes. Frequentemente, Renata sentia-se temerosa a cada movimento diferente em seu corpo, questionando-se se poderia ser uma manifestação de retorno da doença, o que gerava estresse significativo.

Ao longo do acompanhamento psicológico foi possível notar maior apropriação de seu corpo e de si mesma, além do melhor manejo de sua relação com a doença, ampliando suas possibilidades de vida de modo geral. Renata conseguiu se posicionar melhor, questionar o lugar que lhe foi atribuído, e sustentado ao longo da vida, como alguém frágil, o que gerou embates familiares, apesar do sofrimento associado. Retornou ao trabalho e aos poucos foi se relacionando melhor com seu corpo e com sua autoimagem, como também desenvolveu recursos internos para manejar a possibilidade de retorno da doença. Após esse período de acompanhamento, e alcançados os objetivos terapêuticos desejados, que eram focados exclusivamente na relação da paciente com a doença e com o pós-tratamento, a paciente foi encaminhada para a realização de psicoterapia com outro profissional, a fim de trabalhar outras demandas de sua subjetividade.

SOBREVIVÊNCIA AO CÂNCER E MEDO DA RECIDIVA DA DOENÇA

A experiência da sobrevivência pode ser vivenciada com felicidade, como também permeada de incertezas quanto ao fato de estar realmente livre da doença. O sentido atribuído à sobrevivência pode ser ambíguo: de um lado, a alegria por ter encerrado o tratamento; por outro lado, as dúvidas quanto à estabilidade da condição de saúde, o que reforça a visão de Araújo e Arrais (1998), segundo a qual a sobrevivência oncológica é caracterizada como uma vivência paradoxal.

A sobrevivência oncológica é caracterizada como uma vivência paradoxal.

Ao final do tratamento, o paciente pode alcançar a condição de "cura", que é significada de forma peculiar. Sobreviver ao câncer tem dimensões distintas: há a cura física, que corresponde àquela constatada pela equipe de saúde, e a psíquica, obtida quando o paciente e os membros da família encontram ou reencontram sua identidade (Brun, 1996). Sendo assim, a noção de cura pode não ser algo tão óbvio para o sobrevivente de câncer, constituindo um símbolo construído por cada um. Em alguns momentos, há um questionamento sobre a efetividade da "cura", configurando um desafio para o sobrevivente sentir-se de fato livre da doença.

A possibilidade da recidiva do câncer é considerada na vida dos sobreviventes, encarada de forma particular por cada paciente, sendo necessário possuir recursos internos para o enfrentamento dessa possibilidade. O convívio com essa dualidade, vida livre da doença x possibilidade de retorno, representa um desafio na vida do sobrevivente. De acordo com Sales et al. (2014), tal possibilidade pode provocar um sentimento de temor diante da ideia de terem de vivenciar novamente a situação da doença. Frequentemente os pacientes relatam não saber como seria ter de retomar o tratamento oncológico, julgam que não teriam recursos internos para manejar novamente a questão, relatam sensações de exaustão física e psíquica.

> O convívio com essa dualidade, vida livre da doença x possibilidade de retorno, representa um desafio na vida do sobrevivente.

Segundo Salci e Marcon (2010), o câncer pode ser representado como um "fantasma" na vida dessas pessoas. A presença de quaisquer sintomas pode remeter ao sofrimento vivenciado. A visão dos autores citados corrobora nossa experiência no atendimento aos pacientes oncológicos: observa-se uma hipervigilância ao corpo, sendo que qualquer anormalidade pode provocar pensamentos do retorno da doença, principalmente nos primeiros anos após o final do tratamento. Cada consulta de rotina ao oncologista parece ser um tormento e um alívio, quando se confirma que está tudo bem, ao menos até a próxima consulta.

De acordo com Oliveira (2011), a impossibilidade de dar provas ao paciente da efetividade do tratamento, levando-o a vislumbrá-la somente em um eterno a posteriori, tem implicações diretas em sua reabilitação psicológica e é uma das facetas mais angustiantes do câncer, podendo haver entre os sobreviventes uma preocupação excessiva com a saúde (Arrais & Araújo, 1998). Tal preocupação se concretizaria, p. ex., pela procura de serviços de urgência hospitalar e por uma vigilância constante diante do aparecimento de sintomas físicos, com intempestiva solicitação de exames médicos. Segundo os achados de Carpenter et al. (1989, como citado em Arrais & Araújo, 1998), com o passar do tempo, isso se minimizaria, ou seja, um grupo de sobreviventes mais antigos demonstraria menos excesso de cuidado com a saúde que um grupo mais recentemente curado. No entanto, é relevante discutir a patologização do comportamento dos sobreviventes, pois, nesse caso, é natural que haja preocupação com a saúde.

> Entre os sobreviventes pode haver uma preocupação excessiva com a saúde.

Ferreira et al. (2011) colocam que, apesar do conhecimento da estabilidade da doença, o paciente que vivenciou o câncer permanece com sentimentos aflorados em relação à doença, existindo o medo de depender do outro e da finitude. As marcas geradas pelo convívio com o adoecimento perduram enquanto as lembranças estiverem intensamente conectadas com os sentimentos daquele indivíduo, exigindo um trabalho de elaboração psíquica constante. No entanto, conforme relata Arrais e Araújo (1999), não é a mera existência do medo da recidiva que vai determinar a boa ou a má adaptação no período da sobrevivência, mas a forma como se lida com essa perspectiva, que pode estar relacionada a características pessoais, como também aos estilos de enfrentamento das famílias.

Observa-se com frequência no discurso dos pacientes a presença da fé e da religiosidade, assumindo grande importância no processo de enfrentamento e sobrevivência ao câncer, sendo fonte de apoio para suportar as adversidades da doença e conviver com a possibilidade de recidiva. É como se, diante da angústia da morte, somente algo onipotente pudesse possibilitar a cura. Muitos pacientes sobreviventes de câncer atribuem o sucesso do tratamento a Deus. Constantemente se ouve a seguinte frase: "Sem Deus nada disso seria possível, eu jamais conseguiria sozinha me curar do câncer". Depositar em Deus a responsabilidade pela forma como irá enfrentar essa situação é, de certa forma, uma maneira de não se responsabilizar por seus cuidados, como também pode compreender uma esquiva da angústia suscitada pela falta de resposta diante das seguintes perguntas: Por que eu? O que acontecerá comigo?

> Observa-se com frequência no discurso dos pacientes a presença da fé e da religiosidade.

Nesse sentido, é importante que a equipe de saúde respeite os aspectos espirituais como forma de lidar com a doença e, não se sinta rivalizada quando seus pacientes conferem a cura a um ser onipotente. Felizmente, observamos cada vez mais em nossa prática clínica profissionais de saúde valorizando a fé e as crenças de seus pacientes como mecanismos que podem facilitar o enfrentamento das dificuldades vividas. É de suma importância a presença de discussões sobre religiosidade e espiritualidade durante a formação do psicólogo, pois, no contato com pacientes, percebemos que a religiosidade e a espiritualidade podem oferecer importante suporte emocional, sendo relevante que o psicólogo esteja apto para tratar dessa temática. De acordo com Naves e Ferreira de Araújo (2015), a importância do enfrentamento religioso-espiritual em oncologia é um tema investigado com assiduidade no cenário internacional e nacional, enfocando as consequências benéficas ou prejudicais do uso desse recurso para manejar as adversidades (ver capítulo "*Coping* religioso-espiritual em pacientes hospitalizados").

SOBREVIVENTES DE CÂNCER E RESSIGNIFICAÇÃO DA VIDA

Após a experiência do diagnóstico e tratamento oncológico, como o indivíduo enxerga a vida? Será que há modificações em seu jeito de ser, de agir, de viver? Notamos que sim. Frequentemente o paciente ressignifica sua vida de modo positivo, iniciando um movimento de renovação pessoal, redimensionando sua existência e valores. Desse modo, conforme aponta Muniz et al. (2009), a doença pode emergir como um momento que possibilite ao indivíduo construir um sentido para sua vida, descobrindo a si mesmo.

Nesse sentido, uma das autoras deste capítulo (APALS) relembra o atendimento a uma paciente com câncer de intestino metastático, que relatava que o advento da doença foi fundamental no processo de descoberta de si mesma, ao apontar a criação de um projeto voltado a pacientes oncológicos que objetiva oferecer um espaço de troca de experiências entre eles. De acordo com a paciente, a partir dessa experiência ela pôde, enfim, encontrar sentido em sua vida. Partilhamos das contribuições de Le Shan (1992) quando este coloca que o câncer, apesar de tudo o que acarreta, pode ser um "ponto de mutação". Na visão desse autor, isso implica a possibilidade de, a partir da situação da doença, o ser humano poder crescer e redimensionar uma série de situações e prioridades em sua vida.

> O câncer, apesar de tudo o que acarreta, pode ser um "ponto de mutação".

Apesar de muitos pacientes apontarem a sobrevivência ao câncer como uma experiência de superação e oportunidade de melhora pessoal, há uma preocupação constante com a manutenção da estabilidade da saúde. Somados a isso, sabemos que há efeitos colaterais tardios, que podem impor restrições e dificuldades adaptativas com as quais os pacientes necessitam conviver no decorrer dos anos seguintes. Além disso, mesmo depois de um tempo fora de tratamento, o paciente tratado pode ter dificuldade em transformar os vínculos estabelecidos com a doença e com o mundo que a doença traz. Abandonar o papel de doente nem sempre é fácil; os retornos às consultas de controle possibilitam que os pacientes reavivem o relacionamento com a equipe, compartilhem suas angústias com outros pacientes e aos poucos se sintam mais seguros para lidar com a experiência da sobrevivência. Observa-se que mesmo aqueles que estão há muitos anos fora de tratamento, ao emergir na memória dados empíricos relacionados ao diagnóstico e tratamento, relatam suas experiências como se fossem algo atual, em um processo de elaboração psíquica contínua, ressignificando a cada dia a experiência de ser um sobrevivente de câncer, independentemente do tipo de câncer e do estágio em que se encontrava na ocasião de sua descoberta.

> Há efeitos colaterais tardios, que podem impor restrições e dificuldades adaptativas com as quais os pacientes necessitam conviver no decorrer dos anos seguintes.

ESTIGMA DO CÂNCER NA VIDA DOS SOBREVIVENTES

Durante os atendimentos psicológicos aos pacientes oncológicos, observa-se que, de modo geral, em torno do câncer giram inúmeras fantasias e metáforas que o associam à morte. O estigma do câncer é algo ainda presente nos dias de hoje, e nossa prática é corroborada nos achados de Neme e Lipp (2010), que afirmam que os avanços obtidos nas técnicas diagnósticas, terapêuticas e medicamentosas em oncologia pouco mudaram a visão do assunto câncer como uma das doenças mais ameaçadoras e mortais. Ainda hoje o câncer continua sendo um assunto difícil de ser partilhado, embora o cenário já tenha sido pior.

Em torno do câncer giram inúmeras fantasias e metáforas que o associam à morte.

Ainda hoje o câncer continua sendo um assunto difícil de ser partilhado.

No entanto, surge um questionamento: E entre os sobreviventes? Eles também associam o câncer à morte? Em estudo realizado por Santos (2011), verificou-se, em alguns sobreviventes, a dificuldade de discorrer sobre o tema da morte, como também o incômodo em pensá-la como algo que é parte do ciclo da vida. Por vezes se procura não entrar em contato com essa possibilidade de morte, de modo que o câncer pode ser compreendido como um assunto difícil de ser discutido mesmo entre aqueles que sobreviveram à doença.

O câncer pode ser compreendido como um assunto difícil de ser discutido mesmo entre aqueles que sobreviveram à doença.

As crenças e valores de cada pessoa exercem papel importante na representação social do câncer ligado à morte, uma vez que nem todas as pessoas que tiveram câncer o associam à morte ou pensaram em morrer na ocasião do diagnóstico, apesar do estigma presente nessa enfermidade. Santos (2011) relata que a forma como as pessoas, de modo geral, lidam com o câncer pode interferir negativamente no jeito como os sobreviventes abordam a doença diante dos demais, podendo haver insatisfações na forma como a doença é representada socialmente. Desse modo, é necessário que os sobreviventes, além de lidar com os efeitos do tratamento, manejem o estigma da doença vigente na sociedade.

É necessário que os sobreviventes, além de lidar com os efeitos do tratamento, manejem o estigma da doença vigente na sociedade.

Alguns sobreviventes relatam preconceito ao tentar a recolocação no mercado de trabalho. Lembramos de uma paciente atendida por uma das autoras (APALS) que necessitou acionar a justiça para assumir o cargo de professora universitária, que lhe foi negado pelo fato de ter tido câncer. Além das dificuldades inerentes ao diagnóstico e tratamento, os sobreviventes podem ser rotulados como incapazes devido ao estigma da doença.

CONSIDERAÇÕES FINAIS

Sobreviver ao câncer é uma experiência complexa, ligada ao modo de enfrentamento e adaptação de cada um. Constitui um desafio para os sobreviventes apropriar-se da condição de estar livre da doença, uma vez que a possibilidade de volta é algo a considerar. É necessário que o sobrevivente consiga elaborar a experiência passada e conviva com a incerteza do futuro. Não é tarefa fácil; o sobrevivente pode apresentar dificuldade em planejar o futuro.

Nesse contexto, a atuação eficaz da equipe de saúde é um facilitador na retomada da vida após o câncer. Kluthcovsky e Urbanetz (2012) apontam que, apesar dos avanços no tratamento do câncer, aspectos da qualidade de vida estão prejudicados mesmo anos após o diagnóstico, sendo fundamental que profissionais da saúde orientem e aconselhem os pacientes sobre o que esperar durante o tratamento, na recuperação e mesmo após muitos anos. Mayer et al. (2016) referem-se à relevância de um plano de cuidados da sobrevivência ao câncer, para abordar problemas físicos, psicológicos, sociais e espirituais, constituindo uma ferramenta para facilitar a coordenação dos cuidados pelos sobreviventes e pela equipe multidisciplinar.

No Brasil, notamos que as políticas públicas de saúde são incipientes na assistência às necessidades dos sobreviventes. Por vezes, profissionais e serviços não estão habilitados a suprir as necessidades físicas, emocionais e sociais dos sobreviventes e de seus familiares. Oliveira et al. (2017) colocam que os pacientes, após o término do tratamento, deparam-se com algumas questões: a demora entre as consultas de acompanhamento, a dificuldade de buscar informações, sobrecarga de trabalho da equipe de saúde. Ainda de acordo com os autores citados, tais problemas prejudicam a interação e a comunicação com a equipe, e consequentemente a qualidade do cuidado.

Oliveira et al. (2015) expõem a necessidade de os sobreviventes receberem suporte contínuo dos serviços de saúde, favorecendo o retorno a suas rotinas de modo menos sofrido e mais efetivo. De acordo com Lester e Schmitt (2011), construir um modelo de cuidado ideal não é fácil, mas deve ser um serviço sistematizado e organizado, em uma abordagem proativa, visando prevenir desconforto por meio de avaliações constantes e contínuas.

Sendo assim, a equipe de saúde deve incluir em seus planos terapêuticos ações além dos aspectos biológicos da doença, preocupando-se também com o apoio emocional e social, promovendo o aprimoramento de habilidades de enfrentamento para lidar com sua nova condição de saúde e elaborar o passado. É preciso criar um espaço acolhedor para compreender as angústias e inquietações dos sobreviventes, elaborando planejamentos terapêuticos a cada demanda. Faz-se necessária uma atuação voltada ao favorecimento de elaborações perante a doença e o tratamento. O tratamento inclui não só a questão oncológica em si, mas, também, possibilitar meios para que a pessoa possa retomar sua vida e integrar-se a seu meio social, devendo auxiliar a mobilizar recursos adquiridos em sua história de vida e aperfeiçoar modos de enfrentamento, incentivar a rede familiar e social de apoio e também o suporte da equipe de saúde.

REFERÊNCIAS

1. Abrantes de Oliveira RA, Araújo JS, Conceição VM, Zago MM.F. Sobrevivência ao câncer: o desembrulhar dessa realidade. Cienc Cuid Saúde. 2015;14(4):1602-8. Disponível em: http://www.periodicos. uem.br/ojs/index.php/CiencCuidSaude/article/view/27445. Acesso em: 13 out. 2018.

2. American Cancer Society (USA). Cancer facts & figures. 2014. Disponível em: https://www.cancer. org/content/dam/cancer-org/research/cancer-facts-and-statistics/annual-cancer-facts-and-figures/2014/ cancer-facts-and-figures-2014.pdf. Acesso em: 28 out. 2018.

3. Araujo TCCF, Arrais AR. A sobrevivência em oncologia: uma vivência paradoxal. Psicologia Ciência e Profissão. 1998;18(2):2-9. Disponível em: http://www.scielo.br/scielo.php?script=sci_arttext&pid =S1414-98931998000200002. Acesso em: 17 dez. 2018.

4. Arrais AR, Araújo TCCF. Recidiva versus cura: a vivência paradoxal da sobrevivência ao câncer na infância. Revista Brasileira de Cancerologia. 1999;45(3):15-22. Disponível em: http://www1.inca.gov.br/ rbc/n_45/v03/artigo2.html. Acesso em: 3 jan. 2019.

5. Brun D. A criança dada por morta: riscos psíquicos da cura. São Paulo: Casa do Psicólogo; 1996.

6. Ferreira DB, Farago PM, Reis PED, Funghetto SS. Nossa vida após o câncer de mama: percepções e repercussões sob o olhar do casal. Revista Brasileira de Enfermagem. 2011;64(3): 536-44. Disponível em: http://www.scielo.br/scielo.php?pid=S0034716720110003000018&script=sci_abstract&tlng=pt. Acesso em: 7 nov. 2018.

7. Le Shan L. O câncer como ponto de mutação. São Paulo: Summus; 1992.

8. Lester JL, Schmitt P. Cancer rehabilitation and survivorship: transdiciplinary approaches to personalized care. Pittsburgh: Oncology Nursing Society; 2011.

9. Khan NF, Rose PW, Evans J. Defining cancer survivorship: a more transparent approach is needed. J Cancer Survivorship. 2012;6:33-6. Disponível em: https://www.ncbi.nlm.nih.gov/pubmed/21904942. Acesso em: 18 nov. 2018.

10. Kluthcovsky ACGC, Urbanetz AAL. Qualidade de vida em pacientes de câncer de mama comparada à de mulheres saudáveis. Rev Bras Ginecol Obstetr. 2012;34(10):453-8. Disponível em: http://www.scie lo.br/scielo.php?pid=S0100-72032012001000004&script=sci_abstract&tlng=pt. Acesso em: 7 dez. 2018.

11. Mayer DK, Deal AM, Crane JM, Chen RC, Asher GN, Hanson LC. Using survivorship care plan to enhance communication and cancer care coordination: results of a pilot study. Oncol Nurs Forum. 2016;43(5):636-45. Disponível em: http://dx.doi.org/10.1188/16.ONF.636-645. Acesso em: 22 dez. 2018.

12. Muniz RM, Zago MMF, Schwartz E. As teias da sobrevivência oncológica: com a vida de novo. Texto Contexto – Enfermagem. 2009;18(1):25-32. Disponível em: http://www.scielo.br/scielo.php?pid =S0104070720090001000003&script=sci_abstract&tlng=pt. Acesso em: 19 nov. 2018.

13. National Cancer Institute. Bethesda (MA): coping with cancer. 2015. Disponível em: http://www.can cer.gov/about-cancer/coping/survivorship. Acesso em: 22 nov. 2018.

14. Naves FN, Ferreira de Araújo TCC. Qualidade de vida e bem-estar subjetivo de sobreviventes ao câncer ósseo: percepção de sobreviventes e familiares. Interação em Psicologia. 2015;19(3):351-63, set.-dez. 2015. Disponível em: https://revistas.ufpr.br/psicologia/article/view/31075. Acesso em: 6 jan. 2019.

15. Neme CMB, Lipp MEN. Estresse psicológico e enfrentamento em mulheres com e sem câncer. Psicologia, Teoria e Pesquisa. 2010;26(3). Disponível em: http://www.scielo.br/scielo.php?pid=S01 02-37722010000300010&script=sci_abstract&tlng=pt. Acesso em: 5 dez. 2018.

16. Oliveira LLO. As mortes e a morte em oncologia. Sociedade Brasileira de Psico-Oncologia. 2011. Disponível em: http://sbpo.org.br/_img/trabalhos/21/1.pdf. Acesso em: 19 nov. 2018.

17. Oliveira RAA, Zago MMF, Thorne SE. Interaction between professionals and cancer survivors in the context of Brazilian and Canadian care. Revista Latino-Americana de Enfermagem. 2017;25:323-30. Disponível em: http://www.scielo.br/scielo.php?script=sci_arttext&pid=S0104-11692017000100406. Acesso em: 2 jan. 2019.

18. Pinto CAS, Pais-Ribeiro JL. Sobrevivente de cancro: uma outra realidade! Texto Contexto – Enfermagem. 2007;16(1):142-8. Disponível em: http://www.scielo.br/scielo.php?pid=S0104-0707200700 0100018&script=sci_abstract&tlng=pt. Acesso em: 1º nov. 2018.

19. Salci MA, Marcon SS. A convivência com o fantasma do câncer. Revista Gaúcha de Enfermagem. 2010;31(1):18-25. Disponível em: http://www.scielo.br/scielo.php?script=sci_arttext&pid=S1983-144 72010000100003. Acesso em: 1º nov. 2018.

20. Sales CA, Leite de Almeida CS, Wakiuchi J, Piolli KC, Reticena K. Sobrevivi ao câncer: análise fenomenológica da linguagem dos sobreviventes. Texto Contexto – Enfermagem. 2014;23(4):880-8. Disponível em: http://www.scielo.br/pdf/tce/v23n4/pt_0104-0707-tce-23-04-00880.pdf. Acesso em: 3 nov. 2018.

21. Santos APAL. Um estudo com pacientes após o término do tratamento oncológico [Dissertação]. São Paulo: Universidade de São Paulo; 2011.

PARTE III

Psicossomática em diversas especialidades

11 Psicodiagnóstico em pacientes com dor lombar crônica

Barbara Subtil de Paula Magalhães
Nathália Augusta de Almeida
Katia da Silva Wanderley
Avelino Luiz Rodrigues

INTRODUÇÃO

O psicodiagnóstico consiste em um processo de avaliação psicológica que busca delimitar a estrutura e/ou o dinamismo psíquico de uma pessoa, considerando suas relações sociais, fatores biológicos e processos intrapsíquicos. É realizado em um tempo limitado, utilizando-se de testes e técnicas psicológicas para avaliar e identificar pontos específicos, no intuito de obter uma compreensão do caso, comunicando os resultados obtidos (Cunha, 2000). A integração desses objetos possibilita hipóteses diagnósticas orientadoras de condutas terapêuticas. O resultado é sempre restrito a um período, tendo em vista que mudanças nas circunstâncias sociais, biológicas e psicológicas da pessoa podem modificar os achados do psicodiagnóstico caso venha a ser realizado em outro momento.

> Avaliação psicológica é um processo técnico-científico de coleta de dados, estudos e interpretação de informações a respeito dos fenômenos psicológicos, que são resultantes da relação do indivíduo com a sociedade, utilizando-se, para tanto, de estratégias psicológicas – métodos, técnicas e instrumentos (CFP, 2018).

Neste capítulo buscamos demonstrar a importância do psicodiagnóstico em pessoas com dor crônica. Para contribuir com os profissionais que desejem realizá-lo, apresentamos técnicas que podem auxiliar o acesso a dinâmica psicológica desses pacientes. As técnicas selecionadas foram: entrevista clínica, Teste de Apercepção Temática (TAT) (Murray, 2005), teste *House Tree Person* (HTP) (Buck, 1947/2004), Escala Visual de Dor (EVA), entrevista devolutiva e *Manual diagnóstico e estatístico de transtornos mentais* (DSM-5).

Para exemplificar, utilizamos alguns casos clínicos[1] de pessoas com dor lombar crônica, nos quais é possível observar a importância do uso de mais de uma ferramenta psicológica para acessar a vida psíquica de pessoas com queixa eminentemente orgânica. Mantém-se o sigilo dos pacientes, sendo utilizados dados fictícios em nomes, locais e/ou idades para preservação da identidade.

CASO CLÍNICO GABRIELA

O primeiro caso utilizado para fins didáticos trata-se de uma mulher de 38 anos, solteira, a qual chamaremos Gabriela. A paciente buscou atendimento médico por conta de um episódio em que sua coluna "travou" devido a uma dor lombar, sendo diagnosticada com lombalgia crônica por artrose facetária. A lesão foi considerada incipiente por seu médico fisiatra, que decidiu encaminhá-la para o processo de psicodiagnóstico.

Gaguejava bastante durante a entrevista e sua voz ficava embargada com frequência. Seu comportamento manifesto aparentava alguém com menos idade, utilizando gírias próprias da adolescência e tom de voz infantil, indicando um estado de regressão psíquica. Buscava transparecer a imagem de alguém independente e seguro de si, quando na realidade sentia-se insegura, desejando ser protegida.

Foi a primeira filha de um casal do interior de São Paulo. Percebia sua mãe como uma pessoa distante, que delegava seu cuidado a uma tia que morava em casa com a família de Gabriela. Na entrevista expõe situações em que ainda muito pequena se deslocava e resolvia problemas sozinha ou acompanhada de uma funcionária dos pais, por exemplo, matricular-se nas atividades extracurriculares como o balé:

"Ah, eu quero entrar no balé! Tudo bem, meu pai falava. Então meu pai tinha supermercado, aí falava [...] a menina do caixa ou do escritório vai com a Gabriela fazer a inscrição! [...] E aí desde os 6 anos de idade, não precisava ninguém me levar nem me buscar [sic]."

Relata que, mesmo em acontecimentos muito significativos para ela, sua mãe não depositava neles um significado de importância. Não se sentia valorizada e reconhecida, e atribui isso à percepção de que a mãe não demonstrava interesse em suas conquistas, o que despertou importante sentimento de rejeição.

Sobre a relação com o pai, sempre foi de admiração, mas Gabriela percebia que as idealizações que fez em relação a ele já não existiam. Podia vê-lo como alguém como ela, com defeitos e qualidades, e que muitas vezes poderia até precisar mais dela do que o contrário.

No tocante à vida afetiva/amorosa, seus relacionamentos sempre foram longos, mas não chegou a estabelecer um vínculo que ensejasse uma união estável. Sentia-se culpada e frustrada por não estar casada até aquele momento. Apresentou então uma questão que para ela era muito significativa: a maternidade. Durante muito tempo não desejou ter filhos, mas com o avançar da idade passou a considerar esta possibilidade. No período da

---

[1] Foram seguidas as exigências da Comissão Nacional de Saúde, dadas na Resolução n. 196/96, tendo sido a pesquisa aprovada pelo Comitê de Ética em Pesquisa com Seres Humanos do Instituto de Psicologia da Universidade de São Paulo (Paula, 2015) sob o número de inscrição 21981114.8.0000.5561.

entrevista estava namorando havia dois anos, com planos de casar e ter um filho, mas sentia-se confusa e insegura para dar esse passo.

Gabriela possuía, na época da entrevista, um emprego estável, no qual era bem remunerada. Investiu em sua formação profissional, contudo, relatava constante insegurança e medo de não ser boa o suficiente.

O PSICODIAGNÓSTICO NO REFERENCIAL PSICANALÍTICO

Quando o vértice psicanalítico é adotado, considera-se que o psicodiagnóstico seja do tipo compreensivo, cujo objetivo é investigar os recursos e dificuldades do indivíduo e indicar a intervenção apropriada. Interessa compreender a dinâmica psíquica do paciente, buscando conhecer os mecanismos inconscientes que estão interferindo no adoecer, bem como perceber as repercussões que o corpo adoecido pode estar gerando na dinâmica psicológica do paciente e em sua relação com a vida.

O diagnóstico compreensivo propõe a coleta de informações abrangendo o meio familiar, profissional e social do paciente, bem como os vários aspectos de sua personalidade e a inter-relação destes com os primeiros.

As balizas que estruturam o psicodiagnóstico nessa visão são: ênfase na dinâmica emocional inconsciente; busca de compreensão psicológica globalizada; seleção de aspectos centrais; predomínio do raciocínio clínico; e prevalência do uso de métodos e técnicas de exame fundamentado na associação livre (Trinca, 1984).

No que se refere às técnicas utilizadas, no caso de Gabriela, a psicóloga responsável optou por realizar entrevista clínica semidirigida, aplicação do Teste de Apercepção Temática em seu formato reduzido, finalizando com a entrevista devolutiva.

Na relação bipessoal, o psicólogo aparece como quem interage e se oferece como tela de projeção do paciente. Assim sendo, os sentimentos e emoções do psicólogo, motivados pelo *setting* terapêutico, constituem fatores significativos para o esclarecimento da subjetividade da pessoa atendida. Exemplo claro são as identificações projetivas que o psicólogo percebe em si mesmo e que podem abrigar conteúdos que contribuem para esclarecer a subjetividade do paciente (Ocampo et al., 1979/2011).

AS ENTREVISTAS PSICOLÓGICAS NO PROCESSO DE PSICODIAGNÓSTICO

Inicialmente, é preciso que o psicólogo compreenda o motivo que leva o paciente ao processo de psicodiagnóstico, sendo necessário realizá-lo de acordo com os objetivos expressos pelo solicitando (paciente, responsável legal no caso de menores ou profissional que o encaminhou). É importante lembrar que faz parte da entrevista inicial o esclarecimento dos papéis de cada componente envolvido; a determinação do local, honorários, horário e duração do processo são os aspectos que devem ser mantidos sempre constantes, permitindo o enquadre do paciente no *setting* psicoterapêutico.

Compreendido o encaminhamento e feito o enquadre, investiga-se a queixa manifesta do paciente. No caso exposto, em primeira instância, a queixa de Gabriela era de dor lombar; estava preocupada em descobrir qual problema físico provocava sua dor, não estabelecendo conexão entre os aspectos emocionais envolvidos no processo de adoecer.

Tendo em vista que é bastante frequente em pacientes com queixa eminentemente orgânica manter-se na descrição dos sentidos físicos e nas características da dor, o profissional precisa auxiliar o paciente no caminho de ligação do físico e do psíquico e se possível ajudá-lo a subjetivar sua queixa. A dor e a enfermidade desviam a libido do eu para o corpo, provocando desequilíbrio psíquico (Oliveira, 2001) (*vide* o capítulo "Psicodinâmica do paciente com dor crônica lombar"). A presença da dor interfere no equilíbrio da dinâmica psíquica para subjetivação das queixas físicas. Por esse motivo, após o conhecimento da queixa inicial, a psicóloga optou por conduzir a entrevista direcionando a paciente a contar sobre sua história.

A postura ativa do psicólogo de conduzir o paciente até suas experiências emocionais, sua história de vida e subsequente associação desses aspectos com a dor ou o adoecimento físico é de grande importância. É necessário auxiliá-lo a compreender que naquele espaço, por vezes pouco conhecido e explorado, podem ser abordadas questões da ordem do emocional e do social, não ficando restrito ao campo do sintoma físico. Isso porque é comum os pacientes terem dificuldade em compreender o encaminhamento ao psicólogo.

A anamnese é utilizada durante a entrevista para obter informações mais detalhadas sobre a história de vida do paciente, sobre seu cotidiano, suas relações familiares, sociais, perspectivas futuras e preferências sexuais. Com base nos dados colhidos é possível avaliar a relação dessas comunicações com as queixas manifestas. Esse procedimento assume a função de fio condutor, ajudando o psicólogo a perceber questões importantes que precisam ser consideradas no psicodiagnóstico.

O psicólogo precisa estar atento às transferências e contratransferências que possam ocorrer durante a entrevista, aos ditos e não ditos no discurso do paciente, bem como a comunicação não verbal. Isso possibilita alcance maior dos conteúdos inconscientes e, por consequência, da compreensão da psicodinâmica da pessoa. No caso exemplificado, isso pode ser visto quando a psicóloga percebe o comportamento infantil de Gabriela, que denota sua insegurança e desejo de aceitação, evidenciados em outros momentos da entrevista e do teste aplicado.

Caso a associação livre não conduza o paciente a falar sobre outros aspectos importantes de sua vida, cabe ao psicólogo formular perguntas que o ajudem a abordar pontos essenciais e associar essas outras questões com sua dor, ou seja, despertar a condição de apropriação da influência dos fatores psíquicos nas queixas orgânicas.

O USO DE TESTES PSICOLÓGICOS NO PSICODIAGNÓSTICO DE PACIENTES COM DOR

No processo de psicodiagnóstico o psicólogo pode utilizar-se de recursos psicométricos, testes projetivos e instrumentos para avaliação da dor (escalas de qualidade de vida, ansiedade, depressão, entre outras). A escolha do instrumento deve ser assertiva, objetiva e focada no que se deseja investigar e compreender sobre o paciente.

Pelo fato de ser esperado, pelas razões citadas, que o paciente com dor lombar tenha o discurso centrados nas experiências de dor e nas queixas físicas (Oliveira, 2001; Paula, 2015; Valente, 2016; Almeida, 2018), o intermédio de ferramentas psicológicas possibilita maior acesso ao campo dos afetos e das emoções, aprofundando-se na compreensão das relações da psicodinâmica da pessoa com sua dor lombar (Paula, 2015; Almeida, 2018). Apresentamos a seguir como a soma de outras ferramentas de acesso psicológico à entrevista auxilia no processo de escuta, análise e compreensão dos pacientes com dor crônica lombar.

Testes projetivos

Entre os testes psicológicos, as técnicas projetivas ocupam lugar de destaque pela condição de avaliar de modo amplo e global as características psicológicas do ser humano. Sua essência se situa na apresentação de tarefas não estruturadas, relacionadas a estímulos vagos ou ambíguos, seguidos de instruções breves. Acessam inclusive a dinâmica inconsciente de forma profunda e em tempo mais curto do que na associação livre. O uso dessas ferramentas é exclusivo do psicólogo, e quando bem utilizadas podem contribuir de maneira significativa com o psicodiagnóstico.

Teste de apercepção temática – TAT

O TAT é um instrumento psicológico projetivo que possibilita compreender o mundo interno e o ambiente no qual a pessoa está inserida, sem que o participante tenha consciência ou controle de suas respostas. Foi elaborado em 1935, por Henry Murray e Christina Morgan e publicado somente em 1943. Sua utilização permite revelar "impulsos, emoções, sentimentos, complexos e conflitos da personalidade, expondo tendências que o paciente não pode admitir por não ter consciência delas" (Parada & Barbieri, 2011).

Consiste na apresentação de algumas pranchas com imagens estruturadas predeterminadas, e na solicitação de que aponta para uma história sobre cada uma delas. Murray (2005) desenvolveu esse teste pressupondo, que diante de uma mesma situação vital, cada indivíduo terá uma experiência diferente, e essa experiência guiará suas atitudes quando em contato com a realidade. Desse modo, os desenhos buscam mobilizar diferentes situações vitais para o indivíduo, permitindo que sua estrutura psicodinâmica seja revelada na história contada (Murray, 2005). Ao evocar a fantasia através da projeção da lâmina, possibilita uma baixa vigilância do ego sobre o inconsciente, de modo que os conflitos existentes no inconsciente possam aparecer (Silva, 1984).

Após o paciente contar todas as histórias, o psicólogo retorna a uma por uma, lendo em voz alta para o paciente e fazendo perguntas breves sobre pontos que não foram abordados ou que ficaram em aberto na história contada, realizando assim o inquérito do TAT.

Foi selecionada uma história contada por Gabriela (Paula, 2015), durante a aplicação do TAT para apresentar como exemplo.

TAT Gabriela

Foi selecionada a prancha número 2, que pode mobilizar temas de: relações familiares, papel feminino, conflito entre maternidade e vida profissional, atitudes sexuais e conflito entre razão e emoção (Murray, 2005).

Título: A professorinha

História: Bom, é um campo, é uma. Parece um terreno que está sendo arado. Passa-se num campo, é onde tem os trabalhadores, e tal. As pessoas que moram lá! E essa menina, me parece ser a filha do dono da fazenda. [Gabriela demonstra incômodo, mexendo muito com as mãos e prendendo os lábios.] Que está indo para a cidade estudar. É um retrato do dia a dia da fazenda, onde uns estão trabalhando e outros estão indo estudar, e só. Tem cara de quem está estudando para ser professora.

Inquérito realizado após a história

Psicóloga: Como ela está se sentindo?

Gabriela: Ela não me parece muito feliz, ela está com ar meio *blasé* assim. É um dia normal. Ela não está muito radiante para fazer o que ela vai fazer e também não me parece triste. É que ela não está olhando especificamente para ninguém, mas... ou ela está pensativa. Parece que ela está esperando passar o ônibus que vai levar ela para cidade. Está ali parada refletindo. Pensando na vida. Sei lá.

Psicóloga: E por que você acha que ela está com ar *blasé*?

Gabriela: Na verdade é que é assim: inicialmente eu diria que é na época dos escravos e ela está se vendo numa situação melhor que as pessoas que estão trabalhando forçado. Isso foi a primeira impressão. Mas na verdade não é. Porque tem uma outra mulher encostada [aponta mulher que está encostada na árvore]. E não é um trabalho forçado. Ela só não está em um dia bom.

Psicóloga: O que aconteceu no dia dela para não estar bom?

Gabriela: Talvez ela quisesse fazer outra coisa, não quisesse estudar para ser professora. Mas devido à época e para mulher acho que era a única opção de estudo assim. Não tinha outras opções.

Análise da história do TAT de Gabriela considerando a entrevista

É possível perceber que Gabriela apresenta dificuldade em contar uma história completa. Percebe-se ausência de emoção e de ação, descrevendo o local, a cena e os personagens, mas não colocando uma trajetória na história (ausência de início, meio e fim). Isso aponta para resistência em entrar em contato com suas ansiedades e com o conteúdo emocional. Demonstra dificuldade em um primeiro momento de perceber seus desejos, verbalizando-os somente no inquérito.

Alguns temas que foram trazidos na entrevista ficaram aparentes na história do TAT contada pela paciente: sua ida para a cidade, a busca por realização profissional e o incômodo em pensar em engravidar. A ida da personagem da história para a cidade estudar pode significar a busca por sua própria vida; ela sai do marasmo do campo para viver sua vida. Tal atitude é percebida em Gabriela, que sai de sua casa no interior de São Paulo para fazer faculdade em uma cidade maior e em seguida vai para Londres fazer intercâmbio. Mais tarde volta para São Paulo e decide que sua vida será na capital paulista. Nessas idas, a participante relata uma descoberta de si mesma e de suas possibilidades. Foram momentos em que descobriu que pode ser reconhecida por seu esforço e construir a própria vida.

O TAT permitiu confirmar que a gravidez é algo que afetava a paciente. No desenho há uma mulher com aparência de estar grávida encostada em uma árvore e, ao contar a história, Gabriela omite a gravidez, o que pode estar relacionado ao fato de ela mesma estar decidindo se quer ou não engravidar.

Contribuições do uso do TAT no psicodiagnóstico de pessoas com lombalgia crônica
A aplicação do TAT possibilitou maior acesso ao inconsciente, podendo-se com ele enriquecer a compreensão da psicodinâmica do paciente e da relação que estabelece com sua dor (Almeida, 2018). Os heróis das histórias dão respaldo à forma como se sentem diante da dor e das restrições impostas ao longo de sua vida. Neles, os pacientes projetam sua própria realidade e trajetória, como Gabriela faz ao relatar a saída da heroína do campo para a cidade. Além disso, a descrição dos espaços físicos e dos personagens que circundam o herói possibilita a compreensão das principais ansiedades vividas por esses pacientes.

Teste projetivo *house, tree, person* (HTP)

Os desenhos projetivos encontram lugar seguro na bateria psicométrica, em função da facilidade de aplicação, economia de tempo e, sobretudo, pela importância da informação clínica. Quando utilizados no psicodiagnóstico, facilitam a expressão de conflitos, traumas e situações mais angustiantes para as pessoas, que às vezes demoram muito para aparecer nas sessões de análise. O HTP (traduzido para o português para casa, árvore e pessoa) foi criado por John Buck, em 1947. A justificativa do autor para ter escolhido essa temática se fez em função de os temas serem familiares a todos. Os conceitos podem ser desenhados por indivíduos de todas as idades, e estimulam a verbalização mais espontânea do que outros temas.

A aplicação consiste em pedir que o paciente faça o desenho de uma casa, de uma árvore e de uma pessoa, cada um em uma folha de papel. Após a produção gráfica é feito um inquérito.

Hammer (1969) menciona que os desenhos evidenciam a imagem interna que o paciente tem de si e de seu ambiente. É importante pontuar que a análise da subjetividade revelada nessa técnica permite classificar o paciente dentro dos quadros psicopatológicos, dando-nos um referencial quanto à melhora terapêutica a ser indicada, visando o aproveitamento e adesão ao tratamento.

> À medida que a pessoa desenha, os conteúdos inconscientes se tornam manifestos, possibilitando ao psicólogo a compreensão das características de personalidade.

Retondo (2000, p. 159) afirma que o HTP é uma técnica projetiva que visa "penetrar na personalidade individual", contribuindo para a investigação das características estruturais da personalidade e atribuindo um sentido ao desenho que é projetado em uma folha de papel. Desse modo, entendemos tratar-se de um instrumento de significativa importância na compreensão da subjetividade da dor, auxiliando-nos na orientação da conduta terapêutica.

O recorte clínico a seguir (Wanderley, 2003) apresenta a análise do desenho da casa do HTP de uma paciente com diagnóstico de hérnia de disco. Na aplicação não foi utilizado inquérito; optou-se por solicitar à paciente que contasse a história do desenho. Tal conduta teve como objetivo favorecer os aspectos projetivos com menor possibilidade de indução.

Caso clínico Lilian

Lilian, 50 anos, divorciada, dois filhos adultos, realizou ressonância magnética da coluna devido às queixas de intensas dores nas costas e foi diagnosticada com hérnia de disco lombar. A paciente obteve então uma licença médica de um mês, foi medicada e orientada a fazer fisioterapia. Não teve indicação de cirurgia devido ao fato de a hérnia ser pequena. Todavia, retornou ao trabalho antes do término da licença, pois não aguentava ficar em casa. Relatou que durante o período em que ficou em casa engordou muito e em função do sobrepeso ficou deprimida.

Quando retornou ao médico, Lilian solicitou cirurgia devido às dores, mas foi encaminhada à clínica de endocrinologia, sendo orientada sobre a necessidade de emagrecer pois o excesso de peso estaria piorando as dores nas costas. Seguiu-se ainda encaminhamento para avaliação psicológica em função de a paciente se queixar de maneira acentuada de dores, apesar de a hérnia de disco ser pequena, o que não justificaria, do ponto de vista médico, a reclamação de Lilian quanto às dores que sentia.

Interpretação do desenho "casa" do HTP

A adição de elementos ao desenho da casa – árvores, nuvens e sol – reforça a ideia de carência afetiva. A paciente demonstrava que oferecia mais do que lhe era pedido na tentativa de ter atenção. Ao observar a linha de solo, é importante destacar que as duas árvores, que são também as responsáveis pela simetria do desenho da casa, são sugestivas de que Lilian é quem oferecia segurança ao grupo familiar, além de encarregar-se do equilíbrio emocional do contexto familiar. Na árvore da direita o traço é bem nítido. A casa toca sutilmente o solo dessa árvore, e não possui seu próprio solo. Na outra árvore, o traço é menos marcado, mas está presente. A parede da casa no lado esquerdo é prolongada, fazendo um corte na linha de solo da árvore esquerda. A ausência de solo na casa sugere que as relações e ações baseavam-se na subjetividade em prejuízo da análise objetiva dos fatos vividos.

Figura 1 HTP Lilian: desenho "casa".

Parece que a paciente precisava desdobrar-se (duas árvores) para responder à demanda familiar. Isso lhe desgastava e pode ser relacionado ao engordar quando teve mais contato com a família, refletindo o peso que o cotidiano doméstico lhe causava. A volta ao trabalho antes de a licença médica terminar parece sinalizar a necessidade que tinha de afastar-se do ambiente familiar conturbado.

A fumaça sinaliza o conflito na dinâmica familiar; as várias nuvens reforçam a presença feminina nesse contexto, provavelmente como mediadora dos conflitos. No desenho do sol, que simboliza o pai, os raios são tênues e por vezes faltam, levando-nos a pensar em uma relação restrita com a figura paterna, uma provável carência afetiva envolvendo a relação da paciente com o pai.

Associação ao desenho da casa

"Eu imagino que essa casa é uma casa de campo. Seria mais ou menos uma casa com um gramado na frente e atrás a piscina, nas laterais uma horta e um pomar. Só na imaginação, seria a minha casa de campo para passar com os meus filhos e netos." [sic]

Análise da associação ao desenho da casa

Idealização de um ambiente familiar tranquilo e provedor, bem como de um contato familiar afetuoso.

Análise do HTP considerando a entrevista

A análise do HTP de Lilian revelou que sua inteligência e as capacidades de representação e simbolização estavam preservadas, o que dava à paciente condição de elaboração das vivências conflitivas no contexto familiar. Os dissabores não subtraíram a disponibilidade para o relacionamento afetivo, o que favorecia a empatia na relação humana. Tais habilidades colocam-na, em sua visão, como a responsável pela harmonia familiar, lugar que a desgastava emocionalmente.

Assim sendo, as dores nas costas se potencializam devido à qualidade do convívio familiar caracterizado por confrontos, carência afetiva, distanciamento e desconfiança da figura masculina. Lilian apresentava recursos pessoais que lhe garantiam usufruir do processo psicoterápico, visando repensar seu posicionamento no âmbito familiar, possibilitando a melhora do quadro álgico.

Apesar de o grafismo da casa evidenciar dificuldades no convívio familiar, apresentava potencial para se posicionar melhor, evidenciando recursos inclusive para estabelecer limites aos exageros da família. Todavia, não estava conseguindo, provavelmente devido ao excesso de atribuições para garantir o bem-estar de seus familiares, e à crença de que para ser aceita no grupo familiar precisava sempre oferecer muito a todos.

Escala visual analógica (EVA)

A escala visual de dor é um dos instrumentos mais utilizados no campo multidisciplinar para avaliar a intensidade da dor do indivíduo (Figura 2). É também instrumento importante para verificação mais fidedigna da evolução e eficácia do tratamento. Consiste em uma linha de 10 cm, escrito em uma extremidade "Ausência da dor" e na outra "Dor máxima". Desse modo, o próprio paciente marca o local que melhor representa sua dor.

Figura 2 Escala visual da dor.

Não é utilizada na comparação de indivíduos, pois sua utilização e mensuração são individuais, e a marcação que cada um dá para a intensidade de sua dor não é passível de ser comparada, já que a dor é uma experiência subjetiva. É uma escala de uso comum em ambientes de saúde, como os hospitalares, facilitando a comunicação entre os profissionais – que apresentam discursos distintos – na compreensão de um mesmo paciente. Por ser compreendida em diversas culturas e ter fácil interpretação, é considerada adequada na mensuração da dor (Sousa & Silva, 2005).

Em psicodiagnóstico com pacientes com lombalgia, foi possível correlacionar o escore dado por eles na EVA com questões relacionadas à própria dor e repercussões negativas advindas desta. O recorte clínico a seguir (Almeida, 2018) ilustra como a EVA pode ser utilizada de maneira complementar na compreensão do paciente com dor.

Caso clínico Edson

Edson era um homem de 51 anos, com diagnóstico de hérnia discal L5/S1. Considerava-se uma pessoa muito regrada e que buscava sempre tratamento e ajuda especializada. Apresentava grande expectativa de melhora da dor e de poder voltar a trabalhar. Não sabia precisar ao certo o início de sua dor, se já estava presente quando morava na Bahia ou se veio em decorrência do trabalho como ajudante de pedreiro em São Paulo (por volta do ano 2007). Seu diagnóstico de hérnia de disco lombar foi feito somente em 2017. Recordava-se de crises de dor nas quais precisou ser levado às pressas para o pronto-socorro, tendo a impressão de que a perna iria "estourar" [sic].

Relatou que se ficasse em repouso as dores se mantinham controladas, mas, se fizesse "qualquer movimento, as dores mais fortes começam" [sic]. Conseguia vestir-se, tomar banho e andar sozinho, mas sentia dor leve e constante que "não dá sossego" [sic]. A perna que mais doía era a esquerda, dando "formigueira" [sic], "igual um espinho, que vai furando" [sic].

Buscando verificar a percepção de Edson em relação à intensidade da dor, sua avaliação foi complementada com a aplicação da EVA. Edson escolheu o número máximo da escala (10). Desse modo, ficou claro que a dor de Edson assumia característica intensa e limitante.

É interessante observar que, em pacientes cuja intensidade da lesão é descrita pelo médico, pode-se realizar um paralelo entre a intensidade da queixa e a da lesão. Quanto a Gabriela (do primeiro caso clínico citado neste capítulo), por exemplo, no qual também foi aplicada a EVA, a paciente identificou sua dor como intensa (7-8), mas sua lesão foi descrita pelo médico como incipiente. Desse modo, houve discrepância entre sua percepção da dor e seu diagnóstico, o que forneceu um dado psicológico significativo.

> **A EVA no psicodiagnóstico de pacientes com lombalgia crônica**
> A resposta dada na EVA possibilita ao psicólogo compreender como o paciente percebe a própria dor, obtendo maiores dados, bem como discrepâncias e confirmações diante do sofrimento físico. Além disso, a aplicação da EVA em momentos diferentes do tratamento permite ao profissional mensurar se a percepção de dor está se modificando no decorrer do tempo (seja na presença ou não de intervenção).

A ENTREVISTA DEVOLUTIVA

A entrevista devolutiva é o momento de fechamento do processo diagnóstico, quando comunicamos ao paciente, de forma organizada, a conclusão do processo de psicodiagnóstico e indicamos a necessidade de algum encaminhamento (seja para outro profissional, ou para o início de atendimento psicológico). A linguagem deve ser clara, evitando-se termos técnicos e/ou ambíguos.

Esse processo pode ser realizado verbalmente dentro de uma sessão, ou pode ser entregue para o paciente um relatório psicológico com os resultados da avaliação psicológica. Isso deve ser decidido com base na observação da demanda (caso tenha sido solicitado laudo ou parecer do psicólogo), do solicitante (que pode não ser o paciente, devendo, portanto, ser entregue documento destinado ao solicitante com os resultados obtidos) e da conduta técnica do psicólogo responsável. O relatório psicológico, conforme modelo indicado pela Resolução n. 7/2003 do Conselho Federal de Psicologia (2013), consiste na apresentação dos dados analisados e das conclusões obtidas com o processo de avaliação psicológica.

> **Dica**
> Diante da necessidade de elaborar um relatório psicológico ou qualquer outro documento de cunho avaliativo, interventivo ou clínico, o psicólogo deve acessar o *site* do CFP e buscar diretrizes atuais do conselho, de modo a emitir o documento dentro das normas exigidas.

Mediante a entrega do relatório psicológico, é de extrema importância garantir que o paciente ou seu responsável compreendam os resultados obtidos, explicitando caso haja algum passo subsequente que o paciente deva adotar em decorrência da conclusão da avaliação. No caso de Gabriela, a entrevista devolutiva possibilitou à paciente perceber seus conflitos, e inclusive a estimulou a buscar atendimento psicológico (Paula, 2015).

> A compreensão dos motivos latentes implícitos no sofrimento, o esclarecimento da relação existente entre a sintomatologia atual e experiências anteriores vividas, fortalecem o compromisso do paciente com a conduta terapêutica que está sendo proposta, garantindo maior êxito e sua aceitação e diminuindo o abandono dos tratamentos.

MANUAL DIAGNÓSTICO E ESTATÍSTICO DE TRANSTORNOS MENTAIS (DSM-5)

No processo de psicodiagnóstico podem ser levadas em conta as classificações constantes no DSM-5 (APA, 2013). No que se refere à psicossomática, o código 300 – Classificação Sintomas Somáticos e Transtornos Relacionados – congrega em uma única categoria alguns transtornos com sintomas somáticos proeminentes. Duas síndromes que compõem esse diagnóstico de sintomas somáticos e transtornos relacionados serão destacadas, pois apresentam conexão mais íntima com o caso da paciente Gabriela (exposto no início do capítulo): Transtornos com Sintomas Somáticos e Fatores Psicológicos que Afetam Outras Condições Médicas.

As maiores características desses diagnósticos são a proeminência de sintomas somáticos com *distress* significativo e com o comprometimento de funções cotidianas, além de pensamentos, sentimentos e comportamentos relacionados aos sintomas somáticos não adaptativos ou disfuncionais (DSM-5). Araújo e Lotufo Neto (2014) citam que são características do transtorno de sintoma somático: pensamentos desproporcionais e persistentes sobre a gravidade dos próprios sintomas, nível persistentemente elevado de ansiedade sobre a saúde ou sintomas, com excesso de tempo e energia dedicados a esses sintomas ou a problemas de saúde. É importante destacar que, ao contrário do DSM IV (APA, 1955/2002), em que se ressaltava a ausência de elementos orgânicos que explicassem a queixa, a categoria Transtorno de Doença Somática pode ser acompanhada de doença orgânica, ou seja, não exclui a possibilidade de comorbidade.

Diferentemente, no diagnóstico dos fatores psicológicos que afetam outras condições médicas, observa-se que os conteúdos psicológicos afetam de forma adversa a doença orgânica; os pensamentos, sentimentos e comportamentos não se apresentam necessariamente excessivos. O DSM-5 (APA, 2013) ressalta que a diferença entre esse diagnóstico e o de transtorno de doença somática está no aspecto que recebe ênfase. Nos Fatores Psicológicos que Afetam Outras Condições Médicas a ênfase está na exacerbação ou desencadeamento da doença (p. ex., angina, quadros hipertensivos, diversas descompensações de quadros clínicos crônicos, entre outros, que são precipitadas pela angústia). Nos Transtornos com Sintoma Somático a ênfase está nos pensamentos, sentimentos e comportamentos mal adaptados ou disfuncionais (p. ex., o indivíduo com angina que apresenta grande preocupação de ter um ataque cardíaco, afere sua PA inúmeras vezes e restringe suas atividades cotidianas) (APA, 2013).

Tomando como referência o psicodiagnóstico de Gabriela, pudemos perceber que ela apresentou acometimento físico e conteúdos psíquicos associados, o que nos permitiu aventar a hipótese diagnóstica categorial de Transtorno de Sintomas Somáticos com dor predominante. Também foi evidenciado que a sintomatologia física estava vinculada a uma série de características que fazem parte do campo psicossocial: percepção da dor, consequências que provocam na vida do indivíduo, como discrepância entre intensidade da dor e extensão da lesão, mecanismos de defesa utilizados, a similitude entre lidar com a vida, consigo mesmo e com a doença e o tratamento, entre outros, que são fatores de risco e prognóstico.

CONSIDERAÇÕES SOBRE A FUNÇÃO DO PSICODIAGNÓSTICO EM PACIENTES COM DOR LOMBAR CRÔNICA

A dor e sua cronicidade são determinadas pela composição de doenças orgânicas e pelo sofrimento psíquico do sujeito, podendo o psicodiagnóstico ser uma importante ferramenta para a equipe de saúde como um todo. Permite aos profissionais um olhar biopsicossocial, compreendendo o paciente e o modo como lida com o acometimento físico, no caso, a dor lombar.

A percepção de dor do paciente pode estar relacionada com experiências de medo, afastamento da rotina, diminuição da qualidade de vida, perda de prazeres, dores diárias, dificuldade para dormir e realizar atividades básicas, bem como experiências que remetam ao desamparo, como em casos de insucesso medicamentoso e cirúrgico (Almeida, 2018). Cabe ao psicólogo, no processo de psicodiagnóstico, identificá-las e avaliá-las (Cunha, 2000).

A concepção inicial dos pacientes avaliados pelas autoras era de que a dor estivesse relacionada única e exclusivamente com o acometimento físico, no caso, uma lesão em sua coluna vertebral (Wanderley, 2003; Paula, 2015; Almeida, 2018). A sensibilidade do

Psicodiagnóstico em pacientes com dor lombar crônica   163

médico para os aspectos psicológicos proporcionou o encaminhamento do paciente à psicologia. A participação do paciente no psicodiagnóstico pode ser um modo de iniciar o contato com suas questões subjetivas, tão presentes no cotidiano de cada um, mas por vezes ignoradas ou desprezadas nos adoecimentos somáticos, com a aparente crença e/ou defesa de que são somente da ordem do físico. De modo que cabe ao profissional auxiliar o paciente na associação dos fatores emocionais a seu adoecimento.

É comum que o paciente se porte de maneira distinta na consulta médica e na psicológica, de acordo com o modo como é abordado pelo profissional. Esses saberes são, portanto, complementares para a compreensão da pessoa que é o paciente: o médico costuma estar mais atento e preocupado, até mesmo em função de sua formação profissional, com os dados relativos ao físico, enquanto o psicólogo dirige seu interesse para os conteúdos psíquicos.

> A integração do físico com o psicológico é sem dúvida muito importante, e quando se trata de um contexto da saúde essa união assume caráter inclusive de evitar condutas mais invasivas ao paciente.

É imprescindível que o psicólogo considere e analise os fatores sociais e históricos, bem como suas possíveis repercussões na vida psíquica do indivíduo. Além disso, ao realizar o psicodiagnóstico em uma realidade de equipe de saúde, o psicólogo atua não somente com o paciente, mas tem a possibilidade de intervir e auxiliar em melhores decisões para a condução do caso em questão, devendo ter sempre em conta seu papel dentro da equipe: o de zelar pela saúde emocional do indivíduo, respeitando o papel de todos os outros profissionais envolvidos. Ressaltar o olhar psicossomático sobre o paciente é papel de toda a equipe de saúde, que deve tratá-lo como pessoa.

REFERÊNCIAS

1. Almeida NA. Desamparo em pacientes com dor lombar crônica: um estudo psicanalítico e neurocientífico [Dissertação]. São Paulo: Universidade de São Paulo, Instituto de Psicologia; 2018.
2. American Psychiatry Association [APA]. Manual diagnóstico e estatístico de transtornos mentais – DSM. 4.ed. Texto revisado. Trad. Claudia Dornelles. Porto Alegre: Artes Médicas; (1955) 2002.
3. American Psychiatry Association [APA]. Diagnostic and statistical manual of mental disorders – DSM-5. 5.ed. Washington: American Psychiatric Association; 2013.
4. Araújo AC, Lotufo Neto F. A nova classificação americana para os transtornos mentais: o DSM-5. Revista Brasileira de Terapia Comportamental e Cognitiva. 2014;16(1):67-82. Disponível em: http://pepsic.bvsalud.org/scielo.php?script=sci_arttext&pid=S1517-55452014000100007&lng=pt&tlng=pt. Acesso em: 31 jan. 2019.
5. Buck JN. Casa-árvore-pessoa – técnica projetiva de desenho HTP: manual e guia de interpretação. São Paulo: Vetor; 1947-2004.
6. Conselho Federal de Psicologia [CFP]. Resolução n. 9/2018. Constituição da República Federativa do Brasil de 1988. (1998/2018). Brasília. Disponível em: http://www.planalto.gov.br/CCIVIL_03/Constituicao/Constitui%C3%A7ao.htm. Acesso em: 10 abr. 2017.
7. Conselho Federal de Psicologia [CFP]. Resolução do exercício profissional número 7 de 14 de junho de 2003. 2013. Disponível em: https://atosoficiais.com.br/cfp/resolucao-do-exercicio-profissional-n--7-2003-institui-o-manual-de-elaboracao-de-documentos-escritos-produzidos-pelo-psicologo-decor

rentes-de-avaliacao-psicologica-e-revoga-a-resolucao-cfp0-17-2002?origin=instituicao. Acesso em: 31 jan. 2019.

8. Cunha JA. Psicodiagnóstico V. 5.ed. Porto Alegre: Artes Médicas; 2000.

9. Hammer EF. Testes proyectivos gráficos. Buenos Aires: Paidós; 1969.

10. Murray HA. TAT – teste de apercepção temática. Rev. M. C. V. M. Silva. 3.ed. rev. ampl. São Paulo: Casa do Psicólogo; 2005.

11. Ocampo M, Arzeno M, Piccolo E et al. O processo de psicodiagnóstico e as técnicas projetivas. São Paulo: Martins Fontes; 1979/2011.

12. Oliveira WL. Investigação psicológica de pacientes em unidade de terapia intensiva [Dissertação]. São Paulo: Universidade de São Paulo, Instituto de Psicologia; 2001.

13. Parada AP, Barbieri V. Reflexões sobre o uso clínico do TAT na contemporaneidade. Psico – USF. 2011;16(1):117-25. Disponível em: https://dx.doi.org/10.1590/S1413-82712011000100013.

14. Paula BS. Estudo clínico-qualitativo da dinâmica psíquica de pessoas com lombalgia crônica por artrose facetaria [Dissertação]. São Paulo: Universidade de São Paulo, Instituto de Psicologia; 2015.

15. Retondo MFNG. Manual prático de avaliação do HTP (casa, árvore, pessoa) e família. São Paulo: Casa do Psicólogo; 2000.

16. Silva EF. Teste de apercepção temática (TAT) na cultura brasileira: manual de aplicação e interpretação. Fundação Getulio Vargas; 1984.

17. Sousa FF, Silva JA. A métrica da dor (dormetria): problemas teóricos e metodológicos. Rev Dor. 2005;6(1):469-513.

18. Trinca W. Diagnóstico psicológico a prática clínica. In: Rappapport CR (coord.). Temas básicos de psicologia. São Paulo: Pedagógica e Universitária; 1984. p. 14-24.

19. Valente GB. Repercussões da intervenção psicológica em pacientes com síndrome do intestino irritável [Tese]. São Paulo: Universidade de São Paulo, Instituto de Psicologia; 2016.

20. Wanderley KS. Psicodiagnóstico: compreensão dos aspectos psíquicos da dor em portadores de hérnia de disco [Tese]. São Paulo: Universidade de São Paulo, Instituto de Psicologia; 2003.

Psicodinâmica de pacientes com dor crônica lombar

12

Barbara Subtil de Paula Magalhães
Nathália Augusta de Almeida
Katia da Silva Wanderley
Avelino Luiz Rodrigues

INTRODUÇÃO

A dor lombar crônica é complexa, dinâmica e multidimensional, além da sua experiência por tempo prolongado poder ser angustiante. Das dores incapacitantes, a lombalgia se destaca por afetar até 80% das pessoas ao longo da vida dentro de uma faixa etária produtiva. Tal cenário implica prejuízos na qualidade de vida dessas pessoas, bem como para os cofres públicos, sendo a principal causa de afastamento do trabalho, exigindo tratamento contínuo e de custo elevado (Salvetti et al., 2012).

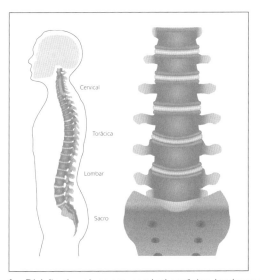

Figura 1   Divisão da coluna em: cervical, torácica, lombar e sacro.

Fonte: http://www.drlucianopellegrino.com.br/website/index.php?option=com_content&view=category&layout=blog&id=45&Itemid=86.

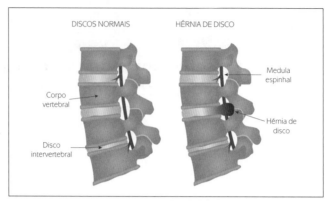

Figura 2 Coluna vertebral com discos normais e coluna vertebral com hérnia de disco.

Fonte: http://www.ebah.com.br/content/ABAAAgxEkAG/018-anatomy-book-hernias-disco.

> Lombalgia é uma dor localizada na região dorsal da coluna vertebral, caracterizada por tensão e rigidez muscular.

Souza et al. (2017) verificaram em pesquisa que a prevalência de dor crônica na população brasileira foi de 39% e a idade média de 41 anos, com predominância em mulheres (56%) e com prevalência no Sul e regiões do Sudeste do país. A insatisfação com a gestão da dor crônica foi relatada em 49% dos participantes.

São muitas as particularidades da dor. Para compreendê-la é necessário ouvir a pessoa que a está sentindo, e conhecer o indivíduo possibilita compreender melhor suas reações à dor e ao tratamento (Engel, 1959; Loeser, 2009). O sofrimento percebido pelo sujeito diante de uma lesão pode ser desproporcional: um acometimento pequeno pode provocar grande sofrimento, enquanto uma grande lesão pode causar sofrimento pequeno ou nem sequer ser percebida como dolorosa e angustiante.

Com o intuito de **compreender a dor lombar na perspectiva da psicossomática**, dedicamos este capítulo a apresentar **aspectos psicodinâmicos** de pacientes com dor lombar crônica. Utilizamos para tantos relatos de casos[1] acompanhados pelos autores. Ao apresentar a dinâmica psicológica desses pacientes, propomos formas de auxiliar em sua compreensão e assistência. Todos os casos clínicos seguiram rigor científico e mantêm o sigilo em relação aos pacientes, sendo utilizados dados fictícios em nomes, locais e/ou idades para preservar sua identidade.

---

1 O conteúdo dos dois casos selecionados foi colhido em dois encontros de, em média, uma hora cada, nos quais foram realizadas entrevista semiestruturada e aplicação do teste de apercepção temática (TAT). As exigências da Comissão Nacional de Saúde na Resolução n. 196/96 foram seguidas e as pesquisas foram aprovadas pelos Comitês de Ética em Pesquisa com Seres Humanos responsáveis. Para maiores informações, acessar as dissertações de Paula (2015) e Almeida (2018), e a tese de Wanderley (2003), cujas referências se encontram no final do capítulo.

HISTÓRIAS CLÍNICAS ILUSTRATIVAS

Caso clínico Pedro

Pedro, sexo masculino e solteiro, tinha 32 anos no momento da avaliação psicológica. Apresentou comportamento teatral, com muitos movimentos do corpo e verborragia. Suas relações familiares eram transpassadas por sentimentos contraditórios (amor e ódio), com sentimento predominante de desamparo por perceber-se como responsável por aquela que deveria ser sua cuidadora durante a vida, sua mãe. Seu diagnóstico foi de lombalgia crônica por artrose facetária, considerada por seu médico uma lesão pequena.

O paciente relatou que começou a sentir dor por volta do ano 2000, tendo se intensificado em 2010. Iniciou no pescoço e irradiou para a coluna lombar. A partir desse momento começou a ganhar muito peso, e quanto mais dor sentia menos conseguia manter seus exercícios físicos. Dessa forma, acumulava mais gordura corporal, o que por sua vez influencia na sobrecarga das facetas e, consequentemente, no aumento da dor.

Sua vida é marcada pela ausência do pai, que não chegou a conhecer. Sua mãe engravidou aos 18 anos de uma relação breve na qual era amante. Foi criado pela avó, pois a mãe trabalhava fora para sustentar a casa. Relata que um tio exerceu a função paterna por um tempo, mas, ao ter seu próprio filho, afastou-se de Pedro. Pensa que o contexto familiar com a ausência do pai pode tê-lo afetado psicológica e fisicamente (no problema de coluna).

O paciente associa a percepção da intensidade de dor a estresses vividos: "Eu associo que em momentos de estresse claro que eu sinto um pouco mais de desconforto. Uma situação de ficar nervoso. Pode ser até uma briga de trânsito, eu sinto que fico um pouco mais sensível à dor sim. Claro!".

Ao ser perguntado sobre como compreende sua dor, Pedro relata:

"Às vezes eu tenho a impressão que é uma espécie de caminho, uma espécie de destino temporário, castigo. Penso nisso. Mas também não sei se é uma autodesculpa não é? Eu fico... O cérebro fica tentando encontrar formas de te dar alguma coisa para você 'está bom! É isso que você quer para você se acalmar? Está bom! Então é por causa disso'. Eu penso nisso. Porque até pelos meus diagnósticos, até o doutor comentou, não tem muito uma relação. [...] Minha coluna não é torta, não é escoliose, não é um caso de... É, ele até comentou até – claro que o diagnóstico do doutor é preciso – é uma artrose e tal, uma inflamação, mas parece que realmente ela é do nada! Absolutamente do nada! Não tem nem um evento anterior que eu tenha feito para de repente ela ter desencadeado. Então eu penso nisso sim! Por quê? Por que eu tenho? Entendeu?! E claro, não sei a resposta, mas, eu caio por estas vertentes, esse tipo de pensamento."

Pedro utilizou o mecanismo de defesa negação, afastando-se da realidade para proteger-se de emoções negativas intensas. A título de exemplo, uma de suas namoradas buscou o pai de Pedro, e descobriu que provavelmente estava morto. Diante dessa notícia, Pedro decide não verificar a realidade do fato, de modo a não acessar a impossibilidade agora definitiva da construção desse vínculo. Em decorrência desse mecanismo, apresentou dificuldade nos cuidados com a dor física, negando sua responsabilidade pela evolução e cronificação de sua dor, bem como pela realização dos tratamentos. Viveu muitos rompimentos amorosos, e a perda da avó foi algo marcante em sua vida. Diante da perda de um objeto de amor, esforçou-se para negar os fatos e aderir a uma realidade ilusória que lhe permita sofrer menos.

Em razão desse motivo, não se implica o tratamento, acreditando que sua melhora depende de algo externo. O paciente buscou uma extensa série de tratamentos: medicamento, fisioterapia, cirurgia espiritual e orações. Todos sem sucesso. Para Pedro, suas tentativas frustradas com os tratamentos demonstram que tem azar ou o destino não quis que ele melhorasse. Relaciona-se com o tratamento como um reforçador para sua crença de que a dor é provocada por uma força externa e inevitável, mas que cessará assim que desvendar seu caminho. Frustra-se rapidamente com os resultados, demonstrando funcionamento arcaico.

Caso clínico Alberto

Alberto tinha 47 anos no momento da avaliação, sexo masculino, kardecista e em um relacionamento estável havia quatro anos. Seu diagnóstico atual era de hérnia discal L4-L5. Iniciou seu relato antes mesmo que a pesquisadora o questionasse, referindo que sua família inteira (mãe, pai, ele e mais dois irmãos e três irmãs) tem diagnóstico de hérnia de disco lombar. Por saber disso, sempre entendeu suas dores iniciais como algo já esperado, ou até mesmo relacionado com sua atividade laboral como técnico instalador de fibra ótica, realizando movimentos repetitivos e muitas vezes com postura inadequada. Três anos antes da avaliação psicológica, após uma queda sofrida no trabalho, percebeu que as dores da coluna pioraram, em especial na região lombar e perna esquerda, chegando a ficar "travado de dor".

Alberto descreveu sua dor como constante, sendo necessário "aprender a conviver com ela". Tem dias em que ela piora no final da tarde, precisando ficar em repouso imediatamente, tem vezes em que ela aparece à noite, quando levanta da cama para ir ao banheiro: "Oi, estou aqui de novo, não te abandonei não", não conseguindo voltar mais a dormir. "Fica sempre nessa alternância... tem dia que ela tá cruel, mas ela está sempre ali, eu convivo sempre com a dor". Percebe que a "força de vontade" para seguir com a vida é fundamental, inclusive nos dias em que não acorda tão bem. "Mente sã, corpo sã, e se a mente for e você ficar, a gente acaba se entregando", "Às vezes, a pessoa se prejudica mais com o psíquico do que com o físico... e a dor continua".

Muitas vezes, optou por não tomar medicação, pois sabia que não surtiria efeito significativo para aliviar sua dor. Lembra que já teve a rotina de ir ao pronto-socorro tomar medicação para dor, mas, por não obter alívio e ter construído com a experiência alguns significados para sua dor, não tem mais o hábito de fazer uso das medicações prescritas pelos médicos com os quais passou em consulta.

Alberto percebe a dor como limitante e restrita, não lhe permitindo ter prazeres na vida ou buscar realizações, já que a dor o tirou de uma das maiores fontes de prazer, que era sua atividade profissional, em que se sentia útil e reconhecido como pessoa e profissional, vivenciando a angústia de castração.

Ao longo de seu discurso, demonstrou ter a percepção de influências emocionais em sua vida, além de perceber assertivamente a dor como algo que demanda equilíbrio mental, mas, diante das frustrações quanto ao tratamento médico, utiliza-se da racionalização e associa "força de vontade" para seguir com a vida.

"Eu sinto mais medo do equilíbrio mental do que da própria dor ou de você ter que usar uma muleta, uma cadeira de rodas, mas aqui (aponta para a cabeça), você vai ficando com angústia, estressado, e as coisas não acontecem, você fica amarrado... Você tem que ter paciência de Jó."

Apresentou dificuldade para ter esperança, tomar decisões, arcar com as consequências de seus atos (possíveis erros e frustrações) e criar alternativas para seus problemas. Foi percebido aflito, ameaçado, duvidoso quanto a sua própria capacidade de ter êxito na vida, sem ajuda externa, com dificuldade para ver soluções, sentindo-se solitário e desamparado.

A dor para Alberto pode ser compreendida como fonte de restrições libidinais e assumindo característica de ruptura em sua vida. Entretanto, racionalmente associou a dor a uma possibilidade de evolução, de começar a dar valor à vida e viver o presente.

Caso clínico Wilma

Wilma, 53 anos, viúva, trabalhava como cozinheira de uma escola estadual no momento da avaliação. Em 1999 foi diagnosticada com hérnia de disco na lombar e submeteu-se a cirurgia de coluna. Em 2002 retornou à clínica de neurologia queixando-se de fortes dores nas costas e insistindo com os médicos que a operassem.

A paciente atribuiu a dor nas costas ao excesso de trabalho na escola e aos cuidados com o adoecimento de seu marido: "O meu marido ficou inválido, devido à esclerose múltipla, então eu tinha que fazer muita força para virá-lo na cama várias vezes para que não ficasse com feridas pelo corpo. Acho que o esforço também ajudou a ter dor [...]. Deixei de trabalhar para cuidar dele".

A vida é sentida por Wilma como algo que lhe exige muito esforço, e o que se observou em sua postura é colocar-se constantemente na posição de quem se sacrifica pelo outro, afastando-se da sua realização pessoal, subtraindo-lhe tempo, ânimo e dedicação.

Quando, na infância, o pai faleceu, a paciente perdeu a pessoa que a acolhia. A partir daí, deu-se início a experiências de submissão à vontade alheia e de estar à mercê do outro, por exemplo, a mãe decidiu entregá-la à madrinha independentemente de sua escolha; no casamento o marido sempre fez o que quis, caracterizando uma relação unilateral, na medida em que suas necessidades eram negligenciadas. A obediência acentuada à ordem externa garantiu a redução da carência afetiva, o que reforçou a manutenção dessa atitude.

"Eu era a filha preferida do meu pai. Quando eu tinha 9 anos, meu pai morreu e fui morar com a minha madrinha, pois minha mãe precisava economizar, já que éramos em 9 irmãos. Na casa da minha madrinha fui a empregada dos 9 aos 18 anos. Saí para me casar."

No relato de vida ficou evidente que Wilma sempre apresentou dificuldade em desenvolver movimentos que poderiam ajudá-la a melhorar sua condição de vida. Tal conduta pode ser percebida no fato de não se mobilizar para ser readaptada na escola, permanecendo em uma função que prejudicava sua saúde, exercendo atividade que exigia esforço físico.

Ao longo dos dissabores que vivenciou ao longo da vida, sua atitude prevalente foi de passividade: não reagiu com revolta às perdas significativas que enfrentou; ao contrário, parece ter passado pelas decepções com resignação acentuada.

CONCEITUANDO A DOR

As definições sobre dor são unânimes em considerar o caráter singular da experiência dolorosa, na medida em que é determinada pela composição de doenças orgânicas e sofrimento psíquico. A dor é modulada e interpretada a partir do valor simbólico atribuído a ela, reafirmando a fundamental importância do aparelho psíquico na compreensão do paciente com dor, e, consequentemente, na Psicologia da Saúde (para aprofundamento no tema, sugerimos a leitura do capítulo "Psicologia da Saúde e Psicologia Hospitalar").

> Segundo a International Association for the Study of Pain (IASP, 1994), a dor é uma "Experiência sensitiva e emocional desagradável associada ou relacionada a lesão real ou potencial dos tecidos. Cada indivíduo aprende a utilizar esse termo através das suas experiências anteriores".

Do ponto de vista temporal, a dor pode ser aguda ou crônica, e cada uma possui características e repercussões no sujeito com particularidades relevantes. A **dor aguda** possui **início súbito** e duração menor que 6 semanas, por exemplo, a dor de uma inflamação. Sua causa costuma ser facilmente diagnosticada e tratada, possuindo características e tempo de duração bastante demarcados (Sakata, 2008).

Já a **dor crônica**, condição de todos os pacientes apresentados anteriormente, precisa estar presente na pessoa por **pelo menos 3 a 6 meses** (períodos majoritariamente expostos na literatura), não se atendo a um período limitado de tempo. Ela afeta o sujeito de maneira global, proporcionando consequências em suas relações externas e internas, mudanças em seu cotidiano, limitações em atividades gerais, alterações de sono, energia e irritabilidade (Kreling et al., 2006; Darlow et al., 2015).

É possível perceber que o fator crônico envolve um complexo processo psicológico, comprometendo aspectos afetivos, cognitivos, interpretativos e motivacionais. Além do indivíduo que sofre de dor, as pessoas envolvidas também são afetadas, tais como familiares, amigos, acompanhantes e também a equipe de saúde que o atende (Angelotti & Sardá, 2005).

Geralmente, quando o paciente procura um profissional da saúde porque sente dor, costuma atentar somente aos aspectos físicos, como a intensidade, o caminho percorrido, a forma como é sentida (queimação, formigamento, pulsante...), não se atendo aos conteúdos psicológicos relacionados.

> **Atenção**
> A subjetividade da dor deve ser abordada, buscando a identificação e a compreensão dos conteúdos psíquicos implícitos na sintomatologia dos processos álgicos.

No capítulo "Psicodiagnóstico em pacientes com dor lombar crônica" é possível encontrar maiores informações sobre como acessar outros conteúdos emocionais nestes pacientes.

DOR CRÔNICA E ASPECTOS PSICODINÂMICOS: PERCEPÇÕES E REFLEXÕES A PARTIR DOS CASOS CLÍNICOS

Ouvir os aspectos psicológicos (subjetivos) e psicossociais dos pacientes que sentem dor lombar auxilia na compreensão da pessoa de maneira integrada. Sendo a dor uma experiência particular, torna-se necessário ouvir a pessoa que a está sentindo para compreendê-la e para que seja possível entender suas reações diante da dor e do tratamento (Engel, 1959; Loeser, 2009). Esse entendimento apenas é alcançado pela linguagem, campo de trabalho e estudo primordialmente do psicólogo, em se tratando de uma equipe de saúde.

> O estado de doença é um estado do sujeito. Possui subjetividade, emoções e compreensões antes, durante e após o processo de adoecimento.

A formação oferecida nas graduações e especializações fragmenta o saber, e faz com que cada profissional enfoque uma área específica. Para aqueles cuja atuação está voltada para a cura física (fisioterapeuta, médico, enfermeiro etc.), por vezes é difícil atentar às emoções. É comum os profissionais da saúde não estarem preparados para lidar com a subjetividade do paciente, condição que os leva a enxergar a doença e não a pessoa que está doente e sofre (Barros, 2002). Essa situação demonstra não só a necessidade de melhor preparo dos profissionais como também a de uma **abordagem multidisciplinar** no tratamento, e a psicologia assume papel fundamental nesse processo (Angelotti & Sardá, 2005).

Na experiência clínica, o elevado número de cirurgias de hérnia de disco de um hospital, seguido da manutenção da dor e da subsequente nova demanda de cirurgia para um mesmo paciente, levou os neurocirurgiões a encaminhar os portadores de hérnia de disco à seção de Psicologia. Sendo solicitada avaliação psicológica para auxiliar no esclarecimento quanto à manutenção da dor após a cirurgia, entendemos que essa conduta evidencia que os médicos se sensibilizaram para a influência dos fatores psíquicos no contexto (Wanderley, 2003).

> O psicólogo, por meio de uma escuta diferenciada, permite que os aspectos intrapsíquicos até então emudecidos se tornem eloquentes e, portanto, representados no aparelho psíquico, garantindo assim sua elaboração com consequente alívio da dor.

172   Psicologia da saúde hospitalar

É possível encontrar nos relatos apresentados o quanto a dor afeta as áreas biológica, psicológica e social (Almeida, 2018; Paula, 2015; Wanderley, 2003). No estudo de Almeida (2018) foi comum entre os pacientes o afastamento do trabalho devido às dores, bem como os processos de adoecimento e cronificação associados a esforços realizados no ambiente laboral.

> Os pacientes apresentados neste capítulo sentem dificuldade para encontrar formas de resolver suas próprias demandas e lidar com os limites impostos pela dor. Já no estudo de Paula (2015), a relação que os pacientes estabeleciam com a dor e com seu tratamento estava diretamente relacionada com o modo como lidam com sua própria vida, tornando a experiência da dor diferente para cada um.

Pedro, por exemplo, apesar de frustrado com os resultados negativos dos tratamentos, continua tendo esperança em uma ajuda externa que resolverá sua dor, e na construção de um futuro. Dispõe do plano de morar no exterior assim que ajustar a vida financeira da mãe (restrição que o próprio paciente se impõe). Enquanto isso, Alberto percebe-se sem alternativas e sem esperança de ajuda externa.

É importante destacar que, para Pedro e Alberto, a dor significa um caminho, e até mesmo um castigo. Mas a interpretação que cada um dá para esse significado é divergente. Alberto entende que não merece o castigo, mas que é um caminho para evoluir. Já para Pedro, a dor representa um caminho de sofrimento para algo que não sabe, mas um sofrimento necessário e merecido. De forma que Pedro demonstra não somente um desenvolvimento arcaico, com a expectativa de uma solução mágica ou externa a si mesmo, mas concomitante necessidade masoquista, desejando o sofrimento. Comete, inclusive, ato falho durante a entrevista dizendo "Eu gosto dessas dores".

Wilma, apesar de ter o mesmo diagnóstico que Alberto (hérnia de disco lombar), demonstra funcionamento masoquista semelhante ao de Pedro. Permanece em uma função que machuca sua coluna, e aumenta a dor, além de responsabilizar-se pela satisfação do outro (em especial a filha e o marido) à custa de seu próprio sacrifício. Denota uma relação de violência consigo, submetendo-se a envolvimentos e a circunstâncias de vida que a exploram, reconhecendo como a única forma de se sentir amada.

Como pode ser percebido nos casos apresentados, os fatores psicológicos desempenham papel de grande importância no desenvolvimento da dor lombar e em sua progressão para uma dor persistente e invalidante. Segundo Engel (1959), ao se desvendar a dor de forma minuciosa, nota-se que ela nunca é neutra, **sempre inclui algo do afeto**, podendo assumir caráter de desprazer ou de prazer, dependendo da relação estabelecida com ela, e com os benefícios e prejuízos que dela decorrem.

Para desenvolver uma compreensão psicodinâmica do paciente com dor é preciso conhecer sua história, observar o modo como compreende e se relaciona com as principais áreas significativas de sua vida (Freitas, 2000); quais aspectos configuram seu mundo interno, e, especificamente, como se relaciona com sua queixa dolorosa; qual significado atribui à dor, como pretende lidar com ela e como vê seu papel no tratamento. O psicólogo, ao ouvir sobre a queixa física, deve ficar atento para perceber essas repetições no modo de se relacionar com a vida e com a dor, de modo a poder intervir junto ao paciente dando-lhe ciência desse funcionamento e permitindo novas elaborações.

A presença do psicólogo dentro da equipe abre para o paciente a possibilidade de explorar os aspectos afetivos e as correlações que faz entre sua queixa orgânica e sua história. Dentro do *setting* psicoterapêutico capta-se que a maneira como o paciente descreve seu sofrimento revela seu jeito de ser, demonstra traços de sua personalidade e informa sobre sua história de vida, evidenciando, assim, que a dor é uma experiência subjetiva.

Ao longo dos casos apresentados, ficam evidentes as incapacidades diárias que ambos os pacientes sofrem por conta da dor, vivenciando angústia de castração (Freud, 1923a), presente em situações de limitação e impotência. Alberto, por exemplo, sofre com a impossibilidade de trabalhar e sentir-se produtivo, ou de buscar realizações pessoais. Demonstra necessidade de contar sobre essas frustrações provocadas pela presença da dor constante, que quebra sua onipotência (Almeida, 2018). A vivência da castração ocasionada pela dor representa um medo do indivíduo de ter sua integridade ferida, de separar--se de um objeto muito valioso que contém sua potência (Freud, 1923b).

A vivência da dor é experimentada como uma imposição do ambiente e uma exposição ao mundo, fazendo a pessoa acometida sentir-se mais insegura, indefesa e sem ferramentas para lidar com a dor, tendo de abrir mão da própria onipotência (Prado, 2012; Vieira, 2006). Nessa vivência dolorosa, o paciente pode entrar em contato com o desamparo inerente à natureza humana, remetendo-o à impotência do recém-nascido humano, dadas as similaridades. Podemos relacionar essa "revivência" como uma via de mão dupla, podendo a vivência do passado retornar, e o sujeito reviver seu próprio estado de desamparo (Prado, 2012; Almeida, 2018).

A história de vida de todos os pacientes avaliados é marcada por intenso sofrimento. O *coping* religioso é uma das formas que eles encontram para lidar com suas realidades dolorosas. Em *O mal-estar na civilização*, Freud (1930/1969) menciona que o apego à religião constitui uma das maneiras que a pessoa encontra para mitigar o sofrimento causado pelas vicissitudes da vida. Contudo, o *coping* religioso nem sempre é positivo (Santos-Silva, 2014), pois pode ser uma forma de afastar da consciência a responsabilidade no tratamento, mantendo a expectativa de uma cura mágica, ou enxergando a dor como um castigo divino (como em Pedro).

Freud (1914) afirma que, quando acometido por dor e mal-estar orgânico, o ser humano **dirige sua libido** e seu interesse a si mesmo, deixa de amar o outro e de se interessar pelo mundo externo, pois está centrado em seu próprio sofrimento e em sua **autopreservação**. No ser humano há uma separação dos instintos sexuais (força que busca atender à libido, aos desejos primários) e dos instintos do ego (força que tende ao outro, à busca do amor, e desse modo à vida em sociedade). Os dois fatores são contrastantes e possuem funções dúplices do indivíduo que busca a autopreservação. A entrada do amor objetal (do outro que está fora de mim) é essencial para a formação do ego, pois permite que se crie uma noção de limites aos próprios desejos, tornando possível a vivência em sociedade (Freud, 1914).

Pode-se considerar que alguns pacientes apresentam a libido concentrada no próprio corpo, outros estabelecem relações objetais insatisfatórias ou submetem seu ego à rigidez do superego, possibilitando o desenvolvimento do caráter masoquista que a serviço da pulsão de morte dita-lhes sofrimento intenso. Também é possível o paciente sentir-se atormentado pela necessidade de punição, fruto da dificuldade de direcionarem a agressividade para o mundo externo (Wanderley, 2003).

A posição narcísica primária (na qual o bebê acredita que é perfeito e onipotente) precisa ser superada pelo confronto de seu ego ideal com a realidade. Ao desenvolver interesse por outros objetos de amor, entra em contato com sua autocrítica e com os julgamentos dos outros, sendo necessário encarar seu ego real. Se ao longo do crescimento emocional ocorrer um prejuízo na possibilidade de enfrentar essa realidade, o indivíduo continuará subordinado aos ideais parentais, além de não perceber suas fragilidades e impotências (Freud, 1914).

> A dor entra nesse funcionamento como um modo de o corpo demonstrar que tem limites, quebrando a busca pela perfeição (ideal de ego), relacionada ao desejo de agradar ao outro.

"Mexe muito. Eu combato isso, mas mexe muito com a autoestima assim. Você não consegue ter aquela noção de quem é você [...]. Mexe com a autoestima, mexe muito com, com a vontade de viver [...]. Parece que eu não estou exatamente no meu posto de personalidade por causa dessa dor" (Pedro).

A dor dificulta que obtenham prazer, restringindo atividades de lazer, com perda de qualidade de vida e acarretando vivências de desamparo, impotência e restrições egoica e libidinal nesses participantes (Almeida, 2018). Funciona nesses casos como um sinal de que precisam mudar e como um aviso do corpo de que tem limites, uma quebra da onipotência (Paula, 2015). Assim, a dor devolve o indivíduo para a vivência do ego real, permitindo-lhe entrar em contato com suas impotências, impondo-lhe um estilo de vida que comporte a realidade física e seus limites.

Na medida em que já temos um eu e que seu desenvolvimento se encontra relacionado ao deslocamento da libido para outros objetos e seu retorno para o ego – narcisismo secundário –, despertamo-nos para o medo de perder o objeto. O luto é uma forma de reagirmos à perda do objeto de amor. Ao longo do processo do luto, o eu desinveste pouco a pouco do objeto querido, até que sua representação perca a vivacidade e deixe de ser um corpo estranho para o eu. O desinvestimento da representação do objeto amado, porém perdido, faz-se mediante a retirada do excesso de afeto, para que esse sentimento seja redirecionado para outro objeto. A perda do objeto de amor acarreta tensões incontroláveis, causando dor. Wilma vivencia esse processo culpando-se pela perda da figura paterna, sentindo-se indigna de qualquer amor e mantendo atitudes que pioram sua dor, deixando o autocuidado de lado para cuidar do outro. A dor é o caos da vida psíquica, em que o princípio do prazer não é mais soberano, tornando as pulsões completamente descontroladas.

Desse modo, a dor crônica é uma **ameaça constante à manutenção da felicidade e prazer**, sendo necessário gasto de energia para manter a homeostase na dinâmica psíquica, assim como apontado por Freud (1930/1969). Oliveira (2001) entende que a dor e a enfermidade desviam a libido do eu para o corpo, provocando desequilíbrio psíquico. Uma das ferramentas utilizadas pelo ego para aliviar a angústia gerada pela dor física é dar sentido a essa experiência, organizando-a e retomando a homeostase (Paula, Rodrigues & Almeida, 2016). Para isso, é necessário que os pacientes se utilizem de estratégias e mecanismos de defesa do ego desenvolvidos ao longo da vida. Conforme assinalado por Freud (1933/1996), a relação com a dor se constitui também em desafio para que o ego lide com as demandas do id, do superego e do encontro com a realidade (no caso, a realidade da dor e suas implicações). A dor e a enfermidade desviam a libido do eu para o corpo, tornando-a um eixo importante em suas vidas.

> Homeostase psíquica é a busca pela satisfação das pulsões do id dentro das restrições colocadas pela realidade e pelo superego. Quando há um desprazer constante, há um desequilíbrio na economia psíquica, e o ego age para retornar ao equilíbrio entre satisfação e desprazer, de modo a utilizar-se de mecanismos de defesa para equilibrar os conflitos entre id, superego e a realidade.

Observa-se também nas avaliações de alguns pacientes comportamentos imaturos, ou não condizentes com sua faixa etária, apontando para uma dificuldade do ego em lidar com os impulsos do id, além de demonstrar insuficiência de recursos psíquicos. Pessoas com essas características tendem a negligenciar e agravar o quadro clínico, esperando por soluções mágicas ou responsabilizando terceiros por seus problemas.

Outro ponto de destaque foi a dificuldade em estabelecer relações de amizade, resultando em isolamento social, como ocorre com o paciente Pedro:

"Eu me considero uma pessoa mais solitária nesse sentido. [...] Eu tenho essa dificuldade em manter uma relação durante muito tempo com as pessoas no geral assim. Acredito que ou elas às vezes não me compreendam muito bem ou às vezes eu não tenho paciência com elas né".

Froud et al. (2014) propõem que pode se supor que há um prejuízo nas relações sociais desses pacientes, especialmente as relações mais próximas, por conta das limitações físicas e psíquicas decorrentes da dor crônica. A sociabilidade do paciente é um fator importante na percepção da dor, podendo a baixa sociabilização é um indicativo de dor intensa (Koenig et al., 2014).

É preciso que tenhamos um olhar atento e psicodinâmico aos pacientes com dor, tendo em vista que esse sintoma nunca se restringe apenas ao físico, mas, conforme nos indica a abordagem psicossomática, concebida como o "estudo sistemático das relações existentes entre os processos sociais, psíquicos e transtornos de funções orgânicas ou corporais" (Campos & Rodrigues, 2005), a experiência do adoecer, do fenômeno álgico, engloba todo indivíduo que passa por essa experiência em um período de sua vida e de suas relações sociais.

A psicossomática é a compreensão, um *approach,* um adjetivo que qualifica uma ação e designa a interface entre processos psicológicos e somáticos (Engel, 1967). Sob tais diretrizes, esses pacientes estão sendo analisados. Destacamos que, a despeito de aspectos comuns entre essas pessoas, elas vivenciam seus conflitos de forma singular. Também o caminho para chegar ao tratamento é singular, na dependência do conflito e de como ele se instalou, o que sempre depende das características individuais. Rodrigues et al. (2010) indicam que a doença é uma expressão do organismo, revelando o modo como a pessoa lida consigo mesma e com o meio, e os caminhos que encontra para expressar e resolver seus conflitos. Aqui, a dor se apresentou como importante expressão da vida e de vida, de cada um deles (Paula, 2015)·

Conhecer a psicodinâmica dos pacientes auxilia na compreensão de mecanismos psicológicos envolvidos na percepção da dor, na concepção da doença e do tratamento. É improvável que a artrose facetária e a hérnia de disco fossem o único fator responsável pela dor crônica nas situações clínicas apresentadas, evidenciando a necessidade de considerar como elemento significativo e fundamental da compreensão do paciente os aspectos psicossociais. Restringir o cuidado da dor às especialidades, como pontua Paula (2015), voltadas ao físico é ignorar que a dor, em si mesma, é uma experiência humana complexa.

CONSIDERAÇÕES FINAIS

Os referenciais abordados neste capítulo nos ajudam a pensar a dor em seu caráter subjetivo. O psicólogo, por meio de uma escuta diferenciada, permite que os aspectos intrapsíquicos, até então emudecidos, se tornem ruidosos e, portanto, representados no aparelho psíquico. Garante assim sua elaboração com consequente alívio da dor, assim como esclarecimento sobre os componentes intrapsíquicos presentes no sintoma doloroso. A Psicologia e a Psicanálise são instrumentos que fortalecem e capacitam o ego para lidar com os conflitos do id, do superego e com as limitações da realidade, auxiliando no atendimento ao paciente com dor e suas dinâmicas psicológicas.

O organismo humano e o aparelho psíquico fazem parte de um todo indissolúvel, sendo importante a atenção também para o polo mente da díade mente-corpo. Se por um lado o hospital é o local em que existe uma porcentagem alta de dor e sofrimento humano, por outro é também onde essa dor é tratada. Nesse sentido, há que se diferenciar quanto às características implícitas no processo doloroso, e considerar a subjetividade presente nesse processo, para estabelecermos as condutas mais eficientes em seu tratamento. O médico tenderá a considerar a dor do paciente sob a ótica do desconforto físico provocado por lesão de algum órgão, por processos inflamatórios e/ou infecciosos, por formações tumorais, enfim, a tônica cairá no soma. Portanto, o esclarecimento aos pacientes sobre os componentes intrapsíquicos presentes no sintoma doloroso, identificados pela análise das entrevistas psicológicas, permite a aceitação do tratamento psicoterápico.

Este capítulo propôs contribuir para os profissionais da área de saúde, ampliando a compreensão, investigação e formas de intervenção em pessoas que sofrem de dor crônica, enriquecendo o conhecimento multidisciplinar na área da saúde. Além disso, suscitar reflexão sobre a temática da dor e, principalmente, assinalar o quanto a influência da história de vida e das características das dinâmicas psíquicas relacionam-se com sua intensidade e com a maneira como os pacientes se mobilizam para suavizá-la. O somatório dessas variáveis parece indicar possíveis significados da dor para cada um.

REFERÊNCIAS

1. Almeida NA. Desamparo em pacientes com dor lombar crônica: um estudo psicanalítico e neurocientífico [Dissertação]. São Paulo: Universidade de São Paulo, Instituto de Psicologia; 2018.
2. Angelotti G, Sardá JJJ. Avaliação psicológica da dor. In: Figueiró JAB, Angelotti G, Pimenta CAM (eds.). Dor e saúde mental. São Paulo: Atheneu; 2005. p. 51-66.
3. Campos EMP, Rodrigues AL. Mecanismo de formação dos sintomas em psicossomática. Mudanças – Psicologia da Saúde. 2005;13(2):290-308
4. Darlow B, Dean S, Perry M, Mathieson F, Baxter D, Dowell A. Easy to harm, hard to heal: patient views about the back. Spine 2015;40(11):842-50.
5. Engel GL. Psychogenic pain and pain-prone patient. Am J Med. 1959;26(6):899-918.
6. Engel GL. The concept of psychosomatic disorders. J Psychosom Res. 1967;11:3-9.
7. Freitas NK. TAT – teste de apercepção temática, conforme o modelo interpretativo de Murray. In: Cunha J. Psicodiagnóstico-V. 5.ed. rev. e ampl. Porto Alegre: Artmed; 2000.
8. Freud S. Sobre o narcisismo: uma introdução. In: Edição standard brasileira das obras psicológicas completas de Sigmund Freud. Trad. sob a direção geral de Jayme Salomão. Rio de Janeiro: Imago; (1914) 1969. v. XIV. p. 92-103.
9. Freud S. Sobre as teorias sexuais nas crianças. In: Edição standard brasileira das obras psicológicas completas de Sigmund Freud. Trad. sob a direção geral de Jayme Salomão. Rio de Janeiro: Imago; (1923a) 1969. v. XIX. p. 155-64.
10. Freud S. O ego e o id. In: Edição standard brasileira das obras psicológicas completas de Sigmund Freud. Trad. sob a direção geral de Jayme Salomão. Rio de Janeiro: Imago; (1923b) 1969. v. XIX. p. 15-82
11. Freud S. O mal-estar na civilização. In: Edição standard brasileira das obras completas de Sigmund Freud. Trad. sob a direção geral de Jayme Salomão. Rio de Janeiro: Imago; (1930) 1969. v. XXI. p. 92-141.
12. Freud S. Novas conferências introdutórias sobre a psicanálise. In: Edição standard brasileira das obras completas de Sigmund Freud. Trad. sob a direção geral de Jayme Salomão. Rio de Janeiro: Imago; (1933) 1996.
13. Froud R, Patterson S, Eldridge S, Seale C, Pincus T, Rajendran D, et al. Musculoskeletal disorders a systematic review and meta-synthesis of the impact of low back pain on people's lives. BMC Musculoskeletal Disorders. 2014.
14. International Association for the Study of Pain. Classification of chronic pain: descriptions of chronic pain syndromes and definitons of pain terms. 2.ed. Seattle: IASP, 1994.
15. Koenig AL, Kupper AP, Skidmore JR, Murphy KM. Biopsichosocial functioning and pain self-efficacyin chronic low back pain patients. JRRD. 2014;51(8):1277-86.
16. Kreling MCGD, Cruz DALM, Pimenta CAM. Prevalência de dor crônica em adultos. Rev Bras Enfermagem. 2006;59(4):509-13. Disponível em: http://dx.doi.org/10.1590/S0034-71672006000400007.
17. Loeser JD. A medicina narrativa e a dor. In: Alves Neto O, Costa CMC, Teixeira MJ. (orgs.) Dor: princípios e práticas. Porto Alegre: Artmed; 2009; p. 103-8.
18. Oliveira WL. Investigação psicológica de pacientes em unidade de terapia intensiva [Dissertação]. São Paulo: Universidade de São Paulo, Instituto de Psicologia; 2001.
19. Paula BS. Estudo clínico-qualitativo da dinâmica psíquica de pessoas com lombalgia crônica por artrose facetária [Dissertação]. São Paulo: Universidade de São Paulo, Instituto de Psicologia; 2015.
20. Paula BS, Rodrigues AL, Almeida NA. O sentido da dor em pacientes com lombalgia crônica. Anais do XXXI Congresso da Federação Psicanalítica da América Latina, Cartagena, Colômbia; 2016. Disponível em: http://fepal.org/wp-content/uploads/200-por.pdf. Acesso em: 14 nov. 2016.

178 Psicologia da saúde hospitalar

21. Prado MAP. Estudo do impacto psicológico na intercorrência cirúrgica: trauma e seus efeitos pós--traumáticos [Dissertação]. São Paulo: Universidade de São Paulo, Instituto de Psicologia; 2012.
22. Rodrigues AL, Campos EMP, Pardini F. Mecanismo de formação dos sintomas. In: Spinelli (Org). São Paulo: Atheneu; 2010.
23. Sakata RK. Nomenclatura e classificação da dor. In: Guias de medicina ambulatorial e hospitalar/Unifesp – dor. 2.ed. Barueri: Manole; 2008. p. 1-4.
24. Salvetti MG; Pimenta CAM; Braga PE, Corrêa C F. Incapacidade relacionada à dor lombar crônica: prevalência e fatores associados. Rev Esc Enferm USP. 2012;46(Esp):16-23. Disponível em: www.ee.usp.br/reeusp/.
25. Santos-Silva C. O coping religioso-espiritual em pacientes de hospital escola: uma compreensão biopsicossocial [Dissertação]. São Paulo: Universidade de São Paulo, Instituto de Psicologia; 2014.
26. Souza JB, Grossmann E, Perissinotti DMN, Oliveira Junior O, Fonseca PRB, Posso IP. Prevalence of chronic pain, treatments, perception, and interference on life activities: Brazilian population-based survey. Pain Res Manag. 2017;4643830.
27. Vieira ON, Vieira CMS. Transtorno de estresse pós-traumático: uma neurose de guerra em tempo de paz. São Paulo: Vetor; 2005.
28. Wanderley KS. Psicodiagnóstico: compreensão dos aspectos psíquicos da dor em portadores de hérnia de disco [Tese]. São Paulo: Universidade de São Paulo, Instituto de Psicologia; 2003.

Arritmias cardíacas e psicossomática 13

Andrea Boldrim Pinto Gomes
Patrick Vieira Ronick
Elisa Maria Parahyba Campos
Avelino Luiz Rodrigues

As doenças cardiovasculares são a maior causa de mortalidade mundial, de acordo com a Organização Mundial de Saúde (OMS), sendo responsável por 31% das mortes. Em um levantamento realizado em 2012, do total de 56 milhões de mortes, 17,5 milhões foram em decorrência de doenças cardiovasculares (Lemos et al., 2016). Esses dados demonstram que se trata de uma doença potencialmente fatal, que necessita de um conjunto de ações que diminuam seu impacto.

Os eventos cardíacos agudos, tais como a morte cardíaca súbita causada por arritmia, estão entre as principais causas de morte no mundo. Gorayeb et al. (2013) estimam um número aproximado de 700 mortes súbitas por dia no Brasil. Segundo dados do Datasus de 2016, as doenças cardiovasculares representam 28% do total de mortes anuais, sendo a principal causa de morte no Brasil (Ministério da Saúde, 2016).

CASO CLÍNICO: J.

J. tinha 60 anos quando participou de uma pesquisa sobre capacidade adaptativa posterior a um evento cardíaco e implante de desfibrilador em pacientes cardiopatas. Era de uma família numerosa, sendo o terceiro de sete filhos. Descreve uma relação bastante simbiótica com sua família de origem desde sempre, especialmente com o pai e com um irmão mais novo, padrão que repetiu com a família que formou: esposa, dois filhos e netos, que moravam todos no mesmo quintal. Descrevia-se como inibido, reservado, com dificuldade de expressar seus sentimentos, apesar de ter boas relações afetivas familiares. Estudou pouco, mas considerava-se muito responsável. Trabalhou como motorista de ônibus durante muitos anos, ocupação que lhe trouxe reconhecimento, mas também uma rotina estressante. Não tinha horários fixos para comer, acordava muito cedo, lidava com trânsito intenso e situações muito conflituosas em seu dia a dia. Estava trabalhando quando teve um infarto agudo do miocárdio (IAM). Ao ser questionado sobre como percebia sua vida no período anterior ao infarto, comenta que estava tudo bem e que não havia passado por nenhum evento significativo. Entretanto, quando a entrevista é aprofundada, vem à tona que na semana anterior seu irmão predileto havia enfartado e correra risco de vida. Lembra-se de como ficou desesperado com a possibilidade de morte do irmão. Nesse momento, uma crise de saúde familiar é deflagrada, pois o pai de ambos também sucumbe diante da possibilidade de perder os dois filhos em tão curto espaço de tempo, sofrendo um acidente vascular cerebral (AVC). Os três homens foram hospitalizados ao mesmo tempo, porém em lugares distintos.

J. e seu irmão tiveram alta médica depois de dias e visitaram seu pai, que continuou internado por um período maior e infelizmente acabou falecendo. Foi um momento muito difícil para J., que, além de conviver com as restrições impostas pela doença (IAM) (licença no trabalho, suspensão das atividades cotidianas que exigiam esforço demasiado ou que o deixavam inseguro, suspensão temporária das atividades sexuais), foi submetido a um implante de cardioversor desfibrilador implantável (CDI), pois, devido ao infarto e a uma parada cardiorrespiratória (PCR), o risco de morte súbita causado por uma arritmia era grande. O dispositivo seria sua única chance de permanecer vivo. Do ponto de vista emocional, havia ainda a tentativa malsucedida de lidar com o luto da perda do pai.

Ronick e Campos explicam que o CDI é:

> um aparelho implantado cirurgicamente (junto à cavidade e músculo cardíaco) que emite descargas elétricas no reconhecimento automático de alguma arritmia possivelmente fatal, com risco de morte súbita ou parada cardíaca. É considerado como um dos maiores avanços tecnológicos desta área da medicina, mas com importantes consequências e desafios para os pacientes (Ronick & Campos, 2017, p. 101).

J. ficou um ano muito deprimido, sem interesse no mundo externo, sem motivações para seguir a vida, com muito medo das consequências do funcionamento do dispositivo, que emite choques potentes quando detecta arritmias malignas ou morte súbita. A impossibilidade de retornar a sua antiga função profissional foi um duro golpe. Aos poucos foi retomando as atividades cotidianas com o apoio da família, e conseguiu se recolocar na antiga empresa em um cargo administrativo. Porém, quando vivenciou um episódio de uma descarga do CDI, todas as restrições retornaram poderosas, além do intenso medo. Demorou bastante tempo para que ele voltasse a suas atividades rotineiras, entretanto, em função de sua percepção de que o dispositivo era uma ferramenta importante para mantê-lo vivo, desvencilhou-se das percepções com representações negativas do CDI e conectou-se somente às percepções positivas, negando alguns dados de realidade como resposta ao intenso estímulo da angústia em face da possibilidade da morte. Assim, J. vivenciou um processo adaptativo penoso diante do adoecimento, com base nos recursos egoicos disponíveis. Para conseguir conviver com o dispositivo, J., inconscientemente, "esquece" que ele pode disparar choques potentes e dolorosos para reverter a possibilidade de morte, assim como precisa "esquecer" que seu coração já não é o mesmo de antes, e que possui limitações. O dispositivo é um lembrete constante disso, portanto adaptar-se a ele representa um custo emocional significativo.

FATORES DE RISCO E DOENÇAS CARDIOVASCULARES

Entre as décadas de 1930 e 1950, estudos na área de epidemiologia e estatística aplicada à pesquisa clínica auxiliaram no desenvolvimento de ferramentas analíticas e computacionais, que visavam agrupar as características mais frequentes em pessoas que apresentam vários tipos de doenças. Dessa forma, foram sendo desenvolvidos modelos mais adequados para a compreensão das associações das doenças com diversas variáveis bioquímicas e ambientais, incluindo outras doenças e dados socioeconômicos (Souza et al., 2003).

Na década de 1960, o estudo de Framingham foi decisivo na compreensão da associação de fatores de risco às doenças cardiovasculares. Framingham é uma cidade do estado de Massachusetts (EUA) cuja população foi convidada a participar de um estudo cardiovascular. Inicialmente, foram recrutados 5.209 residentes saudáveis, na faixa etária dos 30-60 anos, que se submeteram a uma avaliação laboratorial detalhada. No decorrer dos anos, a cada 2 a 4 anos, essa população foi reavaliada minuciosamente e acompanhada em relação ao desenvolvimento de doença cardíaca. Posteriormente, seus descentes passaram por esse mesmo controle, que ocorre até os dias atuais. O estudo foi o precursor na demonstração de associação entre alguns fatores de risco no desenvolvimento de doenças cardiovasculares. Antes dele, grande parte dos médicos considerava que a aterosclerose ocorria em decorrência de um processo de envelhecimento inevitável, e a hipertensão arterial seria consequência desse processo (Kinch et al., 1963; Epstein, 1968; Fox et al., 2004).

Milhares de publicações ao longo das últimas décadas trouxeram uma compreensão mais aprofundada sobre o impacto das características individuais e ambientais à maior probabilidade de doenças cardiovasculares, confirmando que tabagismo, dislipidemia, *diabetes mellitus*, hipertensão arterial, história familiar, obesidade, sedentarismo e abuso de álcool estão fortemente associados à aterosclerose e doenças cardiovasculares (Kinch et al., 1963; Epstein, 1968; Fox et al., 2004).

Demonstrar como os fatores de risco estão relacionados ao desenvolvimento das doenças, entre elas as que são responsáveis por maior mortalidade, como as cardiovasculares, foi imprescindível para conhecer a fisiopatologia das doenças, analisar a relação causal e fornecer prognósticos e probabilidades, além de tratamento preventivo.

Para maior efetividade, as políticas públicas de saúde devem levar os fatores de risco em consideração e englobar a prevenção primária e secundária no tratamento e prevenção das doenças cardiovasculares. A prevenção sempre demonstra ser economicamente melhor que o posterior tratamento, além de promover melhor qualidade de vida, minimizando os riscos.

Os dados socioeconômicos despontam como um dos fatores mais relevantes dessas doenças no final do século XX, estando associados aos fatores de risco mais comumente conhecidos (Souza et al., 2003). Além disso, os fatores de risco classificados como não modificáveis demonstram que algumas características, como sexo e histórico familiar, podem indicar prognósticos. Entretanto, os fatores de risco modificáveis sugerem que há uma ação comportamental do sujeito, que pode facilitar ou não esse prognóstico. Dessa forma, fatores de risco psicodinâmicos parecem tão relevantes quanto o funcionamento fisiopatológico dos sujeitos. O equilíbrio psíquico depende da interação dos aspectos psicodinâmicos, biológicos e sociais. Quando um desses campos está em desequilíbrio, afeta consequentemente os outros.

CARDIOLOGIA E DISCUSSÕES PSICOSSOMÁTICAS

Algumas teorias da psicossomática referem que, quando a angústia é vivenciada intensamente e não encontra caminho para seu alívio ou elaboração psiquicamente, pode manifestar-se por meio do corpo. Da mesma forma, de maneira integrativa, quando adoecemos organicamente, o impacto desse adoecimento é sentido também psiquicamente. O caminho que encontramos para lidar com nosso sofrimento, seja ele psíquico ou orgânico, os mecanismos defensivos que utilizamos diante desse sofrimento e nossa adaptação ao novo momento de vida interferem de forma significativa em nossa vida.

As emoções são meios de traduzirmos esses sentimentos e percepções, portanto estão intimamente ligadas ao adoecer.

> O coração é um órgão simbolicamente ligado às emoções, afetos e sentimentos desde as épocas mais remotas, e parece coerente inferir que há relação entre suas funções orgânicas e sua função simbólica.

Muitos são os motivos agregados ao acometimento de doenças coronarianas, além dos fatores orgânicos (incluindo os hereditários), e também devem ser investigadas as emoções e os estados depressivos e ansiosos, que têm demonstrado forte influência sobre as doenças cardíacas (Gomes, 2014).

Com o avanço das pesquisas, foi-se percebendo que as doenças cardiovasculares sofriam forte influência das emoções, apesar de ainda hoje não ser totalmente comprovado o mecanismo de associação entre elas. Sabe-se que grande parte dos pacientes cardiopatas desenvolve ou tem histórico pregresso de depressão, ansiedade e outros transtornos psíquicos importantes. Se pensarmos em psicossomática, e na inter-relação entre o orgânico e o psíquico, vemos que não somente essas doenças influenciam no surgimento do sofrimento psíquico, mas que também o sofrimento pode desencadear as doenças cardiovasculares (Gomes, 2014).

Os estudos indicam que 15 a 20% de diagnósticos de depressão são observados na sequência de um evento coronariano. Entretanto, a média de prevalência de depressão na população em geral, sem doença cardíaca, é de 7%. Esses dados demonstram que o impacto do adoecimento pode ser mais intenso do que se imagina. É documentado um risco efetivo de morte em pacientes deprimidos durante os 18 meses seguintes ao evento cardíaco, que é duas vezes maior do que nos pacientes não deprimidos. A depressão influencia também na reabilitação, uma vez que o paciente tem dificuldade de mudar seus hábitos, de se vincular a novas possibilidades de vida e, frequentemente, acaba tendo novas complicações cardíacas que o levam a reinternações (Chauvet-Gélinier et al., 2013).

Ao examinar com atenção os fenômenos biológicos encontrados na doença cardíaca e na depressão, consequências similares parecem ocorrer em ambas, em particular uma grande reação inflamatória e estresse oxidativo, além de aumento das concentrações de marcadores sanguíneos de inflamação e intensa liberação de cortisol no organismo. Esses eventos fisiopatológicos, interconectados em ambas as doenças, trazem suporte à hipótese de que as duas doenças compartilham parcialmente mecanismos comuns e nos levam a concentrar nossa atenção na dimensão psicossomática (Leboyer et al., 2012; Maes et al., 1999; Tsaluchidu et al., 2008).

Em 2014, a American Heart Association (AHA) publicou uma revisão sistemática com recomendações de que a depressão fosse incluída como fator de risco e mau prognóstico para pacientes com síndrome coronária aguda, demonstrando que não é mais possível ignorar as evidências da relação entre o psíquico e o biológico, também no campo da cardiologia (Lichtman et al., 2014).

Para algumas correntes psicanalíticas, a depressão se caracteriza por um desânimo profundo devido à perda real ou imaginária do objeto, seguido de tristeza, inibição, sensação de impotência, falta de interesse no mundo externo e sensação de vazio. Entretanto, Freud não considerava a depressão uma estrutura, mas uma possibilidade de reorganização egoica diante de situações que infligissem intensa angústia no sujeito, desestruturando-o. A depressão seria um auxílio ao psiquismo, assim como os mecanismos defensivos, portanto comum a todos os seres humanos em determinados momentos e acontecimentos da vida (Freud, 1917; Freud, 1914). Porém, quando o estado depressivo se estende além do tempo esperado, por meio de sintomas persistentes e incapacitantes, temos um quadro patológico (Berlinck & Fédida, 2000).

Outro transtorno psíquico muito associado às doenças cardiovasculares é a ansiedade. Vários estudos já demonstraram que ela aparece como sintoma psíquico mais presente, por exemplo, nas arritmias malignas e que, durante a internação hospitalar, ela aumenta o risco de complicações como isquemias, novos infartos e novas arritmias. Além disso, é muito presente a associação dos dois transtornos associados: ansiedade e depressão. Grande parte dos artigos que abordam a associação da ansiedade e da depressão aponta que a ansiedade parece mais presente em doenças cardíacas como IAM e arritmias, e a depressão parece mais associada à insuficiência cardíaca (IC). Porém, conforme foi dito antes, também é bastante comum que os dois transtornos coexistam, tornando o risco cardiovascular potencialmente mais alto. Não podemos esquecer que as cardiopatias muitas vezes estão correlacionadas: uma arritmia pode desencadear o IAM e o IAM pode desencadear a IC. Quando isso ocorre, o risco de morte aumenta potencialmente (Compare et al., 2011).

A ansiedade está associada à maior mortalidade cardíaca, principalmente nas de ocorrências súbitas. Pacientes muito ansiosos frequentemente têm mais dificuldade em assimilar as mudanças necessárias ao novo estilo de vida (Compare et al., 2014). Freud descreve a ansiedade como um sinal de alerta emitido pelo ego diante de excessos libidinais que são interpretados como perigo, por estarem de alguma forma vinculados a conteúdos dolorosos ou potencialmente traumáticos (Freud, 1915). A ansiedade seria uma maneira de sinalizar que mecanismos defensivos precisam estar a postos para enfrentar o excesso de estímulos com os quais o psiquismo apresenta dificuldade em lidar. A ansiedade também está relacionada à angústia de castração, em que o objeto de amor pode ser perdido ou separar-se do sujeito, trazendo vivências de desamparo e potencialmente traumáticas (Freud, 1923; Freud, 1925).

Esses dados nos trazem a seguinte questão: por que alguns sujeitos são mais propensos a desenvolver sintomas ansiosos ou depressivos que outros? Por que, diante de um mesmo diagnóstico grave, os sujeitos reagem de forma distinta? A psicanálise utiliza um conceito que ajuda a compreender esses fenômenos: a subjetividade.

> A subjetividade engloba o que é particular, único de cada sujeito, considerando suas vivências e sua relação com o mundo. O funcionamento psicodinâmico dos indivíduos pode dar pistas a respeito de como esse processo acontece.

As características de personalidade também vêm sendo associadas a eventos cardiovasculares há anos por pesquisadores de áreas da saúde. Acredita-se que expressar os sentimentos de forma exacerbada (comportamento característico de um tipo de personalidade, conhecido como A) ou inibir intensamente as emoções (comportamento característico de um tipo de personalidade conhecido como D) traz consequências para a saúde e está fortemente associado a eventos cardíacos (Vickers et al., 1991; Urso Júnior, 2011). Alguns estudos (Bonomo & Araujo, 2009; Pedersen et al., 2004; Pedersen et al., 2007) já buscaram estudar a influência de diferentes fatores psicológicos e dos estados emocionais agudos ou crônicos na ocorrência das arritmias cardíacas, no ser humano saudável ou com doença cardíaca diagnosticada. Foi possível identificar que os transtornos emocionais podem provocar arritmias cardíacas, como assinalamos anteriormente, bem como em relatos bem documentados de pacientes que tiveram arritmias induzidas por situações psicológicas estressantes.

Se as características psíquicas têm demonstrado importante associação aos eventos cardiovasculares, podemos inferir que a forma como o sujeito estabelece suas relações, como lida com suas questões ao longo da vida dará indícios de como enfrentará o processo de adoecimento. Algumas pesquisas buscaram enfocar o impacto do enfrentamento das doenças cardiovasculares. Um estudo (Sears, 2004) mediu as expectativas positivas de saúde e otimismo em relação à qualidade dos resultados de vida no momento do implante do CDI, 8 e 14 meses pós-implante do dispositivo. Os resultados mostraram que os pacientes com altas expectativas positivas de saúde relataram melhor qualidade de vida relacionada à saúde na avaliação de 14 meses. O otimismo foi associado à melhoria na saúde mental na avaliação de 8 meses. Outros estudos (Kubzansky et al., 2001; Giltay et al., 2004) demonstraram que o otimismo tem um efeito positivo no *coping*/enfrentamento e na busca de melhores hábitos de vida. Além disso, os pacientes que veem um objetivo como passível de ser atingido, como a adaptação para viver sua vida com um dispositivo cardíaco, terão mais estímulo para alcançar essa meta.

O pensamento otimista pode ser interpretado sob duas vertentes, dependendo de como se apresenta: se ele estiver conectado a dados de realidade, referencia uma capacidade do ego para reunir mecanismos defensivos/*coping* que o auxiliem na ressignificação do episódio estressor e ajudem o paciente a integrar a experiência de forma adaptativa. Se estiver sob a influência de mecanismos defensivos mais primitivos, pode referenciar uma maneira de o paciente reprimir ou negar os dados de realidade e a angústia decorrente destes, posicionando-se de forma fantasiosa diante da doença. Esse posicionamento exercerá grande influência na adaptação ao novo momento de vida (Gomes, 2014).

A doença traz consigo mudanças na rotina diária, na autonomia, nas relações afetivas, na produtividade e usualmente é acompanhada de vivências de perda. A maneira como o sujeito enfrenta suas perdas em quaisquer instâncias em que estejam inseridas é subjetiva e também significativa para entender como se estabelece a relação com sua doença e as vicissitudes inerentes a ela. Toda perda implica um processo posterior de tentativa de elaboração do luto, em que a realidade da ausência se impõe ao eu, obrigando o indivíduo a retirar seus investimentos do objeto perdido e deslocá-los para outro, através de novas representações e ligações. Portanto, o processo não ocorre sem um grande sofrimento psíquico, uma vez que isso também significa abandonar um lugar onde a satisfação já se encontrava constituída. Esse período é acompanhado por sofrimento, desânimo, perda de interesse pelo mundo externo e tristeza profunda, que remete a uma sensação de desamparo, de abandono (Gomes, 2014). Ao deparar-se com uma doença que pode afetar sua vida e suas relações, os pacientes precisam rever seus conceitos e valores e buscar formas de adaptar-se às novas exigências do adoecimento.

As relações psicodinâmicas que o sujeito estabelece com o mundo dependem do grau atingido pelo desenvolvimento libidinal, o desenvolvimento do ego e do superego, assim como da natureza, diversidade, sutileza e eficácia dos mecanismos de defesa (Bergeret, 1988). A resposta positiva ou negativa, "normal" ou exagerada do sujeito diante do adoecimento e de sua própria vida está diretamente ligada a seus recursos internos adaptativos disponíveis, integrados à percepção da realidade.

Dessa forma, é possível pensar que a boa ou má adaptação estariam relacionadas à capacidade do indivíduo de integrar, a partir de dados de realidade, as vivências positivas e negativas relacionadas ao episódio conflituoso/traumático e posteriormente dar significado a elas. A paralisação seria, dessa maneira, encarada como "natural" diante do reinvestimento libidinal (experienciado no luto) como resposta ao estímulo intenso da imprevisibilidade, da angústia e do medo. Para defender-se desses estímulos, o ego pode mobilizar mecanismos defensivos mais ou menos primitivos, de acordo com o desenvolvimento psíquico do indivíduo, transformando aos poucos essa reação inicial intensa, de forma que seja possível modificar o olhar sobre as situações e relações, propiciando que a experiência seja apreendida e se afastando da condição traumática. Quanto menor o tempo despendido nesse processo, mais bem adaptado estará o paciente. A capacidade adaptativa do sujeito será fundamental no enfrentamento da doença e das limitações impostas por ela, acarretando menos sofrimento diante do adoecimento (Gomes, 2014).

CONSIDERAÇÕES FINAIS

No caso clínico apresentado no início do capítulo, podemos perceber que algumas características simbióticas na forma de se relacionar parecem conectadas a uma identidade grupal, que fornece vínculos de apoio e caracteriza a família. É como se o sistema familiar funcionasse como um corpo e seus membros representassem cada órgão, que depende mutuamente dos outros para sobreviver. Quando um órgão falha, compromete o funcionamento dos outros, podendo levar à falência total do sistema. A separação ou perda dos membros da família parecia desencadear fantasias de aniquilamento de si mesmo em J.

Os sentimentos intensos desencadeados pelos acontecimentos são fatores de risco que colocam o funcionamento familiar em crise: o infarto dos irmãos, o AVC e a morte do pai. A intensidade de sentimentos é percebida como perigosa e pode ser desencadeadora de desfechos trágicos, portanto os sentimentos precisam ser dissociados de suas representações e afetos. A sexualidade também demonstra estar conectada ao campo dos sentimentos intensos e perigosos, portanto afastar-se dela e funcionar como "castrado" lhe confere maior proteção.

As perdas a partir da doença de J. vieram acompanhadas por outras perdas impactantes, que exigiram do ego mecanismos defensivos mais intensos e arcaicos, como a repressão e a cisão, impossibilitando o processo de elaboração do luto. No início, o CDI foi percebido como um objeto estranho e perigoso, que despertava sentimentos de medo e angústia que o paralisavam. Por intermédio novamente de comportamentos onipotentes, houve tentativa de controlar a realização das atividades cotidianas. Esse controle fornecia uma proteção ilusória, impedindo que J. utilizasse dados de realidade concernente às limitações do dispositivo para conseguir integrar seus sentimentos e afetos em direção à adaptação diante da nova situação de vida.

A relação que ele desenvolve posteriormente com o CDI parece seguir novamente o percurso da identificação paterna, em que o dispositivo é percebido como protetor e poderoso, cuidando para que "nada de mau lhe aconteça". A partir desse olhar, é compreensível que os choques, apesar de dolorosos, sejam percebidos como necessários e inerentes à segurança fornecida pelo CDI, assim como a severidade e exigência do pai também é para o "bem do filho", conforme o relato de J. Temos aqui um momento em que J. faz uso de recursos adaptativos mais simbolizados, com os quais ele consegue "construir uma história" sobre seu implante e sobre o aparelho. Podemos considerar que os comportamentos onipotentes de J., bem como seus mecanismos defensivos mais primitivos, como a cisão, impediam a integração entre os afetos positivos e negativos, o que dificulta a percepção dos dados de realidade e a elaboração das vivências de forma mais realista.

O CDI é percebido como protetor, o que é positivo, porém seu funcionamento psicodinâmico favorece que a percepção da doença e do CDI se modifique de uma tendência a perceber aspectos negativos e estressantes para apenas positivos e protetores. Há uma racionalização a serviço da adaptação. Como há dificuldade em integrar aspectos positivos e negativos, caso ocorra um novo episódio de choque existe grande probabilidade de que J. vivencie sentimentos de angústia e medo em função do "choque de realidade" por um período maior do que se houvesse uma visão realista das limitações de seu coração.

Esse caso exemplifica bem como o próprio paciente tem dificuldade em associar suas vivências com eventos significativos em sua vida. E como, diante de estímulos muito angustiantes, os mecanismos defensivos são colocados em ação pelo ego. Apesar de serem protetores, se os mecanismos forem muito rígidos e inflexíveis, podem desencadear sintomas incapacitantes e intenso sofrimento psíquico.

A psicossomática referencia que o ser humano é biopsicossocial, ou seja, todos os campos que compõem o ser humano se influenciam mutuamente, e, quando há um desequilíbrio em qualquer desses campos, os outros são automaticamente afetados. Segundo essa perspectiva, toda doença seria psicossomática. E negligenciar o acompanhamento psíquico em qualquer tratamento médico, principalmente quando as doenças são graves e potencialmente fatais, é ignorar a subjetividade do indivíduo, dissociando-o de seu adoecimento.

REFERÊNCIAS

1. Bergeret J. A personalidade normal e patológica. Porto Alegre: Artes Médicas; 1998.
2. Berlinck MT, Fédida P. A clínica da depressão: questões atuais. Revista Latino-americana de Psicopatologia Fundamental. 2000;3(2):9-25.
3. Bonomo AMS, Araujo TCCF. Psicologia aplicada à cardiologia: um estudo sobre emoções relatadas em exame de holter. Psic Teor e Pesq. 2009;25(1):65-74.
4. Chauvet-Gélinier JC, Trojak B,Vergès-Patois B, Cottin Y, Bonin B. Review on depression and coronary heart disease. Arch Cardiovasc Dis. 2013;106(2):103-10.
5. Compare A, Germani E, Proietti R, Janeway D. Clinical psychology and cardiovascular disease: an up-to-date clinical practice review for assessment and treatment of anxiety and depression. Clin Pract Epidemiol Ment Health. 2011;CP & EMH 7:148-56.
6. Epstein FH. Multiple risk factors and the prediction of coronary heart disease. Bull NY Acad Med. 1968;44(8):916-35.
7. Fox CS, Evans JC, Larson MG, Kannel WB, Levy D. Temporal trends in coronary heart disease mortality and sudden cardiac death from 1950 to 1999 the Framingham Heart Study. Circulation. 2004;110(5):522-7.
8. Freud S. Luto e melancolia. In: Edição standard brasileira das obras psicológicas completas de Sigmund Freud. Rio de Janeiro: Imago; 2006a. v. XIV-A: história do movimento psicanalítico, artigos sobre metapsicologia e outros trabalhos (1914-1916).
9. Freud S. Sobre o narcisismo: uma introdução. In: Edição standard brasileira das obras psicológicas completas de Sigmund Freud. Rio de Janeiro: Imago; 2006b. v XIV-A: história do movimento psicanalítico, artigos sobre metapsicologia e outros trabalhos (1914-1916).
10. Freud S. Conferência XXV: A ansiedade. In: Edição standard brasileira das obras psicológicas completas de Sigmund Freud. Rio de Janeiro: Imago; 2006c. v XVI: conferências introdutórias sobre psicanálise (parte III) (1915-1916[1916-1917]).
11. Freud S. O ego e o id. In: Edição standard brasileira das obras psicológicas completas de Sigmund Freud. Rio de Janeiro: Imago; 2006d. v. XIX: o ego e o id e outros trabalhos (1923-1925).
12. Freud S. Inibições, sintomas e ansiedade. In: Edição standard brasileira das obras psicológicas completas de Sigmund Freud. Rio de Janeiro: Imago; 2006e. v. XX: inibições, sintomas e ansiedade. (1925[1926]).
13. Giltay EJ, Geleijnse JM, Zitman FG, Hoekstra T, Schouten EG. Dispositional optimism and all-cause and cardiovascular mortality in a prospective cohort of elderly Dutch men and women. Arch Gen Psychiatr. 2004;61(11):1126-35.

14. Gomes ACBP Estudo descritivo e compreensivo da capacidade adaptativa de pacientes adultos submetidos ao implante de cardioversor desfibrilador implantável [Dissertação]. São Paulo: Universidade de São Paulo, Instituto de Psicologia da Universidade de São Paulo; 2014.

15. Gorayeb R, Almeida PL, Camillo C, Nakao RT. Aspectos psicológicos de pacientes portadores de cardioversor desfibrilador implantável. Rev Bras Cardiol. 2013;26(4):272-80.

16. Kinch SH, Doyle JT, Hilleboe HE. Risk factors in ischemic heart disease. Am J Public Health Nations Health. 1963;53:438-42.

17. Kubzansky LD, Sparrow D, Vokonas P, Kawachi I. Is the glass half empty or half full? A prospective study of optimism and coronary heart disease in the normative aging study. Psychosomatic Med. 2001;63(1):910-6.

18. Leboyer M, Soreca I, Scott J, Frye M, Henry C, Tamouza R et al. Can bipolar disorder be viewed as a multi-system inflammatory disease? J Affective Disord. 2012;141(1):1-10.

19. Lemos CMM, Moraes, DW Pellanda LC. Resiliência em pacientes portadores de cardiopatia isquêmica. Cardiol. 2016;106(2):30-135.

20. Lichtman JH, Froelicher ES, Blumenthal JA, Carney RM, Doering LV, Frasure-Smith N et al. Depression as a risk factor for poor prognosis among patients with acute coronary syndrome: systematic review and recommendations a scientific statement from the American Heart Association. Circulation. 2014;129(12):1350-69.

21. Maes M, Van Bockstaele DR, Gastel A, Song C, Schotte C, Neels H et al. The effects of psychological stress on leukocyte subset distribution in humans: evidence of immune activation. Neuropsychobiol. 1999;39(1):1-9.

22. Ministério da Saúde. Informações de Saúde (TABNET) – Estatísticas Vitais. Departamento de Informática a Serviço do SUS. 2016. Disponível em: http://datasus.saude.gov.br/. Acesso em: 8 fev. 2019.

23. Pedersen SS, Theuns D, Muskens-Heemskerk A, Erdman RA, Jordaens L. Type-d personality but not implantable cardioverter-defibrillator indication is associated with impaired health-related quality of life 3 months post-implantation. Europace. 2007;9(8)-675-80.

24. Pedersen SS, Van Domburg RT, Theuns DA, Jordaens L, Erdman RA. Type D personality is associated with increased anxiety and depressive symptoms in patients with an implantable cardioverter defibrillator and their partners. Psychosom Med. 2004;66(1): 714-719.

25. Ronick PV, Campos EMP. Pânico e desamparo em pacientes com cardioversor desfibrilador implantável. Revista SBPH. 2017, 20(1):97-121.

26. Rozanski A, Blumenthal JA, Kaplan J. Impact of Psychological factors on the pathogenesis of cardiovascular disease and implications for therapy. Circulation. 1999;99(16):192-217.

27. Sears SFP, Serber ERM, Lewis TSP, Walkers RLM, Conners NR, Lee JTM, et al. Do positive health expectations and optimism relate to quality-of-life outcomes for the patient with an implantable cardioverter defibrillator? J Cardiopulmonary Rehabil. 2004;24(5):324-31.

28. Souza NM, Matos MDFD, Souza e Silva NA. Fatores de risco cardiovascular: a complexa relação entre saúde e doença como base conceitual para intervenção e controle. Rev SOCERJ. 2003;16(3):167-82.

29. Tsaluchidu S, Cocchi M, Tonello L, Puri BK. Fatty acids and oxidative stress in psychiatric disorders. BMC Psychiatry. 2008;8(1):1.

30. Urso Jr J. Stress e personalidade: "overview" e avaliação crítica de revisões sistemáticas sobre padrão comportamental tipo A e personalidade tipo D com desfechos coronarianos [Tese]. São Paulo: Universidade de São Paulo, Instituto de Psicologia da Universidade de São Paulo; 2011.

31. Vickers RR, Hervig LK, Rahe RH, Rosenman RH. Type A behavior pattern coping and defense. Psychosomatic Med. 1991;43(5):381-96.

Depressão e doença arterial coronária 14

Lilian L. Sharovsky

Ah quanta melancolia!
Ah quanta melancolia!
Quanta, quanta solidão!
Aquela alma, que vazia,
Que sinto inútil e fria
Dentro do meu coração!
Que angústia desesperada!
Que mágoa que sabe a fim!
Se a nau foi abandonada,
E o cego caiu na estrada –
Deixai-os, que é tudo assim.
Sem sossego, sem sossego...

Pessoa F. *Poesias inéditas* (1919-1930). Nota prévia de Vitorino Nemésio e notas de Jorge Nemésio. Lisboa: Ática; 1956 (imp. 1990). p. 57.

A partir de recorte clínico, abordar-se-á a associação entre sintomas depressivos, doença arterial coronária e a possibilidade de intervenção nessa população.

APRESENTAÇÃO DE RECORTES CLÍNICOS

Motivo do atendimento

Os pacientes foram encaminhados, pelo cardiologista, para avaliação psicológica em função de sintomas depressivos pós-infarto agudo do miocárdio (IAM).

O tempo pós-IAM variou no grupo entre 6 meses e 1 ano.

190   Psicologia da saúde hospitalar

Serão apresentados fragmentos de relatos desses pacientes que ilustram a percepção destes sobre a ocorrência do IAM e a apresentação de sintomas depressivos.

Características clínicas e demográficas significativas

A., homem, 58 anos, representante comercial, IAM há 7 meses

"Eu era um leão com a vida, hoje, depois do IAM, me transformei num gatinho inseguro, com medo de fazer qualquer exercício, tive que reduzir a carga de trabalho, e nem dá para esquecer do infarto, olho no espelho e está aqui o zíper (referindo-se à cicatriz cirúrgica). É ou não para sentir este desânimo. O médico me diz que não posso ficar deprimido, me deu antidepressivo, disse que se eu não reagir vou enfartar novamente. Nem sabia que depressão dava infarto."

O., mulher, 62 anos, professora universitária, afastada da atividade laboral por depressão depois do infarto, IAM há 1 ano, angioplastia há 1 ano, ex-fumante

"Eu passo o dia deitada pensando em como sair desta letargia, tomo antidepressivo, já melhorei bem, mas não aceito o infarto, não sei como sair disso, eu tenho que ir para a academia, fazer dieta, só faço é comer doce toda hora, olha meu peso, não me reconheço. Quero chegar na raiz do meu problema."

W., advogado, 64 anos, IAM há 8 meses

"Quem sabe psicoterapia me ajude. Eu só penso no meu passado glorioso, reconheço que estou um chato, eu não consigo deixar nada de novo entrar, choro quando me lembro das minhas idas ao Fórum, dos casos que defendi e ganhei. Hoje não ganho quase nada, pouco dinheiro, pouca saúde, pouco tudo. Fico só pensando na minha noiva que faleceu há 35 anos, sonho com ela, não é normal isso, e tem uma pressão para eu ficar alegre porque a tristeza pode me levar embora, só que é um negrume na minha mente, me dá medo de fazer uma besteira. Pensar em fazer eu já penso. Me sinto um peso para minha esposa, ela fala que é da minha cabeça."

M., 60 anos, homem, engenheiro, casado, IAM há 1 ano, tratamento clínico

"Tenho pensado o que ando fazendo da minha vida, terapia faz bem, mas dá uns nós também. Me sinto endurecido com a vida depois do infarto, sempre fui mole e a máquina (referindo-se ao coração) não aguentou. Tenho uma família linda, uma situação financeira razoável e penso por que foi me acontecer isso, duro de aceitar, me tornei impotente depois da cirurgia. O cardio me diz que é da minha cabeça, não tem ligação com o coração. Tenho medo da minha esposa arrumar outro. Daí me afundo de vez. Não me reconheço com essa letargia, falta de força com a vida. Não sei se valeu a pena ter sobrevivido, esse tratamento do coração tem tanta limitação, não pode comer isso, tem que comer aquilo, tem que andar, tem que ser positivo, aff!! Tem uma pressão de todos os lados para mudar hábitos."

Manejo da situação clínica

Os pacientes foram submetidos a intervenção psicoterápica psicodinâmica de grupo, com duração de 16 sessões, cujo foco foi a percepção da doença coronária e dos sintomas depressivos apresentados na consulta com o a equipe médica de cardiologia, bem como o enfrentamento da situação.

Aspectos que emergiram durante a intervenção psicoterápica:

- A angústia pela limitação com a vida, mais influenciada pela condição emocional do que propriamente pela condição cardiovascular.
- Dificuldade de elaboração do surgimento da depressão e do IAM.
- Desencontros afetivos pós-IAM, limitando a vida mais do que o necessário.
- Dificuldades de aceitação da mudança de estilo de vida sugeridas pela equipe interdisciplinar.
- A intervenção psicoterápica também apontou que provavelmente estejam olhando mais as restrições do que propriamente a possibilidade de instaurarem uma vida mais saudável.
- Foi apontada a dificuldade/despreparo para viver situações de prazer nesta nova fase da vida.

Doença arterial coronária

O coração é uma máquina biológica que bate aproximadamente 3 bilhões de vezes no tempo médio de vida de uma pessoa e é considerado em muitas culturas o órgão que representa o centro das emoções, embora, de forma geral, se saiba que a incumbência das emoções está a cargo do cérebro, sua complexa estrutura e funcionamento.

Embora ambos os termos, doença arterial coronária (DAC) e IAM, sejam utilizados como sinônimos, na prática não o são. IAM representa uma subcategoria de DAC. Por outro lado, a DAC é caracterizada pela presença de processos ateroscleróticos nas artérias coronárias e pode ser assintomática, enquanto o IAM quase sempre se manifesta com sintomas de dor torácica ou epigástrica, apesar de ocorrerem isquemias silenciosas (Lippi et al., 2016).

A DAC pode ser prevenida, no entanto o sedentarismo, o abuso de nicotina e práticas nutricionais inadequadas, incluindo o excessivo consumo de alimentos industrializados próprios da cultura contemporânea, a desigualdade social e, em geral a influência de estilo de vida inadequado influencia a instalação de um ambiente "obesogênico" e, consequentemente, contribui para a elevação da prevalência da DAC, em muitas culturas (World Health Organization, 2013).

No Brasil, observa-se uma tendência de aumento da mortalidade por DAC desde 1930, porém, no Município de São Paulo, detectou-se, desde a década de 1970, um declínio na mortalidade geral por DAC no sexo masculino de 13,83% e um aumento com relação ao sexo feminino de 1,93%. Por outro lado, a prevalência da DAC aumentou tanto no sexo masculino, em 5,70%, quanto no feminino, em 13,74%. Em outros países, esse comportamento ascendente não tem sido relatado. Nos EUA, nas últimas duas décadas, houve queda de 45% na incidência de DAC, mas apesar disso essa doença ainda permanece como a principal causa de morte naquele país. Por inúmeras razões, as mulheres sempre foram consideradas protegidas contra a DAC e excluídas por muitos anos dos estudos epidemiológicos (Castanho, 1999).

ASSOCIAÇÃO ENTRE SINTOMAS DEPRESSIVOS E DOENÇA ARTERIAL CORONÁRIA

A presença de sintomas depressivos (SD), ao mesmo tempo que é considerada um fator de risco para o desenvolvimento da DAC, tende a influenciar negativamente na resposta e em seu prognóstico (Rozanski et al., 2011).

Um estudo de metanálise estimou uma elevação do risco cardiovascular entre 50 e 100% nos indivíduos que apresentaram SD quando comparados aos indivíduos que não os apresentaram. A presença de sintomas tende a elevar o risco relativo de eventos isquêmicos futuros em 1,64, valor comparável aos fatores de risco tradicionais, como hipertensão e *diabetes mellitus* (DM) tipo 2 (Compare et al., 2011; Roest et al., 2010).

Quanto à prevalência entre homens e mulheres, a presença de SD pós-IAM tende a comportar-se de maneira diferente: os SD nas mulheres são mais frequentes do que nos homens. No entanto, pacientes homens que sofreram infarto agudo do miocárdio e que apresentaram síndrome depressiva tiveram pior prognóstico e risco mais elevado de morte.

Apesar da etiologia da associação entre SD e DAC ser considerada ainda incerta, várias hipóteses têm sido destacadas. A presença de SD é multifatorialmente determinada e não há uma causa exclusiva, tampouco uma explicação que seja definitiva. Sendo assim, parece haver interação entre mecanismos biológicos, comportamentais, psicológicos e sociais.

Existem os mecanismos biológicos potenciais, como a ativação do sistema nervoso autonômico, aumento nos receptores de plaquetas e fatores de coagulação, desequilíbrio de neurotransmissores, desregulação nos processos inflamatórios e alterações no eixo hipotálamo – pituitário-adrenal (HPA). Essas alterações, por sua vez, são influenciadas por aspectos genéticos, estilo de vida e condições psicológicas associadas à presença de SD (Sibille & French, 2013; Holsen et al., 2013; Palazidou, 2012).

Entre os fatores comportamentais, destacam-se o fumo, o sedentarismo, a baixa adesão à medicação antidepressiva e a obesidade, que contribui, por sua vez, para o isolamento social, influenciando na intensificação e na manutenção de SD.

Com relação aos fatores psicossociais, destaca-se a importância da construção da percepção do paciente sobre sua condição de saúde, sobre sua capacidade e/ou incapacidade funcional, atividade sexual, alterações alimentares e do sono e alterações nos recursos egoicos, tais como tolerância à frustração e capacidade de enfrentamento (*coping*) de situações adversas e ativação de feridas narcísicas que podem desencadear reações melancólicas e prejuízos em atividades funcionais. O ego apresenta-se então, fragilizado, influenciando negativamente no processo de adaptação à nova condição física pós-IAM.

O paciente que apresenta SD intensos tende a perceber diferentes aspectos da vida, de forma intensamente negativa, permeadas por desvitalização importante e uma quase desistência da vida e do viver. Pacientes que percebem os SD como sendo de base mais biológica que psicológica tendem ao maior pessimismo e desesperança diante da vida e ao pior prognóstico (Lebowitz et al., 2013).

Sobre os aspectos psicossociais, destaca-se também que pacientes depressivos podem ter sofrido influência direta da relação mãe depressiva – bebê e apresentar riscos mais elevados para o desenvolvimento de depressão (England & Sim, 2009).

Outro importante aspecto social que impacta na evolução e no tratamento de SD refere-se ao estigma social, que pode ser influenciado pelo estigma do próprio paciente em relação a sua doença e em relação ao contexto social no qual se encontra inserido. Ambos interferem tanto na adesão medicamentosa quanto na busca por ajuda, onde se possa falar abertamente sobre os sentimentos e pensamentos associados à condição depressiva.

DEFINIÇÃO DE DEPRESSÃO

Existem diferentes caminhos, critérios para definição de SD e conceituação. Para Kristeva, os SD, como inibição e de assimbolia, que podem ser crônicos ou momentâneos, podem ser chamados de melancolia, como proposto inicialmente pela teoria freudiana, referindo-se à experiência de cada sujeito com relação à perda do objeto e que estão situados na interface ainda imprecisa entre o biológico e o simbólico, apoiados na intolerância à perda do objeto, que no caso deste escrito pode representar a perda do próprio corpo saudável (Kristeva, 1989).

Existem os instrumentos de classificação associados à intensidade dos sintomas, que podem ser classificados como leve, moderado e grave, como são os critérios do Beck-II. No entanto, há de se destacar que existem 227 critérios diferentes para medir o diagnóstico e a intensidade de SD (Zimmerman et al., 2015).

Pelos critérios do *Manual diagnóstico e estatístico das doenças mentais* (DSM-5), o diagnóstico de depressão requer a presença de 5 ou mais sintomas, sendo que a presença do humor depressivo e a anedonia (incapacidade para sentir prazer) representam os critérios mais importantes. Os critérios secundários são divididos entre somáticos e não somáticos, perfazendo um total de 9 (Tolentino & Schmidt, 2018).

Ainda que sejam necessários critérios clínicos para o diagnóstico de depressão, há que destacar que, mesmo que os SD possam ser semelhantes, a interpretação de cada sujeito sobre sua condição é única, singular, diretamente associada a sua biografia.

ACURÁCIA DOS *SCREENINGS* DE DEPRESSÃO

Após um evento coronário, os pacientes apresentam elevação de risco para depressão. Algumas diretrizes recomendam o *screening* de rotina nessa população já no período de internação, assim como no acompanhamento ambulatorial. Ainda assim há controvérsias quanto à escolha de um instrumento padrão que consiga mostrar bom desempenho (Lichtman et al., 2008).

Exatamente pela presença de diferentes critérios para estabelecer o diagnóstico de depressão, os instrumentos de *screening* de depressão são variados e adotam aspectos variados.

No entanto, em recente estudo de metanálise, a pergunta do estudo foi exatamente qual instrumento apresenta melhor acurácia para estabelecer o diagnóstico de depressão tendo como padrão ouro os critérios estabelecidos no DSM-V para depressão maior, em pacientes que sofreram IAM. A escala para depressão de Beck-II apresentou sensibilidade, variando entre 83 e 91%, e a especificidade que variou entre 74 e 88% (Nieuwsma et al., 2017).

Em outro estudo de revisão sistemática da literatura, 20 instrumentos foram avaliados para acurácia no diagnóstico de depressão, e se obteve uma média entre sensibilidade/especificidade de 85 e 92% para a entrevista clínica estruturada do DSM-IV e de 95 e 84% para a minientrevista neuropsiquiátrica (MINI), considerados os melhores instrumentos para diagnóstico e avaliação da intensidade de SD (Pettersson et al., 2015).

INTERVENÇÃO EM PACIENTES COM DIAGNÓSTICO DE DAC E DEPRESSÃO

Embora as intervenções psicoterápicas combinadas com a intervenção farmacológicas sejam recomendadas no manejo de pacientes com diagnóstico de DAC, considerável incerteza ainda permanece sobre a efetividade para a mudança do estilo de vida, mas a intervenção psicoterápica tende a reduzir a mortalidade por eventos coronários.

Tem-se observado na prática clínica que barreiras intrapsíquicas são mais determinantes quanto aos limites pós-IAM do que propriamente a condição clínica do paciente. A experiência emocional, sobretudo o impacto pela ocorrência do IAM, foi preponderante sobre o impacto emocional quanto ao tipo de intervenção médica adotada (tratamento clínico, angioplastia transluminal ou revascularização do miocárdio).

Destaca-se também que a intervenção psicoterápica de grupo nessa população permite a expressão livre de sentimentos e angústias associados ao IAM diante de um profissional de saúde mental juntamente com demais participantes com o mesmo diagnóstico médico, levando à possibilidade de refletirem, a partir de outros pontos de vista, sobre suas respectivas condições físicas e psíquicas, bem como a possibilidade de construírem juntos o enfrentamento do tratamento médico proposto, a partir da elaboração psíquica do adoecimento.

Além disso, é importante considerar que programas de reabilitação específicos estão associados à redução do uso de estatinas e betabloqueadores, assim como potencialmente podem contribuir para a mudança do estilo de vida e influenciar beneficamente os fatores de risco modificáveis. Além disso, há que considerar o alcance da mudança do estilo de vida no controle da patogênese da depressão e de seu tratamento, quando associado à medicação antidepressiva e à psicoterapia combinados (Richards et al., 2017; Rogerson et al., 2012; Sarris et al., 2014).

A intervenção psicoterápica tende a reduzir a mortalidade por eventos coronários.

REFERÊNCIAS

1. Castanho VS. Fatores de risco para a doença arterial coronariana em população de Campinas: diferenças entre os sexos. 1999. Disponível em: http://repositorio.unicamp.br/jspui/handle/REPOSIP/309022.
2. Compare A, Germani E, Proiett, R, Janeway D. Clinical psychology and cardiovascular disease: an up-to-date clinical practice review for assessment and treatment of anxiety and depression. Clin Pract Epidemiol Ment Health. 2011;CP & EMH:7, 148-56.
3. Doyle F, McGee H, Conroy R, Conradi HJ, Meijer A, Steeds R et al. Systematic review and individual patient data meta-analysis of sex differences in depression and prognosis in persons with myocardial infarction: a MINDMAPS study. Psychosom Med. 2015;77(4):419-28.
4. England MJ, Sim LJ. Depression in parents, parenting, and children: opportunities to improve identification, treatment, and prevention. National Research Council (US) and Institute of Medicine (US) Committee on Depression, Parenting Practices, and the Healthy Development of Children, editors. Washington: National Academies; 2009.
5. Holsen LM, Lancaster K, Klibanski A, Whitfield-Gabrieli S, Cherkerzian S, Buka S, et al. HPA-axis hormone modulation of stress response circuitry activity in women with remitted major depression. JMNeuroscience. 2013;10(250):733-4.
6. Kristeva J. Sol negro: depressão e melancolia. Trad. Carlota Gomes. Rio de Janeiro: Rocco; 1989. p. 16-7.
7. Lebowitz MS, Ahn WK, Nolen-Hoeksema S. Fixable or fate? Perceptions of the biology of depression. J Consult Clin Psychol. 2013;81(3):518-27.
8. Lichtman JH, Bigger JTJr, Blumenthal JA, Frasure-Smith N, Kaufmann PG, Lespérance F., et al. American Heart Association Prevention Committee of the Council on Cardiovascular Nursing Depression and Coronary Heart Disease: recommendations for screening, referral, and treatment: a science advisory from the American Heart Association Prevention Committee of the Council on Cardiovascular Nursing, Council on Clinical Cardiology, Council on Epidemiology and Prevention, and Interdisciplinary Council on Quality of Care and Outcomes Research: endorsed by the American Psychiatric Association. Circulation. 2008;118:1768-75.
9. Lippi G, Cervellin G. Acute coronary syndrome: many doubts, some answers. Ann Transl Med. 2016;4(10):187.
10. Nieuwsma JA, Williams Jr. JW, Namdari N, Washam JB, Raitz G, Blumenthal JA, et al. Diagnostic accuracy of screening tests and treatment for post-acute coronary syndrome depression: a systematic review. Ann Intern Med. 2017;167:725-35.
11. Palazidou E. The neurobiology of depression, British Medical Bulletin. 2012;101(1):127-45.
12. Pettersson A, Bengtsson K, Boström, PG, Ekselius L. Which instruments to support diagnosis of depression have sufficient accuracy? A systematic review. Nord J Psychiatr. 2015;69(7):497-508.
13. Richards SH, Anderson L, Jenkinson CE, Whalley B, Rees K, Davies P et al. Psychological interventions for coronary heart disease. Coch Database Syst Rev. 2017;4.
14. Roest AM, Martens EJ, de Jonge P, Denollet J. Anxiety and risk of incident coronary heart disease: a meta-analysis. J Am Coll Cardiol. 2010;29:56(1):38-46.
15. Rogerson MC, Murphy BM, Bird S, Morris T. "I don't have the heart": a qualitative study of barriers to and facilitators of physical activity for people with coronary heart disease and depressive symptoms. International J Behav Nutrit Physical Activity. 2012;9:140-7.
16. Rozanski A, Gransar H, Kubzansky LD, Wong N, Shaw L, Miranda-Peats R et al. Do psychological risk factors predict the presence of coronary atherosclerosis? Psychosom Med. 2011;73(1):7-15.
17. Sarris J, O'Neil A, Coulson EC, Schweitzer I, Berk M. Lifestyle medicine for depression. BMC Psychiatry. 2014;14:107-12.
18. Sibille E, French B. Biological substrates underpinning diagnosis of major depression. The International J Neuropsychopharmacol. 2013;16(8):1893-909.
19. Tolentino JC, Schmidt SL. DSM-5 criteria and depression severity: implications for clinical practice. Front Psychiatry. 2018;2(9):450.
20. World Health Organization. World Health Report. 2013. Disponível em: http://www.who.int/whr/2013/report/en/.
21. Zimmerman M, Ellison W, Young D, Chelminski I, Dalrymple K. How many different ways do patients meet the diagnostic criteria for major depressive disorder? Compr Psychiatry. 2015;56:29-34.

15 Aspectos psicossomáticos e psicodinâmicos no paciente de transplante cardíaco: interfaces entre psicanálise e cardiologia

Elisabete Joyce Tamagnini Olivencia
Elisa Maria Parahyba Campos

É legítima a associação entre doenças cardiovasculares e eventos emocionais. O presente capítulo apresenta uma investigação acerca da dinâmica intrapsíquica e ressalta aspectos psicossomáticos de uma paciente em estágio avançado de doença cardiovascular, indicada ao transplante cardíaco. Foram identificados processos psíquicos e relações de objeto correspondentes às fases arcaicas do desenvolvimento, que podem atuar como fatores de risco psicossociais e provocar evolução desfavorável da doença clínica, exigindo intervenções voltadas à redução de sintomas e cumprimento de protocolo.

INTRODUÇÃO

Psicanálise e psicossomática estão articuladas histórica e praticamente, e há que resgatar o psicanalista como o grande arquiteto do modelo psicossomático do século XX. Freud percebe a emergência de uma nova área do conhecimento, situada na interface do corpo e da mente, e nos espaços intermediários das relações interpessoais e a psicanálise visaria às raízes inconscientes dessas relações. Os primeiros pacientes portadores de distúrbios orgânicos crônicos relacionados às alterações emocionais, que receberam estudo mais aprofundado, foram os histéricos, nos quais ocorria o fenômeno de conversão, a transposição de um conflito psíquico e uma tentativa de sua resolução em sintomas somáticos ou motores como uma paralisia, anestesia ou dor acentuada (Freud, 1895/1996).

> **Psicossomática**
> Área do conhecimento, situada na interface do corpo e da mente, e nos espaços intermediários das relações interpessoais e a psicanálise visaria às raízes inconscientes dessas relações.

O sintoma conversivo é considerado a expressão simbólica de um conflito intrapsíquico, ocorrendo nos sistemas neuromuscular voluntário ou perceptivo sensorial. Tem como função expressar e descarregar a tensão emocional, decorrente de um conflito. A somatização não seria, portanto, uma tentativa de expressar emoções, mas a própria expressão das emoções, uma resposta fisiológica.

Pensamos em somatização como resposta, como afirma McDougall (1991), tanto aos conflitos internos quanto às catástrofes externas, com o objetivo de se manter vivo, defender-se de perigos e ameaças (Rodrigues et al., 2010).

Considerando uma psicologia em função do inconsciente, a psicossomática moderna é o produto da tentativa da psicanálise de intervir teórica e clinicamente na patologia somática: estende as concepções teóricas relativas às histerias para a patologia somática, na pretensão de compreender simbolicamente os sintomas das enfermidades orgânicas. Diferentemente dos estudos originais relativos às somatizações causadas por fatores inconscientes, a psicodinâmica das expressões corporais, por sua vez, não pretende estabelecer causas, mas o sentido dos sintomas, incluindo a história do doente durante contextos anamnéticos, compreendida como reveladora dos desejos e fantasias inconscientes (Eksterman, 1978).

Seguindo os postulados de Freud, Melanie Klein desenvolve um método para a análise de crianças, afirmando que expressam o mundo interior simbolicamente através de jogos. Compara esse meio de expressão à associação livre feita por adultos, em análise, e identifica que são capazes de estabelecer rapidamente relações transferenciais com projeções de imagens internas. As contribuições de Klein para a teoria e a técnica psicanalítica podem ser divididas em fases: quando fundamentou a análise de crianças e considerou as raízes primitivas do complexo de Édipo e do superego (Klein, 1948; 1997), com a formulação do conceito de posição depressiva e dos mecanismos de defesa maníaca (Klein, 1996), e no momento em que se ocupou da posição esquizoparanoide (Klein, 1991a; 1991b). As relações de objeto da criança se prolongam pelo passado, de uma relação de objetos parciais (posição esquizoparanoide) até a relação com os pais como objetos totais (posição depressiva).

A psicodinâmica das expressões corporais, por sua vez, não pretende estabelecer causas, mas o sentido dos sintomas, incluindo a história do doente durante contextos anamnéticos, compreendida como reveladora dos desejos e fantasias inconscientes.

Há no inconsciente o medo da morte, e o perigo de ser destruído cria uma extensão sentida no ego como ansiedade a ser enfrentada. Esse medo seria, então, a mais fundamental de todas as angústias (Klein, 1991c). As primitivas relações de objeto, caracterizadas pela conexão entre fantasias inconscientes e a experiência real, seriam atualizadas na vida adulta. A posição viscocárica foi considerada anterior à esquizoparanoide, com características ainda mais simbióticas e fusionais em relação ao objeto (Rosa, 2005). Os fenômenos da posição depressiva permitem a compreensão da natureza do luto: a perda do objeto bom externo remete à sensação inconsciente de perda de um objeto bom interno.

> As primitivas relações de objeto, caracterizadas pela conexão entre fantasias inconscientes e a experiência real, seriam atualizadas na vida adulta.

Klein verifica que crianças enfrentam um estado de luto semelhante ao adulto, e que esse "luto arcaico" é revivido em cada situação posterior de pesar. Afirma também que as fantasias inconscientes surgem a partir de conflitos entre os instintos e se alteram mediante o contato com a realidade. A natureza das fantasias e o modo como se relacionam com a realidade externa determinaria, assim, o mundo psicológico do indivíduo (Segal, 1975; 1982), sendo os pais os primeiros objetos das projeções da criança.

> A natureza das fantasias e o modo como se relacionam com a realidade externa determinaria, assim, o mundo psicológico do indivíduo).

Projeções de impulsos destrutivos, frequentes na infância, estão relacionadas à preservação da vida. Da mesma maneira, são vivenciados impulsos de ódio e destruição como ameaças/perigos à própria existência (Caper, 1990).

Desde o nascimento, a criança pode vivenciar períodos de estresse. O sistema cardiovascular, atuante em situações de estresse ao longo de toda a vida, está sempre sujeito a influências internas e externas, regulando e protegendo o organismo. Quando colocado em risco, é acionado, demonstrando seu caráter sensível e regulatório (Campos, 1992). Se considerarmos que a criança, nos primórdios, apresenta reações somáticas ligadas ao coração (devido a falhas ambientais, p. ex.), na vida adulta tenderá a repetir tal modo de funcionamento, regredindo às fases arcaicas do desenvolvimento e revivendo as relações de objeto e fantasias primitivas daquele período. Essa seria a atualização, na vida adulta, dos primeiros modos de enfrentamento de tenra idade.

> Regredindo às fases arcaicas do desenvolvimento e revivendo as relações de objeto e fantasias primitivas daquele período.

O "agir arcaico" dos pacientes se dá sob a forma de uma descarga direta, expulsando do psiquismo e derivando para o corpo as percepções e fantasias ou pensamentos que suscitam afetos insuportáveis, associados às vivências traumáticas e precoces presentes no desenvolvimento infantil (McDougall, 1991).

Podemos pensar, desse modo, como a dinâmica mental constrói a realidade externa e é responsável por acionar os mecanismos adaptativos do organismo. Essa realidade externa é construída a partir do universo simbólico do psiquismo. A mente, construindo suas concepções de mundo, experimenta essas criações como reais e transforma a realidade externa (Eksterman, 1992). Desse modo, a externalização de conteúdos somatizados pode colaborar para o alívio do sofrimento e melhora da qualidade de vida dos pacientes (Arrais et al., 2012).

Como a dinâmica mental constrói a realidade externa e é responsável por acionar os mecanismos adaptativos do organismo.

O PACIENTE CARDIOPATA

Apesar dos inquestionáveis avanços terapêuticos nas últimas décadas, o prognóstico da insuficiência cardíaca (IC) depende de diversos fatores de predição, sendo responsável por elevados índices de morbidade e mortalidade em todo o mundo (Roger et al., 2012). Os pacientes portadores de IC avançada, classe funcional III ou IV, com sintomas graves, sem alternativa para tratamento clínico e com prognóstico desfavorável são indicados ao transplante cardíaco (Dickstein, et al., 2008; Mehra, et al., 2006). Classe funcional (CF) é uma classificação da New York Heart Association (NYHA) e corresponde à limitação da capacidade física: pacientes CF IV são aqueles que devem ficar em repouso completo, confinados à cama ou cadeira e para quem qualquer atividade física traz desconforto, com sintomas inclusive em repouso.

O processo de seleção do candidato ao transplante cardíaco (TC) requer uma avaliação de equipe multidisciplinar que contemple contraindicações e comorbidades impeditivas ao acompanhamento do procedimento, aquelas como alto risco durante as fases pré, trans e pós-operatória (Mehra, et al., 2006). Destacam-se como *contraindicações absolutas* para o TC as doenças psiquiátricas graves, dependência química e *não aderência às recomendações da equipe.*

Estudos abordam a relação entre fatores emocionais e enfermidade, demonstrando o impacto da doença na qualidade de vida dos pacientes e confirmando que a avaliação psicológica e a identificação de fatores de risco no pré-operatório são necessárias, já que o estado emocional interfere diretamente nas reações no trans e pós-operatório (Barbosa & Randomile, 2006; Hueb & Loureiro, 2005; Oliveira et al., 2010; Oliveira, et al., 2012). O pré-transplante pode, então, ser vivido como um momento de ambiguidade e confusão, sendo o atendimento psicológico fundamental para um enfrentamento adequado (Campos et al., 2003).

O estado emocional interfere diretamente nas reações no trans e pós-operatório.

Alterações emocionais são descritas em associação com doença arterial coronária, precedendo infarto do miocárdio, crises de angina e morte súbita, bem como agravantes de hipertensão arterial. Nesse sentido, fatores psicossociais podem aumentar a predisposição a eventos cardíacos (Jenkins & Zyzansky, 1980; Theodore, 1987; Theorell, 1973; Albus, 2010; Brezinka & Kittel, 1996; Khayyam-Nekouei et al., 2013; Steptoe, 1999; Rozansky et al., 1999; Oliveira & Luz, 1992).

Fatores psicossociais podem aumentar a predisposição a eventos cardíacos.

Quanto aos fatores de risco psicossociais na doença cardiovascular (DCV), associa-se depressão e estresse ao aumento de risco de infarto para a população global em torno de 2,67 vezes, ultrapassando fatores de risco como hipertensão arterial e diabetes. Esse é o impacto para a população: uma abordagem terapêutica da depressão e estresse reduziria 33% dos casos de IAM no mundo (Avezum et al., 2004).

Associa-se depressão e estresse ao aumento de risco de infarto para a população global em torno de 2,67 vezes, ultrapassando fatores de risco como hipertensão arterial e diabetes.

Uma abordagem terapêutica da depressão e estresse reduziria 33% dos casos de IAM no mundo.

Diante dos estudos apresentados, é fato a repercussão cardiovascular em face de situações ansiogênicas, sendo peculiar o modo de enfrentamento do paciente, resultado de sua história: a opção pelo tipo de enfrentamento dependeria de predisposições constitucionais das primeiras experiências de vida, da qualidade das relações objetais e fantasias inconscientes envolvidas no processo (Eksterman, 1978). Vamos, então, tecer algumas considerações acerca dos aspectos subjetivos da doença cardiovascular a partir de um caso clínico.

Sendo peculiar o modo de enfrentamento do paciente a opção pelo tipo de enfrentamento dependeria de predisposições constitucionais das primeiras experiências de vida, da qualidade das relações objetais e fantasias inconscientes.

DELINEAMENTO DO ESTUDO ORIGINAL E CASO CLÍNICO ILUSTRATIVO

Estudos com pacientes cardiopatas (Tamagnini, 2009; 2014) consideraram os aspectos psicossomáticos a partir de uma demonstração das particularidades subjetivas envolvidas no processo saúde-doença (como relações objetais e fantasias inconscientes) e em diferentes estágios de doença cardiovascular. A hipótese foi a de que a compreensão desse processo favorecesse a diminuição dos fatores de risco de ordem psicológica/psiquiátrica, permitindo a manutenção da adesão dos pacientes ao tratamento e ao cumprimento das orientações da equipe e garantindo, assim, melhor prognóstico.

A diminuição dos fatores de risco de ordem psicológica/psiquiátrica permite a manutenção da adesão dos pacientes ao tratamento e ao cumprimento das orientações da equipe e garante, assim, melhor prognóstico.

Utilizou-se a entrevista clínica com o emprego da escala de avaliação global do funcionamento (AGF) do DSM-IV (Associação Americana de Psiquiatria [APA], 2002) e algumas lâminas pré-selecionadas do TRO, teste de relações objetais de Phillipson (Phillipson, 1981).

A entrevista clínica com o emprego da escala de avaliação global do funcionamento (AGF) do DSM-IV (Associação Americana de Psiquiatria [APA], 2002) e algumas lâminas pré-selecionadas do TRO, teste de relações objetais de Phillipson.

A avaliação global do funcionamento, rastreada pela escala AGF, constitui o quinto eixo no sistema DSM e tem como propósito permitir o julgamento sobre o nível global de funcionamento psicológico, social e ocupacional do indivíduo. É considerado o funcionamento psicológico em um contínuo hipotético de saúde/doença, com pontuação relativa ao período atual, variando de 0 a 100, com intervalos de 10 pontos. Pontuações elevadas são interpretadas como funcionamento social, psicológico e ocupacional satisfatório, enquanto pontuações > 50 indicam importante severidade dos sintomas e prejuízos quanto à competência social.

AGF permite o julgamento sobre o nível global de funcionamento psicológico, social e ocupacional do indivíduo.

O TRO é uma técnica projetiva, elaborada por Phillipson em 1955 com base na teoria das relações objetais de Melanie Klein, composto por 13 lâminas. Os participantes são convidados a contar histórias livremente, a partir do que observam. Cada história revela o mundo interno das relações objetais que se expressam no mundo externo (Phillipson, 1981). Foram selecionadas 6 lâminas, que estimulam os seguintes indicadores:

TRO
Técnica projetiva, elaborada por Phillipson em 1955 com base na teoria das relações objetais de Melanie Klein.

A1(1): fornece elementos para investigar como o paciente vive a situação de psicodiagnóstico e estabelece a relação transferencial (relações objetais primitivas), e como reage a uma nova situação.

B3(4): apresenta uma situação triangular, pode gerar distorção perceptual devido à ansiedade persecutória, com um terceiro afastado, que pode ser admitido como excluído/incluído ou negado.

AG(5): explora a angústia depressiva e a capacidade de tolerar a destruição de objetos e elaborar perdas. Indica como lida com lutos reais ou fantasiados.

BG(10): faz referência ao grupo, com um dos indivíduos em exclusão espacial. Explora sentimentos de solidão e exclusão, além de aceitação, rejeição e indiferença diante do outro. Possibilita a compreensão da dinâmica do paciente em relação a uma possível alta e recursos de que dispõe para reintegração ao meio.

C2(11): induz a pensamentos sobre a morte, doença e velhice. Estimula fantasias de perda objetal, sentimentos depressivos, fantasias reparatórias ou destrutivas/ameaçadoras que levam a elaboração depressiva ou maníaca. Indica se o luto é originado por situações passadas, presente ou futuras (projetos renunciados). Quando as ansiedades são excessivas, aparecem fenômenos confusionais. Sugere um estímulo que implica tolerar a morte ou a doença do objeto,

Branca(13): ausência de estímulo visual; explora a relação transferencial. Permite a criação de uma história, chave para a formulação do prognóstico, a partir da elaboração de um projeto existencial, com elaborações depressivas (reconhecimento do sofrimento, aceitar o tratamento) ou maníacas (negando a condição atual e desvalorizando o processo).

A avaliação das lâminas do TRO priorizou a identificação dos desejos inconscientes, sentimentos (medos/ansiedades) e mecanismos de defesa do paciente, avaliando as relações objetais predominantes que emergiram com a indicação do TC.

Apresentamos as particularidades de uma paciente CF IV, 32 anos, com cardiomiopatia dilatada[1] (CMD) e cardite reumática.[2] Serão abordados os principais conflitos intrapsíquicos que originaram a forma de enfrentamento da paciente, chamada de "E", no período em que recebe a indicação para o enxerto.

Análise do TRO: narrativas e natureza das relações objetais

- Desejos inconscientes: ser olhada, notada (A1), dependência e paralisação do objeto ou *self* (AG e branca), dependência (B3), separar objeto bom e mau (BG), fusão com o objeto (C2).
- Medos-ansiedades: solidão, morte e abandono (A1), ansiedade confusional e aniquilamento (AG), inveja e desamparo (B3), medo de progredir (BG), autodesvalorização (C2), aniquilamento (branca).
- Mecanismos de defesa: identificação projetiva (A1), controle do objeto e escotomização (AG e C2), desaparecimento do *self* (B3), identificação projetiva (BG), idealização e triunfo (branca).
- Fantasias inconscientes: fusão e simbiose (A1), destruição e desaparecimento do *self* (AG), paralisação (B3), separação (BG), fragmentação e aniquilamento (C2), morte e desaparecimento (branca).

---

1   Grupo de alterações do músculo cardíaco em que os ventrículos (as 2 câmaras inferiores do coração) aumentam de tamanho (dilatam), mas não são capazes de bombear sangue suficiente para satisfazer as necessidades do corpo, resultando em insuficiência cardíaca.

2   Cardite reumática é o nome dado ao envolvimento cardíaco que resulta de sequelas de um ou mais episódios de febre reumática aguda (FRA). Episódios recorrentes de FRA podem levar a uma lesão progressiva das válvulas cardíacas.

Aspectos psicossomáticos e psicodinâmicos no paciente de transplante cardíaco   203

■ Apresenta aspectos regressivos, desejo de dependência infantil, sentimentos de exclusão e isolamento. Medo acentuado de retaliação, relação de objetos parciais e desintegração.

Em relação às lâminas apresentadas, demonstra atitude regressiva ao incluir uma criança em A1 na escuridão da noite, sozinha, enquanto o homem observa calado e distante. A criança não é acolhida pelo adulto, "que se mantém calado" e manifesta intenso sentimento de solidão.

Considera a situação triangular em B3, porém "a mãe está de costas para a criança, não liga". Sente-se só, abandonada e não identifica o olhar da mãe. O menino na escuridão que observa o casal em B3 mostra sua condição de olhar para a situação atual, trazendo conteúdos invejosos e intenso sentimento de desamparo. O ambiente não é acolhedor, mas mantém a relação triangular com o terceiro excluído, que reclama a atenção de um bebê.

A dificuldade em elaborar perdas é analisada em AG, sugerindo que fosse pintada: O Morro – Vixi! Vamos pintar esse aqui para ficar melhor! Parece um monte de sombra. Parece uma pessoa, um monte de pessoas, ou é sombra de morro. Esse aqui não deu não, não imagino nada", e em C2, na qual se vê com o marido: "Estou dormindo: esse aqui é meu marido tirando foto de mim quando estava grávida de minha menina. Eu não o vi tirando. Ele tirava foto de mim enquanto dormia. Tenho um monte de fotos como essa aqui". Colorida, a lâmina ficaria menos assustadora. Espanta-se com o "monte de sombra", soluciona lutos reais ou fantasiosos abandonando a situação. Forte sentimento de persecutoriedade, "essa aqui não deu [...]".

Conta histórias de solidão, "se não é pessoa, é sombra", a relação do par está cindida.

Aceita a mulher acamada em C2, utilizando-se, novamente, do mecanismo de identificação projetiva. Projeta-se grávida na cena, negando psiquicamente sua condição atual de saúde e demonstrando dificuldade em lidar com suas perdas (doença).

O rapaz da porta, isolado em BG, está fazendo sombra, indicando novamente o sentimento de solidão e desamparo. Está à sombra das pessoas, "fazendo reflexo".

Cria uma história que indica a morte como saída para seu sofrimento (branca). A lâmina foi descrita como "Entrada no Paraíso". Elabora no vazio o seu projeto existencial indicando a morte ("a entrada no paraíso") como saída gratificante ao sofrimento vivenciado com a enfermidade não suportada: "O Meu Paraíso: Só vejo claridade, vejo um monte de nuvens brancas, aquelas coisas bonitas, ovelhas branquinhas, coisas para ficar só olhando".

Avaliação multiaxial – eixo V (DSM-IV)

Pontuação: 36 – Demonstra prejuízos importantes em diversas áreas, como no contato com a realidade, na comunicação e autocuidado, além da capacidade de julgamento. Apresenta aspectos destrutivos.

Prejuízos no contato com a realidade, na comunicação e autocuidado, além da capacidade de julgamento.

Análise da dinâmica intrapsíquica

A paciente E foi acometida por quadro de febre reumática na adolescência. Seguiu em tratamento até os 17 anos, momento em que saiu de casa. Contra recomendações médicas, uma vez que a doença cardíaca reumática aumenta a morbimortalidade materna e fetal, engravidou. Tem 3 filhos e já sofreu 2 abortos. Analisando as narrativas do TRO, conseguimos fazer inferências sobre sua dificuldade em acatar recomendações da equipe, em desempenhar o autocuidado.

Os médicos não recomendaram a troca de suas duas válvulas protéticas, alegando que seu coração não resistiria ao procedimento. Assim, recebeu a indicação para o TC como última alternativa de tratamento. Diante da indicação, diz:

"Se for para melhorar eu aceito fazer o transplante, porque se for para passar pela cirurgia e continuar não podendo fazer nada, prefiro ficar como estou. Tem vezes que eu penso: 'Ah! Hoje eu poderia fazer tal coisa, estar melhor'. Dá vontade de chorar, fico irritada, nervosa, não quero claridade, quero ficar só na cama, deitada. Nunca pensei de onde esse coração virá, contanto que seja bom [...]. Se eu for pensar nisso nunca vou operar".

Traços depressivos são identificados, corroborando com achados do teste projetivo: mantém postura de negação de sua condição física.

Seus pais, avó paterna, tia e tio maternos faleceram vítimas de doença de Chagas. Sua mãe teve 10 filhos, sendo 7 de um casamento consanguíneo, entre primos de primeiro grau, acometidos por anomalias estruturais (deformidades anatômicas) e distúrbios fisiológicos. Cinco faleceram antes do terceiro ano de vida e 2 sobreviveram: a paciente E e seu irmão mais novo.

"Eles nasciam com o peso normal, andavam, falavam, depois tinham uma febre bem forte, tipo meningite, e ficavam paralisados, pareciam bonecos, secavam, perdiam a voz, não andavam. Você imagina como é a minha cabeça, né? Estou viva por Deus. Os médicos chamavam minha mãe de criminosa, mas ela não entendia disso. Até hoje minha mãe fala que, se arrependimento matasse, estaria morta porque não teria filho nenhum."

Parece conformada por já ser "sobrevivente" dessa coleção de mortes experimentada pela mãe e sentida por E. Busca o olhar da mãe, que "não teria nenhum filho", e encontra o vazio. Demonstra seu enfraquecimento egoico, o terror diante de bebês parecidos com "bonecos que secavam" e suas mortes, resultantes da negação da realidade que a mãe insistiu em manter por tantos anos. Parece ter ficado identificada com a mãe, repetindo sua destrutividade. Talvez para E, que também engravidou negando sua condição clínica e recomendações médicas, ela seja agora "punida" com a indicação ao enxerto, devendo, então, rechaçá-la.

Refere não ter amigos nem colegas, sente-se mal na presença de muitas pessoas, "fico isolada, me protejo no meu escudo. Não gosto quando tem muita gente junta, meu rosto até queima. O meu problema eu levo na brincadeira [chora]".

Relata um sonho angustiante em que vê sua filha em uma cova.

"Eu queria te contar sobre um sonho que tive, pensei muito antes de vir para cá. Nele, saía no portão de minha casa e tinha um cemitério em frente. Minha filha estava deitada na cova e falava para mim: 'Vem, mamãe, vem dormir aqui, traz o travesseiro e vem comigo'. Acordei assustada, olhei para ela e estava bem, meu coração disparou. Será que meu coração vai aguentar até chegar um doador?"

A morte está cada vez mais próxima de E, chama por ela, persegue-a. O transplante pode ser sentido aqui como possibilidade real de morte que está cada vez mais próxima, convida-a à cova para se deitar.

Conta que a mãe tem uma situação estável financeiramente, mas pouco a ajuda. Chora compulsivamente durante todo o relato ao resgatar detalhes de sua história de vida. Quando pequena, morava com a tia, passou a morar com a mãe aos 10 anos de idade, quando o padrasto começou a assediá-la. Contou à tia aos 16 anos, e, quando a mãe soube, acusou-a de estar mentindo. Saiu de casa, morou na rua, usou drogas, engravidou do dono da casa em que trabalhava como faxineira. Após 25 anos juntos, o padrasto abandonou a mãe e deixou uma dívida impagável à família.

A decepção com sua mãe quando esta soube do abuso que sofria pelo padrasto, a frustração sentida por não ter o apoio esperado, são remontadas quando não consegue ajudar também o seu filho nos momentos em que precisa. Sente-se culpada, mas não vê alternativas para evitar o sofrimento.

Considera-se incapaz de realizar tarefas simples, ou de ajudar o filho na escola, impotente nessas situações. Repete com os filhos aquilo que a mãe fez, deixando-a para outros cuidarem. Sofre por não entender o porquê de ser abandonada ou ter abandonado. Incomodada por não conseguir realizar tarefas do lar como antes, mas afirma que se esforça para deixar a casa sempre limpa, o que é motivo de brigas com o marido. "Não adianta, se eu ficar esperando parada, vou ficar doente, mais do que já estou. Eu já acho que estou parada demais, não vejo a hora de começar a trabalhar."

As relações objetais identificadas estavam ligadas às posições mais arcaicas do desenvolvimento da paciente E, viscocárica e esquizoparanoide, além de fantasias inconscientes de morte e fragmentação, simbiose e fusão com o objeto. Foram verificadas, também, fantasias de mutilação e retaliação.

Podemos inferir que houve regressão diante da constatação da necessidade de um transplante cardíaco, como se resgatasse medos, sentimentos e angústias dos primórdios de seu desenvolvimento, lançando mão, assim, de mecanismos de defesa também arcaicos. As fantasias inconscientes de mutilação e retaliação demonstram o sofrimento diante da indicação ao transplante cardíaco (corpo mutilado, fragmentado). Os conflitos intrapsíquicos atuais serão contemplados com recursos similares aos arcaicos demonstrados em sua história pregressa.

PSICOSSOMÁTICA E DOENÇA CARDIOVASCULAR: ARTICULAÇÕES

Ao pensarmos em nossas emoções, fazemos uma conexão quase direta com o coração, que já foi considerado o responsável por suas manifestações. Compositores, escritores, poetas, todos são categóricos ao descrever a influência das emoções sobre o coração, e, embora não haja um compromisso com a ciência nas construções artísticas, podemos afirmar que sentimos no peito os efeitos causados em situações que promovem alegria, tristeza, medo, rancor, entre tantas outras. Diante de um cenário de perigo, por exemplo, ocorrem alterações somáticas e viscerais para que ajustes necessários à sobrevivência sejam ativados, como aumento da pressão sanguínea e da ventilação pulmonar, redução de secreção intestinal, disponibilização de energia, redirecionamento de fluxo sanguíneo etc. Considerar, então, a presença de aspectos emocionais nas doenças cardiovasculares é quase um processo automático entre os profissionais de saúde. No entanto, a prática clínica demonstra a necessidade de uma ampliação do diálogo interdisciplinar, que promova a integração dos diferentes saberes a fim de que o processo de adoecer seja, de fato, considerado decorrente de um ser humano biopsicossocial.

Neste capítulo há algumas considerações referentes aos **processos psíquicos envolvidos na doença cardiovascular e que podem atuar como fatores de risco tanto no agravamento da doença quanto no abandono do tratamento proposto.** Doenças cardiovasculares representam a principal causa de morte no mundo, e não desprezamos sua ligação com eventos emocionais. A dinâmica psíquica dessa paciente pode apontar para uma evolução desfavorável tanto em relação aos sintomas afetivos quanto à doença clínica ao promover menor aderência às orientações terapêuticas e aumentar índices de morbimortalidade, o que ocorre com o surgimento/agravamento, por exemplo, das manifestações sintomáticas de ansiedade e depressão.

> Evolução desfavorável tanto em relação aos sintomas afetivos quanto à doença clínica ao promover menor aderência às orientações terapêuticas e aumentar índices de morbimortalidade, o que ocorre com o surgimento/agravamento, por exemplo, das manifestações sintomáticas de ansiedade e depressão.

A interação entre o sofrimento psíquico e as manifestações orgânicas foi identificada em sua avaliação psicodinâmica. Como ilustração, temos:

> A capacidade de expressão/simbolização apareceu mais comprometida em pacientes graves, corroborando as baixas pontuações encontradas tanto no TRO quanto na AGF. Não podemos afirmar se pacientes graves apresentam capacidade de simbolização comprometida ou se tornam graves em função da dificuldade de simbolizar. Como explicitado anteriormente, não há pretensão de estabelecer relações de causa e efeito na dinâmica saúde-doença. Especificamente no caso de E, o prejuízo no processo de simbolizar, produto de um ego menos integrado no momento da indicação ao enxerto, demonstrou uma dinâmica psíquica primitiva que ativou mecanismos arcaicos de funcionamento.

Apresentou, ainda, dificuldade expressiva de lançar mão de objetos internos reparadores e menos regredidos a fim de atingir a elaboração depressiva proposta pela lâmina branca. Manteve atitudes regressivas e características de fases arcaicas do desenvolvimento até o final do exame.

Em algumas doenças a correlação entre os aspectos emocionais, situações de vida e patologia somática é mais evidente. Assim, se toda doença é considerada psicossomática,

Aspectos psicossomáticos e psicodinâmicos no paciente de transplante cardíaco   207

isso significa que existe um ser provido de soma e psique inseparáveis, anatômica e funcionalmente (Mello-Filho, 1992).

> Existe um ser provido de soma e psique inseparáveis.

A paciente trouxe em sua história de vida relatos de situações em que a simbolização não aconteceu, e, no momento de crise, esses aspectos foram agravados. A capacidade de elaboração depressiva requer essa apreensão do sofrimento pela perda objetal.

Podemos pensar que, se os pacientes cardiopatas graves que mostram complexos processos psíquicos encontrarem campo/espaço para a fala em situações de crise (como o agravamento do quadro clínico), podem ser beneficiados por uma escuta diferenciada e encontrar melhores recursos de enfrentamento para eventos estressores. O psicanalista pode, na instituição de saúde, ser um profissional a oferecer essa escuta e identificar importantes conteúdos latentes presentes no discurso do doente.

> Se os pacientes cardiopatas graves que mostram complexos processos psíquicos encontrarem campo/espaço para a fala em situações de crise (como o agravamento do quadro clínico), podem ser beneficiados por uma escuta diferenciada e encontrar melhores recursos de enfrentamento para eventos estressores.

Os sintomas são incluídos na história de vida do paciente, e o adoecer não deve ser visto como acontecimento casual, mas como revelador de sofrimento (Rodrigues et al., 2010; Eksterman, 1978). Quando não há condição para a simbolização, e muitos trazem em sua história a constatação de que isso nunca foi alcançado, pode haver também espaço para a formação de sintomas, o que foi identificado com maior frequência nos grupos mais graves de DCV.

A presença da temática de morte circundando a paciente E, somada à incerteza de seu prognóstico, atuou como desafio intrínseco nessa fase. Pacientes em estágios mais avançados da doença apresentaram aspectos psicossomáticos expressivos, como episódios de ansiedade, depressão e desesperança, relações objetais parciais e fantasias inconscientes predominantemente das fases arcaicas do desenvolvimento, esquizoparanoide e viscocárica (Tamagnini, 2014). Fantasias inconscientes específicas, relações objetais arcaicas e o agravamento de aspectos psicossomáticos podem atuar como fatores de risco na DCV.

Praticar a saúde no sentido amplo, como condição de bem-estar biopsicossocial, é um grande desafio. A proposta foi apresentar uma investigação psicanalítica referente ao mundo interno de uma paciente indicada ao transplante de coração, com a observação da atividade do inconsciente em relação ao mundo externo, e visou ao reconhecimento dos fatores subjetivos envolvidos na construção dos sintomas e na possibilidade de agravamento da condição clínica com o abandono do tratamento ou negação de recomendações médicas.

> Praticar a saúde no sentido amplo, como condição de bem-estar biopsicossocial, é um grande desafio.

> Fatores subjetivos envolvidos na construção dos sintomas e na possibilidade de agravamento da condição clínica com o abandono do tratamento ou negação de recomendações médicas.

O diagnóstico diferencial pode fornecer dados sobre a adesão do paciente ao tratamento, identificando fantasias que podem interferir no pré e pós-operatório cirúrgico e avaliando prejuízos no autocuidado. A escuta diferenciada do profissional de saúde mental deve ter, em última instância, o objetivo de favorecer a elaboração de conteúdos subjetivos que emergem, a fim de promover a redução dos sintomas e de saúde global, compreendendo os aspectos psicossomáticos envolvidos na relação paciente-doença e identificando os processos intrapsíquicos arcaicos que podem emergir diante da condição clínica do cardiopata grave.

REFERÊNCIAS

1. Albus C. Psychological and social factors in coronary heart disease. Ann Med. 2010;42(7):487-94.
2. Arrais AR, Oliveira APSV, Paula FTM. O atendimento psicológico de adultos e idosos com quadros psicossomáticos no pronto-socorro de um hospital. Psicologia e Saúde. 2012;4:77-84.
3. Associação Americana de Psiquiatria – APA. Manual diagnóstico e estatístico de transtornos mentais – DSM-IV. 4.ed. Porto Alegre: Artmed; 2002.
4. Avezum A, Yusuf S, Hawken S, Ôunpuu S, Dan T et al. Effect of potentially modifiable risk factors associated with myocardial infarction in 52 countries (the interheart study): case-control study. Lancet. 2004;364:937-952.
5. Barbosa VC, Randomile MES. Ansiedade pré-operatória no hospital geral. Revista Virtual de Psicologia Hospitalar e da Saúde. 2006;2:45-50.
6. Brezinka V, Kittel F. Psychosocial factors of coronary heart disease in woman: a review. Soc Sci Med 1996;42(10):1351-65.
7. Campos EMP, Bach C, Alvares M. Estados emocionais do paciente candidato a transplante de medula óssea. Psicol Teoria e Prática 2003;5(2):23-36.
8. Campos EP. Aspectos psicossomáticos em cardiologia. Psicossomática hoje. Porto Alegre: Artes Médicas; 1992.
9. Caper R. A identificação projetiva e a formação do mundo interno: fatos imateriais. Rio de Janeiro: Imago; 1990.
10. Dickstein K, Cohen-Solal A, Filippatos G, McMurray J, Ponikowski P, Poole-Wilson P et al. ESC guidelines for the diagnosis and treatment of acute and chronic heart failure 2008: the Task Force of the European Society of Cardiology. Developed in collaboration with the Heart Failure Association of the ESC (HFA) and endorsed by the European Society of Intensive Care Medicine (ESICM). Eur J Heart Fail. 2008;10(10):933-89.
11. Eksterman A. O médico como psicanalista: contribuições psicanalíticas à medicina psicossomática. São Paulo: ABMP; 1978. v. 1.
12. Eksterman A. Psicossomática: o diálogo entre a psicanálise e a medicina. Psicossomática hoje. Porto Alegre: Artes Médicas; 1992.
13. Freud S. Estudos sobre a histeria. Trad. J. Salomão. Edição standard brasileira das obras psicológicas completas de Sigmund Freud. Rio de Janeiro: Imago; 1895/1996. v. 2. (Original publicado em 1893-1895.)

14. Hueb MFD, Loureiro SR. Revisão: aspectos cognitivos e psicossociais associados à doença de Chagas. Psicologia em Estudo. 2005;10(1):137-42.

15. Jenkins CD, Zyzansky SJ. Behavioral risk factors and coronary disease. Psychother Psychosom. 1980;34:149-77.

16. Khayyam-Nekouei Z, Neshatdoost H, Yousefy A, Sadeghji M, Manshaee G. Psychological factors and coronary heart disease. ARYA Atherosclerosis. 2013;9(1):102-11.

17. Klein M. The development of a child: contributions to psychoanalysis. London: Hogarth; 1948. (Original publicado em 1921.)

18. Klein M. Notas sobre alguns mecanismos esquizoides. In: Inveja e gratidão e outros trabalhos. Rio de Janeiro: Imago; 1991a. (Original publicado em 1946.)

19. Klein M. Inveja e gratidão. In: Inveja e gratidão e outros trabalhos. Rio de Janeiro: Imago; 1991b. (Original publicado em 1957.)

20. Klein M. Sobre o desenvolvimento do funcionamento mental. In: Inveja e gratidão e outros trabalhos. Rio de Janeiro: Imago; 1991c. (Original publicado em 1958.)

21. Klein M. Uma contribuição à psicogênese dos estados maníaco-depressivos. In: Amor, culpa e reparação. Rio de Janeiro: Imago; 1996. (Original publicado em 1935.)

22. Klein M. A psicanálise de crianças. Rio de Janeiro: Imago; 1997. (Original publicado em 1932.)

23. McDougall, J. Teatros do corpo. São Paulo: Martins Fontes; 1991.

24. Mehra M, Kobashigawa J, Starling R, Russell S, Uber P, Parameshwar J, et al. Listing criteria for heart transplantation: International Society for Heart and Lung Transplantation guidelines for the care of cardiac transplant candidates. J Heart Lung Transplantation. 2006;25(9):1024-42.

25. Mello-Filho J. Psicossomática hoje. Porto Alegre: Artes Médicas; 1992.

26. Oliveira EA, Santos MA, Mastropietro AP. Apoio psicológico na terminalidade: ensinamentos para a vida. Psicologia em Estudo. 2010;15(2):235-44.

27. Oliveira MFP, Luz PL. O impacto da cirurgia cardíaca. Psicossomática hoje. Porto Alegre: Artes Médicas; 1992.

28. Oliveira MP, Martins PDE, Siqueira EJ, Alvarez GS, Laitano FF, Pires FKS. Aspectos psicológicos do paciente pós-bariátrico. Arq Catarinenses Med. 2012;41:173-5.

29. Phillipson H. Test de relaciones objetales. Buenos Aires: Paidós; 1981.

30. Rodrigues AL, Campos EMP, Pardini F. Mecanismo de formação dos sintomas em psicossomática. In: Spinelli, MR (org.). Introdução à psicossomática. São Paulo: Atheneu; 2010.

31. Roger VL, Go AS, Lloyd-Jones DM, Benjamin EJ, Adams RJ, et al. Heart disease and stroke statistics – 2011 – update: a report from the American Heart Association. Circulation: J Am Heart Association. 2012. Disponível em: circ.ahajournals.org/content/early/2011/12/15/CIR.0b013e31823ac046.

32. Rosa JT (org.). Atualizações clínicas do teste de relações objetais de Phillipson. São Paulo: Vetor; 2005.

33. Rozansky A, Blumenthal JA, Kaplan J. Impact of psychological factors on the pathogenesis of cardiovascular disease and implications for therapy. Circulation. 1999;99:2192-217.

34. Segal H. Introdução à obra de Melanie Klein. Rio de Janeiro: Imago; 1975.

35. Segal H. A técnica de Melanie Klein. In: A obra de Hanna Segal: uma abordagem kleiniana à prática clínica. Rio de Janeiro: Imago; 1982.

36. Steptoe A. Psychosocial factors in the etiology of coronary heart disease. Heart. 1999;82:258-259.

37. Tamagnini EJG. Transplante cardíaco: sistema tensional inconsciente dominante e diagnóstico adaptativo operacionalizado de mulheres candidatas ao enxerto [Dissertação]. São Paulo: Universidade de São Paulo, Instituto de Psicologia, Pós-Graduação em Psicologia Clínica; 2009.

38. Tamagnini EJG. A psicodinâmica do paciente cardiopata: contribuições da psicanálise à cardiologia [Tese]. São Paulo: Universidade de São Paulo, Instituto de Psicologia, Pós-Graduação em Psicologia Clínica; 2014.

39. Theodore AS. Psychiatric management of acute myocardial infarction in the Coronary Care Unit. Am J Cardiol. 1987;60(18):59-67.

40. Theorell T. Psychosocial factors and myocardial infarction – why and how? Advanc Cardiol. 1973;8:117-31.

16 Efeitos psicológicos em irmãos saudáveis de crianças portadoras de cardiopatias congênitas

Andrea de Amorin Dórea
Avelino Luiz Rodrigues

INTRODUÇÃO

Este capítulo pretende compreender psicologicamente a vivência de crianças saudáveis cujos irmãos são portadores de cardiopatia congênita. Através da experiência clínica na Unidade Pediátrica do Instituto do Coração (InCor) da Faculdade de Medicina da Universidade de São Paulo (FMUSP), onde são atendidas crianças com cardiopatia congênita, assim como suas famílias, constatou-se através dos relatos de mães, de forma recorrente, que muitos irmãos saudáveis de crianças com cardiopatia apresentavam somatizações tanto sintomas físicos – como febre, diarreia e dores de estômago, sem que se verificasse causa orgânica que os justificasse – quanto sintomas psicológicos, como angústia, tristeza e choro. Este conjunto de manifestações indicava sofrimento psíquico, que se poderia denominar de *somatizações*. Estas, segundo Menninger (1947), representam a expressão visceral (corporal) de emoções e sentimentos que são impedidos de ter acesso ao consciente e, na verdade, são respostas exacerbadas de manifestações fisiológicas normais. Surgem na forma de uma reação de *distress* (dificuldades de adaptação) a uma situação crônica e/ou intensa, percebida como emocionalmente penosa para a pessoa; na persistência da repressão dos conteúdos subjetivos, persiste uma disfunção visceral que, com o tempo, pode resultar em mudanças na estrutura do órgão.

Surgiram, assim, a motivação de um olhar mais investigativo, de uma compreensão mais apurada das dinâmicas estabelecidas entre as crianças saudáveis e seus irmãos doentes e também a análise, em relação às crianças saudáveis, dos efeitos psicológicos advindos da convivência com um irmão portador de cardiopatia congênita e as possíveis repercussões da hospitalização da criança doente sobre a criança saudável.

CARDIOPATIAS CONGÊNITAS

Originárias de alterações ocorridas ainda na fase embrionária, as cardiopatias congênitas são malformações anatômicas localizadas no coração e/ou nos grandes vasos intratorácicos. De acordo com a American Heart Association (AHA, 2005), cerca de 1% das crianças nascidas com vida apresentam algum tipo de malformação cardiovascular e, em 2010, estimou-se que, no mundo, nasceriam oito crianças com cardiopatia congênita para 1.000 crianças nascidas vivas (LucBernier et al., 2010).

Sua origem pode ser associada a fatores múltiplos, destacando-se desde a predisposição hereditária e o histórico familiar (cerca de 30%), até mesmo a fatores externos, como características ambientais, rubéola materna e drogas teratogênicas (aproximadamente 6%). Estima-se, contudo, que, em 60% das ocorrências verificadas, as causas são desconhecidas (AHA, 2006; Protasio, 2005).

Além de outros sintomas frequentemente verificados, as malformações congênitas cardíacas podem ocasionar, em diferentes graus, insuficiência circulatória e respiratória e, em casos mais graves, limitações severas à realização de atividade física, impondo restrições críticas ao desenvolvimento infantil (Giannotti-Hallage, 1988; Belo et al., 2016). Por se tratar de uma moléstia congênita, originária durante a gestação, pode ter determinações subjetivas nos sentimentos e comportamentos materno e familiar.

Além destas situações, é válido destacar todo o simbolismo acionado pelo coração, órgão revestido de significações e depositário das cargas emocionais e sentimentais em nossa cultura. Por certo, questões de saúde individual e familiar, cuja origem está simbolicamente relacionada a esse órgão, ganham contornos de maior dramaticidade e tensão.

O ADOECER E SUAS REPERCUSSÕES NA FAMÍLIA

A organização familiar, uma vez afetada pelo surgimento de uma doença em um de seus membros, pode acarretar uma reestruturação de suas dinâmicas pessoais que demandem alterações profundas em seu contexto (Laing, 1983). A ocorrência da hospitalização de um dos membros, assim, constitui um evento potencialmente deflagrador de crises e capaz de afetar o equilíbrio de um sistema, irrompendo como uma ameaça em relação à qual novas demandas serão constituídas.

A doença é sempre experimentada coletivamente, segundo Romano (1997), para quem o adoecimento interfere no equilíbrio do sistema familiar, com alterações em sua dinâmica, redistribuição de papéis e reorganização emocional, com adoção de novas rotinas e a necessária implicação de se lidar com sentimentos de *ansiedade, insegurança, sensação de culpa e agressividade.*

Nesse sentido, a obtenção do diagnóstico de cardiopatia congênita interrompe, sobretudo no que tange aos pais, a normalidade dos investimentos verificados nas relações familiares. Tal cenário tem ainda o agravante de se tratar a cardiopatia congênita de doença pouco conhecida por grande parte da população, o que mormente é capaz de acionar um mecanismo de angústia de morte nos pais.

O contexto do desconhecimento aciona, junto à família, um tipo de mecanismo de defesa que passa, num primeiro momento, pelo processo de negação do diagnóstico, manifestado sobretudo pela tentativa de substituir o médico e procurar outros pareceres clínicos, conforme apontam Campos, Álvares e Abreu (2004). Ato contínuo, verifica-se o aumento do sentimento de ansiedade e insegurança, bem como tentativa de definição de personagens culpadas ou inocentes. Não raro, o desdobrar dos acontecimentos faz incidir em agressões mútuas entre os pais, bastante simbólicas da tentativa – consciente ou não – de diminuir o sentimento de culpa de cada um (Burd & Mello Filho, 2004).

Romano (1997) também destaca que o aflorar do sentimento de culpa por parte dos pais de crianças com cardiopatias congênitas pode acarretar em atitudes de superproteção e permissividade, verificadas na assimilação de condutas demasiadamente tolerantes e na concessão de regalias em relação a estes filhos.

Por parte das mães, verifica-se, assim, que o sentimento de culpa pode respaldar ações por meio das quais, em nome do acompanhamento de consultas e internações, toda atividade pessoal, profissional ou mesmo voltada à estruturação familiar, é deixada de lado, excluindo do grupo familiar outras relações que extrapolem o vínculo da mãe com o filho doente.

A hospitalização e a requisição por cuidados especiais afetam toda a família, especialmente os irmãos sadios da criança cardiopata. Estes se sentem excluídos e até mesmo isolados das relações familiares; amiúde ficam sem receber informações a respeito da situação na qual estão envolvidos e, não raro, são incumbidos de maior responsabilidade ao terem que assumir obrigações domésticas, cuidados com irmãos menores ou mesmo serem privados de uma rotina escolar.

> A hospitalização e a requisição por cuidados especiais afetam toda a família, especialmente os irmãos sadios da criança cardiopata.

Em síntese, a confirmação do diagnóstico e as transformações processadas no seio familiar impõem uma duplicidade de desafios, a saber: oferecer cuidados à criança doente e lidar com transformações nas relações entre seus componentes. A demanda por cuidados, assim, deixa de estar restrita à criança cardiopata.

IRMÃOS SAUDÁVEIS DE CRIANÇAS COM DOENÇAS CRÔNICAS

Para Winnicott (1989), a família é o núcleo a partir do qual o desenvolvimento do ser humano se inicia. Na família, são despertados os primeiros sentimentos de amor e ódio, são concretizadas as primeiras aprendizagens, é iniciado o processo de socialização, e nela se tem início do desenvolvimento da personalidade dos sujeitos. Neste contexto, as relações com os pais e com os irmãos cumprem papel central na definição das experiências relacionais; elas determinarão, em grande parte, as interações sociais posteriores que serão formuladas e experimentadas pelos indivíduos (Fernandes et al., 2007).

> Para Winnicott (1989), a família é o núcleo a partir do qual o desenvolvimento do ser humano se inicia.

A complexidade e a riqueza dos relacionamentos fraternais residem no fato de que, muitas vezes, estes são a única e a mais estreita relação íntima e diária com iguais (horizontal) que a criança mantém, algo que marca indelevelmente sua vida psíquica. A relação fraterna permite, assim, o aprendizado da disputa e da admiração, da inveja e da cooperação, da negociação e da imitação, da comparação e da diferenciação, da dominação e da concessão, dentre outros fatores. Possibilita, enfim, um amplo aprendizado de habilidades e sentimentos que se constituem em um verdadeiro laboratório de relações sociais, experimentadas no contexto da família e também fora dela (Oliveira, 2006; Villela, 1999; Goldsmid & Féres-Carneiro, 2007).

Para Klein (1981), a noção de justiça e de lei desenvolvida pelos indivíduos ganha reforço a partir da convivência fraternal. Com o nascimento do segundo filho, partilhas, negociações e julgamentos passam a compor o repertório do filho primogênito, que terá que reorganizar seu espaço e sua maneira de pensar, mormente no que tange a sua relação com os pais.

Pesquisas na área de saúde familiar priorizam a relação entre pais e filhos, mais especificamente, na díade mãe-filho, sendo raro um estudo sistemático das relações fraternas em pesquisas de saúde. Esta escassez de estudos é ainda maior quando o tema a relação fraterna enfoca a questão da doença em um dos irmãos. Os irmãos de cardiopatas têm sido ainda menos estudados. Não se pode esquecer de que as crianças que convivem com a doença de um irmão o fazem durante sua própria infância, ou seja, durante o processo de desenvolvimento de sua personalidade. Todas as implicações da dinâmica da família exercerão forças sobre estas pessoas, cujos mecanismos de defesa do ego ainda são frágeis.

Autores como Gabarra e Crepaldi (2011) ressaltam a importância da reação dos pais frente à doença e ao filho doente na relação fraterna. Há uma demanda parental sobre os irmãos saudáveis de um amadurecimento precoce, uma vez que lhes é exigida uma compreensão dos acontecimentos familiares, como entender e suportar as necessidades especiais da criança doente, assim como retardar ou suspender as suas próprias. Os pais sentiriam dificuldade em abordar o assunto da doença com seus outros filhos, e as crianças saudáveis também raramente comentariam ou fariam perguntas relativas à doença ou ao tratamento, o que provocaria uma diminuição de comunicação que se estenderia para outros aspectos da vida familiar, produzindo uma espécie de "pacto de silêncio".

Ao analisar pesquisas sobre irmãos saudáveis de crianças com uma generalidade de doenças crônicas, o primeiro aspecto que chama a atenção são os dados contraditórios e inconsistentes a respeito dos efeitos psicológicos observados em curto e longo prazo no(s) irmão(s) são(s) (Labay & Walco, 2004; Sharpe & Rosister, 2002).

Se, por um lado, um número reduzido de estudos aponta sentimentos e comportamentos indicativos de que a criança sã se fortalece com a experiência de ter um irmão doente – adquirindo e desenvolvendo aptidões como tolerância, compaixão, solidariedade, maturidade, aumento de autoconfiança e de empatia etc. –, por outro, como apontam Bezerra e Veríssimo (2002), sentimentos e comportamentos associados ao sofrimento predominam na maioria dos artigos, caracterizando que a experiência da doença e da hospitalização de um irmão é muito difícil e pode afetar o processo de desenvolvimento infantil.

> A experiência da doença e da hospitalização de um irmão é muito difícil e pode afetar o processo de desenvolvimento infantil.

Alguns achados indicam que irmãos de crianças com doenças crônicas têm entre duas a três vezes mais riscos, comparativamente à população em geral, de apresentarem problemas comportamentais e psicológicos, dentre os quais se destacam baixa competência social e autoestima, timidez, sintomas ditos "psicossomáticos" ou denominados de somatização, labilidade relacional, delinquência, solidão, isolamento, ansiedade, depressão, raiva, preocupação excessiva e um decréscimo no desempenho escolar (Wiliams et al., 2003; Taylor & Fuggle, 2001; Sharpe & Rossister, 2002).

A pesquisa com cardiopatas desenvolvida por Wray e Maynard (2005) indicou que há mais casos de comportamentos antissociais por parte de irmãos de crianças com cardiopatias congênitas; em um quarto da amostra, foi verificado que menos tempo da família era dedicado às crianças saudáveis. Tais resultados, associados a outros desfechos conclusivos, indicaram haver uma relação entre a intensidade do tratamento, problemas comportamentais e diminuição de cuidados dos irmãos saudáveis.

Não sem razão, a literatura já chegou a registrar como *"crianças esquecidas"* os irmãos saudáveis de crianças com doenças crônicas, oferecendo uma dimensão impactante do sofrimento psicossocial significativo ao qual são submetidos dentro e fora da família (Massimo & Wiley, 2008).

A adequação frente aos cuidados que o tratamento do irmão demanda faz com que o irmão saudável exerça novos papéis sociais e familiares, criando um estado permanente e atípico de vigilância, que requer uma maturidade precoce e que refletirá negativamente em seu cotidiano. Isso pode dar origem a sentimentos como culpa, depressão e ansiedade, já que muitas vezes essas crianças atribuem as complicações no estado de saúde do irmão a algo que fizeram.

A criança, assim, procura manter o máximo de controle sobre seus atos, de tal forma que nada saia errado e prejudique o irmão doente; as brigas, geralmente, são excluídas da relação. Os irmãos sadios vivem, assim, sentimentos dúbios, pois compreendem a necessidade do paciente e, ao mesmo tempo, sentem-se enciumados e carentes. A convivência com o irmão doente, paralelamente, estimula o medo na criança do adoecimento, incitando a ansiedade.

O cuidado diferenciado oferecido à criança doente faz a doença ser vista como protagonista de ganhos secundários. Esse atributo pode gerar somatização por parte das crianças saudáveis e, não raro, eventuais identificações de sintomas semelhantes aos da criança paciente, sem qualquer causa patológica associada. Crianças saudáveis reconhecem o sofrimento dos familiares, mas parecem não conseguir reconhecer suas próprias necessidades e dores, escamoteando o sentimento de tristeza e criando desesperança, ciúme e sensação de abandono (Hutson & Alter, 2007).

Deste modo, supõe-se um sofrimento específico dessas crianças, o que justifica aprofundamento na análise e produção de estudos e projetos de atendimentos profiláticos. As escassas pesquisas apontam que irmãos de crianças cronicamente doentes constituem uma população de risco em termos de saúde mental.

MÉTODO

Foram entrevistadas cinco crianças saudáveis selecionadas a partir da análise de prontuário de seus irmãos cardiopatas. Os sujeitos da pesquisa tinham idades que variavam de 3 a 11 anos, cujos irmãos, portadores de cardiopatia congênita, encontravam-se hospitalizados no momento do encontro. Optou-se por avaliar apenas crianças cujos irmãos estivessem internados para que a pesquisa não aumentasse o ônus da família de se deslocar ao hospital mais vezes do que aquelas já necessárias em função do tratamento da criança cardiopata.

À época, os critérios de inclusão basearam-se nos seguintes pressupostos:

A. que o diagnóstico da cardiopatia tenha sido dado há pelo menos três meses ou que a criança cardiopata necessite de hospitalização por mais de um mês;
B. que o irmão saudável seja mais velho que a criança cardiopata;
C. que a família tenha disponibilidade para encaminhar as crianças saudáveis para serem avaliadas;
D. que a criança aceitasse participar deste processo.

Procedeu-se a uma entrevista semidirigida com os pais, com o objetivo de realizar uma anamnese da criança participante e também de compreender as reações da família à condição de terem um dos filhos diagnosticado com cardiopatia congênita. Foi realizada também a uma hora de observação com a criança. Posteriormente, por meio de entrevistas lúdicas, buscou-se realizar uma exploração diagnóstica de tais crianças, com o fito de analisar as repercussões psicológicas da cardiopatia congênita do irmão em seus desenvolvimentos psicodinâmicos, por meio do referencial psicanalítico winnicottiano, pois a criança estrutura, pelo brincar, a representação de seus conflitos, suas defesas e fantasias, evidenciando os pressupostos de seu funcionamento e sua estrutura mental (Aberastury, 1978, p.17-8).

SITUAÇÕES CLÍNICAS

Os resultados aqui apresentados preservam os nomes dos envolvidos.

Situação clínica 1 – Guilherme e Gabriela

Guilherme, 2 anos, foi diagnosticado com tetralogia de Fallot, cardiopatia congênita que associa 4 problemas cardíacos. Ao ser diagnosticado, logo no nascimento, Guilherme foi submetido à primeira intervenção cirúrgica. Ao longo de dois anos, já esteve internado por sete vezes e realizou outras intervenções cirúrgicas. A coleta do material se deu durante uma reinternação para tratamento clínico de pneumonia.

A família é composta pelos pais e pelos filhos Gabriela e Guilherme, de 6 e 2 anos, respectivamente. De acordo com a mãe, a cardiopatia de Guilherme afetou sobremaneira a irmã; durante a primeira internação, Gabriela sofria com febre, enurese e reclamava da ausência da mãe. Gabriela também foi submetida a uma cirurgia de hérnia enquanto seu irmão estava internado pela primeira vez.

É possível afirmar que a cardiopatia congênita de Guilherme afetou a vida de Gabriela; o afastamento da mãe, em uma fase muito precoce de seu desenvolvimento, obrigou a menina a ficar na casa da tia, ocasionando uma ruptura em um momento ainda delicada em razão da quebra natural da condição de ser primogênita. Isso provocou sentimentos ambíguos em relação aos pais e ao novo irmão. A separação da mãe e do irmão, imposta pelo tratamento, é a maior fonte de sofrimento para a menina. Gabriela demonstrou bastante interesse no tratamento de Guilherme e também grande curiosidade pelo espaço do hospital, território que, por excelência, seria do irmão.

Em sua hora lúdica, Gabriela demonstrou atitudes de cuidado e proteção com sua própria família, assumindo uma forma semelhante à "mãe do irmão". Seus sentimentos foram muito positivos em relação a Guilherme, mas é válido registrar que estes compreendem uma formação reativa contra sentimentos hostis que podem ser acionados.

Ao brincar predominantemente com equipamentos hospitalares, Gabriela manifesta um desejo de aproximação e cuidado com as questões inerentes ao irmão. Ela também cuida de uma família de bonecos e identifica o bebê com o seu irmão, passando a tratar do coração dele; tal gesto demonstra que a doença afeta todo o conjunto familiar. Ao despender boa parte da hora lúdica nessa atividade, a menina tenta atribuir sentido e elaborar melhor a condição à qual está submetida. É interessante que Gabriela tenha passado por uma internação e intervenção cirúrgica, embora isto apareça apenas superficialmente, tendo a criança se concentrado e se envolvido nos aspectos concernentes à internação e ao tratamento do irmão. É possível deduzir que a situação de seu irmão a afeta de forma tão ou mais profunda que sua própria vivência.

Situação clínica 2 – Alan, Fábio e Taís

Os casos seguintes (Alan e Fábio – Alan e Taís) referem-se à participação dos 2 irmãos saudáveis de Alan, que é a criança portadora de cardiopatia.

Na oportunidade desta pesquisa, Alan tinha 6 anos; seu diagnóstico aponta ventrículo único tipo esquerdo, cardiopatia rara e muito complexa. É uma cardiopatia cianótica que impõe severas limitações de atividades físicas; foi descoberta aos três meses de vida; já foi submetido a quatro intervenções cirúrgicas, dentre as quais foi realizado um implante de marca-passo. A coleta de dados desta pesquisa deu-se durante sua última internação.

A família é composta pelos pais e pelos três filhos: Taís, 11, Fábio, 8, e Alan, 6 anos.

Segundo o pai, foi muito difícil para ele e para a família receberem e aceitarem o diagnóstico. Alan reagiu à notícia com agressividade, e a mãe chegou a desmaiar. Uma vez superado o impacto inicial, o pai relata que a vida familiar sofreu mudanças que foram vistas como positivas: "[...] fiquei mais responsável, era muito bagunceiro". Para ele, a doença da criança aproximou o casal ("cresceu para montar um alicerce para enfrentar tudo isso" e "se apoiam e sofrem juntos") e não reflete negativamente nos outros filhos, pois, segundo o pai, tentam dar a eles uma vida normal. O pai afirma que Alan é uma criança "praticamente normal", tendo os irmãos "apenas" a preocupação com o fato de Alan usar marca-passo; sentem-se responsáveis, sobretudo Fábio, que sempre o acompanha nas brincadeiras. Para o pai, a doença não influencia na vida dos irmãos, haja vista que estes estão mais crescidos e, consequentemente, compreendem melhor a situação. O pai também afirmou que nunca houve ciúmes em relação a Alan por conta de sua condição, mas afirma que Taís sente ciúmes dos dois irmãos, fato associado ao fato de ser a única menina. Por fim, registrou que os filhos sentem falta de Alan durante o período de internação.

Alan e Fábio

Fábio e Taís estavam bastante ansiosos para o encontro com a psicóloga e chegaram até mesmo a disputar qual dos dois passaria antes pelo atendimento.

Fábio deixou transparecer claramente os aspectos negativos da hospitalização; ao afirmar que "operar é ruim porque dói e fica muito tempo longe de casa", o irmão verbaliza o entendimento acerca da situação na qual está envolvido. Com efeito, a cardiopatia congênita de Alan interferiu diretamente na vida da família, tanto positiva como negativamente. O pai, ao negar as repercussões da doença na vida da criança, demonstra fragilidade no trato da questão; em sua perspectiva, na contramão das evidências, os irmãos não são afetados pela doença de Alan, haja vista, por exemplo, a vigilância constante com o marca-passo de Alan.

O grande interesse de Fábio está diretamente associado ao fato de desejar experimentar o lugar de Alan, de ter os mesmos direitos. Fábio fantasia o hospital como um lugar também de diversão, com jogos e brincadeiras, o que parece criar associação com privilégios ou ganhos secundários. O prazer demonstrado em conhecer e sentir a vivência do irmão, contudo, não o faz negar a condição de sofrimento de Alan, que é percebida e não desejada para si.

Alan e Taís

Logo de saída, ao saber quais eram os interesses do encontro, Taís fez um comentário interessante: "Não pensei que psicóloga fosse assim. Achava que era um bicho de 7 cabeças, mas é legal", ficando à vontade. Paulatinamente, alguns sentimentos de rivalidade e ciúmes com relação a ambos os irmãos foram expostos. Taís mencionou que os pais, especialmente a mãe, diferenciam o tratamento dado aos filhos e a ela, por ser a única menina; queixou-se por receber mais responsabilidades e tarefas domésticas que seus irmãos, sendo frequentemente requisitada para arrumar a bagunça provocada por eles. Taís abordou essas situações com ressentimento e mencionou que gostaria de receber mais carinho e aprovação por parte da mãe.

Para Taís, embora seus pais sejam responsáveis pela sobrecarga de atribuições, há também algum ressentimento em relação aos irmãos, que, segundo a menina, aproveitam-se da situação e permitem que faça coisas que, na realidade, seriam tarefas deles próprios.

218   Psicologia da saúde hospitalar

Taís, ao relatar que Alan manipula os efeitos da doença para obter alguns benefícios, demonstra que as crianças estão atentas aos ganhos secundários gerados pela doença e hospitalização. A menina também vê com dificuldade o fato de ser irmã (mulher) e mais velha, o que acarreta mais responsabilidades domésticas, sobretudo em vista do afastamento da mãe. Seu desejo por aprovação por parte da mãe é visível e demonstra que seu papel é secundário na família, o que acarreta uma carência afetiva.

Ademais, Taís fez uso de maneira terapêutica do momento com a psicóloga e do espaço oferecido, falando sobre assuntos que a incomodavam e elaborando uma narrativa com bons recursos expressivos; por fim, requisitou, inclusive, mais encontros com a psicóloga.

Situação clínica 3 – Raul e Renata

Raul, no momento da pesquisa com 8 meses, nasceu com uma série de complicações que compõem uma cardiopatia bastante complexa diagnosticada já em seu nascimento. Com apenas dois dias de vida, foi encaminhado à UTI Neonatal do Incor e submetido à primeira – de um total de três – intervenção cirúrgica. À ocasião da coleta de dados, permanecia internado há dois meses na enfermaria do Incor.

As informações foram obtidas por intermédio da mãe. A família era composta pelos pais, por Raul e pela irmã mais velha, Renata, de 3 anos. A mãe mencionou ter ficado muito assustada quando soube do diagnóstico e relatou não ter tido, naquela oportunidade, a real dimensão da gravidade. Demonstrou ter sentimentos ambivalentes com relação à cardiopatia do filho e seu desejo de abortar na época da descoberta da gravidez; por um lado, acha que talvez tivesse sido melhor não ter o filho e, por outro, sugere que a doença da criança pode ter sido um castigo divino por ter desejado o aborto.

Com relação à Renata, a mãe entende que a menina vinha se mostrando "rebelde, carente", querendo "chamar atenção"; quando vê o irmão no colo da mãe, pede que esta lhe dê colo e diz que ela gosta mais de Raul, pedindo para a mãe "jogar ele fora, jogar ele no lixo". Devido aos longos períodos de hospitalização, Renata fala para a família que seu irmão não mora em casa, ele apenas passeia por um tempo lá e depois volta para sua casa, que é o hospital.

A família toda foi bastante afetada pela cardiopatia de Raul. A mãe sofreu grandes perdas pessoais, sociais e profissionais, com reflexos no relacionamento conjugal; há uma dificuldade em elaborar a perda da ideia de um filho ideal para construir um vínculo com esse bebê real.

A separação da mãe foi muito sentida pela criança e as manifestações de carência afetiva de Renata têm se acentuado. As crianças tiveram poucas oportunidades para construir laços; quando estão juntas, Renata ainda testa os limites da relação. A cicatriz de Raul provoca dor e desconforto na menina, gerando uma dúvida acerca do medo de passar por processo semelhante ou empatia para com seu sofrimento. Na hora lúdica, Renata acionou o mecanismo defensivo ao negar e ignorar o bebê da família. Quando brincou de médico, trouxe à tona conteúdos ansiógenos associados à tristeza e à solidão. Interrompeu suas atividades por um instante, ficando muito inquieta e ansiosa; aproximou-se e recuou de conteúdos internos, demonstrando bastante ansiedade.

O uso do fantoche como mediador mostrou-se um recurso interessante, na medida em que fez Renata sentir-se menos ameaçada. Como o pai considerou, precocemente, que a filha beneficiar-se-ia do encontro, já se sabia que o comportamento na filha, associado à doença de Raul, vinha provocando preocupação.

Situação clínica 4 – Ana e Vítor

Ana, à época com 1 ano e 2 meses, tem tetralogia de Fallot, diagnosticada logo após o nascimento. A menina é assintomática e esteve internada para realização de uma intervenção corretiva, ficando hospitalizada por 16 dias. Seu tratamento foi bem-sucedido e sem intercorrências.

Hilda, a mãe, 32 anos, foi a informante. Além dela, compõem a família Gil, 33 anos, Vítor, 4, e Ana, 1 ano e 3 meses. Hilda contou sobre o diagnóstico, imaginou que *"o mundo tinha acabado"*, tendo, a partir de então, muita preocupação e medo pelo risco de morte da criança durante a cirurgia. Seu relacionamento com o filho e com o marido sofreu abalos; perdia com frequência a paciência com o filho e confessou ter chegado a bater nele quando este pedia atenção; acredita, enfim, que Vítor sofreu calado. Em função disso, vê o filho mais apegado ao pai.

Para a mãe, Vítor não demonstra ciúmes, pois entende o que está acontecendo, embora se queixe quando Ana pega seus brinquedos. Para Gil, o pai, Vítor está bem e *"que em nenhum momento se alterou"*, embora tenha se mostrado mais carente, especialmente à noite. Gil afirmou que Vítor é muito protetor no que se refere à irmã, mas acredita que esse sentimento não tenha relação com a cardiopatia.

O abalo provocado em Hilda devido ao diagnóstico gerou irritabilidade, agitação, choro, insônia, inapetência e negligência com a própria saúde. É latente que, desde o nascimento de Ana, Hilda não teve disposição emocional para cuidar de Vítor, que, relegado e, por vezes, alvo de agressões, tornou-se depositário de todas as frustrações da mãe em relação à cardiopatia da filha. O menino sofreu neste processo e se esforçou para ser incluído pela família nos momentos que gravitam em torno de Ana; seu desejo de ir ao hospital em que a irmã estava internada é uma demonstração evidente disso. A criança mostrou-se incomodada com a cicatriz de Ana e com as reminiscências do ambiente hospitalar associadas à irmã. Ao demonstrar desejo por aprovação, Vítor esforça-se por demonstrar sua inteligência e receber o reconhecimento por parte da mãe, tal como ocorreu ao montar quebra-cabeças. Neste sentido, mostra-se obediente às proibições maternas e se dedica a realizar o que agrada aos pais, haja vista que busca receber carinho e retribuição por seu comportamento.

Vamos delinear alguns temas em comum, considerados como relevantes para a compreensão das vivências de uma criança que convive com um irmão cardiopata.

A (RE)ORGANIZAÇÃO FAMILIAR

De modo geral, as alterações e consequências observadas na rotina e na dinâmica familiar representam o reconhecimento de que a cardiopatia congênita de um ente altera a estrutura familiar como um todo. Os processos de tomada de decisões, orienta-dos pelo atingimento do bem-estar da criança doente, acarretam, muitas vezes, sacrifí-cios para todos os membros. Irmãos saudáveis sentem toda a mobilização da família e esse envolvimento pode assumir dimensões diferentes, dependendo das experiências vivenciadas pelos irmãos. Associações a perdas econômicas e sociais por parte dos pais – como desemprego, demissão, impossibilidade de trabalhar fora e de desenvolver cui-dados domésticos etc. – reverberam em maior ou menor grau nos irmãos de cardiopa-tas e demandam dinâmicas excepcionais, ora requisitando maior responsabilidade, ora impondo omissões que acarretam sentimentos de saudade e isolamento em relação aos pais e ao irmão doente.

A cardiopatia congênita de um ente altera a estrutura familiar como um todo.

A despeito da pretensão pela manutenção de um equilíbrio das relações, as ruptu-ras no convívio dos familiares e o aumento de responsabilidades criam espaço para uma *maturidade precoce* por parte dos irmãos sadios. O impacto em suas vidas não deve ser visto somente como negativo, mas os sentimentos despertados nas crianças saudáveis, pelo fato de terem irmãos cardiopatas, inspiram cuidados e, por vezes, acompanhamen-to psicológico.

Também percebemos, de forma coerente com outros estudos, que afirmam que os pais subestimam os problemas apresentados pelas crianças saudáveis (Bezerra & Veríssimo, 2002; Lähteenmäk et al., 2004). Segundo os autores, isso seria causado pelo foco na crian-ça doente e falta de atenção dos pais às crianças saudáveis durante os primeiros meses de tratamento. Como O'Connor (1983, citado por Romano, 1997) afirma, as alterações e as necessidades de adaptação que o adoecimento de uma criança provoca dependem dos re-cursos de que dispõe a família para lidar com a crise e com a importância e valorização que dão a esse acontecimento.

Foi observado que os pais das famílias estudadas trazem relatos de muito sofrimento e dificuldades em aceitar o diagnóstico, além de apresentarem sintomas depressivos e de ansiedade, o que está de acordo com achados de Wray e Maynard (2006) que afirmam que pais de crianças com cardiopatias experimentam mais dificuldades e relatam maiores ní-veis de estresse do que pais de crianças com outros problemas congênitos ou crônicos.

COMPREENSÃO SOBRE A DOENÇA E HOSPITALIZAÇÃO

A literatura aponta para a relação positiva entre o ajustamento dos pais e uma melhor adaptação da criança saudável à doença crônica do irmão (Bezerra & Veríssimo, 2002; Whaley & Wong, 1989, Lobato et al., 2005). Lobato et al. (2005) indicam que a depressão materna eleva os riscos de problemas de adaptação em irmãos de crianças com doenças crônicas. Um dado que nos chamou atenção foi o fato das mães apresentarem sintomas depressivos sem que houvessem recebido ajuda, do momento do diagnóstico até o mo-mento da coleta de dados deste trabalho. Segundo Whaley e Wong (1989), as reações à doença e hospitalização de um irmão dependem, entre outras razões, dos sistemas de apoio oferecidos pelos pais e pela equipe de saúde, logo, a necessidade de a equipe estar atenta a toda a família, inclusive de forma profilática.

Na pesquisa, não foi verificada ocorrência do "pacto de silêncio" em torno da doença e do tratamento. Um aspecto positivo que auxiliou os irmãos saudáveis foi a busca por informações sobre os irmãos doentes e sobre a hospitalização; os dados coletados demonstraram que a hospitalização, o tratamento e a curiosidade sobre o local no qual se encontrava o irmão, mais que a própria cardiopatia, foram propulsores desta busca.

A necessidade de a equipe de saúde estar atenta a toda a família, inclusive de forma profilática.

Ao contrário do que a literatura afirma, pais e filhos conversavam sobre a doença e o tratamento. Esse diálogo pode ser um reflexo da sensibilização de equipe e família sobre a importância da comunicação e informação, como meios de incluir as crianças saudáveis no processo de tratamento do cardiopata.

RELAÇÕES FRATERNAS E PATERNAS

Ao serem convidadas pelos pais a comparecerem ao hospital para participar da pesquisa, as crianças, em sua totalidade, reagiram com felicidade e empolgação por poderem conhecer o local em que os irmãos estavam internados. O relacionamento com os irmãos doentes, assim, pode ser resumido, em regra, como pautado por amor e carinho.

Gabriela, da situação clínica 1, apresentou somatizações – tais como febre e enurese – em razão do afastamento do convívio com a mãe; os irmãos Fábio e Taís, da situação clínica 2, sentem bastante falta do irmão e se queixam de saudade dos pais, sobretudo Fábio; já na situação clínica 3, Renata não gosta quando o irmão precisa ficar internado, pois tem que ficar sozinha e sente saudade tanto da mãe como de Raul.

Os irmãos saudáveis estudados demonstraram ciúmes ou rivalidade de forma bastante sutil e encoberta. Justifica-se tal sutilidade provavelmente pela culpa que pode advir de sentimentos hostis em relação a um irmão doente.

Há tendências dos pais, também, negarem tais sentimentos "negativos"; estes são bem menos manifestados do que demonstrações de amor, compaixão, empatia e solidariedade. No entanto, foi possível observar os sentimentos de rivalidade e ciúmes serem desvelados ao longo das entrevistas e horas lúdicas.

Os resultados da pesquisa em questão são coerentes com o achado de estudos que afirmam que os pais subestimam os problemas apresentados pelas crianças saudáveis (Bezerra & Veríssimo, 2002; Lähteenmäk et al., 2004). Segundo os autores, isto seria causado pelo foco na criança doente e falta de atenção dos pais nas crianças saudáveis durante os primeiros meses de tratamento. Observa-se este comportamento dos pais mesmo depois de anos de diagnóstico e tratamento, o que dá indícios de uma negação dos efeitos psicológicos negativos no irmão sadio face à cardiopatia congênita como um mecanismo defensivo dos pais, e não apenas uma negligência ou desatenção para com os filhos saudáveis.

Nem sempre os pais conseguem ver que os filhos sadios precisam de auxílio e, quando o fazem, nem sempre conseguem ajudá-los. Os pais, que seriam sua primeira fonte de apoio, demonstram dificuldades em lidar com os filhos saudáveis que, portanto, se encontram em situação bastante vulnerável, uma vez que raramente são avaliados pela equipe de saúde.

Em alguns momentos, a criança doente utiliza-se de sua própria condição para usufruir de ganhos secundários, algo frequentemente percebido pelos irmãos que podem demonstrar sentimentos de raiva e ressentimento em relação aos pais. O isolamento e o sentimento de que não são amados pelos pais podem aparecer nesses irmãos saudáveis, tanto pelo afastamento como pelos ganhos secundários advindos da doença e hospitalização. Taís e Vítor, das situações 2 e 4, respectivamente, por exemplo, manifestam o desejo de aprovação, de seus esforços serem reconhecidos, enfim, de serem olhados por seus pais. Fica patente, contudo, que tais sentimentos "negativos" são bem menos manifestados que sentimentos de amor, compaixão, empatia e solidariedade. As crianças se preocupam muito com a possibilidade do irmão doente sentir dor e desconforto, demonstrando grande capacidade de empatia e de solidariedade para com estes.

CUIDANDO DO IRMÃO DOENTE (E DA FAMÍLIA)

Todos os irmãos saudáveis observados demonstraram grande preocupação com o bem-estar do irmão doente. As crianças solidarizam-se com o sofrimento dos irmãos cardiopatas e demonstram sentimentos de proteção, carinho e cuidado, não só para com o irmão como também para com os pais.

Na situação clínica 1, Gabriela mostra claramente sua preocupação com a dor do irmão, "não quer que ele seja todo furado (de injeção)". A primeira coisa que Renata quer saber em suas conversas com a psicóloga é sobre Raul. Na hora lúdica, ao tratar e alimentar a família, Gabriela demonstrou atitudes de cuidado e proteção, especialmente com seu irmão. Parecia ser a "mãe do irmão".

Na situação clínica 2, Fábio e Taís sentem-se responsáveis pelo bem-estar físico de Alan.

Na situação clínica 4, Vítor quis saber se dariam injeção na irmã: "estão dando injeção nela e ela está chorando".

Os irmãos saudáveis tendem a tratar a criança cardiopata com mais cuidado e atenção, procurando não desencadear conflitos e evitando confrontos tão comuns entre irmãos, por medo de realizar qualquer ato inadequado que possa causar-lhe danos. Assim, muitas vezes, as brigas ficam excluídas da relação fraterna.

Cuidar da criança doente pode ser um modo que os irmãos encontram de serem incluídos na dinâmica familiar centrada na criança cardiopata. Essas crianças saudáveis sentem-se menosprezadas e excluídas das relações familiares e, por conta disso, *desenvolvem um comportamento do tipo "ficar abaixo do radar"*, como forma de evitar conflitos e ganhar aprovação. A dificuldade em demonstrar os sentimentos e solicitar ajuda é um desafio a ser enfrentado pelos irmãos. O apoio pode até estar disponível, mas o medo de preocupar os pais é maior que a própria necessidade de suporte.

Hutson e Alter (2007) associam tais comportamentos com o desejo dessas crianças de aliviarem os pais do fardo ligado ao cuidado com o irmão doente. Isso foi constatado na presente pesquisa, pois outra manifestação observada nos irmãos saudáveis foi a preocupação especialmente voltada ao cuidado com a família. Elas parecem priorizar as necessidades e os desejos dos pais e da criança doente, em detrimento de si próprias. Elas reconhecem o sofrimento dos familiares, mas parecem ter dificuldades em reconhecer suas próprias necessidades e sua dor.

CONSIDERAÇÕES FINAIS

Tanto os pais como os irmãos saudáveis experimentam coletivamente a doença de um dos entes da família e nossa experiência foi corroborada por achados de outros estudos que afirmam que os pais subestimam os problemas e demandas das crianças saudáveis.

A negação dos efeitos psicológicos negativos no irmão sadio frente à cardiopatia congênita pode ser atribuída a um mecanismo defensivo dos pais, e não apenas a uma negligência ou desatenção para com os filhos saudáveis. Estes, por seu turno, raramente são avaliados pela equipe de saúde.

Em qualquer família, a situação contraditória e ambivalente, comum ao nascimento de um irmão, ganha contornos mais problemáticos no caso de uma doença crônica, sobretudo a partir dos sentimentos de culpa que podem surgir em cada um dos membros da família.

Como enunciado, a relação fraterna possibilita uma forma de contato físico e emocional única e fundamental no desenvolvimento do indivíduo. Hostilidades inerentes a quaisquer relações podem ser vivenciadas sem a perda dos vínculos afetivos; nas famílias com um membro doente, contudo, essas vivências podem ficar elididas. Por sua condição e demandas, o membro doente ocupa um lugar especial na família, obliterando os demais e inibindo, pela culpa, uma sadia rivalização ou disputa.

Assim, o convívio dos irmãos saudáveis com a cardiopatia congênita engendra o desafio de vivenciar as alterações impostas pelo adoecimento, as dinâmicas do tratamento e a busca por estratégias de adaptação a novas e desconhecidas realidades. Nesse percurso, perdas e ganhos são agenciados em meio a experiências ora perturbadoras, ora edificantes.

Se faz necessário abrir um espaço para que estas crianças passem de coadjuvantes à protagonistas e, nesse espaço, dar voz às suas curiosidades, fantasias e conflitos. Assim, além da hora lúdica desempenhar um papel diagnóstico, também exerce uma função interventiva, cujo processo se inicia, então, no ato de convidar a criança. Quando é depositado o olhar sob essa criança, ilumina-se o olhar para o outro, para o "não existente".

> Além da hora lúdica desempenhar um papel diagnóstico, também exerce uma função interventiva.

A iniciativa de Taís em trazer e expressar seus conflitos indica que a menina fez uso do espaço oferecido a ela de forma terapêutica, compreendendo quais são as funções de um atendimento psicológico e apresentando demanda para tal.

Renata, durante a hora lúdica, fez esforços no sentido de se organizar, nomeando a situação vivida como forma de tentar dominar a realidade e, assim, minimizar sua ansiedade. Através da pesquisa, os pais de Renata conseguiram explicitar e organizar uma demanda de ajuda à filha. Esse trabalho possibilitou, portanto, desvelar uma demanda que, no geral, fica implícita.

O que também foi apreendido e está se propondo aqui é uma visão ampla da psicologia, que não limita a intervenção psicológica a determinadas situações ou *settings*. Segundo Ancona-Lopez (1984), essa maneira de pensar a psicologia exige uma atitude flexível, inventiva e responsável por parte do psicólogo, que deve transitar entre a teoria e a prática com desenvoltura. À medida que o profissional acredita que todo o contato com um paciente pode (e deve) ser um momento significativo para ambos, sem dúvida adota uma postura mais ativa.

Se os profissionais de saúde desenvolverem uma compreensão mais avançada dos fatores complexos de promoção de resiliência em irmãos de crianças com doença crônica, as intervenções, que simultaneamente reduzem riscos e promovem a proteção, serão uma possibilidade real (Bellin & Kovacs, 2006; Sidhu et al., 2006; Wray & Maynard, 2005).

O envolvimento dos irmãos no tratamento, bem como seu acolhimento, oferece um resgate à autoestima de todos os integrantes da família, estimulando a utilização de suas habilidades e suas competências para percorrerem caminhos novos. Enfim, ao se reintegrar um membro que se encontrava excluído de todo o processo, resgata-se o bem-estar em toda a família.

Espera-se que este capítulo tenha contribuído para a produção de conhecimento sobre as famílias e suas ressonâncias clínicas ao desvelar o sujeito oculto em um drama familiar.

REFERÊNCIAS

1. Aberastury A. Teoria y tecnica del psicoanalisis de niños. 6.ed. Buenos Aires: Paidos; 1978.
2. [AHA] American Heart Association. Congenital cardiovascular defects, 2006. Recuperado em 13/08/2006, de: http://www. heart.org.
3. Ariés P. A família e a cidade. In: Figueira SA, Velho G. Família, psicologia e sociedade. Rio de Janeiro: Campus; 1981. p. 13-23.
4. Bellin MH, Kovacs P. Fostering resilience in siblings of youths with a chronic health condition: a review of the literature. Health Soc Work. 2006;31(3):209-16.
5. Belo WA, Oselame GB; Neves EB. Perfil clínico-hospitalar de crianças com cardiopatia congênita. Cad Saúde Colet. 2016;24(2):216-20.
6. Benghozi P, Féres-Carneiro T. O laço frátrio e a relação fraterna. In: Féres-Carneiro T (org.). Casamento e família: do social à clínica. Rio de Janeiro: Nau; 2001. p.112-18.
7. Bernier PL, Stefanescu A, Samoukovic G, Tchervenko CI. The challenge of congenital heart disease worldwide: epidemiologic and demographic facts. Seminars in Thoracic and Cardiovascular Surgery: Pediatric Cardiac Surgery Annual. 2010;13(1):26-34. Disponível em: https://doi.org/10.1053/j.pcsu.2010.02.005.
8. Bezerra S, Veríssimo MA. Experiência de ser irmão de uma criança doente e hospitalizada: uma análise da literatura. Rev Soc Bras Enferm Ped. 2002;1(2):29-35.
9. Bezerra SM, Veríssimo MLOR. A experiência de ser irmão de uma criança doente e hospitalizada: uma análise da literature. Rev SBEP. 2002;1(2):29-35.
10. Burd M, Mello Filho J. Cardiopatias e famílias. In: Mello Filho J, Burd M (orgs.). Doença e família. São Paulo: Casa do Psicólogo; 2004. p. 335-55.

11. Dórea AA. Efeitos psicológicos em irmãos saudáveis de crianças portadoras de cardiopatias congênitas. [Mestrado]. São Paulo: Universidade de São Paulo, Instituto de Psicologia; 2010.

12. Fernandes OM, Alarcão M, Raposo JV. Posição na frátria e personalidade. Estudos de psicologia. 2007;24(3):297-304.

13. Freud S. Além do princípio do prazer. In: Edição standard brasileira das obras psicológicas completas de Sigmund Freud. Trad. J Salomão. Rio de Janeiro: Imago; 1976, v. 18.

14. Freud S. Sobre as teorias sexuais das crianças. In: Edição standard brasileira das obras psicológicas completas de Sigmund Freud. Trad. J Salomão. Rio de Janeiro: Imago; 1976, v. 9.

15. Gabarra LM, Crepaldi MP. A comunicação médico – paciente pediátrico: família na perspectiva da criança. Psicologia Argumento. 2011;29(65).

16. Giannotti-Hallage A. Efeitos psicológicos das cardiopatias congênitas sobre o paciente e a família. [Doutorado]. São Paulo: Universidade de São Paulo, Instituto de Psicologia; 1988.

17. Goldsmid R, Féres-Carneiro T. A função fraterna e as vicissitudes de ter e ser um irmão. Psicologia em Revista 2007:(13)2,293-308.

18. Hutson SP, Alter BP. Experiences of siblings of patients with Fanconi anemia. Pediatr Blood Cancer. 2007;48(1):72-9.

19. Klein M. Psicanálise da criança. 3.ed. São Paulo: Mestre Jou; 1981.

20. Klein M. Técnicas psicanalíticas através do brinquedo. In: Novas tendências na psicanálise. Trad. A Cabral. Rio de Janeiro: Zahar; 1980. p.25-48.

21. Labay LE, Walco GA. Brief report: empathy and psychological adjustment in siblings of children with cancer. J Pediatr Psychol. 2004;29(4):309-14.

22. Lähteenmäki PM, Sjöblom J, Korhonen T, Salmi TT. The siblings of childhood cancer patients need early support: a follow up study over the first year. Arch Dis Child. 2004;89(11):1008-13.

23. Laing RD. A política da família e outros ensaios. São Paulo: Martins Fontes; 1983.

24. Lobato DJ, Kao BT. Brief report: family-based group intervention for young siblings of children with chronic illness and developmental disability. J Pediatr Psychol. 2005;30(8):678-82.

25. Lucia MCS, Quayle J. O papel do psicólogo. In: Júnior RF, Figueiró JAB. Depressões em medicina interna e em outras condições médicas: depressões secundárias. São Paulo: Atheneu; 2001.

26. Menninger WC. Psychosomatic medicine: somatization reactions. Psychosom Med. 1947:9

27. Massimo LM, Wiley TJ. Young siblings of children with cancer deserve care and a personalized approach. Ped Blood Cancer. 2008. 2-7.

28. Oliveira AL. Família e irmãos. In: Cerveny CMO (org.). Família e... narrativas, gênero, parentalidade, irmãos, filhos nos divórcios, genealogia, história, estrutura, violência, intervenção sistêmica, rede social. São Paulo: Casa do Psicólogo; 2006.

29. Paes Campos E. Suporte social e família. In: Mello Filho J, Burd M (orgs.). Doença e família. São Paulo: Casa do Psicólogo; 2004. p. 141-61.

30. Parahyba Campos EM, Álvares M, Abreu P. Infância e família. In: Mello Filho J, Burd M (orgs.). Doença e família. São Paulo: Casa do Psicólogo; 2004. p. 205-16.

31. Pedro H. Saúde e segurança; 2008. Recuperado em: 12/03/2008, de: http://www.eselx.ipl.pt/saudeseguranca/doenca/doenca.htm.

32. Protasio R. Cardiopatias congênitas; 2005. Recuperado em: 13/01/2005; de: http://www.uol.com.br/topbaby.

33. Menninger WC. Psychosomatic medicine: somatization reactions. Psychosom Med. 1947;92-7.

34. Romano BW. A família e o adoecer durante a hospitalização. Rev Socesp. 1997;5(Supl A):58-62.

35. Sharpe D, Rossiter L. Siblings of children with a chronic illness: a meta-analysis. J Pediatr Psychol. 2002;27(8):699-710.

36. Sidhu R, Passmore A, Baker D. The effectiveness of a peer support camp for siblings of children with cancer. Pediatr Blood Cancer. 2006;47(5):580-8.

37. Tavares M. A entrevista clínica. Psicodiagnóstico. 2000;5:45-56.

38. Taylor, Fuggle P, Charman T. Well sibling psychological adjustment to chronic physical disorder in a sibling: how important is maternal awareness of their illness attitudes and perceptions? J Child Psychol Psychiatry. 2001;42(7):953-62.

39. Turato ER. Métodos qualitativos e quantitativos na área da saúde: definições, diferenças e seus objetos de pesquisa. Rev Saúde Pública. 2005;29(3):507-14.

40. Vieira MA, Lima RAG. Crianças e adolescentes com doença crônica: convivendo com mudanças. Rev Latino-Americana de Enfermagem. 2002;10(4):552-60.

226 Psicologia da saúde hospitalar

41. Villela EMB. As repercussões emocionais em irmãos de deficientes visuais. [Mestrado]. São Paulo: Universidade de São Paulo, Instituto de Psicologia; 1999.
42. Waldinger RJ, Vailant GE, Orav EJ. Relacionamento fraterno na infância como preditor de depressão maior no adulto: um estudo prospectivo de 30 anos. Am J Psychiatry. 2007;164:949-54.
43. Whaley LF, Wong DL. Enfermagem pediátrica. 2.ed. Rio de Janeiro: Ganabara; 1989.
44. Williams PD, Williams AR, Graff JC, Hanson S, Stanton A, Hafeman C et al. A community-based intervention for siblings and parents of children with chronic illness or disability: the ISEE study. J Pediatr. 2003;143(3):386-93.
45. Winnicott DW. O brincar: uma exposição teórica. In: O brincar e a realidade. Rio de Janeiro: Imago; 1968.
46. Winnicott DW. Tudo começa em casa. São Paulo: Martins Fontes; 1989.
47. Wray JO, Maynard L. Living with congenital or acquired cardiac disease in childhood: maternal perceptions of the impact on the child and family. Cardiol Young. 2005;15(2):133-40.

Um olhar compreensivo sobre a obesidade infantil

17

Ana Rosa Gliber
Sandra Elizabeth Bakal Roitberg
Avelino Luiz Rodrigues

INTRODUÇÃO

Repercutindo uma tendência mundial, tem-se observado no Brasil um crescente aumento da obesidade infantil. Tal fenômeno tem causas e fundamentações múltiplas, biopsicossociais, podendo estar relacionado com alterações dos hábitos alimentares, transformações culturais, mudanças no estilo de vida e interações lúdicas com pouco gasto calórico.

Independentemente das causas da obesidade, esta pode trazer consequências associadas ao público infantil, tais como aceleração da puberdade e altura final diminuída; predisposição a artroses, osteoartrite e diabetes; aumento do esforço respiratório; diminuição da eficiência muscular; alterações no sono; asma; enfermidades cardiovasculares; distúrbios hepáticos; problemas cutâneos, entre outras. Ademais, situações de discriminação social e isolamento frequentemente resultam em afastamento de atividades sociais (OPAS, 2003).

Preliminarmente, é válido salientar que, a despeito de alguns avanços observados mais recentemente, os estudos atuais sobre aspectos psicológicos e psicodinâmicos em obesos, inclusive na infância, são ainda bastante escassos em vista das dimensões e proporções provocadas por esse transtorno (Gliber, 2012).

A obesidade pode trazer consequências ao público infantil, além dos aspectos psicossociais, repercussões orgânicas significativas, tais como, disposição a artrose, diabetes, alterações de sono, asma, enfermidades cardiovasculares e hepáticos e problemas cutâneos.

Na revisão de literatura, buscamos a obesidade infantil e, de forma mais específica, a análise e compreensão dessa situação clínica sob a perspectiva de Melanie Klein e dos instrumentos utilizados em sua compreensão psicodinâmica, evidenciando-se um déficit muito significativo de publicações em relação aos aspectos psicodinâmicos associados à obesidade infantil e procedimentos psicodiagnósticos. Não foram encontrados, nessa revisão de periódicos CAPES, artigos que reflitam sobre a obesidade infantil pela perspectiva kleiniana ou com a utilização dos procedimentos diagnósticos utilizados neste estudo.

> Os estudos sobre a obesidade infantil na perspectiva de Melaine Klein são raros.

Nas revisões efetuadas na BVS-Psi (obesidade infantil e obesidade pediátrica) e Scielo (obesidade infantil, todos os índices) nos últimos 5 anos, não encontramos manuscrito que apresentasse o vértice teórico kleiniano e/ou a utilização dos procedimentos diagnósticos utilizados nesta pesquisa; e o mesmo pode ser afirmado na revisão efetuada na APApsycNET – American Psychological Association. Da mesma forma, os achados anteriores se confirmaram, ou seja, uma importante lacuna nos estudos psicanalíticos de orientação kleiniana que verse sobre os aspectos psicodinâmicos associados à obesidade infantil.

O dado de que o material publicado, diretamente relacionado aos nossos objetivos, é diminuto não só sustenta este estudo, mas, também, merece uma reflexão sobre o fato e deverá merecer um estudo posterior.[1]

Nos estudos de Pizzinatto (1992) e Mishima e Barbieri (2009) ficam evidentes características como dependência, passividade, imaturidade, agressividade reprimida, tendência à depressão, depreciação da própria imagem corporal e dificuldade em expressar sentimentos. Estes são alguns dos múltiplos fatores preponderantemente relacionados à obesidade infantil.

> Dependência, passividade, imaturidade, agressividade reprimida, tendência à depressão, depreciação da propria imagem corporal e dificuldade em expressar sentimentos estão associados à obesidade infantil.

No que concerne aos aspectos psicológicos, Ajuriaguerra (1983) aponta três perfis psicológicos de obesos: o primeiro, a obesidade desvinculada de problemas emocionais; o segundo aborda a obesidade como fruto de uma experiência emocional traumatizante, na qual a hiperfagia e o ganho de peso seriam entendidos como fatores capazes de proteger contra a angústia e a depressão; o terceiro perfil compreende a obesidade como vinculada à impossibilidade de suportar as frustrações e inibidora da gratificação.

Tardivo (2009) aponta que, em obesos de 6 a 15 anos de idade, foram identificados maiores indicadores de ansiedade quando contrastados com crianças nas quais não se verificava a incidência de obesidade.

---

1   Este texto faz parte de uma dissertação de mestrado e pretende abordar os principais aspectos psicodinâmicos envolvidos na obesidade infantil (Gliber, 2012).

Freud (1920/1996) ressalta a coexistência de duas pulsões principais, a de vida e a de morte. No contexto aqui abordado, o ato de comer implica as duas pulsões, comer para a manutenção da vida e comer como implicação de destruição, em vista da incorporação do alimento. Mais adiante, em 1926, Freud afirma que a compulsão para comer é relacionada ao medo de morrer de fome e a recusa alimentar pode estar ligada a fantasias de envenenamento.

A fome determina quando comer, o apetite o que comer e a saciedade quanto comer.

O comer não ocorre só por necessidade biológica, mas há uma busca de satisfação de outra ordem (Fonseca et al., 2002).

Segundo Klein (1952/1991), as primeiras experiências do bebê com a alimentação e a presença da mãe iniciam uma relação de objeto que, em um primeiro momento, é parcial, pois os impulsos orais, tanto libidinais, quanto agressivos, são sempre dirigidos ao seio da mãe.

Há sempre uma interação entre os impulsos libidinais e agressivos, ocorrendo uma fusão entre pulsão de vida e pulsão de morte. Em períodos livres de fome e tensão, há um equilíbrio ótimo entre os impulsos. Uma alteração nesse equilíbrio dá origem à voracidade, que é em primeiro lugar de natureza oral.

A intensificação da voracidade reforça sentimentos de frustração, que, por sua vez, reforçam os impulsos agressivos. Naquelas em que o componente agressivo é intenso, a ansiedade persecutória, a frustração e a voracidade são facilmente despertadas, o que dificulta tolerar a privação e lidar com a ansiedade. Assim, a força dos impulsos destrutivos em interação com os impulsos libidinais proveria a base para a intensidade da voracidade.

Falando de obesidade, de maneira geral, a fome determina quando comer, o apetite o que comer e a saciedade quanto comer. Porém, os três fatores envolvem complexidade, pois a fome é a somatória de sensação fisiológica, emoção e simbolismo. A fome se liga a uma relação de prazer e desprazer desde o início da vida. O desprazer sentido na fome só pode ser solucionado a partir do outro, por exemplo, quando a mãe amamenta, para que daí venha a sensação de prazer – neste caso, totalmente dependente do ambiente. As pessoas, ao longo da vida, passam a associar fome a desprazer e comer ao prazer, portanto, nem sempre comemos porque estamos com fome, mas para aliviar algum desprazer.

CARACTERÍSTICAS RELEVANTES DOS CASOS

Foi realizado um estudo de casos múltiplos. Participaram 2 meninas, de 10 anos, e 4 meninos, 2 com 8 e 2 com 9 anos de idade. As seis crianças foram diagnosticadas pelos pediatras como obesas, seguindo a tabela de classificação da WHO (2017); não se verificou transtorno físico que pudesse justificar o excesso de peso.

INVESTIGAÇÃO

Este estudo clínico fez uso do psicodiagnóstico com a intenção de compreender os principais aspectos da personalidade de crianças com obesidade.

Valorizou-se a investigação qualitativa, descritiva e compreensiva, nos moldes propostos por Turato (2003), e optou-se pelo método clínico, com investigação psicodiagnóstica compreensiva, por considerar a dinâmica intrapsíquica, interpessoal e sociocultural, tal como proposto e fundamentado por Trinca (1984).

PROCEDIMENTOS

Foi realizada uma entrevista semidirigida com as mães das crianças e, posteriormente, aplicou-se o procedimento de desenhos-estórias (D-E) e o teste de apercepção temática infantil com figuras de animais (CAT-A).

Tanto as entrevistas quanto as respostas das crianças aos testes foram gravadas.

Com as crianças foi aplicado primeiro o D-E e, em outra sessão, o CAT-A. Todas as seis crianças realizaram as duas tarefas em duas sessões de aproximadamente 50 minutos. Antes de iniciar a aplicação do D-E e do CAT-A foi feito um *rapport* com cada uma das crianças e, ao final, também foi realizado um diálogo com as crianças, inclusive apontando a possibilidade de entrevista devolutiva e atendimento psicológico, caso fosse necessário e as mães concordassem.

Após a análise dos dados, foi feito um novo contato com as mães e participantes para devolutiva.

INSTRUMENTOS E ANÁLISE

A entrevista semidirigida com base em Pizzinatto (1991) foi utilizada com as mães das crianças para levantamento, de maneira geral, do desenvolvimento nos primeiros anos de vida até o momento atual, privilegiando a compreensão da dinâmica familiar e do desenvolvimento da criança.

A análise do D-E e do CAT-A seguiu o roteiro proposto por Tardivo (1997). A análise dos desenhos realizados pelas crianças foi complementada com os aspectos gráficos mais relevantes.

O roteiro de Tardivo (1997) indica sete grupos de traços, com as seguintes principais categorias:

1. Atitudes básicas: aceitação/oposição/insegurança/identificação positiva/identificação negativa.
2. Figuras significativas: figura materna positiva/figura materna negativa/figura paterna positiva/figura paterna negativa/figura fraterna ou outras positiva/negativa.
3. Sentimentos expressos: 3.1 – derivados do instinto de vida (alegria, amor, energia, instinto sexual, conquista, sentimento de mudança construtiva); 3.2 – derivados do instinto de morte (ódio, inveja, ciúme persecutório, voracidade, desprezo); 3.3 – deri-

vados do conflito (sentimentos ambivalentes da luta entre instintos de vida e instintos de morte, sentimentos de culpa, medo de perda, de abandono, sentimentos de solidão, de tristeza, de desproteção, ciúme depressivo e outros).

4. Tendências e desejos: necessidades de suprir faltas básicas/tendências destrutivas/tendências construtivas.

5. Impulsos: amorosos, decorrentes do instinto de vida e destrutivos, decorrentes do instinto de morte.

6. Ansiedades: paranoides e depressivas.

7. Mecanismos de defesa: cisão; projeção; repressão; negação/anulação; regressão a estágios primitivos; racionalização; isolamento; deslocamento; idealização; sublimação; formação reativa; negação maníaca ou onipotente.

APRESENTAÇÃO DOS CASOS E RESULTADOS

Em razão das limitações inerentes à natureza deste capítulo, serão apresentados 3 dos 6 casos que serviram de base para a elaboração do presente texto.

A seguir estão duas tabelas referentes aos traços encontrados no D-E e no CAT-A.

Na primeira tabela, as cinco unidades de produção (desenhos) estão representadas em números indicando a frequência em que ocorreram. Na segunda tabela, o número corresponde à frequência de aparição dos traços encontrados nas dez pranchas.

Em seguida encontra-se a história de vida de cada criança e breve análise dos resultados. O nome dado a elas é fictício, com o intuito de preservar o sigilo.

Tabela 1   Resumo da frequência dos principais traços encontrados nas cinco unidades de produção (desenhos) realizadas pelas três crianças

Grupos	Traços	Cláudio	Luana	Graziela
Atitudes básicas	Aceitação	3	1	0
	Oposição	2	2	3
	Insegurança	2	4	5
	Identificação positiva	1	1	0
	Identificação negativa	0	3	1
Sentimentos expressos	Sentimentos derivados do instinto de vida	3	3	4
	Sentimentos derivados do instinto de morte	1	4	4
	Sentimentos derivados do conflito	1	5	4
Tendências e desejos	Necessidades de suprir faltas básicas	2	4	4
	Tendências destrutivas	2	3	4
	Tendências construtivas	3	2	1

(continua)

Tabela 1   *Resumo da frequência dos principais traços encontrados nas cinco unidades de produção (desenhos) realizadas pelas três crianças (continuação)*

Mecanismos de defesa				
	Cisão	1	2	4
	Projeção	0	1	0
	Repressão	1	0	0
	Negação/anulação	0	1	0
	Racionalização	4	4	0
	Deslocamento	3	1	1
	Idealização	2	1	1
	Formação reativa	0	0	1
	Negação maníaca ou onipotente	0	0	2

Tabela 2   *Resumo da frequência dos principais traços encontrados nas 10 pranchas do CAT-A nas três crianças*

Grupos	Traços	Cláudio	Luana	Graziela
Atitudes básicas	Aceitação	3	8	5
	Oposição	6	6	3
	Insegurança	8	7	7
	Identificação positiva	3	6	0
	Identificação negativa	2	1	2
Sentimentos expressos	Sentimentos derivados do instinto de vida	7	4	9
	Sentimentos derivados do instinto de morte	6	6	6
	Sentimentos derivados do conflito	3	8	3
Tendências e desejos	Necessidades de suprir faltas básicas	10	7	6
	Tendências destrutivas	4	7	4
	Tendências construtivas	2	6	3
Mecanismos de defesa	Cisão	3	2	1
	Projeção	1	1	1
	Repressão	1	2	2
	Negação/anulação	2	1	2
	Regressão ou fixação a estágios primitivos	1	0	1
	Racionalização	0	4	9
	Deslocamento	3	0	2
	Idealização	3	3	1
	Negação maníaca ou onipotente	5	4	3

Cláudio (8 anos, 37 kg e 1,28 m)

História de vida

Filho de uma administradora de loja (33 anos, eutrófica[2]) e de um mecânico industrial (34 anos, eutrófico), Cláudio possuía, na época, uma irmã de 4 anos (também eutrófica).

Em seu histórico familiar, constam parentes próximos com sobrepeso e obesidade.

Cláudio foi fruto de uma gravidez planejada, na primeira gestação da mãe. A gravidez era de gêmeos, mas houve um aborto espontâneo do outro filho no terceiro mês de gestação. Na época em que estava de repouso, ainda durante a gestação, a mãe e o pai foram morar com a avó materna, fato que se prolongou até os 8 meses de Cláudio.

Dos oito meses aos três anos, moraram em casa separada da avó, que voltou a morar com a família de Cláudio algum tempo depois. Quando Cláudio estava completando sete anos, os pais decidiram que seria melhor que a avó vivesse em casa separada, o que foi realizado.

Houve grande dificuldade na amamentação; a mãe relatou que o bebê sugava pouco o seio e dormia, então foi perdendo peso e a mamadeira teve de ser introduzida. Usou mamadeira até os seis 6 anos, quando o pai decidiu tirar.

A mãe atribui o ganho de peso ao período em que a avó materna morava e vivia junto à família, interferindo na alimentação de Cláudio.

Aos 4 anos de idade foi diagnosticado com sobrepeso; aos 7, com obesidade. A mãe relaciona o aumento de peso à mudança de casa por parte da avó, evento que fez Cláudio se tornar mais ansioso.

Aos 5 anos, Cláudio entrou na escola; nunca chorou para ir, mas eventualmente perguntava se a mãe estaria lá no horário da saída. Já nesta época começaram os problemas de chacotas por estar acima do peso. Cláudio, que sempre havia sido uma criança sociável, passou a sofrer discriminações e começou a se isolar. Na época, Cláudio falava que não queria mais ir à escola, pedindo para a mãe mudá-lo.

Análise dos dados

No D-E, as atitudes básicas foram de aceitação em três unidades de produção, de oposição e de insegurança em duas. Apenas em uma unidade de produção houve identificação positiva.

São predominantes os sentimentos derivados do instinto de vida, assim como tendências construtivas e impulsos amorosos.

As ansiedades foram, de maneira geral, tanto paranoides quanto depressivas. Em todas as unidades de produção houve identificação projetiva, além de utilizar como mecanismos de defesa a racionalização, deslocamento e idealização com maior frequência.

Quanto aos aspectos formais dos desenhos, em sua maioria, apresentaram tamanho grande e alguns traços trêmulos. Diante desses elementos, pode-se interpretar sentimento de expansão e agressão ou insegurança e sentimento de inadequação.

---

2   O termo eutrófico corresponde às pessoas que apresentam índice de massa corpórea dentro da faixa considerada normal.

234 Psicologia da saúde hospitalar

No CAT-A, a criança apresentou predominantemente como atitude básica o sentimento de insegurança, apesar de também serem observadas as atitudes de oposição e aceitação.

Os sentimentos expressos foram, em maior parte, derivados do instinto de vida, contudo se observam sentimentos derivados do instinto de morte e derivados de conflito em algumas pranchas. Houve, em todas as pranchas, necessidades de suprir faltas básicas. Os impulsos amorosos prevalecem, porém, coexistindo com os impulsos destrutivos.

Foram observados, em algumas pranchas, negação maníaca, idealização, cisão e deslocamento. Em sua maior parte, as ansiedades foram paranoides.

Para exemplificar, em uma das pranchas, conta uma situação idealizada, em que há voracidade e desejo de gratificação oral, que, ao final, é saciado. Nela, os personagens têm como atitude básica a insegurança e necessidades orais que devem ser supridas. Em outra prancha, observa-se como o alimento se transforma de bom em mau ao mesmo tempo; a voracidade e o exagero fazem o alimento, que era bom e servia para satisfazer os personagens, passar a ser visto como algo ruim, traiçoeiro. Há insegurança e oposição, representadas por abelhas traiçoeiras. Os sentimentos são derivados do instinto de vida e de morte, e há necessidades orais e tendências destrutivas projetadas.

Luana (10 anos, 46 kg e 1,40 m)

História de vida

Sua mãe tinha 37 anos, gerente comercial de banco (eutrófica); o pai, sonoplasta, tinha 39 anos e era obeso. Luana era a única filha do casal, que não planejava ter mais filhos. Parentes por parte do pai (avó e tias) tinham obesidade.

A gravidez não foi planejada, mas a mãe ficou muito feliz.

Luana mamou no seio até 2 anos e 3 meses. O desmame foi traumático para a criança e para a mãe, que trabalhava e estudava; a criança começou a ficar com a avó materna. Luana queria mamar a noite inteira. A amamentação no seio foi radicalmente interrompida. Segundo a mãe, foi muito complicado e traumático, pois Luana adorava mamar. A mãe se sentiu culpada porque, mesmo achando que era o momento de fazer o desmame, passava o dia inteiro fora e a amamentação era uma maneira de ficar junto com a filha.

A mãe introduziu mamadeira logo após o desmame, mas afirmou que a criança não sentia o mesmo prazer de quando mamava no seio. Para mamar no seio, Luana tinha uma compulsão, sendo praticamente insaciável.

Entrou na escola aos 4 anos, e houve dificuldade de adaptação. Luana reclamava, chorava e dizia que queria mudar de escola; ficava isolada das demais crianças. Segundo a mãe, a escola forçava a criança a comer até vomitar, não a deixando sair da mesa até que comesse tudo. A mãe se sentiu culpada por não identificar o problema na época.

Com 5 anos, mudou de escola e logo se adaptou. Um dia, porém, houve um desencontro na saída e Luana ficou cerca de uma hora esperando. A professora acabou levando-a até a casa da avó. Isso, segundo a mãe, trouxe muitos problemas.

A mãe acha que Luana começou a se tornar obesa aos 6 anos, mas não soube responder com precisão.

Segundo relato da mãe, a criança sentiu muito a morte da avó paterna, mas não chorou, embora fossem muito próximas.

Análise dos dados

No D-E, observou-se insegurança, identificação negativa e apenas a ocorrência de uma identificação positiva e de aceitação.

Em relação aos sentimentos expressos, foram mais frequentes os sentimentos derivados do conflito e necessidades de suprir faltas básicas.

Os impulsos amorosos e destrutivos aparecem na mesma quantidade, porém os destrutivos são projetados em outros personagens que não o herói das histórias.

As ansiedades paranoides ocorreram em quatro unidades de produção, e as depressivas foram observadas em todas.

Os principais mecanismos de defesa utilizados foram a racionalização e a cisão.

Na segunda unidade, aparece um conflito atual da criança, que é a rejeição (*bullying*). Nessa produção há acentuada agressividade, e as atitudes básicas são de insegurança e identificação negativa; há sentimentos derivados do instinto de morte e tendências destrutivas.

Em relação aos aspectos formais dos desenhos, todos os personagens que aparecem não têm pés, o que demonstra sua dificuldade de contato com a realidade e falta de autonomia. Também as mãos não são desenhadas, o que pode significar problemas de contato ou de adaptação social com possível sentimento de culpa. As figuras humanas desenhadas e com que a criança se identifica apresentam a boca para baixo, o que é indicativo de depressão.

Quanto ao CAT-A, diferentemente do D-E, foi prevalente a identificação positiva. Entretanto, também foi notada em várias pranchas a insegurança, o que pode ser justificado pelo uso da idealização e negação maníaca ou onipotente como mecanismos de defesa.

Assim como no D-E, projeta o mau em outras figuras que não o herói da história.

Quanto aos sentimentos expressos, os derivados do conflito aparecem em oito pranchas. Os derivados do instinto de morte também aparecem em 8 das 10 pranchas. Os sentimentos derivados do instinto de vida estão presentes em quatro pranchas, algumas apresentando os dois sentimentos ao mesmo tempo.

As tendências e desejos mais frequentes são as necessidades de suprir faltas básicas e as tendências destrutivas. Porém, as tendências construtivas também são observadas em seis pranchas. Os impulsos amorosos se mostraram presentes em todas as pranchas e os impulsos destrutivos em oito delas. As ansiedades foram paranoides e depressivas na maioria das pranchas. Quanto aos principais mecanismos de defesa utilizados, foram a racionalização, a idealização e a negação maníaca ou onipotente.

Em muitas histórias foi verificada competição entre personagens, com tendências a impulsos agressivos e hostis, indicando conflito entre instinto de vida e de morte e cisão. Temas recorrentes de florestas e natureza representam os conteúdos de seu inconsciente; apesar de haver um final feliz na maioria, sempre houve destruição.

Graziela (10 anos, 59 kg e 1,47 m)

História de vida

A mãe, com 43 anos, é atendente em enfermagem (eutrófica). O pai, já falecido, era motorista e obeso. Na época, tinha duas irmãs por parte de pai (uma de 34 anos, eutrófica, e outra de 28 anos, obesa).

Quando a mãe engravidou de Graziela, morava com o pai havia três anos; foi uma criança planejada e muito desejada.

Graziela usou chupeta desde bebê até aproximadamente 5 anos, e a mãe não conseguia fazer a criança perder esse hábito. Como já estava com a dentição torta, utilizou uma estratégia denominada por ela como "de choque": foram a um consultório médico e lá havia uma mulher com um aparelho que ocupava toda a região da face. Graziela questionou a mãe sobre os motivos do aparelho e a mãe afirmou que ela tinha usado muita chupeta; a criança, então, jogou a chupeta no lixo no próprio consultório e nunca mais pediu.

A mãe afirmou que Graziela nunca foi uma criança tranquila para mamar; teve refluxo, muitas infecções, chiado no peito e muitas cólicas; chorava bastante. A criança era muito irritada, agitada e a mãe fazia o que ela queria para não ouvir seus choros.

Graziela frequentemente era acometida por alguma doença, tal como crises de bronquite, refluxo, infecção de ouvido, garganta e adenoide. Como decorrência, fez uso de corticoide desde seis 6 meses até mais ou menos 5 anos; tinha crises de bronquite que começaram logo após o retorno da mãe ao trabalho e muitas infecções de garganta.

Com 2 anos fez uma cirurgia para retirada da amígdala, colocou um tubo de ventilação no ouvido e operou a adenoide. Após os 5 anos apresentou considerável melhora de sua condição de saúde.

Quando a criança estava com 4 anos, a mãe se separou do pai em razão de este ser alcoólatra. Graziela não aceitou a separação, e, segundo a mãe, o pai usou a criança para reatar o casamento. Ele ligava para a filha e dizia que queria voltar, que ia se matar, que ia morrer. Graziela cobrou muito da mãe para que esta voltasse com o pai; após 8 meses de separação, a mãe decidiu retomar o casamento. A mãe considerou o pedido da filha e achou que, se algo acontecesse com o pai, a filha a culparia.

Quando Graziela estava com 6 anos, a mãe teve outra filha e a criança manifestou muita rejeição, tendo muito ciúme da irmã. Além disso, o pai sofreu um acidente vascular cerebral (AVC) e ficou com sequelas. Pouco tempo depois se recuperou do AVC, tornando-se frequentador assíduo de um bar. Desde então, o pai passou a ser uma pessoa agressiva; a mãe acha que isso foi muito difícil para Graziela, haja vista que ela havia pedido para a mãe voltar com o pai.

Com 5 anos, estava acima do peso por causa da medicação; dos 7 até os 8 anos estava com o peso adequado e novamente começou a engordar, principalmente a partir dos 8 anos, época em que começou a vivenciar dificuldades com o pai. Nesse período, o pai saiu de casa, casou-se novamente e teve outro filho. A mãe comenta que, na visão de Graziela, o pai era horrível; antes da saída do pai de casa, é que a filha engordou muito, mesmo sem alteração na alimentação, coincidindo com a época em que ele reincidiu no alcoolismo.

O pai faleceu quando Graziela tinha 9 anos, e, segundo a mãe, a criança não chorou, não demonstrou que estava chateada e procurou mostrar indiferença. A mãe, contudo, acha que estava muito chateada e que não quis admitir.

Análise dos dados

No D-E as atitudes básicas mais frequentes foram a de insegurança, que ocorreram em todas as unidades de produção, e a de oposição, em 3.

Não houve identificação positiva, e a identificação negativa foi observada em uma produção. Os sentimentos expressos foram derivados do instinto de vida, derivados do instinto de morte e derivados do conflito na mesma proporção. Foi evidenciada a necessidade de suprir faltas básicas e tendências destrutivas em 4 das 5 unidades de produção. Apenas uma contou com tendências construtivas.

Os impulsos amorosos e destrutivos ocorreram quase na mesma quantidade, porém prevaleceram os amorosos, que foram encontrados em todas as unidades de produção; os principais mecanismos de defesa utilizados foram a negação maníaca e a identificação projetiva.

Em relação aos aspectos formais dos desenhos, a maioria utilizou a folha toda, sendo desenhos grandes, que podem indicar tanto um sentimento de expansão quanto agressão. Também apresenta traços reforçados e trêmulos, indicando insegurança e medo. Apenas no primeiro desenho utilizou cores. A ausência de cores pode significar certa depressão ou controle da emotividade.

Quanto ao CAT-A, foi prevalente a atitude básica de insegurança e não houve identificação positiva, mas identificação negativa em duas pranchas. Os sentimentos foram derivados do instinto de vida em algumas pranchas e do instinto de morte em maior proporção. *Emergiram as necessidades de suprir faltas básicas e tendências destrutivas sobressaíram.* Os impulsos, em sua maior parte, foram amorosos, aparecendo em 9 das 10 pranchas.

De maneira geral, parece difícil para essa criança entrar em contato com as ansiedades depressivas, utilizando, principalmente como mecanismos de defesa, a racionalização, a negação maníaca e, em alguns momentos, a cisão. Podemos pensar que, em situações de perda, a criança reaja principalmente utilizando mecanismos de defesa da posição esquizoparanoide e que a relação seja, predominantemente, com os objetos parciais.

DISCUSSÃO E CONSIDERAÇÕES FINAIS

Considerando as três crianças, os dados evidenciam, de maneira geral, no D-E, *atitudes básicas de aceitação, insegurança e identificação positiva e negativa na mesma proporção. No CAT-A foram prevalentes a insegurança e a identificação positiva.*

Os elementos encontrados no D-E e no CAT-A referentes às atitudes de aceitação – mais presentes no primeiro instrumento e – insegurança – prevalente em ambos – podem ser relacionados sobretudo aos conflitos que as crianças apresentaram entre autonomia, liberdade e dificuldade em relação ao crescimento.

Foi frequente o conflito entre dependência e independência e, de maneira geral, houve dificuldade em assumir atitudes tendentes à autonomia. Tal como proposto por Pizzinatto (1992), a dificuldade de autonomia das crianças obesas pode acobertar um ego frágil e fazer operar uma defesa contra ações necessárias às responsabilidades da vida adulta.

Embora tenham sido verificadas com a mesma frequência tanto identificações positivas quanto negativas, no D-E ganhou destaque a depreciação da imagem corporal e o sentimento de menos-valia. As crianças relataram episódios que podem ser interpretados como angústia diante do *bullying*, o que contribui para a depreciação da autoimagem corporal, para os sentimentos de incapacidade e desmotivação, exclusão e abandono, evidenciando situações de discriminação, ocasionando sentimentos de inadequação e insegurança.

Os participantes utilizaram, em muitas situações, o recurso da idealização, o que aumentou a frequência de personagens com características positivas. Mas sabemos que ele, também, é utilizado contra as pulsões destrutivas, constatado nas muitas histórias relacionadas ao tema alimentar que, em dados momentos, eram associadas a um ato agressivo ou à falta de alimento (ocasionando angústia e/ou aniquilamento); *isso traz a conclusão de que houve privações afetivas nas relações precoces.* Outros mecanismos de defesa foram a racionalização e o deslocamento.

No CAT-A, os mecanismos defensivos mais utilizados foram a cisão, a idealização e a negação maníaca. Há uma possível relação com o objeto parcial, sendo difícil para as crianças participantes integrar objetos bons e maus e sentir a angústia depressiva por terem atacado os objetos bons.

Notou-se voracidade, agressividade reprimida e, em grande parte, utilização de mecanismos defensivos mais relacionados à posição esquizoparanoide. A interação constante entre impulsos libidinais e agressivos procede a uma fusão entre pulsão de vida e pulsão de morte (Klein, 1952/1991).

Sobre os impulsos agressivos, as crianças utilizaram mecanismos defensivos de idealização, cisão e negação maníaca. No CAT-A foram projetados impulsos destrutivos ou se evitou contar histórias com conflitos manifestos; em outro sentido, apresentaram histórias com mortes e destruições.

Foram encontrados, por meio da análise do D-E, de aspectos formais dos desenhos e do CAT-A, indicativos de depressão clínica nas três crianças. Esse percentual corrobora pesquisas que apontam para uma correlação entre obesidade e depressão, tais como Mishima e Barbieri (2009) e Tardivo (2009).

Foram utilizados mecanismos de defesa como a negação maníaca, a cisão e a idealização, indicando relação de objeto parcial e ocorrendo tentativas de reparação. Essa é uma forma de lidar com as situações penosas. Também, na história de vida das crianças, foram observadas doenças, sobretudo alergias – que aparentam ser somatizações –, indicativas de situações nas quais o sofrimento não é suportado ou elaborado pela via psíquica.

Ainda, na história das crianças, foram encontradas passagens de vida que envolvem perdas reais relacionadas ao ganho de peso: Cláudio começar a engordar quando se mudou para longe da avó; Luana tem histórico de perdas com o desmame e o sentir-se abandonada na escola; Graziela ganhou peso quando fez tratamento com corticoides, emagreceu com a interrupção do tratamento e voltou a engordar quando o pai retornou ao alcoolismo.

Para essas crianças, o alimento parece representar a internalização dos objetos bons, que trazem tranquilidade e amenizam o sofrimento. *Parece não ter havido, no momento propício, a possibilidade de que as crianças elaborassem as perdas e situações traumáticas que vivenciaram; por não terem podido simbolizar seu sofrimento, o alimento surge como elemento potencial para o preenchimento do vazio emocional; o excesso de alimentação, nesse sentido, é também associado à fantasia de internalização dos objetos bons.*

O estudo desenvolvido pretendeu contribuir para a compreensão dos aspectos psicodinâmicos das crianças obesas, contando que a literatura a respeito é escassa. A partir dos casos analisados, pode-se concluir que *é de fundamental importância a intervenção psicoterapêutica para ajudar a criança a integrar os objetos parciais, para o fortalecimento do ego e para que possam lidar melhor com a culpa depressiva.* Prejuízos marcantes percebidos nas relações objetais podem estar associados ao desenvolvimento de doenças, transtornos ou até situações de grande sofrimento.

REFERÊNCIAS

1. Ajuriaguerra J. Manual de psiquiatria infantil. 2.ed. São Paulo: Masson; 1983.
2. Fonseca JGM, Cancela ALE, Lisboa FA, Gibson FA. Fenomenologia do comer. In: Cancela ALE et al. Obesidade e outros distúrbios alimentares. Rio de Janeiro: Medsi; 2002. p. 237-56.
3. Freud S. Além do princípio do prazer. In: Edição standard das obras completas de Sigmund Freud. Trad. J. Salomão. Rio de Janeiro: Imago; 1996. v. 18. p. 115-44. (Trabalho original publicado em 1920.)
4. Freud S. Inibições, sintomas e angústia. In: Edição standard das obras completas de Sigmund Freud. Trad. J. Salomão. Rio de Janeiro: Imago; 1996. v. 20. p. 79-168. (Trabalho original publicado em 1926.)
5. Gliber AR. Um estudo compreensivo da personalidade de crianças obesas: enfoque kleiniano. [Dissertação]. São Paulo: Universidade de São Paulo, Instituto de Psicologia da Universidade de São Paulo; 2012.
6. Klein M. Algumas conclusões teóricas relativas à vida emocional do bebê. In: Klein M. Inveja e gratidão e outros trabalhos. Rio de Janeiro: Imago; 1991. p. 85-118. (Trabalho original publicado em 1952.)
7. Mishima FKT, Barbieri V. O brincar criativo e a obesidade infantil. Estudos de Psicologia. 2009;14(3):249-55.
8. Organização Pan-Americana da Saúde. Doenças crônico-degenerativas e obesidade: estratégia mundial sobre alimentação saudável, atividade física e saúde. 2003. Disponível em: http://www.opas.org.br. Acesso em: 20 maio 2017.
9. Pizzinatto VT. Distúrbios psicoevolutivos da personalidade de crianças escolares com obesidade exógena: estudo psicanalítico através da entrevista de anamnese e o psicodiagnóstico de Rorschach [Tese]. São Paulo: Universidade de São Paulo, Instituto de Psicologia da Universidade de São Paulo; 1991.
10. Pizzinatto VT. Obesidade infantil: processo psicossomático evolutivo. São Paulo: Sarvier; 1992.
11. Tardivo LSPC. Análise e interpretação. In: Trinca W (org.). Formas de investigação clínica em psicologia: procedimento de desenhos-estórias e desenhos de família com estórias. São Paulo: Vetor; 1997. p. 115-56.
12. Tardivo LSPC. Sofrimento psíquico de crianças: relações entre avaliação e intervenção. I Congresso Luso Brasileiro de Psicologia da Saúde. Portugal: Algarve; 2009.
13. Trinca W. Processo diagnóstico de tipo compreensivo. In: Trinca W (org). Diagnóstico psicológico: a prática clínica. São Paulo: EPU; 1984. p. 14-24.
14. Turato E. Tratado de metodologia de pesquisa clínico-quantitativa. Petrópolis: Vozes; 2003.
15. World Health Organization. Growth reference data for 5-19 years. 2017. Disponível em: http://www.who.int/growthref/en/. Acesso em: 20 maio 2017.

18 Obesidade tratada por abordagem psicossomática

Claudia Cezar
Avelino Luiz Rodrigues

INTRODUÇÃO

Temos identificado que se o tratamento da obesidade não é estruturado para resolver os problemas que a pessoa obesa está enfrentando, ela não adere às condutas necessárias, desiste da terapêutica oferecida ou, ao final, recupera o peso perdido. Nosso objetivo é apresentar os principais pontos do conhecimento científico que obtivemos nas três últimas décadas e, sem a pretensão de propor uma doutrina nova, mostrarmos que tratar a obesidade com abordagem psicossomática tem sido tanto um catalisador, que acelera o alcance de melhores resultados, quanto uma estratégia mais humana, que facilita a adesão e a permanência na terapêutica de longo prazo.

CARACTERÍSTICA INFLAMATÓRIA DA OBESIDADE

Por definição, obesidade é excesso de gordura corporal, uma doença crônica, degenerativa e inflamatória (World Health Organization – WHO, 1995; Diagnostic and statistical manual of mental disorders, 2014; International Statistical Classification of Diseases, 2016). Além disso, quanto maior o nível de gravidade da obesidade, maior é sua retenção hídrica e, consequentemente, maior a contribuição da água na composição do peso corporal (Cezar et al., 1998; Cezar et al., 2003; Cezar, 2011b; Cezar, 2014). Este "inchaço corporal" advém da inflamação que provoca edemaciação devido a mudanças vasculares, como a vasodilatação e o aumento na permeabilidade vascular, os quais aumentam o fluxo sanguíneo e exsudam plasma para o interstício. Tais processos permitem que os tecidos inflamados recebam líquidos extravasculares, ricos em leucócitos e proteínas circulantes para a reparação celular (Roitt et al., 1998; Pober & Sessa, 2015).

Obesidade é excesso de gordura corporal, mas também de processos inflamatórios e retenção de líquidos.

Na obesidade, a inflamação é uma resposta tanto para erradicar agentes irritantes, causados pelo excesso de lipídeos, quanto para potenciar reparação tecidual local. O tecido adiposo é, também, um órgão endócrino que, dentre outros, secreta a interleucina 6 (IL-6), uma citocina pró-inflamatória que estimula os hepatócitos a produzirem a proteína C-reativa (PCR), ligada à resistência à insulina, aterosclerose e acidente vascular cerebral (Pottier et al., 2003). Por ser inflamatória, a obesidade facilita e acelera o desenvolvimento de doenças do sistema cardiovascular, neuropatias, doenças pulmonares, esclerose múltipla, vários tipos de câncer e Alzheimer (Björntorp, 1993; Dâmaso, 2003). A obesidade, portanto, diminui a capacidade de trabalho físico, a qualidade de vida e a alegria de viver da pessoa justamente porque a adoece.

Quanto maior a obesidade maior é a contribuição de água na composição do peso corporal.

Acreditando que a obesidade pode ser extinguida se a inflamação for estancada, um grupo de pesquisadores, em 2017, inibiu o processo inflamatório em animais e se surpreendeu ao identificar que o organismo deles criou uma nova via para permitir que as células continuassem inflamadas (Castoldi et al., 2017). Foi isso que Canguilhem quis dizer quando afirmou que a doença não é somente desequilíbrio ou desarmonia, mas, sobretudo, o esforço que a natureza exerce para obter um novo equilíbrio (2009, p. 12). Para ele "a doença é uma reação generalizada com intenção de cura" e, embora os pesquisadores tenham descoberto que inibir a inflamação não foi solução, tornaram evidente que compreender a obesidade requer enxergar além da visão cartesiana e biologizante, mais pelo entendimento de Hipócrates, de ser humano integral.

A doença é uma reação generalizada com intenção de cura, a busca de um novo equilíbrio.

OBESIDADE ENTENDIDA PELA ABORDAGEM PSICOSSOMÁTICA

Para Perestrello, o ser humano é um conjunto de manifestações que está sempre dizendo algo, pois seu estado de saúde ou doença comunica o que lhe vai nas profundezas de seu ser (2006, p. 10). A coerência e a riqueza desta compreensão direcionou nosso interesse pelo que Limongi-França e Rodrigues reconhecem por abordagem psicossomática:

"A abordagem psicossomática é uma postura, uma atitude do profissional de saúde que entende a pessoa como um sistema único, constituído por três subsistemas: mente, corpo e relacionamentos sociais" (Limongi-França & Rodrigues, 2005, p. 84).

Para eles:

> "Cada pessoa é um ser histórico e social, pois o que somos hoje é resultado de nossa interação com o mundo, nossas experiências passadas e expectativas futuras" (Limongi-França & Rodrigues, p. 85).

Pela abordagem psicossomática, entendemos que a obesidade é uma das doenças que melhor descreve como as funções orgânicas interagem com os processos sociais e psíquicos. Primeiro porque, apesar de inúmeros esforços, sua prevalência e incidência continuam a aumentar no mundo e em todas as faixas etárias, independentemente do sexo, da escolaridade ou da condição econômica. Segundo porque entender a obesidade como um distúrbio alimentar é desvanecer sua rica complexidade e, como explica Canguilhem (p. 34), dispersar a doença em sintomas ou a abstrair de suas complicações e contexto é contraproducente.

> A obesidade evidencia a interação entre funções orgânicas com processos sociais e psíquicos.

Por esta ótica, mais completa, podemos entender a formação excessiva de tecido adiposo como uma resposta biológica adaptativa do corpo para que consiga se manter funcionando enquanto a pessoa enfrenta uma experiência psíquica ou social diferente do padrão que vivenciava. Em outras palavras, o corpo faz lipogênese[1] em excesso como uma tentativa de adaptar-se à nova condição de vida que a pessoa está experimentando. É uma tentativa de curar os danos que o organismo vem sofrendo com a mudança, mas que precisa acomodar e aceitar.

> Lipogênese excessiva é uma resposta biológica para manter o funcionamento corporal enquanto a experiência psíquica, ou social, diverge do padrão.

Um exemplo concreto são os estudos sobre privação do sono. Eles mostram que dormir menos de 5 horas por noite provoca hiperfagia[2] com consequente lipogênese devido à alteração dos hormônios grelina e leptina, que controlam a percepção de fome e saciedade (Schmid et al., 2008; Beccuti & Pannain, 2011). Nesses casos, o tratamento está em readequar o sono, um processo complexo por diferentes motivos, sem usar estratégias de redução da hiperfagia, pois ela se normaliza por consequência (Cezar & Cozzolino, 2002; Cezar, 2016). O mesmo pode se dizer do processo inflamatório e das doenças causadas pela obesidade.

Em nossa experiência clínica e científica, estratégias como restringir calorias ou carboidratos, inibir a fome ou o apetite e aumentar o dispêndio energético são insuficientes, em nível mundial, porque são reducionistas, biologizantes, e desconsideram os aspectos psíquico e social do ser humano. Ademais, o principal fator que, em nível global, estimula o crescimento epidemiológico da obesidade é a fragmentação do conhecimento dispo-

---

1   Formação, síntese, de lipídeos, gorduras, para serem armazenados no tecido adiposo (gordura corporal).
2   Comer a mais do que o necessário para o organismo.

nível para tratar o processo de adoecer humano. Um exemplo típico está no *setting* terapêutico descrito por Perestrello, pois o profissional de saúde, mesmo reconhecendo que os pacientes obesos discordam, desconsidera suas necessidades psíquicas e sociais e restringe-se a lhes prescrever uma dieta (2006, p. 80-4).

Restringir a obesidade a um distúrbio alimentar desconsidera os aspectos psíquico e social do ser humano e perpetua esta doença em nível mundial.

A riqueza de informações contida na frase "eu não consigo" é imensa mas pode ser omitida se o paciente desconfiar da competência do profissional para solucionar seus problemas. Sem uma relação terapêutica segura, a pessoa não manifesta suas vulnerabilidades e este momento precioso é desperdiçado. No entanto, este é o instante mais importante para o profissional adequar o tratamento às condições do paciente e formar um vínculo sólido com ele (Campos & Rodrigues, 2005; Cezar, 2011b; Cezar, 2016). São estas as duas condições essenciais para promover a adesão à proposta de tratar da obesidade a longo prazo.

ADERIR AO TRATAMENTO DEPENDE DO DIAGNÓSTICO DA OBESIDADE

No corpo, o tecido adiposo é tão importante quanto os demais e, de modo geral, o aumento de gordura corporal é fisiológico, ou seja, é um processo saudável que evolui com a idade, sendo maior na fase adulta do que na adolescência e mais acentuado após os 40 anos (Wilmore & Costill, 1994; Cezar, 2005). O aumento natural do tecido adiposo também se diferencia por sexo. Até 50 anos, as mulheres saudáveis têm cerca de 27% de seu corpo constituído por gordura, quantidade que é quase o dobro dos homens, que têm, em média, 15% (Heyward & Stolarczyk, 1996; Mendes, 2018).

A gordura corporal (tecido adiposo) é necessária para o funcionamento saudável do corpo, somente seu excesso se torna prejudicial.

Para identificar quem está obeso a WHO sugere que se utilize, dentre outros métodos, o índice de massa corporal – IMC, um indicador de peso relativo à estatura. Bastante útil para estudos epidemiológicos, o IMC é insuficiente tanto para diagnosticar a obesidade quanto para realizar o atendimento individualizado no consultório (WHO, 1995; Santos, 2002; Cezar, 2002).

Temos mostrado que utilizar o IMC no atendimento individual acrescenta cinco obstáculos para o tratamento da obesidade, os quais aumentam o desinteresse na terapêutica (Denadai et al., 1998; Cezar, 2005):

1º) Diferenças naturais de cada sexo. Por exemplo, um homem é considerado obeso se mais de 25% do seu corpo for composto de gordura, e a mulher, mais de 32%. Porém, pelo IMC, basta que ambos apresentem mais de 30 kg/m².

2º) Nomenclatura, pois se o valor de IMC estiver entre 25 e 29,99 kg/m², a pessoa é denominada como sobrepeso, uma condição que confunde o avaliado, pois não explica que está doente e, por não estar obeso, não é encaminhado para tratamento na fase mais fácil de tratar, ou seja, no início.

3º) Falta de precisão, pois, em estudos anteriores, mostramos que mulheres obesas, ou seja, com gordura corporal superior a 32%, foram inadequadamente classificadas como sobrepeso pela análise do IMC (Santos, 2002; Mendes, 2018).

4º) Classificação denominada obesidade de "alto risco" tende a levar os pacientes para uma condição de torpor, pois entendem que seu caso "não tem mais solução" ou "que não piora mais do que isto", e perdem o interesse pelo tratamento.

5º) Insegurança no uso do IMC em adolescentes e crianças porque seus tecidos corporais ainda estão em crescimento (Heyward & Stolarczyk, 1996).

O uso inadequado do IMC se perpetua porque os métodos laboratoriais que identificam, com precisão, a quantidade de gordura corporal têm seu uso limitado a pessoas não obesas por duas razões: 1) suas equações não foram validadas para obesos; 2) seus equipamentos não podem ser utilizados com quem tem mais de 120 kg, diâmetro abdominal maior do que 30 cm ou dobra cutânea superior a 50 mm de espessura (Cezar, 2002).

No consultório deve-se utilizar o exame diagnóstico individualizado porque o IMC é adequado somente para estudos epidemiológicos.

É sabido que diagnosticar a existência de uma doença é fundamental, mas, devido à complexidade da obesidade, verificamos que seu diagnóstico é fator decisivo na adesão à terapêutica. Para solucionar os cinco agravantes descritos anteriormente, utilizamos, conforme orienta Mendes (2018, p. 489-91), a classificação de dez níveis de gravidade da obesidade, mostrada na Tabela 1.

O diagnóstico preciso da obesidade tira a pessoa do contexto de falsa saúde e lhe confere a oportunidade de perceber, sentir ou reconhecer que este sofrimento pode e precisa ser tratado. Saber que está obeso permite que a pessoa reflita sobre a condição alterada de sua saúde e, voluntariamente, abra espaço para querer entender e tratar as causas de sua lipogênese, bem como as complicações pertinentes, ou não, ao nível específico de gravidade em que está.

Com o diagnóstico em mãos, a pessoa pode decidir se quer manter-se como está, ou seja, obesa, ou se prefere receber orientação e suporte do tratamento multiprofissional. Inclusive, as dez categorias esclarecem que a obesidade é uma doença que não se estagna e, ao contrário, continua piorando, pois só há reversão com tratamento específico.

Tabela 1   *Níveis de gravidade da obesidade em relação à frequência de doenças associadas*

Níveis de gravidade de obesidade (estado obeso)	Danos ou doenças associadas nas esferas		
	Física	Psíquica	
10 ou >	Piora exacerbada dos riscos abaixo		
9	Risco para uso de cadeira de rodas		
8	Dependência física e uso de bengala		
7	Piora de todos os riscos anteriores	Risco para pânico	Confusão de papéis
6	Risco para diversos tipos de câncer	Risco para confusão mental	Dependência emocional
5	Aumento na dificuldade de locomoção e risco para Alzheimer	Risco para *burnout*	Tendência à introspecção
4	Risco para síndrome plurimetabólica e apneia do sono	Risco para depressão	Risco de isolamento
3	Dificuldade respiratória e apneia do sono	Risco para compulsão	Risco para bipolaridade
2	Risco de hipertensão arterial e limitação de movimentos	Risco para ansiedade	Choro fácil
1	Risco de hipercolesterolemia, hiperglicemia e hiperlipidemia	Risco para insônia	Cansaço emocional
Estado saudável (quantidade de gordura corporal considerada adequada para idade e sexo)			

Adaptado de Cezar, 2016; Mendes, 2018.

Sem o diagnóstico da obesidade, a pessoa não identifica que está doente e continua procurando "dicas para emagrecer", o que, além de piorar sua condição de vida e saúde, faz aumentar seu nível de gravidade.

A obesidade é uma doença que não se estagna e estes dez níveis de gravidade evidenciam sua piora, a menos seja realizado o tratamento específico.

É fundamental diagnosticar, com segurança e confiança, de que há obesidade, tanto para o profissional de saúde entender o contexto e a dimensão da doença, quanto para o paciente conseguir reconhecer, ou até identificar seus sintomas, condições que aumentam, em ambos, o interesse pelo tratamento. Entretanto, além da edemaciação, um outro fator obscurece a análise da composição corporal em pessoas obesas: a redução da massa muscular resultante de tratamentos inadequados, apresentado a seguir.

TRATAR UM PACIENTE IDEALIZADO OU UMA PESSOA DOENTE?

A obesidade foi associada, inadequadamente, ao pecado da gula e a pessoas de classe econômica menos favorecida. Associadas à epidemia mundial, pois é uma doença que já alcança mais de 60% das pessoas no planeta, essas duas inverdades têm facilitado o comércio de serviços e produtos descomprometidos com a saúde do ser humano. A pessoa obesa tem sido impelida a sentir-se culpada e envergonhada por estar doente, ou seja, por estar obesa. Mas não se faz o mesmo com outras patologias inflamatórias, como o câncer. A obesidade é uma doença e, por estar doente, a pessoa está impotente para solucionar, sozinha, um problema desta dimensão.

A pessoa obesa tem sido acuada entre a venda de falsas promessas que não se cumprem, o comerciante que culpa o doente por não alcançar os resultados ilusórios prometidos e as campanhas que declaram combate[3] à obesidade. Ações que, em vez de motivarem o desejo de tratar-se, pressionam o doente a perder peso rapidamente e a qualquer preço, criando nele um conflito insolúvel porque, embora seu corpo clame pelo alimento, sua racionalidade faz com que se autoimponha o jejum. O resultado é menor confiança em si, mais culpa, mais vergonha por estar obeso e impotência para lidar com a situação.

Embora a obesidade esteja banalizada, diminuir a gordura corporal é assunto sério quando oferecido para atletas. Primeiro porque as variáveis de vitalidade deles não podem ser prejudicadas, pois a saúde é a base do desempenho ótimo e segundo porque, embora o atleta não entenda a complexidade do assunto, tem consigo uma equipe de profissionais comprometidos com ele no longo prazo. A Figura 1 mostra um estudo minucioso da composição dos tecidos corporais de futebolistas submetidos à dieta restritiva por 30 dias (Wilmore & Costill, 1994, p. 395). Em média, reduziram 8 kg, mas somente 2 kg foram de gordura corporal, cerca de 25% do total.

Figura 1 Proporção dos componentes corporais reduzidos após dieta restritiva.
Fonte: Wilmore e Costill, 1994, p. 365.

---

3 Palavra de raiz bélica que remete ao contexto de guerra e aumenta a dicotomia mente e corpo.

Estudos precisos como este mostram que a restrição alimentar, ou seja, refeições pobres em carboidratos, como são as dietas hipoglicídica, hipocalórica e hiperproteica, contêm cinco desvantagens evidentes para a boa saúde.

Esta perda de proteína do tecido muscular ocorre porque a ingestão reduzida de carboidratos leva o corpo à hipoglicemia, condição tão inadequada para órgãos vitais como o cérebro e o transporte de oxigênio, que o fígado é forçado a realizar gliconeogênese para fabricar a glicose que não foi ingerida (Newsholme & Leech, 1983). O corpo de quem come menos carboidrato do que o necessário "paga um preço alto" porque, para fazer gliconeogênese, o fígado consome aminoácidos da proteína dos músculos esquelético, liso e cardíaco. Esta degradação proteica utiliza H_2O e desidrata o corpo e, por isso, no esporte não se usa apenas o peso para qualificar o emagrecimento e, como a matemática amplia nossa compreensão da realidade, a Figura 2 ilustra um modelo hipotético de redução da massa muscular obtida por dieta restritiva (Cezar, 2011b; Cezar, 2016).

A Figura 2, sem escala, evidencia dois aspectos ocultos na leitura de reganho do peso:

1. O aumento exclusivo da gordura corporal, porque o tecido muscular que diminuiu não é recuperado.
2. Esta perda proteica reduz a consciência de si.

Keleman explica que o autorreconhecimento e o conhecimento de si ocorrem em linguagem não verbal por meio de um processo somático que se realiza mediante a conexão de fusos musculares e fibras nervosas (1994, p. 40). Como a diminuição de tecido muscular leva consigo parte destes fusos e suas conexões, deteriora, com isso, o processo de autorreconhecimento, a percepção de si. Cada vez que a pessoa realiza dieta restritiva, há redução de sua vitalidade porque, ao reduzir seu tecido muscular, piora sua capacidade

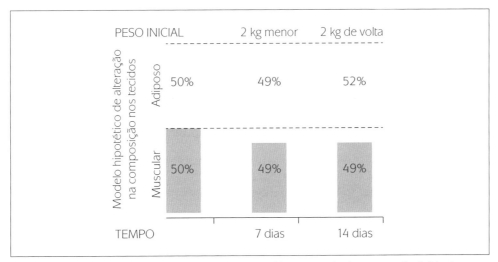

Figura 2 Composição hipotética da alteração nos tecidos corporais durante perda rápida de peso e reganho dele.

Adaptado de Cezar, 2016.

248   Psicologia da saúde hospitalar

física de trabalho, sua disposição diária e de ânimo (Vitolo et al., 1997; Cezar, 2011b). Importante destacar que a pessoa não associa esses danos à dieta.

Embora inadequadas para atletas, as dietas restritivas continuam sendo prescritas para pessoas obesas porque desconsideram a perda de massa muscular e o aumento subsequente de gordura corporal. Após uma dieta restritiva, o reganho de peso é inevitável, tanto devido à recuperação da água, pois o corpo não pode ficar desidratado, quanto pelo contínuo aumento da gordura corporal, pois, nesta estratégia, as causas da lipogênese excessiva não foram tratadas. Consideramos ser inadequado analisar apenas a redução do peso corporal quando se busca tratar a obesidade, isso porque a perda muscular, por dietas restritivas, é a principal causa da diminuição na capacidade física de pessoas obesas, condição que, dentre outros danos, dificulta ainda mais sua locomoção.

> Apenas restringir a alimentação é inadequado para atletas ou para obesos porque diminui o tecido muscular, não trata as causas da lipogênese excessiva e provoca reganho de peso.

Danos semelhantes ocorrem na prescrição de atividade física para pessoas obesas. Está confundindo conceitos quem sugere tratar a obesidade por meio de cálculo do dispêndio energético. Um exemplo está na frase *"no pain no gain"*, que significa "sem dor não há ganho", pois, talvez, faça sentido quando usada com atletas, pois são pessoas saudáveis buscando superar seus limites para evoluir e superar outros competidores. Mas fora do contexto esportivo, este conceito precisa ser desconsiderado porque, se a proposta é possível apenas para quem está saudável ou é atleta, é inadequada para a pessoa obesa porque ela está doente.

Um agravante é que o exercício físico, para surtir efeito, precisa proporcionar um estímulo bioquímico e fisiológico que estresse os tecidos do corpo saudável até que promova aprimoramentos neles (Wilmore & Costill, 1994). Por ser estressante, não deve ser feito quando a pessoa, ou o atleta, estiver doente, febril ou resfriado, porque sobrecarrega seu sistema imunológico, retardando o processo de cura (Bouchard et al., 1994). Neste contexto, e considerando que a pessoa obesa está doente, propor-lhe a prática de exercícios físicos é inadequado porque tanto pode piorar seu quadro, quanto pode ser um esforço superior à condição de saúde em que está. Sucessivamente, as pessoas obesas vêm suportando inúmeros sofrimentos para emagrecer, os quais têm causado efeitos colaterais gravíssimos nos níveis físico, mental e emocional, como ilustrado no caso clínico a seguir.

> Pessoas obesas que aceitam tratamentos dolorosos sofrem danos em nível físico e psíquico.

Pavlovna, 53 anos, obesa em nível de gravidade 4, psicóloga, casada, 2 filhos e 1 neto, procurou atendimento por acreditar que seu corpo já não respondia à dieta. Durante o primeiro atendimento, seus olhos marejaram quando aprendeu que a gordura corporal aumenta em consequência do uso de dietas restritivas e disse: "quando falo que como pouco, ninguém acredita". Devido à perda de massa muscular causada por dietas reincidentes, sentia fraqueza e não conseguia mais realizar tarefas domésticas simples, como lavar louça. Ficou surpresa quando seu tratamento incluiu aumentar a ingestão alimentar para, antes de mais nada, satisfazer às necessidades nutricionais de suas células. Com isso, dois outros pontos se evidenciaram: a culpa por comer e o medo de engordar, tratados durante os três semestres seguintes.

COMO DIMINUIR A DESISTÊNCIA DO TRATAMENTO DA OBESIDADE?

Identificamos que 100% das pessoas obesas, inscritas para participar de nossos programas de tratamento, apresentavam uma ou mais alterações ortopédicas como pés planos, genu valgo, hiperlordose, projeção abdominal, hipercifose ou escoliose (Cezar & Cozzolino, 2003). A Tabela 2 mostra um resumo dos resultados de pesquisas que realizamos sobre adequação do programa de exercícios físicos para pessoas obesas (Cezar, 2011a).

Tabela 2   Restrição de movimentos de acordo com o nível de gravidade da obesidade

Movimentos	Níveis de gravidade da obesidade			
	1	2	3	4 ou >
Correr	contraindicado	contraindicado	contraindicado	contraindicado
Saltar	contraindicado	contraindicado	contraindicado	contraindicado
Saltitar	contraindicado	contraindicado	contraindicado	contraindicado
Caminhar + 3 km/dia ou + 10 km/semana		contraindicado	contraindicado	contraindicado
De intensidade média			contraindicado	contraindicado
De intensidade alta para membros superiores			contraindicado	contraindicado
De intensidade alta para membros inferiores				contraindicado

Adaptado de Cezar e Cozzolino, 2003; Cezar, 2011a; Cezar 2016.

Pessoas obesas não devem praticar corrida, salto ou saltitos, como pular corda. Em muitos casos, até mesmo a caminhada torna-se um esforço mais prejudicial do que benéfico à saúde locomotora, já fragilizada. Nestes estudos, identificamos que a capacidade de deambular e caminhar diminui na mesma proporção em que aumenta o nível de gravidade da obesidade. Dificuldade que ocorre principalmente devido à degeneração dos tecidos ósseo, muscular, ligamentar e tendíneo.

Quanto maior o nível de gravidade da obesidade menor a capacidade de locomover-se.

250   Psicologia da saúde hospitalar

A partir destes conhecimentos, estabelecemos que, antes de iniciar o programa de exercícios físicos como parte do tratamento da obesidade, a pessoa obesa precisa passar por uma avaliação ortopédica minuciosa, mesmo que não sinta dor, pois, na maioria dos casos, já apresentam alterações ortopédicas que podem ser agravadas com esforços físicos. A avaliação ortopédica não exclui a avaliação cardiológica e, se alguma alteração for identificada, deve-se fazer fisioterapia antes de iniciar o programa de exercícios físicos, pois a desistência está diretamente relacionada ao desconforto da terapêutica.

A participação no programa de exercícios físicos somente deve ser feita pela pessoa obesa que não apresenta dor e com autorização escrita do cardiologista e do ortopedista, pois, em muitos casos, é necessário fazer fisioterapia primeiro.

COMO TRATAR A PESSOA OBESA QUE APRESENTA DOR?

Em geral, observamos que as pessoas obesas afirmam ausência de dor. Então padronizamos testes motores simples, como elevar os braços estendidos acima da cabeça até encostá-los nas orelhas. Ao experimentarem uma limitação articular acompanhada de dor, elas reconhecem que sentem dor, apenas evitam lembrar-se dela. O mesmo ocorre com os demais membros e articulações.

Mesmo em não obesos, é comum que, frente à dor por movimento, a pessoa escolha limitar seus gestos e evitá-la, em vez de procurar atendimento para tratar-se. Com o tempo, esquece-se que a dor existe porque acostuma-se a movimentar-se "abaixo da linha da dor", uma condição inferior à mobilidade em nível ótimo. Essa limitação autoimposta provoca, dentre outros danos, colabamento de arteríolas por desuso.

Movimentar o corpo, ou partes dele de forma limitada, promove o mesmo processo degenerativo do sedentarismo, uma sequência de pequenos danos internos que resultam em atrofia muscular. Diminui, por exemplo, o número de mitocôndrias, do complexo de Golgi e de outras organelas, reduz a concentração de glicogênio muscular e de enzimas responsáveis pelo funcionamento do sistema energético, além de outras perdas imperceptíveis. Este quadro debilitado facilita a incidência de microlesões nos tecidos e prejudica, lentamente, o funcionamento de outros sistemas, como o respiratório, o circulatório, o digestório etc.

Essas degradações sutis fornecem informações suficientes para a amídala cerebelar[4] reconhecer que a capacidade física da pessoa diminuiu. É esse centro regulador do comportamento que, diante de um desafio físico, analisa as condições do corpo da pessoa em milissegundos e conclui se a sua capacidade física está suficiente para realizar uma atividade como correr para alcançar o ônibus, fazer uma caminhada no parque ou participar de uma aula de ginástica. Quer dizer, a indisposição física para a prática é uma conclusão interna, automática, não consciente, que é fornecida pelas células dos tecidos e, portanto, não é racionalizada por pensamento. Queremos dizer que sentir-se indisposto para pra-

---

4   Estrutura do sistema límbico responsável pelo reconhecimento e interpretação de situações, condições e outros.

ticar uma atividade física não é preguiça. Ao contrário, é uma defesa corporal coerente com o histórico da pessoa, pois é alta a probabilidade de o esforço físico provocar-lhe danos nos tecidos. Se a pessoa está obesa e desanimada para praticar exercícios físicos deve ser orientada a respeitar essa percepção interna porque é protetora.[5]

A indisposição para a prática física é uma defesa corporal coerente com o histórico de saúde-doença

Associando a percepção interna, fornecida pelas amígdalas, com o autorreconhecimento, descrito por Keleman, *consideramos ser sábia a pessoa que não adere a modelos de tratamentos sofridos* com dietas restritivas e proibições ou esforços físicos intensos, ou que desiste da terapêutica quando se torna uma forma de tortura ou um doloroso processo multiprofissional desconexo. No entanto, observamos que, embora ajam guiando-se pela inteligência interior, entendem que isso seja ruim porque não conseguem verbalizar um motivo lógico. Mas é o contrário. Não conseguem aderir tanto porque estão doentes, quanto pelas condições propostas serem desumanas até para quem não está obeso. Detectamos que, nestes casos, embora faça uma ótima escolha em benefício de si, a pessoa sente culpa, vergonha e pesar por "não fazer o que lhe foi orientado". Por desconhecer a complexidade do tema tratado até aqui, a pessoa obesa não percebe que fez a escolha certa pra si e, pior, não identifica quanto é inadequado priorizar o outro ao invés de si, um conflito que diminui sua confiança em seu sistema de inteligência neurobioquímico.

A pessoa obesa que evita tratamentos sofridos está fazendo uso de seu sistema de inteligência.

Na maioria dos casos, concluímos que o tratamento da obesidade deve ser iniciado como um processo agradável e prazeroso de preparação do aparelho locomotor, tanto para aumentar a consciência de si, quanto para que a pessoa tenha condições físicas e psíquicas de, posteriormente, iniciar um programa supervisionado de exercícios físicos. Um processo que deve ser mais simples e prolongado quanto maior for o nível de gravidade da obesidade, como exemplificado no próximo caso clínico.

Ivanovich, 63 anos, obeso em nível de gravidade 5, ex-esportista, empresário, casado, 3 filhos e 3 netos. Desistiu de emagrecer praticando caminhada, pois achava que lhe faltava força de vontade. Na primeira consulta, contou que sentia dor nos joelhos e, por isso, o encaminhamos para o ortopedista. O diagnóstico revelou fraqueza muscular associada a microtraumas por repetição (talvez causados por dieta restritiva e prática esportiva inadequada – Tabela 1), e foi encaminhado para a fisioterapia. Ao final de dois semestres, as dores cessaram e, após alta, iniciou o programa supervisionado de exercícios físicos. Ao

---

5   Exceção deve ser feita às síndromes depressivas, nas quais, com frequência, existe grande comprometimento em funções relacionadas à vontade, disposição e iniciativa.

término do primeiro mês, ele reconheceu: "Eu não desistia por preguiça, mas por dor e, tentando emagrecer, quase rompi os ligamentos".

TRATAMENTO DA OBESIDADE COM ABORDAGEM PSICOSSOMÁTICA

Pedir ao paciente obeso que volte para casa e "perca peso" é tão inadequado quanto pedir que um doente retorne quando estiver curado. Se a pessoa está obesa é justamente porque não consegue emagrecer, não consegue sentir suas dores físicas diárias, não identifica que está obesa e, em 100% dos casos, não sabe ou confunde o que causa aumento na quantidade de sua gordura corporal.

Tratar a obesidade significa identificar e tratar as causas que, na pessoa atendida, estão provocando lipogênese excessiva. Por divergirem e variarem amplamente de pessoa para pessoa, tornam a obesidade uma doença multifatorial.[6] O tempo de tratamento varia de 2 a 3 anos, de acordo com o nível de gravidade, mas, embora longo, é sempre enriquecedor para o paciente e um desafio instigante para os membros da equipe multiprofissional. Pela abordagem psicossomática, o objetivo não é tratar a obesidade, mas *orientar e auxiliar a pessoa obesa a tratar-se*, sensibilizando-a para querer aumentar a consciência sobre si mesma, e sobre suas necessidades, com o objetivo final de realizar-se mais como ser humano.

A evolução de cada paciente obeso é sempre melhor e mais eficaz quando gerenciada por um médico, um psicólogo ou outro profissional de saúde especialista em psicossomática, isto devido à visão mais ampla de um ser humano integral. Supervisiona a equipe, corrige confusões, reencaminha e, principalmente, ampara, conforta e estimula a pessoa obesa para concluir o tratamento. Neste processo cuidadoso e gentil, o peso passa por três fases distintas, como mostra a Figura 3.

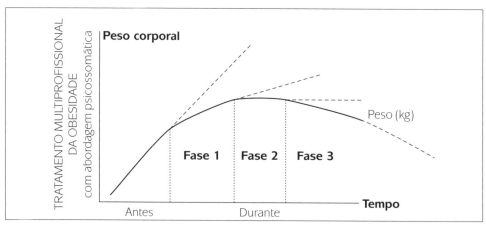

Figura 3 Evolução do peso corporal durante tratamento da obesidade com abordagem psicossomática.
Adaptado de Cezar, 2016.

---

6   Multicausal, de causas múltiplas.

Na fase 1, o peso continua aumentando, porém menos que antes, e desacelera até estabilizar. Na fase 2, mantém-se equilibrado, mas diminuindo a inflamação enquanto a pessoa realiza mudanças importantes em seu histórico de vida, uma fase de aprendizagens intensas por estar adquirindo habilidades para solucionar as causas de sua lipogênese excessiva. Na fase 3, a lipólise está estabelecida e, sem desidratar o corpo nem perder tecido muscular, o peso diminui cerca de 500 g por semana (Cezar, 2016).

A pessoa obesa deve ser orientada a escolher um médico, ou um psicólogo, de sua confiança para gerenciar seu caso porque o melhor tratamento é um processo feito a longo prazo.

Concluímos que as descobertas feitas nos últimos 30 anos representam gotas no oceano de problemas imbricados com a obesidade, uma das doenças que melhor representa como os aspectos orgânicos não se dissociam daqueles que são sociais e psíquicos. Muito ainda há para estudar e aprender sobre a obesidade e seu tratamento com abordagem psicossomática, um discernimento que começa a se constituir como outra ponta do conhecimento que pode ser denominado de obesologia.

REFERÊNCIAS

1. American Psychiatric Association . Diagnostic and statistical manual of mental desorders – DSM-5. 5th ed. Washington: APA; 2013.
2. Beccuti G, Pannain S. Sleep and obesity. Curr Opin Clin Nutr Metab Care. 2011;14(4):402-12.
3. Björntorp J. Visceral obesity: a civilization syndrome. Obesity Res. 1993;1:206-22.
4. Bouchard C, Scheffard R, Stephens T. Physical activity, fitness and health. New Zealand: Human Kinetics; 1994.
5. Campos EMP, Rodrigues AL. Mecanismo de formação dos sintomas em psicossomática. Mudanças – Psicologia da Saúde. 2005;13(2):290-308.
6. Canguilhem G. O normal e o patológico. 6.ed. Rio de Janeiro: Forense; 2009.
7. Castoldi A, Andrade-Oliveira V, Aguiar JCF, Amano MT, Lee J, Miyagi MT et al. Dectin-1 activation exacerbates obesity and insulin resistance in the absence of MyD88. Cell Reports. 2017;19:2272-88.
8. Cezar C. Avaliação do estado de nutrição de escolares da capital de São Paulo: uma experiência multidisciplinar envolvendo professores de educação física. [Doutorado]. São Paulo: Universidade de São Paulo, FCFUSP; 2005. 132 p.
9. Cezar C. Obesidade infantil – comer, tratar, curtir: a história da criança que, para emagrecer, queria parar de comer. São Paulo: Ipepcoh; 2016.
10. Cezar C. Contraindicações de exercícios físicos nos diferentes níveis de gravidade da obesidade. In: Conferência proferida no Seminário "Esporte, atividade física e saúde", 11 a 13 de abril de 2011 na Assembleia Legislativa de São Paulo; 2011a. p. 38-45.
11. Cezar C. Limitações metodológicas e dificuldades práticas para avaliar a composição corporal em obesidade moderada e grave. Rev Bras Nutr Clin. 2002;17(4):143-48.
12. Cezar C. Prevenção da obesidade infantil requer educar para diminuir a banalização. Rev Ped Mod. 2014;50(10):472-7.
13. Cezar C. Seu corpo tem fome de quê? In: Lange ESN, Tardivo LSLPC. Corpo, alteridade e sintoma: diversidade e compreensão. São Paulo: Vetor; 2011b.
14. Cezar C; Cozzolino SMF. Alterações ortopédicas em adultas obesas: fator limitante para prescrição de exercícios físicos. Anais do X Congresso Brasileiro de Obesidade – CBO. Campinas; 2003.
15. Cezar C, Cozzolino SMF. Old women slim with behavioral changes on life style and nutrition. Annals of 9th International Congress on Obesity – ICO. São Paulo; 2002.

16. Cezar C, Giroldo FRS, Cozzolino SMF. Formación de los profesores de educación física para evaluar el estado nutricional de los niños en edad escolar de São Paulo: una experiencia multidisciplinar. Annais del XIII Congreso Latinoamericano Nutrición. Acapulco, México; 2003.
17. Cezar C, Lopez FA, Vitolo M, Daibes A. Obese female adolescents in a follow-up of intervention with physical exercise and nutritional education isolated and combinated. Int J Obesity Related Dis. 1998;22(suppl 3).
18. Dâmaso A. Obesidade. Rio de Janeiro: Medsi; 2003.
19. Denadai RC, Vitolo MR, Macedo AS, Teixeira L, Cezar C, Dâmaso R et al. Efeitos do exercício físico moderado e da orientação nutricional sobre a composição corporal de adolescentes obesos avaliados por densitometria óssea (DEXA). Rev Bras Educação Física. 1998;12(2):210-8.
20. Heyward VH, Stolarczyk LM. Applied body composition assessment. Illinois: Human Kinetics; 1996.
21. Keleman S. Realidade somática. São Paulo: Summus; 1994.
22. Limongi França AC; Rodrigues AL. Stress e trabalho: uma abordagem psicossomática. 4.ed. São Paulo: Atlas; 2005.
23. Mendes R. Dicionário de saúde e segurança do trabalhador: conceitos – definições – história – cultura. Novo Hamburgo/RS: Proteção; 2018. p. 489-91.
24. Newsholme EA, Leech AR. Biochemistry for the medical sciences. Manchester: John Willey & Sons; 1983.
25. Perestrello D. A medicina da pessoa. 5.ed. São Paulo: Atheneu; 2006.
26. Pober Jordan S, Sessa WC. Inflammation and the blood microvascular system. Cold Spring Harb Perspect Biol. 2015;7(1):1-11.
27. Pottier MS, Oyama LM, Silveira VLF, Nascimento CMPO. Obesidade e sistema imune. In: Dâmaso A. Obesidade. Rio de Janeiro: Medsi; 2003.
28. Roitt I, Brostoff J, Male D. Imunology. 6.ed. London: Mosby; 2001.
29. Santos EG, Magalhães C, Baccani E, Cezar C. Análise da composição corporal após classificação de adequação do IMC: utilidade de um método simplista. Anais do XXV Simpósio Internacional Ciências do Esporte – São Paulo; 2002.
30. Schmid SM, Hallschmid M, Jauch-Chara K, Born J, Schultes B. A single night of sleep deprivation increases ghrelin levels and feelings of hunger in normal-weight healthy men. J Sleep Res. 2008;17:331-4.
31. Vitolo M, Cezar C, Oliveira FLC, Andrade TM, Teixeira L. Follow-up of stature-weight, serum lipids profile and food intake of obese adolescents after multidisciplinary program with physical exercise psychological support and nutrition program. Annals of 16th International Congress of Nutrition in Montreal, Canada; 1997.
32. Wilmore JH, Costill DL, Kenney WL. Physiology of sport and exercise. Illinois: Human Kinetics; 1994.
33. World Health Organization. International Statistical Classification of Diseases and Related Health Problems – ICD, 10th Revision; 2016. Disponível em: https://icd.who.int/browse10/2016/en#/E65-E68.
34. World Health Organization. Physical status: the use and interpretation of anthropometry – technical report series. Geneva Publications; 1995, n. 854.

PARTE IV

Neurociência aplicada à psicossomática

19

Consciência como propriedade emergente

Marcelo Henrique da Silva
Avelino Luiz Rodrigues

INTRODUÇÃO

O que somos hoje é resultado de uma complexa e magnífica rede de acontecimentos que tiveram um objetivo: permitir aos organismos manter um relativo equilíbrio biológico para perdurar no tempo! No início do século XX, W.B. Cannon, em seu livro *The wisdom of the body* (1932), cunhou o termo "homeostase" como o conjunto de "reações fisiológicas coordenadas que mantêm constante a maioria dos estados do corpo [...] e que são características do organismo vivo", ou seja, a tendência à estabilidade do meio interno do organismo. Assim, podemos imaginar que a consciência – uma forma primitiva dela – pode ter sido o equivalente a um mecanismo biológico de sobrevivência ou de seleção, como os citados por Charles Darwin (1859) ou Mark Ridley (2006), bem como uma propriedade do organismo relacionada à homeostase.

A consciência foi desenvolvida durante um longo período, talvez "surgindo" em seres mais primitivos como uma "protoconsciência", até culminar como uma nova propriedade biológica que permitiu que manifestações orgânicas de adaptação pudessem ser interpretadas pela mente humana. Mas o que chamamos de mente já "existia" antes da consciência possibilitar a sua compreensão e a de nós mesmos? A resposta pode não parecer tão difícil. A mente é o conceito dado ao mais amplo (macro) conjunto de fenômenos causados por processos neurobiológicos no cérebro, dentre os quais podemos citar a memória, a atenção e a consciência.

Os processos filogenéticos e ontogenéticos, aqueles que deram alicerce para que nos tornássemos quem somos, necessariamente precisaram de uma nova propriedade para continuar a jornada evolutiva, ou seja, foi imprescindível que esse organismo em desenvolvimento passasse a se reconhecer, a saber "o que" era e, após, também "quem" ele seria em seu meio ambiente! Logo, surgiu um novo e complexo sistema de vida que se aprimorou com instrumentos não mais unicamente biológicos – mas tendo essas bases –, tornando-se capaz de permitir uma constante retroalimentação com o poder de conhecer a si próprio. Seria o primeiro passo evolutivo dessa propriedade denominada consciência.

Para que possamos compreender o estado da arte científico acerca do que chamamos consciência, recorreremos à história, à psicologia e à psicanálise, à filosofia da mente, às neurociências e aos casos clínicos que possam embasar nossas hipóteses.

A PROCURA DA CONSCIÊNCIA NA HISTÓRIA

A palavra "consciência" tem origem no latim *conscientia* e significa "saber em comum", vinculada, inicialmente, à seara da ética. Mas o que visamos é compreender como os diversos sistemas que formam os seres humanos, em especial os sistemas nervoso central e periférico, possibilitam o surgimento da consciência.

Tomás de Aquino (1265-1274), em *Suma teológica,* diz que "o homem é um ser pensante com consciência, compreensão e sentimentos. Mas não é possível ter sensações sem um corpo e, por esse motivo, o corpo é uma parte intrínseca do homem". Também foram personagens de destaque cientistas como Francis Bacon (1561-1626), Isaac Newton (1643-1727) e os filósofos René Descartes, Baruch Espinoza e David Hume.

Em Descartes, percebe-se claramente um conflito entre materialidade e imaterialidade – teoria dualista, corpo e alma ou "problema mente-corpo", já presente desde Platão –, talvez ensejado pela pressão da igreja com relação às obras produzidas na época. Em 1628, William Harvey (1578-1657) descreve a circulação do sangue, fazendo uma analogia do corpo humano a uma máquina, conceito que foi adotado por Descartes. Mas com o decorrer do tempo, Descartes se utiliza da paixão (*As paixões da alma*), como dor e prazer, para criar um certo paradoxo. Para ele, a alma não poderia sentir sozinha os afetos, pois estes seriam representações e teriam significados no corpo, o que permitiu fazer da paixão o centro de sua definição de homem como descrito por Kambouchner (1995) em *L'homme des passions.*

Para Descartes a alma não poderia sentir sozinha os afetos, pois estes seriam representações e teriam dignficado no corpo.

O homem passaria a reconhecer sua existência através dos afetos e da dor. A consciência ainda não poderia ser desvendada por Descartes, pois ela estaria ligada a Deus qualquer que fosse sua essência, havendo a separação entre a *res extensa* e a *res cogitans*, ou seja, o homem seria "composto" por uma substância material e outra imaterial.

Espinoza (1632-1677), em sua obra Ética, citada por Damásio (2003), reintegrou o homem à natureza, sem dualismo, descrevendo que este teria consciência de seus desejos, ignorando outras origens que fossem causa destes mesmos desejos, pois seriam, assim, libertos. Leibniz (1646-1716), ao desenvolver sua "teoria das pequenas percepções", procura inserir o inconsciente em uma estreita relação com a consciência e o *cogito* cartesiano começa a ser de interesse da tradição empirista, quando uma teoria da consciência começa a tomar forma para não mais separar corpo e mente, pois não haveria razão para um dualismo da substância.

O estudo do sistema nervoso, em especial do encéfalo e da consciência, avançou com pensadores como Diderot (1713-1784), Flourens (1794-1867), Helmholtz (1821-1894), Paul Broca (1824-1880), William James (1842-1910), Wernicke (1848-1905), Ramón y Cajal (1852-1934), Sigmund Freud (1856-1939), Charles Sherrington (1857-1952), Bergson (1859-1941), Gilbert Ryle (1900-1976), John Eccles (1903-1997), Roger Sperry (1913-1994), Jean-Pierre Changeux (1936-), entre muitos outros.

Simanke (2009) diz que a metapsicologia freudiana visava transpor a dualidade entre ciências naturais e ciências humanas, mas sem reduzir a psicologia à biologia. Taylor (1999) já havia apresentado que, mesmo existindo concordâncias e discordâncias, Freud e James aceitavam o fato de que estados mentais e estados cerebrais tinham estreita relação.

James (1890), tratando da *Teoria do autômato* em um capítulo de seu livro *Princípios de psicologia*, estuda a teoria de Darwin sobre a evolução das espécies em relação à autonomia e eficiência causal da consciência sobre processos neurofisiológicos. Primeiro, em uma abordagem neurofisiológica, diz que se faz necessário compreender que qualquer forma de manifestação inteligente necessita estar conectada a mecanismos ou processos neuronais subjacentes. Para tanto, reconhece em parte o princípio da continuidade, pelo qual uma manifestação inteligente precisa ter um correlato neural. A consciência não seria apenas um produto evolutivo, mas teria emergido como um mecanismo adaptativo visando a sobrevivência do organismo. Aqui surge a ideia de eficácia causal, ou seja, a consciência só teria esta finalidade de viabilizar a sobrevivência se o funcionamento psíquico passasse a ter alguma influência sobre o corpo, em sua fisiologia, auxiliando na geração de comportamentos específicos. Para James, a dualidade cartesiana não existia, e a consciência seria uma função de conhecer, cognitiva.

> Eficácia causal, ou seja, a consciência só teria esta finalidade de viabilizar a sobrevivência se o funcionamento psíquico passasse a ter alguma influência sobre o corpo, em sua fisiologia, auxiliando na geração de comportamentos específicos.

Em 1880, após ter escrito um artigo chamado "Cérebro" e, em 1891, o livro *Sobre a concepção das afasias: um estudo crítico* – tido como um trabalho pré-psicanalítico, mas extremamente importante para o desenvolvimento da psicanálise (Garcia-Roza, 2014), no qual buscou descrever um modelo para o "aparelho psíquico" –, Sigmund Fred escreveu, em 1895, *O projeto para uma psicologia científica*, texto que ele nunca publicou. Ficou evidente que em *A interpretação dos sonhos*, de 1899, publicado em 1900, muitos conceitos ali descritos já constavam do *Projeto*.

Ao mesmo tempo, Freud apresentou o anseio do neurologista em encontrar uma linguagem que pudesse explicar a integração neural e mental, bem como o surgimento de um campo do conhecimento voltado para a compreensão do mundo psíquico sem a necessidade de suporte biológico, ainda que nunca tivesse rejeitado a ideia de que a vida psíquica emerge do organismo, fato que pode ser comprovado com base na leitura de alguns de seus textos (além do que existe em *A interpretação dos sonhos*), tais como *Sobre o narcisismo*, de 1914, ao dizer que "devemos nos recordar que nossas ideias provisórias na psicologia serão provavelmente um dia baseadas em uma subestrutura orgânica" ou no texto de 1920, Além do princípio do prazer, ao escrever que "as deficiências de nossa descrição provavelmente desapareceriam se já estivéssemos em condições de substituir os termos psicológicos por outros fisiológicos ou químicos".

Freud não foi só um neurólogo, nem mesmo só um psicanalista, mas sim um pesquisador profundamente interessado em compreender o ser humano.

No *Projeto*, foram desenvolvidos conceitos como os de sistemas *phi, psi e ômega*. O primeiro relacionado à percepção e, o segundo, às memórias e associações, ambos inconscientes. Mas, essa formulação encontra um obstáculo, ou seja, trata de ocorrências quantitativas, tais como neurônios, células e processos bioquímicos. Não seriam suficientes para tratar de algo qualitativo, intangível, como a consciência, ou mais complexo ainda, lidar com a transição entre atividades neuronais (excitação ou inibição) para os *qualia* (aspectos ou qualidades subjetivas da experiência – consciente). Surge a hipótese do sistema ômega, o mecanismo responsável pela geração das experiências conscientes. Assim, a consciência é definida por Freud como sendo "o lado subjetivo de uma parte dos processos físicos do sistema nervoso, isto é, dos processos ômega". O caminho adotado foi o de entender que não seriam os movimentos dos neurônios e demais componentes envolvidos nos aspectos quantitativos os responsáveis pelo surgimento da consciência, mas sim as diferenças nas características temporais dos processos neuronais. Um fator temporal não redutível passaria a existir e a diferença entre períodos de transmissão de estímulos seria identificada pelos órgãos dos sentidos, gerando períodos excitatórios específicos e, consequentemente, suportando o fenômeno da consciência (Freud, S. [1976]).

Visando ampliar o legado de Freud, Mark Solms (2004) buscou reunir a psicanálise e as neurociências, atribuindo a esta união o nome de Neuropsicanálise. Tal perspectiva foi aceita por neurocientistas como Eric Kandel, Joseph LeDoux, V.S. Ramachandran, António Damásio, Oliver Sacks e Jaak Panksepp. Mas a consciência ainda permaneceria um enigma ao mundo da ciência, deixando duas perguntas, que nortearam o *Projeto*, com respostas em aberto:

A. Como os fenômenos psíquicos, que compõem o encéfalo, emergem do tecido vivo?
B. Qual é a real importância desta compreensão para o universo psíquico?

FILOSOFIA DA MENTE

Para alguns filósofos e pesquisadores, o que é chamado de "problema mente-corpo" não encontra maiores dificuldades para obter solução. John Searle (2006) declara que uma pessoa instruída e que analise as pesquisas sobre o assunto no último século encontrará a resposta no que chamou de "naturalismo biológico". Para ele, "os fenômenos mentais são causados por processos neurofisiológicos no cérebro, e são, eles próprios, características do cérebro". Os fenômenos mentais integrariam uma gama de ocorrências biológicas naturais dos organismos, tais como a digestão e a secreção de enzimas.

> Para John Searle (2006) os fenômenos mentais são causados por processos neurofisiológicos no cérebro, e são, eles próprios, caracteristicas do cérebro.

Importante frisarmos que o fato de Descartes e Galileu terem separado a compreensão do mundo e dos seres em duas realidades (física e mental) nos colocou perante o dualismo de uma mente consciente e da matéria inconsciente. Tanto a filosofia quanto as demais ciências enfrentaram posições opostas acerca da origem da consciência e de suas eventuais relações causais em decorrência de tal dogma. Um exemplo de tal fato é o do neurobiólogo John Eccles, reconhecido por suas importantes pesquisas, ao afirmar que o feto recebe a alma através de Deus aproximadamente durante a terceira semana de gestação. Roger Penrose, matemático e pesquisador (também dualista), não acredita que exista um mundo unificado.

Além da ideia da separação entre corpo e mente, seria menos estranho imaginar o encéfalo como um computador? O cérebro seria como um computador e a mente, em estado consciente, o seu programa. Seria como um hardware e seu software. Searle deu a essa visão o nome de Inteligência Artificial Forte (IA Forte) para distingui-la da IA fraca, segundo a qual o computador tem suas utilidades, como fazer simulações e resumos do que aconteceria na mente. Parte dessas ideias foi assimilada com base no que afirma Alan Turing, o inventor do conceito moderno de computação. Um computador executa operações de acordo com um conjunto de regras preestabelecidas (programas; genes, na biologia). Mas este entendimento – de que o cérebro funcionaria como um computador –, esbarra em alguns problemas, dos quais citaremos apenas um. *Uma máquina opera com símbolos, com a sintaxe, mas a mente humana lida com significados, o que, até o momento, não se conseguiu através de máquinas.*

Portanto, a filosofia da mente aponta para algumas interpretações plausíveis sobre a consciência:

1. O encéfalo é um órgão do corpo humano.
2. A consciência é um fenômeno e também uma propriedade deste mesmo corpo.
3. Processos neuronais mais simples mudam ou propiciam a ocorrência de outros mais complexos.
4. Observando-se todas as interpretações anteriores, podemos considerar a consciência como uma "propriedade emergente" (conceito tratado mais adiante por Morin) do encéfalo – e do sistema nervoso central –, uma vez que emerge de um sistema que se justifica casualmente pelo comportamento dos elementos deste mesmo sistema.

Mesmo assim, deve ficar claro que não é uma propriedade de quaisquer elementos individuais e não pode ser explicada unicamente pela soma das propriedades destes elementos. Como exemplo, temos a liquidez da água: "o comportamento das moléculas de H_2O explica a liquidez, mas as moléculas individuais não são líquidas" (Searle, 1997).

AS PESQUISAS EM BUSCA DA CONSCIÊNCIA

Gayet (século XIX) inseriu na literatura médica detalhes das consequências de lesões no tronco encefálico de um paciente que ficou em estado de coma. Formulou-se a hipótese de que lesões nas "ligações" entre o corpo e o córtex (tronco encefálico) impossibilitariam a vigília. A hipótese inicial era a de que se o estado de coma poderia ser causado pela lesão no tronco encefálico, a consciência talvez estivesse ligada a este funcionamento regular.

Em 1949, Giuseppe Moruzzi apresentou a formação reticular, uma estrutura localizada no tronco encefálico que, através de estímulos, propicia a vigília, ao passo que ao ser lesionado causaria o estado de coma (Moruzzi & Magoun, 1949). A formação reticular é composta por núcleos de neurônios que se espalham pelo tronco encefálico. Na época, dois destes núcleos foram identificados como tendo papéis muito importantes para funções de ativação ou inibição cortical, bem como para a manutenção da consciência: o *locus ceruleus* e os núcleos da rafe. Atualmente, existem outros.

Em 1960, Roger Sperry (1913-1994[1997;1989]) acompanhou pacientes portadores de casos graves de epilepsia e que foram submetidos à calosotomia. O procedimento separava os dois hemisférios cerebrais com a secção do corpo caloso, o mais calibroso feixe de fibras nervosas que faz a comunicação entre os lados esquerdo e direito do encéfalo, impedindo que disparos aleatórios em regiões específicas de um dos lados se propagasse para o hemisfério oposto. Após as cirurgias, ao mostrar imagens apenas dirigidas aos olhos do lado esquerdo, os pacientes não conseguiam dizer (falar) o que tinham visto, pois a área visual (do lado direito) não se comunicava com a área de Broca, responsável pela fala. Chegou-se à conclusão de que cada hemisfério poderia ter mecanismos ou regiões independentes para consolidar e evocar memórias e, mais importante, a consciência não dependia da ligação dos dois hemisférios para emergir.

Gerald Edelman (1992) formulou hipóteses para tentar responder de que maneira a consciência poderia ter surgido, analisando os processos de divisão, migração e especialização celular:

1. Neurônios não executam funções isoladamente, mas em conjunto.
2. Há uma construção de mapas compostos pela reunião de grupos de neurônios.
3. Há comunicação dos mapas através de circuitos reentrantes, ou seja, que enviam estímulos para frente e recebem outros de volta – aferências e eferências. A interação dos mapas, ligados em paralelo e funcionando reciprocamente, possibilitaria muitas associações entre fenômenos cognitivos diversos, tais como memórias ou emoções.

Com essas descobertas, passou e ser importante analisar o fenômeno da consciência não mais como uma exclusividade do córtex cerebral, mas também com base na interação de funções do tronco encefálico e do córtex. Muitas são as regiões que interferem nos estados conscientes, pois estes podem estar em plena atividade ou atuando de forma parcial. Vigília, atenção e consciência, apenas para citar alguns exemplos, necessitam de estruturas como o tronco encefálico e o tálamo para que possam estar funcionando plenamente (Plum & Posner, 1977).

O fenômeno da consciência está relacionado com as inter-relações das funções do tronco encefálico com as funções do córtex cerebral.

EVOLUÇÃO DO ENCÉFALO E DO SISTEMA NERVOSO CENTRAL

Um organismo vivo – como no caso dos seres humanos – tem um objetivo, almeja algum tipo de progresso, por exemplo, possibilitado pelo aparecimento da consciência? Para Darwin, não haveria nenhum tipo de "intencionalidade" dos organismos para se tornarem superiores. A ideia da adaptação era concebida como necessária à sobrevivência e reprodução de cada espécie.

Nesta relação de continuidade da vida através de sistemas muito específicos, que vão desde organismos procariontes, passando por eucariontes e multicelulares, Darwin não tinha como ampliar sua teoria – tendo em vista o desenvolvimento científico da época –, acerca de um aspecto da vida que se tornaria o mais complexo dos fenômenos com o qual nos depararíamos: o ser cultural, alicerçado tanto nos mecanismos emocionais – fisiológicos (inconscientes) –, quanto na realimentação deste organismo com a manifestação de sentimentos (conscientes) (Damásio, 2018). *A mente consciente permitiu que manifestações primitivas, mas importantes do ponto de vista evolutivo, relacionadas aos mecanismos emocionais de um sistema límbico, voltado para contribuir com a manutenção da vida, pudessem ser reinterpretadas pelo aparelho psíquico como descrito por Sigmund Freud.*

Segundo Georg Striedter (2005), três princípios precisam ser evidenciados para melhor compreendermos a evolução do sistema nervoso dos animais:

1. Princípio da conservação: traz o embasamento de que ao longo da evolução dos animais, aspectos da estrutura e das funções do encéfalo seriam preservados.
2. Princípio do tamanho absoluto dos cérebros: leva a direcionar a atenção não às semelhanças entre os encéfalos das espécies, mas ao fato de que estes têm a tendência de mudar internamente (suas organizações) conforme altera-se o tamanho.
3. Princípio do meio ambiente, das condições e dos desafios constantes aos quais o organismo é submetido.

Desta forma, temos que o sistema nervoso, para ser compreendido quanto às suas funções e propriedades que lhe são atribuídas, precisa ser observado no que diz respeito aos mecanismos de adaptação que desenvolve para sobreviver. Serão gerados comportamentos aptos, ou não, e estes estarão vinculados a um conjunto de estruturas nervosas comunicantes que os validarão, ou não.

Outro aspecto que norteia a pesquisa sobre emergência da consciência é o fato de que o encéfalo não "planeja" uma ação no lobo pré-frontal, não "enxerga" qualquer objeto no lobo occipital – sabendo-se que a visão é formada pela associação de diversos outros lobos e regiões. Essas são metáforas que construímos para facilitar nossa limitada compreensão do funcionamento encefálico. Não confundamos regiões predominantes para elaboração de determinadas funções com unicidade regional e funcional. Não há região ou circuito neuronal que "pense", "lembre" ou "fale". Recentemente, pesquisas indicaram que podem existir mecanismos encefálicos onde neurônios de regiões específicas exerçam funções diversas de acordo com requisições múltiplas e de prioridade. Trata-se do denominado "reuso neuronal", ou seja, um mesmo neurônio ou grupo de neurônios pode atuar com funções cognitivas, mentais e comportamentais diversas. *Uma das hipóteses é a de que as necessidades ou desafios ambientais possam fazer com que áreas ou circuitos neuronais realizem diferentes funções* (Anderson, 2016).

Sob o aspecto filogenético, o estudo das estruturas do sistema nervoso é de grande importância para a compreensão dos processos e mecanismos corporais e encefálicos que contribuem para o surgimento das funções mentais superiores e da consciência (Machado, 2013; Kandel et al., 2014; Bear et al., 2017; Herculano-Houzel S, 2017).

A CONSCIÊNCIA NO SISTEMA NERVOSO CENTRAL

Vejamos, resumidamente, alguns aspectos sobre a geração de uma criança. Com a fertilização, uma interação de maneira muito eficiente ocorre, iniciando-se com a implantação do óvulo no útero e uma sequência de divisões celulares, desencadeando uma cascata de processos embriológicos que culminam com o feto e com o nascimento de uma criança.

Ao nascer, fica evidente que o bebê interage com o meio. Pode demonstrar emoções – ainda não falamos de sentimentos –, pois seu sistema límbico está formado, bem como sua face pode expressar tais reações (emocionais). A criança enxerga, sente cheiros, consegue acompanhar movimentos, assim como consegue reconhecer a mãe por volta dos 2 meses, tentar imitar gestos e sorrir. Com o tempo, desenvolve maior atenção para um objeto escolhido, tornando-se curiosa, com objetivos novos.

Somente por volta dos 18 meses é possível demonstrar que tem conhecimento de que se diferencia de outro ser ou de um objeto qualquer. A criança se olha no espelho e deixa de tentar tocá-lo, mas pode ficar se olhando ou tocar-se. É autoconsciente, aproximando-se da concepção de Mahler (1871) sobre o "nascimento psicológico da criança". Essa tese é bem aceita e segundo alguns psicólogos do desenvolvimento como Jerome Kagan (1965; 1978) e Lewis (1995), os seres humanos desenvolvem um *self* aproximadamente entre os 16 e 18 meses de vida, ou seja, durante o mesmo período em que ela passa a se "reconhecer" no espelho.

O nascimento psicológico da criança se dá ao redor dos 18 meses, quando se diferencia do outro, quando passa a se reconhecer no espelho.

264 Psicologia da saúde hospitalar

Esta simples apresentação do desenvolvimento de uma criança demonstra que células se multiplicam, migram e se especializam. As células se agrupam, formam tecidos que se transformam em órgãos e que, por sua vez, formam sistemas complexos, realizando funções específicas. Entretanto, ainda assim, resta compreender como o ser humano se torna consciente e autoconsciente.

Segundo Damásio (2015), ao estudar o desenvolvimento das emoções e da consciência, inicialmente teria surgido o *proto-self* como "conjunto coerente de padrões neuronais que mapeiam, a cada momento, o estado da estrutura física do organismo nas suas numerosas dimensões". Para ele, existe clara ligação entre o corpo e o *proto-self*. Tal entendimento não é defendido apenas por ele, mas por Jaak Panksepp (1988). Este também vê que há um claro vínculo entre corpo e *self*, e que há uma representação preestabelecida do corpo no tronco cerebral. Assim, o *proto-self*, enquanto padrões neuronais de mapeamento do organismo e de suas dimensões o faz através do sistema somatossensitivo, sendo este ramificado em outros sistemas menores, os quais enviam ao encéfalo diversas informações sobre o estado do corpo.

Em busca de sua manifestação consciente, o organismo precisa de alguns outros componentes:

- *Self*-central: reconhece a presença de objetos que modificaram o *proto-self*. É o segundo nível de interpretação no complexo sistema que embasa a consciência ampliada.
- *Self*-autobiográfico: possibilita o início dos aspectos cognitivos, ajudando na reinterpretação de todos os processos anteriores realizados pelo *proto-self* e pelo *self*-central.

A consciência central geraria padrões neurais de imagem permitindo que aja uma localização no espaço e no tempo, como a sensação de "aqui e agora", um certo "momento" conhecido pelo organismo. A consciência ampliada envolve memórias autobiográficas (objetos) que possibilitam um sentido do eu (*self*) conhecedor. Ela permite que nossas experiências do passado e de ideias futuras possam convergir para organizar o momento presente e nos manter envolvidos com estas instâncias temporais.

NEUROCIÊNCIAS E PROPRIEDADE EMERGENTE

Donald Hebb (1949) apresenta a ideia de que há um correlato físico de qualquer representação mental e que estas seriam construídas por "assembleias" de neurônios, nas quais tais células seriam conectadas – via sinapses –, através de atividades coordenadas ou sincronizadas. Com a repetição do estímulo, as sinapses seriam fortalecidas, o que faria com que tal "assembleia" atuasse como um sistema fechado, ainda que o estímulo fosse retirado. Aqui, Hebb talvez estivesse apresentando as bases neuroanatômicas do aprendizado e da memória.

Para Susan Greenfield, a consciência está vinculada à conectividade cerebral vista através de redes neuronais não especializadas, em que tais "assembleias" de neurônios dependem de certa excitação prévia, de suas conexões e da intensidade do estímulo. Para ela o nível de consciência é uma propriedade emergente, ou seja, um fenômeno complexo que emerge do sistema nervoso (Greenfield, 1998), assim como pensa o filósofo Edgar Morin (1977; 1980 – [2015;2016])

Para melhor compreender o fenômeno da emergência da consciência é necessário ter a ideia de que um sistema – como o sistema nervoso humano – é composto por mais do que seus elementos observados de forma individualizada. Queremos dizer que esse "todo" possibilita inter-relações entre as partes, e que, dessas ações, surge a emergência como um aspecto do próprio sistema. Mas um sistema faz parte de certa organização, sendo esta vista como "o encadeamento de relações entre componentes ou indivíduos que produz uma unidade complexa ou sistema, dotada de qualidades desconhecidas quanto aos componentes ou indivíduos" (Morin, 1977 [2016]).

Morin (1977 [2015; 2016]) diz que as unidades complexas, de nível superior, produzirão novas emergências que, assim, se tornarão "elementos" deste patamar superior, e assim ocorrerá sucessivamente. Ele exemplifica: "as propriedades globais do átomo são elementos de base para a molécula; as propriedades emergentes da molécula tornam-se propriedades elementares no cerne da célula, e assim por diante". A partir deste conceito, podemos pensar que um neurônio – uma célula nervosa –, ao constituir grupos ou "assembleias" de neurônios, possibilita que uma "arquitetura de emergências neurobiológicas" se retroalimente constantemente a partir de sistemas simples e complexos do sistema nervoso, e do conceito que este tem do próprio corpo, gerando o fenômeno da consciência.

Neurônios se constiuem e se organizam em grupos complexos neurobiológicos que geram o fenômenos da consciência

Se pensarmos a vida como um sistema físico ordenado, que tenta manter esta qualidade, ainda que inserido em um ambiente de confronto e até caótico, a ideia de emergência nos atende muito bem. Identificar funções que permitam a ocorrência de certa ordem em um sistema físico nos coloca diante de problemas relevantes, tais como a compreensão de como a estrutura orgânica organizada surge com base em outras não tão ordenadas, ou mesmo como esta ordem pode surgir do caos, só podem ser minimamente explicadas se a tal ordem se desenvolver quando a organização criar seu determinismo e o fizer reinar em seu ambiente (Morin, 1977 [2015]).

Existe qualidade máxima na emergência da consciência: permitir ao encéfalo a autorreflexão, através da qual é possível a existência do sujeito reflexivo, o eu. Podemos concluir que a *consciência é uma propriedade emergente dotada de potencialidades de organização, capaz de agir sobre o próprio ser, de alterá-lo, desenvolvê-lo.*

CONCLUSÕES

Ao final desta breve jornada, foi possível compreender que a consciência é uma experiência subjetiva, que envolve atenção, tem grande parte de seu processamento inconsciente – que emerge –, sendo originada pela atividade cerebral (Gazzaniga et al., 2018).

266   Psicologia da saúde hospitalar

Mas são três os pilares para compreensão e estudo da consciência: sistema nervoso, adaptação e emergência.

A consciência ocorre no sistema nervoso

A primeira conclusão que se obtém é que, indiscutivelmente, a consciência tem base em nosso corpo, ou seja, *o fenômeno consciente só pode emergir quando há um sistema nervoso composto por células, suas conexões e processos químicos e físicos que permitem a produção de tal fenômeno.* Pudemos assim concluir, uma vez que as pesquisas sobre o cérebro, ao analisarmos aspectos sobre potências de ação, formas de condução, velocidade de transporte de informações, dos neurônios e grupos de células nervosas, bem como da bioquímica das sinapses nos permitiram estabelecer estreita relação entre estados de consciência e funcionamento ou atividade neuronal.

Podemos também concluir que a matéria-base responsável pela consciência é a que já conhecemos, ou seja, carbono, hidrogênio, oxigênio etc. Mas tal composição deve ter forma muito particular de organização, ainda que não a tenhamos desvendado. A vida é arquitetada através de substâncias não vivas, como proteínas e sais minerais, e a consciência emerge do sistema nervoso através destas substâncias e de mecanismos inconscientes.

A consciência tem função adaptativa

Em algum momento evolutivo, surgiu uma primeira forma de consciência primitiva como uma propriedade auxiliar, visando encontrar meios de sobrevivência. Nos animais, os processos de reconhecimento externo iniciam-se com o recebimento de estímulos pelas terminações nervosas e, após, através de outras células nervosas, com a transmissão de tais informações a regiões mais complexas de interpretação.

Com a evolução, novos circuitos surgiram, inclusive com estruturas que se retroalimentam, em que grupos de células enviam informações, por exemplo, via neurotransmissores ou hormônios, a outros grupos e as recebem de volta quando já foram processadas. Isso ocorre, por exemplo, nos mecanismos de vigília ou de atenção. Concomitantemente, pode ter surgido alguma forma básica de sensibilidade, o que permitiu que a relação com o meio externo fosse mais propícia à vida, bem como a transmissão genética de tais características ou propriedades aos descendentes.

A dinâmica evolutiva nos permitiu adquirir outros recursos, tais como emoções, memória e linguagem, o que nos possibilitou imaginar, simbolizar, interpretar e reconhecer individualmente não mais apenas os estímulos externos, mas aqueles gerados em nosso mundo interno – psíquico. *A adaptação deixou de ser apenas biológica; alcançou um nível mais complexo, o da subjetividade.*

A consciência é uma propriedade biológica emergente

Como visto por Morin (1977 [2015; 2016]), elementos mais simples que passam a atuar em conjunto – por exemplo, células individuais que se agrupam para executar novas funções

– permitem o surgimento de sistemas mais complexos, ou seja, tem-se a emergência de novas propriedades. Isso aconteceu desde a formação do universo até o surgimento da consciência e é provável que continue ocorrendo.

A seleção natural atuou de forma a preservar mecanismos aprimorados. Nossas células nervosas passaram a ter a finalidade, dentre aquelas que são básicas, de permitir a integração com o meio, de possibilitar reconhecimento, transporte e interpretação de informações. Com a evolução das espécies, novas propriedades biológicas surgiram com a finalidade de permitir maior e melhor relação com o mundo à volta dos organismos vivos.

A consciência talvez tenha sido a mais complexa propriedade biológica desenvolvida evolutivamente. Dela dependem as exteriorizações de nosso mundo simbólico, de nossa inteligência, criatividade, livre-arbítrio, da busca por controle de nossos instintos, do desenvolvimento da cultura e, porque não dizer, do nosso futuro.

REFERÊNCIAS

1. Anderson ML. Précis of after phrenology: neural reuse and interactive brain. Behav Brain Sci. 2016;39:e120.
2. Chalmers D (ed.). Philosophy of mind: classical and contemporary readings. New York: Oxford University; 2002.
3. Chalmers D. The conscious mind: in search of a fundamental theory. Oxford University; 1996.
4. Churchland P. Matéria e consciência. São Paulo: Unesp; 1998.
5. Crick F, Kock C. Consciousness and neuroscience. Cerebral Cortex. 1998:8;97-107.
6. Damásio, A. O erro de Descartes: emoção, razão e o cérebro humano. São Paulo: Cia. das Letras; 1994.
7. Damásio A. O mistério da consciência. São Paulo: Cia. das Letras; 1999.
8. Damásio A. Em busca de Espinosa. São Paulo: Cia. das Letras; 2003.
9. Damásio A. A estranha ordem das coisas. São Paulo: Cia. das Letras; 2018.
10. Darwin C. A origem das espécies. Belo Horizonte: Itatiaia; 2002.
11. Descartes R. As paixões da alma. São Paulo: Martins Fontes; 1998.
12. Descartes R. Discurso do método. In: Os pensadores. São Paulo: Abril Cultural; 1973, v. XV.
13. Descartes R. Meditações. In: Os pensadores. São Paulo: Abril Cultural; 1973, v. XV.
14. Edelman G. Biologia da consciência. Lisboa: Piaget; 1992.
15. Espinosa. Ética. In: Os pensadores. São Paulo: Abril Cultural; 1973, v. XVII.
16. Freud S. Edição standard brasileira das obras psicológicas completas de Freud. Trad. J. Salomão. Rio de Janeiro: Imago; 1976.
17. Freud S. Afasias: sobre a concepção das afasias. Rio de Janeiro: Zahar; 2014.
18. Freud S. Interpretação dos sonhos. Rio de Janeiro: Imago; 1999.
19. Freud S, Breuer J. Estudos sobre a histeria (1893-1895). Rio de Janeiro: Imago; 1980.
20. Gazzaniga M, Heatherton T, Halpern S. Ciência psicológica. Porto Alegre: Artmed; 2018.
21. Greenfield S. A rosetta stone for the mind and the brain? In: Hameroff S, Kaszniak A, Scott AC (eds.). Toward a science of consciousness II. Cambridge: MIT; 1998.
22. Hartmann H. Psicologia do ego e o problema da adaptação. Rio de Janeiro: Zahar; 1989.
23. James W. The principles of psychology. Cambrige, MA: Harvard University; 1983.
24. Kagan J. O crescimento da criança. In: Reflexões sobre o desenvolvimento humano; 1978.
25. Morin E. O método 1: a natureza da natureza. Porto Alegre: Sulina; 2015.
26. Morin E. O método 2: a vida da vida. Porto Alegre: Sulina; 2015.
27. Panksepp J. Affective neuroscience. The foundations of human and animal emotions. New York: Oxford University; 1998.
28. Penrose R. O grande, o pequeno e a mente humana. São Paulo: Unesp; 1997.
29. Ridley M. Evolução. Porto Alegre: Artmed; 2006.
30. Searle JR. The mystery of consciousness. New York: The New York Review of Books; 1997.
31. Simanke RT. A psicanálise freudiana e a dualidade entre ciências naturais e ciências humanas. Scientiae Studia. 2009:7;221-35.
32. Striedter GF. Principles of brain evolution. Sunderland: Sinauer; 2005.

33. Solms M. Psychanalyse et neurosciences. Pour la science; 2004.
34. Taylor E. William James and Sigmund Freud: the future of psychology belongs to your work. Psychological Science. 1999;10:465-9.

Apego, sociabilidade e regulação do afeto no ser humano

20

Eliana Nogueira do Vale
Avelino Luiz Rodrigues

INTRODUÇÃO

Este capítulo discorrerá sobre o processo de apego humano e dois importantes aspectos evolutivos relacionados a ele: o desenvolvimento da sociabilidade e a regulação do afeto. O apego humano consiste em um forte vínculo amoroso que se estabelece entre a mãe e o bebê, no início da vida deste. Resulta da integração de vários componentes, tais como os filogenéticos próprios da espécie, carga genética da mãe e do bebê e estímulos do ambiente. No nível neurobiológico, o desenvolvimento do apego está relacionado à produção do neuro-hormônio cerebral ocitocina. A partir do desenvolvimento do apego e da produção da ocitocina, vão surgir padrões de relacionamento entre mãe e bebê que tendem a se repetir nas futuras relações sociais deste, com a inscrição de circuitos neurais correspondentes no cérebro. Outra função fundamental do apego é a regulação do afeto do bebê na relação com a mãe, essencial para a formação de padrões de homeostase e bem-estar afetivo e corporal. Ao longo de uma exposição teórica, faremos a apresentação e comentários sobre exemplos clínicos para ilustrar os conceitos apresentados.

Na década de 1990, no Instituto Santa Fé, na Califórnia, um grupo multidisciplinar de cientistas discutia noções avançadas de física, comportamento, computação, entre outras. O físico Gell-Mann, prêmio Nobel que desenvolveu a Teoria da Complexidade, definiu a regulação como um fenômeno característico dos seres complexos (Gell-Mann, 1994). Uma década mais tarde, seu colega Holland (2006), psicólogo e especialista em engenharia elétrica e ciência computacional, definiria o conceito de sistemas adaptativos complexos em um contexto da física quântica: tais sistemas seriam formados por elementos que se interconectam e se influenciam mutuamente; são adaptativos porque possuem a capacidade de mudar, de se autorregular, e de aprender a interagir com seu meio.

O apego humano consiste em um forte vínculo amoroso que se estabelece entre a mãe e o bebê, no início da vida deste.

270   Psicologia da saúde hospitalar

Estas definições parecem bastante adequadas para o estudo do ser humano, pois este é um sistema adaptativo complexo, potencialmente capaz de desenvolver a autorregulação; já quando a pessoa é incapaz de modular a própria angústia, ansiedade e impulsividade, há indícios de que a autorregulação não foi bem estabelecida.

Vejamos como ocorre a regulação humana e como pode se transformar em autorregulação por meio de um mecanismo chamado apego.

O APEGO E A REGULAÇÃO DO AFETO

O termo "apego" foi cunhado pelo psicólogo, psiquiatra e psicanalista inglês John Bowlby (1907-1990) para referir-se ao desenvolvimento de um forte vínculo amoroso entre a mãe e o bebê, um dos pontos centrais de sua Teoria do Apego, que desenvolveu a partir de 1958 (Bowlby, 2015).

O interesse de Bowlby pelo tema surgiu a partir de um trabalho voluntário realizado com jovens delinquentes logo após ter-se graduado em Cambridge, em 1928. Bowlby observou que a maioria deles havia sido separada precocemente das mães ou tido um relacionamento problemático com elas. Assim, começou a pensar que poderia haver uma relação entre cuidados maternos, ou sua ausência, e a saúde mental. Embora a Teoria do Apego tenha sido estruturada durante a fase de formação psicanalítica de Bowlby no Instituto de Psicanálise Britânico, e, portanto, baseie-se em certas premissas psicanalíticas, é preciso levar em conta que ele também teve formação científica rigorosa na universidade. Em dado momento, foi expulso da Sociedade Britânica de Psicanálise por não estar de acordo com ela, fato este que deu a ele a liberdade de consultar outras fontes do saber que acabaram influenciando fortemente suas construções teóricas (Bretherton, 1992).

Os conceitos que Bowlby desenvolveu na Teoria do Apego são, nas palavras do próprio autor, *"compatíveis com a neurofisiologia e psicologia do desenvolvimento e também são passíveis de apresentar as exigências normais de uma disciplina científica"* (Bowlby, 1980, p. 38).

Assim como a teoria de Bowlby sofreu várias influências teóricas, também veio a influenciar várias outras áreas do conhecimento, como a etologia animal (Suomi, 1995, 1999; Hess & Petrovich, 2000); a neurociência afetiva (Panksepp et al., 1978; Nelson & Panksepp, 1998; Carter, 2003); a psicologia da educação (Kennedy & Kennedy, 2004); e, mais recentemente, a neurociência evolutiva do desenvolvimento e da regulação afetiva (Schore & Schore, 2008; Carter & Uvnas-Moberg, 1998; Porges, 2011). A Teoria do Apego constituiu-se, portanto, como um saber transdisciplinar (Nicolescu, 2001), influenciando e sendo influenciado por outros conhecimentos.

Descobertas recentes da neurociência permitiram aprofundar e ampliar o legado de Bowlby, postulando o apego como um fenômeno que resulta da evolução mamífera, e está associado ao desenvolvimento da sociabilidade. A sociabilidade seria evolutiva por ter um importante valor de sobrevivência, favorecendo as relações de casais e de proteção familiar e grupal. Trata-se de um fenômeno complexo, psicossomático (Campos & Rodrigues, 2005) e neurocientífico (Panksepp, 1998), envolvendo aspectos da neurobiologia, bem como aspectos afetivo-emocionais e cerebrais do corpo-mente em interação com seu ambiente social. Este último vai exercer sobre o ser humano pressões evolutivas, culturais e oriundas de grupos sociais geradores de influência (Cozolino, 2006; 2014), com especial destaque, na atualidade, para aquelas relacionadas com os meios digitais.

APEGO E EXPERIÊNCIAS PRECOCES

Antes mesmo que a neurociência descobrisse os suportes neurobiológicos dos diferentes aspectos do apego, alguns autores já haviam observado e enfatizado a importância das experiências precoces para a formação da personalidade, com base em seu trabalho clínico. Aproximadamente na mesma época em que Bowlby desenvolvia sua Teoria do Apego, outros cientistas também se interessaram pelas relações mãe-bebê e pelas consequências adversas ao desenvolvimento da saúde mental, e mesmo à continuidade da vida, quando havia separação precoce entre os dois (Spitz, 1940; 2004), ou quando a mãe tinha incapacidade de perceber as necessidades específicas de seu bebê (Winnicott, 1958). Grossman et al. (2006), em uma revisão de grandes estudos longitudinais sobre apego, vão confirmar a tendência a futuras consequências emocionais e sociais adversas, e até mesmo psicopatológicas, em especial quando o bebê já tiver uma carga genética patogênica (Demkow & Wolanczyk, 2017).

Por outro lado, em um processo de apego adequado, a mãe funcionará como intermediária entre o bebê e seu meio interno (corpo-mente) e externo (meio ambiente), acalmando-o, traduzindo suas emoções para ele mesmo e atribuindo significado e nome às situações. Nesta medida, terá um papel de *reguladora do afeto do bebê*, sendo que esta regulação, por sua vez, também regulará o funcionamento visceral e neurobiológico de seu organismo. A partir das experiências de regulação afetiva com a mãe, o bebê poderá assimilar mentalmente este modelo e desenvolver seu próprio sistema de autorregulação (Porges, 2011; Schore, 2017). Após certo número de repetições, o modelo se estabiliza sob a forma de uma configuração neural, que passa a funcionar de modo automático e inconsciente na maior parte do tempo (Edelman, 1987). Trata-se de um fenômeno que tem componentes psíquicos.

Vamos exemplificar com um caso clínico em que a regulação e autorregulação afetiva da paciente não parecem ter sido adequadas, pois a tradução do mundo feita pela mãe à criança não correspondia à verdade interior desta última.

Caso clínico 1: Cecília

Cecília é uma senhora de meia-idade, viúva, sem filhos, que já teve câncer de mama. Tem uma história recente de depressão após o falecimento do marido e está tomando antidepressivos receitados por seu psiquiatra.

Ao conversar com a psicóloga pela primeira vez, pareceu afável e sorridente. Suas expressões faciais se assemelham às de uma menina matreira; é engraçada e espirituosa. À medida que seu relato se torna familiar, no entanto, é possível perceber que as histórias que conta sobre as situações de sua vida parecem vir com os sinais afetivos trocados.

272   Psicologia da saúde hospitalar

Conta, por exemplo, da relação próxima que tem com uma prima, que é, em suas palavras, "muito mandona e autoritária" (aqui ela ri, e faz um trejeito infantil, buscando a cumplicidade da psicóloga). A prima seleciona os programas que vão fazer, os filmes que vão assistir e faz reprimendas quando acha que ela está falando alto. Vê-se que a prima cerceia os movimentos dela, e que ela se deixa levar, como se isso fosse algo cômico e inevitável. (Logo descobre-se que a prima também é invasiva.)

Conta que, quando pequena, era muito chorona. Diz que acordava chorando no berço, e a mãe, quando ia pegá-la, dizia: "Por que você está chorando, Cecília? Escuta só lá fora os passarinhos alegres, cantando. Só você acorda fazendo essa choradeira". Em um belo dia, a mãe passa perto da porta do quarto e ouve alguns "piados" vindo do berço. Era Cecília acordando, e começando a aprender a linguagem dos sinais trocados: "quando estou triste e assustada, penso que estou alegre e canto".

Em uma sessão, conta que a prima foi à casa dela em sua ausência, falou com a empregada e pegou uma roupa "emprestada" do *closet* para usar em uma situação social. Ela olha para a psicóloga com a mesma expressão infantil, inclina a cabeça e sorri. Digo de forma enfática: "Entrou no seu quarto e pegou sua roupa sem pedir sua autorização? O que você sentiu *de verdade* quando ela fez isso?". Cecília se endireita na poltrona, muda a expressão facial e diz: "Ah, fiquei com muita raiva!".

Comentários

Esta pessoa cresceu em um mundo de felicidade idealizada, em uma família rica, e que dava grande importância a festas e à vida social. Ao que parece, nela não havia espaço para infelicidades, falta de recursos materiais, doenças, perdas. Muito apegada à mãe, e em um processo de identificação e aprendizado com esta, vai substituindo as coisas desagradáveis e dolorosas por outras mais alegres e glamorosas, sempre se deixando levar pela condução do outro. Vamos descobrindo aos poucos que Cecília passou por situação de perdas amorosas e de doença, mas, mesmo assim, continua lançando mão dos recursos aprendidos, em uma negação do próprio sofrimento, transformando-o em piada, e, certamente, inscrevendo o sofrimento não reconhecido no corpo, o que pode ter tido um papel no desenvolvimento de seu câncer.

Ela tem ainda um longo caminho a percorrer. Aos poucos, vai aprendendo a identificar e nomear seus verdadeiros sentimentos, em um processo muito doloroso, mas que começa a lhe trazer alívio. Ela está começando a dizer *não* quando lhe pedem algo que não deseja, pois está aprendendo a identificar seus sentimentos de raiva, tristeza e medo. Isto a está ajudando a fazer um novo mapeamento de sua vida afetivo-emocional em bases mais verdadeiras.

APEGO E NEUROCIÊNCIA

A Década do Cérebro (última década do século XX) chamou-se assim pelo investimento maciço de recursos materiais em pesquisas e interações entre cientistas de diferentes áreas nos EUA (Jones & Mendell, 1999) e acelerou o desenvolvimento da neurociência moderna. As descobertas neste campo permitiram perceber que a determinados comportamentos diretamente observáveis, correspondem fenômenos cerebrais específicos que são ativados ao mesmo tempo em muitos níveis: mental, neural, hormonal, imunológico.

No caso do apego, verificou-se que seu desenvolvimento está intimamente associado à produção do hormônio peptídeo ocitocina, com início ainda durante a gestação, atinge o pico no momento do parto e mantém-se em níveis altos durante os primeiros anos de vida do bebê, em especial durante o período de maternagem (Carter, 2003). No desenvolvimento do apego, participam também os hormônios opioides que são liberados pela sensação de conforto no contato físico com a mãe, trazendo alívio e modulação do sofrimento emocional (Nelson & Panksepp, 1998). Embora a infância seja muitas vezes associada a um bebê sorridente, na vida real há muitas dificuldades a serem enfrentadas pela criança, ainda pouco amadurecida neurologicamente; cada novidade, cada situação desconhecida, cada separação são fontes de estresse que trazem muito sofrimento ao bebê; a separação da mãe pode ser vivida como algo aterrador mesmo que dure apenas poucos minutos.

Vamos apresentar mais um caso clínico, e, a partir deste, falar sobre o apego.

Caso clínico 2: Flávia

Um casal cuja filhinha de 3 anos estava apresentando crises frequentes de vômitos é encaminhado para psicoterapia. Já havia sido vista pelo médico, que disse que a menina *não tinha nada*. A mãe telefona para a psicóloga (E.N.V.), que solicita a ida dos três ao consultório. O casal tem um aspecto meio desleixado e cansado. A profissional pede que se acomodem no sofá, e eles se sentam curvados na beirada, seguindo a filha com olhar ansioso, enquanto a criança perambula pela sala, olhando os objetos a sua volta. De repente, ela se aproxima da planta de um vaso, estende a mão para ela e os pais começam a falar juntos, em um tom de voz mais alto e aflito: "Olha, Flavinha,[1] cuidado com a plantinha, se você pegar nela ela não gosta, viu? Ela fica chateada. Se você pegar, ela vai fazer dodói!". A criança para e olha para eles, aparentemente sem entender. E.N.V. pergunta aos pais: "Vocês têm dificuldade de dizer 'Não, Flávia, não pode mexer aí?'". Os pais assentem, meio embaraçados. A psicóloga continua de modo firme e simples: "Flávia, não pode mexer na minha planta; vem aqui fazer um desenho bem bonito para mim neste papel" e entrega papel e lápis para ela. Ela se senta e começa a rabiscar.

Iniciam, então, a conversa sobre os vômitos, que aconteciam a qualquer momento sem que os pais conseguissem identificar uma causa. E.N.V. diz a eles que talvez a criança, filha única após muitos anos de casamento, tivesse descoberto que, quando vomitava, coisas muito interessantes aconteciam na casa: todos ficavam alvoroçados, pegavam balde, rodinho e panos, tiravam a roupa da criança, lavavam, trocavam-na, etc. Quem sabe ela tivesse descoberto uma forma de fazer este espetáculo se repetir? Os pais olham meio ressabiados. A criança rabisca e escuta. Propõe-se então: "Na próxima vez, não saiam correndo nem digam nada. Mantenham a calma. Deixem para limpar o chão depois, de preferência quando ela não estiver por perto. Deixem que fique um pouco com a roupa vomitada, que não vai fazer mal a ela. Só mais tarde digam que está na hora do

---

1   Todos os nomes usados nos exemplos clínicos são fictícios.

banho e aproveitem para trocá-la". A psicóloga despede-se do casal e de Flávia, que estende para E.N.V. a folha de papel *desenhada* antes de sair.

Comentários

Em função de ideias equivocadas que se tornaram populares nas últimas décadas a respeito de traumas e felicidade infantil, e de um movimento de hipervalorização dos filhos no grupo familiar, muitos pais sentem receio de causar algum tipo de frustração ou trauma importante a eles dizendo "não, não pode" a determinados impulsos da criança. Com isso, deixam os filhos pequenos desnorteados, sem saber o que podem ou não fazer, e sem referências sobre as consequências reais de suas ações.

Os pais de Flávia parecem se encaixar neste modelo desnorteador: com as melhores intenções, deixam de dar a ela informações claras e precisas sobre a situação presente: estão pela primeira vez em uma consulta naquele consultório. Para Flávia, as informações sobre a planta não fazem sentido; além disso, deixam a psicóloga de fora da situação. Eles poderiam ter dito simplesmente "não, não mexa na planta da doutora".

Uma criança pequena ainda não tem noção de riscos, perigos, adequação social, nem da existência dos outros como seres independentes delas. Cabe aos pais ou cuidadores assinalarem sim ou não para que a criança mapeie e estabeleça limites no espaço físico e social, desenvolvendo um senso de adequação social. Isto pode ser feito de modo afetuoso, mas firme. Não saber os limites do bom-senso, ao contrário de trazer felicidade, em geral traz muita insegurança, ansiedade e desorientação à criança. Seu processo civilizatório, isto é, a sua entrada nas leis sociais, deve ser dosada e gradativa, mas se não for sendo modulado, teremos em breve uma criança com dificuldades de adaptação social, pois não aprendeu certas regras básicas sobre a vida com os outros.

Quando feita a intervenção de dizer "não, não pode" e proposta outra atividade, os pais percebem que nada de catastrófico acontece com a criança. Que a psicóloga, na verdade, desviou a atenção dela para outro interesse, mais adequado que o primeiro. Assim, ensino também uma nova tática para os pais.

Os estímulos sociais adequados variam conforme a idade da criança. Por volta dos 2 anos e meio de vida, é necessária uma mudança qualitativa na modulação do apego. Nesta época, começam a amadurecer no cérebro determinadas estruturas (vias norepinefrínicas) que **habilitarão** a criança, não mais um bebê, a **suportar interações sociais negativas**, como ouvir um não ou ser corrigida (Schore, 2017). Este é o momento em que a mãe, para ser adequada, adaptativa, terá que começar a dizer não e colocar limites à criança. Note-se que isso representa uma guinada total no modelo da mãe maravilhosa, que tudo aceita, achando lindo o que o bebê faz ou fala, para se tornar alguém que, em determinados momentos, colocará exigências e fará interdições.

Uma criança pequena ainda não tem noção de riscos, perigos, adequação social, nem da existência dos outros como seres independentes delas. Cabe aos pais ou cuidadores assinalarem sim ou não para que a criança mapeie e estabeleça limites no espaço físico e social, desenvolvendo um senso de adequação social. Isto pode ser feito de modo afetuoso, mas firme.

PRÉ-DESENVOLVIMENTO DO APEGO PARENTAL

O apego parental começa a se formar antes do nascimento, e até mesmo antes da concepção, a partir de desejos, fantasias e expectativas da mãe, pai e familiares sobre um bebê idealizado, dentro de um lugar virtual criado para ele no projeto de vida materno ou familiar. Por exemplo, este bebê pode ser desejado, não desejado (um não lugar), ter preferentemente determinado sexo, ter determinadas características físicas, vir a preencher uma necessidade do casal parental e assim por diante.

A partir do nascimento, o relacionamento idealizado será modificado pela existência concreta do bebê, seu sexo, sua aparência, suas demandas, sua interação real com a mãe e com o pai. Conforme forem confirmadas ou não as expectativas preexistentes, um determinado tipo de apego se estabelecerá.

APEGO E DESENVOLVIMENTO DO CÉREBRO

O apego vai se desenrolar durante um período em que o cérebro do bebê está passando por uma grande transformação estrutural, e depende, pelo menos parcialmente, dos estímulos do meio para ativar o funcionamento de determinadas áreas cerebrais.

O cérebro começa a se desenvolver já na vida intrauterina, crescendo de baixo para cima, e da esquerda para a direita, de modo que, do ponto de vista evolutivo, as estruturas cerebrais mais recentes se desenvolvem por último. Esse desenvolvimento ocorre sempre em uma mesma sequência ordenada, característica da espécie humana. Ele não é contínuo nem linear, e se dá por áreas específicas, ativadas em certos períodos graças à programação filogenética característica da espécie humana e a estímulos adequados do meio. Inicialmente, amadurecem as áreas filogeneticamente mais antigas [tronco cerebral e áreas subcorticais] e depois as mais recentes [corticais] (MacLean, 1985) (Figura 1).

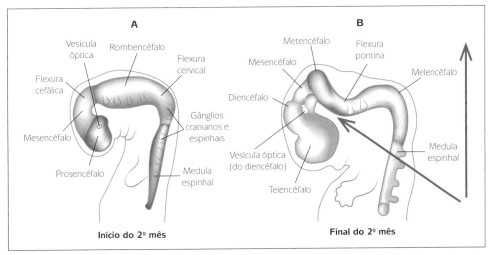

Figura 1 Desenvolvimento das estruturas cerebrais no período intrauterino (de baixo para cima/ da esquerda para a direita)

Após o nascimento, há períodos específicos de desenvolvimento cerebral chamados de períodos críticos. Eles se caracterizam por intensa neurogênese (produção de novos neurônios) e sinaptogênese (produção de novas sinapses), e são especialmente favoráveis ao registro de novas memórias. Daí a importância das memórias precoces, pois um primeiro período crítico vai ocorrer logo nos primeiros 2 anos e meio de vida (Sholl-Franco, 2012).

Devido à imaturidade neurológica do recém-nascido, este responderá com grande intensidade aos estímulos externos e a situações novas, tendo pouca capacidade para gerenciar situações de excitação. Nestes casos, descontrola-se, agita-se, chora, fica assustado e precisa ser acalmado pela mãe, o que é parte fundamental no desenvolvimento do apego. Isto inclui pegá-lo no colo, andar ritmadamente para a frente, para trás e para os lados, vocalizando sons que as boas mães sabem gerar, e, graças à proximidade física, permitir que o bebê sinta seu cheiro e o calor de seu corpo, o que têm a capacidade de confortá-lo em seu sofrimento. Ela poderá também fazer um contato de olhar acalmador, ou mesmo falar com ele em uma prosódia mais musical, destacando as sílabas ao falar, de modo exagerado (Trevharten, 2003). Esta é a matriz para a regulação inicial do afeto, em que a mãe funciona como um exossistema de regulação do bebê, um ego externo para suprir seus mecanismos regulatórios ainda incipientes.

À medida que o cérebro amadurece, e as experiências afetivo-amorosas com a mãe acontecem, o bebê, aos poucos, se tornará capaz de reproduzir esta instância materna que literalmente se inscreve em seu cérebro e emerge como conteúdo mental regulatório, instalando-se, assim, a autorregulação afetiva (Schore, 2017). Este é um bom exemplo de interação entre estímulos afetivo-amorosos e desenvolvimento de estruturas neuroanatômicas cerebrais, ou, se se preferir, da formação mente-corpo.

Esta é a matriz para a regulação inicial do afeto, em que a mãe funciona como um exossistema de regulação do bebê, um ego externo para suprir seus mecanismos regulatórios ainda incipientes.

REGULAÇÃO AFETIVA E DESENVOLVIMENTO CEREBRAL

Para que o apego e o cérebro se desenvolvam de modo adequado, o bebê necessita receber uma estimulação muito específica. Ao contrário do que geralmente se pensa, os estímulos mais importantes não são brinquedos coloridos ou sonoros, e sim a **estimulação afetivo-emocional**, constituída por estímulos sensoriais permeados por mensagens afetivas e amorosas de um cuidador, especialmente no primeiro ano de vida. No período inicial de desenvolvimento, o meio do bebê é basicamente constituído por estímulos maternos, ou vindos do cuidador primário (Winnicott, 1958), embora a profissionalização das mulheres acabe ocasionando uma separação precoce entre mãe e bebê. Neste caso, a forma como os cuidados ao bebê serão dispensados dependerá do arranjo e do suporte providenciado pela família, mas sem dúvida influenciará o desenvolvimento do apego.

Nos primeiros 3 meses de vida, o desenvolvimento do hemisfério direito cerebral é dominante em relação ao hemisfério esquerdo. O hemisfério direito do bebê, que está ligado ao córtex orbitofrontal, organiza os estímulos afetivos não verbais recebidos da mãe, e regula as emoções na interação com ela. Se este hemisfério conseguir se desenvolver adequadamente, contribuirá para reforçar os traços de resiliência da criança, favorecendo a aquisição de estratégias flexíveis para lidar com novidades e com as situações estressantes (Schore, 2017).

A regulação do afeto é produzida pela intervenção da mãe seguida da resposta do bebê, ou inversamente pela manifestação do bebê seguida da resposta da mãe. Este padrão tende a se repetir em circunstâncias semelhantes e tornar-se dominante. Junto com o amadurecimento do bebê, a repetição dos padrões criará registros cerebrais e mentais que passarão, com o tempo, a possibilitar a autorregulação do bebê, e também a organizar sua vida social.

No primeiro ano de vida, as áreas subcorticais do cérebro da criança estarão em funcionamento prioritário. Acima delas, ficam as áreas corticais, a última parte do cérebro a ser desenvolvida. Das áreas subcorticais emergem os conteúdos afetivos. Neste período, os conteúdos corticais cognitivos da mãe, mais evoluídos que os afetivos, parecem funcionar em um nível secundário. A Psicanálise sugere que a mãe precisa regredir a um estágio mais primitivo (mais afetivo-emocional do que cognitivo) para colocar-se no lugar do bebê e poder entendê-lo (Winnicott, 1987, 2006).

Entre 2 anos e 2 anos e meio, uma competência social muito importante a ser desenvolvida pela criança é a capacidade de esperar, de suportar a frustração de não ter a satisfação imediata de seus desejos. Para isso, é necessário o bom desenvolvimento do córtex pré-frontal [ver Figura 1], capaz de inibir os aspectos impulsivos do ser. É o que ilustra o conhecido experimento em que o experimentador deixa uma criança sozinha por alguns instantes em uma sala onde há um *marshmallow* sobre a mesa, dizendo que, se ela não o comer durante sua ausência, ganhará dois quando ele voltar. O desfecho é que, até determinada idade, a criança não resiste ao impulso e come o *marshmallow*, ficando sem o segundo; a partir de certa idade, se a criança tiver se desenvolvido emocional e neurologicamente, e alcançado maior regulação afetiva, terá condições de exercer um maior controle sobre seus impulsos e conseguir aguardar o retorno do experimentador (Mischel, Ebbesen & Zeiss, 1972).

Vinheta clínica: Lucinha

Lucinha, com 8 meses, está começando a engatinhar. Sua mãe se preocupa com a possibilidade de ela se machucar, agora que consegue se deslocar por conta própria e mexer nos objetos. Certo dia, o bebê está engatinhando de costas para ela, no meio dos seus brinquedos. De repente, desequilibra-se e cai com o rosto em cima de uns cubos de madeira. A mãe se levanta rapidamente para acudir a filha, mas, ao perceber que a menina não está chorando, refreia-se, senta-se novamente sem que a criança perceba sua movimentação, e a exploração do bebê continua.

Comentários

Quando uma criança começa a engatinhar, está explorando alguns territórios pela primeira vez na vida, logo desconhece o que são perigos ou ameaças, só consegue vivenciar estímulos prazerosos ou dolorosos que ocorrem após os eventos. Neste caso, deu uma topada em um objeto de madeira que talvez tenha sido desagradável, mas abaixo do limiar necessário para desviá-la do seu processo investigatório. Por outro lado, se Lucinha tivesse sentido dor e chorado, seria adequado que a mãe a pegasse no colo e a acalmasse com palavras e toques de conforto.

> O que guia a criança é a mediação que a mãe faz entre a criança e o meio, seja fisicamente, verbalmente ou por meio de suas expressões faciais. Ela vai aprender sobre si mesma e sobre o mundo em parte pela própria percepção, em parte pela percepção de sua atuação espelhada nos olhos da mãe.

Uma mãe muito ansiosa poderá assustar a criança com seu próprio rosto amedrontado, e levar a criança a chorar. O processo de mediação entre a mãe e o bebê é também um processo de modulação. No exemplo anterior, ao decidir não intervir no momento da queda do bebê, a mãe deixa que ele desenvolva suas próprias noções de dor e de perigo. Dependendo da modulação, a criança será incentivada a ter mais iniciativas exploratórias ou ser mais cautelosa, conceber um mundo mais amigável ou mais assustador (Figura 2).

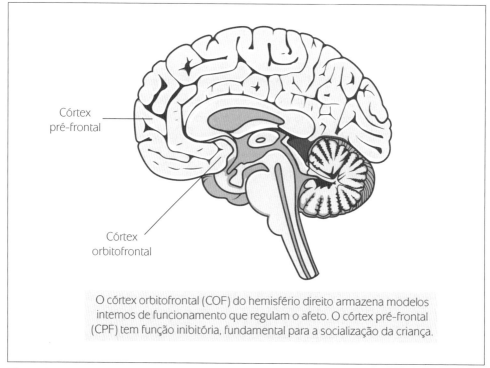

Figura 2 Córtex pré-frontal e córtex orbitofrontal.

Cabe a figura materna interagir com o bebê de forma a modular e atenuar a intensidade dos afetos deste, tanto os negativos como os positivos. Deste modo, impede que o bebê entre em situações de desespero, pânico e pavor, ou que os afetos dele transbordem, causando um desmoronamento afetivo, devido a sua imaturidade psiconeurobiológica. Observamos também que estímulos afetivos positivos, quando não são modulados, podem causar um estado de excitabilidade excessiva que desorganiza o bebê, e acaba geralmente em choro. Juntamente com a modulação materna e desenvolvimento do apego, a liberação da ocitocina é fundamental para a regulação afetiva (Carter, 2003) e para a homeostase corporal, pois ativa o funcionamento do sistema do nervo vagal, que inibe a ativação das vísceras, diminuindo o índice de batimentos cardíacos e o ritmo da respiração, acalmando o organismo (Porges, 2011). É desta forma que a regulação afetiva promove a regulação visceral e, como consequência, a regulação corporal.

CONCLUSÃO

A partir das descobertas da neurociência afetiva, podemos considerar o apego como um fenômeno decorrente da integração de aspectos neurobiológicos, hormonais e imunológicos, psicológicos e sociais, em interação com o meio. O afeto é transmitido por estímulos sensoriais que vem principalmente da mãe: sua expressão facial, postura, tom de voz, seu cheiro, seu calor. A modulação adequada deste afeto favorece a emergência de um sistema de controle biológico, em que o bem-estar gerado por boas experiências afetivas colabora para um bom funcionamento dos aspectos viscerais e fisiológicos da criança. Como a mãe faz parte da díade, ela também se beneficiará afetivamente com esta experiência.

O apego se desenvolve primordialmente nos primeiros 2 anos e meio de vida. O primeiro ano se caracteriza por ser uma fase de enamoramento da mãe e com a mãe, com predomínio de afetos positivos. Com a produção de ocitocina ainda alta, a díade mãe-bebê tem sua relação amorosa reforçada.

No final do segundo ano de vida, a criança começará a experimentar o "não" e a enfrentar limites, o que levará à inibição do prazer, mas também ao aprendizado do adiamento das recompensas, muito importante para a vida social. Neste período, começa o amadurecimento dos níveis cerebrais superiores (corticais), responsáveis pela modulação e inibição cognitiva dos afetos, e pela compreensão cognitiva de si mesmo e das situações sociais.

A estimulação afetiva adequada do meio ajudará o bebê a desenvolver sua regulação afetiva, e a tornar-se, assim, um ser social. Os cuidados parentais adequados auxiliarão o bebê a fazer o processamento de informações socioemocionais no início da vida. A mãe funcionará como um ego externo ao bebê, facilitando a regulação de seus estados afetivos e corporais.

A partir destas informações neurocientíficas, o profissional da saúde poderá ter um instrumental mais amplo para lidar com as situações clínicas e sociais no tratamento ou na prevenção das doenças mentais, assim como os pais.

REFERÊNCIAS

1. Bowlby J. Apego e perda. São Paulo: Martins Fontes; 2015, v. 1-3.
2. Bretherton I. The origins of attachment theory: John Bowlby & Mary Ainsworth. Developmental Psychology. 1992;28:759-75.
3. Carter CS. Neuroendocrine perspectives on social attachment and love, Psychoneuroendocrinology. 1998;23(8):779-818.
4. Carter CS. Biological perspectives on social attachment and bonding. In: Sachser N et al. (eds.). Attachment and bonding: a new synthesis. London: MIT; 2003. p. 85-100.
5. Carter CS, Uvnas-Moberg K. Introduction to psychoneuroendocrinology: is there a neurobiology of love? In: Carter CS, Uvnas-Moberg K (eds.). Psychoneuroendocrinology. 1998;23(8):749-50.
6. Cozolino L. The neuroscience of human relationships: attachment and the developing social brain. New York: W. W. Norton; 2014.
7. Demkow U, Wolanczyk T. Genetic tests in major psychiatric disorders – integrating molecular medicine with clinical psychiatry – why is it so difficult? Translational Psychiatry. 2017;7(6): e1151. Disponível em: doi 10.1038/tp.2017.106.
8. Edelman GM. Neural Darwinism: the theory of neuronal group selection. New York: Basic Books; 1987.
9. Guell-Mann M. The quark and the jaguar: adventures in the simple and complex. New York: Owl Books; 1995.
10. Grossman KE, Grossman K, Waters E (eds.). Attachment from infancy to adulthood: the major longitudinal studies. New York: Guilford; 2006.
11. Hess EH, Petrovich SB. Ethology & attachment: a historical perspective. Am Psychol Assoc. 2000;9(1):14-9. Disponível em: psycnet.apa.org/journals/bdb/9/1/14.pdf.
12. Holland JH. Studying complex adaptive systems. J Sys Sci Complexity. 2006;19(1):1-8.
13. Jones EG, Mendell LM. Assessing the decade of the brain. Science. 1999;284(5415):739. Disponível em: doi 10.1126/science.284.5415.739.
14. Kennedy JH, Kennedy CE. Attachment theory: implications for school psychology. Psychology in the Schools. 2004;41(2):247-59. Disponível em: doi10.1002/pits10153.
15. MacLean PD. Evolutionary psychiatry and the triune brain. Psychologic Med. 1985;(15):219-21.
16. Mendoza SP, Mason WA. Attachment relationships in new world primates. Ann NY Acad Sci. 1997;807: 203-9. Disponível em: doi 10.1111/j1749-6632.1997.tb51921.x.
17. Mischel W, Ebbesen EB, Zeiss AR. Cognitive and attentional mechanisms in delay of gratification. J Pers Soc Psychol. 1972;21(2):204-18.
18. Nelson EE, Panksepp J. Brain substrates of infant-mother attachment: contribution of opioids, oxytocin and norepinephrine. Neurosci Behav Rev. 1998;22(3):437-52.
19. Nicolescu B. O manifesto da transdisciplinaridade. 2.ed. São Paulo: Triom; 2001.
20. Porges SW. The polyvagal theory: neurophysiological foundations of emotions, attachment, communication, and self-regulation. New York: W.W. Norton; 2011.
21. Schore AN. Affect regulation and the origin of the self: the neurobiology of emotional development. New Jersey: Lawrence Erlbaum; 2017.
22. Schore JR, Schore, AN. Modern attachment theory: the central role of affect regulation in development and treatment. Clin Soc Work J. 2008;36:9-20. Disponível em: doi 10.1007/s10615-007-0111-7.
23. Sholl-Franco A. Sistema nervoso, plasticidade e período crítico. In: Ciências e Cognição 2012, Anais do II Encontro Ciências e Cognição (on-line). Rio de Janeiro: Ciências e Cognição; 2012. Disponível em: http://www.cienciasecognicao.org/revista/index.php/ecc.
24. Spitz R. O primeiro ano de vida. 3.ed. São Paulo: Martins Fontes; 2004.
25. Suomi SJ. Attachment in rhesus monkeys. In: Cassidy J, Phillip RS (eds.). Handbook of attachment: theory, research and clinical applications. New York: Guilford; 1999.
26. Taliaz D. Skills development in infants: a possible role for widespread neurogenesis? Front Behav Neurosci. 2013;7:178. Disponível em: doi.10.3389/fnbeh.2013.00178.
27. Trevharten C. Stepping away from the mirror: pride and shame in adventures of companionship – reflections on the nature and emotional needs of infant intersubjectivity. In: Attachment and bonding: a new synthesis. London: MIT; 2003. p. 55-84.
28. Winnicott DW. Da pediatria à psicanálise. Trad. Jane Russo. Rio de Janeiro: Francisco Alves; 1978.
29. Winnicott DW. Os bebês e suas mães. São Paulo: Martins Fontes; 2006.

A (in)disponibilidade sexual da mulher no casamento: algumas reflexões neuropsicanalíticas

21

Eliana Nogueira do Vale
Avelino Luiz Rodrigues

INTRODUÇÃO

O tema deste capítulo propõe uma novidade conceitual, em que conceitos da psicanálise farão interface com recentes descobertas da neurociência afetiva. Isso quer dizer que, nesta discussão, levaremos em conta não apenas a dinâmica psíquica da sexualidade feminina a partir de Freud, como também aspectos hormonais sexuais do cérebro humano, que dão sustentação física à sexualidade feminina e masculina, e que são diferentes no homem e na mulher. Numa visão psicossomática, estamos menos interessados no aspecto sexológico, relativo aos aspectos "técnicos" dos órgãos sexuais, e mais interessados no aspecto libidinal, no desejo, na sexualidade (Milheiro, 2001), tal como se estrutura no contexto muito específico da conjugalidade. É importante enfatizar que não estamos propondo uma "biologização" da psicanálise, como às vezes se critica, e sim uma concepção mais completa e complexa do ser humano, em suas várias dimensões: psicológica, fisiológica, afetivo-emocional e social, reiterando que não há existência de fenômenos psíquicos sem que haja um suporte cerebral-corporal, e que as questões aqui examinadas não respondem a questões de ideologia sexual.

> "Estou com sono", "Estou cansada", "Estou com dor de cabeça", "Hoje não estou a fim"... O que se passa aqui? Como entender, interpretar esta (in)disponibilidade sexual da mulher frente ao parceiro conjugal, queixa tantas vezes presente na clínica, e manifestada por ele, por ela ou pelo casal?

Vamos tentar examinar essa negativa, esse afastamento entre o casal, como manifestação – ou não – do desejo sexual, tudo isso a partir de uma complexa interação de fatores, tais como aspectos psicossociais, genéticos, epigenéticos, neurobiológicos e determinados pela idade, pelo sexo, por condições de saúde. Igualmente importante será considerar as características da mulher e do seu companheiro no que diz respeito à história pulsional e libidinal de ambos e, dentro delas, à organização do desejo: o que esse homem representa para essa mulher em termos de estimulação sexual dentro da moldura do casamento? Como esse encontro é mediado pelo ideal de ambos sobre o ser mulher – e o complementar ser homem? E também como casal conjugal? O que será o sexo no casamento?

Caso clínico

Um jovem casal sem filhos solicita terapia de casal.

Valquíria é filha mais velha, tem duas irmãs mais novas; começou a trabalhar muito cedo e tornou-se executiva de sucesso. Sustenta toda a família, que não trabalha e vive às custas dela. Aos 30 anos, possui casa própria e tem padrão de vida elevado, mas parece exausta e desanimada.

Otávio trabalha com o pai, o qual é um pequeno comerciante que já viveu épocas melhores. É filho único, superprotegido e mimado pelos pais. Vamos descobrindo que ganha com seu trabalho uma quantia irrisória, faz muito *home office*, levanta tarde e parece sem energia e deprimido. É inteiramente bancado pela mulher, que paga todas as suas contas. Todo esse quadro vai se desenhando aos poucos.

O casal chega à terapia em pé de guerra: qualquer conversa descamba para a agressão verbal, com xingamentos e palavrões, na presença da terapeuta. Ele manifesta uma enorme agressividade em relação a ela, além de criticá-la a todo momento, referindo-se a ela de modo depreciativo, e exagerando seus supostos defeitos. Os motivos que disparam as brigas são banais e parecem ser apenas continentes da agressividade dele. Ela se defende no mesmo tom agressivo ou chora.

Num momento de ânimos mais serenados, surge uma queixa: não transam há mais de um ano. Eles não sentem desejo um pelo outro. Sentem "até carinho, amam um ao outro, mas não sentem atração sexual" (*sic*). Pedem ajuda: quem sabe uma técnica, uma orientação, uma terapia sexual...

Comentários

Os pacientes referem-se aos respectivos pais como casais incompetentes, e como pessoas desvalorizadas e incapazes; não há admiração por eles.

Valquíria manifesta desejos pouco conscientes de poder e domínio sobre os outros; por isso, precisa se apresentar de forma tão poderosa e onipotente, à custa de trabalhar até a exaustão. Arrumou um parceiro infantil e frágil, incapaz de fazer sua própria vida profissional deslanchar. E toma-o como a um filho, a quem possibilita uma condição de vida fora da realidade dele.

Tanto Valquíria como Otávio fizeram escolhas conjugais que são uma continuidade de sua vida de solteiros. Ela sustenta a todos, desde que continue no poder; ele é um homem impotente, não consegue trabalhar nem sustentar sua virilidade.

As modificações sociais e culturais que possibilitaram o acesso da mulher ao mundo do trabalho abriram igualmente para ela as portas de um desenvolvimento e uma independência financeira jamais vistos na história. Quais seriam os efeitos dessa guinada sobre o equilíbrio pulsional dos casais, sobre o seu desejo? Como essa nova situação, as denúncias sobre a situação real da mulher num mundo machista (macho?) afetam a relação entre os sexos? Quão atraente ou, por outro lado, quão ameaçadora para o homem seria a mulher profissionalmente poderosa? Financeiramente independente?

Filhos homens adultos, que dependem financeiramente das mães, frequentemente sentem ódio e agressividade em relação a elas e à dependência delas, da qual, no entanto, não conseguem abrir mão. Da mesma forma, numa cultura ainda machista como a brasileira, encontraremos maridos que não suportam que a mulher se sobressaia mais do que eles em termos profissionais e financeiros. Esta situação não parece ser percebida conscientemente pelos casais, mas costuma gerar sérios problemas.

Surge aqui uma questão inquietante e desconfortável para posições ideológicas sobre a emancipação da mulher, mas não nos furtaremos a fazê-la: até que ponto a cultura que levou a mulher à independência veio desestabilizar uma organização instintiva de atração sexual entre macho e fêmea em termos pulsionais? Na situação de Valquíria e Otávio, caso ela não possa ser sexualmente seduzida por um homem viril, e se ele não puder se construir de forma viril, como poderão ter desejo um pelo outro? E caso isso aconteça, será que o casamento sobreviveria?

INSTINTO E CULTURA NA CIVILIZAÇÃO OCIDENTAL

Uma primeira questão a ser investigada poderia ser então a diferenciação entre os componentes instintivos e os do *setting* sociocultural do mamífero humano – o quanto nossa cultura logrou de fato domesticar o instinto sexual?

Esta questão não é nova. Em *O mal-estar na civilização e outros textos* (1930-1936), Freud menciona o embate entre prazer sexual e certa proteção contra o sofrimento, garantida pelas leis culturais inibitórias. Observa ainda que prazer e desprazer são moldados pelas experiências de vida e pela ocorrência de fatos críticos em certas épocas da vida, bem como pelo desenvolvimento libidinal (em uma linguagem mais atual, estes fatores poderiam ser os chamados epigenéticos[1]). Freud menciona também o desvio da libido e retirada de energia extraídos da vida sexual para fins culturais (Freud, 1930/1997), referindo-se aqui ao homem, e não à mulher, como fará em outros textos.

Na psicanálise, conforme Freud propôs, e Lacan confirmou como uma das descobertas freudianas mais essenciais na base do Complexo de Édipo, haveria na vida amorosa humana uma tendência à degradação (*Erniedrigung*) psíquica do objeto sexual (Freud, 1912/1997; Lacan, 1999). No mesmo texto freudiano, quando o autor descreve o que chama de impotência psíquica no homem, ou seja, a incapacidade de consumar o ato sexual com algumas mulheres (Freud, 1912/1997), revela que, para que o ato sexual ocorresse, deveria haver certas condições eróticas específicas (Freud, 1910/1997), mas, novamente, refere-se ao homem, e não menciona a mulher; o paradigma adotado é o masculino; a im-

---

1   Mudanças na expressão dos genes herdados causadas por experiências que podem ser passadas para as próximas gerações, embora não cheguem a modificar o DNA (Houri-Zeèvi et al., 2016)

potência psicológica referida é a masculina; e a incapacidade refere-se à consumação do ato sexual por parte do homem. O texto trata, portanto, do erotismo masculino.

Em termos neurobiológicos, sabemos que os hormônios testosterona e estrógeno são poderosos organizadores do comportamento sexual. No entanto, o ser humano, ser subjetivo, capaz de simbolizar suas próprias experiências e elaborar sobre elas, poderá extrapolar os limites desse determinismo biológico. Mas até que ponto? Uma proposta de investigação seria entender as relações entre erotismo e desejo, e a organização hormonal sexual do ser humano.

Panksepp, em seu livro *Neurociência afetiva*, lembra que uma multiplicidade de fatores precisa ser sincronizada para que haja comportamento sexual competente, e que há um número muito maior de pesquisas com foco no aspecto sexual consumatório (cópula) do que nos componentes de cortejamento ou apetitivos. Ele faz uma crítica aos neurocientistas, que tenderiam a restringir suas discussões ao comportamento sexual e a ignorar os sentimentos sexuais (Panksepp, 1998). A sugestão sobre a investigação do comportamento apetitivo e dos sentimentos sexuais poderia ser um ponto de partida nesta investigação.

A VERTENTE TERNA E A VERTENTE SEXUAL EM FREUD E NAS NEUROCIÊNCIAS

Voltando a Freud, no desenvolvimento da sexualidade, este propõe uma divisão entre "aspectos ternos" e "sensuais", segundo a qual a criança originalmente receberia uma atenção "carinhosa" dos pais e cuidadores, em que carinho e erotismo se misturariam. Para ele, com a puberdade, surge uma "poderosa corrente sensual", que levará à busca da satisfação dos desejos sexuais (Freud, 1912).

O que a neurociência tem a dizer a respeito?

Panksepp (1998) explica que, no cérebro humano, há a produção dos hormônios ocitocina e vasopressina, que ele identifica como hormônios sexuais, já que desempenham um papel importante na aproximação sexual entre mamíferos. Mamíferos de ambos os sexos produzem os dois hormônios, similares em sua composição química, e complementares, embora na fêmea a produção de ocitocina seja muito maior em comparação com a da vasopressina, e vice-versa. Ambos derivam de um mesmo hormônio ancestral, a arginina-vasotocina, a qual, caso seja injetada no cérebro de sapos e lagartos machos, produz comportamentos sexuais imediatamente.

A divisão da arginina-vasotocina em ocitocina e vasopressina, que mantêm estruturas moleculares muito semelhantes entre si, permite uma complexidade e sofisticação inéditas nos relacionamentos entre mamíferos. A ocitocina, por exemplo, além de hormônio de predisposição sexual na fêmea, tem papel primordial no instinto de apego e na maternagem, assim como nos contatos sociais. Para Panksepp, isso ocorreria porque o sistema neural de cuidados derivou, durante a evolução, do sistema sexual. Ou, para usar a expressão dele, o sistema de cuidados "pegou carona" na estrutura neuro-hormonal já existente dos comportamentos sexuais, mecanismo que, em linguagem científica, chama-se exaptação.

Então, evolutiva e neurocientificamente falando, a corrente terna deriva da sexual.

(IN)DISPONIBILIDADE SEXUAL DA MULHER NO RELACIONAMENTO CONJUGAL

Por que há queixas sobre a disponibilidade ou não da mulher para se relacionar sexualmente? Antes de tudo, porque é ela quem permite ou não a relação sexual. E essa permissão, na conjugalidade, desloca o que deveria ser do nível do desejo ou do prazer da mulher para um dever conjugal. Isso não tarda a aparecer nas queixas do casal: ele, porque ela nunca quer transar, está cansada ou sem vontade; ela, porque ele não é carinhoso, só quer "fazer sexo". O que se passaria entre o casal? O que essas queixas revelam, além de denunciar que homem e mulher falam línguas diferentes?

A DESIDEALIZAÇÃO DA RELAÇÃO AMOROSA

Após o período fusional de enamoramento, em que "eu e você somos um", a convivência diária mostrará que isso não passa de uma ilusão, que ambos são diferentes, e, portanto, surgirá uma frustração narcísica importante, se o casal não for capaz de lidar com as diferenças do outro. A clínica mostra que atingir esse estágio é muito mais difícil do que parece. As dificuldades cotidianas a serem enfrentadas, além do que Freud preconizava, também terão um papel na deserotização da relação.

O FATOR TEMPORAL E A EXCITAÇÃO CONJUGAL

Vamos começar a examinar o fator temporal usando uma analogia: quando um casal se conhece, logo começa a pautar seu relacionamento por datas importantes: mês e dia em que se conheceram, aniversário de ambos e da relação, dia dos namorados. Aí surgirão os presentes: quais serão eles no início? Cheios de inventividade e surpresas, mais ou menos erotizados. O que vai acontecer com o passar do tempo? Não é preciso responder.

No nível neurobiológico, fica claro o aspecto de que a excitabilidade erótica seja uma variável do fator tempo cronológico na conjugalidade, sujeito ao fenômeno da habituação[2] (Kandel, 2005). Ou seja, haveria uma tendência a que, no início do relacionamento, os primeiros estímulos fossem sentidos intensamente e, pouco a pouco, acabassem diminuindo de intensidade, ou, eventualmente, até se extinguindo. Seria então possível que,

---

2   Fenômeno presente na maioria dos animais e uma das formas mais elementares de plasticidade comportamental, resultante de plasticidade neural correspondente. Quando a habituação ocorre, há um decréscimo na intensidade da resposta decorrente de uma estimulação constante ou repetitiva (Kandel, 2005).

por não mais despertar os mesmos sentimentos e emoções, o objeto fosse vivenciado como desvalorizado, ou esvaziado, caso a relação conjugal não consiga lançar mão de outros tipos de atratibilidade.

A RELAÇÃO SEXUAL E O ENVELHECIMENTO

O fator idade cronológica dos cônjuges, quando se consideram o aumento da expectativa de vida e a exaltação cultural da beleza do corpo e da juventude (Soares, 2012), precisa ser levado em conta, já que o parceiro estará sujeito a ser escrutinizado por esse ideal exigente e perfeccionista, impossível de ser atingido com o passar da idade – e que atinge os dois. Por outro lado, numa concepção evolucionista, o homem tende a se sentir atraído pelas mulheres mais jovens, que seriam mais aptas a procriar e a ter uma prole saudável... Aqui, a evolução desfavorece a mulher.

No processo de envelhecimento normal do ser humano, muitos hormônios cessarão de ser secretados, ou terão sua produção e atividade diminuídas. A diminuição do estrogênio impactará diretamente na diminuição do colágeno e concomitante flacidez dos tecidos; a diminuição da testosterona afetará o desejo sexual no nível biológico. Os hormônios sexuais, notadamente na mulher, cairão abruptamente, trazendo impacto sobre sua disposição e disponibilidade sexual (García-Segura, 2009). Também a diminuição na produção de dopamina, fundamental para a energia motora e na busca por novidades, deverá se somar aos anteriores (Panksepp, 1998). A diminuição na produção dos hormônios tiroidianos e da serotonina poderá colaborar para um estado de espírito mais deprimido e desanimado (García-Segura, 2009). Vale lembrar de que os antidepressivos, cujo uso está difundido e em alta na cultura ocidental, sabidamente retraem a libido. No entanto, há mulheres de meia-idade que, indiferentes ao sexo com o marido, recobram a sexualidade com um novo parceiro.

A MULHER PROFISSIONAL E A SEXUALIDADE

Atualmente, a maioria das mulheres faz parte do mercado de trabalho e, além da responsabilidade pela casa e pelos filhos, acrescenta uma jornada externa, que segue o modelo masculino: período integral, horas de trabalho prolongadas, viagens, e um investimento libidinal e de agressividade necessários para impor-se neste mundo masculino altamente competitivo.

Com a entrada no mercado de trabalho, a despeito da realização profissional, a mulher parece haver caído num engodo fálico, ainda mais por adotar para si o modelo de trabalho masculino, que implica manter as funções maternas e domésticas e, ao mesmo tempo, entrar na pressão pela competitividade, pela atualização constante, cursos, pós-estudos, etc.

Em termos psiconeuroendócrinos, isto equivaleria a dizer que seu cérebro precisaria ativar constantemente o eixo hipófise-pituitário-adrenal [HPA], produtor dos hormônios do estresse cortisol e noradrenalina, além da vasopressina, para entrar no **modo luta-ou-fuga profissional**, e, ao mesmo tempo, exibir na conjugalidade uma disponibilidade sexual que acarretaria a ativação do sistema de calma-e-bem-estar, produzido pelo eixo ocitocinérgico e as endorfinas. Ora, isso significaria ativar ao mesmo tempo o sistema nervoso simpático (SNS) e o sistema nervoso parassimpático (SNP), que têm, na maior parte das vezes, funcionamento antagônico.

Porges (2011) observa que, excepcionalmente, no momento do encontro sexual, ambos os sistemas funcionam de forma dual: inicialmente o SNS seria necessário para ativar a excitabilidade sexual (*arousal*); num segundo momento, o SNP seria fundamental para a entrega no ato sexual, para a excitação, para a ereção no homem, e para o orgasmo em ambos os sexos (Panksepp, 1998). Mas, se houver vasopressina em excesso, agressividade e defesa, se não houver cessação da competição entre homem e mulher, se ela não sair do papel fálico e se o parceiro não conseguir cortejar a mulher de forma competente, a relação sexual poderá até ocorrer, mas não o relacionamento.

Curiosidade

Panksepp (1998) observa ainda que a ocitocina seria responsável pela disponibilidade sexual na fêmea mamífera, e a vasopressina, pela insistência sexual no macho. Já a fêmea com excesso de produção de vasopressina torna-se tão agressiva que muitas vezes não permite que o macho se aproxime dela. Isso geralmente ocorre quando a fêmea está com filhotes recém-nascidos, representando uma proteção à prole, que poderia ser devorada pelo macho.

O QUE QUER UMA MULHER?

Com relação ao desejo sexual, o que quer uma mulher? Muitas são movidas por um ideal romântico de homem, que "a desperte", sendo comuns fantasias sobre "homens interessantes", "românticos", geralmente com comportamento diferente do homem a quem escolheram como cônjuge, ou do homem real do dia a dia, a quem têm de encarar. Lembro-me de uma mulher que, já na meia-idade, exigia que o marido dançasse com ela como preparação ao ato sexual.

Quando Lacan afirma que "a relação sexual não existe" (Lacan, 2012), aponta para essa **falta de encaixe** existente entre o masculino e o feminino, que parece separar dois mundos. Que mulher consegue entender a relação do homem com o futebol, por exemplo? Geralmente, lhe parece uma paixão inexplicável, que faz degenerar a admiração por seu homem. E o homem, o que entenderá dos infantis desejos de Cinderela das mulheres?

Terminamos este texto com mais perguntas do que respostas, mas com um convite à reflexão.

REFERÊNCIAS

1. Freud S. Sobre un tipo especial de la elección de objeto en el hombre. In: Obras completas. Madrid: Biblioteca Nueva; 1910, v. II. p. 1625-30.

2. Freud S. Sobre una degradación general de la vida erótica. In: Obras completas. Madrid: Biblioteca Nueva; 1912, v. II. p. 1710-7.
3. Freud S. El mal estar en la cultura. In: Obras completas. Madrid: Biblioteca Nueva; 1930, v. III. p. 3017-67.
4. García-Segura LM. Hormones and brain plasticity. London: Oxford University Press; 2009.
5. Houri-Ze'evi L, Korem Y, Sheftel H, Faigenbloom L, Toker IA, Dagan Y et al. A turnable mechanism determines the duration of the transgenerational small RNA inheritance in C. elegans. Cell 2016;165:88-99.
6. Lacan J. O seminário, livro 5 – As formações do inconsciente. Rio de Janeiro, Zahar; 1999.
7. Lacan J. O aturdito. In: Outros escritos. Rio de Janeiro: Zahar; 2003.
8. Kandel ER. Psychotherapy and the single synapse: the impact of psychiatric thought on neurobiologic research. In: Kandel ER (org.) Psychiatry, psychoanalysis, and the new biology of mind. Washington: American Psychiatric; 2005. p. 5-26.
9. Milheiro J. Sexualidade e psicossomática. Coimbra: Almedina; 2001.
10. Panksepp J. Affective neuroscience: the foundations of human and animal emotions. London: Oxford University; 1998.
11. Porges SW. The polyvagal theory: neurophysiological foundations of emotions, attachment, communication, self-regulation. New York: W. W. Norton; 2011.
12. Soares, SSGS. Envelhescência: um fenômeno da modernidade à luz da psicanálise. São Paulo: Escuta; 2012.

Anatomia, neurofisiologia e psicofisiologia da dor

22

Barbara Subtil de Paula Magalhães
Nathália Augusta de Almeida
Marcelo Henrique da Silva
Avelino Luiz Rodrigues

INTRODUÇÃO

Os fatores biológicos, psicológicos e socioculturais interagem com e influenciam a patologia e o curso da doença, sendo necessário serem considerados quando se pensa no adoecer e nas intervenções com pacientes que padecem organicamente.

O objetivo da psicossomática não é buscar ou defender a psicogênese das doenças, mas compreender que toda doença é resultado e expressão de um processo físico-psíquico-social (Engel, 1967).

Considerando tal interação biopsicossocial, neste capítulo, vamos abordar as partes física, anatômica, neurofisiológica e psicológica referentes à dor lombar. Deste modo, pretendemos possibilitar aos profissionais psicólogos uma compreensão deste campo, aprimorando, assim, nossa capacidade de pensamento acerca desta problemática tão complexa que é o campo da dor.

Vislumbrar a complexidade orgânica e a inter-relação da mesma com o campo *psi* traz para o profissional um pensamento mais complexo acerca do seu paciente, possibilitando intervenções mais conscientes e melhor interação com a equipe de saúde.

DOR

Estamos acostumados a pensar na dor como algo linear, cuja direção é do físico para o psíquico: uma lesão causa dor, que, por sua vez, é uma experiência subjetiva. Exemplo: ao prender o dedo na porta, uma pessoa sente dor, que é causada pela lesão naquele local e naquele instante. Contudo, a dor não é tão linear quanto pensamos. Faça o exercício de se perguntar onde está a dor: no campo psíquico ou no físico? Qual será sua resposta? Complexo, não?

Segundo a International Association for the Study of Pain (IASP, 1994), a dor é "uma experiência emocional e sensorial desagradável associada a uma lesão tecidual real ou potencial". Por um lado, portanto, a dor é fisiológica, sendo uma experiência sensorial; por outro, é do campo psíquico, sendo uma experiência emocional. É possível, inclusive, haver dor sem que haja lesão, inflamação ou danos no tecido. Enquanto, por outra via, também é possível haver lesão sem que haja dor.

Uma pesquisa realizada por Jensen et al. (1994) indicou que 80% das pessoas analisadas poderiam ser diagnosticadas com protrusão ou hérnia de disco na lombar sem sentir dor. Deste modo, estar sentindo muita dor não significa que a região está muito lesionada. Paula (2015), ao avaliar pacientes com dor crônica lombar diagnosticados com artrose facetária, detectou que a percepção das dores se apresentou variada nos pacientes, e, em sua maioria, desproporcional às lesões apresentadas. Um paciente, com lesão grave, percebeu sua dor entre leve e moderada, enquanto outro, com lesão incipiente, considerava suas dores intensas. Rodrigo (nome fictício), um dos pacientes avaliados na pesquisa, por exemplo, demonstrou uma relação de prazer e de ganhos com a dor que sentia. Expressava seus sofrimentos com ar irônico, com detalhes, e regozijando-se por ter acarretado danos a si mesmo ao enfrentar os seus limites, como quem percebe um mérito nisto: "É, gostei pra caramba das viagens que eu fiz, dos trabalhos que eu fiz, mas nós trabalhávamos demais! Eram 13, 14 horas por dia e sempre sentado *no* computador. Coluna? Beleza [tom irônico] [risos]".

> Assim sendo, o modo como a dor é percebida depende da forma como a pessoa estabelece relação com ela, e dos prejuízos e benefícios que dela decorrem, podendo apresentar caráter de prazer ou de desprazer.

Segundo Engel (1959), a dor nunca é neutra. Então fica a pergunta: por que isto acontece? Por que muitas vezes alguém sem lesão, ou com uma lesão muito pequena, sente muita dor, enquanto outro, com uma lesão significativa, não sente dor alguma?

ANATOMIA DA DOR

Para compreender a psicofisiologia da dor é preciso abrir mão da tentativa de localizá-la em um ponto específico, tendo em vista que envolve componentes sensoriais, comportamentais, emocionais e culturais. Compreender as estruturas anatômicas envolvidas no processo de percepção e decodificação da dor auxilia a visualizar por que a dor não pode ser restrita a um local ou a um aspecto.

O primeiro sistema do corpo responsável pela recepção e decodificação da dor é o sistema nervoso periférico (SNP), que, por sua vez, é constituído de nervos e células nervosas que estão fora do sistema nervoso central (SNC) (Figura 1).

Anatomicamente, o SNC (Figura 2) subdivide-se em: encéfalo e medula espinal:

- Encéfalo: cérebro, cerebelo e tronco encefálico.
- Tronco encefálico: mesencéfalo, ponte e bulbo.
- Cérebro: telencéfalo e diencéfalo.

Anatomia, neurofisiologia e psicofisiologia da dor   291

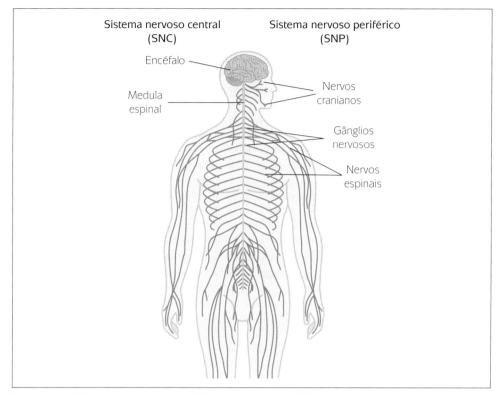

Figura 1   Sistema nervoso central e sistema nervoso periférico.

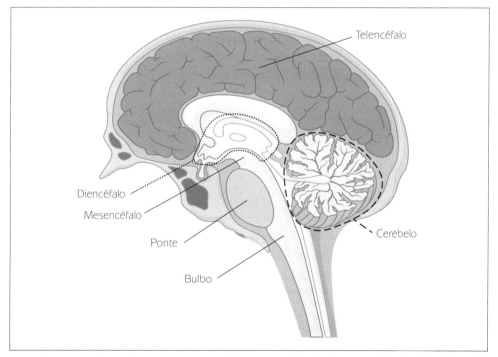

Figura 2   Sistema nervoso central.

292   Psicologia da saúde hospitalar

O aspecto sensorial está associado ao processo de transmissão do impulso doloroso, o qual é denominado de nocicepção. Este é o processo pelo qual os neurônios nos alertam sobre a presença de estímulos potencialmente perigosos (temperaturas extremas, p. ex.). O sistema nociceptivo transforma esta ameaça em atividade elétrica. Esta mensagem é transmitida ao cérebro, e somente aí será avaliada e interpretada, retornando com a dor como uma resposta do corpo a este perigo percebido.

Os estímulos ambientais físicos, químicos ou elétricos constituem as informações sensoriais e, normalmente, são captadas pelas estruturas do SNP, transformados em potenciais de ação e enviadas para as unidades do SNC, no qual são interpretadas. Como demonstrado na Figura 2, o estímulo seguirá pelas fibras aferentes primárias (SNP) até a medula espinal (SNC) e, por mediação das vias ascendentes, será projetado no córtex (SNC), onde a dor se tornará consciente (Sakata & Issy, 2008; Teixeira, 2001).

Quando a dor é percebida pela primeira vez, as vias pelas quais passa são diferentes a partir da segunda vez. As fibras A-delta (que têm maior velocidade de condução por serem mielinizadas) são responsáveis pela primeira percepção de dor, enquanto as fibras C (mais lentas por serem amielínicas) são responsáveis pelas percepções seguintes de dor (Sakata & Issy, 2008).

Existem tanto mecanismos centrais como periféricos que atuam inibindo ou aumentando a transmissão da dor. A modulação da dor consiste na modificação da mensagem inicial que pode ser feita em cada sinapse, podendo ocorrer na transmissão ascendente (SNP em direção ao SNC) ou descendente (SNC em direção ao SNP) (Sakata & Issy, 2008). Você pode se perguntar: Qual a necessidade do organismo em modular a dor? Quais os benefícios que isso pode trazer ao indivíduo? Por que o organismo humano desenvolveu esta habilidade? Estes e outros questionamentos podem ser respondidos a partir da compreensão da neurofisiologia da dor e de como esta exerce **papel adaptativo** na vida das pessoas.

Conceituando e diferenciando
A anatomia refere-se ao aprendizado da estrutura, enquanto a fisiologia destina-se ao aprendizado das funções.

NEUROFISIOLOGIA DA DOR

Como visto anteriormente, o SNP é o responsável por anunciar a dor ao SNC. É através do SNC que se torna possível ter consciência da dor, interpretando-a e enviando uma resposta para que o indivíduo tome uma atitude diante do estímulo.

A maior complexidade deste processo está no fato de que o SNC é que permite que tenhamos consciência e decisão. Em princípio, nos proporciona interpretar e coordenar os estímulos sensitivos dos meios externo e interno, inclusive elaborando e desencadeando respostas a estes estímulos. Mas é também o responsável pela memória e coordenação do aprendizado, do raciocínio, da interpretação dos sinais internos e externos, de planejamentos, da linguagem, da imaginação e da intenção (Bear et al., 2017). Deste modo, ele é um todo, possuindo direta dependência com o que somos (Almeida, 2018). Está sempre trabalhando em busca da adaptação do indivíduo à realidade em que se encontra, seja ela orgânica, emocional ou social.

No encéfalo, existe um sistema, descrito inicialmente (1878) pelo neurologista francês Pierre Paul Broca, que foi nomeado de sistema límbico. Era compreendido por: giro do cíngulo, giro para-hipocampal e giro denteado. Em 1937, foi ampliado por James Papez, neurologista americano, que acrescentou a amígdala, o hipotálamo, os corpos mamilares, os núcleos anteriores do tálamo e neocórtex, e o nomeou de sistema da emoção. Este conjunto de estruturas é hoje conhecido devido a sua extrema importância na compreensão do funcionamento das emoções. Porém, o sistema límbico só se tornou mais conhecido e estudado a partir de 1952, quando Paul MacLean o relacionou à evolução das espécies e às emoções vivenciadas pelos animais. Interessante dizer que este mesmo circuito é designado como responsável também pela percepção, significação e memória da dor (Annunciato, 2004) (Figura 3).

Como dito anteriormente, os impulsos recebidos percorrem um caminho que começa nos órgãos dos sentidos até chegar ao cérebro. Neste percurso, os estímulos são encaminhados ao tálamo, que, por sua vez, redireciona as informações para níveis corticais cerebrais. Outra via, porém, que pertence ao sistema límbico, carrega estas informações para os núcleos laterais do corpo amigdaloide. A amígdala possui conexões com o hipotálamo e o tronco encefálico, que são responsáveis por fomentar respostas vegetativas (funciona-

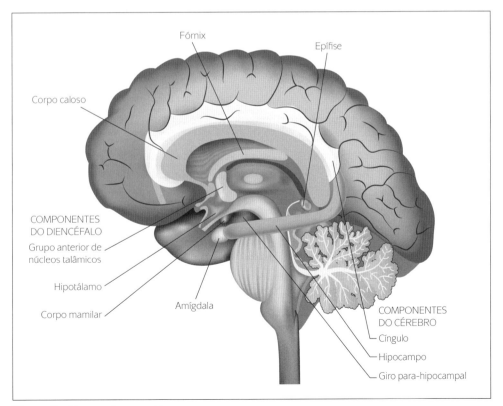

Figura 3 Sistema das emoções.

mento basal), automáticas, endócrinas (referentes às glândulas) e motoras inconscientes (reflexos), que preparam o corpo do indivíduo para ações e ou reações embutidas de carga emocional (Annunciato, 2004).

O encéfalo não é passivo às mensagens coletadas nos meios exterior e interior. Aspectos da vida pregressa e presente e experiências pessoais interagem de modo significativo com a percepção da dor. Sistemas neuronais supraespinais permitem ao organismo utilizar a experiência passada para controlar a sensibilidade nas várias estruturas do neuroeixo e reagir de modo variado e autodeterminado (Teixeira, 2001).

Diversos mecanismos modulatórios sensibilizam ou suprimem a nocicepção em todos os locais em que é processada: ativação de receptores silenciosos, redução do limiar de geração de potenciais, inflamação neurogênica e atividade do sistema neurovegetativo simpático. Estes mecanismos colaboram na modulação da dor através da interação sensorial, na qual diferentes modalidades e qualidades sensoriais interagem modificando sua expressão (Teixeira, 2001).

O hipocampo está também relacionado à memória, colaborando com o aprendizado de novos medos, que, por sua vez, estão vinculados à dor e aos estados emocionais negativos. Além disso, neste momento, os estímulos chegam também à substância cinzenta periaquedutal, que, dentre outras funções, produz endorfinas (conhecidas como opioide endógeno). As endorfinas atuarão em uma estrutura chamada formação reticular, que, quando estimulada, desencadeia respostas de comportamento de defesa e sentimentos de medo e ansiedade, e atuam na regulação descendente da dor (Annunciato, 2004).

Os estímulos dolorosos devem acessar rapidamente as estruturas reticulares, pois elas atuam no comportamento de "sono e vigília", enviando sinais para o organismo despertar em caso de perigo. Assim, faz-se um discernimento da situação, verificando não somente o estímulo da dor, mas também o contexto em que foi percebida, e o estado psíquico atual do sujeito, para que este possa assumir decisões importantes e respostas coerentes. Assim, as informações de dor, ao atingirem a formação reticular, levam também as reações do sistema simpático e do parassimpático.

Em síntese, este é o funcionamento da dor aguda, que desencadeia várias reações típicas, dentre as quais "luta ou fuga", correspondendo a um padrão de adaptação biológica do organismo. Ao ter uma experiência dolorosa, esta ficará na memória como um perigo (nociceptivo), simbolizando que algo está errado e que, portanto, deverá ser sempre evitado (Annunciato, 2004).

A dor crônica, por sua vez, pode resultar em modificações emocionais, como letargia e depressão.

Diferenciando a dor crônica

Diferencia-se a dor aguda por não ser apenas um momento em que o corpo foge do perigo ou o evita, mas por adaptar-se à presença de um incômodo constante.

O que ocorre é a participação dinâmica e ativa de várias substâncias químicas e áreas cerebrais distribuídas nas partes periféricas e centrais do sistema nervoso, que são inibidas ou estimuladas para regular o organismo à experiência da cronicidade (Annunciato, 2004).

A **formação reticular** busca **minimizar o caráter emergencial** da dor aguda, produzindo, por meio dos núcleos da rafe, grandes quantidades de serotonina, encaminhando-a para as regiões do corno dorsal da medula espinal envolvidas no fenômeno da dor, inibindo as informações de dor oriundas da periferia. A **plasticidade** do sistema nervoso (SN) possibilita, assim, a adaptação do organismo a experiências tão distintas como a dor aguda e a crônica (Annunciato, 2004).

> O estímulo recebido através do SNP será avaliado pelo SNC com base nas memórias, na história de vida do indivíduo, suas experiências, crenças e expectativas. Além disso, passará também pelo filtro do momento presente: humor, leitura da experiência e todas as circunstâncias existentes no momento da dor. Tendo passado por estes filtros, o SNC devolve ou manifesta uma reação diante da interpretação que é feita (se aquilo é perigoso ou não). Uma vez avaliado, este estímulo também se torna mais um acumulado de informações, que será utilizado em outros momentos da vida pelo cérebro para avaliar ocasiões em que estímulos semelhantes são recebidos.

PAPEL ADAPTATIVO DA DOR

Tendo compreendido a anatomia e a neurofisiologia da dor, vale destacar que todo este processo se dá sem que haja consciência.

A consciência da dor ocorre para que a pessoa possa se **proteger** daquilo que o organismo interpreta como perigoso. Assim sendo, a dor é um **sistema de defesa**, que avisa ao indivíduo que há algum risco de lesão, perigo, funcionando, portanto, como mecanismo de adaptação. Deste modo, a dor ajuda na adequação de nossas necessidades, nos protegendo de causar algum dano grave ao corpo.

Engel (1959) propõe que o que causa a dor e a parte que dói são permanentemente registradas no SNC, resultando em "memórias da dor" e de um "local de dor", o último faz referência às partes do corpo nas quais a pessoa sentiu dor no passado (Engel, 1959). Deste modo, foi possível pensar como pode haver dor sem que haja lesão tecidual ou patologia orgânica. Constatou-se que a memória de dor leva o indivíduo a buscar por situações, ambientes, comportamentos que evitem o sofrimento sentido em decorrência daquela dor (Loeser, 2009).

A dor é uma experiência subjetiva muito semelhante a um afeto, e que, tendo sido representada psiquicamente uma vez, não mais precisaria do estímulo periférico para ser sentida. Engel (1959) supõe que a capacidade de sentir dor desenvolve-se inicialmente a partir de experiências induzidas perifericamente, contudo, após a experiência da dor, ela poderia ocorrer sem o estímulo correspondente do órgão final, assim como ocorre na experiência visual ou auditiva durante o sono, alucinação ou delírio. Isto faz com que os sistemas neuronais modulem sua percepção da dor de acordo com experiências passadas, fazendo com que cada organismo reaja de modo variado aos estímulos: é a necessidade adaptativa (Teixeira, 2001).

296   Psicologia da saúde hospitalar

A "experiência dolorosa é resultado da inter-relação entre a interpretação das qualidades sensoriais com os componentes afetivos, cognitivos, comportamentais com as reações fisiológicas, que se expressam frente à estimulação ou disfunção do sistema nociceptivo" (Teixeira, 2001, p. 331).

> O fenômeno doloroso é modulado e interpretado de forma individual, recebendo significado de acordo com o valor simbólico imaginário da pessoa e seu estado mental, demonstrando a importância do aparelho psíquico na compreensão do paciente com dor.

Para sua expressão, concorrem alterações orgânicas e respostas emocionais de negação, ansiedade, raiva, depressão, impotência, desamparo, dependência, necessidade de proteção e desesperança. A confluência destes fatores determina o colorido particular das experiências dolorosas e influencia a adoção de atitudes (Teixeira, 2001). Segundo Engel (1959), o impulso transmitido pelas vias neuronais permite as condições neurofisiológicas para a experiência da dor, influenciando sua qualidade, mas não determinando que aquela sensação seja dor.

Deste modo, a dor está relacionada ao **aprendizado** sobre o meio ambiente e seus perigos, e sobre o corpo e suas limitações. É um sistema de proteção primitivo e uma das ferramentas utilizadas pelo ser humano para manter-se em seu ambiente. A memória de dor pode ser despertada em determinadas situações como recurso psíquico. Ao funcionar como sistema de alerta e mecanismo de defesa, ajuda a afastar ou evitar experiências que podem causar sentimentos desagradáveis. Mas também pode ser vivenciada como meio de alcançar gratificações, mesmo que tenha de pagar um alto preço, na forma de sofrimento, dor e suas consequências. Estas relações fazem com que a dor seja considerada um mecanismo psíquico complexo, assumindo papel adaptativo de grande importância na economia psíquica (Engel, 1959).

PSICOFISIOLOGIA DA DOR

Tendo analisado a dor sob os aspectos anatômico e neurofisiológico, podemos buscar compreendê-la, também, do ponto de vista da psicofisiologia, ou seja, tentando relacionar o que chamamos de subjetividade aos processos fisiológicos do corpo. Desta forma, fenômenos como percepção, cognição e o próprio comportamento vinculam-se necessariamente ao que denominamos de dor.

Os aspectos da vida afetiva não podem ser afastados quando da análise dos mecanismos e componentes da dor. Emoções e sentimentos influenciam sobremaneira na majoração ou diminuição da percepção da dor. Entretanto, para que possamos melhor compreender essa relação – emoções, sentimentos e percepção da dor –, importante diferenciarmos emoções de sentimentos, fenômenos coesos, mas distintos.

Panksepp (1998) acreditava que o que hoje conhecemos como funções mentais superiores, tais como cognição, percepção e consciência, possam ter sido formadas sobre a plataforma dos complexos sistemas nervosos primitivos dos instintos e das emoções, as quais impulsionariam os animais para a ação. Sendo assim, em princípio, podemos imaginar emoções como um conjunto de mecanismos fisiológicos que visa regular a própria manutenção da vida.

Diante da neurobiologia recente e segundo Damásio (2009-[2011]), o que chamamos de emoções seriam "programas de ações complexos e em grande medida automatizados, engendrados pela evolução". Entretanto, para que essas ações possam efetivamente contribuir com a evolução e perpetuação da vida, precisam de mais programas que são localizados no encéfalo. O que este neurocientista nos demonstra, embasado no que já havia sido delineado por Panksepp:

Emoções são mecanismos endógenos, corporais, inconscientes, pois dizem respeito "desde expressões faciais e posturas até mudanças nas vísceras e meio interno".

Já o que denominamos de sentimentos seriam as diversas percepções que cada pessoa tem quando apresentadas a um estímulo, inclusive o de dor, pois, como visto neste capítulo, pessoas diferentes podem reagir de formas diversas a um mesmo estímulo do ambiente. Sua experiência de vida, histórico envolvendo fatos dolorosos e sua colocação no momento presente, influenciam o impacto psicológico da dor. Logo, ao falarmos de sentimentos, tratamos de manifestações conscientes, exógenas (Damásio, 2009-[2011]), tal como pensar sobre um evento doloroso e verbalizá-lo, falar a respeito dele, expressá-lo.

Interessante também verificarmos que a raiz latina da palavra dor é *dolor*, que significa sofrimento. Assim, além de sabermos que a função primordial da dor é nos manter informados sobre algum perigo real ou iminente, bem como ativar mecanismos relacionados à homeostase, ela também se integra aos aspectos da vida mental, uma vez que o sofrer faz parte do mundo subjetivo de toda pessoa.

Mas o que melhor pode contribuir com o estudo da psicofisiologia da dor é a compreensão deste fenômeno sob a ótica ou interpretação biopsicossocial. Para tanto, podemos interpretar os modelos teóricos sobre a dor através das teorias restritivas e abrangentes (Zimmermann, 2005).

As teorias restritivas (da especificidade, teoria padrão [*input*], psicológica, comportamental operante radical e teoria cognitiva radical, entre outras) têm em comum o fato de que compreendem a dor limitando-a a um elemento, normalmente vinculando este fenômeno a uma relação de causalidade e separação mente-corpo. Entretanto, tais modelos hoje encontram-se superados pelas teorias abrangentes (teoria da comporta da dor – *gate control theory*), comportamental-operante não radical e a teoria da neuromatriz. Estas últimas teorias têm em comum o fato de que reconhecem **múltiplas dimensões da vivência dolorosa**, buscando integrá-las com o objetivo de melhor compreender a dor.

A teoria da comporta da dor foi muito importante para a compreensão inicial acerca da dor, pois apresentou a importância da modulação realizada pela medula espinal e pelo hipotálamo nos mecanismos dolorosos (Melzack & Wall, 1965). Mas essa teoria foi ampliada com o surgimento da teoria da neuromatriz. Esta última traz hipóteses – recentemente corroboradas – de que alterações nas conexões neuronais, bioquímicas e, portanto, ocorrência de neuroplasticidade, podem ser constatadas quando da ocorrência de dor crônica. Em suma, um encéfalo exposto à dor crônica poderia se modificar de maneira a desenvolver uma matriz neuronal de maior sensibilidade aos processos dolorosos (Longevin & Sherman, 2006).

Flor e Turk (2011) ampliaram as interpretações anteriores com um modelo relacionando claramente aspectos biológicos, psicológicos e sociais ao fenômeno da dor. Segundo estes autores, estímulos desencadeadores, tanto internos quanto externos, podem gerar manifestações psicofisiológicas (p. ex., majoração da sudorese ou de batimentos cardíacos), as quais acabam afetadas por fatores genéticos ou habituais que, em última análise, geram respostas à dor. Como dissemos, cada pessoa irá reagir ou enfrentar a dor de uma forma específica o que, também, acabará por criar outros mecanismos de interação com novos estímulos dolorosos. Apesar de importante, tal teoria vincula-se mais ao modelo biomédico.

Ao contrário da visão reducionista, o modelo formulado por Engel (1977), ou seja, o biopsicossocial, contribui sobremaneira para a compreensão da dor. Referido modelo engloba a nocicepção, atitudes e crenças, sentimentos, comportamento, aspectos sociais e espirituais. Segundo este autor, **alterações físicas podem ser iniciadas, mantidas ou moduladas por fatores biológicos.** Por outro lado, a avaliação e a percepção de sinais fisiológicos seriam o resultado da influência psicológica, enquanto a interação social seria responsável por parte de suas manifestações comportamentais. O que o autor nos diz é que mesmo que a dor tenha início através de mecanismos nociceptivos, ela sempre irá interagir e ser modulada por vias psicológicas e sociais (Turk & Okifuji, 2002).

CONSIDERAÇÕES FINAIS

A partir do que foi apresentado, pode-se perceber que o estudo da fisiologia e da anatomia da dor é extremamente complexo. É um campo abrangente e heterogêneo devido à sua natureza, que apresenta numerosos aspectos fisiopatológicos, interações psicológicas e sociais. Identificar as estruturas anatômicas responsáveis pela percepção e resposta da dor não significa reduzi-la a uma experiência física, mas possibilita a visualização desta faceta na qual também está compreendida.

O exercício a se fazer é não querer determinar fatores causais, nem destacar a importância de qualquer um dos aspectos que a envolvem – nem físico, nem psíquico, nem social –, mas experimentar a articulação dos conhecimentos para uma melhor compreensão e consequente desenvolvimento de tratamentos mais eficazes neste campo.

Para todo profissional de saúde é importante sempre ter em mente que quando se trata do atendimento a uma pessoa cujo corpo está adoecido e, portanto, fragilizado, ignorar qualquer uma destas facetas (biopsicossocial) se torna ainda mais grave. No que toca o atendimento psicológico, do ponto de vista psicodinâmico, vale frisar que é de fundamental importância a criação de um espaço clínico acolhedor, disponível e zeloso, com uma escuta atenta ao indivíduo como um todo, algo essencial para o processo terapêutico. É necessário construir uma clínica que facilite a reorganização do ego comprometido por feridas narcísicas, neste caso desencadeadas por lesão orgânica (Eksterman, 1994; Oliveira, 2011).

REFERÊNCIAS

1. Almeida NA. Desamparo em pacientes com dor lombar crônica: um estudo psicanalítico e neurocientífico. [Dissertação de Mestrado]. São Paulo: Instituto de Psicologia, Universidade de São Paulo; 2018.
2. Annunciato NF. Fisiologia da emoção na dor. In: Figueiró JAB et al. (ed.). Dor e saúde mental. São Paulo: Atheneu; 2004.
3. Bear MF et al. Neurociências: desvendando o sistema nervoso. Porto Alegre: Artmed; 2017.
4. Damásio A. E o cérebro criou o homem. São Paulo: Cia. das Letras; 2011.
5. Eksterman A. Abordagem psicodinâmica dos sintomas somáticos. Revista Brasileira de Psicanálise. 1994;28(1).
6. Engel GL. Psychogenic pain and pain-prone patient. Am J Med. 1959;26(6):899-918.
7. Engel GL. The concept of psychosomatic disorders. J Psychosom Res. 1967;11:3-9.
8. Engel GL. The need for a new medical model: a challenge for biomedicine. Science. 1977;196(4286):129-36.
9. Flor H, Turk D. Chronic pain: an integrated biobehavioral approach. Seattle: IASP; 2011.
10. International Association for the Study of Pain. Classification of chronic pain: descriptions of chronic pain syndromes and definitions of pain terms. 2.ed. Seattle: IASP; 1994.
11. Jensen MC. et al. Magnetic resonance imagine of the lumbar spine in people without back pain. N Eng J Med. 1994;331:69-73. Disponível em: https://www.nejm.org/doi/full/10.1056/NEJM199407143310201.
12. Loeser JD. A medicina narrativa e a dor. In: Alves Neto O et al. Dor: princípios e práticas. Porto Alegre: Artmed; 2009. p. 103-8.
13. Longevin HM, Sherman KJ. Pathophysiological model for chronic low back pain integrating connective tissue and nervous system mechanisms. Med Hypotheses. 2006;68(1):74-80.
14. Melzack R, Wall P. Pain mechanisms: a new theory. Science. 1965;150(3699):971-78.
15. Oliveira WL. Investigação psicológica de pacientes em Unidade de Terapia Intensiva. [Dissertação de Mestrado]. São Paulo: Universidade de São Paulo, Instituto de Psicologia; 2011.
16. Pankesepp J. Affective neuroscience. The foundations of human and animal emotions. New York: Oxford University; 1998.
17. Paula BS. Estudo clínico-qualitativo da dinâmica psíquica de pessoas com lombalgia crônica por artrose facetária. [Dissertação de Mestrado]. São Paulo: Universidade de São Paulo, Instituto de Psicologia; 2015.
18. Sakata RK, Issy AM. Fisiopatologia da nocicepção e da dor neuropática. In: Guias de Medicina Ambulatorial e Hospitalar/Unifesp – Dor. 2.ed. Barueri: Manole; 2008. p. 5-20.
19. Teixeira MJ. Fisiopatologia da nocicepção e da supressão da dor. Jornal Brasileiro de Oclusão, ATM e Dor Orofacial. 2001;1(4):329-34.
20. Turk DC, Okifuji A. Psychological factors in chronic pain: evolution and revolution. J Consult Clin Psychol. 2002;70(3):678-90.
21. Zimmermann M. The history of pain concepts and treatments before. IASP. In: Merskey H et al. (eds.). The paths of pain. Seattle: IASP; 2005.

23 Introdução à psicofarmacologia

Avelino Luiz Rodrigues

Pode-se considerar que a história do consumo de substâncias químicas que atuam no sistema nervoso central (SNC) é tão antiga quanto a história do *homo sapiens*. Registros da associação entre os *sapiens* e as substâncias psicoativas remetem ao momento histórico em que ele emigrou da África Oriental para a Eurásia, há 70 mil anos, quando tiveram início a revolução cognitiva e a construção da história, segundo Harari (2012). Existem relatos de sua utilização em cerimônias religiosas, festivas ou simplesmente para alívio do medo e das tensões. O vinho, por exemplo, talvez seja o mais antigo ansiolítico (substância que diminui a ansiedade) da civilização. Achados arqueológicos sugerem seu uso, ou de algo semelhante, desde a pré-história, portanto, há cerca de 70 mil anos, mas a domesticação das viníferas deve ter acontecido em 3500 a.C., no Cáucaso, a partir da revolução da agricultura, há 10.000 anos (Harari, 2012). Sabe-se que ele foi consumido por todas as grandes civilizações: sumérios, babilônios, egípcios, gregos, romanos, celtas, etruscos e gauleses.

No SNC o mecanismo de ação do vinho é complexo, inicialmente propiciando uma sensação de tranquilidade e relaxamento, pela liberação de opioides endógenos, ou seja, substâncias que apresentam ações farmacológicas semelhantes ao ópio que se originam no interior do organismo, e por intensificar a neurotransmissão inibitória GABA, além do efeito antagonista do glutamato, um neurotransmissor excitatório. Assim, fica evidente que sua ação decorre da sedação do SNC (mais adiante voltaremos a esse conteúdo).

Alguém poderia perguntar: como a bebida alcoólica, o vinho inclusive, pode ter efeito sedativo, pelo menos em doses moderadas, se proporciona desinibição social, descontração, euforia? Esse fato decorre de uma das particularidades do SNC. As camadas superiores, como a cortical, têm, entre outras funções, a de controle de atividades de camadas inferiores, a subcortical e assim por diante. Dessa forma, álcool (seja fermentado ou destilado), por sua ação depressiva, sedativa, na camada cortical, propicia a emergência de expressões subcorticais, sendo uma espécie de "superegolítico" (diminui a ação repressiva de funções superegoicas). Sua poderosa ação sedativa pode ser verificada na ingestão excessiva, que pode culminar em coma alcoólico.

Muitas substâncias além do álcool, de origens milenares – ópio, cocaína, *cannabis*, peiote, rauwólfia serpentina (pimenta-do-diabo), entre muitas outras –, foram utilizadas em diferentes tempos, culturas e situações, até mesmo para o tratamento de transtornos mentais.

Apenas no século XX, quando a ciência alcançou o conhecimento dos princípios ativos dessas substâncias, pôde-se afirmar ser esse o momento da instalação da psicofarmacoterapia, pois o que se tinha anteriormente era um conjunto de práticas empíricas sem qualquer evidência científica. Mais recentemente, a partir do desenvolvimento da bioquímica, surgiu a possibilidade de intervir nos transtornos mentais de forma terapêutica, atuando sobre a biologia cerebral para reestabelecer funções mentais.

Destaca-se que os primeiros psicofármacos foram resultado de (vamos nos valer de uma referência da pesquisa qualitativa) *serendipity*, "descobertas casuais, fortuitas". No dizer de Turato (2013), trata-se da "capacidade humana de fazer desejáveis as descobertas por acidente, tendo ainda a conotação de 'boa sorte'" (p. 282). A clorpromazina (amplictil), um dos primeiros fármacos a serem utilizados como antipsicótico, foi criado para ser um anti-histamínico. Em 1952, foi associado a uma ação de tranquilização neurovegetativa, e, posteriormente, como antipsicótico. Outros exemplos: a iproniazida, antidepressivo, era utilizada para tratamento da tuberculose; o haloperidol (haldol), antipsicótico, surgiu de pesquisas em busca de novos anestésicos; o lítio no início foi utilizado no tratamento de gota, câncer e epilepsia, e apenas na década de 1960 passou a ser usado nos transtornos bipolares, notadamente nos episódios maníacos (Uruchurtu, 2010).

A partir da década de 1970, com a evolução do conhecimento da bioquímica cerebral e da fisiologia do SNC, em especial as neurotransmissões, novos medicamentos foram desenvolvidos.

Antes de adentrar mais profundamente neste tema, é necessário destacar que o fenômeno humano é muito amplo e não pode ser reduzido à fisiologia ou à bioquímica cerebral. Uma abordagem biopsicossocial é sempre importante. Dessa forma, a importância da psicoterapia não pode ser ignorada. Não deixa de ser interessante a tendência do ser humano à polarização – ou somático ou psíquico, ou psicoterapia ou farmacoterapia, como se não fossem procedimentos complementares. A ideia de que a farmacologia "atrapalha" a psicoterapia não é verdadeira, nem nos consultórios, nem nos ambulatórios, nem, principalmente, quando se trabalha em um ambiente hospitalar, onde esse exercício se faz em uma equipe multidisciplinar. É imprescindível ter conhecimento sobre as diversas ferramentas utilizadas pelos profissionais de outras disciplinas, que apresentam influência significativa sobre o quadro clínico dos pacientes e podem apresentar interações com outras técnicas de intervenção e de tratamento. A meta é a busca de sinergias e a potencialização dos diversos tratamentos (Ortiz, 2012). Há muito tempo deveríamos ter superado a concepção, estreita, de que o conhecimento psicológico, seja ele clínico de diferentes vertentes teóricas ou da psicologia social, por si só, é suficiente para atuar no ambiente de saúde.

É imprescindível ter conhecimento sobre as diversas ferramentas utilizadas pelos profissionais de outras disciplinas, que apresentam influência significativa sobre o quadro clínico dos pacientes e podem apresentar interações com outras técnicas de intervenção e de tratamento.

302   Psicologia da saúde hospitalar

Essa evolução tornou necessário o conhecimento mais profundo, por parte dos profissionais de saúde, das diversas modalidades terapêuticas, já que a abordagem dos problemas psíquicos por meio de uma visão exclusivamente biológica ou psicológica pode impedir o paciente de obter o tratamento mais adequado (Saffer, 2007). Além disso, a relação entre a psicofarmacologia e a psicoterapia tem-se tornado algo constante e essencial, e a prescrição de medicamentos, pelo médico, durante a psicoterapia pode ajudar a aflorar um rico material do mundo interno do paciente a ser examinado no campo psicoterápico (Frey et al., 2004; Saffer, 2007; Azevedo et al., 2018).

FUNDAMENTOS BÁSICOS

Bases anatômicas e químicas da neurotransmissão

Vamos recordar algumas características do cérebro. Sabendo que seu funcionamento depende de uma fisiologia que é comum a todos os outros órgãos, podemos dizer que a fisiologia do cérebro é basicamente a mesma do fígado, coração, pulmão, estômago e outros, mas essa fisiologia se distingue dos demais órgãos por sua enorme complexidade, o que resulta na capacidade de propiciar a emergência de processos mentais, como cognição, subjetividade, funcionamentos inconscientes e consciência (como propriedades emergentes), além de percepções (dos mundos interno e externo) que são "processadas" e resultam em uma resposta, que por sua vez pode ser o comportamento manifesto. Tomando como modelo de reflexão, os 80 a 100 milhões de neurônios presentes no cérebro (Lent, 2010) propiciam cerca de 100 trilhões de conexões neuronais (Herculano-Houzel, 2010; Kandel, 2000). Essa colossal e incrivelmente complexa integração sináptica possibilita a eclosão de outra ordem de fenômenos: a ordem de fenômenos mentais. As principais tarefas do cérebro são manter o funcionamento orgânico e proporcionar a emergência da ordem mental, de seus conteúdos e fenômenos cognitivos e subjetivos. É o cérebro, juntamente com a cultura, que fornece o substrato para a emergência do fenômeno humano.

Para os acontecimentos em que fenômenos de natureza elétrica (o impulso nervoso) se transformem em outro tipo de fenômenos – mensagens químicas, por exemplo, no fenômeno da visão, em que um impulso luminoso, ao atingir a retina, transforma-se em impulso elétrico e depois em uma imagem visual –, têm o nome de *transdução*, termo que vem da física e que significa a transformação de uma energia em outra de natureza diferente (*Dicionário Priberam da língua portuguesa*, 2008/2013). O termo "transdução" foi inroduzido na psicossomática por Ramos, com a percepção de que há transdução nos processos psicossomáticos de uma energia elétrica (nervosa) a uma energia psíquica, fornece um notável modelo para estudar e compreender o fenômeno psicossomático e da integração psicossomática.

O destaque dado à fisiologia do cérebro e que esta não difere da de outros órgãos não foi casual, e teve, entre outros objetivos, destacar que em nossa cultura, inclusive acadêmica, o cérebro se constitui em um órgão tão especial, mas tão especial, que apenas eventualmente é levantada ou aceita a hipótese de que ele pode adoecer. Tal reconhecimento costuma acontecer apenas nos grandes quadros neurológicos (*vide* Capítulo 2 – quando faz referência à Damásio sobre a situação clínica de Phineas Gage). Não se está nem discutindo etiologia; a questão de base é a possibilidade de um órgão apresentar transtornos em seu funcionamento e, por consequência, sintomas.

Alguém pode argumentar que esse raciocínio pretende reduzir o comportamento humano ao biológico. Nada menos verdadeiro! Os fenômenos psíquicos despontam dos processos fisiológicos cerebrais, são propriedades emergentes, e dessa forma adquirem um estatuto e um funcionamento que lhes são próprios, ou seja, adquirem uma ordem e uma independência relativa aos substratos biológicos. Podemos considerá-los concomitantes dependentes.

"A cadeia dos processos fisiológicos no sistema nervoso provavelmente não tem uma relação de causalidade com os processos psíquicos. Os processos fisiológicos não terminam simplesmente onde os psíquicos se iniciaram. Na verdade, a cadeia fisiológica continua, só que cada membro da mesma (ou alguns membros individuais) corresponde, a partir de um dado momento, a um fenômeno psíquico. Com isso, o processo psíquico é um processo paralelo ao fisiológico – um concomitante dependente" (Freud, 1891 [2013]). (*Vide* Capítulo 19.)

Para Freud, existe autonomia entre esses dois processos, mas não independência. São concomitantes porque aquilo que ocorre no nível fisiológico tem um correspondente que lhe é simultâneo, coexistente, no nível dos processos mentais (pelo menos até determinado nível e/ou complexidade). São dependentes um do outro, correlatos, interdependentes.

Em 1914, Freud fez a seguinte afirmação em seu estudo *Introdução ao narcisismo*: "É preciso não esquecer que todas as nossas concepções provisórias em psicologia devem ser, um dia, baseadas em alicerces orgânicos. Isso torna provável que sejam substâncias e processos químicos especiais que levem a efeito as operações da sexualidade e proporcionem a continuação da vida individual naquela da espécie. Tal probabilidade levamos em conta ao trocar as substâncias químicas especiais por forças psíquicas especiais".

Essa afirmação de Freud não deve ser entendida no sentido de que o correlato (concomitante) fisiológico seja localizável em uma região cerebral, pois não corresponde a um local, mas remete à qualidade de um processo que pode começar em um ponto e rapidamente se espalhar para outras regiões. O componente (correlato) psicológico, que emerge de estruturas mais elementares, está dinamicamente representado entre as estruturas cerebrais. Esse denso raciocínio talvez fique mais claro utilizando um modelo do próprio Freud (1900, p. 572): "nossas funções mentais podem ser concebidas como a imagem que observamos em um microscópio ou a de um telescópio, onde a 'imagem psíquica' estará em uma região do aparelho e não em algum componente deste aparelho (microscópio), o que nos permite dizer que as funções mentais são virtuais".

Em nossa perspectiva, Freud, na *Introdução ao narcisismo*, reafirma, em uma visão que poderíamos designar como neurocientífica, a inter-relação cérebro-mente, sem deixar de destacar a impossibilidade linear de trocar substâncias químicas por substâncias psíquicas, simplesmente porque estas, as psíquicas, pertencem a outra ordem de fenômenos: os fenômenos emergentes, que são virtuais e não podem ser reduzidos aos primeiros, substâncias químicas, ainda que estejam baseados em alicerces orgânicos. O que podemos observar é que Freud, em toda a sua obra, faz imenso esforço de integração psicossomática ou cérebro-mente, por exemplo, em *O ego e id* (1923): "poderíamos acrescentar, talvez, que o 'eu' usa uma 'cápsula de escuta' – um lado apenas, como aprendemos na anatomia cerebral" (Freud, 1923; Gamwell & Solms, 2008, p. 141).

Depois dessas breves considerações, retornemos a esse órgão tão especial, o cérebro, para criar condições para um melhor entendimento dos psicofármacos. Existem diferentes formas de estudá-los, em geral complementares, e o que nos cabe aqui é conhecer um pouco de seu funcionamento biológico.

A unidade fundamental do cérebro são os neurônios, e acredita-se que existam trilhões de conexões neuronais operando em conjunto, na forma de circuitos e redes neurais (Kandel, 2000; Lent, 2010).

O neurônio contém um corpo celular, um axônio, com terminações pré-sinápticas que emitem informações, e dendritos, que as recebem (Figura 1). Como informamos, estima-se que existam trilhões de conexões neuronais. E de que forma se estabelece esse fluxo de informações? Os neurônios contêm uma propriedade, que é a excitabilidade, ou seja, produzem, conduzem e transmitem a outros neurônios impulsos elétricos, através de duas formas de neurotransmissão: a elétrica e a química. Esta última é a que nos interessa no momento. A arquitetura citológica tem particularidades: as células neurais não se tocam como as células da pele, que são "grudadas" umas nas outras, como os tijolos de uma parede. Na neurotransmissão química existe um espaço entre os neurônios, a sinapse, e esse fato é de fundamental importância, pois a comunicação entre os neurônios, a neurotransmissão, obrigatoriamente passa pela sinapse. Dessa forma, ela "confere ao sistema nervoso a sua enorme e diversificada capacidade de processamento de informação"

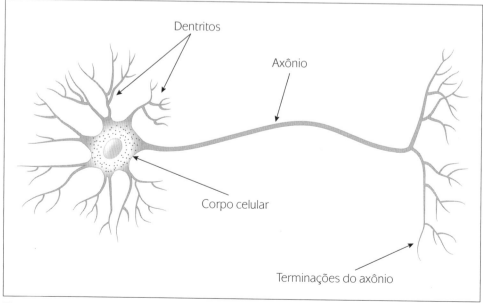

Figura 1   Representação esquemática de um neurônio.

(Lent, 2010), e isso decorre do fato de que os neurônios são diferentes em vários aspectos, entre eles os transmissores químicos, os diferentes neurotransmissores (Figura 2).[1]

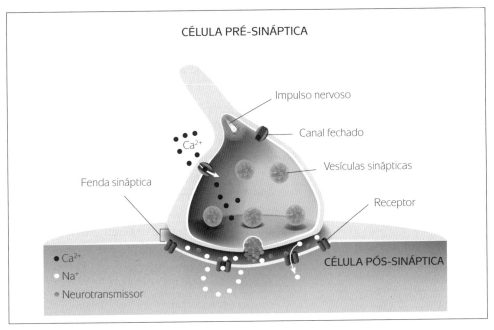

Figura 2   Sinapse e neurônios pré e pós-sinápticos.

Os receptores situados no neurônio anterior à sinapse – pré-sinápticos – e aqueles situados no neurônio posterior à sinapse – pós-sinápticos – são "ligados" pelos neurotransmissores, que fazem a conexão entre os neurônios pré e pós-sinápticos.

De forma sintética, a comunicação entre os neurônios consiste no envio de um impulso elétrico ao longo do axônio, que provoca a liberação de um neurotransmissor no espaço sináptico, que, por sua vez, se ligará a um receptor pós-sináptico. Este pode estar no dendrito ou no corpo celular de outro neurônio, e assim dar continuidade ao impulso elétrico, sucessivamente, em circuitos e redes neurais.

A compreensão da dinâmica básica da neurotransmissão é de importância fundamental para entender como os psicofármacos atuam, notadamente seus mecanismos de ação, ou seja, a maneira como atuam na neurotransmissão química.

Fundamentos da neurotransmissão química

Um neurônio recebe centenas de conexões sinápticas de outros neurônios, podendo chegar a 10.000 conexões sinápticas (Kandel, 2000). Essas conexões são mediadas por neurotransmissores excitatórios e inibitórios, que podem reforçar ou cancelar umas às ou-

---

[1] Estamos utilizando o termo "neurotransmissor" de forma genérica, como recurso didático, pois esse termo atualmente é utilizado para qualificar um tipo de neuromediador, ou seja, qualquer substância que medeie informações sináptica (Lent, 2010)

tras. A prevalência de uma sobre outra depende de vários fatores, como localização, tamanho e forma da sinapse e a proximidade com outras sinapses sinérgicas ou antagonistas. Essas moléculas, os neurotransmissores, ligam-se como em um mecanismo de chave e fechadura aos neurorreceptores, situados na membrana neuronal.

Assim sendo, os neurônios pós-sinápticos devem coordenar as respostas, em um processo chamado de integração neuronal. Poderíamos dizer que cada neurônio participa de um processo de decisão – disparar ou não disparar um impulso elétrico (Kandel, 2000).

Os neurorreceptores são proteínas localizadas no neurônio pós-sináptico com capacidade receptora dos neurotransmissores específicos. Estes, quando em contato com o neurorreceptor, induzem uma série de eventos no interior da célula. Podem ocasionar a entrada de íons (cloro, sódio etc.) no interior da célula, ou então, estimular a ação de proteínas, capazes de induzir a formação de segundos mensageiros, que por sua vez provocam modificações no funcionamento metabólico do neurônio. Alguns chegam a exercer influência na transcrição genética. Essa sequência de eventos no nível sináptico inclui outro passo: o neurotransmissor liberado na fenda sináptica deve ser removido para que outros impulsos nervosos possam ser transmitidos, e isso ocorre das seguintes formas: pela difusão do neurotransmissor para locais adjacentes, pela degradação por enzimas aí localizadas e pela recaptação pela membrana do neurônio pré-sináptico.

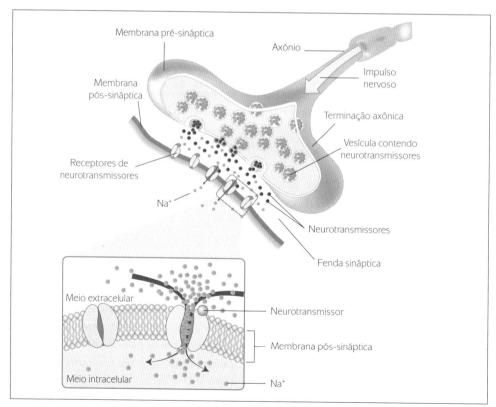

Figura 3 Neurotransmissão, vesículas, neurorreceptor pré e pós-sinático e neurotransmissor.

A maioria dos neurotransmissores atua nos receptores que estão na superfície do neurônio. Ao estabelecer essa ligação, interagem com proteínas que estão no espaço intracelular, e estas produzem segundos mensageiros, que por sua vez induzirão mudanças em canais de íons, por exemplo, facilitando a entrada de cálcio na célula neural, em atividades enzimáticas e proteicas (Vieira, Cereser & Gauer, 2004). Dois segundos mensageiros que vale a pena destacar são a AMPc (3'5'-adenosina-monofosfato-cíclico), que regula muitos aspectos da função celular, incluindo enzimas envolvidas no metabolismo energético, divisão e diferenciação celulares, e o GMPc (monofosfato cíclico de guanosina), que ativa proteínas intracelulares em resposta à ligação de hormônios peptídeos à membrana celular, por exemplo, a ocitocina.

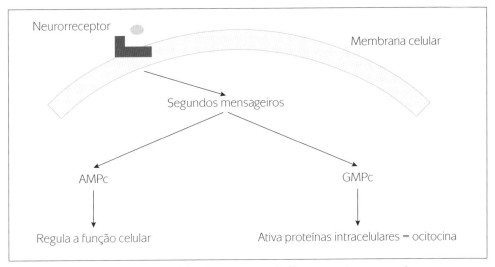

Figura 4 Representação esquemática da neurotransmissão e segundos mensageiros.

Existem muitos neurotransmissores, mas, para nosso objetivo – entendimento dos mecanismos de ação dos psicofármacos –, vamos destacar os seguintes: serotonina; noradrenalina, dopamina, acetilcolina, glutamato e GABA – ácido gama-aminobutírico.

Em geral, os neurotransmissores são sintetizados por enzimas e armazenados em vesículas nos neurônios pré-sinápticos, sendo liberados no espaço sináptico pela ação de um impulso elétrico. Uma vez na sinapse, os neurotransmissores se ligam aos receptores pós-sinápticos específicos para cada neurotransmissor, e um novo impulso elétrico é gerado – e assim sucessivamente. Após esse acontecimento eles são inativados por enzimas na sinapse ou recaptados pelo neurônio pré-sináptico (Figura 5).

Podem apresentar características inibitórias da transmissão sináptica, como o GABA, ou excitatórios, como o glutamato, a adrenalina (epinefrina) e a noradrenalina (norepinefrina), mas, como nada é simples nessa área, a acetilcolina pode ser inibitória ou excitatória, dependendo do local de ação.

Interessante e ilustrativo é o modelo adotado por Carvalho (2010). Segundo esse autor, o que temos na transmissão sináptica é a conversão de energia elétrica em energia química seguida da reconversão de energia química em elétrica, sendo que "a transmissão si-

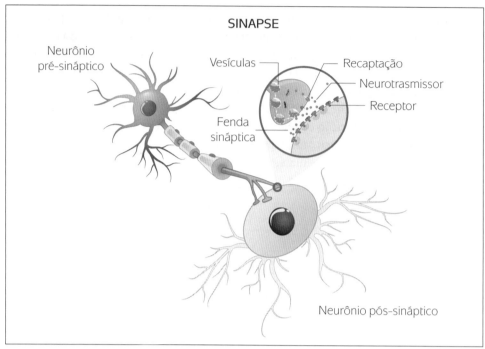

Figura 5   Representação esquemática de neurotransmissão.

náptica pode atenuar ou acentuar a mensagem original" (p. 132). Portanto, faz todo o sentido o autor denominar a transmissão sináptica *chips* neurais, como também é oportuno o conceito de transdução (Ramos, 2006).

O que se percebe é que os psicofármacos produzem efeitos semelhantes aos neurotransmissores. É como se eles imitassem os neurotransmissores naturais, por exemplo, o cérebro produz sua própria morfina, a β-endorfina, e pode produzir seus próprios antidepressivos e ansiolíticos. Alguns fármacos são agonistas, ou seja, reforçam a ação, e outros são antagonistas, inibem a ação.

A farmacocinética

Refere-se à maneira como o corpo maneja um fármaco, isto é, o que o organismo faz com um fármaco, o que inclui sua absorção, distribuição, metabolismo e excreção.

Absorção: o objetivo primeiro é que o fármaco atinja o sangue para chegar ao cérebro. Sua absorção está relacionada à via de administração, que pode ser oral, intramuscular, intravenosa ou retal. Quando se administra oralmente, ele é dissolvido e absorvido no aparelho digestivo. Sendo a absorção relacionada ao comprimido, que pode ser de liberação rápida ou prolongada, também pode ser influenciada por outros fatores, como o pH do aparelho digestivo, a interação com outras drogas, o estado da mucosa gastrointestinal e alterações em seu funcionamento com aumento ou retardo de sua motilidade, por exemplo, na síndrome do intestino irritável ou colón irritável ou colite nervosa.

Alguns psicofármacos antipsicóticos (p. ex., haloperidol, risperidona) também são usados na forma intramuscular, apresentando liberação prolongada, e o regime posológico é a administração a cada duas semanas.

Distribuição: é feita através do plasma sanguíneo, e podem estar livres, ligadas a proteínas ou dentro de células sanguíneas. Há enorme variabilidade na distribuição e eliminação do fármaco de indivíduo para indivíduo, e isso decorre dos fatores citados e de outros, como genética, gênero, peso, idade, interações farmacológicas, uso de álcool e cigarro. O que se recomenda é a dosagem sanguínea desses psicofármacos, quando possível. Eles chegam ao cérebro após ultrapassar a barreira hematoencefálica (uma estrutura que impede a entrada de substâncias tóxicas no SNC), e sua concentração local dependerá do fluxo sanguíneo cerebral e da afinidade do fármaco com os neurorreceptores.

Metabolismo: a biotransformação da substância original em outra, geralmente inativa, ocorre principalmente no fígado, que, aliás, é o principal local de metabolização dos psicofármacos. No entanto, vale destacar que em várias situações esse processo resulta em metabólitos ativos farmacologicamente. Os principais sistemas enzimáticos envolvidos nesse processo são aqueles do sistema P450.

Pausa para explicação: o sistema P450 é um grupo de enzimas, em geral hepáticas, que metabolizam, biotransformam, substâncias endógenas e exógenas. Cada enzima P450 é nomeada em uma sequência de número, letra, número. Exemplificando com algumas muito relacionadas ao metabolismo dos psicofármacos, CY2D6, CY2C9, CYC19, 3A4 e várias outras.

Em nosso caso, uma substância pode interferir no funcionamento das enzimas ou inibi-lo, o que resulta na acumulação de substâncias e na redução da formação de metabólitos, então dizemos que ela é um inibidor. Por outro lado, existem substâncias que induzem o fígado a produzir uma quantidade maior de enzimas, o que leva ao aumento da metabolização desses fármacos. Como consequência, tem-se uma produção aumentada de metabólitos e a redução dos níveis de concentração da substância original, e nesse caso se diz que a substância é um indutor enzimático.

Exemplificando, o citalopram, um antidepressivo que é metabolizado principalmente pela enzima CYP2C19, é um inibidor seletivo de recaptação de serotonina e, também, um inibidor moderado da enzima CYP2D6, quando administrado concomitantemente com outros medicamentos metabolizados por essa enzima, por exemplo, antiarrítmicos e neurolépticos (antipsicóticos). Isso provocará um aumento no nível plasmático do citalopram e uma redução na formação de seu metabólito, o S-desmetilcitalopram. Assim, a dose deverá ser ajustada a menor. Outro exemplo: a administração concomitante do citalopram com o omeprazol (medicamento indicado para hiperacidez gástrica, esofagite de refluxo e úlceras pépticas), que é um inibidor da CYP2C19, tem como consequência um aumento da concentração plasmática do citalopram de aproximadamente 50%, o que pode ter efeito tóxico, então a dose tem de ser ajustada.

Eliminação ou excreção: nos psicofármacos a excreção ocorre principalmente pela urina, mas também pode ser feita pelas fezes, bile, suor, saliva e pelo leite – e nesse caso representa um alerta para as mães que amamentam. Na hipótese de insuficiência renal, as

310   *Psicologia da saúde hospitalar*

doses prescritas devem ser menores. Quanto lítio, a eliminação se faz pelas mesmas vias do sódio; assim, em dietas hipossódicas, desidratação e uso de diurético é necessária muito atenção, pois poderá se desencadear um quadro de intoxicação por lítio.

Farmacodinâmica

Está relacionada aos efeitos do fármaco sobre o corpo, ou seja, o que ele produz no organismo, tanto os efeitos desejáveis como os adversos, diretamente relacionados à concentração do medicamento nos neurorreceptores (*vide* fundamentos), e a outros fatores, tais como índice terapêutico, desenvolvimento de tolerância, dependência e fenômenos de abstinência.

- **Índice terapêutico:** é uma informação que diz respeito à toxicidade e segurança do medicamento, informando o coeficiente entre a dose tóxica média (cerca de 50% dos pacientes apresentarão efeitos tóxicos) e a dose efetiva média (cerca de 50% dos pacientes apresentarão efeitos terapêutico). No haloperidol (antipsicótico), o índice terapêutico é muito alto, por isso se verifica uma grande variação de doses prescritas. No lítio (estabilizador de humor) os índices são muito baixos e as variações de doses são reduzidas, o que indica a necessidade de maior vigilância com dosagens sanguíneas, no mínimo trimestralmente, pois a concentração sanguínea terapêutica situa-se entre 0,6-1,2 mEq/L – abaixo disso será ineficaz, e acima será tóxico. Pode-se observar na prática clínica uma variação inter e intraindividual na resposta a um medicamento em específico, ou seja, um paciente pode necessitar de 1 mg de haloperidol ao dia para obter uma resposta terapêutica e outro pode necessitar de 10 mg ao dia. Isso decorre de vários fatores, por exemplo, gravidade do quadro clínico, comorbidades, interações medicamentosas, idade, estado nutricional, estado da função hepática e renal, diferenças na capacidade de metabolização.
- **Tolerância:** é observada quando o paciente necessita de doses maiores para se obter o mesmo efeito, ou seja, ele se mostra menos responsivo ao fármaco. A tolerância em geral está relacionada à dependência. Os sintomas de abstinência são aqueles que surgem na interrupção do medicamento. Os ansiolíticos da classe dos benzodiazepínicos, por exemplo, diazepam, frontal, rivotril, tendem a provocar dependência. Não podemos nos esquecer de que os dois tipos de dependência, a física e a psicológica, são indissociáveis.[2] Vale ressaltar que existe grande discussão a respeito dos antidepressivos no que tange a esses aspectos, mas em geral os autores concordam que eles *podem* apresentar o fenômeno da tolerância, mas não da dependência, e que os sintomas que surgem na retirada feita de forma inadequada, e em alguns casos na descontinuação programada, devem ser denominados síndrome da retirada ou da descontinuação.
- **Meia-vida:** importante no estabelecimento da posologia (dose e o respectivo espaço de tempo de tomada, p. ex., 8/8 horas), a meia-vida designa o tempo gasto para que a

---

2   Disponível em: http://www.einstein.br/alcooledrogas/.

concentração plasmática do medicamento se reduza pela metade. Ela dá um indicativo importante da rapidez dos efeitos terapêuticos ou tóxicos, e também pode indicar a velocidade de desaparecimento do fármaco no organismo.

DIRETRIZES GERAIS PARA O TRATAMENTO

O tratamento medicamentoso é função do médico. Ele é o único profissional da equipe de saúde que detém conhecimentos que autorizam a instrumentalizar o uso da medicação. Da mesma forma, é desse profissional a decisão de usá-la ou não, e, também, de como usá-la. Parafraseando Nelson Rodrigues, isso pode parecer o óbvio ululante, mas vários acontecimentos nos obrigam a formular essa frase.

A prescrição de psicofármacos abriga uma lógica interna que inclui a história de vida do paciente, a história médica e os antecedentes familiares, a avaliação do estado clínico atual – físico e psíquico –, exames laboratoriais, informações sobre farmacologia geral e específica e conhecimento suficiente para estabelecer um plano de tratamento.

Todo início de tratamento pode ser considerado um ensaio terapêutico. Durante essa fase será escolhido o medicamento conforme o quadro clínico, com a identificação de sintomas-alvo e seu mecanismo de ação, seu índice terapêutico, a meia-vida do medicamento, o tempo necessário para o fármaco se mostrar eficaz, os possíveis efeitos adversos e medidas a serem adotadas, possíveis interações medicamentosas e a estratégia a ser adotada em caso de ineficácia desse ensaio.

Os testes farmacogenéticos representam um importante passo no auxílio de escolha da medicação, pois fornecem informações que "podem melhorar em muito a qualidade de atendimento em saúde" (Romano-Silva, 2004). Eles fornecem informações de genes relacionados ao metabolismo e à eliminação do fármaco pelo organismo do paciente, além de genes relacionados à toxicidade e o perfil de resposta (eficácia) do fármaco. Ainda não se dispõe de dados epidemiológicos, mas estudos recentes têm demonstrado que a resposta aos psicofármacos pode ser prevista por meio de um perfil individual (Romano-Silva, 2014) o que fornece maior segurança e aumenta a chance de sucesso do ensaio terapêutico.

É de fundamental importância dialogar com os pacientes a respeito do tratamento, suas ideias, crenças, apresentar os possíveis efeitos adversos que o fármaco pode provocar, quais as possibilidades de tolerância e dependência, o tempo de tratamento e a estratégia de retirada e de intervenção em caso de sintomas de dependência, de descontinuação e do efeito rebote,[3] que é o retorno de sintomas após a descontinuação do medicamento. Acima de tudo, deve-se seguir o aforismo hipocrático *primum non nocere*.

---

3   O efeito rebote pode ser causado pela alteração na regulação ou na capacidade de resposta dos receptores fisiológicos envolvidos no mecanismo de ação da droga. De acordo com as evidências experimentais, o efeito rebote ocorre em intervalos variáveis após a descontinuação parcial (alteração das doses, hipersensibilidade dos receptores, início do tratamento, tolerância, etc.) ou completa da droga, apresentando intensidade maior do que os sintomas originalmente suprimidos pela droga e duração de ação variável (Teixeira, 2013).

312   Psicologia da saúde hospitalar

Quadro 1   Sintomas de abstinência de benzodiazepínicos (ansiolíticos)

- Irritabilidade
- Insônia
- Fadiga
- Cefaleia
- Contração ou dor muscular
- Tremor, calafrios
- Sudorese
- Tontura
- Dificuldade de concentração
- Náusea, perda do apetite
- Despersonalização
- Desrealização
- Percepção sensorial aumentada (olfato, luz, paladar, tato)

Fonte: disponível em: https://diretrizes.amb.org.br/_DIRETRIZES/abuso_e_dependencia_de_benzodiazepinicos/files/assets/common/downloads/publication.pdf.

Quadro 2   Sintomas da síndrome de interrupção ou da descontinuação dos antidepressivos

- Transtornos do equilíbrio (p. ex., tonturas, vertigem, ataxia)
- Gripais, como cansaço, letargia, mialgia, calafrios
- Transtornos do sono (p. ex., insônia, sonhos vívidos)
- Hiperatividade
- Despersonalização
- Desânimo
- Confusão mental
- Transtornos gastrointestinais
- Transtornos sensitivos ou sensoriais (p. ex., parestesia, sensação de choque elétrico)
- Crises de choro e irritabilidade
- Ansiedade/agitação
- Problemas de memória
- Diminuição da concentração e/ou lentidão do pensamento

Fonte: disponível em: http://www2.unifesp.br/dpsiq/polbr/ppm/atu4_03.htm.

Todos os sintomas são de intensidade de leve a moderada e podem ser observados mesmo após a diminuição da dose ou omissão de algumas doses.

Quadro 3   Principais indicações para o tratamento psicofarmacológico

Grupo farmacológico	Indicação
Antidepressivos	<ul><li>Transtornos depressivos</li><li>Transtorno obsessivo-compulsivo</li><li>Fobia social</li><li>Transtorno de pânico com ou sem agorafobia</li><li>Transtorno do controle dos impulsos</li></ul>
Antipsicóticos	<ul><li>Esquizofrenia</li><li>Transtorno bipolar</li><li>Outros transtornos psicóticos</li></ul>
Ansiolíticos	Transtornos de ansiedade ou como tratamento coadjuvante em outros transtornos
Estabilizadores de humor	Transtorno bipolar
Moduladores de sono	Diferentes tipos de insônia

REFERÊNCIAS

1. Azevedo CBF, Fagundes JAF, Pinheiro AFSP. Fractal: Revista de Psicologia. 2018;30(2):281-90.
2. Blaya C, Lucca G, Bisol L, Isolan L. Diretrizes para o uso de psicofármacos durante a gestação e lactação. In: Psicofármacos: consulta rápida. Porto Alegre: Artmed; 2005.

Introdução à psicofarmacologia   313

3. BRATS – Boletim Brasileiro de Avaliação de Tecnologias em Saúde, ano VI, n. 18, mar. 2012. Disponível em: http://bvsms.saude.gov.br/bvs/periodicos/brats. Acesso em: 11 jan. 2019.

4. Bukberg J, Penman D, Holland JC. Depression in hospitalized cancer patients. Psychosom Med. 1985;46:199-212.

5. Cabrera CC. Estratégias de intervenção interdisciplinar no cuidado com o paciente com transtorno alimentar: o tratamento farmacológico. Medicina (Ribeirão Preto – On-Line). 2006;39(3). Disponível em: http://www.journals.usp.br/rmrp/article/view/703.

6. Eli Lilly – Anvisa. Disponível em: http://www.anvisa.gov.br/datavisa/fila_bula/frmVisualizarBula.asp?pNuTransacao=10828282015&pIdAnexo=2995745. Acesso em: 11 jan. 2019.

7. Fleck MPA, Lafer B, Sougey EB, Del Porto JA, Brasil MA, Juruena MF. Diretrizes da Associação Médica Brasileira para o tratamento da depressão (versão integral). Braz J Psychiatry. 2003;25(2):114-22.

8. Frey BN, Mabilde LC, Eizirik CL. A integração da psicofarmacoterapia e psicoterapia de orientação analítica: uma revisão crítica. Braz J Psychiatry. 2004;26(2):118-23.

9. Freud S. Sobre a concepção sobre das afasias: um estudo crítico. Belo Horizonte: Autêntica; 1983 [2013].

10. Freud, S. A interpretação dos sonhos: edição standard brasileira das obras completas de Sigmund Freud. Rio de Janeiro: Imago. v. V.

11. Gamwell L, Solms M. Da neurologia à psicanálise: desenhos neurológicos e diagramas da mente por Sigmund Freud. Jassanan Amoroso Dias Pastore (org.). São Paulo: Iluminuras; 2008.

12. GlaxoSmithKline Brasil. Disponível em: http://www.anvisa.gov.br/datavisa/fila_bula/frmVisualizarBula.asp?pNuTransacao=12462792016&pIdAnexo=3097771.

13. Haes T, Clé D, Nunes T, Roriz-Filho J, Moriguti J. Álcool e sistema nervoso central. Medicina (Ribeirão Preto. On-line). 2010;43(2):153-63.

14. Harari YN. Sapiens: uma breve história da humanidade. 27. ed. Porto Alegre: L&PM; 2012.

15. Kandel EC. Fundamentos da neurociência e do comportamento. Rio de Janeiro: Guanabara Koogan; 2000.

16. Lent R. Cem bilhões de neurônios?: conceitos fundamentais de neurociência. 2. ed. São Paulo: Atheneu; 2010.

17. Moreno RA, Moreno DH, Soares MBM. Psicofarmacologia de antidepressivos. Braz J Psychiatry. 1999;21(Suppl. 1):24-40.

18. Ortiz MFB. Psicofarmacología para psicólogos. Madrid: Síntesis; 2002.

19. Provenza JR, Pollak DF, Martinez JE, Paiva ES, Helfenstein M, Heymann R et al. Fibromialgia. Rev Bras Reumatol. 2004;44(6):443-9.

20. Romano-Silva M. Psicofarmacologia. In: Kapczinski F, Quevedo J, Izqquierdo I. Bases biológicas dos transtornos psiquiátricos. 2.ed. Porto Alegre: Artmed; 2004.

21. Salagre E, Grande I, Solé B, Sanchez-Moreno J, Vieta E. Vortioxetina: una nueva alternativa en el trastorno depresivo mayor. Revista de Psiquiatría y Salud Mental. 2017.

22. Saffer PL. O desafio da integração psicoterapia-psicofarmacoterapia: aspectos psicodinâmicos. Revista de Psiquiatria do Rio Grande do Sul. 2007;29(2):223-232.

23. Sandoz. Disponível em: https://www.sandoz.com.br/sites/www.sandoz.com.br/files/PF-Citalopram.pdf. Acesso em: 6 abr. 2019.

24. Schleifer SJ, Macari-Hinson MM, Coyle DA, Slater WR, Kahn M, Gorlin R et al. The nature and course of depression following myocardial infarction. Arch Gen Psychiatry. 1989;149:1785-9.

25. Schering-Plough Indústria Farmacêutica – Anvisa. Disponível em: http://www.anvisa.gov.br/datavisa/fila_bula/frmVisualizarBula.asp?pNuTransacao=19066442016&pIdAnexo=3588457.

26. Ramos D. A psiquê do corpo. São Paulo: Summus; 2006.

27. Teixeira MZ. Efeito rebote dos fármacos modernos: evento adverso grave desconhecido pelos profissionais da saúde. Rev AMB. 2013;59(issue 6):629-38.

28. Turato ER. Tratado da metodologia da pesquisa clínico-qualitativa: uma construção teórico-epistemológica, discussão comparada e aplicação nas áreas de saúde e humanas. 6.ed. Petrópolis: Vozes; 2013.

29. Valadares GC. Uso de psicofármacos na gravidez e no pós-parto. [S.d.]. Disponível em: http://www.abpbrasil.org.br/boletim/exibBoletim/?bol_id=6&boltex_id=24.

30. Uruchurtu E. Historia de la psicofarmacología. In: Tratado de psicofarmacología. Argentina: Médica Panamericana; 2010.

31. Ustun TB, Sartorius N (eds.). Mental illness in primary care: an international study. New York: John Wiley & Sons; 1995.

32. Whyeth – Anvisa. Disponível em: http://www.anvisa.gov.br/datavisa/fila_bula/frmVisualizarBula.asp?pNuTransacao=24679902016&pIdAnexo=4003833. Acesso em: 11 jan. 2019.
33. World Psychiatric Association. Educational program on depressive disorders: overview and fundamental aspects. New York: NCM; 1997.

PARTE V

Psicologia da saúde hospitalar

24 O atendimento psicológico ao paciente com somatização

Guilherme Borges Valente
Avelino Luiz Rodrigues

Nos serviços de saúde, são comuns os pacientes com queixas físicas que, no entanto, não apresentam condições orgânicas que expliquem em critérios biomédicos seus sintomas ou seus sofrimentos. Pelo fato de suas queixas serem eminentemente físicas, tais pacientes acreditam que possuem alguma doença física, e a falta de um diagnóstico que confirme essa crença os leva a entender que seus sintomas provêm de algum tipo de distúrbio físico presumivelmente não descoberto ou intratável (Guggenheim & Smith, 1999). Insatisfeitos com essa condição, intensificam a busca por auxílio médico, consultando vários profissionais para o mesmo problema, recorrendo a serviços de emergência, ambulatoriais e hospitalizações na tentativa de encontrar um diagnóstico de distúrbio físico e consequente tratamento para seu sofrimento. Chegam a utilizar duas vezes mais os serviços de saúde e geram elevado gasto financeiro (Steinbrecher et al., 2011).

Seus sintomas, não obstante, são importantes, causando grande desconforto, disfunções e até incapacitações. Os pacientes de casos mais graves apresentam prejuízos de funções físicas, da saúde mental e trazem uma percepção da saúde de forma geral comparável com e até pior que a de vários pacientes com doenças crônicas debilitantes (Barsky et al., 2005).

Pacientes com sintomas não medicamente explicados podem ser incluídos no grupo de portadores de somatizações. A somatização é entendida como um conceito genérico, contemplando uma gama de fenômenos clínicos. Isso não significa que uma pessoa que apresenta somatização deva ter alguma desordem psiquiátrica, mas o quadro geralmente vem associado a transtornos ansiosos e depressivos, e como característica principal dos transtornos somatoformes (Lipowski, 1986). Pode ser entendida como uma "uma tendência a experimentar e comunicar desconforto somático e sintomas que não podem ser explicados pelos achados patológicos, atribuí-los a doenças físicas e procurar ajuda médica para eles" (Lipowski, 1986). Essa tendência se torna manifesta em resposta ao estresse psicossocial que surge por situações e eventos de vida que são pessoalmente estressantes para o indivíduo. Assim, fatores psicológicos e sociais desempenhariam um papel importante na etiologia da somatização, na qual o sofrimento emocional ou situações de vida estressantes são experimentados de forma intensa, frequente, repetitiva, como sintomas físicos, havendo não uma lesão orgânica que possa justificar, pelo menos em parte, os sintomas. Algo próximo daquilo que McDougall (1996) denominou pacientes somatizantes, uma vez que somatizar, expressar emoções por via corporal, faz parte do processo de viver. Mas o termo (não o conceito) é consensual, e com as devidas reservas vamos mantê-lo.[1]

Fatores psicológicos e sociais desempenhariam um papel importante na etiologia da somatização, na qual o sofrimento emocional ou situações de vida estressantes são experimentados de forma intensa, frequente, repetitiva, como sintomas físicos.

A condição desses pacientes representa um grande desafio para as ciências biomédicas. A medicina moderna tem como disciplina básica a biologia molecular, segundo a qual todas as doenças, a princípio, podem ser completamente compreendidas como um desvio dos padrões de variáveis biológicas mensuráveis. Na medida em que não há alterações estruturais ou bioquímicas ou, se houver, não justificam os sintomas nem o sofrimento de tais pacientes, tornam-se de difícil compreensão, podendo resultar em abordagens e tratamentos insuficientes, que em geral pouco contribuem de forma significativa para diminuir o sofrimento do paciente ou a incapacidade associada a seus sintomas (Barsky et al., 2005). A dimensão desse desafio torna-se ainda maior quando se vê sua prevalência na população: nos serviços de atenção primária, a prevalência fica entre 16 e 50% (Lazzaro & Ávila, 2004), e na população geral apresenta uma média de 19,7%, variando de 7,6 a 36,8% (Gureje, 1997).

Para melhor compreender os determinantes das doenças e fornecer melhores tratamentos e atendimentos nos serviços de saúde, há a necessidade de levar em conta o paciente e o contexto social, adotando um modelo que aborde a dimensão biológica, psicológica e social da pessoa. O modelo biopsicossocial, proposto por Engel (1977), permite ver o adoecimento como o resultado da interação de mecanismos no nível celular, tecidual, orgânico, interpessoal e ambiental, de modo que o estudo de toda e qualquer doença deva incluir o indivíduo, seu corpo e seu ambiente como componentes essenciais de um sistema total. Compreende que os fatores psicossociais podem influenciar no surgimento, na intensidade e no desfecho da doença. Várias pesquisas apontam que eventos estressantes de vida e desafios ambientais crônicos ou repetitivos modulam a vulnerabilidade individual para o adoecimento (McEwen, 1998). As formas como os pacientes experimentam, percebem, avaliam e respondem a seu estado de saúde podem afetar o curso, a resposta terapêutica e o resultado de determinado episódio de adoecimento (Fava & Sonino, 2005).

Os fatores psicossociais podem influenciar no surgimento, na intensidade e no desfecho da doença.

---

1   Para essa questão, veja o capítulo "A questão da simbolização em psicossomática".

A dificuldade na abordagem de pacientes com somatização, em virtude da complexidade do diagnóstico, gera uma relação médico-paciente negativa sob ambos os pontos de vista. O paciente é tido como "poliqueixoso", em virtude das várias queixas que ele traz à consulta. No entanto, os exames laboratoriais não indicam nada de anormal ou que justifique todas essas queixas. O médico repassa para o paciente que está tudo "normal", o que é incompreensível para este último, pois seus sintomas são bastante vívidos. Pode o médico dizer ainda que "é coisa da cabeça", o que leva a entender que o paciente está inventando seus sintomas; ou afirmar que é "psicológico", e o paciente imagina que o médico o está chamando de louco. O médico, pelos ensinamentos que recebeu durante sua formação, espera encontrar a causa (biológica) da doença, ou pelo menos algo que a justifique, e o paciente vai com seu corpo e o apresenta ao médico para que o cure.

Fica estabelecido um impasse: o paciente entende que o médico não é capaz de resolver seu problema de saúde, por não ter capacidade técnica suficiente ou mesmo interesse em seu caso. O médico, por sua vez, depara-se com alguns limites de sua técnica e com as frustrações decorrentes disso, em um caso que não consegue compreender e no qual não é capaz de intervir de forma segura e eficiente. A relação médico-paciente fica comprometida, e o resultado é decepção e constrangimento em ambos os polos da relação. Em um recurso defensivo, é comum o encaminhamento do paciente a diferentes especialidades e submetê-lo a uma grande quantidade de exames na tentativa de encontrar um diagnóstico preciso, ou pelo menos convincente, muitas vezes por exigência do próprio paciente, até mesmo de familiares, o que aumenta o risco, expondo-o a procedimentos invasivos, tratamentos paliativos, iatrogenias, cronificação e mais incapacitação pelas ausências em suas funções, além de reforçar a crença do paciente de que seus sintomas provêm de algum tipo de distúrbio físico presumivelmente não descoberto. Inicia-se então um círculo vicioso.

Para além dos problemas referentes a essa compreensão e das atitudes perante esse processo saúde-doença, há em tais pacientes dificuldade em aceitar e compreender que pode haver influências psicológicas em sintomas que se apresentam de forma eminentemente física – sua "dor de barriga" pode ter algo a ver com seu "psicológico". Os pacientes resistem ao encaminhamento para psicólogos e psiquiatras; apesar de utilizarem de forma desproporcional os serviços de saúde, os de saúde mental são os únicos a não serem significativamente elevados nesses pacientes (Barsky et al., 2005).

Quando esses pacientes chegam a um psicólogo, geralmente o fazem encaminhados pelo médico. Frequentemente comparecem em seu consultório de psicologia por acreditar no médico como alguém que tem um saber curativo, não por crer que o atendimento psicológico poderá ajudar em seus sintomas físicos. A demanda nesse caso não é do paciente, que comumente apresenta resistência, mas do médico que o encaminhou; quando há demanda psicológica por parte do paciente, geralmente não é relacionada e é até negada por ele com seus sintomas físicos. Esse é o primeiro problema que o psicólogo enfrenta no atendimento clínico de pacientes com somatização: como atender alguém que não apresenta demanda? A legitimidade da demanda, assim como o interesse no atendimento psicológico, não está no paciente. O segundo problema é: se esse paciente encontra dificuldade em elaborar psicologicamente suas emoções, como pode desenvolver um trabalho psicoterapêutico? Tais questões nos levam a perguntar como o psicólogo pode ajudar um paciente com somatização.

> Esse é o primeiro problema que o psicólogo enfrenta no atendimento clínico de pacientes com somatização: como atender alguém que não apresenta demanda? A legitimidade da demanda, assim como o interesse no atendimento psicológico, não está no paciente. O segundo problema é: se esse paciente encontra dificuldade em elaborar psicologicamente suas emoções, como pode desenvolver um trabalho psicoterapêutico?

Apresentada a situação referente aos pacientes com somatizações, vamos agora aprofundar a discussão com base em um caso clínico, a fim de trazer maior compreensão a respeito do funcionamento mental desses pacientes.

Fernanda (nome fictício), 42 anos, possui síndrome do intestino irritável (SII), na qual a motilidade do tubo digestivo é alterada, caracterizada clinicamente por anormalidades do hábito intestinal e dor abdominal, na ausência de doença orgânica demonstrável; trata-se de uma doença funcional. Apresenta os sintomas do tipo diarreico há oito anos, tendo sido diagnosticada apenas seis anos depois do início dos sintomas, quando então iniciou o tratamento. Empenhava-se neste, recorrendo a vários ambulatórios e serviços de saúde ao longo dos anos.

A condição psicológica não era sua preocupação central, apesar de desempenhar papel importante. Fernanda é ansiosa, sendo comum enfrentar crises de ansiedade, que atuavam no desencadeamento e intensificação de seus sintomas corporais. A associação entre a demanda psicológica e seus sintomas orgânicos é negada pela paciente. Assim, Fernanda não alcançava a ideia de um atendimento para os seus problemas de saúde que incluísse a dimensão psicológica.

Em função de seu diagnóstico de SII, foi oferecida a Fernanda a possibilidade de participar de uma pesquisa (Valente, 2016) na qual ela seria submetida à psicoterapia. Porém, sem a construção de um sentido no atendimento psicológico para suas "dores de barriga e diarreias", inicialmente ela se mostrou reticente e poderia não aderir ao atendimento. Esse é um ponto importante para o atendimento psicológico de pacientes com somatização: a construção de um sentido psicológico em seus sintomas orgânicos. Para Fernanda, essa percepção partiu do questionamento e da investigação dos eventos em que ela ficava "nervosa" e, quando isso acontecia, como ficavam seus sintomas. A conclusão por parte dela de que, "quando eu fico nervosa, as dores aumentam e meu intestino solta", foi a porta de entrada. Ao ser proposto um atendimento psicológico para aquilo que estaria deixando Fernanda nervosa e influenciando seus sintomas, ela construiu um sentido para a intervenção psicológica que se relaciona com seus sintomas orgânicos.

> Esse é um ponto importante para o atendimento psicológico de pacientes com somatização: a construção de um sentido psicológico em seus sintomas orgânicos.

A negação dos aspectos psicológicos de seu adoecimento, que são tão importantes e evidentes, constitui um importante dado clínico. A respeito disso, diferentes conceitos em psicossomática foram criados na tentativa de compreender esse funcionamento comum em pacientes com somatização. Pela perspectiva das emoções, temos a *alexitimia* (Nemiah & Sifneos, 1970); pelo déficit psíquico, o pensamento operatório (M'uzan & Marty, 1994); e, pelos afetos, a desafetação (McDougall, 1984).

Em relação às emoções, temos o conceito de alexitimia. O termo foi sugerido por Sifneos (1991) para se referir àqueles pacientes que demonstravam não ter palavras para nomear ou expressar as emoções. Pacientes alexitímicos possuem grande dificuldade para usar uma linguagem apropriada para expressar e descrever sentimentos e diferenciá-los de sensações corporais. Mostram-se incapazes de simbolicamente representar suas emoções, de forma que seu estado emocional permaneceria não modulado e contribuindo para o surgimento de sintomas físicos (Nemiah & Sifneos, 1970). As palavras utilizadas para expressar suas emoções são desprovidas de significados psicológicos, não transmitindo as condições psicológicas internas, resultado de perturbações na capacidade de simbolização (Weinryb, 1995).

> **Alexitimia**
> Manifestação clínica onde o pacientes demonstram não ter palavras para nomear ou expressar as emoções.

Pela perspectiva do déficit psíquico, temos o *pensamento operatório*, que, conforme M'Uzan e Marty (1994), refere-se a um modo de funcionamento mental que é incapaz de elaborar e integrar pensamentos e sentimentos, em uma forma concreta de funcionar, superficial, excessivamente orientada para a realidade externa e a materialidade dos fatos. O inconsciente desses pacientes não consegue se comunicar adequadamente por meio de representações mentais e tende a encontrar no comportamento sua única possibilidade de expressão, utilizando-se assim da ação em detrimento da simbolização. Diante de tensões que fogem à capacidade do psiquismo de elaborá-las adequadamente, ele produzirá apenas angústias automáticas, como descargas vegetativas de emergência. Deparando-se somente com angústias automáticas, o ego não consegue lançar mão de mecanismos defensivos para atenuar as tensões, entrando em um estado arcaico de desamparo, desprovido de investimentos libidinais. Ocorre comprometimento de toda dinâmica mental (Marty, 1993).

> **Pensamento operatório**
> Modo de funcionamento mental onde o paciente mostra-se incapaz de elaborar e integrar os pensamentos e sentimentos, apresentam uma forma concreta de funcionar, superficial, excessivamente orientada para a realidade e a materialidade dos fatos.

Quanto aos afetos, temos a *desafetação*, como coloca McDougall (1984), que corresponde a uma defesa que ejeta do psiquismo percepções, pensamentos e fantasias capazes de suscitar afetos insuportáveis, ou seja, relacionados a experiências traumáticas primitivas. McDougall (1996) estudou pacientes que não conseguem expressar por meio da palavra emoções potencialmente desorganizadoras, e se utilizam apenas do corpo para transmiti-las. O afeto seria, portanto, dispersado, e a representação verbal, pulverizada, como se nunca tivesse existido. O recurso da desafetação exigiria novas formas de dispersão da tensão referente ao conteúdo ejetado, já que não pode utilizar os mecanismos mentais de elaboração e simbolização. Essa tensão pode transbordar para o corpo, criando condições para as somatizações.

Esses conceitos procuram compreender o fenômeno da somatização a partir de perspectivas diferentes. Apesar das diferenças, eles *levam para a questão do comprometimento da capacidade de simbolização*, ou seja, a elaboração psicológica da emoção (*vide* o capítulo "A questão da simbolização na psicossomática"), que se apoia na concepção original de Freud (1895) das neuroses atuais.

Desafetação
Defesa que ejeta do psiquismo percepções, pensamentos e fantasias capazes de suscitar afetos insuportáveis.

Para além do problema relativo à demanda, há outro a ser levado em consideração: como trabalhar por meios psicológicos algo que, a princípio, não possui registro no psíquico? Procurar pelas falhas ou desarranjos na dinâmica psíquica pode ser um caminho, e, para tanto, Fernanda realizou uma avaliação psicodiagnóstica.

A avaliação se iniciou com uma entrevista semidirigida. Essa avaliação, por um lado, permite trazer uma compreensão da história de vida do participante para o profissional, constituindo um marco referencial em que a problemática atual se enquadra e ganha significação (Cunha, 2000). Por outro lado, permite ao paciente revisitar sua própria história e se inserir nela. Por fim, o contar sobre si em um contexto de acolhimento permite a construção de uma relação terapêutica, podendo então proporcionar maior aderência do paciente.

Fernanda perdeu a mãe ainda criança, aos 6 anos de idade, por problemas de saúde. A mãe era o pilar da casa, e, com sua morte, os filhos mais velhos saíram de casa. O pai passava o dia fora, enquanto Fernanda ficava cuidando da casa e da irmã mais nova. Ela recorda com tristeza de sua infância, da perda da mãe, do afastamento dos irmãos, do pai alcoólatra e da "infância perdida" para cuidar da casa e da irmã.

Conheceu seu marido aos 24 anos, um homem com temperamento e profissão semelhantes ao do seu pai. Nessa relação, Fernanda era quem sempre cedia e atendia aos desejos do marido. Ele é infértil, e desde tal diagnóstico começou a apresentar impotência. O marido se recusava a procurar tratamento para infertilidade e rejeitava a ideia da adoção, por isso o casal não tinha filhos.

> Como trabalhar por meios psicológicos algo que, a princípio, não possui registro no psíquico? Procurar pelas falhas ou desarranjos na dinâmica psíquica pode ser um caminho.

Sempre foi muito ligada aos irmãos, principalmente à irmã mais nova, que é como uma filha para ela. Diz que prefere sofrer a ver os irmãos sofrendo, sente-se responsável por eles, abrindo mão de bens para ajudá-los e tendo passado noites sem dormir quando algo acontecia com eles. Porém, a dedicação não era recíproca, e Fernanda sentia-se abandonada pelos irmãos.

Apresentada brevemente a história de vida de Fernanda, vamos à compreensão psicodinâmica.

Fernanda perdeu a mãe quando ainda era criança e não conseguiu realizar o luto pela perda. Negando a morte da mãe, ela tentou negar sua própria solidão. Não suportou o abandono de ser uma criança de 6 anos desamparada, confinada em uma casa com obrigações e deveres de adulto, abandonada pelo pai e pelos irmãos mais velhos. Não pôde ser criança, adolescente, mulher nem mãe. Desesperada, tentava viver maniacamente a dor do outro, por não suportar viver a própria dor.

Ela cresceu tendo de controlar seus impulsos para assumir responsabilidades. Em sua fantasia, retorna para a família original, na qual nega a morte da mãe se colocando no lugar desta, sendo a "mulher da casa" e casada com o pai, com responsabilidades e direito a exigir cuidados dos filhos como moeda de troca. Exige eterna gratidão dos irmãos em nome dos sacrifícios que teria feito para cuidar da família.

Os irmãos não correspondiam às expectativas de Fernanda, tanto no que se refere a partilhar essa fantasia de família como no sentido de retribuir a dedicação que ela empregava. Se Fernanda fazia mais do que lhe cabia para ajudar os irmãos, eles eram omissos em relação a ela, em sua opinião. A conta afetiva não fechava nunca; Fernanda sempre dava mais do que recebia com a expectativa de que, assim, os irmãos nunca a abandonariam, por estarem sempre em débito com ela. Contudo, isso não funcionava.

Fernanda casou-se com um homem semelhante a seu pai. A saída da casa deste para morar com o marido foi bastante traumática. Havia chegado a vez de ela sair de casa, em parte desconstruindo sua fantasia de família. Fernanda desenvolveu uma síndrome depressiva, sendo tratada com antidepressivos até a adaptação à nova vida.

O conflito entre a realidade e o desejo de ter uma família unida e feliz acompanhou Fernanda ao longo de sua vida, assim como a contenção de seus impulsos em função das responsabilidades assumidas. A ansiedade da perda da mãe e sua fantasia de família foi o motor de toda essa dinâmica, sendo constante e intensa, chegando ao ponto de comprometer a integração egoica. Apresenta elevado nível de ansiedade, histórico de depressão, insônia, SII. Em especial a SII. Fernanda relata que, quanto mais ansiosa, as dores abdominais pioram e aumenta o número de evacuações diárias.

No teste projetivo, ficou mais evidente esse funcionamento verificado com a entrevista semidirigida. Fernanda apresenta um pensamento com dificuldade para expressar sua afetividade, fundamentalmente pela excessiva repressão de seus impulsos. O conflito entre as vontades pessoais, representadas pelos impulsos, e as obrigações nas relações familiares foi recorrente. Quando a repressão não consegue conter a angústia decorrente desse conflito, Fernanda apela para a fantasia de uma família unida e feliz, na qual os esforços para conter seus impulsos seriam justificados. A integração do ego diminui diante do conflito entre os impulsos e as obrigações familiares, de forma que compromete sua capacidade de simbolização como defesa.

A psicoterapia se deu nos parâmetros da psicoterapia breve operacionalizada (PBO) (Simon, 2005). A situação-problema nuclear foi a elaboração do luto pela perda da mãe, que desencadeou a fantasia e a responsabilização pela família.

A situação-problema nuclear foi apresentada logo de início, de modo que Fernanda pôde se ver como uma criança desamparada e impotente diante da morte da mãe, além de perceber como foi ocupando o lugar da mãe na família, sentindo-se responsável pelo bem-estar dos irmãos após a morte dela. Isso ficou evidente nos abusos cometidos estes, que Fernanda suportava, e na impactante preocupação dela com os irmãos, levando-a a entrar em assuntos que não cabiam a ela ou em relação aos quais não poderia ter poder de decisão. Essa percepção reforçou a evidência do desgaste e da frustração na relação atual entre Fernanda e os irmãos, mostrando como ela ficava ansiosa e preocupada apesar de não ter o retorno afetivo esperado dos familiares.

À medida que a psicoterapia prosseguia, Fernanda foi se encorajando a se afastar um pouco dos irmãos e não se envolver nos problemas deles. Nas palavras dela: "Preciso viver a minha vida e me preocupar menos com os meus irmãos". Fernanda deu início ao processo de elaboração do luto pela mãe e assim foi se autorizando a se desincumbir do papel de responsável pela família. A ansiedade diminuiu, mesmo com o afastamento dela em relação aos irmãos.

Os reflexos das mudanças em Fernanda apareceram de diferentes formas. Houve diminuição da ansiedade e da insônia. Seu humor melhorou, ficando bem representado nas palavras dela: "Me sinto mais leve, mais feliz, até voltei a sorrir". Por fim, Fernanda demonstra melhoras nos sintomas da SII, com diminuição das dores e da frequência das diarreias.

Após três meses, houve uma sessão de retorno. A relação com o marido estava conflituosa, e o desfecho se deu com a constatação por parte dela de que ele tinha uma amante havia alguns anos. O marido saiu de casa. Após algumas semanas, ele sofreu um acidente, sendo levado para a casa de Fernanda para que ela cuidasse dele, já que o homem não tinha outra pessoa na cidade que pudesse cuidar dele. Ela aceitou oferecer a estadia, porém se manteve firme na decisão sobre o término do casamento. Um novo conflito entre seus impulsos e obrigações se estabeleceu, entre a vontade de mandá-lo embora e o senso de obrigação de prestar auxílio. Notadamente, a ansiedade aumentou e como os sintomas da SII pioraram, embora em nível menor que o observado antes da psicoterapia, o que nos permite supor que se tratou de consequência dos efeitos protetivos em virtude das mudanças na dinâmica psíquica promovidas pela intervenção psicológica. Na ocasião da sessão de retorno, o ex-marido já estava se recuperando e tinha previsão de ir embora, o conflito já era menos intenso e Fernanda reportava significativa melhora nos sintomas da SII, já sem crises.

Se tivermos um pensamento apressado podemos incidir em grave erro diagnóstico ao tratar uma somatização como uma conversão. Os sintomas orgânicos das somatizações não seguem a mesma lógica das conversões. Nestas, o conteúdo psicológico, que produz a resposta orgânica, é inconsciente e expressa simbolicamente, por intermédio do corpo, conflitos e representações reprimidas (Freud, 1974). A conversão consiste na transposição de um conflito psíquico e na tentativa de resolução deste em sintomas somáticos, motores ou sensitivos (Laplanche, 1996). Rodrigues et al. (2010) ressaltam que a conversão, como evidenciada por Freud, ocorre fundamentalmente no sistema musculoesquelético e sensoperceptivo.

> Os sintomas orgânicos das somatizações não seguem a mesma lógica das conversões.

Nas somatizações não está presente a tentativa de expressar representações reprimidas, pois é a própria expressão das emoções, a resposta fisiológica da emoção, que, na dependência da intensidade e da repetição, podem provocar os mais variados sintomas (Rodrigues et al., 2010). Trata-se de descargas diretas dos afetos no sistema neurovegetativo que, encontrando bloqueio e impossibilitadas de ser representadas psiquicamente, permanecem acumuladas nos órgãos vegetativos, promovendo alterações em suas funções. Enquanto no campo das inervações voluntárias pode haver a expressão simbólica de conteúdos psicológicos, nos órgãos internos é pouco provável que isso ocorra (Alexander, 1989) (*vide* o capítulo "Mecanismo de formação dos sintomas em psicossomática").

Os sintomas de Fernanda não são uma tentativa de expressar seu conflito psicológico, o que demandaria a atividade do psiquismo e de sua capacidade de simbolização, mas são influenciados e desencadeados por seu estado emocional, que não pôde passar por um trabalho de elaboração psíquica adequado. Isso traz diferenças importantes para o tratamento psicológico. A somatização tomada como um caso de conversão histérica, em que se procura superar as resistências para que conteúdos mentais recalcados ascendam do inconsciente para o consciente, faria com que as interpretações ocorressem em um "vazio", pois os conteúdos mentais em questão não possuem elaboração psíquica. Como vimos no TAT, o conflito entre os impulsos e as obrigações familiares, desencadeado pelo luto não elaborado da mãe, diminui a integração do ego e compromete a capacidade de simbolização.

> A somatização tomada como um caso de conversão histérica, em que se procura superar as resistências para que conteúdos mentais recalcados ascendam do inconsciente para o consciente, faria com que as interpretações ocorressem em um "vazio", pois os conteúdos mentais em questão não possuem elaboração psíquica.

Aqui podemos cair em outro erro se passarmos a tomar o paciente com somatização como tendo, por definição, uma capacidade de simbolização precária como um todo. Vimos que, no mecanismo de formação de sintomas das somatizações, pela via da simbolização, há dificuldade na elaboração psíquica da emoção. Em virtude disso, passou-se a definir o paciente com somatização como possuidor de uma forma de pensamento operatório, que é racional, voltado para o exterior, desprovido de referências afetivas e imagens verbais (M'uzan & Marty 1994), ou alexitímico, pela dificuldade em reconhecer suas próprias emoções (Sifneos, 1991), ou, ainda de portadores do padrão de personalidade tipo A (Friedman & Rosenman, 1959; Porcelli & Sonino, 2007). Todos esses pacientes, independentemente do diagnóstico que recebem, em função de sua estrutura mental deficitária, responderiam às vicissitudes da vida somatizando, tal qual visto no caso de Fernanda.

Em um trabalho realizado por Valente (2012), três pacientes com SII são submetidos a psicodiagnóstico, com entrevista semidirigida, escalas de alexitimia (TAS e OAS) e teste projetivo (TAT), a fim de se verificar como a capacidade de representação se apresenta em tais pacientes com somatização. Pensar o comprometimento da capacidade de simbolização a partir do pensamento operatório é coerente, uma vez que as três pacientes apresentaram tal forma de pensamento, embora com variações significativas na intensidade e frequência de funcionamento mental do tipo operatório. Enquanto para uma paciente é mais característico de seu funcionamento mental, para as outras duas é transitório, ocorrendo em determinadas situações mais específicas. Com essa pequena amostra de pacientes com SII, há desde a situação em que a alexitimia não é característica nem determinante do quadro do paciente, até outra em que apresenta significativos traços de alexitimia, vista de outra perspectiva, a do padrão de personalidade tipo A. Duas pacientes apresentavam esse padrão de personalidade e a terceira não o apresentava, o que nos conduz ao mesmo raciocínio sobre a alexitimia.

Como exposto, os dados clínicos sugerem outra realidade: pacientes com somatização não teriam por definição um funcionamento mental caracterizado pelo déficit na capacidade de simbolização como um todo. Encontramos pessoas que possuem essa característica de forma global, o que remonta a uma estrutura psíquica deficitária. Para outros pacientes, porém, tal déficit pode aparecer de maneira transitória, relegada a determinadas situações específicas, de forma que não caracteriza o funcionamento psíquico de modo geral, mas se apresenta como uma defesa diante de angústias difíceis de serem suportadas.

> Pacientes com somatização não teriam por definição um funcionamento mental caracterizado pelo déficit na capacidade de simbolização como um todo. Encontramos pessoas que possuem essa característica de forma global, o que remonta a uma estrutura psíquica deficitária. Para outros pacientes, porém, tal déficit pode aparecer de maneira transitória, relegada a determinadas situações específicas.

Conforme colocado por McDougall (1996), os estudos que tomam a questão do comprometimento da capacidade de simbolização a partir de uma estrutura psíquica deficitária auxiliaram na escuta dos pacientes somatizantes, possibilitando, segundo essa autora, prever melhor a fragilidade potencial daqueles que ainda não somatizaram. Contudo, não proporcionam uma explicação satisfatória dos fenômenos psicossomáticos em pacientes de consultório. Segundo McDougall, as observações sobre o pensamento operatório e a alexitima são corretas, mas, nos pacientes que atendia em psicanálise, a autora constatava que esses fenômenos tinham uma função defensiva, na qual ocorre uma *desafetação*, ou seja, há a expulsão do psiquismo de angústia insuportável. O questionamento provavelmente se deve à população distinta que foi atendida, assim como a solicitação de ajuda também é diferente. É compreensível que os fenômenos psicossomáticos observados em uma situação analítica em que os pacientes recorriam à psicanálise em função de seu sofrimento psíquico gerem conceitos diferentes daqueles que são obtidos nos centros de pesquisas psicossomáticas, aonde os pacientes chegam por recomendações médicas.

Os dados clínicos devem ter soberania sobre a teoria, de modo a se questionar a generalização que se pode fazer sobre o modo de ver e compreender o paciente com somatização. Isso pode nos fazer cometer o erro de adequar forçosamente o paciente às teorias, como em um leito de Procusto (Rodrigues et al., 2014).

Finalmente, vale o alerta, que já sublinhamos em outro momento: temos de reconhecer que existe uma seriíssima questão metodológica ligada a este tema. *Não se encontram estudos sistematizados comparativos entre populações saudáveis e populações portadoras de somatização, da perspectiva da capacidade de simbolização.* No caso da alexitimia e da personalidade tipo A, já foi fartamente demonstrado que tal condição está presente na população em geral, independentemente da presença de doença orgânica. Lembre-se de que essas configurações mentais já foram consideradas paradigmáticas para a somatização (Rodrigues et al., 2014).

CONSIDERAÇÕES FINAIS

A melhora nos sintomas representou mudanças significativas no quadro clínico da SII. Essa é uma síndrome com tendência à cronicidade, de difícil tratamento, e a resposta aos medicamentos costuma ser limitada (Foxx-Orenstein, 2006). A intervenção psicológica possibilitou não apenas melhora nos sintomas somáticos, mas também no funcionamento mental, nível adaptativo, relações interpessoais e enfrentamento das situações de conflito relacionados com as questões significativas. Com isso, para além da remissão dos sintomas, a intervenção psicológica repercutiu no desenvolvimento de capacidades e recursos psicológicos, demonstrando efeito protetivo no tempo.

Levando em conta o funcionamento mental associado às somatizações, torna-se importante adequar a intervenção psicológica de orientação psicanalítica a essas especificidades. O trabalho de elaboração da demanda permite construir junto ao psicólogo um sentido para o atendimento psicológico como tratamento para aquelas questões significativas e os estados emocionais que estariam influenciando seus sintomas físicos. O desenvolvimento do processo terapêutico se torna vantajoso ao possibilitar a elaboração psicológica dessas questões e estados emocionais, por meio da percepção dos afetos, da construção de sentidos, do enfrentamento dos conflitos e da melhora na adaptação, em uma postura de maternagem dos afetos e suporte egoico por parte do terapeuta. A abordagem é diferente da que recorre à interpretação analítica dos conteúdos inconscientes.

REFERÊNCIAS

1. Alexander F. Medicina psicossomática, princípios e aplicações. Porto Alegre: Artes Médicas; 1989.
2. Barsky AJ, Orav EJ, Bates DW. Somatization increases medical utilization and costs independent of psychiatric and medical comorbidity. Arch Gen Psychiatry. 2005;62(8):903-10.
3. Cunha JA. A história do examinando. Psicodiagnóstico V. Porto Alegre: Artmed; 2000.
4. Engel GL. The need for a new medical model: a challenge for biomedicine. Science. 1977;196(4286):129-36.
5. Fava GA, Sonino N. The clinical domains of psychosomatic medicine. J Clin Psychiatr. 2005;66(7):849-58.
6. Freud S. Estudos sobre a hysteria. Trad. J. Salomão. Edição standard brasileira das obras psicológicas completas de Sigmund Freud (v. 2). Rio de Janeiro: Imago; 1976. (Originalmente publicado em 1893-1895.)
7. Freud S. Sobre os critérios para destacar da neurastenia uma síndrome particular intitulada "neurose de "angústia". Trad. J. Salomão. Edição standard brasileira das obras psicológicas completas de Sigmund Freud (v. 3). Rio de Janeiro: Imago; 1976. (Originalmente publicado em 1894-1895.)
8. Foxx-Orenstein A. IBS: review and what's new. MedGenMed. 2006;8(3):20.
9. Friedman M, Rosenman R. Association of specific overt behavior pattern with blood and cardiovascular findings. J Am Med Assoc. 1959;169:1286.
10. Guggenheim F, Smith GR. Tanstornos somatoformes. In: Tratado de psiquiatria. 6.ed. Porto Alegre: Artes Médicas; 1999.
11. Gureje O, Simon GE, Ustun TB, Goldberg DP. Somatization in cross-cultural perspective: a World Health Organization study in primary care. Am J Psychiatr. 1997;154(7):989-95.
12. Laplanche J, Pontalis JB. Vocabulário da psicanálise. São Paulo: Martins Fontes; 1996.
13. Lazzaro C, Ávila L. Somatização na prática médica. Rev Arq Ciências Saúde. 2004;11:2-5.
14. Lipowski ZJ. Psychosomatic medicine: past and present part II: current state. Can J Psychiatr. 1986;31(1):8-13.
15. Marty P. A psicossomática do adulto. Porto Alegre: Artes Médicas; 1993.
16. McDougall J. The "dis-affected" patient: reflections on affect pathology. Psychoanalytic Quarterly. 1984;53(3):386-409.
17. McDougall J. Teatros do corpo: o psicossoma em psicanálise. São Paulo: Martins Fontes; 1996.
18. McEwen BS. Protective and damaging effects of stress mediators. N Eng J Med. 1998;338(3):171-9.
19. M'Uzan MD, Marty P. O pensamento operatório. Rev Bras Psicanál. 1994;28(1):165-74.
20. Nemiah JC, Sifneos PE. Affect and fantasy in patients with psychosomatic disorders. Modern Trends in Psychosomatic Medicine. 1970;2:26-34.
21. Pedinielli JL, Rouan G. Concept d'alexithymie et son intérêt en psychosomatique. Encyclopédie Médico-Chirurgicale. 1998;37(400).
22. Porcelli P, Sonino N. Psychological factors affecting medical conditions. Karger AG: Basel, Switzerland; 2007.
23. Rodrigues AL, Campos EMP, Pardini F. Mecanismo de formação dos sintomas em psicossomática. In. Spinelli MR (org.). Introdução à psicossomática. São Paulo: Atheneu; 2010.
24. Rodrigues AL, Takushi AL, Santos-Silva C, Risso I, Roitberg SEB, Martins TT et al. Reflexões críticas sobre o constructo de alexitimia. Rev SBPH. 2014;17(1):140-57.
25. Sifneos PE. Affect, emotional conflict, and deficit: an overview. Psychother Psychosom. 1991;56(3):116-22.
26. Simon R. Psicoterapia breve operacionalizada: teoria e técnica. São Paulo: Casa do Psicólogo; 2005.
27. Smadja C. Le modèle psychosomatique de Pierre Marty. Revue Française de Psychosomatique. 1995;7:7-25.
28. Steinbrecher N, Koerber S, Frieser D, Hiller W. The prevalence of medically unexplained symptoms in primary care. Psychosomatics. 2011;52(3):263-71.
29. Valente GB. A questão da simbolização na psicossomática: estudo com pacientes portadores de transtorno neurovegetativo somatoforme e de transtorno de pânico [Dissertação]. São Paulo: Universidade de São Paulo; 2012.
30. Valente GB. Repercussões da intervenção psicológica em pacientes com síndrome do intestino irritável [Tese]. São Paulo: Universidade de São Paulo; 2016.
31. Weinryb RM. Alexithymia: old wine in new bottles?. Psychoanalysis and Contemporary Thought. 1995;18(2):159-195.

25 Prática psicológica em enfermarias hospitalares

Walter Lisboa Oliveira
Avelino Luiz Rodrigues

INTRODUÇÃO

Passados mais de 50 anos de seu surgimento no país, a prática da psicologia em hospitais ainda é alvo de discussões entre psicólogos das mais diversas abordagens. São comuns os comentários de que a prática hospitalar não seja considerada uma prática clínica por estar fora do contexto de consultório e por enfrentar limites quanto ao uso de estratégias e técnicas, além dos limites institucionais e da própria enfermidade. Entendemos, no entanto, que, no contato com o paciente ou familiar, o psicólogo desenvolve uma prática clínica com algumas especificidades que a diferenciam do contexto clínico tradicional. Existem limites por conta do contexto institucional, mas também há possibilidades além daquelas que a clínica tradicional oferece. Caracteriza-se, portanto, como uma prática clínica peculiar na qual o psicólogo, além do domínio técnico de sua abordagem, precisa ter conhecimento de psicologia organizacional, institucional, do desenvolvimento, da família, de psicopatologia, além de conhecer o Sistema Único de Saúde e seus dispositivos, principalmente se atuar em instituições públicas.

Muito se pergunta sobre a abordagem teórica ideal para o ambiente hospitalar, mas antes de tudo está a competência que o psicólogo precisa ter para reconhecer a realidade do hospital que adentra e no qual intervém, compreendendo seu papel em aliviar o sofrimento psíquico nesse meio, em especial do paciente e seus familiares.

Neste capítulo serão apresentadas e discutidas estratégias clínicas partindo da discussão de um atendimento clínico. Será adotado um nome fictício, e algumas informações serão alteradas para preservar o sigilo da paciente. O caso será apresentado conforme se apresentou ao serviço de psicologia, e as estratégias corriqueiramente adotadas serão descritas e explicadas com ilustrações dessa situação clínica, de modo que o leitor possa acompanhar a situação com seu problema inicial e a forma como pode ser abordada.

São diversos os motivos que podem levar um paciente a ser encaminhado para avaliação e intervenção psicológica, mas entre os motivos mais recorrentes em nossa prática clínica estão os episódios de ansiedade, humor deprimido, baixa adesão ao tratamento, comportamento hostil para com a equipe ou problemas de comunicação com ela. Além disso, algumas vezes o psicólogo é solicitado diante de situações que potencialmente geram sofrimento psíquico no paciente, além de situações que podem afetar emocionalmente a equipe de saúde (ver o capítulo "Sofrimento psíquico de profissionais de saúde do hospital"). É necessário sublinhar, portanto, que o foco do atendimento no hospital é o sofrimento psíquico do paciente, familiares ou equipe. Não há necessidade da presença de um transtorno mental para que haja intervenção do psicólogo, ainda que muitas vezes seja recorrente no cenário hospitalar.

Joana, 62 anos, diabética e com problemas vasculares, foi encaminhada pela equipe de saúde ao serviço de psicologia após ter sido informada de que necessitaria amputar sua perna esquerda. Estava internada havia cerca de três semanas realizando um tratamento clínico para tentar evitar esse procedimento radical. Durante esse tempo, passou por tratamento medicamentoso com antibióticos e procedimentos de desbridamento (processo de retirada de tecidos desvitalizados), os quais tendiam a ficar cada vez mais agressivos diante dos avanços da necrose na perna.

Na prática clínica hospitalar, muitas das questões com as quais o psicólogo se depara extrapolam a própria internação, tais como conflitos familiares, problemas no trabalho e questões sociais. Foi o caso de Joana. Já na primeira entrevista, ela revelaria uma série de dificuldades subjacentes a sua enfermidade e que poderiam influenciar no curso da doença e na adesão ao tratamento, de modo que seria necessário compreender tais dificuldades e fazer as devidas intervenções para que a paciente tivesse uma nova percepção de sua experiência.

As intervenções na área da psicologia da saúde, em especial no âmbito das enfermarias hospitalares, ainda estão em desenvolvimento em comparação com a clínica tradicional, em que no íntimo de cada abordagem psicoterapêutica já existe um consenso técnico e teórico maior do que no campo da saúde. Nas enfermarias hospitalares, os atendimentos costumam se iniciar por meio do modelo de interconsulta ou de avaliações de rotina. Dependendo do caso, o paciente pode ser acompanhado periodicamente em função das demandas apresentadas, embora sejam mais frequentes as intervenções pontuais. Quando comparado com o atendimento clínico ambulatorial, o atendimento a pacientes em enfermarias enfrenta dificuldades adicionais por conta de suas características ambientais, como a presença de ruídos, o espaço agitado, a presença de outros pacientes, o fluxo de familiares e acompanhantes seus e de outros pacientes, a realização de procedimentos pela equipe de saúde, como coleta de sangue e administração de medicamentos, entre outros (Oliveira & Rodrigues, 2017). Isso pode prejudicar a privacidade do paciente e requer um manejo técnico ainda maior do *setting* e da relação terapêutica. No entanto, o atendimento em enfermaria é uma prática que tem suas vantagens. Uma delas é o fato de permitir um contato próximo do psicólogo com toda a equipe de saúde, no exercício multi e interprofissional, de maneira que esse profissional pode fazer esclarecimentos sobre o quadro clínico antes de conhecer o paciente entre um atendimento e outro e dar uma devolutiva e orientações sobre a melhor forma de lidar com ele. Outra importante vantagem é a possibilidade de realizar o atendimento no local e nas condições em que o paciente se encontra, no aqui-e-agora, uma vez que a enfermidade ou intercorrências do hospital impossibilitam seu deslocamento a ambulatórios, e nem sempre é possível ao psicólogo ter uma segunda oportunidade para abordar o paciente e auxiliá-lo diretamente naquilo que o aflige.

> Apesar das dificuldades em ter um *setting* estável, o atendimento no leito de hospital possui vantagens como poder fazer o atendimento no aqui-e-agora do problema que o aflige e a possibilidade de um contato mais próximo com a equipe antes do atendimento.

PRIMEIRO CONTATO E AVALIAÇÃO INICIAL

No início de sua atuação, o psicólogo precisa observar atentamente o motivo do pedido e as expectativas da equipe, assim como ter uma compreensão geral dos aspectos clínicos do paciente. Deve observar também medidas de proteção e segurança para o atendimento ao paciente (Gorayeb & Possani, 2015).

Nessas circunstâncias, retomando o caso clínico apresentado, assim que o serviço de psicologia foi comunicado, o psicólogo leu seu prontuário e se informou melhor sobre a situação clínica da paciente com a equipe. A coleta de informações para a avaliação psicológica se inicia no momento em que recebe a demanda. Ela se caracteriza pela busca sistemática de informações a respeito do funcionamento psicológico e do quadro clínico do paciente a fim de conhecer o indivíduo, identificar o problema e planejar uma intervenção. A discussão de caso com a equipe ajuda a conhecer os motivos da solicitação, identificar suspeitas e impressões. Muitas vezes a equipe já tem um grande contato com o paciente e pode fornecer informações relevantes. A leitura de prontuário, por sua vez, auxilia a conhecer seu percurso na internação, rotinas e medicamentos, ou seja, informações essenciais para a compreensão da realidade do paciente e a construção de hipóteses (Kernkraut & Silva, 2013). Simonetti (2013) enfatiza a importância da consulta ao prontuário, destacando que, como membro da equipe, o psicólogo tem livre acesso ao documento, devendo também registrar sua avaliação e documentar suas intervenções, conforme será discutido adiante no presente capítulo.

A discussão do caso com a equipe e a leitura do prontuário, procedimentos realizados antes do atendimento, revelaram tratar-se de estágio avançado de *diabetes mellitus* recém-diagnosticado, porém com uma longa história na vida da paciente. Ela apresentava úlceras nos membros inferiores, principalmente na perna esquerda, com tecidos completamente necrosados, configurando o que se conhece popularmente como "pé diabético".

O que se convencionou chamar de diabetes é, na verdade, um grupo heterogêneo de desordens clínicas caracterizado por níveis elevados de glicose no sangue, havendo quatro tipos principais: diabetes tipo 1, diabetes tipo 2, diabetes gestacional e diabetes secundário a outras condições. Joana possuía o do tipo 2, mais comum e associado à insuficiência de insulina ou à resistência à ação da insulina. Apesar de a doença mostrar proporções epidêmicas, muitos pacientes só têm conhecimento em exames de rotina, uma vez que apenas metade desses pacientes apresenta os sintomas clássicos (micção frequente, sede, fadiga, perda de peso, entre outros). Apesar de ser pouco sintomática, ela está associada a uma série de complicações, desde problemas na visão, nos rins, neuropatias, doenças vasculares periféricas e cardiovasculares (Johnson & Carlson, 2003). Cumpre destacar ainda que a enfermidade representa uma das maiores epidemias do mundo, matando milhões de pessoas por complicações como doenças renais. O crescente aumento da mortalidade inclui também o crescimento de incapacitações e a redução da expectativa de vida, com importantes consequências sociais e econômicas (Zimmet et al., 2016).

Tais informações médicas, que para estagiários e psicólogos iniciantes parecem preciosismo técnico, são cruciais para o entendimento da paciente. Ao lidar com indivíduos com tal diagnóstico, é importante investigar de que maneira eles compreendem sua enfermidade, pois, como os sintomas iniciais não costumam interferir significativamente na qualidade de vida nem gerar incapacidade, é comum que os pacientes negligenciem cuidados básicos como o monitoramento dos níveis de glicemia, o uso de medicamentos e cuidados com a alimentação. Outra importância concernente à existência de uma enfermidade pouco sintomática diz respeito à forma como o paciente receberá da equipe a informação sobre a necessidade permanente de cuidados, determinando mudanças em hábitos e estilos de vida e a possiblidade ou indicação de procedimentos cirúrgicos, se mostrará confiança ou hostilidade.

Abordagem biopsicossocial

Apesar de a experiência de amputação ser suficiente para explicar o sofrimento de Joana, a experiência subjetiva de um paciente só pode ser completamente entendida considerando toda a sua realidade, principalmente por se tratar de uma pessoa com dificuldades financeiras e em situação de vulnerabilidade social, o que se constatou no contexto do atendimento. É muito importante estar atento às eventuais dificuldades decorrentes da pobreza, do pouco estudo e da carência de recursos básicos, assim como questões culturais que possam influenciar na compreensão da doença ou na adesão ao tratamento. Ao mesmo tempo, é preciso analisar as dimensões simbólicas e vivenciais do paciente, investigando todos os elementos necessários para um adequado psicodiagnóstico (Oliveira & Rodrigues, 2017). É necessário, portanto, que sejam observadas todas as variáveis envolvidas. Tendo como referencial a abordagem psicossomática (Engel, 1977), entende-se que todo profissional de saúde, incluindo o psicólogo, deve buscar entender o ser humano com base em três dimensões: biológica, psicológica e sociocultural. Isso, por um lado, amplia e aprofunda o olhar sobre o ser humano, e por outro reafirma a necessidade de maior diálogo com outros profissionais de saúde. Tal necessidade, por sua vez, demanda uma postura interdisciplinar.

A dimensão biológica foi devidamente compreendida por meio da discussão de caso e da leitura de prontuário. No que concerne às dimensões psicológica e social, elas podem ser mais bem investigadas no âmbito da entrevista clínica inicial, além de contar com o apoio de informações adicionais da equipe. Geralmente abordamos os pacientes apresentando-nos como psicólogos e fazendo perguntas mais gerais sobre como o paciente se sente naquele dia e como tem passado a internação. O objetivo nesse primeiro momento é construir um espaço de diálogo e se aproximar do paciente. Assim, antes de perguntar por suas queixas ou demandas, o psicólogo se apresentou e deixou a paciente falar livremente sobre suas impressões a respeito do hospital e do episódio que estava vivenciando. Era uma senhora com a pele queimada do sol, poucos dentes na boca e jeito simples de falar, com erros gramaticais que denotavam pouco estudo formal. Reconhecia-se uma pessoa muito batalhadora e que entendia a progressiva lesão na perna como mais uma batalha a ser vencida.

Adotar a abordagem biopsicossocial no hospital significa atentar para o indivíduo de maneira integral. Ou seja, o psicólogo deverá investigar e intervir nos aspectos psicológicos do paciente, mas também deve compreender seu diagnóstico médico e tratamento e seu contexto sociocultural e familiar.

CARACTERIZAÇÃO DOS ATENDIMENTOS EM ENFERMARIA HOSPITALAR

Diante dessa realidade, existe um campo de atuação no qual as intervenções ocorrem em 3 etapas, que, embora didaticamente distintas, frequentemente se apresentam muito indissociadas ao longo do atendimento psicológico: a) avaliação e diagnóstico, b) intervenção terapêutica e c) devolução.

Avaliação e diagnóstico

Assim que a demanda é encaminhada ao psicólogo, ele tem condições de iniciar a avaliação. Precisa compreender a natureza da demanda, observando quem faz o pedido – o próprio paciente, a equipe de saúde ou algum familiar. Além disso, conforme destacam Barbosa & Albuquerque (2014), é preciso ver quais os setores de onde surgem as demandas, observando se são avaliações pré ou pós-cirúrgicas, amputações, transplantes, casos ligados à oncologia, cardiologia, cuidados paliativos ou outros. É importante observar também as especificidades das demandas, principalmente no que diz respeito ao paciente. Oliveira & Rodrigues (2017) destacam alguns dos motivos mais comuns para o encaminhamento, tais como episódios de ansiedade, humor deprimido, baixa adesão ao tratamento, problemas de comunicação com a equipe ou comportamento hostil em face dela, tempo prolongado de internação, além de avaliações de rotina diante de quadros clínicos específicos ou intercorrências.

Nesse primeiro momento, o trabalho do psicólogo será o de identificar, nesse emaranhado de informações, potencialidades, recursos de enfrentamento e adaptação, lançando mão de métodos investigativos e conceitos teóricos para esse fim (Barbosa & Albuquerque, 2014). O processo de avaliação buscará, portanto, identificar os pontos que geram mais sofrimento na experiência subjetiva de cada paciente para que sejam feitas intervenções mais adequadas ao momento.

Conforme a avaliação progride, um diagnóstico situacional do paciente vai se desenhando. No ambiente hospitalar é muito comum, principalmente em idosos como Joana, a ocorrência de quadros confusionais como o *delirium,* que demandam manejo específico (Fontoni et al., 2014). Essa investigação pode incluir um exame psíquico do paciente e um diagnóstico psicopatológico, explicitando a existência ou não de transtornos, mas não significa, no entanto, uma caça a um transtorno psicológico ou comportamento disfuncional. A avaliação buscará descrever como o paciente se encontra do ponto de vista cognitivo e emocional, incluindo sua relação com a doença, consigo mesmo, com a família, instituição e equipe. Nesse primeiro momento, os pacientes quase sempre estão emocionalmente fragilizados, de maneira que é importante estabelecer um *rapport* adequado, procurando despertar neles uma sensação de confiança e esperança de que seu sofrimento será amenizado. Algumas vezes, por conta da ansiedade, o paciente poderá rir, fazer perguntas inadequadas ou comentários críticos. É preciso ter empatia e paciência, pois frequentemente se trata de estratégias inconscientes ou propositais para não entrar em contato com suas dificuldades e seu sofrimento (Botega & Dalgalarrondo, 2002).

Outros pacientes, por sua vez, encaminhados pela equipe, trazem apenas uma queixa orgânica. Acabam por simplesmente descrever sua rotina ou a natureza de sua enfermidade usando linguagem técnica, como lhe é explicado. Nesses casos, é preciso que o psicólogo mantenha uma escuta ativa, atentando aos aspectos subjetivos das queixas, que podem dar origem a um sofrimento emocional como medos, julgamentos equivocados, interpretações e expectativas irreais, defesas, além de crenças inadequadas sobre sua condição (Oliveira & Rodrigues, 2014; Rodrigues, 2011).

A paciente Joana, por exemplo, ao ser abordada, descreveu de maneira sóbria e objetiva como seria sua amputação e as razões que levaram a equipe a tomar essa decisão. Assim, quanto ao exame psíquico, alguns minutos de diálogo já permitiram concluir que a paciente estava consciente, lúcida, tinha um discurso coerente e organizado, estava bem orientada no tempo e espaço e não apresentava comprometimento do pensamento. Uma conclusão apressada seria supor uma compreensão adequada de seu quadro clínico sem apresentar demandas para a psicologia. Entretanto, o próprio quadro de diabetes costuma ser mal compreendido pelos pacientes, que nem sempre estabelecem a devida relação de causa e efeito entre determinados cuidados e a prevenção de alguns dos principais sintomas. Nesse sentido, a investigação com Joana procedeu abordando o percurso da doença anterior à hospitalização. Se, por um lado, ela compreendia bem as explicações dadas pela equipe, por outro tinha uma compreensão de sua piora clínica, que a levou à internação e consequente amputação, entremeada de culpa e medo. Entendia tratar-se de um processo de necrose que havia avançado e tinha como marco inicial uma unha que fora mal cortada e que demorara a cicatrizar. Chorou, dizendo que não deveria ter cortado as unhas, pois já estavam muito curtas. Em seguida, questionou-se se não seria por não ter enxugado os dedos do pé adequadamente, causando a infeção. A explicação médica foi no sentido de que a paciente não vinha tomando o devido cuidado com a alimentação nem fazendo uso adequado dos medicamentos. No entanto, esse era o momento de ouvir a paciente e compreendê-la. Qualquer explicação técnica poderia ser violenta ou invalidante de sua fragilidade emocional.

Assim, o diagnóstico psicológico consistirá na construção dessa visão panorâmica em torno da pessoa adoentada, buscando expressar toda a relação entre o sujeito e a doença, com sua vida e o universo a seu redor, assim como os processos que influenciam e são influenciados pela doença (Simonetti, 2013). Nesse mesmo momento, o psicólogo pode verificar também o quanto o paciente aceita o tratamento e as restrições e analisar como viabilizar intervenções eficazes (Tardivo, 2008).

A primeira entrevista revelou disposição em colaborar com a equipe e boa adesão ao tratamento proposto. A paciente compreendia as informações passadas pela equipe e os procedimentos que vinham sendo realizados, assim como a iminente amputação. No entanto, estava bastante ansiosa e insegura em relação a seu futuro profissional, pois a perna amputada atrapalharia suas atividades na roça. Ao mesmo tempo, apesar de toda a orientação da equipe, estava preocupada quanto à maneira de seguir com seus cuidados, uma vez que não conseguira evitar a situação que vivenciava. Diante disso, emergem, como intervenções necessárias: a) ajudar a paciente a se sentir menos culpada pelo ocorrido e ao mesmo tempo mais capacitada para realizar os autocuidados; b) auxiliá-la a enfrentar a cirurgia e a planejar a vida depois dela.

O diagnóstico psicológico no hospital é uma visão panorâmica da pessoa adoentada, considerando sua história de vida, características pessoais, relação com a enfermidade, a família, a equipe, o tratamento e todo o contexto relativo à hospitalização.

Intervenção terapêutica

Uma das intervenções mais comuns é a própria escuta e restituição do paciente em seu lugar de sujeito, muitas vezes objetificado pela rotina e pelos procedimentos médicos. No entanto, diante da realidade do hospital, muitas vezes o contato com o paciente se dá uma única vez antes de algum evento ansiogênico como um procedimento cirúrgico, exame ou alta hospitalar, o que exige que a intervenção seja a mais precisa possível dentro daquele contexto, atuando diretamente nos principais focos de sofrimento da experiência do adoecimento e reforçando as estratégias saudáveis de adaptação apresentadas pelo indivíduo.

A escuta terapêutica é uma importante intervenção psicológica hospitalar, na medida em que restitui o lugar de sujeito do paciente, mas é preciso ir além, investigando e atuando nos principais focos de sofrimento da experiência do adoecimento e reforçando as estratégias saudáveis de adaptação apresentadas pelo indivíduo.

Nesse contexto, em que nem sempre as demandas são claramente delineadas ou em que ocorrem eventos repentinos (como uma piora súbita do quadro, a descoberta de metástase, um procedimento cirúrgico não planejado, mudanças na conduta da equipe ou mesmo a notícia de alta hospitalar), muitas vezes são utilizadas intervenções em crises. Quanto ao conceito de crise, entende-se que são inúmeras as definições na literatura, mas se observa que em todas elas há um componente subjetivo que não se refere necessariamente à situação, mas sim à forma como o indivíduo a percebe. Além disso, são comuns alguns fatores como: a) a percepção de um evento que ameace a saúde física ou psicológica ou que represente um obstáculo preocupante para objetivos importantes; b) a percepção de recursos insuficientes de enfrentamento; e c) um período de desorganização que pode incluir medo, raiva, luto, tristeza, entre outros (Rubino, 2018). Uma vez instalada, a crise pode afetar a saúde mental; porém, se bem resolvida, pode ser uma oportunidade de amadurecimento e desenvolvimento pessoal. Portanto, intervir durante uma crise é uma importante estratégia para o tratamento da situação traumática, buscando uma resolução o mais adaptativa possível e promovendo oportunidades após o fim da crise para lidar com a situação atual, elaborar conflitos passados e apreender estratégias para o futuro (Sá et al., 2008).

Dessa forma, o primeiro atendimento em enfermaria hospitalar em nossa prática é baseado nos modelos de aconselhamento psicológico e de intervenções em crise (Everly Jr & Flynn, 2006; Rubino, 2018).

Assim, em um primeiro momento, cabe ao psicólogo estabelecer o *rapport*, fazendo uma escuta empática, deixando que o paciente fale livremente, seja para contar sua história ou expressar suas emoções. O objetivo principal nesse momento, como já assinalado, é criar um espaço de expressão e acolhimento para a pessoa ouvida. Enquanto ouve, o psicólogo vai mapeando os principais problemas, fazendo cuidadosas perguntas durante a narrativa do paciente, para identificar os pontos que demandam intervenção. No caso da paciente Joana, nos primeiros momentos ela fez uma descrição objetiva de seu quadro, mas, uma vez que a investigação progrediu, descreveu sua vida na zona rural, falou um pouco de sua rotina de trabalho, até que narrou os primeiros momentos em que percebeu que algo não estava bom com seu pé. Uma vez observada a culpa da paciente e o medo da cirurgia, descortinou-se uma possibilidade de intervenção. Após escutar e desenvolver o *rapport*, o segundo passo é manter o acolhimento, legitimando os sentimentos que aparecem na fala do paciente, como o medo e a culpa, para que este se sinta ouvido, mas sutilmente fazendo pequenos questionamentos e comentários para que ele possa rever a forma como percebe e/ou lida com sua situação.

Psicólogo: Joana, vejo que você está passando por uma situação muito diferente das que você passou e fico pensando como deve ser difícil lidar com tudo isso, mas queria pensar com você algumas coisas que me disse.
Joana: Certo...
Psicólogo: Você me falou que acha que se sente culpada pelo que ocorreu com seu pé.
Joana: Isso... Fico achando que não enxuguei direito... que talvez tenha deixado um pouquinho de água e ajudou a apodrecer o pé... Outras vezes fico achando que cortei a unha mais do que devia e ela se complicou toda...
Psicólogo: Pelo que você me fala, você é uma pessoa que se cuida muito, que precisa estar muito saudável para o trabalho na roça, que é pesado... Eu fico pensando quantas vezes você deve ter lavado os pés e cortado as unhas...
Joana: Várias vezes... A vida toda...

Psicólogo: Se a gente pudesse pensar em outra explicação, que outros motivos poderiam ter levado a essa situação, já que você sempre fez isso?

Joana: Não sei, mas, se eu fiz isso a vida toda, pode ser que tenha outro motivo que eu não saiba...

É muito tentador ser direto e falar a Joana que suas explicações não tinham sentido do ponto de vista científico e lhe dar a explicação técnica a respeito do diabetes, mas uma explicação direta poderia invalidar a experiência subjetiva da paciente e encerrar o diálogo com o psicólogo, soando muito mais como uma aula do que como um diálogo empático. Dessa forma, é preferível levar a paciente a pensar sobre sua situação, examinando evidências de sua experiência para que faça seus próprios questionamentos e conclusões. Assim que a paciente revê suas crenças, o psicólogo pode explorar algumas alternativas. No caso do hospital, a explicação mais adequada é a da equipe de saúde. Nesse sentido, é pertinente aproximar paciente e equipe em vez de dar explicações médicas.

Psicólogo: O que já te falaram sobre sua situação aqui no hospital?

Joana: Ah, eles falaram que era diabetes e que precisariam tirar minha perna...

Psicólogo: Mas você sabe o que o diabetes tem a ver com a amputação?

Joana: Eles explicaram, mas não sei direito... Só sei que eles falaram que teria que fazer tratamento para diabetes.

Psicólogo: E o que você acha de perguntar para os médicos ou enfermeiros sobre isso? Acho que eles podem ajudar a entender o que houve e como evitar que ocorra de novo. Você se sente à vontade para isso?

Joana: Acho que sim. O pessoal aqui é muito atencioso.

É importante observar que o atendimento se iniciou com um primeiro momento de escuta e *rapport*, sem questionamentos, fazendo a paciente se sentir confortável e ouvida para, em seguida, gentilmente, confrontar algumas ideias dela. Depois, foi importante pensar em soluções ou alternativas para os problemas que se identificaram. Assim que a paciente reviu sua culpa, a principal alternativa que surgiu foi o diálogo com a equipe, o que se observou ter sido bastante frutífero. A equipe já havia dado as explicações sobre o diabetes e esclarecido as relações com a alimentação e dificuldades de cicatrização, mas a paciente, talvez por conta da ansiedade ou de algum mecanismo defensivo, não absorveu o que foi informado. No caso do medo da cirurgia e suas consequências, o tema foi abordado de maneira semelhante ao anterior, e a paciente pôde, com a ajuda do psicólogo, elencar algumas alternativas para que pudesse se manter ativa após a cirurgia. Ela mesma concluiu que falaria com os filhos para que eles dividissem as tarefas de modo que ela pudesse fazer atividades leves, como a rega da plantação e a colheita de alguns frutos. Não foi uma conclusão que eliminou por completo a angústia da paciente, mas, à medida que ela passa a ter esperança de que podia ter qualidade de vida e ser produtiva de alguma forma apesar das limitações, passou a ter uma atitude mais ativa para com o tratamento, mostrando mais resiliência e autoeficácia.

Ao fim do atendimento, o paciente deve ser reavaliado, observando como estão as demandas que levaram ao atendimento psicológico. Caso o paciente esteja hospitalizado, ele é acompanhado até que a demanda que motivou o atendimento esteja razoavelmente atendida e elaborada. É claro que em pacientes terminais outras questões, mais específicas, se colocam, e são tratadas em capítulo à parte (ver o capítulo "Práticas psicológicas com pacientes em UTI"). Apesar da alta psicológica, um novo atendimento pode ocorrer no caso de mais demandas observada pelo paciente, familiar ou membro da equipe.

Devolutiva

A devolutiva consiste em evidenciar nossa compreensão do caso, e é feita tanto para o paciente quanto para a quem fez o pedido. Com relação ao paciente, é importante evitar a posição de "quem sabe" diante de "quem não sabe", o que atrapalharia o processo (García--Arzeno, 2005). É um momento tão importante como o da avaliação e intervenção, pois podem surgir outras demandas e necessidades de novas intervenções. Se, na psicologia clínica realizada em consultórios, as sessões têm geralmente 50 minutos, nos atendimentos de leito esse tempo pode ser maior caso surjam novas demandas ao fim. Assim, é importante que se mantenha o cuidado com o paciente e o olhar atento a novas ocorrências.

É muito comum que a equipe de saúde peça que o paciente seja auxiliado a aceitar melhor a rotina hospitalar e aderir aos procedimentos médicos, mas o psicólogo não deve ficar preso exclusivamente a isso. O foco é a escuta do drama subjetivo de cada paciente, que é o protagonista da cena, para depois avaliar as questões solicitadas pelos outros profissionais de saúde e refletir sobre o que estão representando naquele contexto e momento. Esse cuidado evita que, sem perceber, o psicólogo assuma uma postura de mera orientação, sem atentar para a autonomia do paciente. É preciso, portanto, ouvir e intervir, mas salvaguardando sua capacidade de lidar consigo mesmo e com o contexto no qual está inserido (Campos & Campos, 2006). Assim, para esse tipo de demanda da equipe, geralmente, apresentar uma devolutiva com um breve sumário do exame mental e estado emocional do paciente diante da enfermidade ou do tratamento, dar esclarecimentos e, se necessário, orientações, são procedimentos que agregam conhecimento à equipe e costumam diminuir a ansiedade dos profissionais de saúde (Oliveira & Rodrigues, 2014).

Ainda quanto à equipe, a comunicação se dá de maneira muito clara, procurando responder objetivamente aos questionamentos, principalmente quando estão relacionados à melhor forma de lidar com o paciente ou familiares. Algumas orientações e cuidados mais importantes podem ser registrados também no prontuário. Esse registro é uma forma de reforçar o que foi dialogado com a equipe, sendo útil caso esta queira consultar as orientações do psicólogo. Além disso, registra-se o trabalho feito pelo psicólogo, resguardando-o ética e tecnicamente, sendo, portanto, uma proteção a esse profissional quanto a possíveis questionamentos sobre sua atuação. Além disso, o registro auxilia na produção e no acúmulo de conhecimento científico (no caso de hospitais-escola), tendo também validade jurídica para processos e defesa legal. Além desses motivos, o psicólogo, ao se inserir em uma equipe de saúde, tem como responsabilidade, igualmente aos outros profissionais, o registro de informações que podem ser utilizadas para avaliação de condutas, estudo de casos, gestão de recursos, entre outros (Miranda, Lima & Santos, 2016).

Cada registro no prontuário, portanto, deve apresentar com a compreensão psicológica, quais intervenções foram realizadas e quais estão planejadas. Deve-se advertir, entretanto, que no registro devem constar apenas informações relevantes para a realidade do paciente no hospital, preservando a dignidade do paciente, como recomenda Conselho Federal de Psicologia (CFP, 2003). O psicólogo precisa, dessa forma, ser cauteloso para não expor desnecessariamente o paciente, mas cuidadoso para apontar dados que permitam à equipe compreender a dinâmica emocional deste (Kernkraut & Silva, 2013). Por fim, cumpre ressaltar que os dados do prontuário podem ser acessados pelo paciente e devem estar disponíveis para ele ou algum representante legal (Miranda et al., 2016).

No caso de Joana, ela revelou diversos trechos importantes de sua biografia ao psicólogo, porém, visando à objetividade do registro e à preservação da privacidade da paciente, registrou-se seu exame psíquico, destacando sua adequada orientação espacial e de tempo, sem alterações psicopatológicas do pensamento, com humor estável e congruente e preservação das funções volitivas, mas enfatizando que a paciente apresentava dificuldade em compreender seu quadro clínico e tratamento posterior à alta hospitalar. Registraram-se brevemente também as orientações que foram dadas a ela e as intervenções realizadas em face das demandas da paciente.

O registro da compreensão e dos procedimentos realizados é uma importante contribuição para o melhor entendimento por parte da equipe dos comportamentos, emoções e sentimentos de pacientes e seus familiares. Diante das inúmeras variáveis envolvidas em um caso de psicologia, recomenda-se aos psicólogos iniciantes ou aos que enfrentam casos complexos fazer um rascunho do que se pretende registrar a fim de evitar erros e deixar o texto o mais claro possível para quem o lê. Esse registro, no entanto, não substitui o diálogo com a equipe, uma vez que o contato interpessoal permite maiores esclarecimentos e discussão de caso (Miranda et al., 2016).

Quadro 1   Principais elementos de atuação do psicólogo no hospital

Avaliação e diagnóstico
• receber o pedido
• ler o prontuário
• discutir o caso com a equipe
• avaliar o paciente

Intervenção
• acolher e validar o sofrimento
• atuar nas questões geradoras de sofrimento
• reforçar estratégias adaptativas saudáveis
• reestruturar crenças disfuncionais e fantasias

Devolutiva
• elaborar uma síntese da compreensão do caso
• apresentar ao paciente e solicitar *feedback* dele
• apresentar ao solicitante do pedido, preservando a privacidade do paciente
• registrar em prontuário

> O registro adequado do atendimento ao prontuário não substitui o diálogo com a equipe. Esse contato permite maiores esclarecimentos e a melhor discussão do caso.

OUTROS ASPECTOS E POSSIBILIDADES DE ATUAÇÃO PSICOLÓGICA

É importante destacar que aqui foi retratado apenas o primeiro atendimento realizado com a paciente. Ela ainda foi atendida outras vezes até sua alta hospitalar. As possibilidades de intervenção no hospital são muitas, e, quando o psicólogo é chamado antes de uma cirurgia invasiva ou mutiladora, depois da notícia de um prognóstico reservado ou mesmo de uma alta hospitalar, precisa atuar procurando dar conta das demandas mesmo que isso necessite mais do que os 50 minutos habituais do *setting* do consultório ou ambulatório. Apesar das inúmeras possibilidades, é preciso atentar, conforme destacam Kernkraut & Silva (2013), para as limitações que podem surgir devido ao próprio ambiente hospitalar. As regras, rotinas, dinâmicas e o funcionamento da instituição são elementos que podem representar obstáculos à boa prática, além de outros fatores, como a falta de colaboração de pacientes, a interferência de familiares que querem impor seus interesses ou de profissionais que não valorizam aspectos subjetivos do paciente, entre outros.

Uma vez em contato com o paciente, é preciso ouvi-lo atentamente, intervindo de maneira objetiva, procurando não deixar questões pendentes para o próximo encontro. É preciso, ainda, tomar cuidado para não recorrer a uma prática muito comum no consultório em algumas abordagens: finalizar o encontro com questões que o deixem angustiados a fim de que se mobilize para a mudança. No hospital, os pacientes geralmente já estão fragilizados e imersos em angústias que são próprias do adoecer e da hospitalização, e esse tipo de conduta pode fragilizá-los ainda mais. Ao final de cada atendimento, portanto, deve ser feito, sempre que possível, um fechamento solicitando o *feedback* do paciente quanto ao que foi abordado.

Outra possibilidade de atuação do psicólogo hospitalar se dá com familiares e equipe. Quanto à família, é importante que se estabeleça uma boa relação também com ela, pois em muitos casos ela assume um papel primordial, independentemente da idade do paciente. Nesse sentido, a entrevista com a família é mais uma ferramenta de auxílio no processo de avaliação, permitindo colher dados sociodemográficos, da escolaridade, da vida pessoal e profissional, da vida familiar, do contexto de vida no momento da enfermidade e de outros dados que podem ser benéficos para a intervenção clínica (Barbosa & Albuquerque, 2014). Outro fato importante é que o adoecimento pode impactar o seio familiar, com uma ruptura no cotidiano diante de sentimentos de perda, luto, além de súbitas mudanças temporárias de papéis. No caso de pacientes infantis, muitas vezes os pais sofrem pelo luto do filho idealizado, questionam suas relações de parentalidade e vínculo, além da possibilidade de terem de lidar com problemas com irmãos do paciente, muitas vezes deixados de lado em meio ao processo de hospitalização (ver o capítulo "Efeitos psicológicos em irmãos saudáveis de crianças portadoras de cardiopatias congênitas"). Nesse cenário, é possível intervir terapeuticamente, apoiando e acolhendo, auxiliando a família a cooperar com o tratamento e a dialogar com a equipe, atuando preventivamente em relação a possíveis problemas com esta (Oliveira & Sommerman, 2008; Oliveira & Rodrigues, 2017).

Stuber (2014) destaca que os pacientes geralmente tomam decisões no contexto de uma rede de apoio, geralmente amigos ou membros da família. Aqueles que contam com redes mais amplas e disponíveis mostram-se menos ansiosos, com menor probabilidade de ficar deprimidos. Diante dessas constatações, fica claro que, para o psicólogo hospitalar, é importante atentar para a família. Primeiramente porque ela pode estar imersa em sofrimento e, depois, porque pode ser uma importante aliada no tratamento, provendo apoio e conforto, ou ser um problema adicional, caso leve conflitos para o paciente ou equipe.

A equipe, por sua vez, apesar de todo o treinamento para lidar com o restabelecimento da saúde e da vida, pode vivenciar momentos de vulnerabilidade diante de impasses, impossibilidades e cobranças (Barbosa & Albuquerque, 2014). Há casos que especialmente despertam uma ansiedade maior da equipe, seja por identificar-se com o paciente, por desafios clínicos da própria enfermidade ou pelo estresse de sua atribulada rotina, que merecem a atenção do psicólogo. O psicólogo deve ouvir atentamente o profissional, acolhendo suas angústias e, se necessário, fazendo o devido encaminhamento. É importante frisar que alguns hospitais têm psicólogos para atender à própria equipe e outros para atender a pacientes e familiares, ao passo que outros não têm essa divisão de tarefas formalmente estabelecida.

Outro aspecto importante a ser observado é a alta hospitalar. É preciso avaliar as condições do paciente para a alta e avaliar a continuidade da adesão ao tratamento, incentivar comportamentos que notadamente geram saúde tanto física como emocional, observar e incentivar o paciente a pedir auxílio a figuras de apoio da família ou de sua rede social, além de retomar alguns pontos que foram abordados durante o acompanhamento hospitalar, verificando se ainda geram sofrimento significativo. Se necessário, recomendar acompanhamento psicológico fora do hospital, pois nele alguns pacientes entram em contato com importantes questões não necessariamente relacionadas a sua enfermidade ou passam a ter preocupações decorrentes de seu quadro clínico, ainda que estejam curados.

No caso de Joana, houve uma diminuição importante do sofrimento decorrente da amputação e de suas consequências. As orientações da equipe, em especial do serviço social, deixaram-na tranquila sobre o que fazer. Reforçou-se, no entanto, que atentasse às instruções da equipe, e se recomendou que contasse com a filha para os cuidados com o diabetes, pelo menos até que ela se sentisse capaz de realizar o autocuidado. Foi recomendado também o acompanhamento psicológico em uma unidade de saúde próxima a sua residência. Diante desse tipo de contexto, é importante que o psicólogo, principalmente se trabalhar no setor público, conheça a rede de atenção básica e os principais dispositivos de saúde mental a fim de fornecer orientações mais adequadas.

CONSIDERAÇÕES FINAIS

Este capítulo teve como objetivo discutir a prática do psicólogo em enfermarias hospitalares, o que não significa estabelecer um único jeito de intervir. Nossa prática tem revelado que o elemento mais importante é que o psicólogo consiga observar as demandas de cada paciente e atuar respeitando os limites institucionais. Nesse sentido, enfatizamos um olhar para que o sofrimento do paciente seja aliviado, lutando sempre para que ele seja o protagonista do processo de adoecimento, da hospitalização e de sua história. Igualmente importante é a compreensão de que será preciso lidar com um ambiente que conta com eventos constantes que interferem no *setting*, como mudanças súbitas de condutas clínicas da equipe, piora inesperada, diagnóstico de doenças graves, intercorrências médicas, transferência de setor, morte, entre outros.

Diante desse cenário, deve haver uma atuação estratégica, voltada para o sofrimento emocional do paciente, colhendo informações com a equipe, entrevistando familiares e consultando o prontuário para colher informações que otimizem a avaliação e atuação do psicólogo. Diante do paciente, é preciso procurar entender sua realidade e priorizar intervenções necessárias para o alívio do sofrimento naquele momento e para a restituição de seu lugar de sujeito.

A prática da psicologia hospitalar está em constante desenvolvimento, e sempre haverá muito a ser feito em termos de pesquisa e estruturação de uma prática, o que pode gerar dúvidas para psicólogos iniciantes e estudantes de psicologia. Muito já foi pesquisado e publicado, e, apesar das divergências teóricas, diversos autores concordam com o fato de que não se deve fazer uma transposição do modelo clínico para o hospital. É preciso desenvolver intervenções contextualizadas levando em conta os aspectos da enfermidade, do setor e da instituição em que atua e, principalmente, buscando compreender o paciente de maneira integral, com sua história de vida, aspectos psicológicos, biológicos e sociais.

REFERÊNCIAS

1. Barbosa LNF, Albuquerque EN. Avaliação no contexto hospitalar: possibilidades de intervenção. In: Rudnicki T, Sanchez MM. (orgs.). Psicologia da saúde: a prática da terapia cognitivo-comportamental em hospital geral. Novo Hamburgo: Sinopsys; 2014. p.47-69.
2. Botega NJ, Dalgalarrondo P. Avaliação do paciente. In: Botega N J (org.). Prática psiquiátrica no hospital geral: interconsulta e emergência. Porto Alegre: Artmed; 2002. p.167-189.
3. Campos RTO, Campos GWS. (2006). Coconstrução de autonomia: o sujeito em questão. In: Campos GWS, Minayo MCS, Akerman M, Drumond-Júnior M, Carvalho YM (orgs.). Tratado de saúde coletiva. São Paulo: Hucitec. p.669-88.
4. Conselho Federal de Psicologia. Resolução CFP n. 7/2003. Brasília; 2003. Disponível em: http://site.cfp.org.br/wp-content/uploads/ 2003/06/resolucao2003_7.pdf.
5. Engel GL. The need for a new medical model: a challenge for biomedicine. Science. 1977;196(4286):129-136.
6. Everly Jr GS, Flynn B. Principles and practical procedures for acute psychological first aid training for personnel without mental health experience. Int J Emerg Mental Health. 2006;8(2):93-100.
7. Fontoni MR, Oliveira WL, Kaneta CN. Winnicott e o desafio do atendimento a pacientes idosos em estado confusional. Psicologia, Saúde & Doenças. 2014;15(3):816-827.
8. García-Arzeno ME. Psicodiagnóstico clínico: novas contribuições. Porto Alegre: Artmed; 2005.
9. Gorayeb R, Possani T. Atendimento ambulatorial e interconsultas no contexto hospitalar. In: Gorayeb R (org.). A prática da psicologia no ambiente hospitalar. Novo Hamburgo: Sinopsys; 2015. p.23-42.
10. Johnson SB, Carlson DN. Diabetes mellitus. In: Llewelyn S, Kennedy P. (orgs.). Handbook of clinical health psychology. Chichester: John Wiley & Sons; 2003. p.203-18.
11. Kernkraut AM, Silva ALM. A clínica psicológica no hospital geral: como avaliar o paciente adulto internado em hospital geral? In: Andreoli PBA, Caiuby AVS, Lacerda SS (orgs.). Psicologia hospitalar. Barueri: Manole; 2013.

12. Miranda EMF, Lima JJS, Santos LC. Psicologia hospitalar e normatizações: regulamentações na prática profissional e registro em prontuário. In: Santos LC, Miranda EMF, Nogueira EL (orgs.). Psicologia, saúde e hospital: contribuições para a prática profissional. Belo Horizonte: Artesã; 2016. p.67-90.

13. Oliveira EBS, Sommerman RDG. A família hospitalizada. In: Romano WB. (org.). Manual de psicologia clínica para hospitais. São Paulo: Casa do Psicólogo; 2008. p.117-143.

14. Oliveira WL, Rodrigues AL. Sobre a prática psicanalítica em enfermarias hospitalares. Estudos de Psicanálise. 2014;(41):157-66. Disponível em: http://www.cbp.org.br/n41a16.pdf.

15. Oliveira WL, Rodrigues AL. Intervenciones clínicas del psicólogo en hospital general. Perspectivas en Psicología. 2017;14(2):72-82.

16. Rodrigues AL. A psicoterapia do paciente com queixa eminentemente orgânica. In: Associação Brasileira de Psicologia da Saúde e Sociedade Portuguesa de Psicologia da Saúde (org.). Anais do II Congresso Luso-Brasileiro de Psicologia da Saúde e Congresso Ibero-Americano de Psicologia da Saúde. São Bernardo; 2011.

17. Rubino JP. Intervenções em situações de crise: apresentando o modelo de sete estágios de Roberts. In: Araújo NG, Rubino JP, Oliveira MIS (orgs.). Avaliação e intervenção na clínica em terapia cognitivo-comportamental: a prática ilustrada. Novo Hamburgo: Sinopsys; 2018. p.194-216.

18. Sá SD, Werlang BSG, Paranhos ME. Intervenção em crise. Revista Brasileira de Terapias Cognitivas. 2008;4(1).

19. Simonetti A. Manual de psicologia hospitalar: o mapa da doença. São Paulo: Casa do Psicólogo; 2013.

20. Stuber ML. Família, relacionamentos e saúde. In: Wedding D, Stuber ML (orgs.). Medicina comportamental. Barueri: Manole; 2014. p.23-30.

21. Tardivo LC. O encontro com o sofrimento psíquico da pessoa enferma: o psicólogo clínico no hospital. In: Lange ESN (org.). Contribuições à psicologia hospitalar: desafios e paradigmas. São Paulo: Vetor; 2008. p.31-56.

22. Zimmet P, Alberti KG, Magliano DJ, Bennett PH. Diabetes mellitus statistics on prevalence and mortality: facts and fallacies. Nat Rev Endocrinol. 2016;12(10):616-622.

Práticas psicológicas com pacientes de UTI 26

Walter Lisboa Oliveira
Avelino Luiz Rodrigues

INTRODUÇÃO

A UTI é um espaço diferenciado do hospital na qual ficam concentrados os pacientes mais graves a fim de receber uma observação e atuação mais efetiva. Nela se encontram os recursos humanos e técnicos necessários para o atendimento de pacientes cujo estado clínico exige cuidados constantes a fim de que se recuperem de graves problemas com riscos de morte. Por essa razão, configura-se em um espaço com monitoração contínua de dados vitais e procedimentos frequentes como coleta de sangue para exames, administração de medicamentos, ventilação mecânica ou auxílio na oxigenação, entre outros (Oliveira, 2011). Esse rigor no controle e na realização de procedimentos, por sua vez, confere uma atmosfera diferente do restante do hospital. Há uma grande quantidade de equipamentos, que emitem bipes e disparam alarmes com frequência. Há um número grande de profissionais, proporcionalmente maior que em outros setores. E há um controle maior quanto à presença ou visita de familiares. Tais características acabam por revesti-la de um simbolismo particular, muitas vezes associado à maior gravidade dos quadros clínicos e consequente risco de morte (Silva et al., 2015).

Por essas características, a atuação do psicólogo acaba por enfrentar desafios específicos, envolvendo principalmente o contato com a morte, a privação de contato do paciente com outras pessoas, alterações de consciência, dilemas éticos e um contato mais próximo com a família do paciente. Além disso, o aumento na expectativa de vida e os avanços técnicos da medicina têm oferecido mais oportunidades terapêuticas para quadros graves, o que tem feito da UTI um ambiente cada vez mais frequente nas rotinas hospitalares.

Neste capítulo serão discutidos aspectos técnicos da atuação psicológica em UTI, partindo da discussão de um caso clínico, apresentado com nome fictício e com alguns dados alterados para preservar o sigilo dos pacientes. O paciente é Quirino, 89 anos, natural do interior de São Paulo, viúvo, pai de 9 filhos, que se internou para uma cirurgia de correção de hérnia inguinal; era a segunda vez que se internava em uma UTI. A cirurgia, segundo a equipe, foi tranquila, mas a idade, aliada ao histórico de hipertensão arterial, exigiu mais atenção da equipe que indicou o acompanhamento médico intensivo. Serão descritas inicialmente algumas das demandas apresentadas pelos pacientes, ilustrando com relatos e com a situação clínica aqui descrita e pontuando as formas de atuação possíveis. Em geral, as intervenções nesse contexto seguem a mesma estratégia daquelas realizadas em enfermarias hospitalares, descritas em outro capítulo deste livro (ver o capítulo "Práticas psicológicas em enfermarias hospitalares"). É necessário fazer uma escuta atenta e intervir diretamente nos focos do sofrimento, levando em conta a relação do paciente com sua história de vida, enfermidade, aspectos psicológicos, familiares e equipe de saúde. Serão abordados, portanto, aspectos específicos dessa prática no contexto das unidades de terapia intensiva em pacientes com a consciência preservada e possibilidade de comunicação adequada. É possível atender pacientes também fora dessas condições, porém são necessárias outras estratégias que extrapolam a proposta deste texto.

A atuação do psicólogo na UTI tem desafios específicos, envolvendo principalmente o contato com a morte, a privação de contato do paciente com outras pessoas, alterações de consciência, dilemas éticos e uma relação mais próxima com a família do paciente.

O PACIENTE DE UTI

Em meio a tanto controle e preocupação com a vida, a UTI funciona de maneira dinâmica e sistematizada de forma que o paciente pode ter uma fonte adicional de sofrimento além de sua própria enfermidade. Ele muitas vezes fica sedado, mantido distante de referências externas, exposto à iluminação artificial constante, à típica sonoridade dos aparelhos de monitoramento e à movimentação contínua da equipe, além do contato com importantes gatilhos de estresse e ansiedade como a dor, o sofrimento, a solidão e a morte (Zimmerman & Bertuol, 2002).

Outros fatores de estresse são a ociosidade, a perda de autonomia, a sensação de abandono e a incerteza do prognóstico, que costumam ter efeitos ainda maiores quando a ida do paciente não foi programada (Silva et al., 2015). Essas experiências da UTI de perda de autonomia, separação de familiares e estar cercado de pessoas desconhecidas (profissionais de saúde), por sua vez, acabam revertendo em medo, ansiedade, depressão, alterações no ciclo do sono e, em alguns pacientes, desorientação e agitação (Gaspar & Martins, 2006).

A vivência na UTI

Em geral, antes de entrar na UTI ou nos primeiros momentos nesse ambiente, é a visão de morredouro que o paciente espera encontrar, sendo muitas vezes surpreendido após a internação. Muitos pacientes relataram, inclusive, um ingresso tranquilo quando se explica com antecedência a natureza da UTI e a justificativa para a internação lá. Nesse sentido, essa é uma intervenção importante da equipe para prevenir a ansiedade e promover a saúde mental. A entrada na UTI, no entanto, muitas vezes é emergencial e não planejada. Quirino diz que a primeira vez que acordou após a cirurgia ficou assustado.

> A primeira vez quando acordei eu tava na UTI. Tinham me tirado da sala de cirurgia, aí cheguei e vi que tava as enfermeiras em volta com os olhão... Eu conheço. Eu não sou trouxa, né? Eu vi que era uma UTI. Mas pera aí, eu tava *tão mal assim?*

A natureza da cirurgia e a idade justificaram a conduta para a UTI. A preocupação dele durou até que suas dúvidas fossem esclarecidas após expressar seu medo à equipe e ouvir a explicação de que seria necessário ficar na UTI após a cirurgia a fim de receber a atenção necessária para uma recuperação tranquila. Muitos pacientes, no entanto, não perguntam as razões pelas quais se submetem a determinados procedimentos ou condutas. Isso não significa que o medo e a ansiedade não estejam presentes. Nesse sentido, uma vez que o psicólogo observe hesitação do paciente em comunicar-se com a equipe, deve trabalhar para que ela ocorra de forma harmoniosa, como será discutido mais adiante. Da mesma forma, o psicólogo precisa estar atento às concepções equivocadas sobre a UTI que possam gerar ansiedade a fim de que a equipe possa fazer os devidos esclarecimentos.[1]

Quando o paciente se percebe na UTI e longe de riscos de morte, com seus sinais vitais controlados, pode vivenciar um alívio muito grande, mas ainda costuma sentir a perda da liberdade e da autonomia, muitas vezes vivida também como uma sensação de impotência. Alguns pacientes experimentam tristeza ou revolta, mas no geral reconhecem a importância de estar naquele setor. Quirino era um deles, mas referia sentir falta das amizades que fazia nas enfermaria do hospital.

> Aqui a gente fica mais sozinho. *É ruim, né? Você fica sem ninguém para conversar. Onde eu* tava quando cheguei, tinha três camas e eu ficava lá batendo papo com os outros dois, depois chegaram minha filha e outras pessoas da família. Ficamos lá batendo papo até a hora da cirurgia.

Outro problema na UTI costuma ser o sono. Muitas vezes é irregular, interrompido por ruídos, realização de procedimentos ou administração de medicamentos. Cada vez mais tem-se dado importância à qualidade do sono. Primeiramente por entender que é um processo influenciado pelas condições biológicas e ambientais. E depois, principalmente, pela intrínseca relação com o bem-estar do paciente e o crescente números de evidências científicas do efeito deletério da privação de sono em pacientes críticos. Reconhecem-se hoje efeitos nocivos no sistema imunológico, na regulação hormonal, na função pulmonar e na neurocognição (Pisani et al., 2015).

Uma das alterações funcionais mais conhecidas por psicólogos que atuam na UTI é o *delirium,* termo que se refere a uma das síndromes psiquiátricas mais frequentes em emergências e enfermarias. Trata-se de um quadro confusional agudo com rebaixamento do nível de consciência, desorientação espaço-temporal, alucinações visuais, discurso

---

1   *Vide* o capítulo "Desamparo em complicações pós-operatórias: um olhar psicanalítico"

desorganizado e ansiedade como principais sintomas (Dalgalarrondo, 2008). A privação de sono não é a única possível causa do *delirium*. Esse quadro está fortemente associado a importantes alterações metabólicas e efeitos colaterais de medicamentos. No entanto, o sono regular tem sido cada vez mais considerado para o bem-estar do paciente, desfechos positivos na UTI e prevenção de alterações de consciência. Muitas vezes os pacientes não falam disso à equipe por vergonha ou por julgar sem importância. Assim, é necessário saber como o paciente tem dormido. O psicólogo pode auxiliar com o ensino de técnicas de relaxamento ou ainda comunicar a equipe para avaliar possíveis fatores orgânicos e verificar a necessidade de medicamentos que possam dar mais conforto ao paciente.

> Por enquanto tudo bem... Só que eu estou com muita dor porque está voltando a anestesia... Aí eu fiquei um pouquinho com os olhos fechados por causa da dor... Depois passou, tomei uns medicamentos... Eu dormi a noite toda bem...

Outras especificidades da UTI dizem respeito ainda ao tempo de visita, em geral cerca de 30 minutos com limite de visitantes por paciente, o que costuma ser um fator adicional de estresse, na medida em que afasta o paciente de sua família, conforme será discutido adiante. A limitação, por sua vez, se deve à atribulada rotina da equipe, que constantemente realiza intervenções, e ao risco que a presença de pessoas oferece a pacientes com quadros clínicos mais delicados (Oliveira, 2011).

Outro importante fator que provoca estresse e sofrimento na UTI são a dor e os incômodos de equipamentos como sondas nasogástricas e cateteres. Pacientes considerados críticos tendem a sentir entre dores moderadas e intensas, de maneira que é algo que precisa ser levado em consideração ao avaliá-los. Se o paciente tem dores e não menciona à equipe, é importante que seja auxiliado a falar para que sejam tomadas medidas farmacológicas necessárias. Além disso, outras medidas não farmacológicas podem ser tomadas, como técnicas de relaxamento, hipnose, música, entre outros (Devlin et al., 2018).

Na UTI, o paciente costuma estar mais expostos a fatores de estresse que em outros ambientes do hospital. São comuns queixas de dor, falta de sono e incômodo com cateteres e procedimentos.

Feridas narcísicas e o desamparo no leito

Nesse contexto de privações e experiências dolorosas, há uma experiência que denominamos aqui ferida narcísica. Ela remete ao conceito de narcisismo oriundo dos estudos em psicodinâmica. Nesse sentido, tomando o narcisismo como perspectiva, o adoecimento ou internação é compreendido a partir de duas possibilidades: a) a relação entre o investimento libidinal no "eu" e um possível investimento em determinado órgão ou no corpo adoecido; b) um possível afastamento do "ideal do eu", uma vez acometido pela enfermidade.

A primeira delas refere-se ao deslocamento libidinal do "eu" para um possível órgão ou corpo adoecido em referência à articulação freudiana (Freud, 1914/2000) entre a doença orgânica e a hipocondria. Nas duas condições, há uma retirada da libido do mundo externo e do eu para o órgão que lhe prende a atenção, o órgão doente. Na UTI, muitos pacientes estão intimamente ligados a sondas, cateteres e equipamentos, vivendo intensamente sua doença, principalmente quando em condição grave. Quando abordados, eles tendem a transparecer uma falsa sensação de empobrecimento afetivo ou de ideias, quando na verdade refletem a intensa relação com o corpo e com a vivência de ameaça à própria vida. É comum que, ao serem questionados sobre seu estado com perguntas do tipo "como você se sente?" ou "como você tem passado?", prendam-se a um discurso biomédico, com descrições do quadro clínico e variações dos sinais vitais, de acordo com as expectativas que recaem sobre ele (Oliveira, 2011).

Nesse casos, cabe ao psicólogo, ouvir empaticamente o que o paciente tem a dizer, evitando silenciá-lo, e fazer comentários e perguntas que o ajudem a entrar em contato com seu universo psíquico, incluindo medos, crenças, expectativas e percepções. Comentários do tipo "parece que tem sido difícil" ou perguntas como "e o que você pensa disso?" ou "que pensamentos passam por sua cabeça?" costumam ajudar o psicólogo nessa tarefa.

A segunda possibilidade de entendimento da noção de ferida narcísica diz respeito ao afastamento do "ideal de eu", entendendo o narcisismo com um papel estruturante da personalidade, na medida em que o sujeito vai mediar sua autoestima com base em uma comparação com o que ele entende ser ideal para si (Baranger, 1991). Acresce-se a isso que esse ideal, na cultura em que vivemos, está cada vez mais voltado para o triunfo pessoal, a saúde física e o sucesso profissional (Lasch, 1983). E o corpo ideal é aquele que se aproxima da perfeição física, comumente exposto em revistas e jornais.

Na perspectiva psicodinâmica, quando o "eu" coincide com o "ideal de eu", há uma agradável sensação de triunfo e realização. Nosso atual meio social valoriza o sucesso e o bem-estar a qualquer custo, algo que costuma estar distante de alguém internado em uma UTI. Assim, o "eu" se frustra diante de seu "ideal de eu" e perde seu frágil equilíbrio. Nesse contexto, podem surgir episódios depressivos resultantes da expressão de um sentimento de falha do "eu" em relação a seu ideal (Freud, 1921/2000; Green, 1988).

Nessas circunstâncias, um importante impacto da doença ocorre sobre a autoimagem, e, na medida em que ela imprime marcas no corpo, afasta o sujeito de seu ideal, daquilo que entende como importante para ser desejado ou amado pelo outro. E esse corpo, na maioria das vezes, em uma UTI está exposto à equipe; mesmo sem marcas e cicatrizes, a nudez causa incômodo. Uma enfermidade coloca a pessoa diante de várias formas de agressão tanto físicas quanto simbólicas, desde as mutilações causadas por cirurgias, efeitos colaterais de medicamentos, sintomas de determinadas doenças, até o afastamento do trabalho, mudança de papéis na família, entre outros (Oliveira, 2011).

Dessa forma, Quirino vivenciava as feridas narcísicas pelas duas dimensões. De um lado, acompanhava atentamente sua evolução clínica como condição para a alta da UTI, discutindo o diagnóstico, o tratamento e o prognóstico. De outro, recebeu uma advertência da equipe quanto aos riscos de se esticar para pegar sua toalha e se enxugar sozinho para cobrir imediatamente seu corpo. Reconhece que se arriscou e se constrangeu pela desobediência a pessoas que o tratavam muito bem, mas se justificou: "Eu não estou acostumado a ficar pelado na frente de ninguém".

Além das marcas corporais, esse afastamento do "ideal de eu" se dá ainda pelo afastamento do trabalho, por estar sem uma fonte de renda ou mesmo por se sentir longe da atividade habitual e sem utilidade, como observamos no contato com pacientes que estavam afastados e se queixavam, apesar do auxílio-doença concedido pelo governo. Essas feridas narcísicas ocorrem ainda pelas incapacitações e limitações impostas pela doença, mudanças de papel na família e meio social. Na medida em que o paciente vivencia limitações e ameaças conscientes ou inconscientes a sua integridade, que de alguma forma significaria a perda de um valor simbólico que transcende a própria dimensão orgânica do corpo, algumas dessas feridas podem ser entendidas sob o conceito psicanalítico de castração. O indivíduo percebe-se sem sua potência, força ou capacidade produtiva (Oliveira, 2011).

Assim, nessas condições, desprovidos de sua vitalidade, muitos pacientes vivenciam um intenso desamparo do leito. Não nos referimos a um abandono de fato, mas à experiência subjetiva de se sentir abandonados, em uma espécie de reedição do momento inicial da vida, na qual o bebê se percebe distante da mãe sem poder se satisfazer sozinho, dependendo inteiramente dela. Essa compreensão nos ajuda a entender a queixa de alguns membros da equipe de saúde sobre alguns pacientes que exigem a presença de um profissional, alegando falta de atenção. O abandono e a falta de atenção podem não ser reais, mas são vivenciados como tal.

Assim, a experiência em UTI coloca o indivíduo frente a frente com sua condição humana, em contato com suas limitações, vivenciando intensa angústia, o que pode ser aumentado quando a morte passa a ser uma possibilidade.

O adoecimento coloca o paciente diante de uma série de perdas e feridas narcísicas causadas pelas marcas em seu corpo de sintomas, sequelas e cicatrizes de cirurgias, afastamento do trabalho e mudanças de papéis na família entre outras mudanças importantes que nos afastam daquilo que cada um idealiza para si.

Contato com a morte

Uma experiência que comumente observamos no leito de UTI é o contato com a morte, seja pela ameaça real ou por devaneios e pensamentos constantes sobre as chances de cura. A morte é uma experiência única e impossível de ser descrita, por mais que se tente imaginá-la. Nem sempre os profissionais de saúde estão preparados para entrar em contato com ela, pois isso o coloca em contato com a própria impotência (Cassorla, 2003).

Se antes o hospital era um local onde se ia para morrer, hoje ele carrega a marca da luta contra a morte, principalmente por conta do avanço da medicina e das unidades de terapia intensiva. Essa luta, destacam Sharovsky, Romano & Rodrigues (2011), vai se expressar no investimento pela vida, e a doença e a morte acabam sendo percebidas pelo enfermo e sua família como um fracasso. Por essa razão, Ariés (1977) denomina "morte invertida" esse processo que ocorre no hospitalar, isto é, uma morte que deixou de ser considerada natural, mas um fracasso terapêutico, de maneira que a sociedade minimiza seus significados e as reflexões em torno do tema, tentando silenciá-la.

Apesar dessa tentativa de calar a morte, ela é inevitavelmente ouvida diante de situações em que a vida está em risco. Em nossa prática clínica em hospital, pacientes de UTI trazem o tema, seja pelo simbolismo do setor ou pelo contato com a própria enfermidade ou com procedimentos invasivos, principalmente que exijam anestesia. O paciente Quirino, enquanto relatava o desejo de retornar para casa, tem seu discurso interrompido pela lembrança da visita de um cunhado, dono de funerária:

> Quero chegar na minha cama, tomar café e ficar sossegado. E lá em minha casa, eu sei que vai ficar assim. E ver minha família e comer, ver minha netalhada, que tenho saudade. Tenho neto e bisneto. A família é grande para caramba... os filhos, genros, irmãos e cunhados... E tem um cunhado que é dono de funerária. Aí veio visitar e eu falei: "Você pode vir, mas leve essa funerária para lá, viu?" Aí eu digo que lá na funerária dele eu não vou nem no carro de passeio. Brincando, né? Deixa esse carro para lá, né? Se eu tivesse morrido eu ia.

Apesar do tom inicial de piada, pôde-se perceber uma angústia diante da morte do paciente, que inicia seu comentário com um semblante mais leve, descrevendo a família, narrando a visita, e termina com um tom mais sério, explicando a piada e comentando sobre a própria morte. O humor é uma forma de poder falar de algo e poupar o ego dos afetos que a situação naturalmente traria (Freud, 1927/2000). Nesse contexto, a presença do cunhado lembra Quirino de sua morte. Ao mencionar a piada de "levar a funerária para longe", ele revela o desejo de silenciar a morte. Esse silêncio muitas vezes tem como uma de suas principais causas a própria dificuldade de falar da morte, de si ou de um ente querido (Ariés, 1977).

Diante de situações como essa, em que o paciente revela algum temor pela morte, mas prefere silenciar, o psicólogo precisa avaliar se é o momento mais adequado para persistir no assunto. Preferencialmente, é um tema que, quando aparece, deve ser abordado para avaliar aspectos importantes, como angústia de morte ou medos irreais ou em caso de a morte ser inevitável; é a possibilidade de avaliar as últimas necessidades e auxiliá-lo a lidar melhor com o momento. Entretanto, insistir no assunto com pacientes visivelmente fragilizados ou em processo de negação pode ser vivido como um processo violento. Em situações como a descrita acima, perguntas como "o que te preocupa na morte?" ou "do que você tem medo quanto a isso?" costumam dar pistas sobre se o paciente se sente à vontade para seguir no assunto. Caso se sinta, é comum que revele outros aspectos relacionados à experiência de morte, como medo de punição divina, de abandonar entes queridos, filhos ou mesmo preocupações com questões práticas relacionadas a herança, inventário ou partilha de bens.

Diante da percepção do agravamento de seu quadro e da progressiva limitação das conquistas terapêuticas, o paciente entra em contato com sua própria morte. Nessas situações, são várias as necessidades do paciente, o que demanda uma postura interdisciplinar da equipe, que, por sua vez, em contexto cultural em que a morte tende a ser expulsa, isolada e que muitas vezes representa a antítese do progresso, deve recuperar o contato e o conhecimento sobre o processo do morrer. Diante de um paciente em proximidade com a morte, o psicólogo não deve pressupor a existência de uma patologia psíquica. Em vez disso, deve fazer uma avaliação do bem-estar global do paciente e dos fenômenos específicos que interferem nele. Importante avaliar ainda que tipo de informação a equipe possui a respeito do quadro clínico, quais suas principais preocupações e estratégias de enfrentamento, possíveis acontecimentos críticos, entre outras dificuldades, atentando ainda para a identificação de recursos e redes de apoio pessoal familiar e social (Martín et al., 2014).

Nessas circunstâncias de finitude, o objetivo é promover o máximo de bem-estar para paciente e família, procurando satisfazer ou aliviar as necessidades ao longo de seus últimos dias e potencializar recursos. Pode ser útil ainda auxiliar o paciente a aumentar quantitativa e qualitativamente os recursos disponíveis para lidar com a situação. É importante também cuidar da experiência de ameaças e perdas, procurando diminuir frustrações e regular expectativas do paciente. Muitas vezes será necessário auxiliá-lo e também à família a utilizar estratégias de enfrentamento adaptativas que já se mostraram úteis em situações críticas do passado. É preciso lembrar que as redes de apoio social são importantes em todo o processo, principalmente para o paciente diante da morte, considerando a possibilidade de perda de funcionalidade e a necessidade de apoio emocional. Apesar das perdas e do desgaste, o paciente deve ser tratado como alguém vivo e não como alguém que já não tem nada a fazer. Sua dignidade deve ser mantida, e o psicólogo e toda a equipe devem ter uma escuta ativa e de disponibilidade (Martín et al., 2014). Ademais, a perspectiva de um fim próximo pode ser um momento de crescimento pessoal em que seja necessário tomar decisões importantes (jurídicas, econômicas e humanas). Nessas circunstâncias, pode ser importante ao paciente estabelecer diálogos essenciais com cônjuge, filhos ou amigos, muitas vezes adiados por toda a vida (Gaspar & Martins, 2006).

O PACIENTE E SUA FAMÍLIA

Geralmente a família chega à UTI emocionalmente instável, porque um de seus membros está gravemente enfermo, vivenciando momentos de estresse, raiva, ansiedade e medo, principalmente pelo desconhecimento do futuro e do quadro clínico (Gaspar & Martins, 2006). A família tem sido estudada como um sistema vivo, em constante interação, no qual cada membro está relacionado um ao outro, assim como seus sentimentos e comportamentos. Esse sistema reage aos eventos perturbadores, tentando se adaptar. A cada reação, papéis são reajustados a fim de manter seu equilíbrio. Nessas circunstâncias, a hospitalização é um evento estressante e que pode desencadear uma crise na família (Romano, 1999). Assim, como Quirino, em nossa prática, muitos pacientes revelam reconhecer um esforço da família, incluindo dificuldades para a realização de constantes visitas, o que muitas vezes os deixa divididos entre o conforto da presença do ente querido e a culpa pelo esforço empreendido para estar na UTI.

Diante do sentimento de culpa, é importante que o psicólogo investigue crenças e pensamentos fantasiosos do paciente que podem fazê-lo sofrer, achando-se pouco merecedor do carinho da família ou mesmo superestimando o esforço pela visita. Pode ser necessário o uso de estratégias para que o paciente aceite e evite boicotar consciente ou inconscientemente a família, escondendo o sofrimento ou fazendo comentários indiretos. Quirino relata gostar muito das visitas dos filhos e netos, que moram longe do hospital, no interior do Estado, e diz sentir falta da namorada, que o tem visitado pouco, mas confessa que eventualmente faz comentários a seus familiares e entes queridos que não precisariam se dar ao trabalho de visitá-lo, pois entende que são muito ocupados e procura poupá-los de um suposto desgaste do deslocamento até o hospital.

Nessas situações, o psicólogo pode ajudar o paciente a refletir sobre a forma como ele se comunica com a família e a desenvolver com ele formas assertivas e afetivas para pedir ajuda ou agradecer pelas visitas. Esse cuidado se dá por já existir evidências suficientes que sustentem a ideia de que as visitas familiares fazem bem a estes e ao paciente. Intervenções da equipe focadas no paciente e na família podem resultar em menor tempo de internação na UTI, com melhores desfechos (Goldfarb et al., 2017). Além disso, o contato da equipe com a família é positivo também para seus membros, que gostam de ter suas dúvidas tiradas e, principalmente, sentem-se bem ao perceber a disponibilidade e dedicação da equipe ao cuidar de seu ente querido, com respeito e como uma pessoa por inteiro com suas especificidades (Noome et al., 2016). Assim, com relação a Quirino, a partir de um comentário feito sobre as visitas familiares, o psicólogo pôde abordar os pensamentos negativos que ele tinha sobre ele e a família a fim de aproximá-los visando a uma melhor qualidade de vida e bem-estar durante a internação.

Psicólogo: Quirino, você falou que comentou com seus familiares que não precisavam vir te ver.

Quirino: Foi, falei.

Psicólogo: Eu fiquei pensando que motivos você teria pra fazer isso se sempre você fala que gosta muito deles, principalmente dos seus filhos e netos.

Quirino: Ah, já estou velho, né? Eles são muito ocupados, têm muito o que fazer. Não quero dar trabalho não.

Psicólogo: Algum deles chegou a falar algo?

Quirino: Não, eu é que fico pensando que estou dando trabalho. Na verdade, eles sempre falam que querem me ver, mas eu que fico dizendo que não precisa.

Psicólogo: Se algum dos seus netos que moram no interior do estado estivesse internado aqui, o que o senhor acha que faria?

Quirino: Acho que eu visitaria ele. Levar uma palavra de conforto.

Psicólogo: Será que eles também não pensam o mesmo com você aqui?

Quirino: Não sei... Pode ser que sim...

Psicólogo: O senhor tem falado com eles?

Quirino: Sim...

Psicólogo: E como eles estão?

Quirino: Morrendo de saudades que nem eu. E muito preocupados comigo.

Psicólogo: Eu fico pensando se talvez eles não queiram dar uma palavra de conforto, assim como o senhor disse que faria por eles. Ou se eles também não se sentiriam melhores se te vissem conversando como está fazendo comigo agora. Faz algum sentido isso que eu estou falando?

Quirino: Faz sim... Talvez eles até fiquem felizes em me ver, mas não aparecem de tanto que falo que não precisa.

Psicólogo: Será que valeria a pena tentar não negar quando eles falassem que querem vir? Ou até fazer um convite já que você também gostaria de vê-los?

O atendimento prosseguiu com paciente e psicólogo discutindo sobre a necessidade que os familiares tinham de vê-lo e não somente a necessidade dele. A ideia era flexibilizar os pensamentos sobre a visita familiar. No atendimento seguinte, ele disse que havia falado para a filha que queria ver seus netos. Ficou feliz, pois recebeu a visita no final de semana seguinte, e aquilo havia feito bem a ele. Pensou que talvez ainda tinha muito a viver e fazer pelos netos. Depois conseguiu falar com outras pessoas, e diz já não mais recusar contato com familiares que pediam para visitá-lo. Esse tipo de abordagem, no entanto, só foi possível porque desde as primeiras entrevistas era perceptível a boa relação do paciente com seus familiares e a compreensão de que ele acreditava que, por conta da idade, talvez já não tivesse valor. Ao longo dos diálogos, era evidente o desejo de receber visitas e a vergonha de fazer pedidos ou aceitar as manifestações de interesse. No diálogo acima, a pergunta sobre os motivos para não receber visitas procurava checar se havia outras razões e confirmar as impressões do psicólogo. Em geral, a família é percebida de maneira positiva pelos pacientes, estando associada a conforto e alegria, ajudando a manter a esperança de recuperação.

Infelizmente, para alguns pacientes, receber visitas familiares pode ser cansativo por conta do próprio desgaste da enfermidade ou mesmo de conflitos na família. Assim, apesar dos pontos positivos que a família soma à recuperação do paciente, o psicólogo precisa estar atento a possíveis conflitos, visto que a própria hospitalização pode trazer à tona antigas ou atuais tensões familiares. Na maioria das vezes não costuma ser possível resolvê-los a partir de atendimentos na UTI, mas é possível evitar que afetem negativamente o ambiente, cuidando para que o contato, quando ocorra, seja o mais positivo possível para ambas as partes. Uma vez verificado o conflito, no entanto, é importante que o psicólogo avalie se é necessária alguma intervenção ou sugira acompanhamento psicológico.

Quanto às intervenções realizadas, muitas vezes a própria família também necessita de atenção do psicólogo. Geralmente a maneira como cada um vivencia o episódio está relacionada a aspectos próprios de sua personalidade e de sua história, principalmente relacionada ao ente internado. Porém, de maneira geral, ainda que a UTI seja uma questão de segurança para o paciente, a família muitas vezes a percebe como um local frio e pouco acolhedor, marcado pelo estigma da luta entre a vida e morte, principalmente ao ver o paciente em coma, sedado ou com dificuldade de comunicação. Muitos familiares se queixam também pela dificuldade de acesso ao paciente, o que reflete em mais estresse, ansiedade e depressão, além de menor satisfação com a assistência prestada ao paciente (Costa et al., 2010; Soares, 2007).

Além da própria enfermidade do paciente, a distância é por si um elemento estressante, pois, além da condição clínica preocupante, há uma quebra do cotidiano familiar (Costa et al., 2010; Urizzi & Corrêa, 2007). Alguns familiares nessa situação, principalmente de pacientes mais graves, podem apresentar sintomas de ansiedade e depressão muitas vezes relacionadas ao recebimento de informações incompletas ou contraditórias, pela culpa de ter tomado uma má decisão ou pela necessidade de tomar decisões em situações críticas ou de fim da vida (Lautrette & Azoulay, 2010).

Muitos sofrem ainda pela necessidade de se comunicar com os parentes ou de obter informações, buscando incessantemente dados em falas da equipe, tentando perceber da melhor forma o tratamento prestado. Nesse contexto, é importante que estejamos atentos para que os familiares recebam informações adequadas sobre a situação do paciente. Assim, é importante que a equipe cuide da relação e da comunicação com a família (Lautrette & Azoulay, 2010). Ao psicólogo é possível também realizar atendimentos individuais, grupais, antes ou depois das visitas ao paciente, ou mesmo elaborar panfletos com informações gerais sobre o setor, desmistificando medos comuns.

Outros cuidados que são necessários ter com a família incluem ajudá-la a participar na medida do possível do processo, permitir que expresse seus medos e preocupações, fazer que seus membros sintam que não estão sós e esclarecer para eles que é positivo o enfermo sentir que é importante para aqueles que ama, que suas ideias e sugestões continuam válidos. É importante ainda compreender que o choro ou o silêncio dos pacientes podem ser necessários. É positivo ainda assegurar que tudo o que está ao alcance da equipe será feito para ajudar o paciente (Martín et al., 2014).

Além disso, o psicólogo deve facilitar e estimular a comunicação com o paciente e a equipe, auxiliando também no manejo de ansiedade e nas estratégias para lidar com a situação. Pode aproveitar para colher informações quem ajude a equipe a lidar melhor com o paciente, além de, se necessário, conduzir um trabalho terapêutico para o luto (Silva et al., 2015). A necessidade desse tipo de intervenção, por sua vez, demanda dos hospitais um planejamento da estrutura física e do funcionamento de maneira a permitir a presença e a colaboração dos familiares. Isso significa pensar em salas de estar, horários claros, serviços de atendimento e informação, atendimento aos familiares (Martín et al., 2014).

A integração entre equipe, família e paciente pode ser um importante aliado aos cuidados do paciente, na medida em que promove o bem-estar deste e daqueles a seu redor. No entanto, essa integração exige uma postura favorável da equipe, que por sua vez também lida com dificuldades próprias de sua realidade.

A família também merece atenção na UTI. O psicólogo pode auxiliá-la a participar do processo, acolher seu sofrimento e intervir para que ela tenha uma boa relação com a equipe de saúde.

CONTATO E COMUNICAÇÃO DO PACIENTE COM A EQUIPE

Como já mencionado, o paciente muitas vezes vivencia um sentimento de desamparo em situações como a internação na UTI, fazendo com que solicitem a presença constantemente da equipe. Em nossa prática, observamos ser muito positivo para o paciente perceber que a equipe presta com dedicação os cuidados a ele e a seus familiares. Costuma reconhecer e fazer elogios. Por outro lado, observamos que alguns pacientes reconhecem o estresse da equipe e sentem receio de incomodá-la, ainda que seja uma ajuda que possa lhes dar mais conforto ou alívio, mas que julguem desnecessária, como aumentar ou diminuir a temperatura ou iluminação do ambiente ou pegar um objeto (Oliveira, 2011).

Outros pacientes, como Quirino, até elogiam a equipe, mas gostariam de poder conversar um pouco com seus membros, o que nem sempre é possível diante da atribulada rotina do setor. O profissional de saúde nessa situação sente-se pressionado, principalmente quando precisa lidar com situações e notícias difíceis. Na cultura latina, tem de lidar ainda com a pressão familiar para que "poupe" o paciente de determinadas informações. A falta de comunicação, por sua vez, gera distanciamento e alienação do paciente, privando-o do protagonismo em um importante momento de sua vida, ainda mais se for uma situação de finitude (Gaspar & Martins, 2006). Assim, vemos a equipe com outras questões que vão além do cuidado técnico com o paciente. Lidam com familiares e pacientes ávidos por informações, em intensa angústia. Sabem muitas vezes da importância desse contato, mas nem sempre têm condições de tempo ou mesmo psicológicas para lidar com essas situações. Com isso, acabam por dar somente explicações compreensíveis por profissionais e fazer descrições técnicas dos procedimentos, que podem ser entendidos como um possível mecanismo protetivo diante da ansiedade e da tensão, ou ainda que possam ser a estratégia possível perante a diversas tarefas que têm de desempenhar, que envolvem cuidados de higiene, hidratação, medicação e diversas rotinas e inesperadas intercorrências (Oliveira, 2015).

Tais dificuldades no contato com a equipe são reconhecidas, principalmente quanto ao desconforto perante a angústia em comunicar notícias difíceis a familiares e à importância destes para a humanização da UTI. Nessas circunstâncias, é importante o investimento na capacitação profissional para comunicar-se melhor e compreender as atitudes de familiares e pacientes (Oliveira, 2011).

Além dos aspectos psicológicos envolvidos, essa comunicação, apesar de difícil, é necessária para que a equipe possa comunicar diagnósticos, discutir preferências do paciente, planejamento e objetivos terapêuticos, tomadas de decisões e discussão de critérios para perceber se os objetivos foram alcançados (Lautrette & Azoulay, 2010). A boa comunicação melhora também a adaptação do paciente, aumenta a adesão ao tratamento e resulta em maior satisfação com os cuidados recebidos. Ela afeta positivamente também a equipe, uma vez que boas habilidades de comunicação estão associadas a menos estresse, menos sintomas de *burnout* e menos reclamações por negligência (Back et al., 2009).

Nesse processo, o psicólogo pode auxiliar a equipe orientando sobre aspectos psicológicos de pacientes e familiares e quais as melhores estratégias de interação em cada caso, auxiliando ainda no desenvolvimento de condutas humanizadas, manejo do estresse profissional e interação interdisciplinar (Silva, et al., 2015). Com relação à interdisciplinaridade, é preciso que ela seja enfatizada e promovida para que o paciente seja compreendido de maneira integral, o que ajuda tanto na forma como o paciente percebe o tratamento como na compreensão da equipe e tomadas de decisões (Martín et al., 2014).

Por outro lado, as equipes de saúde também estão em contato com muito sofrimento e estresse (ver capítulo "Sofrimento psíquico de profissionais de saúde do hospital"), e a preocupação com a comunicação pode ser uma nova fonte de estresse se não for cuidadosamente apresentada à equipe como uma aliada ao bom clima no setor. Em especial as equipes das unidades de terapia intensiva estão sob forte estresse psicológico, por conta das constantes situações de emergência, tomadas de decisões difíceis, ambiente ruidoso, contato frequente com a morte e inúmeros dilemas éticos decorrentes desse contexto.

O trabalho em UTI mostra-se como uma atividade que tende a despertar o interesse de muitos profissionais, mas que acabam encontrando uma realidade com elevado grau de exigências e responsabilidades, que muitas vezes os sobrecarregam. É muito comum a presença de elevado desgaste físico e emocional devido à longa jornada de trabalho e à sobrecarga de tarefas. Muitos profissionais acabam fazendo dupla jornada para aumentar a renda, o que prejudica ainda mais sua qualidade de vida e acarreta uma elevada rotatividade no setor. Há ainda dificuldades com a hierarquia e a tomada de decisões, somadas ao medo de não dar conta, de errar, o que, aliado à cobrança por dinamismo e organização, gera uma intensa sobrecarga emocional (Oliveira, 2011).

Existem ainda os dilemas éticos e desafios em face das frustrações do paciente e familiares diante do agravamento ou mesmo da possibilidade de morte. O prognóstico de pacientes graves é sempre mais difícil para equipe, paciente e familiares, envolvendo perguntas sobre tempo de vida, sobre comunicar a notícia a outros familiares que moram distante e tantas outras perguntas sem respostas definidas (Brito, 2006).

Geralmente, em nossa experiência, a equipe é bem-vista e seu trabalho é reconhecido pelo paciente. Muitos dos problemas que ocorrem devem-se a dificuldades da realidade de cada uma das partes envolvidas: de um lado, o paciente, desamparado e angustiado, solicitando atenção; de outro, a equipe sobrecarregada com muitas tarefas e responsabilidades, e outras dificuldades de seu contexto profissional.

CONSIDERAÇÕES FINAIS

A UTI é um local que desperta medo em muitos pacientes. Em nossa prática, observamos que, diante da notícia de que irá para esse setor, o paciente geralmente entra em contato com o medo da morte. Botega (2002) destaca que a percepção que o sujeito tem de sua enfermidade e procedimentos médicos costuma interferir na forma como ele lida com o tratamento e a recuperação. Diante dessa realidade, é importante que as intervenções psicológicas a respeito da UTI comecem logo nos primeiros momentos do paciente nesse setor ou mesmo antes de seu ingresso do paciente. A própria equipe de saúde pode dar esclarecimentos, procurando acalmá-los a partir de expectativas mais adequadas.

Em nossa prática clínica, muitos pacientes relatam tédio e monotonia na rotina. Em muitos hospitais não é comum a presença de televisores, e, por questões de biossegurança, revistas, livros e *smartphones* são pouco vistos nesses ambientes. Algumas instituições, por sua vez, não restringem o contato dos pacientes com alguns de seus objetos pessoais, mas muitos deles têm medo de perdê-los e acabam não os levando. Nessas circunstâncias, uma estratégia muito comum dos pacientes é tentar o diálogo com a equipe, como uma forma de distrair-se e tolerar sua situação. Quirino dizia sempre conversar com as enfermeiras para se distrair e esquecer um pouco dos problemas. Outros pacientes em nossa prática clínica referem atividades religiosas ou espirituais como orações e meditações para passar o tempo e lidar com a situação. Quanto à dimensão religiosa, esta se mostra intimamente relacionada à forma como cada um vivencia sua experiência, tanto pelo aspecto negativo, por entender a passagem pela UTI como um castigo ou provação, quanto pelo aspecto positivo, por entendê-la como um momento de aprendizado e amadurecimento (Oliveira, 2011). Isso nos faz refletir sobre a cautela que o psicólogo deve ter ao entrar em contato com a religiosidade, evitando tomá-la de antemão como um recurso ou um elemento perturbador. O mais importante a avaliar é de que maneira o paciente vivencia e entende sua religião e de que forma isso afeta a experiência subjetiva diante da UTI, da morte e de outras importantes questões na vida daquela pessoa (ver o capítulo "*Coping* religioso-espiritual em pacientes hospitalizados").

Outro aspecto que merece atenção durante a avaliação diz respeito à idade. A idade avançada e internações anteriores parecem estar relacionadas a uma relação mais tranquila com situações de enfermidade e contato com a própria finitude. Bee (2010) destaca que geralmente os idosos temem menos a morte que adultos, principalmente quando comparado a adultos de meia-idade. Diante do adoecimento, pacientes mais novos e adolescentes podem apresentar com mais frequência sentimentos negativos de solidão, tristeza, preocupações com a interrupção dos estudos e com sua autoimagem (Oliveira & Rodrigues, 2018).

Se, por um lado, a morte e o medo do sofrimento é um tema constante, por outro, adverte Kübler-Ross (1997), muitas vezes ocorre uma "coisificação" do paciente, tanto pelos cuidados exigidos quanto pelas próprias dificuldades pessoais dos profissionais em lidar com situações limítrofes. Nesse sentido, convém advertir psicólogos e profissionais de saúde a fim de que cuidem para que esse sujeito se mantenha protagonista de sua história, pois na UTI, diante da urgência e emergência dos quadros clínicos, essa é uma consequência muito comum. Nela, o paciente, fica despido e afastado de seu meio social e dos sinais e referências que o identificam como sujeito de sua história (Ribeiro & Leal, 2011).

É importante ter em mente que as intervenções psicológicas visam aliviar o sofrimento do paciente e familiares e principalmente escutar o paciente, para que ele seja o protagonista de seu processo. Ao redor do mundo, tem aumentado a tendência de substituir modelos paternalistas de cuidado, em que o paciente é protegido e fica alheio a importantes decisões, por modelos mais colaborativos. Ou seja, a equipe entende que, se o paciente compreende as informações relevantes de sua internação, pode pesar benefícios e perdas e ser capaz de tomar decisões sobre seu processo junto com a equipe (Lautrette et al., 2010).

Há situações, no entanto, em que o paciente tem dificuldades ou fica impossibilitado de se comunicar, e isso pode prejudicar sua autonomia. Diante dessas situações, existem diversos recursos, desde o uso de pranchas de imagens e palavras que servem de guias à combinação de gestos ao uso de caneta e papel para comunicação por escrito. Há também pacientes em coma e situações de morte, cujos familiares podem se beneficiar do apoio psicológico.

De maneira geral, a UTI é um ambiente que, por sua natureza, pode desencadear sofrimento psicológico e transtornos psiquiátricos. O paciente entra em contato frequente com a morte, seja o medo da sua própria ou do que presencia nos leitos próximos, fica afastado dos familiares e se relaciona com diversas questões importantes da sua vida. Pode ser um evento traumático, mas pode também ser uma oportunidade para ressignificar a vida. Quirino, paciente idoso, ao fim de sua segunda internação, estava exausto, passou por momentos de solidão, tristeza e desamparo, mas afirmava que sempre era possível aprender algo novo e produtivo para vida. Nem todos os pacientes apresentam esse tipo de postura na UTI, mas cabe ao psicólogo auxiliá-los a lidar com sua internação, mantendo sua a esperança quando é possível, ou sendo empático e estando presente, quando a morte passa a ser uma realidade próxima.

REFERÊNCIAS

1. Ariés P. História da morte no Ocidente: da Idade Média aos nossos dias. Rio de Janeiro: Francisco Alves; 1977.
2. Back A, Arnold R, Tulsky J. Mastering communication with seriously ill patients: balancing honesty with empathy and hope. Cambridge: Cambridge University; 2009.
3. Baranger M. El narcisismo en Freud. In: Sandler J (org.). Estudio sobre "Introducción al Narcisismo" de Sigmund Freud. Madrid: Julian Yebenes; 1991.
4. Bee H. O ciclo vital. Porto Alegre: Artmed; 2010.
5. Botega NJ. Reação à doença e à hospitalização. In: Botega NJ. Prática psiquiátrica no hospital geral. Porto Alegre: Artmed; 2002.
6. Brito AE. Particularidades del enfermo grave. In: López AC (org.). Terapia intensiva. Havana: Editorial Ciencias Médicas; 2006. t. I. p. 11-8.
7. Cassorla RMS. Prefácio: esteja ao meu lado. In: Kovács MJ (org.). Educação para a morte: temas e reflexões. São Paulo: Casa do Psicólogo; 2003.
8. Costa JB, Felicetti CR, Costa CRLM, Miglioranza DC, Osaku EF, Versa, et al. Fatores estressantes para familiares de pacientes criticamente enfermos de uma unidade de terapia intensiva. Jornal Brasileiro de Psiquiatria. 2010;59(3):182-9.
9. Dalgalarrondo P. Psicopatologia e semiologia dos transtornos mentais. 2.ed. Porto Alegre: Artmed; 2008.
10. Devlin JW, Skrobik Y, Gélinas C, Needham DM, Slooter AJC, Pandharipande PP, et al. Clinical practice guidelines for the prevention and management of pain, agitation/sedation, delirium, immobility, and sleep disruption in adult patients in the ICU. Crit Care Med. 2018;46(9):825-73.
11. Freud S. Sobre o narcisismo: uma introdução. In: Edição eletrônica brasileira das obras psicológicas completas de Sigmund Freud. Rio de Janeiro: Imago; 1914.
12. Freud S. Psicologia das massas e análise do ego. In: Edição eletrônica brasileira das obras psicológicas completas de Sigmund Freud. Rio de Janeiro: Imago; 1921.
13. Freud S. O humor. In: Edição eletrônica brasileira das obras psicológicas completas de Sigmund Freud. Rio de Janeiro: Imago; 1927.
14. Gaspar AP, Martins MIM. Atención al paciente grave desde una perspectiva psicológica. In: López AC (org.). Terapia intensiva. Havana: Editorial Ciencias Médicas; 2006. t. I. p. 72-6.
15. Goldfarb MJ, Bibas L, Bartlett V, Jones H, Khan N. (2017). Outcomes of patient – and family – centered care interventions in the ICU. Crit Care Med. 2017;45(10):1751-61.
16. Green A. Narcisismo de vida e narcisismo de morte. São Paulo: Escuta; 1988.
17. Lasch C. A cultura do narcisismo. Rio de Janeiro: Imago; 1983.

18. Lautrette A, Azoulay É. Families of dying patients: an introduction to meeting their needs. In: Rocker G, Puntillo K, Azoulay É, Nelson J (orgs.). End of life care in the ICU. New York: Oxford University; 2010. p. 84-6.

19. Lautrette A, Azoulay É, Watt J, Souweine B. Decision-making for patients who lack capacity to decide: the surrogate in the ICU. In: Rocker G, Puntillo K, Azoulay É, Nelson J (orgs.). End of life care in the ICU. New York: Oxford University Press; 2010. p. 112-6.

20. Martín MPB, Albornoz PAC, Gutiérez JB, Sopena RB. Intervenção psicológica com pessoas na fase final da vida. In: Caballo VE (org.), Manual para o tratamento cognitivo-comportamental dos transtornos psicológicos da atualidade. São Paulo: Santos; 2014. p. 463-86.

21. Noome M, Dijkstra BM, van Leeuwen E, Vloet LCM. Exploring family experiences of nursing aspects of end-of-life care in the ICU: a qualitative study. Intensive Crit Care Nurs. 2016;33:56-64.

22. Oliveira WL. Investigação psicológica de pacientes em unidade de terapia intensiva. São Paulo: Universidade de São Paulo; 2011.

23. Oliveira WL. Produção de sentido na prática profissional de auxiliares e técnicos de enfermagem [Tese]. São Paulo: Universidade de São Paulo; 2015.

24. Oliveira WL, Rodrigues AL. O adolescente enfermo: uma perspectiva da psicologia da saúde. In: Silva JP, Faro A, Cerqueira-Santos E (orgs.). Psicologia e adolescência: gênero, violência e saúde. Curitiba: CRV; 2018. p. 251-74.

25. Pisani MA, Friese RS, Gehlbach BK, Schwab RJ, Weinhouse GL, Jones SF. (2015). Sleep in the intensive care unit. Am J Respir Crit Care Med. 2015;91(7):731-8.

26. Ribeiro IDF, Leal SF. A atuação do psicólogo junto do paciente crítico, seus familiares e equipe de saúde. In: Figueiras MST, Rodrigues FD, Benfica TMS (orgs.). Psicologia hospitalar e da saúde: consolidando práticas e saberes na residência. Petrópolis: Vozes; 2011. p. 79-93.

27. Romano BW. Princípios para a prática da psicologia clínica em hospitais. São Paulo: Casa do Psicólogo; 1999.

28. Sharovsky L, Romano WB, Rodrigues AL. Adoeci: onde foi que eu errei? Anais do II Congresso Luso-Brasileiro de Psicologia da Saúde, I Congresso Ibero-Americano de Psicologia da Saúde (CD-Rom). São Bernardo do Campo: Universidade Metodista de São Paulo; 2011.

29. Silva APC, Filho AB, Gorayeb R. Atuação do psicólogo em centros de terapia intensiva para adultos. In: Gorayeb R (org.). A prática da psicologia no ambiente hospitalar. Novo Hamburgo: Sinopsys; 2015. p.369-400.

30. Soares M. Cuidando da família de pacientes em situação de terminalidade internados na unidade de terapia intensiva. Rev Bras Ter Intens. 2007;19(4):481-4.

31. Urizzi F, Corrêa AK. Vivências de familiares em terapia intensiva: o outro lado da internação. Revista Latino-Americana de Enfermagem. 2007;15(4).

32. Zimmerman PR, Bertuol CS. O paciente na UTI. In: Botega NJ (org.). Prática psiquiátrica no hospital geral. Porto Alegre: Artmed; 2002.

As repercussões psíquicas do adoecimento crônico na infância e na adolescência: o diabetes tipo 1

27

Tatiana Cristina Vidotti
Elisa Maria Parahyba Campos

INTRODUÇÃO

A clínica com crianças e adolescentes portadores de doenças crônicas traz aos profissionais que atuam nessa área diversas questões. Dentre elas, destacam-se o impacto do diagnóstico e como são afetados os diversos aspectos dessa população, assim como as mudanças na organização familiar e os lugares que a criança ou adolescente passam a ocupar nos ambientes sociais (Malerbi et al., 2012; Vidotti, 2016). Este capítulo se propõe a discutir as repercussões psíquicas relacionadas ao adoecimento crônico na infância e adolescência, a partir da experiência clínica em um ambulatório de diabetes, inserido em uma instituição pediátrica da rede pública de saúde. Entre tais repercussões, serão discutidos aspectos relacionados ao recebimento do diagnóstico, à adaptação à condição de diabético, ao tratamento e ao atravessamento da doença nesse período da vida. Também, por meio de um caso clínico, serão discutidos possíveis manejos e intervenções. A discussão será realizada à luz da abordagem sociopsicossomática, que visa à construção de saberes sobre a experiência do adoecimento humano por meio de um diálogo entre o campo biomédico e o das ciências humanas (Rodrigues et al., 2010), neste caso, representado pela psicanálise.

Gutierrez (2002) propõe uma reflexão acerca do impacto das doenças infantis crônicas sob o ponto de vista dos pacientes, da família e da equipe de saúde. A autora elenca situações e atitudes que podem se repetir nas situações de adoecimento crônico infantil. Segundo ela, do lado dos pais, são comuns atitudes de superproteção, ansiedade ou dificuldade na aceitação da nova condição dos filhos e sentimentos de impotência e culpa. Do lado das crianças, pode-se encontrar fixação em uma posição de dependência em relação aos pais, rebeldia ou oposição às intervenções médicas. Já na adolescência, segundo Silva e Leal (2002), a subordinação a medicações, restrições alimentares e de mobilidade são especialmente penosas, pois é comum que sejam tomadas como agressões à liberdade e à independência, evidenciando a diferença em relação aos pares. Por outro lado, o adoecimento na infância também pode provocar impactos na equipe de saúde, tais como angústias, sentimentos de impotência e dificuldade no manejo das situações de não adesão ao tratamento, especialmente diante de casos complexos, em que aspectos psíquicos, sociais, familiares ou econômicos podem afetar o cuidado da doença e a qualidade de vida.

É importante refletir sobre impacto das doenças infantis crônicas nos pacientes, na família e na equipe de saúde.

Rabello e Saccani (2012) propõem que o diagnóstico de uma doença crônica produz diferentes repercussões psíquicas de acordo com a idade e o momento do desenvolvimento em que ele é realizado. Diante de tais repercussões, dar um lugar ao adoecimento na economia psíquica, por meio de processos de subjetivação, e ressignificar as expectativas e ideais de uma vida saudável são maneiras de lidar com o sofrimento psíquico que o diagnóstico pode produzir. Segundo Rabello e Saccani (2012), quando o diagnóstico de uma doença crônica é realizado no início da vida, há efeitos tanto na subjetividade dos pais quanto na do bebê. Os pais são convocados a ressignificar a imagem e as expectativas construídas para aquele bebê, ao mesmo tempo que todo o processo de constituição psíquica deste e da relação com os pais poderá ser marcado por esse evento. Já na infância, na fase em que se iniciam as exigências sociais, como a ida à escola, a criança doente, ao receber tal estatuto, pode encontrar mudanças no que é esperado dela e a doença ser tomada como justificativa para suas dificuldades. Apesar disso, as autoras destacam que sempre há uma resposta da criança diante daquilo que lhe é apresentado, inclusive o adoecimento, a partir de sua posição subjetiva e que influenciará na maneira como cada uma lidará com esse evento. Portanto, é importante que a criança, mesmo doente, seja tomada como um sujeito que tem participação em suas manifestações e não apenas que estas sejam um efeito do adoecimento.

Dar um lugar ao adoecimento na economia psíquica, por meio de processos de subjetivação, e ressignificar as expectativas e ideais de uma vida saudável são maneiras de lidar com o sofrimento psíquico que o diagnóstico pode produzir.

Por fim, na adolescência, as autoras apontam que há uma diferença na resposta subjetiva quando comparada à infância, pois é nessa fase que os sujeitos são convocados a se reposicionar em relação aos pais, às identificações e exigências sociais. Dessa forma, além das operações do adolescer, que incluem um trabalho de luto para que outras configurações dos investimentos do sujeito possam emergir, Rabello e Saccani (2012) inferem que, na situação de adoecimento na adolescência, "as perdas da capacidade física e de um lugar social e a ressignificação do lugar na estrutura familiar também devem receber algum outro ou até mesmo um novo sentido" (p. 314).

SITUAÇÃO CLÍNICA

Bruna[1] foi encaminhada ao ambulatório de psicologia da instituição após uma internação que durou cerca de três meses, motivada por fortes dores nos membros inferiores, vômitos e uma importante descompensação diabética. Com 16 anos nesse momento, a adolescente recebera o diagnóstico de DM tipo 1 (DM1) por volta dos 11 anos, e desde então apresentava não adesão ao tratamento, apesar das poucas descompensações graves até ali. Durante a internação, foram realizados diversos exames e avaliações, quando foram identificadas uma neuropatia[2] e uma gastroparesia,[3] possíveis efeitos das dificuldades com a adesão ao tratamento. Apesar dos diagnósticos e das intervenções, as dores nas pernas não diminuíam, ao contrário dos vômitos, que passaram a ser esporádicos. Em função do tratamento refratário dessas condições, a equipe médica fez uma suposição de que haveria aspectos psíquicos a serem tratados nesse caso e realizaram um encaminhamento para a equipe de psicologia.

No primeiro encontro com a analista, Bruna solicitou que sua mãe esperasse na sala de espera enquanto seu atendimento acontecia. Chorava muito, queixando-se de dores muito fortes, que dificultavam o cumprimento de suas atividades diárias. Havia vários meses que não ia à escola e às aulas de dança, atividades de que gostava muito. Nas poucas palavras que conseguia dizer, descreveu as dores da seguinte maneira: "parece que recebo picadas pelas pernas o tempo inteiro. Nem morfina faz passar. Quando minha mãe faz massagens, às vezes passa".

Iniciou-se, assim, o tratamento psíquico dessa adolescente, com encontros que variavam de 2 a 3 vezes na semana. Bruna estabeleceu um bom vínculo com a analista, assim como sua mãe, e ambas recorrentemente pediam explicações sobre o que estava acontecendo. Os choros e queixas de dores diminuíram, ao passo que falar sobre si e sobre sua história se tornou o *principal conteúdo das sessões*.

Era a terceira de quatro irmãs, das quais falava com muita frequência. Os pais se separaram quando ela tinha em torno de 8 anos, quando sua mãe se casou novamente e logo teve a quarta filha. Referia-se à separação dos pais como traumática, em função de um afastamento inicial do pai, com quem tinha uma relação bastante consolidada. Lembrou-se de que desde pequena, quando ficava triste, vomitava, e associou que o diabetes havia surgido após a separação dos pais.

A hipótese construída que orientava a direção desse tratamento era a de que aquilo que ocorria no corpo era o correspondente somático daquilo que ocorre nos processos mentais, e o sofrimento psíquico expressava dificuldades ou tensões em face de eventos de vida (os conflitos familiares, a separação dos pais, o diagnóstico de diabetes) e dos quais havia pouca elaboração simbólica. Inicialmente, Bruna apenas relatava tais eventos, às vezes se emocionava e, com as intervenções psicológicas, produzia relações que possibilita-

---

1   Nome fictício para preservar a identidade da paciente.

2   Condição que afeta os nervos periféricos, interferindo na transmissão das informações cerebrais e medulares para o resto do corpo, o que produz dor, fraqueza muscular, dormência, entre outros sintomas.

3   Condição clínica caracterizada por um lento esvaziamento gástrico, sem que haja obstruções na região. Causa dores na região abdominal, náusea, vômito, entre outros.

vam uma subjetivação de seu sofrimento, o que dispensava a expressão deste através do corpo, via dores e vômitos. Em uma sessão, ao relatar o encontro com uma das irmãs que, após um conflito, saíra de casa, seguiu-se o seguinte diálogo:

Bruna: Vi minha irmã na rua. Ela foi muito ignorante, ficou me xingando.
Analista: E o que aconteceu?
Bruna: Sei lá. Ela já veio na ignorância. Até passei mal quando cheguei em casa.
Analista: Como assim?
Bruna: Vomitei, ué.
Analista: Ué. Por quê?
Bruna: É... por quê?
Analista: Como foi encontrar sua irmã?
Bruna: Foi ruim. Ela estava muito ignorante. Nem falou comigo direito. E eu também não falei nada. Acho que fiquei chateada, mas não falei nada pra ela e nem pra ninguém. Aí vomitei. Porque é assim: fico triste ou chateada com alguma coisa, não falo o que sinto e vem a dor ou o vômito, igual quando eu era pequena.

Seriam as dores, sentidas como "picadas" uma referência à condição de diabética, em função das constantes aplicações de insulina? E os vômitos, poderiam se relacionar com aquilo que não dizia? Sustentamos que os sintomas eram um concomitante orgânico da emoção, na medida em que eram representantes afetivos das situações vividas.

Ao mesmo tempo que essas ideias *foram* sendo construídas pela adolescente, *foram* ficando evidentes as dificuldades de Bruna e da família com o tratamento do DM1, sobre as quais não falavam com ninguém, pois pouco as reconheciam. Segundo a família, havia *um conhecimento sobre a doença* e o tratamento, e uma crença de que faziam tudo corretamente. Não entendiam as descompensações diabéticas, uma vez que seguiam suas próprias convicções. Outra via desse tratamento visava também, em parceria com o serviço social, à escuta da família, que apresentava uma condição importante de vulnerabilidade social. O manejo da não adesão ao tratamento incluía criar um espaço para acolhimento das queixas da adolescente e da família, bem como de encontrar uma possibilidade de cuidado que minimizasse os riscos que Bruna corria.

Ao longo do tratamento psíquico, foi possível certo ordenamento das questões de Bruna, relacionadas às repercussões do adoecimento e da maneira como lidava com as situações conflituosas. Diante de suas dificuldades em elaborar simbolicamente tais conflitos, uma tensão era produzida e expressada via corpo. Também contribuiu para que as dificuldades com a adesão ao tratamento fossem esclarecidas e tratadas por meio dos dispositivos institucionais. Além dos atendimentos médicos, a adolescente e sua família puderam contar com o campo psi e do serviço social, que contribuíram para estabelecer uma rede de cuidado para além dos limites da instituição hospitalar. As queixas de dores não mais apareceram e os vômitos passaram a se apresentar apenas em situações de crise, condição que sustentou o encaminhamento para continuidade de seu tratamento em outro espaço.

Discussão teórico-clínica

O DM é uma complexa doença metabólica caracterizada pela hiperglicemia crônica, causada por defeitos na secreção de insulina, ação da insulina ou ambos (Mayer-Davis et al., 2018). Dentre as diversas etiologias, dois tipos englobam a maioria dos casos: o tipo 1 ou autoimune e o tipo 2, relacionado a hábitos de vida. O DM1 é uma doença autoimune, que surge prioritariamente nas duas primeiras décadas de vida. Sua principal característica é a perda da capacidade do pâncreas de produzir insulina e a consequente dependência total de insulina exógena. Representa 5 a 10% dos casos de diabetes e 90% dos casos na infância e adolescência, aparecendo nos mais diversos países e entre diversas etnias (Mayer-Davis et al., 2018). É considerada uma doença crônica, pois tem duração prolongada e não apresenta perspectivas de cura até o momento.

O impacto do diagnóstico de DM1 e suas repercussões psíquicas e emocionais já foram alvo de diversas pesquisas. Pera (2012) destaca um estereótipo que associa o adoecimento crônico à velhice, por isso, quando ele aparece na infância e adolescência a reação, em geral, é de descrença. Segundo a autora, o diagnóstico de DM1 é acompanhado de uma intensa carga emocional, uma vez que se apresenta de forma inesperada, abrupta e com uma gravidade importante. Ela também sustenta que o impacto desse diagnóstico varia de acordo com a idade, como visto acima. Quando o diagnóstico acontece durante os primeiros anos de vida, as crianças podem enfrentar como problemas as situações do presente, tais como os exames e as picadas de insulina. Também podem perceber as repercussões emocionais na família, sentir-se culpados pelo sofrimento dos pais ou ainda interpretar o tratamento como um castigo. Além disso, podem se sentir diferentes dos pares nos ambientes sociais e escolares. Já na adolescência, Pera (2012) aponta que o impacto do DM1 pode ser maior, em função da incidência da doença nas construções da personalidade e da identidade. As diferenças com os pares se potencializam, o estigma do adoecimento pode afetar as identificações, assim como a imagem corporal, o que pode gerar problemas psicológicos, atitudes de passividade ou rebeldia.

Diferentemente da criança, cujos problemas podem se associar com as vivências do presentes, o adolescente se preocupa com o que perdeu com o adoecimento, por exemplo, a liberdade de comer o que quiser ou não precisar se lembrar de um remédio a cada refeição e com como o diabetes será incluído em sua vida futura.

São comuns, por exemplo, alguns questionamentos sobre se poderão seguir determinada profissão mesmo sendo diabéticos.

O diagnóstico de DM1 é acompanhado de uma intensa carga emocional, uma vez que se apresenta de forma inesperada, abrupta e com uma gravidade importante.

364 Psicologia da saúde hospitalar

Ainda, há diversas pesquisas sobre o impacto do diagnóstico de DM1 também em relação aos pais ou cuidadores, que corroboram os conteúdos apresentados nessa clínica e na escuta dessa população. São comuns as descrições desse impacto como choque, negação, raiva (Lorenzo et al., 2015) e a associação com altos níveis de estresse, ansiedade e depressão (Adal et al., 2015; Moghaddam et al., 2016; Wu et al., 2013), além do sentimento de culpa e do processo de luto (Moghaddam et al., 2016; Sand et al., 2017).

> São comuns as descrições desse impacto como choque, negação, raiva, associação com altos níveis de estresse, ansiedade e depressão, sentimento de culpa e do processo de luto.

Passado o momento inicial do impacto do diagnóstico, os pacientes e seus cuidadores embarcam pelos caminhos do tratamento. O tratamento do DM1 é bastante amplo e envolve: a *insulinoterapia*, definida pela administração da insulina subcutânea, com doses e dispositivos de aplicação variados e adequados a cada caso (Danne et al., 2018); o *monitoramento glicêmico*, definido como o acompanhamento diário dos níveis de glicemia capilar com o auxílio de um glicosímetro e avaliação periódica dos níveis de hemoglobina glicada, por meio de exames de sangue (DiMeglio et al., 2018); o *monitoramento nutricional*, definido por um planejamento alimentar baseado em uma dieta saudável, não restritiva, adequada às características culturais, familiares e sociais do paciente (Smart et al., 2018); a *prática de exercícios físicos*, relacionada com a dieta e as doses de insulina, a fim de evitar alterações bruscas nos níveis de glicemia (Adolfsson et al., 2018), e, por fim, as *atividades de educação em diabetes*, que oferecem informações e conhecimento acerca do DM1 (Phelan et al., 2018).

Verifica-se que diversos desses procedimentos passam a ser incluídos na rotina dos pacientes em função da doença, assim como as atividades como consultas médicas frequentes, realização de exames em curtos períodos de tempo, internações e mudanças nos hábitos cotidianos. Outros aspectos também podem ser atravessados por esse evento, como a frequência à escola e espaços sociais (família e amigos), o próprio desenvolvimento infantil ou puberal, os compromissos dos pais com a família e com os outros filhos. Encontrar uma mínima conciliação entre elas pode ser difícil para algumas famílias, gerando angústia e causando efeitos no tratamento realizado.

> Assim, observa-se que uma série de concessões é requerida aos pacientes diabéticos e seus cuidadores. Apesar dos avanços científicos que oferecem alternativas de tratamento mais eficazes, há uma marca simbólica produzida pelo adoecimento que costuma dividir a vida em antes e depois da doença. É comum o relato saudoso da condição anterior de "normal", "de poder comer de tudo" e "não ter que tomar insulina" seguido de um sentimento de tristeza por não ser mais assim.

Nesse sentido, sustentar que um paciente nessas condições terá uma vida "normal", desde que siga o tratamento médico, pode não ser muito efetivo para o enfrentamento da doença. Primeiro porque a própria noção de normalidade é bastante singular, e segundo porque há a inserção forçada de algumas ações que se relacionam exclusivamente com a doença, como a aplicação de insulina ou o monitoramento glicêmico. De certa maneira, a doença se presentifica em diversos momentos, e a invenção de um saber sobre ela e um fazer com ela, por meio da transformação psíquica da condição de castrado e impotente em uma condição criativa e possível, parece mais interessante.

> A doença se presentifica em diversos momentos, e a invenção de um saber sobre ela e um fazer com ela, por meio da transformação psíquica da condição de castrado e impotente em uma condição criativa e possível, parece mais interessante.

Dessa forma, podemos pensar que a doença crônica abarca não apenas as questões orgânicas, tratadas pelos médicos, mas diversas outras que envolvem os aspectos sociais, educacionais e subjetivos. Por isso a importância de pensar o tratamento de doenças crônicas a partir de equipes multiprofissionais que oferecerão assistência nesses âmbitos.

No caso de Bruna, a escuta analítica teve uma função para além do tratamento psíquico da adolescente. A partir dela, foi possível localizar pelo menos três vertentes que, indissociadas, estavam embaralhadas entre si, produzindo a complexidade do caso e os impasses da equipe. De um lado, havia o *DM1 e as dificuldades* com seu tratamento; de outro, o *sofrimento psíquico da adolescente*, além da *vulnerabilidade social* em que a família se encontrava. A localização dessas três vias possibilitou o manejo de cada uma delas, a partir dos múltiplos saberes que compunham a equipe de saúde.

O recebimento do diagnóstico de DM1 produziu nessa família diversas questões que, até o momento da internação, não haviam sido escutadas pela equipe de saúde. Uma das intervenções foi justamente criar condições para que essa família e especialmente a adolescente pudessem falar e ser escutadas, apostando na construção conjunta entre equipe e paciente de um tratamento possível para esse caso.

> Uma das intervenções foi justamente criar condições para que essa família e especialmente a adolescente pudessem falar e ser escutadas, apostando na construção conjunta entre equipe e paciente de um tratamento possível para esse caso.

CONSIDERAÇÕES FINAIS

Ao longo deste capítulo, ficou evidente a preocupação clínica e científica com as repercussões psíquicas de uma doença crônica, especificamente em relação ao DM1. Também foram demonstradas algumas possibilidades de atuação com pacientes e cuidadores, mas também com a equipe de saúde. Sustentar o tratamento de uma condição de adoecimento crônico, desde a infância, pode produzir angústias e incertezas em todos os envolvidos, a despeito dos protocolos e *guidelines* que orientam as condutas. Isso acontece porque há uma dimensão do cuidado em saúde que inclui a subjetividade e os modos particulares como cada um lida com seus conflitos e dificuldades (Moretto, 2001). A desconstrução dos ideais de realização do tratamento ou de aceitação da condição de adoecimento, que muitas vezes produzem rigidezes que impedem a escuta das limitações e possibilidades de cada caso, pode ser uma importante intervenção a ser sustentada (Vidotti & Rodrigues, 2018). Dessa forma, a aposta na relação de parceria entre o paciente, seus cuidadores e a equipe de saúde tem grande potência, uma vez que esse encontro pode promover tanto o cuidado com a doença quanto o acolhimento e tratamento das diversas outras questões.

> A desconstrução dos ideais de realização do tratamento ou de aceitação da condição de adoecimento, que muitas vezes produzem rigidezes que impedem a escuta das limitações e possibilidade de cada caso, pode ser uma importante intervenção a ser sustentada em uma equipe.

REFERÊNCIAS

1. Adal E, Önal Z, Ersen A, Yalçın K, Önal H, Aydın A. Recognizing the psychosocial aspects of type 1 diabetes in adolescents. JCRPE. 2015;7(1):57-62.
2. Adolfsson P, Riddell MC, Taplin CE, Davis EA, Fournier PA, Annan F, et al. ISPAD Clinical Practice Consensus Guidelines 2018: exercise in children and adolescents with diabetes. Pediatr Diabetes. 2018;19(27):205-26.
3. Campos EMP, Rodrigues AL. Mecanismo de formação dos sintomas em psicossomática. Mudanças – Psicologia da Saúde. 2005;13(2):290-308.
4. Danne T, Phillip M, Buckingham BA, Jarosz-Chobot P, Saboo B, Urakami T, Codner E et al. ISPAD Clinical Practice Consensus Guidelines 2018: insulin treatment in children and adolescents with diabetes. Pediatric Diabetes. 2018;19(27):115-35.
5. DiMeglio LA, Acerini CL, Codner E, Craig ME, Hofer SE, Pillay K et al. ISPAD Clinical Practice Consensus Guidelines 2018: glycemic control targets and glucose monitoring for children, adolescents, and young adults with diabetes. Pediatric Diabetes. 2018;19(27):105-14.
6. Gutierrez PL. Doenças crônicas na infância. In: Costa Vaz F, Marcondes E, Okay Y, Ramos J (eds.). Pediatria básica. 9.ed. São Paulo: Sarvier; 2002. p.788-90.
7. Isla Pera MP. Repercusiones de la diabetes en el niño y el adolescente. Revista Rol de Enfermería. 2012;35(6):434-9. Disponível em: http://diposit.ub.edu/dspace/handle/2445/60663.
8. Lorenzo AB, Yzquierdo GCC, Gort NB, Castells AL. Repercusión y tratamiento de los aspectos psicosociales de la diabetes mellitus tipo 1 en adolescentes. Revista Cubana de Pediatría. 2015;87(1):92-101. Disponível em: http://scielo.sld.cu.
9. Malerbi FE, Negrato C, Gomes MB. Assessment of psychosocial variables by parents of youth with type 1 diabetes mellitus. Diabetology & Metabolic Syndrome. 2012;4(1):48.
10. Mayer-Davis EJ, Kahkoska AR, Jefferies C, Dabelea D, Balde N, Gong CX et al. ISPAD Clinical Practice Consensus Guidelines 2018: definition, epidemiology, and classification of diabetes in children and adolescents. Pediatr Diabetes. 2018;19(27):7-19.
11. Moghaddam MN, Teimouri A, Noori NM. Evaluation of stress, anxiety and depression in parents with a child newly diagnosed with diabetes type I. Int J Pediatr. 2016;4(35):3741-9.
12. Moretto MLT. O que pode um analista no hospital? São Paulo: Casa do Psicólogo; 2001.
13. Phelan H, Lange K, Cengiz E, Gallego P, Majaliwa E, Pelicand J et al. ISPAD Clinical Practice Consensus Guidelines 2018: diabetes education in children and adolescents. Pediatr Diabetes. 2018;19(27): 75-83.
14. Rabello AL, Saccani LP. Doenças crônicas e aspectos psíquicos no tratamento. In: Polanczyk GV, Lamberte MTMR (eds.). Psiquiatria da infância e adolescência. Barueri: Manole; 2012.

15. Rodrigues AL, Campos EMP, Pardini F. Mecanismo de formação dos sintomas em psicossomática. In: Spinelli R (org.). Introdução à psicossomática. São Paulo: Atheneu; 2010.

16. Sand P, Blom MD, Forsander G, Lundin CS. Family dynamics when a child becomes chronically ill: impact of type 1 diabetes onset in children and adolescents. Nordic Psychology. 2017;(2276)1-18.

17. Silva LEV, Leal MM. Adolescência. In: Vaz FC, Marcondes E, Okay Y, Ramos J (eds.). Pediatria básica. 9.ed. São Paulo: Sarvier; 2002. p. 677-82.

18. Smart CE, Annan F, Higgins LA, Jelleryd E, Lopez M, Acerini CL. ISPAD Clinical Practice Consensus Guidelines 2018: nutritional management in children and adolescents with diabetes. Pediatric Diabetes. 2018;19(27):136-54.

19. Vidotti TC. Conduzindo o paciente com doença crônica. In: Barros VFR (ed.). A saúde mental na atenção à criança e ao adolescente: os desafios da prática pediátrica. São Paulo: Atheneu; 2016. p. 315-20.

20. Vidotti TC, Rodrigues EMPC. O lugar do psicanalista em uma equipe multiprofissional no tratamento do diabetes tipo 1. In: Faria MR (ed.). O psicanalista na instituição, na clínica, no laço social. São Paulo: Toro; 2018. v. 2, p. 63-9.

21. Wu YP, Hilliard ME, Rausch J, Dolan LM, Hood KK. Family involvement with the diabetes regimen in young people: the role of adolescent depressive symptoms. Diabetic Med. 2013;30(5):596-602.

28 Desamparo em complicações pós-operatórias: um olhar psicanalítico

Maria Angélica Pereira do Prado
Avelino Luiz Rodrigues

INTRODUÇÃO

Estamos inseridos em uma sociedade cada vez mais complexa, e, concomitantemente, a evolução do conhecimento humano nos acerca de muitas possibilidades de compreensão do ser no mundo. No entanto, cada vez mais o homem tem se deparado com sua própria impotência diante das limitações da condição humana.

> Pode-se dizer que essa limitação é a **ferida narcísica** capaz de remeter o homem a uma vivência de desamparo (*hilflosigkheit*[1]), na qual o indivíduo se vê com pouco ou nenhum recurso, o que exacerba sua sensação de vulnerabilidade (Prado & Rodrigues, 2014).

O grande avanço tecnológico da medicina nas últimas décadas tem trazido maior amparo para os problemas graves de saúde, e, em decorrência da própria evolução da ciência, cada vez mais os pacientes sobrevivem às complicações pós-operatórias, quando, antes, poderiam ter sido levados a óbito.

Esse sofrimento pode remeter ao trauma, termo que, no sentido etimológico, significa ferida (τραύμα) em grego e a psicanálise os retomou para o plano psíquico com as três significações que neles estavam implícitas: a de um choque violento, a de uma efração e a de consequências sobre o conjunto da organização (Laplanche & Pontalis, 2001).

Ao nos aprofundarmos na questão das complicações pós-operatórias, aproximamo-nos, sobremaneira, do conceito de **iatrogenia**, que foi importado da medicina. Exporemos os resultados da pesquisa de campo ocorrida no Hospital Universitário da Universidade de São Paulo pelo período de um ano e meio, junto ao coordenador médico,

---

[1] Termo utilizado por Freud que abarca tanto a vivência de desamparo como a de impotência no início da vida, e que denuncia a fragilidade e dependência perante o mundo.

residentes, internos e profissionais. Durante esse acompanhamento se pôde compreender o papel da iatrogenia e a busca para evitar que os tratamentos viessem a causar danos maiores aos pacientes. Para essa ação era comum ouvir do médico coordenador sobre a necessidade de desiatrogenizar, ou seja, amenizar o máximo possível os efeitos danosos do tratamento.

Iatrogenia, cuja raiz etiológica vem do grego iatro (*iatrós*), significa médico, remédio, medicina; geno (*genáo*), que significa origem, causa, aquele que gera, produz; e *ia*, uma qualidade. **A palavra "iatrogenia" refere-se aos atos médicos e aos efeitos adversos da ação médica.**

No caso específico das complicações pós-operatórias, pode-se constatar que o paciente sofre outras consequências além daquelas que foi tratar. Por exemplo, aquele paciente que operou de doença do divertículo e teve de se deparar com as complicações advindas das cirurgias.

Neste capítulo propõe-se um entrelaçamento entre o material pesquisado e a teoria que norteou esse trabalho, apresentando vinhetas clínicas dos resultados referentes à entrevista e ao teste projetivo TAT nas três etapas (vivência hospitalar, três meses e seis meses de sua entrada na pesquisa), de modo a serem costuradas de acordo com os pontos abordados.

TRAUMA PSÍQUICO: UM OLHAR PSICANALÍTICO

Na literatura psicanalítica, preservando as devidas diferenças de linhas de abordagem, a questão da experiência do nascimento e da primeira infância ocupa um papel fundamental ao instaurar a subjetividade e afetar o desenvolvimento psicológico do indivíduo.

Nascemos com um corpo psíquico indiferenciado que mantém uma relação simbiótica entre o físico e o psíquico, entre o eu e o não eu. A subjetividade é instaurada a partir da relação primordial com a mãe, e o corpo psíquico vai se constituindo à medida que entra em relação com o mundo (Aulagnier, 1979). Nesse momento, aquilo que tinha uma tênue fronteira vai se transformando em dois corpos, o corpo físico e o corpo psíquico, e a diferenciação vai ocorrendo ao mesmo tempo em que o bebê vai também se distinguindo da mãe.

É o corpo físico que dá presença a um corpo psíquico, e é o corpo psíquico que dá uma "alma" ao corpo físico, fazendo do indivíduo algo além dos sistemas orgânicos que o contêm (Prado, 2012; Prado & Rodrigues, 2014).

Em razão dessa relação tão intrincada, podemos deduzir que um corpo físico lesado poderá afetar um corpo psíquico; e uma vivência emocional que abala, de modo inverso, também poderá afetar o corpo físico. Essa ferida, que se instaura nas camadas mais íntimas do psiquismo, permanece ali, causando angústias e sofrimentos ao indivíduo.

Quando essa ferida da "alma" se instala, exige-se um olhar para as repercussões emocionais, para a própria imagem modificada de si, para uma instância interna, marcas psíquicas, resultantes do desamparo do vivido.

Hilflosigkeit: *o desamparo primordial do ser*

Parte-se do termo *hilflosigkeit,* utilizado por Freud, termo que abrange não só a questão do desamparo como também da impotência, para uma compreensão maior da vivência traumática e pós-traumática. O muito além do esperado pode remeter o indivíduo, dada a similaridade das duas vivências, aos momentos em que dependia inteiramente de outrem, não tinha suficiente aparato psíquico para dar conta do montante de tensões com que se deparava e, entra, assim, em contato com o desamparo (*hilflosigkeit*) inerente à natureza humana:

> O estado do lactante que, dependendo inteiramente de outrem para a satisfação das suas necessidades (sede, fome), é impotente para realizar a ação específica adequada para pôr fim à tensão interna. E que tal estado de desamparo no adulto *se torna o protótipo de uma situação traumática geradora de angústia* (Laplanche & Pontalis, 2001, p. 112) [grifos do autor].

Nesse sentido, ao enfrentar uma vivência de desamparo, o indivíduo pode se deparar com o **irrepresentável**, devido ao encontro com os aspectos mais arcaicos de si mesmo, pois a condição de *hilflosigkheit* corresponde à dimensão de fragilidade da linguagem, em que "os traços mnêmicos verbais são relegados e a palavra é reduzida ao silêncio. Aqui o id fala sua linguagem própria: a do afeto não verbalizável" (Green, 1982, citado por Labaki, 2001, p. 69).

Quando o indivíduo se encontra atormentado por uma dor orgânica, a libido se volta para seu próprio corpo: "o trauma pode levá-lo a um lugar de sensações e memória do próprio corpo, onde o mundo dos objetos desaparece e tudo é sensação sem objeto. As sensações e memórias são revividos como símbolos mnêmicos" (Freud, 1926; Knobloch, 1998).

CORPOS PSÍQUICOS

A utilização da técnica projetiva TAT, por meio dos estímulos provenientes das imagens (representação pictográfica) das lâminas, permite um retorno aos aspectos mais arcaicos do psiquismo.

Através das imagens propostas pela técnica projetiva,[2] propõe-se uma leitura das vivências somáticas atuais detectando, por intermédio dos estímulos, se há ou não a expres-

---

2 Sobre psicodiagnóstico, *vide* capítulo "Psicodiagnóstico em pacientes com dor lombar crônica".

são de uma impossibilidade de elaborar tal vivência, por se ver remetido a um processo similar aos momentos mais precoces de sua existência.

O desenvolvimento psíquico, de acordo com Piera Aulagnier (1979), ocorre a partir do momento em que o sujeito passa a assimilar o mundo externo – heterogêneo e não próprio – e a transformá-lo, por meio do processo de metabolização, em algo homogêneo e próprio. A partir desse processo o psiquismo parte do estágio originário, evolui para o estágio primário até atingir o estágio secundário. Para Aulagnier (1979), o desenvolvimento de um processo não implica a dissolução do processo anterior; eles convivem em um *continuum*, de modo que uma experiência inédita passa por todo o processo representacional.

A representação pictográfica (estágio originário) em um processo adulto pode referir-se ao fato de a figurabilidade estar associada às memórias mnêmicas, e pode revelar o que o trauma tem de irrepresentável (Botella & Botella, 2003). Desse modo, o indivíduo estrutura ou interpreta a realidade de acordo com suas próprias características (Silva, 2005).

Assim, a utilização do TAT permitiu um mergulho no universo psíquico, abarcando não só o seu mundo interno, mas também o ambiente que o cerca, sem que o pesquisado pudesse ter consciência e/ou controle de suas respostas, ocorrendo a apreensão dos dados do mundo externo por meio dos componentes subjetivos (ansiedades, medos, desejos e esperanças).

Corpos se desfraldaram nessa pesquisa: aquele corpo exposto "na vergonha", aquele corpo estrangeiro de um emagrecimento forjado, aquele corpo que sofreu em exames invasivos, aquele corpo esquálido dos 20 kg perdidos, aquele corpo que trazia o luto como excreção purulenta [*sic*], aquele corpo que aumentou em 30 kg. Corpos perfurados por intervenção cirúrgica, corpos transformados em colectomias e gastrectomias, em hérnias incisionais etc.

Corpo danificado

E onde se localiza o trauma? Estarão os traumatismos físicos de mãos dadas com o traumatismo psíquico?

Constatou-se que o fator mais determinante da incidência de alguns sintomas nos pesquisados referentes ao trauma psíquico está relacionado ao que Winnicott (1971) propõe sobre a etiologia do trauma; onde o tempo em que o indivíduo fica exposto à situação desorganizadora acentua a sensação de desamparo e impotência:

O sentimento de existência da mãe dura *X* minutos. Se a mãe se afasta durante mais do que *X* minutos, a imagem se dissipa, e juntamente com ela, cessa a capacidade do bebê de utilizar o símbolo da união. Mostra-se angustiado, porém a angústia é logo reparada, porque a mãe regressa ao fim de *X* + *Y* minutos. Em *X* + *Y* minutos o bebê não teve tempo de se alterar. Em *X* + *Y* + *Z* minutos o bebê fica traumatizado (Winnicott, 1971, p. 131) [grifos da autora].

Winnicott considerava o trauma uma **intercorrência**, em que tudo era para ser tranquilo e não foi. Esse aspecto fica nítido no protocolo do TAT do pesquisado n. 1, que, ao entrar na pesquisa, estava impressionado por ter de lidar com três complicações pós-operatórias:

> Estou sentindo que o cara está fazendo uma cirurgia, mas não parece que é médico. Será que é uma cirurgia espiritual? Esta pessoa em pé seria o guru espiritual. É o que estou sentindo (resposta à lâmina III, na primeira etapa).
>
> Alguém está abrindo a barriga do cara. Pode ser crime. Não está parecendo médico não. Não está com uniforme. Acho que estão matando. Magia negra, tirando o órgão para vender. E este menino na frente? É, o menino parece que não está ligando. Acho que é o comprador de algum órgão (resposta à lâmina III, na segunda etapa).

Porém, o fator econômico ocorre quando estes se veem assoberbados pelos estímulos externos que tendem a romper a barreira protetora:

> Está pensando... Está com a mão no ouvido? Parece que está meio estressado. Parece que sim. Então está ouvindo alguma coisa alta, e está com o dedo no ouvido. Ele está com as duas mãos no ouvido... Acho que é alguma coisa que ele não está querendo ouvir (resposta do pesquisado n. 3 à lâmina I, na 1ª etapa).

Estranho corpo estranho

Teoricamente no princípio dos estudos sobre a histeria (1885), Freud considerava que o trauma, ou as lembranças traumáticas, funcionavam como um corpo estranho que continuava atuando no psiquismo e era associado ao afeto estrangulado. Naquele momento, acreditava-se que, se não houvesse uma ab-reação (seja em palavras ou ação), consequentemente haveria o trauma psíquico.

Os pesquisados denotam que vivenciam tanto o corpo estranho no sentido psíquico como a vivência em relação a seu próprio corpo. Praticamente todos os pesquisados demonstraram essa relação entre a problemática da doença e os efeitos em seu próprio corpo, porém a pesquisada n. 4 foi a que mais denotou o inconformismo por meio de seu emagrecimento, como relata:

> Estava com 74 kg [1m50cm de altura] quando entrei no hospital estava com 64 kg, e agora estou com 57 kg [por ocasião da 2ª etapa, na 3ª etapa estava com 54 kg]. Este é o problema da situação, eu não me adaptei ainda, não estou gostando da situação da magreza. Era gorda, gordinha, e adorava ser gordinha... estava com vergonha de procurar um médico e falar para ele: – Doutor, estou com raiva porque estou magra. Depois de tudo o que passei! ... Eu fico com vergonha, eu quase morri e fico me preocupando com gordura.

Corpo: o lugar psíquico do narcisismo

O narcisismo está relacionado diretamente ao desenvolvimento psíquico, e é quando o indivíduo vai aos poucos se diferenciando. Para Ferenczi (1913), **o mundo exterior não rompe de imediato todo o laço do eu e do não eu:**

> O psiquismo da criança (e a tendência do inconsciente que subsiste no adulto) concentra – no que concerne ao próprio corpo – um interesse exclusivo, mais tarde preponderante, para com as satisfações das pulsões. Assim se estabelecem relações profundas, que persistem durante toda a vida, entre o corpo humano e o mundo dos objetos a que chamamos de relação simbólica (Birman, s.d., p. 82).

Durante a pesquisa foi perceptível a dificuldade que, por vezes, encontrava-se para abordar outros temas. Havia por parte dos pesquisados uma forte necessidade de falar sobre suas experiências relacionadas ao hospital, à doença e a como se sentiam. De fato, eles estavam envolvidos com suas próprias feridas. Quando o indivíduo se encontra atormentado por uma dor orgânica, a libido se volta para seu próprio corpo.

Os pesquisados n. 2 e 3 têm históricos pessoais de abandono na infância. Demonstraram uma visão diferente nos protocolos do TAT da lâmina 12 RM (bote abandonado), na qual o pesquisado n. 3 denotou uma grande dificuldade de lidar com os conteúdos internos:

> Esta eu não vou responder não! [...] Este também não. [...] Também não! (som de negativa). Nem vou responder nada! Ela dá tristeza, mas não vou responder não. Só tristeza. Não quero falar dela não! (pesquisado n. 3 nas três etapas).

Enquanto a pesquisada n. 2 para essa lâmina respondeu:

> Na verdade, na minha visão é um quadro onde a pessoa colocou os sentimentos dela, e ela está triste. Onde se sente amargurada, fez deste quadro a sua expressão, seria esta: tristeza, abandono, um lugar seco para ela. Ao redor ela não tem proteção, não tem afeição, não tem afeto, por isto ela está num lugar abandonado, num rio sem ninguém... Sem vida... sem vida... A vida dela está totalmente sem nexo... sem rumo.

Pode-se considerar que a recusa da tarefa do pesquisado n. 3 poderia ser – no sentido transferencial – uma reação do indivíduo ao aplicador. No entanto, mantivemos uma boa relação, e tais recusas estavam mais associadas às suas impossibilidades psíquicas a determinadas lâminas.

Assim, devido ao processo traumático, o indivíduo fica sem recursos internos e se depara com o irrepresentável. "O irrepresentável está do lado do somático e do não simbolizável" (Knobloch, 1998); **o irrepresentável como efeito traumático do excesso do quantitativo ou, em outro extremo, de representações pré-simbólicas, descarregadas no corpo.**

Freud (1926) coloca que a angústia não é criada novamente na repressão, mas é reproduzida como um estado afetivo, em conformidade com uma imagem mnêmica já existente e que, ao indagar sobre sua origem, estar-se-ia penetrando na fronteira da fisiologia:

> "Os estados afetivos têm-se incorporado na mente como precipitados de experiências traumáticas primevas, e quando ocorre uma situação semelhante são revividos como símbolos mnésicos" (Freud, 1926).

Ferenczi enfatiza que nesse aspecto se trata de marcas e não de traços (no sentido do recalcado), e esses investimentos só encontram expressão, ou melhor, saídas possíveis nos silêncios, no agir, na clivagem:

> A "lembrança" permanece imobilizada no corpo [...] Em determinados momentos do traumatismo, o mundo dos objetos desaparece inteiro ou parcialmente, tudo é sensação sem objeto [...] uma grande dor, que tem um efeito de anestésico; uma dor sem conteúdo de representação é inatingível pela consciência (Ferenczi, 1932, citado por Knobloch, 1998, p. 66).

Pode-se constatar na leitura das lâminas dos protocolos que essas reações ocorreram em praticamente todos os pesquisados, que em um momento ou outro, deparavam-se com a impossibilidade de construir uma história. Tentavam, mas tinham a tendência a ficar reverberando nas palavras e muitas vezes diziam que não tinham nada a dizer.

> Quando um cão lambe carinhosamente, durante horas, uma pata ferida, seria o raciocínio abusivo supor que ele busca com isso um efeito médico terapêutico, a desinfecção da ferida ou outra coisa do tipo. É compreensível que a libido se condense mais sobre o membro ferido, de forma que o animal o trate com o terno carinho que habitualmente reserva às partes genitais (Ferenczi, 1913; Birman, s.d., p.108).

A TRAJETÓRIA DO CORPO PSÍQUICO

Viemos ao mundo totalmente desprovidos da mínima possibilidade de sobreviver sem os cuidados de outrem. Esse momento é o estado de desamparo (*hilflosigkeit*), estado este que é passível de acontecer em muitos outros momentos de nossa existência, e é o protótipo do trauma. E aqui vem a pergunta:

> Será que há a possibilidade de nos constituirmos completamente? Que todo o corpo seja completamente representável? Será que há partes de nós mesmos que se mantêm intactas em sua corporeidade?

Nos protocolos do TAT foi possível detectar um impacto emocional diante dos estímulos ao apresentarem forte presença de exclamações, interjeições e interrogações, expressões que denunciam dificuldade de se afastar do estímulo. Esses resultados indicam, consequentemente, desorganização emocional e vulnerabilidade psíquica, significando a reativação do processo primário, resultante da dificuldade de articular afeto e representação. Constatou-se, também, a vivência de desamparo, impotência, e vazio. Pode-se verificar que, diante de determinadas lâminas – tais como a da intervenção cirúrgica (8RM), a do cemitério (15) e a da cabana na neve (19) –, os pesquisados denotaram tendência a uma saída mística e/ou espiritual,[3] por se verem diante de estímulos que ativavam maior angústia pelo alto grau de identificação com sua vivência atual e com as incertezas em relação a sua saúde.

Desse modo, podemos articular os dados apresentados na pesquisa com a fundamentação teórica sobre a forte influência tanto do ambiente como do corpo no desencadeamento de uma desorganização psíquica. Dada sua magnitude disruptiva, causam feridas (traumas) no tecido psíquico e reativam inconscientemente vivências primevas ocorridas na constituição da subjetividade.

Isso foi constatável nas entrevistas. Aqueles que viveram uma situação de choque diante do problema de saúde – internação e intercorrência – puderam se recuperar mais facilmente do que aqueles que viveram várias idas e vindas e foram submetidos a tal situação desorganizadora por um período maior de tempo:

Na hora que me falaram que ia ser internada foi um baque, porque nunca havia ficado em um hospital por minha causa. Mas depois desse momento fiquei bem. Senti-me tão bem cuidada, parecia que as pessoas já me conheciam há muito tempo (pesquisada n. 5).

Em contraposição:

Estou com medo de fechar [fechamento do trânsito intestinal] e começar tudo de novo. Daí eu fico seis meses bem, foi o que aconteceu da outra vez, e aos poucos começou a dar uma bolinha [abscessos], evacuava e começava a ficar dolorido, e as bolinhas crescendo, crescendo (pesquisada n. 2).

Isso nos permite, preservando as diferenças individuais, a inferência de que tais fatores externos funcionaram como invasões psicológicas que ressoam nas primeiras experiências infantis.

OS EFEITOS IATROGÊNICOS PSÍQUICOS

Assim, é possível considerar que o desamparo é o entrelaçamento da angústia, proveniente da impotência, do risco de perda da integridade física e da iminência de morte. Pode levar o indivíduo a um desamparo primordial por se ver perdido em um "lugar" sem

---

3   *Vide* capítulo "*Coping* religioso-espiritual em pacientes hospitalizados".

376 Psicologia da saúde hospitalar

possibilidade de encontrar referências, isto é, sem contornos representacionais que lhe permitam ter um ponto de apoio próprio para emergir desse estado. O fator surpresa e a imprevisibilidade geram uma vivência traumatizante (situação hospitalar) com efeitos pós-traumáticos (pós-alta hospitalar).

E os efeitos foram mais intensos em pesquisados que passaram por processos mais complexos, mais contínuos e mais comprometedores nos aspectos físicos que afetaram diretamente o mundo interno.

> A intercorrência cirúrgica remete-os a uma vivência similar à do bebê quando se veem diante de uma situação imprevisível, com um corpo em evidência, dependência dos cuidados de outrem, e, consequentemente, de vulnerabilidade física e psíquica.

Diante disso, é necessário despertar a atenção dos profissionais de saúde para as intercorrências cirúrgicas, que podem transformar uma simples intervenção em um processo mais longo e mais doloroso física e emocionalmente, podendo vir a desencadear problemas na ordem individual e sociocultural. É evidente o caráter disruptivo da instituição hospitalar, e as possíveis, mudanças no olhar para o indivíduo, não só na vivência hospitalar, mas também, além disso, no seu retorno à vida cotidiana.

O acento em relação à doença pode ser um fator significativo na percepção dos pesquisados em relação ao material que lhes foi apresentado.

> Os momentos de crise são completamente diferentes; são marcados pelo degelo dos hábitos, pelo caráter dramático da tensão, pela revolução na vida emocional e na vida imaginária, por um trabalho interior resultando, conforme o caso, em reestruturações muitas vezes bruscas, porém jamais completas de uma só vez, e que só serão mantidas se forem progressivamente consolidadas e ordenadas (Anzieu, 1978, p. 270).

Desse modo, constatou-se que as lâminas causaram forte impacto sobre os pesquisados e, dada a situação em que se encontravam, focaram em temas relacionados à doença, tristeza, desespero, cansaço, perda, medo e morte. Esse padrão no resultado dos protocolos do TAT – com algumas alterações – nos levou a considerar que as respostas estavam diretamente relacionadas aos confrontos da situação de vida.

Diante de uma situação tão específica, não é possível ter uma leitura fidedigna das reais condições psíquicas dos sujeitos implicados nessa vivência. A pesquisa é um recorte de um momento da existência do sujeito, em que este está submergido em uma situação ímpar. E por meio dela pudemos constatar que, na situação de complicações pós-operatórias, em função da vivência de desamparo (*hilflosigkeit*), os pesquisados foram afetados em sua capacidade de representação ao se deparar com o inominável.

REFERÊNCIAS

1. Anzieu D. Os métodos projetivos. Trad. Maria Lucia do Eirado Silva. Rio de Janeiro: Campos; 1978.

2.   Aulagnier P. A violência da interpretação: do pictograma ao enunciado. Trad. Maria Clara Pellegrino. Rio de Janeiro: Imago; 1979.

3.   Botella C, Botella S. La figurabilidad psíquica: figuras y paradigma. Buenos Aires: Amorrortu; 2003.

4.   Ferenczi S [1917]. As patoneuroses. In: Birman J. Sàndor Ferenczi, escritos psicanalíticos. Rio de Janeiro: Taurus; [s.d.].

5.   Ferenczi S [1913]. O desenvolvimento do sentido de realidade e seus estádios. In: Birman J. Sàndor Ferenczi, escritos psicanalíticos. Rio de Janeiro: Taurus; [s.d].

6.   Freud S. Edição eletrônica das obras completas de Sigmund Freud. Rio de Janeiro: Imago; 1995.

7.   Knobloch F. O tempo do traumático. São Paulo: Educ; 1998.

8.   Labaki ME. Morte. São Paulo: Casa do Psicólogo; 2001 (Col. Clínica Psicanalítica).

9.   Laplanche J, Pontalis JB. Vocabulário da psicanálise. 4.ed. São Paulo: Martins Fontes; 2001.

10. Murray H et al. TAT: teste de apercepção temática. Trad. e adaptação Maria Cecília V. Silva. São Paulo: Casa do Psicólogo; 2005.

11. Prado MAP. (2012) Estudo do impacto psicológico na intercorrência cirúrgica: trauma e seus pós-traumáticos [Dissertação]. São Paulo: Universidade de São Paulo, Instituto de Psicologia; 2012. Disponível em: www.teses.usp.br. Acesso em: 1º maio 2019.

12. Prado MAP, Rodrigues AL. Estresse pós-traumático: o impacto psíquico das complicações pós-operatórias. In: Mudanças – Psicologia da Saúde. 2014;22(1):49-60.

13. Winnicott DW. Realidad y juego. Buenos Aires: Gedisa; 1971.

29 Alexitimia e dermatite atópica: leitura biopsicossocial a partir de um psicodiagnóstico

Clayton dos Santos-Silva
Avelino Luiz Rodrigues

INTRODUÇÃO

O objetivo deste capítulo é apresentar o psicodiagnóstico de uma paciente com queixa dermatológica, mais especificamente dermatite atópica. Trata-se de um estudo em busca das características mais evidentes de sua personalidade, de forma a ser possível verificar se ela é alexitímica ou apresenta outras características de personalidade, tais como as afirmadas na literatura usualmente citada em psicossomática e mais especificamente nos casos dessa dermatose.

Pesquisadores como Dias (2007) consideram a pele um dos órgãos da relação com o outro, em que as vivências emocionais podem ser representadas, sendo um local de demonstração de conflitos e emoções. Diante disso, estudos sugerem que fatores psicológicos e sociais exercem um papel na patogênese e no curso de muitas doenças dermatológicas (Dias, 2007; Picardi & Pasquini, 2007). Outrossim, como apontam Ludwig et al. (2008), a via contrária é verdadeira, já que problemas de pele também causam problemas psicossociais: sendo um canal de comunicação não verbal, está exposta ao olhar do outro e ao constrangimento.

Dentre esses elementos psicossociais, as relações familiares são de fundamental importância. Ferreira et al. (2006) apontam que as mães de tais pacientes estabelecem relações com características simbióticas com os seus filhos. Já Dias (2007) afirma que tais genitoras podem ser superprotetoras ou rejeitadoras e hostis, sendo o adoecimento da pele não apenas produto, mas também produtor de relações fusionadas ou evitativas.

As mães de pacientes com dermatite atópica estabelecem relações com características simbióticas com os seus filhos.

Tais genitoras podem ser superprotetoras ou rejeitadoras e hostis, sendo o adoecimento da pele não apenas produto, mas também produtor de relações fusionadas ou evitativas (Dias, 2007).

A dermatite atópica é uma afecção inflamatória crônica e recorrente da pele. Tem como características o prurido intenso e as lesões de distribuição típica (Gascon et al., 2012). Pacientes com tal diagnóstico foram descritos com humor irritado, raiva, comprometimento da autoimagem e da autoestima (Ginsburg & Link, 1993), além de alta incidência de personalidade do tipo A (Picardi & Pasquini, 2007). Esse conceito de padrão de personalidade, construído por Friedman e Rosenmann em 1974, é definido como esforço crônico e incessante de melhorar cada vez mais, em períodos de tempo pequenos, mesmo que encontre obstáculos do ambiente ou de pessoas, buscando o controle das situações a sua volta. Em um estudo realizado por Aziah et al. (2002), tanto as famílias quanto suas crianças com o diagnóstico de dermatite atópica apresentavam dificuldades psicológicas, sociais e funcionais.

A dermatite atópica é uma afecção inflamatória crônica e recorrente da pele. Tem como características o prurido intenso e as lesões de distribuição típica (Gascon et al., 2012).

Alguns autores preconizam que pacientes portadores de manifestações psicossomáticas tendem a apresentar configurações mentais próprias da alexitimia. Essa seria a impossibilidade de nomeação dos próprios sentimentos, uma falha no reconhecimento dos estados afetivos do próprio sujeito, que assim tem dificuldade para identificá-los e falar a respeito. Tais pacientes podem até usar um nome para dizer o que estão sentindo, p. ex., "triste", mas não conseguirão descrever o sentimento (Sifneos, 1989). De acordo com esses autores, há na causa da alexitimia uma base neurofisiológica nos obstáculos à simbolização das vivências emocionais, resultante de um desempenho imperfeito das conexões neuronais entre o sistema límbico, responsável pelas emoções, e o córtex cerebral, encarregado pela habilidade de síntese das percepções, pelo julgamento e pela antecipação das ações (Zimerman, 1999).

A alexitimia seria a impossibilidade de nomeação dos próprios sentimentos, uma falha no reconhecimento dos estados afetivos do próprio sujeito, que assim tem dificuldade para identificá-los e falar a respeito.

Confirmando tal leitura, Poot et al. (2007) afirmam que os pacientes psicodermatológicos são caracterizados por alexitimia, por isso expressariam suas emoções através da pele, já que não conseguem fazê-lo de outro modo.

ESTUDO DE CASO: A HISTÓRIA DE MARIA

A paciente, que será aqui chamada de Maria, tem 12 anos de idade. É a primogênita da família, tendo apenas uma irmã sete anos mais nova. A mãe, que será chamada aqui de Madalena, relata que a paciente tem problemas somáticos desde a primeira infância, incluindo problemas respiratórios e alérgicos, sendo que dois anos antes do atendimento apareceram as lesões dermatológicas. O médico fez o encaminhamento para o tratamento psicológico, quando confirmou em laudo o diagnóstico de dermatite atópica.

A mãe conta que procurou ajuda psicológica para a filha por recomendação médica, já que foi orientada quanto ao fato de que tal doença levaria a sofrimento psíquico. Além disso, entende que Maria ficou mais agressiva depois que as lesões surgiram. A jovem, por sua vez, entende simplesmente que procuraram atendimento psicológico porque a dermatite causa problemas psicológicos. Além disso, afirma ter dificuldades emocionais devido ao preconceito que sofre por causa do problema de pele e de excesso de peso. Aos olhos do psicólogo responsável pelo atendimento ela tem apenas sobrepeso, não se tratando de uma adolescente obesa.

Método de avaliação, o psicodiagnóstico

A forma de conhecer e avaliar os aspectos específicos da constituição mental de Maria foi o psicodiagnóstico.[1] Tal procedimento permite a identificação e a avaliação das condições psicológicas dos indivíduos, assim como possíveis doenças e prognósticos; integração dos dados levantados em diagnósticos e consequente classificação dos casos; comunicação dos resultados obtidos às partes interessadas e elaboração da melhor intervenção possível para o paciente psicodiagnosticado (Cunha, 2000).

Utilizaram-se nesse psicodiagnóstico entrevistas psicológicas semidirigidas, uma anamnese respondida pela mãe da paciente; dois testes projetivos (o método de Rorschach e o CAT-A – teste de apercepção infantil com figuras de animais) e duas escalas em suas versões brasileiras (a *Toronto Alexithymia Scale* – TAS26 [Yoshida, 2000] e a *Observer Alexithymia Scale* [Carneiro, 2008]).

O método de Rorschach é uma técnica de avaliação psicológica pictórica desenvolvida pelo psiquiatra suíço Hermamm Rorschach amplamente utilizada em vários países, sendo um dos mais importantes testes projetivos. Consiste em dar respostas sobre o que é visto nas 10 pranchas com manchas de tinta simétricas, especificamente o que, onde e como a pessoa vê algo em cada uma delas. A partir das respostas, procura-se obter um quadro amplo da dinâmica psicológica do indivíduo (Lilienfeld et al., 2001).

O CAT-A tem por objetivo eliciar processos projetivos sob a forma de histórias a partir de figuras também apresentadas em pranchas. Como aponta Xavier (2009), é descendente do Teste de Apercepção Temática – TAT, de Henry Murray, considerado um instrumento projetivo eficaz para avaliação de adultos, mas que não atendia satisfatoriamente às necessidades em avaliações de crianças pequenas, dadas as caracte-

---

1 *Vide* Capítulo 11 "Psicodiagnóstico em pacientes com dor lombar crônica".

rísticas dos estímulos, figuras relacionadas ao mundo adulto. De forma que, a partir de suas experiências com crianças, Bellak e Bellak (1949/1991) criaram o CAT-A ao constatar que é mais fácil para crianças pequenas identificar-se com animais do que com pessoas. O referencial teórico é o psicanalítico e o objetivo é estudar a dinâmica das relações interpessoais, a natureza e a força dos impulsos e tendências, assim como as defesas organizadas contra eles. As situações escolhidas para compor cada figura das prancha referem-se a aspectos importantes do desenvolvimento da criança, como as fases oral, anal, fálica, o complexo edipiano, as reações diante da cena primária, entre outras (Tardivo, 1992; Van Kolck, 1975).

A *Toronto Alexithymia Scales* – TAS26, ou Escala de Alexitimia de Toronto, com 26 itens, foi validada no Brasil por Yoshida em 2000. Nessa escala o próprio paciente indica em uma série de afirmações se concorda ou não com cada uma delas, as quais são pontuadas em uma escala *likert* de 1 a 5. Pontuações totais acima de 74, inclusive, são consideradas de pacientes alexitímicos, e de menos de 62 pontos, inclusive, são considerados não alexitímicos. É avaliado, portanto, o grau de alexitimia pelo tamanho do escore.

Já na OAS, quem responde à escala é o observador do sujeito a ser avaliado; no caso em questão, quem respondeu foi o psicólogo responsável pelo psicodiagnóstico de Maria. É composta por 33 itens, quanto aos quais o observador classifica em uma série de afirmações pontuadas, também em uma escala *likert* de 1 a 5, qual alternativa descreve melhor a pessoa avaliada. O nível de alexitimia é classificado pela pontuação geral e pelas pontuações que a pessoa obtém nos fatores da escala: quanto maiores forem essas pontuações, mais alexitímico será o sujeito. No Brasil ainda são necessários mais estudos para chegar a uma conclusão sobre a pontuação geral que separe os casos clínicos dos não clínicos. Até o momento da correção da escala, a autora da tradução brasileira sugeriu, em comunicação pessoal, o uso do ponto de corte da versão original de 40 pontos – ou seja, pontuações maiores do que essas indicam que o caso é clínico (Haviland et al., 2001).

O psicodiagnóstico permite a identificação e a avaliação das condições psicológicas dos indivíduos, assim como possíveis doenças e prognósticos; integração dos dados levantados em diagnósticos e consequente classificação dos casos; comunicação dos resultados obtidos às partes interessadas e elaboração da melhor intervenção possível para o paciente psicodiagnosticado.

A primeira entrevista semidirigida seria com a paciente e sua mãe, e as posteriores apenas com a jovem, assim como as aplicações dos testes e escalas. A última parte do psicodiagnóstico foi a entrevista de devolução à paciente e sua mãe, segundo diretrizes de Ocampo (1981).

RESULTADOS

Entrevistas

Ao todo foram realizadas 10 entrevistas psicodiagnósticas, a inicial com a mãe e a paciente, três apenas com a adolescente, cinco de anamnese apenas com a mãe e a entrevista devolutiva com a presença de ambas. As entrevistas de anamnese se prolongaram devido à necessidade da mãe da paciente de falar sobre si.

A rápida apresentação do caso clínico feita anteriormente vem de informações obtidas na primeira entrevista. Com as seguintes, temos que Maria está na sétima série do ensino fundamental, com bom desempenho escolar, embora se exija ser excelente. Em disciplinas de produção de texto é criativa, elabora histórias com detalhes, inclusive emocionais, inspirados nos livros de romances adolescentes de sucesso que gosta de ler. Além disso, gosta de ouvir música, estando atenta aos lançamentos musicais do momento para o público jovem.

A mãe fala que a filha não tem amigos, contudo a menina descreve uma rede de amizades que inclui alguns jovens de sua faixa de idade. Garotos e garotas, tanto moradores de seu condomínio quanto colegas de escola. Aparentemente a falta de amigos é mais um desejo da mãe do que a realidade de Maria.

> Em disciplinas de produção de texto é criativa, elabora histórias com detalhes, inclusive emocionais, inspirados nos livros de romances adolescentes de sucesso que gosta de ler.

Sobre a medicação, Madalena relata que, no momento do psicodiagnóstico, Maria está tomando remédios para rinite, bronquite e um para não engordar. Ao tentar listar toda a medicação, consulta um rol de receitas médicas que traz consigo, respondendo por fim que era carbamazepina para dormir, antibiótico para abcesso, uma pomada de ação anti-inflamatória, antipruriginosa e antibacteriana para coceira, um creme com ação anti-inflamatória, antipruriginosa, vasoconstritora e antibiótica, um sabonete especial, o qual não soube especificar, e ainda estava para começar uma aplicação cutânea de corticoides.

Sobre o relacionamento com a mãe, Maria disse que o relacionamento das duas não era o de mãe e filha, sendo mais próximo ao que ocorreria entre amigas. Em suas palavras, "(a mãe) é como se fosse uma amiga, a avó (materna) é que se comporta como mãe".

Esse relato indica que a paciente só percebe a mãe usando a função materna quando lhe dá bronca, já que diz que "ela é a mãe quando dá bronca". Maria exemplifica tal dinâmica familiar com o comportamento materno de assistir, junto com a filha, a filmes e séries que não são recomendados para adolescentes de sua idade. A paciente considera tal conduta da mãe repreensível, já que entende "que a avó (materna) não poderia saber disso", pois, uma vez ciente, "chegaria até mesmo a denunciar (a mãe) para a justiça", contudo Maria justifica o comportamento de Madalena como sendo um direito desta, pois é sua mãe, e positivo para si, já que a faz conhecer mais o mundo; tal discurso é reprodução da fala da mãe. A mãe, por sua vez, justifica esse comportamento como uma tentativa de proteger a filha, ensiná-la como é o mundo para que "não seja boba" como ela era na adolescência. A preocupação é justificada por Madalena com o relato de ter sido induzida por um namorado a fazer sexo na adolescência, experiência que atualmente considera um estupro. A mãe é a pessoa mais próxima da adolescente, com uma atitude de aparente superproteção, contudo expõe a filha a determinadas experiências com o argumento de protegê-la, independentemente da maturidade dela, não discriminando o estágio de desenvolvimento da jovem, como se as duas tivessem o mesmo nível de maturidade e, unidas, necessitassem buscar formas de evitar os perigos do mundo.

Maria disse que o relacionamento das duas não era o de mãe e filha, sendo mais próximo ao que ocorreria entre amigas.

Apesar disso, Madalena reclama das dificuldades de saúde de sua filha na presença da jovem, queixa-se de como sua vida é difícil devido a tais problemas sem nenhum pudor em fazê-lo diante da garota. Além disso, tem rompantes de agressividade, os quais são justificados pela paciente como devidos ao estresse.

Sobre o pai, a paciente o vê como um ignorante. Alguém distante, ausente, raivoso e rejeitador, que só se dirige a ela para reclamar de algo. A forma de vê-lo é altamente intermediada pela mãe, sendo que ambas têm consciência disso. A adolescente entende que Madalena procede dessa forma buscando protegê-la do pai; ainda assim a jovem também explica o comportamento paterno como sendo devido ao estresse de seu trabalho. Ela afirma que, assim como a mãe, ele também desconta a pressão nela, mas de forma mais agressiva, que a ofende e a entristece mais. Tem dificuldade em assumir que tais ações dele a fazem ficar triste, precisando de mais de uma sessão para poder falar sobre tal reação emocional diante desse comportamento paterno. Sendo assim, tem dificuldade de se sentir cuidada por ele, mesmo que pratique atividades necessárias para a paciente e sua família, tais como cozinhar e proporcionar momentos de lazer. Maria trata o pai de maneira agressiva, da mesma forma que a mãe o faz. Esse é mais um exemplo da relação notadamente simbiótica entre mãe e filha.

A mãe expõe a filha a determinadas experiências com o argumento de protegê-la, independentemente da maturidade dela, não discriminando o estágio de desenvolvimento da jovem, como se as duas tivessem o mesmo nível de maturidade e, unidas, necessitassem buscar formas de evitar os perigos do mundo.

A adolescente tem conflitos frequentes com a única irmã de 7 anos de idade. É um relacionamento caracterizado pela ambivalência, já que reconhece que a menina aprende as coisas consigo, sendo Maria um modelo, algo que valoriza, mas também reclama de tal comportamento, dizendo que a criança a está imitando e que não gosta disso. Outro ponto importante é o ciúme que tem dela com relação ao pai, já que entende que ele gosta apenas da filha mais nova, situação em que demonstra desejar o amor paterno.

384   Psicologia da saúde hospitalar

Sobre seus relacionamentos afetivo-sexuais Maria agrupa o sexo a coisas negativas em seu entender, a saber: drogas, cigarros e prostituição. Disse que desde muito cedo a mãe fala sobre tais assuntos com ela. Segundo seu próprio relato, Madalena começou a falar sobre sexualidade quando a adolescente tinha 7 anos. Falava sobre sexo e sobre drogas, aparentemente associando as duas coisas no discurso de forma não completamente consciente, ou seja, aqui novamente há uma demonstração de como a jovem tem uma visão sobre algo, nesse caso sexualidade, semelhante à da mãe. Apesar disso, a adolescente demonstra interesse nos garotos de sua idade, mesmo que o faça de forma oculta dos pais e até de si mesma, já que enfatiza recorrentemente de forma ansiosa que os garotos por quem se interessa são todos apenas amigos.

Maria trata o pai de maneira agressiva, da mesma forma que a mãe o faz.

Os pais não têm um relacionamento afetuoso, já que vivem em constante conflito, com ameaças frequentes de divórcio. Tais momentos são presenciados pela paciente. Houve um rompimento do relacionamento por seis meses, quando a paciente tinha 6 anos de idade. Durante essa separação a paciente morou com a mãe. Madalena disse que a filha não sentia falta do pai porque o via todos os dias no trabalho, já que o casal continuou a trabalhar junto e a menina passava a tarde com eles no local. Durante o período dessa desunião, o pai falava constantemente que elas iriam morrer de fome. A mãe se lembra de que nessa fase a paciente passou a ter mais apetite que o normal. A mãe não sabe se ainda são um casal, e deixa nítido o fato de entender ser positivo dormir com as filhas e não com o marido, contudo justifica para ele que assim faz para cuidar da saúde da paciente. Portanto, a doença de Maria é usada pela mãe como defesa na complicada dinâmica desse casal, já que, ao cuidar da filha doente, evita dormir com ele, fugindo dos possíveis momentos de intimidade conjugal. A mãe tem consciência dessa situação de fuga. Madalena queixa-se de que ele é descuidado e que brigam muito, ocasiões em que o marido diz que ela pode ir embora de casa se quiser. Quando a paciente tinha 10 anos de idade, ano em que as lesões apareceram em sua pele, os pais estavam em crise devido a problemas financeiros.

A doença de Maria é usada pela mãe como defesa na complicada dinâmica desse casal, já que, ao cuidar da filha doente, evita dormir com ele, fugindo dos possíveis momentos de intimidade conjugal. A mãe tem consciência dessa situação de fuga.

Método de Rorschach

Para a aplicação foi necessária uma entrevista de uma hora. O método de interpretação usado foi o psicanalítico. Segundo a interpretação realizada, houve indícios de possível oposição à situação e um distanciamento orgulhoso com relação à prova. Tal conduta fez com que ocorresse possivelmente um acirramento do controle. Ainda assim, pode-se levantar a hipótese de que a paciente não tem boa capacidade de análise e síntese. Maria apresenta uma necessidade talvez exagerada de adaptação à exigência exterior e consequentemente contatos fáceis com o concreto, assim como um distanciamento dos aspectos afetivos, em um excesso de controle, o que possivelmente indica um receio de manifestar sua espontaneidade. Esse é um indicador de inibição e depressão, talvez causado pela dependência de a aprovação de seus esforços se adaptar à exigência social. Apesar disso, o protocolo das respostas da jovem demonstra também que tem necessidade de expressão, implicando, portanto, um conflito que pode resultar na somatização dos distúrbios psíquicos, uma vez que também foram identificados sinais de facilidade da paciente para isso.[2]

A hipótese do conflito pode ser reforçada pelo fato de que o contato da jovem com a realidade revela-se algo falho, e de que ela pode não ser capaz de exercer um controle suficiente sobre suas percepções. Evidencia-se um esforço para utilizar os recursos intelectuais, mas pelo menos em relação ao desempenho pode ser entendido como não bem-sucedido, pois os afetos tendem a prejudicar o trabalho intelectual.

Da mesma forma, houve indicação de dependência oral e de agressividade destrutiva, assim como de uma força incontrolável em si e de um conflito interno entre diferentes pulsões e as pressões do mundo. Demonstração de uma afetividade intensa, expressa de forma pouco socializada, e acentuação da retenção emocional, de forma que as reações emocionais ficam como que suprimidas, não expressas.

Um conflito que pode resultar na somatização dos distúrbios psíquicos, uma vez que também foram identificados sinais de facilidade da paciente para isso.

Pôde-se ainda identificar uma tensão ansiosa diante de estimulações que remetam a representações fálicas, ou seja, há evidências de questões ligadas à sexualidade, às pulsões libidinais, que provocam ansiedade, além de certo temor em face da perspectiva de contatos sensoriais.

Demonstração de uma afetividade intensa, expressa de forma pouco socializada, e acentuação da retenção emocional, de forma que as reações emocionais ficam como que suprimidas, não expressas.

Teste de Apercepção Infantil com figuras de Animais – CAT-A

Tal aplicação também foi realizada em uma entrevista de uma hora. Com base nesse teste podemos dizer que a paciente tem fantasia de desamparo. Demonstra isso quando contesta a capacidade da mãe para desempenhar a função materna, de forma que precisa que a genitora compartilhe essa função com o pai e principalmente com a avó materna.

---

2   Vide Capítulo 3 "A questão da simbolização na psicossomática".

Isso ocorre provavelmente porque a adolescente sentiu que foi abandonada muito cedo, possivelmente devido à percepção de falta de maternagem.

Ademais, a mãe não pode se aproximar do pai, já que a relação entre os dois é muito comprometida. Talvez por isso, o pai, na fantasia da paciente, não é percebido como alguém que se preocupa com ela, já que a adolescente só vê coisas ruins nele, sendo entendido como ausente, não protetor.

A agressividade manifestada por meio da hostilidade também é dirigida a todos os que Maria, em sua fantasia, vê como ameaça, inclusive aspectos de sua própria personalidade. Tal agressividade foi demonstrada no teste paulatinamente, já que, com a liberação gradativa dos mecanismos de defesa, suas histórias foram ficando mais agressivas, demonstrando que tem uma necessidade de representação dos sentimentos hostis. Essa agressividade pode ser interpretada por meio da erupção da pele, sendo essa uma resposta somática da raiva que ela não consegue expressar adequadamente porque tem medo de fazê-lo por conta da fantasia que tem de não ser amada.

O tema da morte foi recorrente nas pranchas como aquilo que ocorre com quem não consegue cuidar de si. Provavelmente isso está relacionado às dificuldades da saúde da paciente e com a percepção que tem dos pais, o pai sendo ausente e a mãe sendo uma mulher que não consegue cuidar da família.

A busca por seu lugar é necessária para poder fazer as escolhas para sua vida, uma vez que aquelas feitas pelos pais são compreendidas como possivelmente erradas e perigosas. Existe a possibilidade de a mãe ser cuidadosa, já que zela por Maria, mas a adolescente parece não sentir isso como forma de amparo, mesmo existindo uma relação muito forte entre elas desde o momento da gestação, uma vez que situações penosas aconteceram nesse período.

A dificuldade de conceber essa relação como cuidadosa também pode ser relacionada à negação muito presente no teste. Tal característica pode fazê-la se isolar das pessoas, já que tem um conceito muito particular de como elas a veem, a ponto de entender que ninguém dá atenção ao que está lhe acontecendo, precisando adoecer para ser percebida, ou seja, uma representação inconsciente de que se ficar enferma conseguirá atenção. O adoecimento, portanto, representa um ganho secundário. Relaciona-se também à percepção de que a figura de autoridade é rígida, mas pode ser acolhedora se a paciente demonstrar muito sofrimento, sentindo esta, portanto, que tem de parecer sofrer muito para ser perdoada pelo que fez de errado, ou seja, a jovem sente que necessita ser redimida pela culpa que sofre devido a sua agressividade para poder ter o carinho que deseja, de forma que a redenção viria por meio do sofrimento causado pela doença.

Maria precisa adoecer para ser percebida, ou seja, uma representação inconsciente de que se ficar enferma conseguirá atenção. O adoecimento, portanto, representa um ganho secundário.

Versão brasileira da Toronto Alexithymia Scale – TAS26

A pontuação de Maria nessa escala foi de 64 pontos. Um escore inconclusivo, já que não fica no grupo dos pacientes alexitímicos, acima de 74 pontos, inclusive, e nem dos não alexitímicos, abaixo de 62 pontos, inclusive.

Versão brasileira da Observer Alexithymia Scale – OAS

Nessa escala a paciente fez 60 pontos. Segundo o ponto de corte da escala original, de 40 pontos, Maria seria considerada alexitímica.

DISCUSSÃO

Madalena intermedeia o contato de Maria com a realidade com base em sua subjetividade, justificando fazer isso a fim de preparar a filha para o mundo, independente da maturidade da adolescente para tal. Mesmo com uma influência tão forte, a paciente demonstra insegurança diante da figura materna, pois sente que a avó desempenha tal função melhor do que a mãe. Ante essa questão, usa uma de suas mais recorrentes defesas, a racionalização, para tentar convencer a todos, inclusive a si própria, de que sua genitora está correta em sua postura e em suas decisões.

Madalena intermedeia o contato de Maria com a realidade com base em sua subjetividade.

Essa intermediação leva Maria a ter uma percepção muito negativa do pai e consequentemente a tratá-lo de maneira agressiva, da mesma forma que a mãe faz. A função do progenitor tem uma posição secundária e depreciada na unidade familiar, ficando o questionamento de quais são as funções materna e paterna. Esse pai pode ser entendido até mesmo como violentamente ameaçador, já que a mãe evita dormir com ele, passando as noites no quarto das filhas, e justifica tal comportamento com os problemas de saúde da paciente. Tal percepção da jovem com relação ao pai pode fazer com que mais agressividade seja dirigida a ele e àqueles que lhe interessam, como a irmã mais nova. Contudo, ainda sente ciúme dele com ela, o que demonstra que, mesmo inconscientemente, há estima e a expectativa de conseguir o afeto paterno.

A dermatite atópica é a justificativa utilizada para a mãe dormir com as filhas, mas a mulher tem consciência de estar fugindo do contato sexual com o marido, já que o casal tem sérios problemas no relacionamento. Uma vez que tem como ganho secundário da doença a atenção da sua mãe, já que é preciso adoecer para ser percebida, além da já citada manutenção da dinâmica familiar, podemos dizer que essa família, da forma retratada, é desestruturada e somatizadora, sendo a adolescente uma paciente identificada, ou seja, o sofrimento psíquico e as problemáticas da família são reconhecidos e centrados nessa integrante do grupo (Ramos, 2006).

> Essa família, da forma como retratada, é desestruturada e somatizadora, sendo a adolescente uma paciente identificada, ou seja, o sofrimento psíquico e as problemáticas da família são reconhecidos e centrados nessa integrante do grupo.

Com os testes projetivos foi possível verificar na paciente a necessidade talvez exagerada de adaptação à exigência exterior, consequentes contatos fáceis com o concreto e a busca excessiva de controle, o que poderia validar a hipótese de a paciente ter personalidade do tipo A.

A mesma tentativa de controle ocorre com seus afetos, o que pode indicar na paciente uma carência de espontaneidade ou o receio de manifestá-la. Temos aqui, assim como em Takushi et al. (2008, citado por Ribeiro da Silva & Caldeira, 2010), não uma paciente que não saiba falar sobre seus sentimentos, mas alguém que espera pela pessoa e o momento ideal para falar sobre suas fantasias e imaginações.

Sua expressão dos sentimentos fica prejudicada, sendo em muitos momentos descartada, já que passa por uma conduta de repressão das emoções, o que consome sua liberdade de pensamento. Tanto nas entrevistas quanto nos testes foi verificada uma afetividade intensa não expressa, uma necessidade não atendida de representação dos sentimentos hostis, que, ao serem negados (Zimerman, 1999), e não sendo de alguma outra forma descarregados (Marty, 1993), acabam por atingir os aparelhos somáticos, como a pele (Dias, 2007). McDougall (1994) é mais uma autora que aponta como as somatizações traduzem tal falta de elaboração e simbolização dos pensamentos e sentimentos inaceitáveis.

O prejuízo que os afetos tendem a causar em seu trabalho intelectual pode levar a uma reação de descaso diante dos conteúdos internos, postura continuamente adotada pela paciente, que ainda assim consegue desempenhar as atividades intelectuais que lhe são designadas, mesmo as que exigem criatividade e expressão artística. Cabe aqui usar o termo "desafetação", de McDougall (1991), já que Maria não sofre de uma incapacidade de exprimir emoção, mas sim de uma dificuldade de conter seu excesso, não podendo assim refletir sobre suas experiências. Não se trata, portanto, de um caso de paciente alexitímico, pois a adolescente, apesar de não conseguir expressar seus sentimentos abertamente, sabe o que sente e tem um colorido em sua expressão, ainda que tais capacidades não tenham sido identificadas nas escalas utilizadas nesse estudo.

> Não se trata, portanto, de um caso de paciente alexitímico, pois a adolescente, apesar de não conseguir expressar seus sentimentos abertamente, sabe o que sente e tem um colorido em sua expressão.

Ainda se fez possível identificar evidências de que questões ligadas à sexualidade lhe provocam ansiedade, além de certo temor em face da perspectiva de contatos sensoriais. Tal comportamento pode ser resultado da influência da mãe, notadamente marcada pelo citado abuso sexual que entende que sofreu na adolescência, assim como pelos atuais problemas sexuais de seu casamento. Aqui temos um dos pontos marcantes dessa relação entre mãe e filha notadamente simbiótica, quando a falta da figura paterna, seja por ausência ou por omissão, auxilia na fixação da criança com a mãe, uma vez que a adolescente não encontrou apoio ou identificação suficientes para se libertar dela (Bleger, 1977). É sabido que em casos de dermatite atópica os cuidados com as crianças normalmente são encarados como de responsabilidade da mãe, ficando o pai responsável apenas pelo sustento material, sendo essa proximidade usada pela progenitora como forma de ter controle e uso do afeto da criança (Ferreira et al., 2006), o que foi verificado no presente caso. Isso também pode ser relacionado com a consideração de McDougall (1994) quanto à organização edipiana dos pacientes ditos somatizadores, apontada como bastante primitiva, na qual predomina uma imago materna que usa a criança tanto como extensão narcísica quanto erótica e corporal dela própria, com a figura do pai bastante desqualificada e ausente do discurso e do mundo simbólico da mãe e consequentemente da criança.

O presente estudo pode proporcionar a compreensão da importância de os pacientes serem observados de maneira específica, voltado a sua realidade, evitando condutas padronizadas, estereotipadas ou apressadas (Fontoni et al., 2014), permitindo a criação de um bom *rapport*. Cabe aqui retomar as considerações de Eksterman (1994) sobre alexitimia e pensamento operatório ao considerar que ambos não são causadores únicos das somatizações, sendo na verdade expressões de manifestações linguísticas primitivas, características que acompanham o psiquismo desses pacientes. Se o presente psicodiagnóstico fosse efetuado apenas com as escalas usadas e poucas entrevistas, seria possível considerar a paciente alexitímica. Isso se revelou não ser a hipótese correta com o aprofundamento da investigação e, principalmente, com maior abertura da jovem, obtida com a construção de uma relação de confiança com o psicólogo responsável pela avaliação no tempo que ela precisou para tanto.

Se o presente psicodiagnóstico fosse efetuado apenas com as escalas usadas e poucas entrevistas, seria possível considerar a paciente alexitímica. Isso se revelou não ser a hipótese correta com o aprofundamento da investigação e, principalmente, com maior abertura da jovem.

CONSIDERAÇÕES FINAIS

A metodologia permitiu identificar as características mais evidentes da personalidade de Maria, a ponto de ser possível afirmar que, assim como na literatura citada sobre enfermos com tal dermatose, a paciente apresenta dificuldades com a autoimagem e a autoestima, tanto quanto comportamentos que sugerem personalidade do tipo A, além de relação com a figura materna com características simbióticas. Contudo, o mesmo não pode ser dito no que tange às produções sobre alexitimia, uma vez que a paciente não apresentou tais configurações mentais.

REFERÊNCIAS

1. Aziah MS, Rosnah T, Mardiah A, Norzila MZ. Childhood atopic dermatitis: a measurement of quality of life and family impact. Med J Malaysia. 2002;57:329-39.

Psicologia da saúde hospitalar

2. Bellak L, Bellak SS. Manual do teste de apercepção infantil figuras de animais. Campinas: Livro Pleno; 1991. (Trabalho original publicado em 1949.)
3. Bleger J. Simbiose e ambiguidade. Rio de Janeiro: Francisco Alves; 1977.
4. Carneiro BV. Propriedades psicométricas da OAS – Observer Alexithymia Scale: versão brasileira [Tese]. Campinas: Pontifícia Universidade Católica de Campinas; 2008.
5. Cunha JA. Psicodiagnóstico-V. 5.ed. rev. Porto Alegre: Artes Médicas; 2000.
6. Dias HZJ. Pele e psiquismo, psicossomática e relações objetais: características relacionais de pacientes portadores de dermatoses [Tese]. Campinas: Pontifícia Universidade Católica de Campinas; 2007.
7. Eksterman A. Abordagem psicodinâmica dos sintomas somáticos. Revista Brasileira de Psicanálise. 1994;28,1.
8. Ferreira VRT, Muller MC, Jorge HZ. Dinâmica das relações em famílias com um membro portador de dermatite atópica: um estudo qualitativo. Psicologia em Estudo. 2006;11:617-25.
9. Fontoni MR, Lisboa Oliveira W, Kaneta CN. Winnicott e o desafio do atendimento a pacientes idosos em estado confusional. Psicologia, Saúde e Doenças. 2014;15:818-29.
10. Friedman MD, Rosenman RH. Type A behavior and your heart. New York: Knopf; 1974.
11. Gascon MRP, Bonfim MC, Pedroso TG, Campos TR, Benute GRG, Aok V et al. Avaliação psicológica de crianças com dermatite atópica por meio do teste das fábulas de Düss. Estudos Interdisciplinares em Psicologia. 2012;3:182-95.
12. Ginsburg IH, Link BH. Psychosocial consequences of rejection and stigma feelings in psoriasis patients. Int J Dermatol. 1993;32:587-91.
13. Haviland MG, Warren AL, Riggs ML, Gallacher M. Psychometric properties of the Observer Alexithymia Scale in a clinical sample. J Personality Assess. 2001;77:176-86.
14. Lilienfeld SO, Wood JM, Garb HN. What's wrong with this picture? Sci Am. 2001;284:81-7.
15. Limongi França AC, Rodrigues AL. Stress e trabalho: uma abordagem psicossomática. 4.ed. São Paulo: Atlas; 1999.
16. Ludwig MWB, Muller MC, Redivo LB, Calvetti PU, Silva LM, Hauber LS et al. Psicodermatologia e as intervenções do psicólogo da saúde. Mudanças – Psicologia da Saúde. 2008;16:37-72.
17. Marty P. A psicossomática do adulto. Porto Alegre: Artes Médicas Sul; 1993.
18. McDougall J. Teatros do corpo. São Paulo: Martins Fontes; 1991.
19. McDougall J. Corpo e linguagem: da linguagem do soma às palavras da mente. Revista Brasileira de Psicanálise. 1994;28:1.
20. Ocampo MLS, Arzeno MEG, De Piccolo EG. O processo psicodiagnóstico e as técnicas projetivas. Trad. M. Felzenswalb. São Paulo: Martins Fontes; 1981.
21. Picardi A, Pasquini P. Toward a biopsychosocial approach to skin disease. Adv Psychosom Med. 2007;28:109-26.
22. Poot F, Sampogna F, Onnis L. Basic knowledge in psychodermatology. J Eur Acad Dermatol Venereol. 2007;21:227-34.
23. Ramos M. Introdução à terapia familiar. São Paulo: Claridade; 2006.
24. Ribeiro C. Família, saúde e doença: o que diz a investigação. Revista Portuguesa de Medicina Geral e Familiar. 2007;23:299-306.
25. Ribeiro da Silva AF, Caldeira G. Alexitimia e pensamento operatório: a questão do afeto na psicossomática. In: Mello Filho J (org.). Psicossomática hoje. Porto Alegre: Artmed; 2010. p.158-166.
26. Sifneos P. Psicoterapia dinâmica breve, avaliação e técnica. Porto Alegre: Artes Médicas; 1989.
27. Tardivo LSPC. Teste de apercepção infantil com figuras de animais (CAT-A) e teste das fábulas de Düss: estudos normativos e aplicações no contexto das técnicas projetivas. [Tese]. São Paulo: Universidade de São Paulo; 1992.
28. Van Kolck OL. Técnicas de exame psicológico e suas aplicações no Brasil: testes de personalidade. Petrópolis: Vozes; 1975.
29. Xavier MF. Evidências de validade do CAT-A e Rorschach para avaliação da cognição [Tese]. Programa de Pós-Graduação Stricto Sensu em Psicologia. Itatiba: Universidade São Francisco; 2009.
30. Yoshida EMP. Toronto Alexthymia Scale – TAS: precisão e validade da versão em português. Psicologia: Teoria e Prática. 2000;2:59-74.
31. Zimerman DE. Fundamentos psicanalíticos: teoria, técnica e clínica: uma abordagem didática. Porto Alegre: Artmed; 1999.

Coping religioso-espiritual em pacientes hospitalizados

30

Clayton dos Santos-Silva
Avelino Luiz Rodrigues

O objetivo do presente capítulo é apresentar o conceito de *coping* religioso-espiritual, sua relação com pacientes internados em hospital geral e possíveis implicações em seus tratamentos, de forma a demonstrar como a religião e a espiritualidade podem interferir na forma como o paciente lida com sua enfermidade. Serão utilizadas como ilustrações vinhetas clínicas obtidas por meio de atendimentos psicológicos e entrevistas de uma pesquisa com esse tema realizados nas clínicas médica e cirúrgica do Hospital Universitário da USP. Os nomes desses pacientes serão fictícios e algumas informações demográficas serão dadas a fim de se apresentar melhor quem são essas pessoas e o que estavam enfrentando.

Inicialmente será apresentado o conceito de *coping*, em seguida seus estilos, na sequência serão tratados seus recursos pessoais e socioecológicos. A sessão seguinte tratará da relação entre espiritualidade e saúde, discorrendo a próxima a respeito da leitura psicodinâmica do comportamento religioso. Em continuidade será focado o *coping* religioso-espiritual, seus tipos positivo e negativo e por fim a relação desses com a saúde de seus praticantes.

COPING

O anglicismo *coping* se deve ao fato de que a língua portuguesa não contém uma única palavra que comunique sua complexidade. Dessa forma, para facilitar a recuperação de dados por interessados no assunto, optou-se por não traduzi-lo.

Para Lazarus e Folkman (1984, p. 141), *coping* seriam "esforços comportamentais e cognitivos em constante mudança para lidar com demandas específicas internas e/ou externas que são avaliadas como penosas ou maiores que os recursos da pessoa", ou seja, o processo de se empenhar intencionalmente em lidar com uma situação estressante utilizando pensamentos ou ações, independentemente de sua eficácia.

Podemos observar o *coping* na fala de Silvio, um senhor que estava internado havia 11 dias na clínica cirúrgica do hospital universitário da USP, de 58 anos, natural do Estado do Rio Grande do Norte, com ensino fundamental incompleto, casado, católico, com diagnóstico de aderência intestinal:

Pesquisador: O que te dá força para passar por isso?
Silvio: O que me dá força, meu amigo?
Pesquisador: É.
Silvio: É pensar na vida, pensar na minha família, né? Eu acho que é isso. A gente tem muita coisa pela frente ainda... e é só isso que eu penso.
Pesquisador: Na vida?
Silvio: Sim. Em viver melhor, fora dessa doença, desse problema que eu estou passando hoje e que tem a minha família que precisa de mim, só isso...

Observa-se que a família é um importante elemento para os recursos pessoais de Silvio ao dar sentido a seus esforços para superar tais dificuldades. Sua fala demonstra que ele busca força em si para suportar o que está passando porque entende que eles precisam da sua participação na vida familiar hoje e no futuro. Algo semelhante ocorre na fala de Helena, uma senhora de 40 anos de idade, baiana, com ensino fundamental também incompleto, casada, católica, internada há seis dias na clínica médica devido a um problema cardiovascular causado por lúpus não tratado:

Pesquisador: Então você pensava na sua família?
Helena: Pensava na minha família. Que eu tinha que ajudar eles ainda.
Pesquisador: Tem que ajudar eles ainda.
Helena: Tem muita coisa pra fazer aqui ainda.

Coping seriam "esforços comportamentais e cognitivos em constante mudança para lidar com demandas específicas internas e/ou externas que são avaliadas como penosas ou maiores que os recursos da pessoa".

O conceito de *coping* não está relacionado ao controle ou domínio, mas sim à tolerância, minimização e evitação dos agentes estressores (Mellagi, 2009) em um processo de interação entre indivíduo e ambiente (Folkman & Lazarus, 1980). Lazarus e Folkman (1984) apontam as principais linhas de pesquisa de onde extraíram os conceitos de *coping*: a psicologia animal, que o define como aqueles comportamentos que tentam controlar os estímulos adversos do ambiente prevenindo o surgimento de perturbações psicofisiológicas; e a psicologia cognitivista, a qual sustenta que o "*coping* é definido como pensamentos e ações realistas, que solucionam problemas reduzindo assim o estresse" (Lazarus, 1984, p. 118, citado por Diniz, 2009).

Grande parte da literatura sobre *coping* foca em pesquisas do campo da psicologia da saúde, principalmente nos estudos sobre condições de cronicidade e realização de procedimentos médicos (Pereira, 2002, citado por Faria & Seidl, 2005).

Muitos desses trabalhos tratam dos componentes, características e estilos de *coping*. Algumas dessas contribuições serão apresentadas a seguir.

> O conceito de *coping* não está relacionado ao controle ou domínio, mas sim à tolerância, minimização e evitação dos agentes estressores.

Estilos de coping

Segundo alguns autores, existem os estilos de *coping*, os quais seriam relacionados a características de personalidade ou a seus resultados. As pessoas desenvolveriam maneiras habituais de lidar com o estresse, e esses hábitos ou estilos de *coping* poderiam influenciar suas respostas em novas situações estressoras. Sendo assim, os estilos de *coping* não seriam preferências de aspectos de *coping* sobre outros, mas tendências a responder de forma particular quando confrontadas com uma série específica de circunstâncias, sem que isso implique necessariamente a presença de traços subjacentes de personalidade que predisponha o sujeito a responder de determinada maneira (Carver & Scheier, 1994, citado por Antoniazzi et al., 1998).

Na literatura são identificados alguns tipos de *coping*. Na Tabela 1, elaborada com base em Antoniazzi et al. (1998), pode-se observar alguns desses e suas táticas habituais. Miller (1981) identificou dois tipos de *coping*, o monitorador e o desatento. No primeiro o sujeito mantém a atenção vigilante, procurando informações e visualizando a situação estressante para controlá-la, estando sensibilizado para os aspectos negativos desta. No segundo caso, o desatento, a pessoa usa a desatenção como proteção cognitiva de fontes de perigo, com tendência a se afastar da ameaça, distrair-se e evitar informações, de maneira a postergar uma ação. Band e Weisz (1988) identificaram dois outros tipos de *coping*, o primário e o secundário. O primeiro busca lidar com situações ou condições objetivas de estresse, já o segundo tem como objetivo se adaptar às condições causadas por ele. Por exemplo, em uma internação diante de um quadro de dor, o *coping* primário é aquele que o paciente executa ao solicitar à equipe um analgésico, algo que lide diretamente com o estressor, mesmo que seja diminuindo-o apenas temporariamente. Um exemplo de *coping* secundário ocorre diante do desgaste de ficar internado. Uma vez que o paciente tem o estresse de precisar abdicar de sua liberdade de ir e vir no período do tratamento, necessitará também lidar com as condições postas por tal situação, adaptando-se a ela.

Moss, em parceria com Billings (1984) e Holahan (1985), identificou outro tipo de *coping*, focado na aproximação ou evitação do foco do estresse: o primeiro seria o tipo ativo, o segundo o tipo passivo. Ainda segundo a mesma fonte, Altshuler e Ruble (1989), Berg (1989) e Compas et al. (1991) fizeram estudos com crianças e identificaram o *coping* de atividade direta, que objetiva o estressor, e o de atividade indireta, que busca evitar ou remediar as consequências deste. Esses mesmos autores identificaram o *coping* pró-social e o antissocial: no primeiro caso a criança busca a ajuda de outros diante de uma situação estressante, e na segunda situação, o antissocial, ela age agressivamente contra outros.

> Estilos de *coping*, os quais seriam relacionados a características de personalidade ou a seus resultados.

Tabela 1   Tipos de coping *e táticas predominantes*

Tipo	Tática
Monitorador	Atenção vigilante. Procura informações e visualiza a situação para controlá-la. Sensibilidade aos aspectos negativos desta
Desatento	Desatenção. Proteção cognitiva de fontes de perigo, tendendo ao afastamento, distração e evitação, postergando uma ação
Primário	Busca lidar com situações ou condições objetivas
Secundário	Busca se adaptar às condições de estresse
Ativo	Aproximação ao foco de estresse
Passivo	Evitação do foco de estresse
Atividade direta	Objetivam o estressor
Atividade indireta	Evitam o estressor ou tratam das suas consequências
Pró-social	Procura a ajuda de outros
Antissocial	Ação agressiva contra outros

Chama a atenção o fato de todas essas pesquisas citadas acima identificarem apenas tipos binários de *coping*, o que pode levar ao questionamento se a experiência humana, mesmo se tratando apenas da reação voluntária ao estressor, pode ser constituída apenas de duas opções.

Recursos pessoais e socioecológicos de coping

Ainda utilizando a revisão teórica de Antoniazzi, Dell'Aglio e Bandeira (1998), temos que, segundo Beresford (1994), existem recursos pessoais e socioecológicos de *coping*. Fazem parte dos primeiros a saúde física, a moral, as crenças ideológicas, as experiências prévias de *coping*, a inteligência e outras características pessoais. Já os recursos socioecológicos incluem o relacionamento conjugal, as características familiares, as redes sociais, os recursos funcionais ou práticos e as circunstâncias econômicas.

A disponibilidade desses recursos afeta a avaliação do estressor e determina a estratégia que o indivíduo usará, podendo inclusive atuar como fator de risco e de resistência ao ajustamento nos casos em que poucos recursos estão à disposição. Há aqui uma vinculação dos recursos de *coping* com a noção de vulnerabilidade ao distresse, o estresse negativo, já que esta é mediada por eles. A qualidade e a disponibilidade dos recursos pessoais e socioecológicos modula a resistência/vulnerabilidade do sujeito aos efeitos do estresse, o que, em um círculo vicioso, pode por sua vez afetar os recursos de *coping*, incrementando assim a vulnerabilidade (Beresford, 1994, citado por Antoniazzi et al., 1998).

De maneira que o *coping* é influenciado pela cultura, já que ela pode interferir nas avaliações do estressor, no modo como as pessoas se relacionam com o mundo, assim como nas estratégias de *coping* que são ensinadas e priorizadas em um contexto sociocultural em detrimento de outras (Faria & Seidl, 2005).

No entanto, há um tipo de recurso que pode ser tanto pessoal como socioecológico, já que é simultaneamente um tipo de crença e um formador de relacionamentos e redes sociais. Esse recurso seria a religiosidade/espiritualidade.

> Fazem parte dos recursos pessoais e socioecológicos de *coping* a saúde física, a moral, as crenças ideológicas, as experiências prévias de *coping*, a inteligência e outras características pessoais. Já os recursos socioecológicos incluem o relacionamento conjugal, as características familiares, as redes sociais, os recursos funcionais ou práticos e as circunstâncias econômicas.

ESPIRITUALIDADE E SAÚDE

É crescente o debate na comunidade científica brasileira e internacional sobre as relações entre espiritualidade e saúde. Existem centenas de estudos que demonstram como a religiosidade pode contribuir para a saúde física e mental de seus praticantes (Koenig, 2007; Paiva, 2007) e como a religião e a espiritualidade são fatores de proteção à saúde (Panzini et al., 2007; Lucchetti et al., 2010). As justificativas psicológicas para os resultados desses trabalhos são:

- A eficácia da religião em promover hábitos e comportamentos saudáveis em detrimento dos nocivos.
- A capacidade da religião para influenciar os estilos de vida pessoais.
- A integração e o apoio possibilitados pelos atos religiosos compartilhados socialmente.
- O reforço aos sentimentos de autoestima e de autoeficácia possibilitados pela religião.
- O enfrentamento das situações estressoras em um quadro de referencial religioso.
- E, provavelmente, as alterações das conexões psiconeuroimunológicas ou neuroendócrinas que afetam os sistemas fisiológicos dos praticantes (Cohen & Herbert, 1996; Ellison, 1998; Kiecolt-Glaser et al., 2002, citados por Paiva, 2007).

> A qualidade e a disponibilidade dos recursos pessoais e socioecológicos modula a resistência/vulnerabilidade do sujeito aos efeitos do estresse, o que, em um círculo vicioso, pode por sua vez afetar os recursos de *coping*, incrementando assim a vulnerabilidade.

Os primeiros elementos acima podem favorecer um incremento do senso de propósito[1] e significado para a vida, que estão associados a maior resistência ao distresse rela-

---

1   A expressão "senso de propósito" significa propósito para a vida, uma razão para viver. É comum em textos religiosos.

cionado às enfermidades (Lawler & Younger, 2002, citados por Panzini & Bandeira, 2007). Já a última justificativa diz respeito à psiconeuroimunologia, campo interdisciplinar que estuda as relações entre o psiquismo e os sistemas nervoso e imunológico, o qual aponta como as cognições e os afetos podem interferir nos estados fisiológicos, influenciando a eficiência do sistema de defesa do corpo e afetando a saúde (Faria & Seidl, 2005) – uma concepção inerente à abordagem psicossomática. Uma vez que a religião e a espiritualidade são constituintes da subjetividade dos indivíduos (Dalgalarrondo, 2008; Panzini & Bandeira, 2007) e fazem parte do sistema de cognições das pessoas, têm a capacidade de afetar a saúde por meio de tal interface psiconeuroimunológica, não podendo ser negligenciadas devido a crenças e opiniões pessoais de clínicos e pesquisadores, tal como aconteceu no passado (Koenig, 2007).

O *coping* é influenciado pela cultura.

Sendo assim, pessoas religiosas são mais saudáveis e usam menos serviços de saúde (Saad et al., 2001; Peres et al., 2007). Apesar de tais efeitos positivos, também são identificadas algumas consequências adversas da religiosidade na saúde das pessoas. Segundo Dalgalarrondo et al. (2008), pessoas com quadros maníacos tendem a se envolver mais com conteúdos religiosos, e a adesão a determinadas religiões, tais como igrejas evangélicas pentecostais e o espiritismo kardecista, está associada à pior saúde mental e menor qualidade de vida. Tal associação não é totalmente esclarecida, mas o autor levanta a hipótese de que possa indicar um processo social de procura de novos agrupamentos religiosos por parte de pessoas em situação de sofrimento.

Cabe aqui diferenciar os termos "religiosidade" e "espiritualidade". O primeiro diz respeito à adesão a crenças e práticas relativas a uma igreja ou instituição religiosa organizada. Já a espiritualidade é a relação estabelecida por uma pessoa com um ser ou força superior na qual ela acredita, sendo um fenômeno individual, identificado com aspectos como transcendência pessoal e fontes de sentido para a vida, representando uma ligação do Eu com o Universo e outras pessoas (Faria & Seidl, 2005; Fornazari & Ferreira, 2010). De maneira que a espiritualidade não depende de religião ou religiosidade (Fornazari & Ferreira, 2010).

Os primeiros elementos acima podem favorecer um incremento do senso de propósito e significado para a vida, que estão associados a maior resistência ao distresse relacionado às enfermidades (Lawler & Younger, 2002, citados por Panzini & Bandeira, 2007).

Religião e espiritualidade são fenômenos amplos, não cabendo à psicologia tentar entendê-los em suas qualidades propriamente religiosas (Paiva, 2007), mas sim no caráter secular do comportamento religioso em suas várias manifestações, sendo uma destas o *coping* religioso/espiritual (Mellagi, 2009).

> Uma vez que a religião e a espiritualidade são constituintes da subjetividade dos indivíduos (Dalgalarrondo, 2008; Panzini & Bandeira, 2007) e fazem parte do sistema de cognições das pessoas, têm a capacidade de afetar a saúde por meio de tal interface psiconeuroimunológica.

LEITURA PSICODINÂMICA DO COMPORTAMENTO RELIGIOSO

Segundo Paiva (2013), o comportamento religioso é aquele voltado para o objeto religioso. Como todo comportamento, esse também é objeto de estudo da psicologia, afinal nunca se demonstrou que a natureza de qualquer pensamento, sentimento, comportamento ou emoção de caráter religioso fosse diversa da índole de qualquer outra cognição, afeto ou conduta.

> Pessoas religiosas são mais saudáveis e usam menos serviços de saúde, mas também são identificadas algumas consequências adversas da religiosidade na saúde.

A pluralidade da psicologia também se manifesta no estudo psicológico da religião, dando origem a várias teorias explicativas. Essas hipóteses abrangem aspectos da realidade que observam e não a totalidade do fenômeno religioso. Para uma ampla apresentação de teorias contemporâneas da psicologia da religião sugere-se Paiva (2013). Nessa obra, o autor destaca no âmbito do consciente as teorias da psicologia narrativa, da atribuição de causalidade, das representações sociais, do apego (*attachment*), a teoria cultural e a evolutiva. Já no âmbito do inconsciente destacamos a teoria das relações objetais na versão winnicottiana.

> Religiosidade diz respeito à adesão a crenças e práticas relativas a uma igreja ou instituição religiosa organizada. Já a espiritualidade é a relação estabelecida por uma pessoa com um ser ou força superior na qual ela acredita, sendo um fenômeno individual, identificado com aspectos como transcendência pessoal e fontes de sentido para a vida, representando uma ligação do Eu com o Universo e outras pessoas.

Na apresentação dessa leitura psicodinâmica da religião, Paiva (2013) utiliza dois autores, Rizzuto (1979) e Aletti (2010). Ambos defendem a importância da ilusão como conceito fundamental do processo psicológico inconsciente da relação da pessoa com a divindade, focando na questão da modalidade relacional da religião, trabalhando não com o termo freudiano de ilusão, mas sim com o de Winnicott e a teoria das relações objetais (Aletti, 2004).

Rizzuto (1979), por meio da prática clínica, acompanhou no desenvolvimento da criança o "surgimento do Deus vivo", que seria o Deus que resulta da confluência das relações objetais primárias da criança, a qual geralmente é a mãe, e as indicações a respeito Dele que recebe do ambiente externo, ou seja, a cultura. De forma que o Deus vivo não é puramente uma criação da criança, uma vez que está dado, e também não é a realidade divina objetiva, já que é alcançado pelo símbolo. O Deus vivo, portanto, encontra-se no estado intermediário da ilusão, o campo do fenômeno transicional, capaz de fazer a ligação entre o mundo subjetivo e o objetivo (Aletti, 2004). Conforme a criança continua seu desenvolvimento, tanto sua capacidade imaginativa como os dados que o ambiente lhe oferece se modificam, mas o Deus vivo ainda será a construção subjetiva de um dado cultural. Em tal quadro, arte, religião e até mesmo as construções científicas são ilusões funcionalmente equivalentes aos fenômenos transicionais da criança na organização psíquica do indivíduo inserido na cultura (Aletti, 2004).

Dependendo das relações objetais fundamentais, se elas forem negativas, por exemplo, assim como do tipo de informação a respeito de Deus oferecida pela cultura, o Deus vivo pode ser, do ponto de vista psicológico, um Deus morto ou a negação de Deus. De maneira que a representação é uma condição vazia da determinação religiosa ou não religiosa, que lhe é dada pela nomeação da cultura, o que permite que Aletti (2010) possa falar de representação pré-ateia, no caso de a representação receber do ambiente cultural uma caracterização contrária a Deus.

> O comportamento religioso é aquele voltado para o objeto religioso. Como todo comportamento, esse também é objeto de estudo da psicologia, afinal nunca se demonstrou que a natureza de qualquer pensamento, sentimento, comportamento ou emoção de caráter religioso fosse diversa da índole de qualquer outra cognição, afeto ou conduta.

Segundo Rizzuto (1979), o conceito de Deus se constrói em um momento posterior, sendo uma figuração. A autora separa representação de figuração. A primeira se origina de processos de memória, desde as mais primevas, viscerais, sensório-motoras e proprioceptivas até, posteriormente, as conceituais, concebidas por meio de processos preponderantemente inconscientes e pré-conscientes. A figuração, por sua vez, é um processo posterior, produto dos processos secundários, conscientes.

COPING RELIGIOSO-ESPIRITUAL – CRE

"Te dá um incentivo, né? Que você não está sozinho. Você tem, mesmo na pior que seja a tua situação... Você nunca está sozinho. Sempre tem alguém que está te acompanhando, teu anjo da guarda. Não sei se você acredita nisso. Ele está te acompanhando e está te incentivando pra seguir em frente." (João)

"Eu sei que ele está com Deus agora... Ele sofreu muito aqui e iria sofrer mais se continuasse comigo... Se Deus levou é porque foi o melhor para ele [...] agora eu posso me concentrar no irmão dele que ainda está muito doente [...] os irmãos da igreja têm me ajudado muito nesse momento..." (Patrícia)

Uma das falas acima é de João, um senhor de 58 anos, paulista, com ensino superior completo, casado, espírita, internado há 8 dias na clínica médica ainda sem diagnóstico definido, mas com suspeita de linfoma. A outra é de Patrícia, uma jovem de 20 anos que deu à luz gêmeos com complicações no parto. Seu depoimento se deu em um atendimento na UTI pediátrica dias depois da morte de um deles. Esses são exemplos de *coping* religioso-espiritual – CRE, quando a pessoa se volta à religião a fim de lidar com o estresse, escolhendo essa alternativa de maneira mais urgente e utilizando estratégias cognitivas e comportamentais originadas de tal orientação ou de sua espiritualidade (Pargament, 2007, citado por Mellagi, 2009; Faria & Seidl, 2005).

De forma que o Deus vivo não é puramente uma criação da criança, uma vez que está dado, e também não é a realidade divina objetiva, já que é alcançado pelo símbolo. O Deus vivo, portanto, encontra-se no estado intermediário da ilusão, o campo do fenômeno transicional, capaz de fazer a ligação entre o mundo subjetivo e o objetivo (Aletti, 2004).

O conceito de CRE está inserido nas áreas da psicologia cognitivo-comportamental, psicologia da religião e da espiritualidade, psicologia positiva e psicologia da saúde, no escopo de estudos sobre religião e saúde e nas pesquisas sobre medicina e espiritualidade, sendo descrito a partir dos estudos cognitivistas do estresse e do *coping* (Panzini & Bandeira, 2007). Seus objetivos conciliam-se com os da religião em suas multidimensionalidades, principalmente nos cinco objetivos-chave desta última (Pargament, 1997; Pargament et al., 2000, citado por Panzini & Bandeira, 2007), a saber:

1. Busca de significado.
2. Controle.
3. Conforto espiritual.
4. Intimidade com Deus e com outros membros da sociedade.
5. Transformação da vida.

Além desses, também teria como objetivos a busca de bem-estar físico, psicológico e emocional (Tarakwshwar & Pargament, 2001 citado por Panzini & Bandeira, 2007) e o crescimento e conhecimento espiritual (Panzini, 2004, citado por Panzini & Bandeira, 2007), sendo verificado especialmente em situações de crise e sofrimento envolvendo perdas motivadas por doenças, envelhecimento, incapacidade, morte, perda de entes queridos e guerras (Panzini, 2005). Essas situações exigem mais do que os limites humanos são capazes de suportar, quando os recursos imediatos pessoais e sociais já estão esgotados (Pargament et al., 2005).

Mesmo considerada uma importante instância de significação e ordenação da vida, de seus revezes e sofrimentos, a religião nem sempre faz parte do coping, nem sequer em indivíduos que praticam a religião (Mellagi, 2009). No entanto, tais pessoas estão mais propensas a utilizar esse tipo de enfrentamento (Faria & Seidl, 2005) e a ter mais ajuda com tal recurso (Pargament et al., 2005).

> A pessoa se volta à religião a fim de lidar com o estresse, escolhendo essa alternativa de maneira mais urgente e utilizando estratégias cognitivas e comportamentais originadas de tal orientação ou de sua espiritualidade.

O CRE não pode ser reduzido a formas não religiosas de *coping*, já que contribui com elemento único à predição de ajustamento psicológico a eventos estressores que não podem ser justificados por outros preditores estabelecidos, como reestruturação cognitiva, suporte social ou controle percebido (Tix & Frazier, 1998, citado por Panzini & Bandeira, 2007), diferentemente do *coping* secular, uma vez que foi verificado que "o enfrentamento[2] secular levou a uma esquiva que apenas desviou a atenção de pensamentos penosos, ao passo que o enfrentamento religioso conferiu sentido, estabilidade e conforto" (Pargament et al., 1990, citado por Paiva, 2007, p.102).

CRE positivo e CRE negativo

Deus vai me levar. Aí eles vão se sentir culpados por não terem cuidado de mim [...] eu quero que ele me leve [...] não importa que eu morra, aí eles vão sentir...

Tal relato é de Maísa, uma senhora de 46 anos internada na clínica cirúrgica devido a uma nova amputação de uma série que realizou em membros inferiores por causa de problemas de cicatrização em pé diabético. É uma ilustração de que nem sempre a religião/espiritualidade e seu tipo de *coping* são fontes de alívio ou conforto, já que há situações em que podem ser mais fontes de distresse. Assim, o CRE positivo e o negativo são classificados em função das consequências que ocasionam para quem os utiliza (Pargament et al., 1998, citado por Panzini & Bandeira, 2005). Isso pede mais conhecimento de tal fenômeno a fim de evitar que seus aspectos adaptativos sejam supervalorizados (Cardoso & Peres, 2011).

> Mesmo considerada uma importante instância de significação e ordenação da vida, de seus revezes e sofrimentos, a religião nem sempre faz parte do *coping*, nem sequer em indivíduos que praticam a religião.

No campo da psicologia da saúde, Dull e Skokan (1995, citado por Faria & Seidl, 2005) afirmam que a influência da religião tanto pode favorecer a adoção de comportamentos saudáveis como a redução do uso de drogas, quanto a não adesão a práticas preventivas devido a um otimismo irrealista relativo à proteção divina. Exemplificado com as falas acima de João e Patrícia nas quais demonstram sentir apoio da divindade e da religião, o

---

2   Os autores citados nesse trabalho usam tanto "enfrentamento" quanto *coping* para se referir ao mesmo fenômeno. Apesar da escolha pelo termo em inglês, explicada anteriormente, as citações mantiveram o termo usado por cada autor.

CRE positivo é definido por abarcar estratégias que oferecem efeito benéfico ao praticante (Panzini & Bandeira, 2007), tais como:

- Buscar o amor/proteção de Deus ou maior ligação com forças transcendentais.
- Buscar ajuda ou conforto na literatura religiosa.
- Buscar e proporcionar perdão.
- Orar pelo bem-estar de outros.
- Resolver problemas em colaboração com Deus.
- Redefinir o estressor como benéfico e etc.

Já o CRE negativo é o que abrange estratégias que proporcionam consequências prejudiciais à pessoa (Panzini & Bandeira, 2007), tais como:

- Questionar a existência, amor ou atos de Deus.
- Delegar a Deus a resolução dos problemas.
- Sentir insatisfação ou descontentamento em relação a Deus.
- Sentir insatisfação ou descontentamento em relação a frequentadores ou membros de instituição religiosa.
- Redefinir o estressor como castigo divino ou de forças do mal etc.

O CRE positivo é definido por abarcar estratégias que oferecem efeito benéfico ao praticante.

A fala autodestrutiva de Maísa é um exemplo dessas estratégias, assim como a expressão carregada de culpa de Helena, a seguir:

Pesquisador: Mas é que quando você diz dar uma nova chance dá uma certa impressão de que tinha uma certa dívida. Aí agora Ele te deu uma chance pra você pagar.
(Alguns segundo de silêncio)
Helena: Mais ou menos isso.
Pesquisador: É isso mesmo?
Helena: É.
Pesquisador: Tá, bom.
(Alguns segundo de silêncio)
Helena: Eu não sei explicar direito, mas é.
Pesquisador: É por aí?
Helena: É por aí.
Pesquisador: Entendi. Mas você acha que estava em dívida?
(Alguns segundos de silêncio)
Helena: Acho que sim.
Pesquisador: É mesmo?
(Helena chora)

E a fala notavelmente submissa de Francisca, uma pernambucana de 53 anos, ensino fundamental incompleto, solteira, evangélica, internada há 16 dias devido a um tumor no intestino:

Pesquisador: Então a internação fez a senhora ficar mais...
Francisca: Mais perto, mais orientada.
Pesquisador: Mais perto?
Francisca: Mais perto da orientação do internamento. Fez com que eu me humilhasse, descesse mais nos pés de Deus, fez com que eu voltasse a fé mais para Jesus Cristo, tudo isso. Eu entendo assim. Que eu tive que passar por esse processo, dessa eu tinha. Eu passei.

> O CRE negativo é o que abrange estratégias que proporcionam consequências prejudiciais à pessoa.

Tipos de CRE e saúde

Desde tempos imemoriais a humanidade se volta aos conteúdos espirituais em busca da manutenção ou restabelecimento da saúde (Luchetti et al., 2011). Segundo Hennezel e Leloup (2000, citado por Fornazari & Ferreira, 2010), isso se deve ao fato da doença levar o paciente a encarar seus valores e dúvidas existenciais e a proximidade da morte, quando a religião e a espiritualidade poderiam facilitar a tarefa de significação de tal experiência para o paciente, ajudando-o a compreender sua situação clínica, o sofrimento, a morte e a existência nesse momento difícil.

Nas pesquisas sobre CRE tal demanda tem sido estudada em vários trabalhos, assim como as consequências do uso de tal recurso, corroborando tanto os dados obtidos com os trabalhos sobre religião quanto os sobre *coping*.

Se os enfrentamentos ativos estão mais associados à melhor resposta em tratamentos e menor comprometimento da funcionalidade e qualidade de vida (Fortes et al., 2010), e a religião pode proporcionar um aumento do senso de propósito e significado da vida, sendo fator de proteção à saúde (Panzini & Bandeira, 2007), ambos os efeitos são verificados nos casos de CRE positivo, já que esse tipo de estratégia apresenta correlação positiva com melhor saúde mental, crescimento espiritual e cooperatividade (Koenig et al., 1998, citado por Panzini & Bandeira, 2005). Também tem sido relacionado com melhor saúde em vários estudos (Pargament et al., 2005), uma vez que se põe, como podemos ver nas vinhetas clinicas apresentadas, como fator que contribui para adesão ao tratamento, enfrentamento da problemática, adaptação ao distresse, redução da ansiedade, busca de sentido para a situação (Fornazari & Ferreira, 2010), avaliação positiva da qualidade de vida e redução de sintomas sugestivos de problemas emocionais (Faria & Seidl, 2005).

Uma vez que é função da psicologia hospitalar promover o desenvolvimento de melhores defesas para o aparelho psíquico para assim o corpo enfermo ter mais condições de se restabelecer, o uso do CRE positivo é ferramenta útil e indispensável em sua capacidade de proporcionar conforto e sentido, entre as outras características já mencionadas.

O CRE do tipo negativo, no entanto, foi relacionado a vários problemas de saúde, tais como depressão, ansiedade, insensibilidade e estresse pós-traumático (Faria & Seidl, 2005). Está relacionado em estudos estatísticos longitudinais com maior probabilidade de risco de morte (Pargament et al., 2005; Dalgalarrondo, 2008) e com pacientes menos comprometidos com o tratamento, como ficou claro na declaração de Maísa.

Perda de satisfação com a vida (Mellagi, 2009) e diminuição de sua qualidade (Panzini et al., 2007) também são marcas do CRE negativo, de forma semelhante ao que é evidenciado em trabalhos que destacam o fato de enfrentamentos passivos ou evitativos apresentarem piores evoluções e prognósticos mais restritos (Fortes et al., 2010); assim como a religião, que em algumas situações e condições de vida também pode ser negativa para a saúde das pessoas ao fazer surgir sentimentos de culpa, vergonha, submissão e medo, identificáveis nas citações apresentadas de Helena e Francisca.

Panzini (2004), em estudo relacionando CRE e qualidade de vida, identificou que esse recurso só traz aumento da qualidade de vida do praticante quando o CRE positivo é pelo menos duas vezes maior do que o negativo, situação menos comum de acontecer segundo verificado em trabalhos como o de Santos-Silva (2014). Por essas razões, os autores da área sugerem que minimizar o CRE negativo seja tão ou mais importante do que promover o CRE positivo (Mellagi, 2009).

> O CRE do tipo negativo, no entanto, foi relacionado a vários problemas de saúde, tais como depressão, ansiedade, insensibilidade e estresse pós-traumático (Faria & Seidl, 2005). Está relacionado em estudos estatísticos longitudinais com maior probabilidade de risco de morte (Pargament et al., 2005; Dalgalarrondo, 2008) e com pacientes menos comprometidos com o tratamento.

Ao considerar o Código de Ética dos Psicólogos, especificamente o artigo 2, alínea *b*, a qual estabelece que é vedado a tais profissionais no exercício da profissão induzir a convicções religiosas, filosóficas, ideológicas, entre outras (Conselho Federal de Psicologia, 2005), fica claro não ser função de psicólogos fazer apologia ao uso do *coping* religioso-espiritual, mas é possível dizer com segurança que uma intervenção psicológica pode questionar algumas das práticas do *coping* religioso negativo, tais como valores, fantasias e hábitos nitidamente prejudiciais para a saúde e o tratamento, sem desrespeitar os aspectos éticos da questão. Tais questionamentos, em um contexto psicodinâmico, podem proporcionar aos pacientes a possibilidade de desenvolver novas formas de se relacionar com a religiosidade/espiritualidade. Na verdade, esse trabalho de reflexão pode ser realizado com todas as relações da vida da pessoa, de forma a permitir o desenvolvimento do indivíduo através da construção de formas mais maduras de se relacionar com seus objetos internos e consequentemente consigo mesmo, com as pessoas e o mundo. De modo que não existem justificativas teóricas para não se fazer isso também com conteúdos religiosos ou espirituais.

É possível buscar isso em uma intervenção breve em um hospital. Mesmo que não seja viável uma grande alteração devido à brevidade do contato, com certeza é plausível que ocorra uma contribuição positiva para que a pessoa tenha elementos para pensar melhor a respeito de alguma relação prejudicial que tenha com sua espiritualidade/religiosidade após a alta, seja individualmente ou ao levar a questão para uma continuidade em um trabalho psicoterapêutico ambulatorial.

> Os autores da área sugerem que minimizar o CRE negativo seja tão ou mais importante do que promover o CRE positivo.

CONSIDERAÇÕES FINAIS

Os pacientes tendem a se relacionar com a religiosidade/espiritualidade em seu cotidiano, e essas relações geralmente ficam mais intensas com a internação. Psicólogos avaliarem a importância da religião ou espiritualidade no momento da hospitalização não se trata de defender seu uso no tratamento, o que seria uma falta ética, como foi demonstrado, ou de garantir que com tal tipo de *coping* se tenha uma garantia de adaptação, já que o CRE pode ser tanto positivo quanto negativo. Ainda assim, é considerar um fator que pode ser benéfico nos casos em que o paciente já utilize o CRE positivo, ao promover a valorização e o incentivo para melhor aproveitamento desse importante e disponível recurso na prevenção, diagnóstico e tratamento de problemas de saúde; ou nos casos de CRE negativo, a identificação de mais essa dificuldade no prognóstico. De forma que não se trata de uma panaceia na redução de sofrimento dos pacientes hospitalizados, mas de um recurso útil, nem por isso menos complexo, tal qual a grande parte dos fenômenos humanos.

> Ao considerar o Código de Ética dos Psicólogos, especificamente o artigo 2, alínea *b*, a qual estabelece que é vedado a tais profissionais no exercício da profissão induzir a convicções religiosas, filosóficas, ideológicas, entre outras (CFP, 2005), fica claro não ser função de psicólogos fazer apologia ao uso do *coping* religioso/espiritual.

REFERÊNCIAS

1. Aletti M. A figura da ilusão na literatura psicanalítica da religião. Psicologia USP. 2004;15(3):163-90.
2. Aletti M. Percorsi di psicologia della religione alla luce della psicoanalisi: testi raccolti e adattati da Germano Rossi. 2.ed. Roma: Aracne; 2010.
3. Antoniazzi AS, Dell'Aglio DD, Bandeira DR. O conceito de coping: uma revisão teórica. Estudos de Psicologia. 1998; Natal, 3, 2.
4. Cardoso CRD, Peres RS. Estilos de enfrentamento religioso em mulheres acometidas por câncer de mama. Estudos e Pesquisas em Psicologia. 2011;11(3):1058-61.
5. Código de Ética Profissional do Psicólogo. Brasília: Conselho Federal de Psicologia; 2005.
6. Dalgalarrondo P. Religião, psicopatologia e saúde mental. Porto Alegre: Artmed; 2008.

7. Dalgalarrondo P, Soeiro RE, Colombo ES, Ferreira MHF, Guimarães PSA, Botega NJ. Religião e transtornos mentais em pacientes internados em um hospital geral universitário. Cadernos de Saúde Pública. 2008;24(4):793-9.

8. Diniz SS. A influência dos traços de personalidade na escolha de estratégias de coping em adolescentes [Dissertação]. Goiânia: Universidade Católica de Goiás; 2009.

9. Faria JB, Seidl EMF. Religiosidade e enfrentamento em contextos de saúde e doença: revisão da literatura. Psicologia: Reflexão e Crítica; 2005;18(3):381-9.

10. Folkman S, Lazarus RS. An analysis of coping in a middle-aged community sample. J Health Soc Behav. 1980;(21):219-39.

11. Fornazari SA, Ferreira RER. Religiosidade/espiritualidade em pacientes oncológicos: qualidade de vida e saúde. Psicologia: Teoria e Pesquisa. 2010;26(2):265-72

12. Fortes SLCL, Tófoli LFF, Baptista CMA. Somatização hoje. In: Mello Filho J, Burd M, et al. Psicossomática hoje. Porto Alegre: Artmed; 2010. p.153-8.

13. Koenig HG. Religião, espiritualidade e psiquiatria: uma nova era na atenção à saúde mental. Rev Psiquiatria Clin. 2007;(34)1:5-7.

14. Lazarus RS, Folkman S. Stress, appraisal, and coping. New York: Springer; 1984.

15. Lucchetti G, et al. Espiritualidade na prática clínica: o que o clínico deve saber? Rev Bras Clín Méd. 2010;8(2):154-8.

16. Lucchetti G, Lucchetti ALG, Avezum Jr A. Religiosidade, espiritualidade e doenças cardiovasculares. Rev Bras Cardiol. 2011;24(1):55-7.

17. Mellagi AG. O enfrentamento religioso em pacientes portadores de HIV/aids: um estudo psicossocial entre homens católicos e evangélicos [Dissertação]. São Paulo: Universidade de São Paulo, Instituto de Psicologia; 2009.

18. Paiva GJ. Religião, enfrentamento e cura: perspectivas psicológicas. Estud Psicol. 2007;(24)1.

19. Paiva GJ. Teorias contemporâneas da psicologia da religião. In: Passos JD, Usarski F (orgs.). Compêndio de ciência da religião 1. São Paulo: Paulinas/Paulus; 2013. p. 347-66.

20. Panzini RG, Bandeira DR. Escala de coping religioso-espiritual (escala CRE): elaboração e validação de construto. Psicol Estud. 2005;(10):3.

21. Panzini RG, Bandeira DR. Coping (enfrentamento) religioso/espiritual. Rev Psiquiatr Clin. 2007;(34):126-35.

22. Pargament KI. The psychology of religion and coping: theory, research, practice. New York, Guilford; 1997.

23. Pargament KI, Ano GC, Wachholtz AB. The religious dimension of coping advances in theory, research, and practice. In: Paloutzian RF, Park CL (eds.). Handbook of psychology of religion and spirituality. New York: Guilford; 2005. p. 479-95.

24. Peres MFP, Arantes ACLQ, Lessa PS, Caous CA. A importância da integração da espiritualidade e da religiosidade no manejo da dor e dos cuidados paliativos. Rev Psiquiatr Clin. 2007;34(s. 1):82-7.

25. Rizzuto AM. The birth of the living God: a psychoanalytic study. Chicago-London: The University of Chicago; 1979. [Trad. it. La nascita del Dio vivente: studio psicoanalitico. Roma: Borla; 1994.]

26. Saad M, Masiero D, Battistella LR. Espiritualidade baseada em evidências. Acta Fisiátrica. 2001;8(3):107-12.

27. Santos-Silva C. O coping religioso/espiritual em pacientes de hospital escola: uma compreensão biopsicossocial [Dissertação]. São Paulo: Universidade de São Paulo, Instituto de Psicologia; 2014.

31 | Sofrimento psíquico de profissionais de saúde do hospital

Walter Lisboa Oliveira
Avelino Luiz Rodrigues

INTRODUÇÃO

São marcantes o sofrimento e as dificuldades quando estamos doentes ou hospitalizados. A experiência do adoecer, além de dolorosa, coloca-nos diante de conflitos familiares, afastamento no trabalho, dilemas existenciais, entre outras difíceis consequências. Com isso, a psicologia da saúde tem se empenhado, entre outras causas, pela atenção dada para a forma como profissionais de saúde lidam com pacientes e familiares, destacando a importância disso para uma boa qualidade de vida no trabalho e uma boa recuperação e adesão dos pacientes ao tratamento. Uma instituição, no entanto, conforme destacou Bleger (1984), pode absorver as características de suas atividades-fim, de maneira que a equipe se encontra igualmente vulnerável ao sofrimento e à dor, porém pela perspectiva de quem exerce o cuidado.

O hospital tal como se conhece é o resultado de diversos avanços científicos e processos históricos. Ele se transformou ao longo dos anos, deixando de ser um espaço no qual pacientes esperavam a morte sob cuidados de leigos e religiosos para se tornar um espaço de intervenção médica com perspectivas de cura (Foucault, 1979b), configurando-se ao fim desse processo também em um espaço de pesquisa, aprendizado e transmissão de conhecimento. À medida que os conhecimentos científicos avançam e o hospital passa a ser visto como um local de cura, desenvolve-se um raciocínio clínico com prática diagnóstica e necessidade de rápidas intervenções sistematizadas que vão marcar a cultura organizacional tal como é conhecida atualmente. Além das transformações técnico-científicas, na medida em que tem uma relação formal de trabalho com a equipe que o compõe, o hospital é também influenciado pelas transformações do mundo moderno e do trabalho, pautando sua atuação não somente na cura, mas na gestão de recursos e custos.

Assim, a instituição hospitalar hoje é não só um espaço de cura, mas também de trabalho com características organizacionais próprias, que refletem sua preocupação com o restabelecimento da saúde e influenciam seu funcionamento como um todo. Nesse mesmo processo histórico, à medida que surgem as grandes epidemias e os cenários das grandes guerras mundiais, suas estratégias e técnicas foram revisadas, incorporando preocupações sanitárias e com uma maior eficiência na prática curativa, resultando em procedimentos rigorosos e um elevado cuidado com a organização estrutural.

Quando o hospital passa a ser compreendido como um local de cura, surgem preocupações técnicas que vão exigir um raciocínio clínico e intervenções sistematizadas, as quais influenciarão em sua estrutura organizacional.

PERCURSO HISTÓRICO DO HOSPITAL MODERNO

As primeiras práticas curativas são muito anteriores ao hospital, vindo desde a Pré-história e até a Antiguidade, e traziam concepções mágico-animistas e religiosas das doenças e procedimentos terapêuticos. A cura era buscada por intermédio de feiticeiros, padres e xamãs, e muitas das prescrições eram encantamentos e rituais, porte de amuletos para expulsar uma entidade maléfica supostamente alojadas no corpo (Lévi-Strauss, 2008). Desde a Antiguidade diversos pensadores procuraram explicações para os diversos fenômenos da natureza, tentando romper com essa perspectiva mística, promovendo uma nova visão da realidade (Chaui, 2000).

Com o advento da Idade Média, esse avanço foi contido, principalmente pela soberania da Igreja Católica. O Papa foi a figura mais poderosa do ocidente do ano 500 d.C. a pelo menos 1000 d.C. na Alta Idade Média, ocupando a função de imperadores, com o bispo formando dioceses e administrando-as com poderes de governador. Diversos estudiosos que contrariaram as ideias da Igreja, como Nicolau Copérnico e Galileu Galilei, foram perseguidos, e o conhecimento desenvolvido antes da Idade Média pouco evoluiu até o final do século XV. O pensamento religioso tornou-se onipresente nos cenários social, filosófico e científico, de maneira que os conhecimentos clássicos até então ficaram enclausurados em monastérios e igrejas. A crença na imortalidade da alma, aliada ao tabu da dissecação humana, que impediu o avanço dos estudos em anatomia, colocaram o exame clínico e os conhecimentos médicos desenvolvidos na Antiguidade fora de cena. Esse contexto influenciou enormemente a visão que se tinha do adoecimento e dos cuidados com os enfermos, atividade tida como enobrecedora, pelo ato de penitência e caridade (Borenstein, 1997; Volich, 2000).

Com isso, o hospital que funcionava na Europa da Idade Média não era uma instituição de cura, mas um espaço sem qualquer finalidade terapêutica para acolher enfermos, material e espiritualmente, prestando-lhes os últimos cuidados. Os cuidadores, portanto, não eram profissionais, mas leigos e religiosos que simplesmente faziam caridade e garantiam sua própria salvação divina. O espaço hospitalar acabava assumindo dupla função: isolar a população dos perigos do contágio de doenças e garantir a salvação espiritual dos enfermos e dos que ali exerciam cuidados. Isso só mudaria no século XVIII, nos primórdios da Revolução Industrial, com o surgimento dos primeiros centros urbanos modernos e o avanço do conhecimento científico, que gerariam uma preocupação com a reorganização do espaço da cidade, incluindo a localização de hospitais e cemitérios. Mudou também a visão sobre a própria estrutura hospitalar, que, baseada nos hospitais militares, incorporou processos disciplinares e hierárquicos e seria marcada pelo ingresso da medicina, que até o final do século XVIII era caracterizada por práticas individuais (Foucault, 1979b, 1979a).

Com o fim da Idade da Média, sob forte influência de René Descartes e com a superação do tabu da dissecação humana, a ciência avançou a passos largos. Ocorreu então uma progressiva revolução científica, com uma importância cada vez maior de parâmetros objetivos como peso, pulso e temperatura do paciente para compreender e avaliar o desenvolvimento da doença (Volich, 2000). Como dito, a intervenção da medicina até os séculos XVII e XVIII, no entanto, ocorria no âmbito privado, na residência dos pacientes, com foco no doente e na doença. O médico procurava ver sinais, prever a evolução, para planejar estratégias a fim de que a saúde vencesse a doença. Foi com a preocupação das grandes cidades com o espaço urbano e o consequente cuidado em evitar as grandes epidemias que surgiu a nova função do hospital. Emergiram também as primeiras cautelas em reduzir os efeitos adversos do hospital, como a contaminação e o contágio, o que gerou as primeiras demandas do hospital ao saber médico e à ciência (Foucault, 1979b).

Durante os séculos XVII e XVIII, a ciência e a medicina rapidamente evoluíram, proporcionando o surgimento de tecnologias que influenciariam no cuidado com os enfermos. Surgem modelos mais precisos de mensuração da temperatura corporal, que teria um uso amplamente difundido na clínica. O advento do microscópio, por sua vez, permitiria no século XIX o surgimento da teoria celular da doença, segundo a qual a enfermidade seria consequência de um funcionamento incorreto ou da morte das células corporais. Nesse período, a cirurgia já era capaz de curar doenças, eliminar sintomas e remover partes do corpo atingidas. Pasteur, no século XIX, derrubou a teoria da geração espontânea e aprimorou a teoria celular, contribuindo para o desenvolvimento da teoria dos germes, o que possibilitou o desenvolvimento de vacinas, que por sua vez auxiliou na prevenção de importantes doenças. Progressivamente, os procedimentos médicos se desenvolveram, destacando-se o gás éter, como importante anestésico, e 50 anos mais tarde o raio X, que possibilitou a observação de órgãos internos com o indivíduo vivo. Até o fim desse mesmo século, a ciência já havia identificado uma variedade de elementos causadores de doenças, fazendo planejamentos e tratamentos mais adequados (Straub, 2014; Volich, 2000).

Esse avanço científico, aliado à preocupação com o controle de doenças e epidemias, interferiu diretamente no hospital, substituindo o conhecimento religioso pelo médico, procurando controlar e eliminar eventuais agentes patogênicos e visando, sempre que possível, à cura. Com isso, a estrutura espacial do hospital também mudou, para fazer dele um meio de intervenção sobre o doente, sendo o médico o principal responsável pela organização hospitalar no fim do século XVIII (Foucault, 1979b).

Com a ampliação do conceito de saúde, que passou a integrar, além da dimensão biológica, as dimensões social e psicológica, e com a crescente especialização dos saberes biomédicos, os pacientes, para serem devidamente tratados e curados, necessitavam de outros profissionais além das figuras clássicas do médico e do enfermeiro, tais como fisioterapeutas, terapeutas ocupacionais, fonoaudiólogos, nutricionistas, psicólogos, entre outros. Para que todo esse conhecimento seja integrado na compreensão e na intervenção terapêutica, é preciso que haja uma postura interdisciplinar por parte da equipe, o que demanda diálogo constante entre os mais variados saberes, por meio de registros em prontuários, reuniões de equipe e um cuidadoso canal de comunicação e tomada de decisões, fazendo do hospital um ambiente complexo e multifacetado. Mais do que isso, ele manteve em sua estrutura, em parte por herança de seu processo histórico e em parte por necessidades técnicas, o rigor disciplinar e hierárquico, que, ao lado do contato com o sofrimento dos enfermos, pode ter implicações na vivência subjetiva dos profissionais de saúde que nele atuam.

O HOSPITAL, SEUS PROFISSIONAIS E DESAFIOS

Atualmente, o hospital constitui uma importante peça no sistema de saúde para oferecer assistência preventiva e curativa ao indivíduo, sua família e comunidade. Seja público ou privado, ele deve contar com um quadro especializado, agrupado por funções similares, nos mais diversos serviços e setores. É comumente, também, um espaço de formação em saúde, o que muitas vezes lhe confere a função de instituição de ensino. Ele necessita ainda de constante observação a fim de manter uma estrutura adequada para o cuidado de seus pacientes: climatização, iluminação, ausência de odores, o mínimo de assepsia, ruídos internos e externos, entre outros para acolher pacientes e familiares (Lima & Matão, 2010).

Apesar de ser um local voltado para o cuidar, o hospital é visto como um lugar insalubre e perigoso para seus trabalhadores, sendo um importante potencializador de adoecimento. Existem riscos físicos pelas atividades e riscos psicológicos diante da alta pressão social e psicológica, que torna comum a ocorrência de sofrimento psíquico e quadros como ansiedade e depressão. Somado a isso, as origens caritativas do hospital parecem ainda exercer influência nos profissionais, que muitas vezes veem sua profissão com abnegação e dedicação, além de fatores organizacionais, como longas jornadas de trabalho, regimes de plantões, número limitado de profissionais que os submetem a situações ansiogênicas e desgaste emocional (Elias & Navarro, 2006).

Esse cenário, por sua vez, coloca o profissional diante de uma série de responsabilidades e desafios. O trabalho no hospital é uma atividade física e emocionalmente cansativa, com tarefas de cuidado, registro, reuniões de equipe, além de muitas outras que comumente passam despercebidas por seus chefes ou gestores, como a comunicação e o apoio a pacientes e familiares, orientação informal de procedimentos a colegas, residentes e estudantes, resolução de conflitos, entre muitas outras (Oliveira, 2015). São inúmeros os desafios ao profissional de saúde, que vão do convívio diário com uma grande equipe, pacientes e familiares, que trazem suas angústias com sua doença e tratamento, até decisões técnicas e éticas importantes, além do convívio frequente com a doença, a dor, o sofrimento e a morte.

A comunicação entre profissionais tem sido um tema cada vez mais frequente na literatura, principalmente por ser um importante meio de evitar erros médicos e de tomada de decisões importantes. No entanto, diversos são os obstáculos, como hierarquia rígida, conflitos e súbitas situações inesperadas a exigir atuação rápida, que muitas vezes impedem uma discussão adequada de caso clínico (Nogueira & Rodrigues, 2015).

A comunicação com o paciente é uma dimensão igualmente importante do trabalho da equipe, pois interfere diretamente na adesão ao tratamento e na experiência emocional da hospitalização. No entanto, usualmente o estado emocional do paciente de muita ansiedade pode afetar sua compreensão e dificultar ainda mais a comunicação com equipe e familiares. Somado a isso, o hospital é um espaço onde habitualmente são transmitidas notícias difíceis, o que em muitos casos costuma ser um momento igualmente difícil e angustiante para a equipe de saúde. Em pacientes pediátricos, tais dificuldades costumam ser ainda mais comuns pela tentativa de minimizar o sofrimento, levando a equipe a omitir algumas informações importantes, o que frequentemente pode levar a mais angústias e pensamentos fantasiosos sobre sua condição (Gabarra & Crepaldi, 2011).

Além da comunicação, há ainda a convivência constante com o paciente e seus familiares. Apesar de os profissionais relatarem que em geral mantêm uma relação satisfatória com pacientes, nossas pesquisas têm mostrado que a proximidade que o cuidado exige os coloca diante de questões emocionais dos pacientes (ver o capítulo "Prática psicológica em enfermarias hospitalares"), muitas vezes forçosamente desamparados pela distância de familiares e entes queridos, o que os deixa mais demandantes da atenção do profissional. Esse convívio é ainda maior com os profissionais de enfermagem, em especial técnicos e auxiliares, que lidam diariamente com os mesmos pacientes, incluindo cuidados com a saúde e higiene pessoal, o que, por sua vez geram um intenso envolvimento emocional. Muitos desses profissionais relatam desgaste por essa relação e culpa quando não conseguem atender às demandas do paciente (Oliveira, 2015).

A ameaça ou a ocorrência da morte de um paciente é uma experiência difícil para muitos profissionais de saúde, que comumente discutem o tema na graduação dos cursos de saúde, mas geralmente com foco em procedimentos técnicos, sem considerar aspectos subjetivos do fenômeno, como a experiência da família ou do paciente à beira da morte (Medeiros & Lustosa, 2011). Em pesquisa com médicos residentes (Lima & Andrade, 2017), esses profissionais revelaram dificuldades em abordar o tema da morte tanto com a família quanto com o paciente, referindo a necessidade de um preparo maior para essas situações na graduação. O ensino no manejo e técnicas de comunicação é negligenciado em escolas médicas (Góis et al., 2019). Com essa dificuldade, muitos se afastam do paciente próximo da morte e dos familiares, não conseguindo ofertar apoio, o que por sua vez coloca o profissional diante de seus limites, com sentimentos de impotência. Em pesquisa (Fernandes et al., 2009), técnicos de enfermagem também relatam dificuldades com o tema. Apesar de ser tratado como algo normal da rotina do hospital, é algo difícil de ser vivenciado por remeter às experiências pessoais com a morte, incluindo o medo da própria morte.

Além dessas questões relativas à comunicação e proximidade com o paciente, familiares e outros membros da equipe e do convívio frequente com a morte, diversas pesquisas com cada uma das categorias profissionais presentes no hospital apontam o convívio com diversas fontes de estresse e desgaste físico e emocional específicas de cada atuação.

Ueno et al., 2017, em pesquisa com profissionais de enfermagem, destacam que a equipe de saúde está exposta a diversas fontes de estresse ocupacional, tais como as demandas de trabalho relacionadas ao elevado número de pacientes em relação ao tamanho da equipe; a pressão emocional diante de óbitos frequentes e o convívio com pacientes em estágio avançado de adoecimento; o não reconhecimento profissional, expressado em uma remuneração considerada por eles insuficiente; e conflitos de relacionamento interpessoal com outros colegas da equipe.

A respeito de médicos e estudantes de medicina, Stuber (2014) destaca a elevada ocorrência de transtornos depressivos e suicídio em relação a outros profissionais, mencionando dificuldades em sua prática diária. Dentre essas dificuldades, destacam-se a necessidade de questionar e informar pacientes sobre assuntos geralmente tido como desagradáveis e a pressão intensa por decisões rápidas e eficientes. Ao mesmo tempo, quando há necessidade de decisões rápidas, em situações críticas de emergência ou anestesia, torna-se difícil agir coletivamente. Mesmo quando isso é possível, uma pessoa é responsável pela tomada de decisão final seja pelo tempo ou por uma questão de conhecimento técnico. Nesse contexto, ainda que os pacientes percebam o cuidado e o respeito da equipe, não se sentem encorajados a formular perguntas e tendem a não prolongar o diálogo (Góis & Fiuza, 2019). Tais situações, por sua vez, colocam os profissionais de saúde em situações que podem gerar incompreensão, frustrações e impressão de abuso de poder.

Fisioterapeutas também vivenciam situações de estresse pelo cansaço, constante estado de alerta, carga horária excessiva de trabalho, imprevisibilidade, dilemas éticos, dinamismo exigido no cuidado, além do convívio com o sofrimento e a morte, quando atuam em unidades de terapia intensiva (Silva et al., 2018). Dentistas, por sua vez, após anos de longas jornadas de trabalho, estão propensos a distúrbios posturais, dores na coluna cervical, enxaquecas e problemas ligados ao estresse, como hipertensão arterial, depressão, entre outros (Lima & Farias, 2005). Farmacêuticos hospitalares também estão diante de fatores de estresse e desgaste emocional, tais como a falta de medicamentos, interrupções frequentes, elevado número de demandas com poucos recursos, necessidade de dividir a atenção entre vários assuntos, pressa para a realização das tarefas, entre outros (Vilela et al., 2015).

Até mesmo os psicólogos, profissionais cada vez mais presentes no hospital para cuidar do sofrimento emocional de pacientes e familiares, estão vulneráveis ao sofrimento por conta do trabalho. Têm sido observados diversos fatores estressantes no cotidiano de psicólogos hospitalares, como extensas jornadas de trabalho e um número reduzido de profissionais, somado ainda à falta de reconhecimento do trabalho, exposição constante a riscos do próprio ambiente hospitalar e contato intenso e frequente com o sofrimento dos pacientes (Montandon & Barroso, 2016).

Assim, toda a equipe pode estar sujeita a diversos fatores de estresse. Observa-se insuficiência de verbas destinadas à saúde, dificultando a qualidade do atendimento, pacientes que necessitam de procedimentos como exames e cirurgias e ficam em filas de espera por meses. Profissionais de saúde, por sua vez, vivenciam uma progressiva diminuição de sua remuneração e autonomia de decisões, o que aumenta ainda mais o sentimento de estresse, a insatisfação com o trabalho e o sentimento de falta de perspectiva profissional.

No caso de doenças como o câncer, outros fatores específicos da enfermidade se somam, como aqueles relacionados ao tratamento e efeitos colaterais, ligados às decisões, dilemas éticos e desentendimentos internos da equipe e, por fim, aqueles relacionados às respostas dos pacientes. Isso sem falar no estresse que atravessa a gestão, no nível da administração hospitalar (Liberato & Carvalho, 2008).

Com isso, observa-se que todos os profissionais do hospital estão vulneráveis ao sofrimento psíquico no trabalho, tanto pelos fatores de estresse a que estão expostos quanto pelo impedimento de hábitos saudáveis, alterações no sono, esforço físico, procedimentos repetitivos, permanência em pé, condições não ergonômicas de trabalho, entre outros (Rosado et al., 2015).

> Os profissionais do hospital estão vulneráveis ao sofrimento psíquico no trabalho, tanto pelos fatores de estresse e condições de trabalho a que estão expostos quanto pelo impedimento de hábitos saudáveis em função da atribulada rotina.

O ESTRESSE E A SÍNDROME DE *BURNOUT*

O sofrimento decorrente do trabalho tem ganhado muita importância em função do aumento nos problemas de saúde relacionados à atividade laboral. Além das próprias exigências do trabalho, existem aquelas do próprio indivíduo, que, estando em uma cultura imediatista de resultados e valorização do sucesso profissional, aliada à precarização salarial em diversas categorias profissionais, impõe a si mesmo uma rotina extenuante de trabalho, focado no sucesso profissional a todo custo e no pronto atendimento às exigências das grandes empresas (Oliveira, 2015).

Nos últimos 150 anos, o local de trabalho sofreu uma melhora significativa. Em vez das precárias e abusivas condições do passado, o trabalhador consegue obter alguma satisfação pela atividade e gozar de muitos direitos. Apesar disso, tais condições são constantemente ameaçadas, por conta do atual panorama histórico e social, favorável à ideia de trabalho atrelado à eficiência a qualquer custo (Maslach & Leiter, 1997). Chama a atenção ainda o fato de que o conceito de qualidade de vida no trabalho tem uma história recente na literatura acadêmica, aparecendo no final dos anos 1950 na Inglaterra e ganhando força somente no final dos anos 1970 (Goulart & Sampaio, 2004). Ainda hoje, o próprio conceito de qualidade de vida precisa de mais estudos e rigor, sendo difícil defini-lo por lidar com uma dimensão global do indivíduo, o que leva a definições amplas, que vão desde referências às condições físicas, vida social e ideias subjetivas de bem-estar. Segundo Limongi-França (2003), a base da discussão sobre o conceito de qualidade de vida no trabalho encerra escolhas de bem-estar e percepção do que pode ser feito para atender a expectativas criadas tanto por gestores como por usuários das ações de QVT nas empresas. O tema tem ganhado cada vez mais visibilidade nas ciências da saúde, principalmente desde a criação da *International Health-Related Quality of Life Society*, o que se observa no crescimento expressivo do número de publicações científicas referentes ao tema. No universo do trabalho, por sua vez, dois conceitos que nos auxiliam a compreender a vivência emocional do trabalho em saúde e como essa atividade interfere na saúde mental dos trabalhadores são o estresse e o *burnout*. São dois conceitos erroneamente tratados como sinônimos, mas que correspondem a fenômenos distintos (Rodrigues et al., 2011).

O estresse está relacionado à adaptação ao meio ou às diversas situações da sua vida, e pode ter conotação positiva (estresse) ou negativa (*distress*). O termo *burnout,* por sua vez, tornou-se a forma simplificada de se referir à síndrome de *burnout,* tem sempre uma conotação negativa e é caracterizado por desgaste físico e emocional, despersonalização e baixa realização profissional. É um desdobramento de uma adaptação malsucedida na esfera do trabalho com pessoas, com características que lhes são próprias e serão discutidas a seguir.

> Estresse e *burnout* são dois conceitos muitas vezes erroneamente tratados como sinônimos, mas que correspondem a fenômenos distintos, com características próprias.

Estresse

Os estudos de estresse têm três importantes marcos históricos notadamente definidos pelos teóricos que influenciaram na construção do paradigma do conceito: Claude Bernard, Walter B. Cannon e Hans Selye. Claude Bernard, em 1865, observou e descreveu as funções de regulação do fígado, destacando a capacidade de manter as células do corpo preservadas em um meio de equilíbrio independente das condições externas. Em 1929, Cannon dá continuidade a essa ideia, discorrendo sobre a homeostase e os mecanismos para manutenção da homeostase (*feedback* positivo e negativo) para manter equilibradas diversas variáveis fisiológicas, como o açúcar no sangue, o nível de oxigênio e a temperatura corporal (Goldstein & Kopin, 2007).

Cannon observou em animais mudanças fisiológicas decorrentes do contato com estímulos ameaçadores da homeostase, ou seja, ameaçadores de sua integridade, ou mesmo diante de experiências emocionais de medo, dor ou raiva, desenvolvendo uma reação de luta ou fuga. Nessas circunstâncias, surge aumento da frequência cardíaca, respiratória e pressão arterial, contração do baço, liberação de açúcar na corrente sanguínea pelo fígado, dilatação da pupila, entre outros (Rodrigues & Limongi-França, 2010).

Na década de 1930, Hans Selye destaca-se nos estudos sobre o estresse, apresentando a teoria da *síndrome geral da adaptação,* por ele descrita em *três fases*. A *primeira* delas é a fase de alerta, na qual o organismo se prepara para responder a uma situação ou estímulo considerado nocivo ou ameaçador, mobilizando energias através do sistema nervoso simpático. É o tipo de reação de luta ou fuga, em que, dentre as principais alterações fisiológicas, destaca-se o aumento de glicose no sangue, dilatação das pupilas e aumento da frequência cardíaca. A *segunda fase* é chamada de fase de resistência. É o momento em que o corpo usa seus recursos para manter o equilíbrio. Assim, observa-se o crescimento das glândulas adrenais, hiperplasia da tireoide, interrupção da produção de hormônio de crescimento, entre outros processos. Persistindo o contato com o estímulo estressor, inicia-se a *terceira fase*, chamada de exaustão. É muito semelhante à primeira, porém, com os recursos exauridos, o indivíduo fica ainda mais vulnerável a doenças e problemas de saúde, podendo até mesmo morrer, pelo esgotamento de reservas, impossibilitado de manter a homeostase (Oliveira, 2015).

Quadro 1   Três fases da síndrome geral da adaptação de Hans Selye

Primeira fase: alerta. O organismo responde a um estímulo ameaçador, mobilizando energias com o sistema nervoso simpático para agir em situações extremas, de ataque e fuga.
Segunda fase: resistência. Uso de recursos do corpo para manter o equilíbrio, com alterações como o crescimento das glândulas adrenais e a interrupção da produção de hormônio de crescimento.
Terceira fase: exaustão. Retorno à fase de alerta, porém com esgotamento de recursos, ficando mais vulnerável a doenças e problemas de saúde.

Com base nessa teoria, Selye formulou o conceito de estresse, tomando emprestado o termo da física *stress*, que se refere ao grau de deformidade que uma estrutura sofre quando é submetida a um esforço. Um exemplo é a borracha escolar, que, quando pressionada, deforma-se, mas assim que o esforço cessa volta ao estado normal. Essa deformidade varia em maior ou menor grau, conforme as propriedades físicas e o esforço a que a borracha é submetida. O conceito de estresse, portanto, refere-se ao conjunto de reações que um organismo desenvolve quando submetido a uma situação que exige esforço para adaptação (Limongi-França & Rodrigues, 2013).

Essa adaptação, no entanto, pode ter um custo muito alto caso os estímulos geradores de estresse persistam. Apesar de vermos uma diminuição da amplitude das respostas, o organismo sofre com o gasto de energia, alterações hormonais e produção de substâncias inflamatórias, que alteram seu funcionamento, provocando úlceras, manifestações alérgicas e/ou gastrointestinais, dentre tantas outras resultantes de constante esforço adaptativo e que receberam de Selye a designação de doenças de adaptação (Rodrigues & Limongi-França, 2010).

Nesse contexto, é possível entender melhor a situação de profissionais de saúde do hospital, que precisam a todo momento tomar decisões rápidas e corriqueiramente estão sob a pressão de quadros clínicos difíceis. Quando se adaptam a uma piora do quadro do paciente, precisam se organizar rapidamente para prestar informações a ele aos familiares. Precisam discutir a melhor estratégia terapêutica levando em consideração a opinião do paciente, a da família e a de outros colegas de trabalho. Precisam lidar com a possibilidade de erros, convivendo com sentimento de tristeza e culpa quando eles ocorrem ou quando o profissional acha que ocorreram. Muitas vezes têm de decidir condutas, precisam lidar com dilemas éticos e opiniões contrárias de outros membros da equipe. Assim, o trabalho no hospital exige um esforço constante de adaptação em face de tantos estímulos estressores.

Em termos evolutivos, essas reações fisiológicas foram importantes em um tempo em que a ação imediata era crucial para lidar com ameaças de predadores ou inimigos e persistem em nosso aparato biológico. Ainda são igualmente importantes para que consigamos lidar com situações de urgências no dia a dia, tomar decisões rápidas e lidar com diversas adversidades. No entanto, se já não temos as ameaças do passado, vivenciamos diversas ameaças que se somam a um grande conjunto de preocupações diárias e com a própria sobrevivência, além daquelas próprias do trabalho, o que acarreta alto custo fisiológico para o próprio indivíduo, além do prejuízo no cuidado com pacientes, nas relações com colegas de equipe, com sua família e com o próprio hospital.

Síndrome de burnout

Um dos desdobramentos negativos do estresse no trabalho é a síndrome de *burnout*. O termo *burnout* vem da língua inglesa e remete ao extinguir de uma chama, com perda de energia, entusiasmo, dedicação e disposição em dedicar-se ao próximo (Maslach, 1982). Acredita-se que a referência mais antiga à expressão seja de 1599, na poesia "Peregrino apaixonado", de William Shakespeare (Schaufeli & Buunk, 1996), mas foi em 1953 que o termo teve seu primeiro uso na literatura científica na publicação de um estudo de caso de Schartz e Will, antes mesmo de ser fundado como conceito (Carlotto, 2010). Em 1969, a expressão *staff burnout* aparece em artigo sobre o trabalho com jovens transgressores para descrever um sentimento que comprometeria o trabalho da equipe (Bradley, 1969).

A partir da década de 1970, o termo ganhou força no meio acadêmico quando Herbert Freudenberg e Cristina Maslach apropriaram-se dele (McCormack & Cotte, 2013; Schaufeli & Buunk, 1996). Freudenberger (1974) retomou a expressão em estudos sobre equipes de saúde, fazendo referência ao dicionário, e apontando o *burnout* como fenômeno de falha, esgotamento, em que o indivíduo se torna exausto por conta de demandas excessivas de energia, força ou recursos. Esse fenômeno teria ainda sintomas físicos, entre eles dores de cabeça frequentes, respiração curta, distúrbios gastrointestinais e falta de sono. E também apresentaria fenômenos comportamentais como facilidade para irritar-se e frustrar-se. O *burnout* seria, para o autor, um importante fator para tornar trabalhadores pouco operantes às propostas que suas atividades impõem.

Ainda na década de 1970, Maslach, interessada na forma como os trabalhadores lidavam com as questões emocionais do trabalho, percebeu o uso da expressão coloquial *burnout* por californianos para descrever um processo gradual de exaustão, cinismo e perda de compromisso com os colegas. A autora investigou o fenômeno, adotando o termo, que deu nome a um trabalho publicado por ela. Dessa forma, conferiu visibilidade ao assunto e favoreceu outros estudos ao redor do mundo (Schaufeli et al., 2009).

Quanto à definição da síndrome de *burnout*, a mais aceita e utilizada em trabalhos científicos é a de Maslach (1982), que caracteriza o fenômeno como uma síndrome de exaustão emocional, despersonalização e baixa realização profissional que acomete aqueles que de alguma forma trabalham em contato intenso com pessoas (Schaufeli et al., 2009). A síndrome é entendida como um fenômeno multidimensional e didaticamente é entendida a partir de três aspectos básicos:

A. **Exaustão emocional:** é o resultado da intensa carga emocional pelo contato frequente com pessoas em sofrimento e se caracteriza pelo profundo esgotamento físico e mental, expressado pela falta de energia e entusiasmo e pela sensação de estar no limite. Costuma ser a dimensão mais perceptível da síndrome, e é comum que, diante desse sofrimento, o profissional se afaste dos seus pacientes em uma tentativa consciente ou não de se proteger.

B. **Despersonalização:** essa dimensão é a defesa resultante da exaustão emocional e se expressa pelo distanciamento emocional e pela insensibilidade diante das necessidades dos outros. O profissional passa a ver seus pacientes ou colegas de maneira distante e impessoal, muitas vezes como um problema a ser resolvido. Rodrigues (1998) acrescenta que a relação com pacientes pode ser apenas indulgente, com sentimentos de intolerância, irritabilidade, ansiedade, até exacerbação de aspectos onipotentes da personalidade. Cumpre destacar que o conceito de despersonalização relacionado ao *burnout* é diferente do usualmente utilizado em psicopatologia. Quando relacionada ao fenômeno aqui descrito, está associada a um grande distanciamento emocional, com indiferença e frieza diante das necessidades do outro. No caso da psicopatologia, não há associação com o *burnout*, sendo outro fenômeno, muitas vezes associados a transtornos mentais como a esquizofrenia e transtornos dissociativos, em que pacientes têm queixas de perda de emoções, sentimentos de estranheza ou desligamento de seu pensamento, corpo ou mundo real (Rodrigues & Campos, 2010)

C. **Redução da realização profissional:** o profissional, com sua atividade deteriorada, passa a se sentir insatisfeito com seu desempenho, com tendência a ter uma autoavaliação negativa, podendo apresentar sentimentos de inadequação ou perda de sentido nas atividades que desenvolve.

Por ser um fenômeno multidimensional, o *burnout* não é medido como uma variável dicotômica, na qual se avaliaria apenas sua presença ou ausência. Ele deve ser observado de acordo com os níveis das três dimensões, sendo classificado em baixo, médio (ou moderado) ou alto. A partir de níveis médios, o fenômeno já merece atenção, por já estar em curso; se não forem tomadas as devidas providências, ele pode se agravar (Maslach & Jackson, 1981). É, portanto, um fenômeno complexo, fruto de condições estressantes e interpessoais de trabalho, que atinge várias profissões, apesar da ênfase dada àquelas relacionadas ao ensino e aos serviços de saúde.

É preciso enfatizar ainda o aspecto psicossocial do fenômeno, pois não se trata de um problema individual, resultado único da personalidade. Cada pessoa vivencia o *burnout* de forma única e subjetiva, mas é preciso entendê-lo como um problema do ambiente social em que se trabalha. Gera intenso sofrimento emocional ao sujeito e também pode gerar problemas ao lugar em que trabalha, seja nas relações interpessoais ou mesmo na qualidade do trabalho desempenhado (Maslach & Leiter, 1997).

Outro detalhe importante sobre a síndrome de *burnout* é o fato de que ela está associada a maiores gastos organizacionais, provocando alta rotatividade de pessoal, absenteísmo, problemas de produtividade e qualidade do trabalho, além de graves problemas psicológicos e físicos. Isso tem feito com que o fenômeno seja compreendido não somente como um problema organizacional, mas também de saúde pública (Carlotto, 2010).

Quadro 2   Três dimensões da síndrome de burnout

Exaustão emocional: caracterizada pelo profundo esgotamento físico e mental, muitas vezes percebido pela falta de energia e entusiasmo.
Despersonalização: caracterizada pelo distanciamento emocional e pela insensibilidade com as necessidades dos outros.
Redução da realização profissional: caracterizada pela insatisfação com o trabalho e uma autoavaliação negativa ou perda de sentido nas atividades que desempenha.

SOFRIMENTO PSÍQUICO EM PROFISSIONAIS DE SAÚDE

O estresse e o *burnout* são dois importantes aspectos a serem considerados ao abordar o sofrimento psíquico de profissionais de saúde, mas não dão conta de toda a experiência subjetiva dolorosa decorrente da atividade laboral. É preciso atentar ainda para a existência dos aspectos psicológicos envolvidos e a ocorrência de transtornos mentais, dentre os quais se destacam nesse ambiente os depressivos e ansiosos.

Apesar da realização profissional pela atividade desempenhada e reconhecimento social, o trabalho em hospital é uma fonte de sofrimento, e seus trabalhadores precisam ser também cuidados. Pesquisas com enfermeiros (Quintas et al., 2017; Silva et al., 2015) mostram que eles são vulneráveis à depressão, principalmente pelo trabalho noturno, existência de vários empregos, sobrecarga de trabalho, conflitos familiares e no trabalho, entre outros fatores já descritos, podendo ainda apresentar riscos de suicídio. Em médicos, Rodrigues (1998) assinala que muitos desses profissionais vivem situações cotidianas de insatisfação, desprazer e sofrimento em uma relação com o trabalho que é vivida como uma violência, uma situação emocional que vai além dos sentimentos de frustração e/ou desprazer. Os riscos de depressão e suicídio, por sua vez, são ainda maiores quando associados à síndrome de *burnout* e níveis elevados de estresse. Não bastasse o prejuízo à própria vida e convívio com familiares, esses quadros podem ainda afetar seu desempenho no trabalho, principalmente na qualidade dos cuidados prestados aos pacientes.

A realidade de médicos e estudantes de medicina, por sua vez, é muito semelhante, pois essa população também apresenta quadros de depressão e suicídio. Na realidade de mulheres, as probabilidades de morte por suicídio são mais altas para essa população do que para profissionais de outras carreiras (Stuber, 2014).

O estresse e o *burnout* estão presentes na imensa maioria de instituições de saúde e levam a problemas psicológicos mais graves, com quadros de ansiedade e depressão. Estudos têm mostrado a presença de transtornos mentais como depressão e ansiedade, indicando ainda uma correlação positiva entre os dois transtornos. Além dessa correlação, observa-se que profissionais nessas condições tendem a fazer maior uso de álcool, sedativos e outras drogas, o que acaba sendo um fenômeno ainda mais preocupante, por contribuir para o surgimento de doenças psíquicas e de dependência química entre esses profissionais (Silva, 2017).

O álcool costuma aparecer como a droga mais utilizada entre profissionais de saúde, seguido pelas substâncias psicoativas. Muitos profissionais de enfermagem referem utilizar medicações psicoativas, ou seja, remédios para regular o humor, ansiolíticos, estimulantes, entre outros efeitos, para lidar com sua saúde física e psíquica, devido às demandas de trabalho e fatores a que são expostos em suas atividades laborais. Muitas vezes esse uso é feito sem orientação médica, levando a prejuízos ainda maiores em sua vida (Vieira et al., 2016). No caso de médicos, o acesso a tais medicamentos é ainda mais fácil, muitas vezes usado como válvula de escape para problemas e pressões do trabalho, principalmente entre anestesistas, cuja realidade tem sido associada à instabilidade emocional, crises hipertensivas, infartos do miocárdio, dores intestinais, exaustão, sentimento de indiferença e distúrbios de memória e de sono. Isso ainda se agrava entre os profissionais em regime de plantão, principal fator associado à sensação de privação do sono e outros distúrbios (Andrade & Dantas, 2015).

Além desses, dois problemas relativos ao trabalho têm sido objeto de estudos na área da saúde: o absenteísmo e o presenteísmo. O absenteísmo diz respeito à ausência do indivíduo de suas atividades laborais. Entre os motivos para ausência estão os desgastes físico e emocional e a exposição aos fatores aqui mencionados de estresse, além de problemas de hipertensão arterial, distúrbios musculoesqueléticos e doenças crônico-degenerativas. A ausência do profissional, por sua vez, afeta a qualidade do serviço prestado pela instituição, gera gastos institucionais e, mais importante, sobrecarrega a equipe, colocando-a também em situação de vulnerabilidade a problemas de saúde física e mental (Rodrigues & Araújo, 2016) no qual foi utilizado os descritores em saúde – DeSC: saúde do trabalhador e absenteísmo, os quais foram aplicados na base de dados Literatura Latino-Americana e do Caribe em Ciências da Saúde (LILACS).

Apesar dos problemas que desenvolvem, muitos profissionais optam por comparecer ao trabalho, seja para não sobrecarregar a equipe ou para não se expor aos gestores. Nesse contexto é que têm surgido diversos estudos para o fenômeno do "presenteísmo", caracterizado pela presença física do trabalhador no ambiente laboral, mas sem condições psicológicas e biológicas para o bom desempenho de sua atividade. A incapacidade do trabalhador para desempenhar corretamente suas funções também sobrecarrega a equipe e pode ter efeitos para o próprio trabalhador pelo desapontamento consigo e consequente percepção de si (Oliveira et al., 2018), colocando-o em situação de vulnerabilidade a transtornos de humor e diversos problemas psicológicos.

Os problemas referentes ao trabalho no hospital começam já na graduação e/ou residência, com os desafios próprios da formação profissional, com relatos de vivências de angústia e tristeza, uso recreativo de drogas e bebidas alcoólicas (Moreira et al., 2015; Santa & Cantilino, 2016). Residentes das mais diversas especialidades referem inúmeras dificuldades com relação às atividades de formação profissional, tais como o excesso de atividades que assumem como trabalhadores dos serviços de saúde e falta de reconhecimento (Fernandes et al., 2015). Com isso, apesar da satisfação com o trabalho, muitos residentes relatam ansiedade, depressão e vontade de desistir do programa de residência (Rotta et al., 2016).

É necessário, portanto, repensar estratégias para identificar os sintomas de sofrimento psíquico de estudantes e profissionais de saúde e para controlar os estressores de modo a promover mais saúde mental entre essa população (Rotta et al., 2016). Pesquisas têm mostrado, no entanto, que residentes desconhecem ou não procuram apoio pedagógico institucional para questões referentes à saúde mental (Dias et al., 2016). Segundo Stuber (2014), algum dos motivos citados por estudantes para evitar buscar ajuda é a relutância em falar sobre seu sofrimento pelo sentimento de vulnerabilidade, pouco tempo, falta de confiança, custos com tratamento, medo de ficar estigmatizado ou do que pode ser documentado em seus registros acadêmicos e o medo de uma intervenção indesejada.

> Muitos estudantes da área de saúde e residentes, apesar de manifestarem dificuldades e problemas psicológicos, acabam não procurando apoio institucional ou profissional para questões referentes à saúde mental. É preciso rever as estratégias para identificar e intervir no sofrimento psicológico dessa população.

CONSIDERAÇÕES FINAIS

O trabalho no hospital é uma atividade que, por sua natureza, coloca o trabalhador em contato com diversas fontes de estresse, como a proximidade frequente com o paciente, seus familiares, a doença e a morte. Esses profissionais necessitam ainda tomar decisões difíceis e comunicá-las, lidando com dilemas éticos diariamente e com uma equipe numerosa, com quem precisa dialogar constantemente e entrar em consenso diante de aspectos importantes das condutas terapêuticas.

Nessa realidade, precisam adaptar-se constantemente a situações como intercorrências, piora do paciente, desentendimentos, entre outros desafios, ficando, portanto, vulneráveis ao estresse e a seus efeitos deletérios, como a síndrome de *burnout*, dores musculares, cefaleias, hipertensão, além de transtornos de humor, principalmente depressivos e ansiosos. Em meio ao sofrimento, é comum o uso de álcool, medicamentos psicoativos e outras drogas, o que acende um alerta a respeito da saúde mental do profissional de saúde. É preciso cuidar dos cuidadores, não só porque isso reflete no cuidado com os pacientes, mas porque toda forma de sofrimento psíquico requer cuidado e atenção. Psicólogos hospitalares deparam-se com inúmeras dificuldades em face dessa situação, seja por resistência dos profissionais, que preferem não entrar em contato ou evidenciar fragilidade, mas principalmente por questões institucionais, pois muitas vezes são contratados para atender exclusivamente pacientes e familiares. Nesses casos, o psicólogo pode ouvir a equipe, acolher o sofrimento e, se necessário, fazer o devido encaminhamento ao psicólogo da instituição, voltado para o cuidado dos funcionários ou para um psicólogo externo. Se observar que a equipe como um todo tem apresentado problemas semelhantes, pode procurar os gestores, que, diante da inquestionabilidade dos prejuízos causados pelo estresse e transtornos psicológicos, têm se mostrado mais abertos a projetos para a saúde do trabalhador.

Em face do surgimento cada vez mais precoce de problemas ligados ao trabalho, deve-se destacar ainda a necessidade de uma mudança cultural importante a ser iniciada nos cursos de graduação, com disciplinas e atividades que sensibilizem para o cuidado em saúde mental de si, de seus colegas e de seus pacientes. É um trabalho longo diante das dificuldades da antiga tradição de abnegação e entrega de profissionais de saúde, em especial de instituições hospitalares, e pelas próprias dificuldades inerentes ao processo de mudança de cultura organizacional. Por ser um profissional voltado ao cuidado das relações humanas e aspectos subjetivos de nossa existência, é papel do psicólogo engajar-se nessa causa, que diz respeito também a sua própria atuação de cuidador de saúde.

REFERÊNCIAS

1. Andrade GO, Dantas RAA. Transtornos mentais e do comportamento relacionados ao trabalho em médicos anestesiologistas. Braz J Anesthesiol. 2015;65(6):504-10. Disponível em: https://doi.org/10.1016/j.bjan.2013.03.021.
2. Bleger J. Psico-higiene e psicologia institucional. Porto Alegre: Artmed; 1984.
3. Borenstein MS. A enfermagem, sua origem e evolução. In: Reibnitz KS, Prado ML (orgs.). Fundamentando o exercício profissional do auxiliar de enfermagem. Florianópolis: UFSC; 1997.
4. Bradley HB. Community-based treatment for young. Crime and Delinquency. 1969;15(3):359-70.
5. Carlotto MS. Síndrome de burnout: o estresse ocupacional do professor. Canoas: ULBRA; 2010.
6. Chaui M. Convite à filosofia. São Paulo: Ática; 2000.
7. Dias BA, Pereira MN, Sousa IF, Almeida RJ. Qualidade de vida de médicos residentes de um hospital escola. Scientia Medica. 2016;26(1):1-9. Disponível em: https://doi.org/10.1109/SITIS.2009.37.
8. Elias MA, Navarro VL. A relação entre o trabalho, a saúde e as condições de vida: negatividade e positividade no trabalho das profissionais de enfermagem de um hospital escola. Revista Latino-Americana de Enfermagem. 2006;14(4):517-25.
9. Fernandes MNS, Beck CLC, Weiller TH, Viero V, Freitas PH, Prestes FC. Sofrimento e prazer no processo de formação de residentes multiprofissionais em saúde. Rev Gaucha Enferm. 2015;36(4):90-7. Disponível em: https://doi.org/10.1590/1983-1447.2015.04.50300.
10. Fernandes PV, Iglesias A, Avellar LZ. O técnico de enfermagem diante da morte: concepções de morte para técnicos de enfermagem em oncologia e suas implicações na rotina de trabalho e na vida cotidiana. Psicologia: Teoria e Prática. 2009;11(1):142-52.
11. Foucault M. O nascimento da medicina social. In: Foucault M. Microfísica do poder. Rio de Janeiro: Graal; 1979a.
12. Foucault M. O nascimento do hospital. In: Foucault M. Microfísica do poder. Rio de Janeiro: Graal; 1979b.
13. Freudenberger HJ. Staff burn-out. J Social Issues. 1974;30(1):159-65.
14. Gabarra LM, Crepaldi MA. A comunicação médico – paciente pediátrico – família na perspectiva da criança. Psicol Argum. 2011;29(65):209-218.
15. Góis AFT, Arbex MCFB, Tavares DRB, Pernambuco ACA. Introdução. In: Góis AF, Pernambuco ACA (orgs.). Guia de comunicação de más notícias. São Paulo: Atheneu; 2019.
16. Góis AFT, Fiuza AR. Comunicação na emergência médica. In: Góis AFT, Pernambuco, ACA (orgs.). Guia de comunicação de más notícias. São Paulo: Atheneu; 2019.
17. Goldstein DS, Kopin IJ. Evolution of concepts of stress. Stress. 2007;10(2):109-20. Disponível em: https://doi.org/10.1080/10253890701288935.
18. Goulart IB, Sampaio JR. Qualidade de vida no trabalho: uma análise da experiência de empresas brasileiras. In: Sampaio JR (org.). Qualidade de vida no trabalho e psicologia social. São Paulo: Casa do Psicólogo; 2004.
19. Lévi-Strauss C. O feiticeiro e sua magia. In: Antropologia estrutural. São Paulo: Cosac Naify; 2008.
20. Liberato RP, Carvalho VA. Estresse e síndrome de burnout em equipes que cuidam de pacientes com câncer: cuidando do cuidador profissional. In: Carvalho VA, Franco MHP, Kovács MJ, Liberato RP, Macieira RC, Veit MT et al. (orgs.). Temas em psico-oncologia. São Paulo: Summus; 2008. p.556-71.
21. Lima ADF, Farias FLR. O trabalho do cirurgião-dentista e o estresse: considerações teóricas. Rev Bras Promoção Saúde. 2005;18(1):50-4.
22. Lima IL, Matão MEL. Manual do técnico em enfermagem. 9.ed. Goiânia: AB; 2010.
23. Lima MJV, Andrade NM. A atuação do profissional de saúde residente em contato com a morte e o morrer. Saúde Soc. 2017;26(4):958-72, São Paulo. Disponível em: https://doi.org/10.1590/S0104-12902017163041.
24. Limongi-França AC. Qualidade de vida no trabalho: conceitos e práticas nas empresas da sociedade pós-industrial. São Paulo: Atlas; 2003.

25. Limongi-França AC, Rodrigues AL. Stress e trabalho: uma abordagem psicossomática. São Paulo: Atlas; 2013.
26. Maslach C. The cost of caring. Nova York: Prentice Hall; 1982.
27. Maslach C, Jackson SE. The measurement of experienced burnout. Journal of Occupational Behaviour. 1981;(2):18-20.
28. Maslach C, Leiter MP. The truth about burnout: how organizations cause personal stress and what to do about it. San Francisco: Jossey-Bass; 1997.
29. McCormack N, Cotte C. Managing burnout in the workplace: a guide for information professionals. Cambridge: Chandos; 2013.
30. Medeiros LA, Lustosa MA. A difícil tarefa de falar sobre morte no hospital. Rev SBPH. 2011;14(2):203-27.
31. Montandon JD, Barroso SM. Burnout em psicólogos hospitalares da cidade de Uberaba. Ciencia & Trabajo. 2016;18(57):159-65.
32. Moreira SNT, Vasconcellos RLSS, Heath N. Estresse na formação médica: como lidar com essa realidade? Rev Bras Ed Med. 2015;39(4):558-64. Disponível em: https://doi.org/10.1590/1981-52712015v-39n4e03072014.
33. Nogueira JWS, Rodrigues MCS. Comunicação efetiva no trabalho em equipe em saúde: desafio para a segurança do paciente. Cogitare Enfermagem. 2015;20(3):636-40.
34. Oliveira ALCB, Costa GR, Fernandes MA, Gouveia MTO, Rocha SS. Presenteísmo, fatores de risco e repercussões na saúde do trabalhador de enfermagem. Avances en Enfermería. 2018;36(1):79-87. Disponível em: https://doi.org/10.15446/av.enferm.v36n1.61488.
35. Oliveira WL. Produção de sentido na prática profissional de Auxiliares e técnicos de enfermagem [Tese]. São Paulo: Universidade de São Paulo; 2015.
36. Quintas S, Queirós C, Marques A, Orvalho V. Os enfermeiros e a sua saúde no trabalho: a relação entre depressão e burnout. Int J Working Conditions. 2017;(13);1-17.
37. Rodrigues AL. O "stress" no exercício profissional da medicina: uma abordagem psicossocial [Tese]. São Paulo: Pontifícia Universidade Católica de São Paulo; 1998.
38. Rodrigues AL, Campos EMP. Síndrome de burnout. In: Mello-Filho J, Burd M (orgs.). Psicossomática hoje. 2.ed. Porto Alegre: Artmed; 2010. p.135-152.
39. Rodrigues AL, Campos EMP, Valente GB. Qualidade de vida e burnout em médicos. In: Rossi AM, Perrewé PL, Meurs JA (orgs.), Stress e qualidade de vida no trabalho: stress social – enfrentamento e prevenção. São Paulo: Atlas; 2011. p. 127-54.
40. Rodrigues AL, Limongi-França AC. Uma perspectiva psicossocial em psicossomática via estresse e trabalho. In: Mello-Filho J, Burd M (orgs.). Psicossomática hoje. 2.ed. Porto Alegre; 2010. p.111-34.
41. Rodrigues LF, Araújo JS. Absenteísmo entre os trabalhadores de saúde: um ensaio à luz da medicina do trabalho. Rev Ciência Estudos Acad Med. 2016;(5):10-21.
42. Rosado IVM, Russo GHA, Maia EMC. Produzir saúde suscita adoecimento? As contradições do trabalho em hospitais públicos de urgência e emergência. Ciência & Saúde Coletiva. 2015;20(10):3021-32. Disponível em: https://doi.org/10.1590/1413-812320152010.13202014.
43. Rotta DS, Pinto MH, Lourenção LG, Teixeira PR, Gonsalez EG, Gazetta CE. Níveis de ansiedade e depressão entre residentes multiprofissionais em saúde. Revista da Rede de Enfermagem do Nordeste. 2016;17(3):372-7. Disponível em: https://doi.org/10.15253/2175-6783.2016000300010.
44. Santa ND, Cantilino A. Suicídio entre médicos e estudantes de medicina: revisão de literatura. Rev Bras Educ Med. 2016;40(4):772-80. Disponível em: https://doi.org/10.1590/1981-52712015v40n4e00262015.
45. Schaufeli WB, Buunk BP. Professional burnout. In: Schabracq MJ, Winnubst JAM, Cooper CL (orgs.). The handbook of work and health psychology. San Francisco: Willey; 1996.
46. Schaufeli WB, Leiter MP, Maslach C. Burnout: 35 years of research and practice. Career Develop Int. 2009;14(3):204-20. Disponível em: https://doi.org/10.1108/13620430910966406.
47. Silva DSD, Tavares NVS, Alexandre ARG, Freitas DA, Brêda MZ, de Albuquerque MCS, de Melo Neto VL. Depressão e risco de suicídio entre profissionais de enfermagem: revisão integrativa. Rev Esc Enf. 2015;49(6):1023-31. Disponível em: https://doi.org/10.1590/S0080-623420150000600020.
48. Silva DV. Ansiedade, estresse, depressão e uso de drogas entre trabalhadores de enfermagem no ambiente hospitalar [Dissertação]. Uberlândia: Universidade Federal de Uberlândia; 2017.
49. Silva RAD, Araújo B, Morais CCA, Campos SL, Andrade AD, Brandão DC. Síndrome de burnout: realidade dos fisioterapeutas intensivistas? Fisioter Pesq. 2018;25(4):388-94. Disponível em: https://doi.org/10.1590/1809-2950/17005225042018.
50. Straub RO. Psicologia da saúde: uma abordagem biopsicossocial. Porto Alegre: Artmed; 2014.

51. Stuber ML. Bem-estar do estudante de medicina e do médico. In: Wedding D, Stuber ML (orgs.). Medicina comportamental. 5.ed. Barueri: Manole; 2014. p. 185-96.
52. Ueno LGS, Bobroff MCC, Martins JT, Machado RCBR, Linares PG, Gaspar SG. Estresse ocupacional: estressores referidos pela equipe de enfermagem. Rev Enferm UFPE on-line. 2017;11(4):1632-8. Disponível em: https://doi.org/10.5205/reuol.9763-85423-1-SM.1104201710.
53. Vieira GCG, Brida RL, Macuch RS, Massuda EM, Preza GP. Uso de psicotropicos pelo enfermeiro : sua relação com o trabalho [Psychotropic use by nurses: relationship with work]. Cinergis. 2016;17(3):191-5. Disponível em: https://doi.org/10.17058/cinergis.
54. Vilela ECS, Soares LR, Gusmão AS, Torres RAT, Sá EC. Fatores de risco para estresse e transtornos mentais em farmacêuticos e auxiliares de farmácia. Saúde, Ética e Justiça. 2015;20(2):77-83.
55. Volich RM. Psicossomática: de Hipócrates à psicanálise. São Paulo: Casa do Psicólogo; 2000.

Cuidadores domiciliares: a invisibilidade do cuidado

32

Ivete de Souza Yavo

Elisa Maria Parahyba Campos

Estar em casa acamado, enfrentando um processo de adoecimento grave e necessitando de cuidados para a realização das necessidades básicas do dia a dia pressupõe auxílio e envolvimento de uma equipe multiprofissional que possa atender não só o paciente, mas a família.

Nas últimas décadas, tanto no Brasil como em outros países da América e da Europa, temos observado o crescimento da demanda por serviços domiciliares de assistência em saúde (Braga et al., 2016). Nesse sentido, são crescentes também debates relacionados à formação profissional, bem como à especialização de áreas de conhecimento, principalmente da saúde, que incluam um olhar integrador para o envelhecimento e para a necessidade domiciliar de cuidados.

É o caso de várias instituições de ensino que passaram a oferecer cursos de pós-graduação de gestão em saúde domiciliar, assistência domiciliar, cursos específicos para profissionais (como farmacêuticos, médicos, psicólogos, nutricionistas e outros), e ainda cursos livres de formação profissionalizante que frequentemente são oferecidos por instituições promotoras de saúde e escolas de formação técnica para pessoas com ensino fundamental completo.

Entretanto, em vários países, ainda é corrente a discussão sobre a abrangência da área no âmbito de políticas públicas, legislação e currículo da própria formação profissional.

No Brasil, essa não é uma discussão nova, porém vale ressaltar que um caminho de redefinição de práticas em saúde, principalmente no que concerne à assistência domiciliar, vem ganhando espaço junto aos debates da sociedade civil e órgãos públicos responsáveis pela implementação das leis trabalhistas (Brandão et al., 2017).

Vale ressaltar que foi somente em 2003 que a CBO (Classificação Brasileira de Ocupações) passou a definir com mais clareza a ocupação de cuidador, correspondendo ao Código 5162-10 (Ministério do Trabalho, 2018). Somente em fevereiro de 2018 a proposta que regulamenta a profissão de cuidador (PLC n. 11/2016) foi aprovada pela Comissão de Assuntos Sociais (CAS) do Senado, denotando, assim, ações recentes, uma vez que a atividade de cuidar de enfermos em domicílio data de tempos muito remotos.

Para ilustrar, vejamos a descrição sumária da ocupação de cuidador segundo a CBO (Ministério do Trabalho, 2018): "Cuidam de bebês, crianças, jovens, adultos e idosos, a partir de objetivos estabelecidos por instituições especializadas ou responsáveis diretos, zelando pelo bem-estar, saúde, alimentação, higiene pessoal, educação, cultura, recreação e lazer da pessoa assistida".

Ainda dentro dessa classificação, requisitos como capacidade de oferecer apoio emocional, capacidade de escuta, paciência, empatia e preparo emocional são tarefas atribuídas ao exercício da atividade profissional, pressupondo, assim, a necessidade de uma formação mais específica para o desempenho da ocupação. Porém, a realidade profissional compõe um cenário permeado por um caminho paralelo que se apoia em um grande número de pessoas que, ao se deparar com o adoecimento grave e incapacitante de entes queridos no âmbito familiar, são levadas a ocupar o lugar de cuidadores domiciliares informais.

Aliás, Diniz (2018), ao abordar definições sobre o tema, aponta que cuidador domiciliar informal, geralmente, é a pessoa que, na maioria das vezes, não possui uma formação específica e aprende a cuidar pela prática. Já o que caracteriza o cuidador formal é a obtenção de uma formação específica para prestar os cuidados junto ao paciente, sendo, geralmente, remunerado, como enfermeiros, médicos, técnicos e outros.

Se, por um lado, com relação à figura do cuidador formal as necessidades profissionais, bem como a legislação em torno da abrangência de sua atuação, têm sido muito discutidas, observa-se que, quanto ao cuidador informal, tais reflexões ainda são pouco tecidas.

Estudos como os de Guerra et al. (2017) apontam que esses sujeitos enfrentam sobrecarga no cuidado, geralmente desempenhando tarefas por um longo período do dia (às vezes dia e noite), sem uma remuneração adequada e condições de vida que permitam uma rotina que inclua horários de descanso e ou possibilidades de férias. Aliás, a presença do estresse e sobrecarga de tarefas é uma constante.

Ainda, de acordo com os autores, em sua maioria, esse grupo é composto pelo gênero feminino, com idade acima dos 40 anos, filha das pessoas cuidadas. Ainda hoje, nota-se que, em situações de doença familiar, o cuidado é assumido pela mulher, especialmente a filha, gerando, assim, muitas reflexões sobre o tema.

Com o ingresso da mulher no mercado de trabalho, o que era na verdade um fato esperado e assumido de maneira quase que natural no seio familiar passou a ser questionado, e até mesmo quando assumido trazendo sofrimentos psíquicos importantes nessa população, pois geralmente as equipes de saúde e a própria família desconsideram a subjetividade do cuidador.

Entretanto, a complexidade do cuidar em domicílio suscita questões que vão muito além do desempenho de tarefas relacionadas à higiene e alimentação. Entrar em contato direto com o sofrimento de um ente querido favorece adentrar aspectos da própria história pessoal.

Cuidar se traduz, então, não apenas pela realização de procedimentos técnicos, mas em um processo de identificação com a pessoa cuidada. Estamos nos referindo à possibilidade de reviver conflitos internos relacionados ao próprio cuidado recebido em momentos mais primitivos do desenvolvimento, ou seja, levando-nos a pensar que um cuidador suficientemente bom seria aquele capaz de oferecer um bom *holding* ao ente familiar.

Holding é um dos principais conceitos da teoria winnicottiana do desenvolvimento humano, e estaria relacionado ao suporte primeiro da vida humana. Inserida em um ambiente favorável, a criança tenderia a se desenvolver tanto física como emocionalmente, sendo responsável pelo amadurecimento psíquico do sujeito (Winnicott, 2001).

E, assim, nessa perspectiva, ser capaz de oferecer *holding* é também ser capaz de entrar em contato com experiências muito profundas, como aquelas que remetem à nossa própria experiência de termos sido cuidados. Há, então, a necessidade de se deixar ser afetado pelo outro, aceitando-o, expondo-se a ele (Ceccim & Palombini, 2009).

Winnicott, ao longo de sua trajetória, foi aprofundando cada vez mais a ideia de que essa possibilidade de acolhimento essencial, nos primeiros anos de vida, seria, também, importantíssima na vida adulta. Em cada fase da vida haveria uma necessidade diferente de *holding* (Winnicott, 2002).

Figueiredo (2009) associa a possibilidade de o cuidado favorecer a experiência de dar sentido, pois constituiria uma experiência integradora relacionada à alteridade e solidariedade. Para ele, o *éthos* só é possível quando embasado em um solo humano, associando, assim, a tarefa ética dos cuidados.

Refletindo, ainda, acerca do sentido dessa experiência integradora e, assim, *éthos* fundamental da vida humana, observa-se que o cuidar se caracteriza como estruturante dos aspectos sociais e culturais de cada povo. Cuidar, para muitos, estaria associado à manutenção da vida, fazendo com que cuidar para a morte se torne uma tarefa estranha a essa experiência integradora.

Logo, o indivíduo que desempenha o papel de cuidador domiciliar informal, ao ter muitas vezes de cuidar de familiares com doenças graves e até mesmo familiares em cuidados paliativos, demanda questões abrangentes, que colocam em xeque tanto a qualidade dos cuidados prestados como, também, sua própria integridade como sujeito.

De Marco (2006) reforça essa ideia, acrescentando que, nesse sentido, um novo perfil de profissional da saúde começa a ser delineado. Para o autor, surge a necessidade de profissionais que não apenas tenham domínio de um aparato tecnológico, mas que valorizem a cultura e a sociedade como constructos do bem-estar, entendendo a saúde como resultado do equilíbrio entre as esferas biológicas, sociais e psicológicas.

É nesse cenário que autores como Alves et al. (2017) afirmam que profissões como a psicologia devem repensar suas práticas e intervenções, ressaltando, principalmente, a necessidade de uma formação mais abrangente por meio da troca e da assimilação com outros profissionais. A psicologia poderia, assim, desenvolver estratégias e intervenções facilitadoras dessa complexa relação (cuidado e cuidador).

Isto posto, aos cuidadores domiciliares abrir-se-ia, então, uma gama de possibilidades de intervenções em saúde, devolvendo a esses sujeitos um olhar mais humano, haja vista que o trabalho realizado no âmbito doméstico sofre ainda nos dias atuais consequências advindas da invisibilidade histórica que lhes é atribuída (Molinier, 2010).

Sabemos que o enriquecimento das intervenções em saúde apoia-se diretamente em questões ligadas aos aspectos biopsicossociais do adoecimento. Assim, ao manter o foco das intervenções nas condições de saúde do paciente, é relevante, por outro lado, repensar o cuidado da saúde daquele que cuida.

426   Psicologia da saúde hospitalar

Ampliando a discussão, Pozzoli & Cecílio (2017) e Yavo (2012), em estudos com cuidadores domiciliares, concluem que, nessa perspectiva, é necessário considerarmos que o exercício das tarefas de cuidado apresenta diferenças de acordo com a doença, grau de dependência e até mesmo mitos e crenças acerca do diagnóstico no meio familiar, suscitando, assim, demandas variadas para cada tipo de adoecimento.

Para as autoras, não é adequado generalizar a tarefa de cuidados como se todos os cuidadores apresentassem sentimentos ou comportamentos iguais.

Faz-se necessário o desenvolvimento de um olhar mais detalhado para as demandas que os tipos de adoecimentos suscitam. Assim, cuidar de um ente querido acometido por uma doença que de imediato favoreça associações à possibilidade iminente de morte não se assemelha ao impacto de outras doenças que, mesmo consideradas graves, em um primeiro momento sugerem a possibilidade de reabilitação ou cura.

A PSICO-ONCOLOGIA E O CUIDADO DOMICILIAR

Segundo Campos (2010), podemos afirmar que o câncer, atualmente, não é necessariamente uma doença fatal. Com os avanços da medicina, podem ocorrer remissões longas, fazendo a morte do paciente ocorrer, muitas vezes, por outro diagnóstico.

Porém, mesmo com a adoção de medidas voltadas para prevenção de alguns tipos de câncer, alguns dados são, ainda, alarmantes.

De acordo com o Instituto Nacional do Câncer – Inca (2018), só no ano de 2019 a estimativa é que surjam 582 mil novos casos de câncer no Brasil – 300 mil em homens e 282 mil em mulheres.

Ainda segundo o estudo, em cada 10 casos, 3 estão relacionados ao estilo de vida que as pessoas levam. Hábitos como tabagismo, consumo de álcool, sedentarismo, obesidade e exposição excessiva ao sol aumentam as chances de incidência da doença.

Entretanto, percebe-se que, mesmo nesse cenário, índices de sobrevida são cada vez maiores, porém seu diagnóstico ainda é temido e muito sofrido para paciente e família (Campos, 2010).

É inegável que tal fato tenha relação direta com os índices apresentados anteriormente, porém questões relacionadas a mitos e crenças que cercam o adoecer por câncer são, ainda, muito discutidas. Estas fazem com que historicamente, nesses casos, o diagnóstico esteja sempre associado a uma sentença de morte (Yavo, 2003; Matias, et al., 2014).

Para Campos (2010), a associação entre câncer e sentença de morte age como uma ameaça à estabilidade e segurança do indivíduo e da família. Para a autora, crenças e mitos que contribuem para que o medo e a desinformação ocupem o imaginário das pessoas geram angústia e desequilíbrio psíquico.

Para ilustrar a explanação, serão apresentados trechos do discurso de uma cuidadora acompanhada pelo Programa de Assistência Domiciliar de um hospital público no município de São Paulo. Benedita, 51 anos, é cuidadora do pai, senhor Pedro portador de um câncer na região do estômago.

As considerações que seguem foram extraídas de dois atendimentos psicológicos realizados no domicílio da cuidadora.

Nos trechos selecionados, fica clara a complexa relação entre processos de adoecimento, cuidado e cuidador, principalmente quando o diagnóstico do paciente acamado é uma doença que remeta à possibilidade iminente de morte.

É nítido, também, o quanto essa relação é permeada pela difícil rotina estabelecida, e, muitas vezes, o quanto, em função da saúde do indivíduo acamado, torna-se extremamente difícil para o cuidador sair de casa ou organizar sua agenda de forma a priorizar seu próprio cuidado.

TECENDO REFLEXÕES SOBRE O CUIDADO EM PSICO-ONCOLOGIA

A história de Benedita

Benedita foi encaminhada para atendimento psicológico domiciliar pela equipe do Programa de Assistência Domiciliar do qual seus pais eram acompanhados. Já era cuidadora havia aproximadamente dois anos quando seu pai, Sr. Pedro, foi vítima de AVC.

Segundo a equipe multiprofissional, Benedita sempre desempenhou bem suas tarefas, porém há aproximadamente dois meses passou a apresentar-se chorosa, extremamente triste, referindo dificuldade para alimentar-se e dormir, denotando ideação suicida, sentimentos de desespero e angústia em face da possibilidade de morte do pai.

Convém sublinhar que também há dois meses seu pai havia sido diagnosticado com um câncer na região do estômago.

De acordo com os profissionais, era difícil estabelecer uma relação entre o novo diagnóstico do pai e as alterações emocionais de Benedita, pois, segundo eles, após o AVC, o quadro do Sr. Pedro já era extremamente grave, fazendo com que as intervenções adotadas fossem paliativas, pois não havia possibilidade de cura ou reabilitação.

Benedita nasceu no Paraná e veio para São Paulo com 10 anos de idade. Lembra ter tido uma infância humilde, porém muito alegre; moravam em um sítio espaçoso e se alimentavam com os próprios recursos da plantação.

Ao virem para São Paulo, encontraram outro cenário: muita dificuldade financeira, e tiveram de morar em uma favela. Refere que foi uma fase muito sofrida, mas que, mesmo assim, seu pai mostrou-se perseverante e lutador, motivo pelo qual o admira muito.

"Imagina! Nós nunca pensamos em morar numa favela, porque no interior tinha os animais e quando viemos pra cá, acabou tudo!

Foi difícil a vida da gente aqui. Meu pai criou 10 filhos honestamente, nenhum deu pra bandido, eu tenho o maior orgulho do meu pai. Eu falei pra ele: pai eu tenho o maior orgulho de ser sua filha, porque o senhor foi meu pai, o senhor nos criou, casou as filhas."

Trabalhou como empregada doméstica e, ao casar-se, aos 21 anos, abandonou o trabalho por imposição do marido e passou a dedicar-se aos afazeres domésticos.

Após 21 anos de casamento, e com 2 filhas, separou-se do marido. Alega que ele mantinha outras mulheres e era extremamente ciumento, chegando, inclusive, a proibi-la de visitar seus pais.

"Então eu me casei aos 21 anos, tive as 2 meninas e vivi 21 anos. Não trabalhei, fiquei em casa porque casei com um homem machista. A mulher é quem tinha que ficar sempre ali, submissa a ele, aos pés dele. Eu vivi a vida dele, porque a minha vida eu não vivi. A minha vida não foi fácil pra mim.

Ele não me batia, mas me maltratava de boca, o que é pior. Ser humilhada, tudo..."

Com um relacionamento difícil, enquanto casada, Benedita tentou o suicídio, por duas vezes.

"Eu usei uns comprimidos que eu tomava muito forte. Eu tomava a medicação; já tava casada e tava em casa e tentei o suicídio. Então uma vez eu fui na casa da vizinha e peguei a arma dela e tentei com a arma dela mas não tinha bala, não tinha nada, se não hoje eu não tava aqui, porque eu me casei por amor e me casei com a pessoa errada porque de mim acho que ele nunca gostou, eu penso que quem gosta não maltrata."

Após a separação, não manteve nenhum outro relacionamento amoroso. Acredita, ainda, gostar do ex-marido e que não encontrará ninguém que respeite o fato de ser cuidadora dos pais.

"Eu sou assim: se um dia eu encontrar uma pessoa ela vai ter que gostar de mim assim, cuidando dos meus pais. Eu falo até pra minha mãe: mãe eu vou arrumar um namorado e vou vir namorar aqui, na sua casa."

Atualmente, Benedita reside com uma das filhas (a outra mora no mesmo quintal) e se dedica integralmente ao cuidado do pai. Todos os dias, chega à casa de seus pais às 8 horas e só retorna para sua casa às 23 horas.

Frequentemente é cobrada pelas filhas por não se cuidar e cuidar excessivamente do pai.

"[...] então elas se preocupam comigo e falam assim:

– Mãe, a senhora fica sofrendo pelos outros, a gente também tá sofrendo, a senhora é egoísta, porque a senhora tá pensando só na senhora. A senhora tem que pensar que a mesma coisa que a senhora não quer perder seus pais a gente também não quer lhe perder!

Mas eu... eu... gostaria de ser diferente, mas não sou assim, eu tenho sentimento assim, como por meus pais toda vida eu tive."

Sua mãe também é acamada, o que, segundo Benedita, obriga-a a manter, juntamente com uma de suas cunhadas, essa rotina, com horários rígidos.

Durante toda a entrevista, chorou muito. Em diversos momentos, verbalizou o quanto adora seu pai e o quanto sofre vê-lo acamado, e se desespera ao pensar que, em algum momento, pode não ter forças para cuidar.

"[...] Eu tenho muito medo de perder meus pais. Tem dia que meu pai não tá falando nada... e eu sinto uma dor tão grande que eu acho que eu não vou aguentar... eu não quero viver mais!

Eu falei... só me matando se eu não conseguir cuidar deles. Se eu ver que eu não vou conseguir, eu prefiro morrer do que deixar meus pais sem cuidar!

Eu já falei pros meus irmãos que eu me matava e matava eles se eles deixassem ele sem cuidar porque meu pai criou eles todos e porque não podem cuidar dele? Vai deixar ele sofrendo? Não é para deixar meu pai sofrer porque meu pai não merece, nem minha mãe e nem meu pai..."

Compreendendo o discurso de Benedita: algumas reflexões em psico-oncologia

Muito embora a equipe do Programa de Assistência Domiciliar, ao fazer o encaminhamento para o atendimento psicológico, não tenha apontado relação entre o diagnóstico de câncer e a mudança de comportamento da cuidadora, o discurso de Benedita é carregado de uma preocupação que nitidamente é exacerbada após o conhecimento do tumor no estômago do Sr. Pedro.

"Sei que não tá sendo fácil pra mim, tá sendo muito difícil!

Tem hora que eu penso assim 'será que eu vou aguentar cuidar do pai até... eu não sei, né'.

Olha já tava difícil pra mim e agora que eu soube do tumor, não tem um dia que eu não chore..."

Sabemos que o impacto do diagnóstico de câncer pode ser negativo, pois, embora suas causas sejam multifatoriais, ainda nos dias de hoje a representação de uma sentença de morte é uma constante na grande maioria das pessoas diagnosticadas.

Em um estudo realizado com cuidadores de pacientes oncológicos sem possibilidades de cura, Araújo et al. (2009) identificaram que, para o cuidador domiciliar, a morte do ente cuidado é percebida como uma ruptura definitiva. Ela se apresenta como uma situação de difícil confronto, pois, em função do estreitamento de laços afetivos durante o processo do cuidado, simbolizaria o fim de uma jornada.

Nesse mesmo estudo, percebeu-se, ainda, que, apesar de todas as dificuldades encontradas pelos cuidadores, a preferência era cuidar do familiar em casa. Entretanto, no momento da morte, esse mesmo grupo optou pela morte do paciente no hospital (Araújo, et al., 2009). Os autores concluem que há clara distinção entre cuidados com os pacientes e morte, ou seja, no cerne da questão está o fato de que os cuidadores cuidam da vida, e não da morte.

Parecem emergir, nessas circunstâncias, sentimentos angustiantes, que tornam o dia a dia mais difícil. Evidencia-se uma constante situação de alerta, no sentido de que cuidar, também, pode ser conviver com uma possibilidade desconhecida, ou seja, a possibilidade de morte.

O sentido do cuidar para Benedita

Ao entrarmos em contato com a história trazida por Benedita, deparamo-nos com questões que favorecem uma melhor compreensão das dimensões do processo de cuidar. Estas dizem respeito aos cuidados direcionados a si mesma, à dificuldade em viver a própria vida, ao agravamento e surgimento de problemas de saúde e até mesmo a sentimentos de onipotência como recurso de enfrentamento para a situação.

Para melhor compreensão desses aspectos, vejamos a seguir pontos importantes sobre esses temas.

430 Psicologia da saúde hospitalar

O cuidado de si

Em função da difícil rotina estabelecida, muitas vezes, em função da saúde do indivíduo acamado, torna-se extremamente raro, para o cuidador, sair de casa ou organizar sua agenda priorizando seu próprio cuidado. Geralmente, relegando-se a um segundo plano, é comum seu adoecimento durante o exercício de seu papel (Schnaider et al., 2009).

"Então a gente não tem tempo nem pra ir ao médico, por que quem ajudava mais era a minha irmã mais velha, mas ela tá com problema. Hoje mesmo ela foi levar a filha dela ao médico.

Tem minha irmã que morava aqui, mas ela foi pra casa da outra, porque a minha mãe chamava muito à noite, e ela não estava aguentando mais."

Atividades como ir a consultas médicas, cabeleireiro, sair para comprar roupas e sapatos, às vezes, em famílias em que não há a possibilidade de substituição do cuidador, em momentos cruciais do dia a dia, são atitudes que se tornam inviáveis.

De acordo com Küchemann (2010), na área da saúde, com relação aos cuidadores, a situação não é nada alentadora: além de nem sempre estarem preparados para prestar um trabalho à altura das necessidades do familiar, os cuidadores não apresentam boa saúde.

Na maioria das vezes, acompanhar o familiar ao médico, cuidados de higiene, alimentação e medicação são de responsabilidade do cuidador, fato este responsável pelo aumento da sobrecarga de responsabilidades, acarretando repercussões negativas, de natureza física e/ou psíquica (Araújo et al., 2009).

"Esta noite eu não dormi, porque como eu falei, eu tomo remédio, e eu estou tomando remédio e ontem eu até esqueci. E eu fico a noite todinha sem poder dormir, porque eu fico pensando, né, eu me preocupo demais."

Em várias situações, a dificuldade em encontrar tempo para se cuidar se justifica por questões relacionadas à própria evolução do quadro clínico do ente acamado.

Viver através da vida do outro

Em um estudo com cuidadores domiciliares de pacientes com deficiências físicas por lesão medular traumática, Azevedo e Santos (2006) concluem que a realização do cuidado a esse tipo de paciente sinaliza uma simbiose com a própria invalidez do familiar.

Assim, é comum cuidadores demonstrarem dificuldade em falar de si mesmos, denotando, na maioria das vezes, clara simbiose com o processo de adoecimento do indivíduo cuidado.

Para ilustrar, observemos um trecho da entrevista no qual, ao ser solicitada a falar sobre como era sua vida antes de assumir o papel de cuidadora, Benedita não só responde como segue, durante toda a entrevista, com explicações sobre o adoecimento do pai; é como se houvesse um desinvestimento libidinal seu, com um total investimento no outro:

Psicóloga: Como era sua vida antes de ser cuidadora?
Benedita: Eu nasci no Paraná, perto de Londrina. Meu pai veio pra cá, com a gente pequeno, com 10 filhos pequenos. Eu sou assim a do meio, porque tem irmão mais velho do que eu. Então minha mãe veio pra cá com a gente e a gente era pequeno ainda. Tinha os maiores porque eram 10 filhos. Meu pai tinha sofrido um acidente na perna e no interior

era mais difícil tratar. Aí tinha que ficar fazendo tratamento em Curitiba... mas viemos para São Paulo.

... Foi difícil a vida da gente aqui. Meu pai criou 10 filhos honestamente, nenhum deu pra bandido, eu tenho o maior orgulho do meu pai. Eu falei pra ele: "pai eu tenho o maior orgulho de ser sua filha, porque o senhor foi meu pai, o senhor criou nós, casou as filhas".

Surgimento de dores lombares e problemas de coluna

Muito se tem falado, inclusive já descrevemos anteriormente, o quanto o não preparo para a realização de tarefas, como dar banho, realização da mudança de decúbito (evitando assim as escaras ou úlceras) e troca de roupas, predispõe ao aparecimento de dores lombares e problemas na coluna.

"Tenho problema de coluna, minha saúde é fraca..."

O fato de não realizarem *check-ups* regularmente, e/ou a má alimentação e o estresse diário, também podem predispor a processos de adoecimento, como diabetes, hipertensão arterial e outros.

Onipotência como recurso de enfrentamento

Nas últimas décadas a noção de que o enfrentamento é um processo foi cada vez mais sendo utilizada, pois, nessa perspectiva, o enfrentamento apresenta certa mobilidade, de acordo com o tempo e as exigências do contexto (Gimenez, 1997).

Assim, ao observamos o papel desempenhado pelo cuidador domiciliar, somos levados a perceber que, em muitos momentos, o cuidar é sentido por alguns como uma situação difícil, que resulta em grande sobrecarga.

A religiosidade, a onipotência e a própria sublimação são recursos de enfrentamento frequentes, presentes em seus discursos. No caso de Benedita, o recurso utilizado é o sentimento de onipotência.

O medo do desconhecido e o próprio despreparo para lidar com questões, não só externas, mas seus próprios conflitos internos, impedem, muitas vezes, os cuidadores de solicitar auxílio de terceiros.

Nessas situações, se negam a aceitar ajuda, sentindo-se onipotentes, por acreditar que podem cuidar de tudo sozinhos, que somente eles mesmos são capazes de cuidar do paciente, não delegando tarefas para outros. Com o passar do tempo, alguns cuidadores chegam a apresentar quadros depressivos ao se deparar com a impotência diante da debilidade da saúde do paciente e os limites de sua atuação (Schnaider et al., 2009).

"Sei que não tá sendo fácil pra mim, tá sendo muito difícil!

Tem hora que eu penso assim: será que eu vou aguentar cuidar dos pais até... eu não sei, né?

Eu sei que tenho feito muita coisa, mas talvez não tenha feito o bastante (sobre o bastante?) Poderia ter feito mais.

Eu falei: só me matando se eu não conseguir cuidar deles. Se eu ver que eu não vou conseguir, eu prefiro morrer do que deixar meus pais sem cuidar!"

É como se o futuro da qualidade de vida do familiar estivesse diretamente ligado apenas ao cuidador.

432 Psicologia da saúde hospitalar

"Eles dependem muito da gente e como é que eu vou sair pra dançar num forró e deixo minha mãe e meu pai aqui precisando de mim?"

CONSIDERAÇÕES FINAIS

Para finalizar, em função do que foi apresentado, podemos levantar a hipótese de que, na relação de cuidados, a separação entre formalidade e informalidade das atividades ainda ocupa um cenário muito complexo. O texto revela pontos que reforçam a ideia de que o cuidado não se fundamenta em uma relação legal, contratual ou institucional: ele se baseia em uma relação que vai além dos códigos da consciência, circulando entre a representação e a sensação (Ceccim & Palombini, 2009).

Convém sublinhar que esse aspecto demanda uma compreensão maior acerca do que se espera e se propõe do cuidador domiciliar e do cuidado que ele promove. Não é de espantar que, em determinados momentos, eles não sejam contemplados pelas políticas de saúde, fato esse que ressalta, possivelmente, que o cuidador domiciliar informal não tem uma ação reconhecida como cuidado em saúde, muito embora realize um trabalho de grande relevância social.

Frequentemente, o cuidado é entendido a partir do cuidador e do sujeito adoecido, e o cenário que compõe essa relação, em muitos aspectos, é excluído dessa compreensão maior, caracterizando, ainda, uma visão fragmentada da saúde.

Entretanto, Gutierrez e Minayo (2010) ressaltam que, mesmo que tenhamos percorrido um longo caminho, faz-se, ainda, necessário ampliar a compreensão dos cuidados em saúde entre profissionais e usuários, pois tal entendimento tem sido muito limitado, reforçando-se o fato de que estes são produzidos em contextos distintos, porém inter-relacionados, como a rede oficial de serviços e a rede informal, representada, especialmente, pela família.

Para as autoras, a complementaridade desses contextos se dá por meio de ações cotidianas concretas, que possibilitam melhor compreensão da doença, incentivo ao autocuidado e apoio emocional. Segundo elas, é na e pela família que se produzem os cuidados essenciais à saúde.

Nessa dimensão, podemos refletir sobre a relevância das intervenções em psicologia e, principalmente da psico-oncologia.

O modelo clássico de intervenção, cuja prática clínica ocorre, de forma privilegiada, no espaço do consultório, dá lugar a uma atividade que não requer limites e fronteiras espaciais para ocorrer. O *setting* é repensado e redesenhado, de acordo com a demanda do paciente, ou melhor, de acordo com um objetivo comum, que visa à prevenção e à promoção de qualidade de vida (Minayo, 2010).

Dessa forma, o atendimento psicológico passa, também, a encontrar espaço em leitos hospitalares, enfermarias, ambulatórios, salas de espera em instituições de saúde, escolas, grupos comunitários e aqui, no caso, especialmente o domicílio, fazendo com que as intervenções não sejam mais restritas ao paciente, estendendo-as, também, para a família (Santos & Jacó-Vilela, 2009).

Assim, ao relacionarmos nossas questões às discussões de Tronto (2009), Guimarães et al. (2010) sobre a necessidade de atentarmos para o fato de que estamos cada vez mais vulneráveis, aliás, que, cada vez mais, nas sociedades, sejam elas quais forem, o ser humano precisará mais e mais do outro, do cuidado do outro, adentramos também o campo da epistemologia, que gera um sujeito ético com características a serem consideradas.

Nesse campo, as intervenções em saúde, particularmente as psicológicas, terão um papel determinante para além das intervenções conhecidas: elas terão, como papel principal, dar lugar ao surgimento desse sujeito ético, uma vez que, em não havendo mudança importante na concepção de cuidado em saúde, esse sujeito não terá lugar nos moldes institucionais conhecidos. Correremos o risco de criar novos rótulos, como o de cuidador, que não se enquadra nas regras, nas normas; talvez o sujeito do "barulho", aquele que não silencia seus desejos e necessidades diante das demandas socialmente impostas.

REFERÊNCIAS

1. Alves R, Santos G, Ferreira P, Costa A, Costa E. Atualidades sobre a psicologia da saúde e a realidade brasileira. Psicologia, Saúde & Doenças. 2017;18(2):545-55.
2. Araújo, LZS, Araújo CZS, Souto AKBA, Oliveira MS. Cuidador principal de paciente oncológico fora de possibilidade de cura, repercussões deste encargo. Rev Bras Enferm. 2009;62(1):32-7.
3. Azevedo GR, Santos VLCG. Cuida-dor (d)eficiente: as representações sociais de familiares acerca do processo de cuidar. Rev Latino-Am Enfermagem. 2006;14(5).
4. Braga PP, Sena RR, Seixas CT, Castro EAB, Andrade AM, Silva YC. Oferta e demanda na atenção domiciliar em saúde. Ciência & Saúde Coletiva [on-line]. 2016;(21), n.3. Disponível em: https://doi.org/10.1590/1413-81232015213.11382015. Acesso em: 30 jan. 2019.
5. Brandão SV, Crippa A, Schwanke CHA, Cataldo Neto A. Direitos trabalhistas dos cuidadores de idosos: uma revisão integrativa. Revista Kairós – Gerontologia. 2017;20(2):229-45.
6. Campos EM. A Psico-oncologia: uma nova visão do câncer – uma trajetória [Tese de livre-docência]. São Paulo: Universidade de São Paulo, Instituto de Psicologia; 2010.
7. Ceccim RB, Palombini AL. Imagens da infância, devir-criança e uma formulação à educação do cuidado. In: Maia MS (org.). Por uma ética do cuidado. Rio de Janeiro: Garamond; 2009.
8. De Marco MA. Do modelo biomédico ao modelo biopsicossocial: um projeto de educação permanente. Rev Bras Educ Med. 2006;30(1).
9. Diniz MAA, Melo BRS, Neri KH, Casemiro FG, Figueiredo LC, Gaioli CCLO, et al. Estudo comparativo entre cuidadores formais e informais de idosos. Ciência & Saúde Coletiva. 2018;23(11):3789-98.
10. Figueiredo LC. As diversas faces do cuidar. In: Maia MS (org.). Por uma ética do cuidado. Rio de Janeiro: Garamond; 2009.
11. Gimenes MG. A mulher e o câncer. Campinas: Psy; 1997.
12. Guerra HS, Almeida NAM, Souza MR, Minamisava R. A sobrecarga do cuidador domiciliar. Rev Bras Promoç Saúde. 2017; 30(2), Fortaleza.
13. Guimarães NA, Hirata HS, Sugita K. Care et care work: le travail du care au Brésil, en France, au Japon. Trabalho apresentado no Colóquio Internacional O que é o Care? Emoções, divisão do trabalho, migrações. Versão preliminar. 27 ago. 2010. Disponível em: www.fflch.usp.br/ds/pos-graduaçao/2010_coloquio_care.html. Acesso em: 1º dez. 2010.
14. Gutierrez DMD, Minayo MCS. Produção de conhecimento sobre cuidados da saúde no âmbito da família. Ciência & Saúde Coletiva. 2010;15(supl. 1):1497-508.
15. Inca – Instituto Nacional do Câncer. (2018). Estimativa – 2018: incidência de câncer no Brasil. Disponível em: http://www1.inca.gov.br/estimativa/2018/introducao.asp. Acesso em: 30 jan. 2018.
16. Guimarães NA, Hirata HS, Sugita K. Care et care work: le travail du care au Brésil, en France, au Japon. Trabalho apresentado no Colóquio Internacional O que é o Care? Emoções, divisão do trabalho, migrações. Versão preliminar. 27 ago. 2010. Disponível em: www.fflch.usp.br/ds/pos-graduaçao/2010_coloquio_care.html. Acesso em: 1º dez. 2010.

17. Küchemann BA. O cuidado aos idosos e às idosas: novos desafios para as cuidadoras informais. Anais do Simpósio Gênero e Psicologia Social. Brasília; 2010.
18. Matias IN, Cerqueira TB, Carvalho CMS. Vivenciando o câncer: sentimentos e emoções do homem a partir do diagnóstico. R Interd. 2014;7(3):112-20.
19. Minayo MCS. O desafio do conhecimento: pesquisa qualitativa em saúde. 12.ed. São Paulo: Hucitec; 2010.
20. Ministério do Trabalho. CBO – Classificação Brasileira de Ocupações. 2018. Disponível em: http://www.mtecbo.gov.br/cbosite/pages/pesquisas/BuscaPorTituloResultado.jsf. Acesso em: 20 fev. 2019.
21. Molinier P. Apprendre des aides soignants. Gerontologie et Société. 2010;133.
22. Pozzoli SML, Cecílio LCO. Sobre o cuidar e o ser cuidado na atenção domiciliar. Saúde Debate. 2017;41(115):1116-29.
23. Schnaider TB, Silva JV, Pereira MAR. Cuidador familiar de paciente com afecção neurológica. Saúde Soc São Paulo. 2009;18(2):284-92.
24. Tronto J. Um monde vulnérable: pour une politique du care. Paris: Éditions la Découverte; 2009
25. Winnicott DW. Holding e interpretação. 2.ed. São Paulo: Martins Fontes; 2001.
26. Winnicott DW. Privação e delinquência. 3.ed. São Paulo: Martins Fontes; 2002.
27. Yavo IS. A espada e a crina: um estudo com famílias de crianças submetidas ao transplante de medula óssea [Dissertação]. Assis: Universidade Estadual Paulista Júlio de Mesquita Filho, Faculdade de Ciências e Letras de Assis; 2003.
28. Yavo IS. Cuidadores domiciliares: a experiência subjetiva do cuidar [Tese]. São Paulo: Universidade de São Paulo, Departamento de Psicologia Clínica; 2012.

Índice remissivo

A

Abandono 53
Abordagem biopsicossocial 331
Abordagem multidisciplinar 171
Abordagem psicossomática 5, 80, 241
   biopsicossocial 98
Abstinência de benzodiazepínicos 312
Abuso de álcool 181
Adaptação 185, 186
Adoecer 132, 211
   repercussões na família 211
Adoecimento 50, 348, 366, 386
   ganho secundário 386
Adoecimento crônico 359, 365
   infância e na adolescência 359
Adoecimento na família 131
   complicadores do enfrentamento 135
   fatores facilitadores 135
   impactos 131
Adolescência 359
Afetos 56
Álcool 417
Alexitimia 41, 50, 320, 378, 379
Análise do D-E 230
Anamnese 153
Anatomia 289
Ansiedade 183
   mortalidade cardíaca 183
Ansiolíticos 313
Antidepressivos 312

interrupção ou descontinuação 312
Antipsicóticos 312
Apego 269, 270
   apego parental 275
   desenvolvimento do cérebro 275
   experiências precoces 271
   neurociência 272
   pré-desenvolvimento 275
Arritmia 179
Aspectos cognitivos 71
Aspectos emocionais 66, 71
Aspectos psicodinâmicos , 228, 239
Aspectos psicológicos do adoecimento 77
Atendimentos em UTI 82
   casos clínicos 82
Atuação psicológica 339
Autopreservação 173
Autorreconhecimento 247
Avaliação global do funcionamento 201
Avaliação inicial 330
Avaliação psicológica 150

B

Bem-estar biopsicossocial 207
Biofeedbacks 61
Biopsicossocial 45
Bloqueios mentais 58
Bullying 238
Burnout 412, 413, 415, 417
   despersonalização 416

dimensões 417
exaustão emocional 415
redução da realização profissional 416
Busca da consciência 261

C

Câncer 64, 65, 90, 95-97, 100, 138, 144
estigma 145
ponto de mutação 144
Capacidade adaptativa 185
Capacidade de expressão 206
Capacidade de simbolização 52
Cardiologia 182
discussões psicossomáticas 182
Cardiopatas graves 207
Cardiopatia congênita 210, 220
Cardiopatias congênitas 210
Casamento 282
Castração 348
CAT-A 230
Colostomia 101, 102, 105, 107-110
Comer 229
Complacência somática 16
Comportamento religioso 396-398
leitura psicodinâmica 397
Comprometimento da simbolização 60
Comunicação 130, 131, 135
com o paciente 410
diagnóstica e prognóstica 136
entre profissionais 409
Conflito intrapsíquico 12, 25
Conflitos na família 352
Conhecimento de si 247
Consciência 256, 265
central 264
função adaptativa 266
propriedade biológica emergente 266
Conteúdos mentais 51
Continuum 67
Conversão 14
Convivência com o paciente e seus familiares 410
Coping 391, 392
antissocial 394
ativo 394
atividade direta 394
desatento 394
estilos 393

monitorador 394
passivo 394
primário 394
pró-social 394
recursos pessoais e socioecológicos 394
secundário 393, 394
tipos 394
Coping religioso 173
Coping religioso-espiritual 391, 398, 399
atividade indireta 394
negativo 400, 401
positivo 400, 401
tipos 402
Coração 182, 191
Corpo 4, 373
danificado 371
psíquico 370, 374
trajetória 374
Correlações psicossomáticas 27
Córtex orbitofrontal 278
Córtex pré-frontal 278
Crianças com doenças crônicas 212
Crianças saudáveis 210
Cuidado 425, 432
da saúde 425
de si 430
domiciliar 426
Cuidador(es) 126, 128, 132, 424, 425
domiciliar informal 424
domiciliares 423
formal 424
Cuidados especiais 212
Cuidar 424
Culpa 211, 212, 223, 351
Cultura 3, 396
Cura 65, 138, 241

D

Defesa psíquica 60
Dentistas 411
Depressão 67-70, 183, 189, 193, 417
Dermatite atópica 378, 379
Desafetação 321, 388
Desamparo 357, 368
do leito 346, 348
em complicações pós-operatórias 368
Desconhecimento 211
Desejo sexual 287

mulher 287
Desenvolvimento infantil 213
Desgaste físico e emocional 410
Desidealização da relação amorosa 285
Desvio 34
    contemporaneidade 40
    hipótese 38
Deus 398
    vivo 397
Diabetes mellitus 181
Diabetes tipo 1 359
Dilemas éticos 343, 355
Dimensão biológica 331
Dinâmica da família 131, 213
    investigação 131
Dinâmica intrapsíquica 204
Dinâmica mental 320
Disfunção de irrigação 19
Disfunção motora 18
Disfunção secretora 19
Dislipidemia 181
Distress 13, 49, 210
Distúrbio alimentar 243
Doença 25, 31, 37, 220, 387
    ganho secundário 387
Doença arterial coronária 189, 191
    depressão 189
    sintomas depressivos 192
Doença cardíaca 183
Doença cardiovascular 179, 181, 205
    fatores de risco 181
    psicossomática 205
Doença crônica 220, 359
Doença familiar 424
Doença psicossomática 37
Doenças de adaptação 62
Dor 170
    anatomia 290
    definições 170
    local 295
    memórias 295
    neurofisiologia 292
    papel adaptativo 295
    psicofisiologia 296
    Psicologia da Saúde 170
    subjetividade 171
Dor(es) 289
    aguda 170, 294

crônica 170, 294
    aspectos psicodinâmicos 171
    lombar 165
lombar(es) 166, 431
    aspectos psicodinâmicos 166
    crônica 150
    perspectiva da psicossomática 166
DSM-5 161
Dualismo cartesiano 38

E

Efeitos iatrogênicos psíquicos 375
Efeitos psicológicos 210, 221, 223
Eficácia causal 258
Elaboração por meio da fala 78
Emagrecer 245
Emoção(ões) 18, 58, 297
Encéfalo 262, 294
Enfermaria 82
    casos clínicos 82
Enfermarias hospitalares 328
    caracterização dos atendimentos 332
Enfermeiro(s) 408, 417
Enfrentamento 350, 431
Enfrentando a remissão 138
Entidades 42
Entrevista clínica 201
Entrevista devolutiva 160
Entrevista semidirigida 52, 230, 381
Envelhecimento 286
Equilíbrio 241
    biológico 256
Equipe 354
    contato e comunicação do paciente 354
    interdisciplinar 80
    multidisciplinar de saúde 80
    multiprofissionais 80
Escala visual analógica (EVA) 159
Escala visual da dor 159
Espiritualidade 396, 399, 400, 402, 404
Estabilizadores de humor 313
Estado emocional 199
Estilos de *coping* 393
Estímulos dolorosos 294
Estímulo sensorial 51
Estratégia psicodinâmica 78
Estresse 62, 410, 411-413, 417
Estrutura de personalidade 60

Estrutura familiar 132
Eventos cardíacos 199
Evolução desfavorável 206
Excitação 51, 57
    conjugal 285
Expressão das emoções 52
Expressões afetivas 52

F

Família 126, 211, 212, 350, 388
    como paciente 135
    somatizadora 388
Familiar 127
Farmacêuticos hospitalares 411
Farmacocinética 307
    absorção 307
    distribuição 308
    eliminação ou excreção 310
    metabolismo 309
Farmacodinâmica 310
    índice terapêutico 310
    meia-vida 311
    tolerância 310
Fases do adoecimento 132, 133
Fases do desenvolvimento familiar 133
Fatores biológicos 289
Fatores emocionais 67
Fatores psicológicos 289
Fatores psicossociais 199, 317
Fatores socioculturais 289
Fator temporal 285
Feedback 20, 67
Fenomenologia corporal 22
Feridas narcísicas 346
Filosofia da mente 259
Finitude 350, 354, 356
Fisioterapeutas 409, 411
Fome 229
Fonoaudiólogos 409
Frustrações 228

G

Gordura corporal 247
Gratificação 228
Grupos 91, 92
    experiência clínica 91

H

Hilflosigkeit 370

Hiperfagia 242
Hipertensão arterial 181
Hipocampo 294
História familiar 133, 181
Holding 425
Homeostase 256
    psíquica 175
Hora lúdica 222, 223
Hospital 406, 409
    profissionais e desafios 409
Hospitalização 212, 220
Hospital moderno 407
    percurso histórico 407
HTP 103, 156

I

Iatrogenia 369
Id 176
Imagem corporal 104, 107, 111, 238
IMC 243
Impotência 54
    psicológica 283
Impulsos agressivos 238
Impulsos destrutivos 198
Impulsos libidinais 229
Inconsciente 320
(In)disponibilidade sexual da mulher 281, 285
Infância 227, 365
Instinto sexual 283
    civilização ocidental 283
Instituição hospitalar 406
Integração 353
    biopsicossocial 289
    equipe, família e paciente 353
    psicossomática 4, 21
    psicossomáticas 20
        bidimensional 21
        bidirecional 21
Interconsulta 67, 68
    psiquiátrica e psicológica 65
International Health-Related Quality of Life Society 412
Interpretações 57
Intervenção 432
    psicológica 130
    psicoterápica 191, 194
Invisibilidade do cuidado 423
Irmão(s) 212, 214

cardiopatas 220
doente 222
saudáveis 210, 212, 221
Irrepresentável 373
Isolamento 222

L

Leitura biopsicossocial 378
Leitura psicodinâmica 397
Libido 175
Limitações da realidade 176
Lipogênese excessiva 242
Lombalgia 166
Luto 103, 107, 109, 111, 185

M

Malformações congênitas cardíacas 211
Manifestações da simbolização 52
Manual Diagnóstico e Estatístico de Transtornos Mentais 161
Mecanismo de defesa 42, 211, 213
Medicações psicoativas 417
Medicina antropológica 30
Medicina psicossomática 30, 39, 65, 68
Médicos e estudantes de medicina 411
Medo da recidiva da doença 141
Menos-valia 238
Mente 4, 256
Metáforas 57
Método de Rorschach 380, 384
Modelo biopsicossocial 80
Moduladores de sono 313
Morte 348
cardíaca súbita 179
de um paciente 410
Mulher profissional 286
sexualidade 286
Multicausalidade 43
Multidisciplinar 71

N

Narcisismo 373
Nascimento psicológico 263
Naturalismo biológico 259
Negatividade simbólica 58
Neurociência 26, 264
afetiva 281
Neurofisiologia 289

Neurônios 265, 304
Neurorreceptores 306
Neurotransmissão 302
bases anatômicas e químicas 302
química 305
Neurotransmissores 306
Nível de gravidade da obesidade 249
NK cells 68
Nutricionistas 409

O

Obesidade 181, 227-230, 238-240
abordagem psicossomática 240, 241
característica inflamatória 240
desistência do tratamento 249
diagnóstico 243
infantil 227, 228
níveis de gravidade 245
restrição de movimentos 249
Objetivos do coping religioso/espiritual 399
Observer Alexithymia Scale 387
versão brasileira 387
Oferecimento da escuta 78
Onipotência 431
Organização familiar 211

P

Paciente 350
cardiopata 199
com câncer 94
experiência clínica 94
intervenções cognitivo-comportamentais 95
terapia de resolução de problemas 96
com dor crônica lombar 150, 165
com somatização 316
atendimento psicológico 316
de UTI 344, 343
hospitalizados 391
identificada 387
Pensamento do tipo operatório 58
Pensamento operatório 41, 320
Pensamento otimista 185
Personalidade 184
do tipo A 50, 379, 388
Pessoa obesa 250
dor 250

Pluralidade da psicologia 397
Pluricausalidade 12
Pluridimensionalidade 12
Poliqueixoso 318
Políticas públicas de saúde 181
Prática clínica 397
Prática psicológica 328
   enfermarias hospitalares 328
Práticas psicológicas 343
   pacientes de UTI 343
Primeiro contato 330
Princípio da conservação 262
Princípio do meio ambiente 262
Princípio do tamanho absoluto dos cérebros 262
Privação 54
   do sono 242
Problema mente-corpo 259
Problemas de coluna 431
Problemas relativos ao trabalho 418
   absenteísmo 418
   presenteísmo 418
Procedimentos psicodiagnósticos 228
Processo psicoterápico 62
Processos corporais 2
Processos psíquicos 2
Processos sociais 2
Procura da consciência 257
   história 257
Profissionais de enfermagem 411
Profissionais de saúde do hospital 406, 414
Profissionais do hospital 412
Programa Simonton 92, 93, 94
Propriedade emergente 256, 264
Proximidade com o paciente 410
Psicanálise 4, 28, 196,
Psicodiagnóstico 52, 150, 230, 239, 378, 380, 381
   entrevistas psicológicas 152
   referencial psicanalítico 152
Psicodinâmica 165, 197
   expressões corporais 197
Psicofarmacologia 300
Psicofármacos 307
Psicofisiologia 27
   da dor 289
Psicogênese 27, 31
Psicogenético 32, 42

Psicologia 4, 68
   da saúde 73, 85
      especialidade 75
   hospitalar 73, 76, 77
      no Brasil 76
Psicólogo 153, 409, 411
   da saúde 74
      atuação 74
      formação 75
   hospitalar 78
      Formação 81
   na UTI 344
   no hospital 338
      atuação 338
   psiconeuroimunologia 65
Psiconeuroimunologia 68, 396
Psico-oncologia 64, 65, 90, 126, 135, 426, 427
   Brasil 70
   cuidado domiciliar 426
   família como paciente 135
   histórico 65
   práticas clínicas 90
Psicopatológico 62
Psicossomática 2, 4, 9, 11, 24, 25, 27, 49, 57, 58, 67, 176, 196, 214, 289
   concepção 10
   desordem 12
   disciplina 30
   doença 11
   genealogia 29
   história 26
   multidisciplinar 49
   simbolização 57
Psicoterapia 101, 103, 105, 109, 323
Psiquiatria 68
Psiquismo 57

Q
Qualidade de vida 100, 105
   no trabalho 406, 412

R
Rapport 389
Realização profissional 413, 415, 417
Recidiva 65, 142
Recursos pessoais e socioecológicos 391
   de *coping* 394

Regulação afetiva 276
   desenvolvimento cerebral 276
   do afeto 269, 270
Relação bipessoal 152
Relação sexual 286
   envelhecimento 286
Relação simbiótica 383
   entre mãe e filha 383
Relacionamento conjugal 285
Relacionamentos afetivo-sexuais 384
Relacionamentos fraternais 213
Relações fraternas 221
Relações paternas 221
Religião 356
Religiosidade 395-397, 404
Remissões 65
Representações 51
Resolução de problemas 96
Resposta orgânica 14
Ressignificação 108
   da vida 144
Restrição alimentar 247
Risco de infarto 200
   depressão 200
   estresse 200

S

Saúde 395
Screening de rotina nessa 193
Sedentarismo 181
Self 263
Self-autobiográfico 264
Self-central 264
Senso de propósito 395
Sentido construído 37
Ser biopsicossocial 3
Setting 432
   terapêutico 78, 152
Sexualidade 281, 286
   mulher profissional 286
Simbolismos 57
Simbolização 42, 50, 51, 206, 320, 321
Síndrome de *burnout* 412
Síndrome geral da adaptação 413
   primeira fase 413
   segunda fase 413
   terceira fase 413
Síndrome hipoestênica 8

Sintoma(s) 5, 12
   conversivo 196
   mecanismo de formação 12
   orgânicos 37
   psicossomático 25, 31
Sistema de consultoria 79
Sistema de ligação 80
Sistema nervoso central 262
   consciência 263
Situação-problema nuclear 323
Situações em que o coping religioso/espiritual é observado 399
Sobrevivência 139
   ao câncer 141
   oncológica 141
Sobreviventes 143
   de câncer 144
Sociabilidade 269
Sofrimento 368
   emocionais 70
   psíquico 406, 417
      profissionais de saúde 417
Somatização 13-15, 49, 50, 210, 317
   fatores psicológicos e sociais 317
   sintomas orgânicos 324
Sono 344, 345, 346
Staff burnout 415
Stress 414
Substâncias psicoativas 417
Sudorese 36
Suicídio 417
Superego 176

T

Tabagismo 181
Teoria da comporta da 297
Teoria do apego 270
Teoria microbiológica da doença 43
Teorias psicodinâmicas 31
Teorias restritivas 297
Terapeutas ocupacionais 409
Terapia CALM 97
Término do tratamento de câncer 138
Teste de Apercepção Infantil com figuras de Animais 385
Teste de apercepção temática 52, 154, 380
Teste psicológico HTP 101
Testes projetivos 154

Tipos de *coping* 393
Tomada de decisões 220
Toronto Alexithymia Scale 380, 381, 387
    versão brasileira 387
Trabalho interdisciplinar 80
Traços depressivos 204
Transbordamento 13
Transdução 13
Transplante cardíaco 196
    aspectos psicodinâmicos 196
    aspectos psicossomáticos 196
Transtorno 25
    somatoforme 42
    psicossomáticos 41
Tratamento da obesidade 252
    abordagem psicossomática 252

Tratamento medicamentoso 311
    diretrizes gerais 311
Tratamento psicofarmacológico 312
Trauma 24, 368
    psíquico 369
TRO 201
    Análise 202

U
UTI 343
    especificidades 346
    vivência 344

V
Vertente sexual 284
Vertente terna 284

CURSO DE DIREITO COMERCIAL

FALÊNCIA E RECUPERAÇÃO DE EMPRESA